Erich Follath

Jenseits aller Grenzen

Auf den Spuren
des großen Abenteurers Ibn Battuta
durch die Welt des Islam

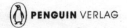
PENGUIN VERLAG

Sollte diese Publikation Links auf Webseiten Dritter enthalten,
so übernehmen wir für deren Inhalte keine Haftung, da wir uns diese
nicht zu eigen machen, sondern lediglich auf deren Stand zum Zeitpunkt
der Erstveröffentlichung verweisen.

Die Karte auf der Umschlaginnenseite vorne zeigt die Reiseroute des
Ibn Battuta im 14. Jahrhundert, die Karte auf der Umschlaginnenseite
hinten die Reisestationen des Autors im Jahr 2015. Auf dem Cover ist der
Innenhof der Jame-Moschee in Isfahan zu sehen, auf der Umschlagrück-
seite die Jami Masjid in Delhi.

Verlagsgruppe Random House FSC® N001967

PENGUIN und das Penguin Logo sind Markenzeichen
von Penguin Books Limited und werden
hier unter Lizenz benutzt.

2. Auflage
Copyright © 2016 by Deutsche Verlags-Anstalt, München,
in der Verlagsgruppe Random House GmbH,
Neumarkter Straße 28, 81673 München
Umschlag: Cornelia Niere nach einer Vorlage von
Büro Jorge Schmidt, München
Umschlagmotiv: © Bridgeman Images/Pascal Coste (Vorderseite);
© Getty Images/David Anger (Rückseite)
Karten: Peter Palm, Berlin
Satz: DVA/Andrea Mogwitz
Druck und Bindung: GGP Media GmbH, Pößneck
Printed in Germany
ISBN 978-3-328-10208-3

www.penguin-verlag.de

Dieses Buch ist auch als E-Book erhältlich.

Für
Silke, Tobias, Maya und
Janis

Inhalt

Der größte Reisende aller Zeiten – Mein Jahr mit Ibn Battuta

In der französischen Nationalbibliothek an der Pariser Rue Vivienne, idyllisch im zweiten Arrondissement nahe der Seine gelegen, befindet sich ein kostbares und geheimnisvolles mittelalterliches Manuskript, das viele Herren begehren. So sehr begehren, dass sie bereit sind, ein Verbrechen zu begehen, um in seinen Besitz zu gelangen.

Die Wärter im prunkvollen Salle Ovale, site Richelieu, wo die vergilbten Schriften liegen, sprechen nicht gern über die Hinweise, die sie erreicht haben, über die anonymen Briefe, in denen von einem drohenden Diebstahl, einer möglichen Zerstörung durch ätzende Säuren und anderen dunklen Machenschaften rund um das Manuskript berichtet wird.

»Vielleicht ist ja alles nur ein schlechter Scherz«, sagt einer der leitenden Bibliotheksangestellten, die den Bestand der alten Bücher überwachen. Aber so richtig überzeugt scheint er davon nicht zu sein. Angeblich soll die Museumsleitung die Polizei gebeten haben, gegen unbekannt zu ermitteln, aber da noch kein Strafbestand vorliegt, hat das kaum Chancen. Eine Detektei sei eingeschaltet worden, bis jetzt ohne jede Spur, heißt es. Die im Geheimen tätigen Ermittler dürften gute Gründe haben, warum sie die mysteriöse Sache nicht an die große Glocke hängen, zu oft fühlen sich potentielle Nachahmungstäter ermutigt. In der Nationalbibliothek von Paris ist man jedenfalls besorgt um diesen großen Schatz.

Und so wird die Schrift seit Monaten ganz besonders gut bewacht; sie ist auf Arabisch verfasst, fein geschwungene Buchstaben, 27,5 Zentimeter hoch, 20,5 Zentimeter breit sind die Seiten, je 23 Zeilen pro Blatt. 110 Blätter sind erhalten, an den Rändern teilweise eingerissen, vergilbt, insgesamt aber in einem erstaunlich guten Zustand.

Das Manuskript stammt aus dem Jahr 1356 und trägt den schlichten Titel *Rihla*, was so viel bedeutet wie »Die Reise«. Merkwürdig sperrig ist die Unterzeile gewählt: *Tuhfat al-Nuzzar fi Ghara'ib al-Amsar wa Aja'ib al-Asfar*, was sich übersetzen lässt als: »Ein Geschenk an diejenigen, die sich für die Wunder der Städte und den Reiz des Reisens interessieren«. Der Verfasser des Werks ist ein muslimischer Rechtsgelehrter, Abenteurer und Forscher. Heutige Wissenschaftler im Orient, aber auch im Westen, halten ihn für den aufregendsten, inspirierendsten und weitestgereisten Weltenbummler und Welterklärer des gesamten Mittelalters, sein venezianischer Zeitgenosse Marco Polo eingeschlossen: Das Vermächtnis dieses Ibn Battuta gilt als ein Dokument von unschätzbarem Wert. Als ein einmaliges, unersetzliches Zeugnis.

Das *Rihla* der Pariser Nationalbibliothek ist, wie so vieles in westlichen staatlichen Büchereien und Museen, selbst ein Raubgut. Auf welch verschlungenen Wegen es an die Seine gefunden hat, lässt sich als eine fast ebenso abenteuerliche Geschichte erzählen wie das Entstehen des Werks selbst. Der französische Adlige und Arabist Jean-Jacques Delaporte hatte sich das Vertrauen von Napoleon Bonaparte erschlichen und durfte Ende des 18. Jahrhunderts an dessen Ägypten-Feldzug teilnehmen. Von Kairo aus schlug er sich in den Maghreb durch und fand in Marokko eher zufällig in einem verstaubten Laden das Manuskript. Ohne auch nur einen Franc zu bezahlen, beschlagnahmte er die Schrift und transportierte sie in seinem Handgepäck in die Heimat. Später erwarb sie der französische Staat und machte das *Rihla* schließlich der Öffentlichkeit zugänglich.

Wer könnte heute ein Interesse haben, den Reisebericht aller Reiseberichte zu stehlen? Ein Verwandter des früheren Besitzers aus Marokko, der sich um seinen rechtmäßigen Besitz geprellt sieht? Oder womöglich ein besessener Sammler aus dem Westen, der das unverkäufliche Manuskript für sich allein haben will, um sich an dem Kunstwerk unter Ausschluss der Öffentlichkeit zu ergötzen? Und wer könnte das *Rihla* in seiner Originalform gar vernichten wollen? Ein fanatisierter Islamist, dem der Text des mittelalterlichen Reisenden zu liberal gegenüber Andersgläubigen, zu tolerant, zu »aufgeklärt« scheint – oder ein radikaler Christ, dem das so selbstverständlich ausgebreitete Überlegenheitsgefühl dieses weltgewandten Muslims gegen den Strich geht?

Ein Hauch von Dan Browns *Da Vinci Code*, eine Prise von Georges Simenons *Maigret*, eine Spur von Steven Spielbergs *Indiana Jones* – all das, was sich jetzt in Paris ereignet oder vermutet wird, mag Zufall sein, eine bizarre, abenteuerliche kriminalistische Wendung der Neuzeit. Und doch passt es zum spektakulären Leben und Werk des mittelalterlichen Reisenden. Zu dem Mann aus Tanger, dessen vollständiger arabischer Name Scheich Abu Abdallah Mohammed bin Abdallah bin Mohammad bin Ibrahim al-Lawati lautet, Kurzform Ibn Battuta.

Was für ein Leben!

Der Berbersohn aus einer Juristenfamilie studiert islamisches Recht und bricht 1325 in seiner marokkanischen Heimatstadt mit einundzwanzig Jahren auf zum Hadsch, zur Pilgerfahrt nach Mekka und Medina – mutig für die damalige Zeit, aber noch nicht allzu ungewöhnlich, einen Besuch der heiligen Stätten soll jeder Gläubige »nach Möglichkeit« einmal in seinem Leben durchführen, die Kaaba sieben Mal umrunden, den Teufel symbolisch steinigen. Anfang des Jahres machen sich auch in der damaligen Zeit überall in der islamischen Welt Karawanen auf den mühseligen und langen Weg. Ibn Battuta aber schließt sich keiner Gruppe an, er geht auf eigene Faust los. Und zwar im Sommer, fast so, als wollte er das Schicksal herausfordern. Durch die Wüsten des Maghreb bis Alexandria und Kairo gelangt er über Damaskus schließlich nach Mekka. Vollzieht dort die religiösen Rituale.

Zeit für die Heimfahrt – doch Ibn Battuta kehrt nicht um, er ist wie besessen von Neugier und Reiselust. Nie eine Route zweimal machen, wird zu seinem Leitsatz. Der Weg, nein, der Umweg ist das Ziel. Er durchquert in den kommenden beinahe dreißig Jahren die gesamte damals bekannte Welt, weiter, immer weiter, bis jenseits aller Grenzen. Ganz getreu des Auftrags, den der Prophet Mohammed den Gläubigen gemäß einem berühmten *Hadith* mitgegeben hat: »Suchet das Wissen, und wenn ihr bis nach China gehen müsst!«

Über die heutige Türkei reist Ibn Battuta durch Zentralasien, mit Zwischenstation auf der Krim und als Gast der »Goldenen Horde«, nach Persien, Afghanistan, Indien, die Küste Malabars hinunter zu den Inseln der Malediven, nach Sri Lanka und Indonesien, bis zum fernsten Ziel, und das ist – tatsächlich – China. Viermal pilgert er insgesamt nach Mekka, Abstecher führen ihn nach Afrika und gegen Ende seines Weges auch nach Andalusien. Oft wirken seine Pläne erratisch, oft sind die Wendungen und Windungen kaum nachzuvollziehen, ein Reisender scheint da unterwegs, auch und vor allem um des Reisens willen (und mit gelegentlichen Anfällen von Heimweh). Ein im wahrsten Sinne des Wortes Getriebener.

Glaubt man Ibn Battutas Beschreibungen aufs Wort, hat er zu Fuß und in Ochsenkarren, auf dem Rücken von Pferden, Eseln und Kamelen, in klapprigen Wagen, auf Segelbooten, Frachtern und Dhows mehr als hundertzehntausend Kilometer zurückgelegt, eine Strecke dreimal so lang wie die von Marco Polo. Auf einer Weltkarte unserer Zeit sind es fast fünfzig Länder, die er auf seiner Route durchquert.

Er verdurstet fast in der Wüste. Er quält sich über bitterkalte, schneebedeckte Berggipfel und durch reißende Flüsse. Er muss mit ansehen, wie Sturm und Regen seine Habseligkeiten zerstören. Er wird von Wegelagerern überfallen, von Piraten gefangen genommen, von Feinden gedemütigt; ein Schiff mit seiner Geliebten und vielen seiner Freunde, nebst all seinen Besitztümern und den Gastgeschenken für den chinesischen Kaiser, versinkt in einem Orkan. Er erkrankt an Diarrhö, wäre beinahe Malaria-Attacken zum Opfer gefallen und erlebt das Wüten der Pest, die buchstäblich vor seinen Augen Zehntausende hinwegrafft.

Was ihn bei all diesen Rückschlägen am Leben hält, sind sein unerschütterlicher Glaube, seine Kenntnisse des Korans und des arabischen Rechts, die ihm zu immer neuen Kontakten und Jobs verhelfen. Er arbeitet als Richter und Diplomat im Dienste hoher Herren, er wirkt als Gelehrter, Makler und Kaufmann. Er mischt sich gern unter die Massen, zieht nach menschlichen Enttäuschungen dem prallen Leben gelegentlich aber auch die Einsamkeit des Eremiten vor. Und alles interessiert ihn, die Bräuche der Fremden, die für ihn ungewöhnlichen religiösen »Abweichungen«, ihre Schlafgewohnheiten, ihre Pflanzen und Früchte und Kochrezepte, nicht zuletzt ihre sexuellen Vorlieben.

Seine Aufzeichnungen kommen als ein äußerst abenteuerlicher, dem Leben zugewandter Tatsachenbericht daher, mit Anklängen an einen wissenschaftlichen Bericht à la Alexander von Humboldt. Und dann wieder wie ein Fantasy-Roman im Stil eines J. R. R. Tolkien, wenn der Autor, wie unter Drogen, von einem riesigen Vogel Ruch und unglaublichen indischen Seiltricks berichtet, von Träumen und mystischen Prophezeiungen, die auf wundersame Weise in Erfüllung gehen.

Immer aber ist das *Rihla* auch eine spirituelle Schrift, sein Verfasser ruht in seiner Kenntnis von Allah und der Gewissheit, dieser »richtige« Glauben sei allen anderen überlegen (wenngleich er den anderen Religionen der »Schrift«, den Juden und Christen, besonderen Respekt zollte und weltliche Leistungen der »Ungläubigen«, beispielsweise in China, durchaus objektiv zu würdigen wusste). Der Sunnit Ibn Battuta hat kaum größere Vorbehalte gegenüber Schiiten, er bedauert sie eher für ihren Irrweg. Der Weltoffene bewundert in seinem späteren Leben zunehmend die Sufi-Orden mit ihren Tänzen und ihren Wundertätern; er besucht leidenschaftlich gern ihre Gräber, erzählt beeindruckt von der Weisheit der Frommen.

Ibn Battuta ist ein Abenteurer vor dem Herrn par excellence. Ein Mann der Lust, der Leidenschaft, aber auch der Lehre, immer auf der spirituellen Suche, nach dem Sinn des Lebens. Ein tief in seinem Glauben verwurzelter Aufgeklärter, der wunderbar beobachten und scharfsinnig urteilen kann. Kein Heiliger, nein, das war er weiß Gott nicht, sondern ein Mann mit Fehlern, mit Ecken und Kanten, eitel und durchaus empfänglich für Geld und Gut und die Verführungen der Macht.

Er trifft einige der wichtigsten Herrscher seiner Zeit, porträtiert sie feinfühlig, aber durchaus mit der intellektuellen Distanz eines unabhängigen Reporters. Fast acht Jahre lang dient er als eine Art Justizminister dem mächtigen Herrscher von Delhi; nach seinem Urteil ist dieser Mohammed Ibn Tughluq »der besessenste von allen Menschen, die ich traf, äußerst großzügig im Austeilen von Geschenken wie im Vergießen von Blut«. Er fürchtet ihn, und er schmeichelt ihm. Er flunkert ihm wie auch anderen Sultanen ohne Bedenken etwas vor, um sich ihre Gunst zu erhalten – mit durchaus unterschiedlichem Erfolg, mit letztlich lebensgefährlichen Konsequenzen, wie er sich später eingestehen muss. In Delhi geht es, nach bangen, von Exekution und Folter bedrohten

Stunden, noch einmal gut: Er darf als Chefgesandter des Sultans nach China ziehen.

Ibn Battuta ist fasziniert von der Idee, den mächtigsten Männern der Welt zu begegnen, er schafft es, fünf der sieben, die er selbst in diese Kategorie erhoben hat, gezielt kennenzulernen. Aber so sehr er den roten Teppich, den die Mächtigen ihm ausrollen, genießt; so sehr er Planung schätzt – oder wenigstens als notwendiges Übel akzeptiert –, so oft handelt er auch spontan, impulsiv. Springt auf die nächste Dschunke, die den Hafen verlässt, besteigt das nächste zur Verfügung stehende Pferd oder Kamel. Nach der Wegbiegung, hinter dem Horizont wartet schon das nächste Abenteuer.

Gegenüber Frauen gibt er sich ein Leben lang durch und durch als Macho. Er lässt sich unterwegs schöne Sklavinnen als Konkubinen zuführen, ausführlich und geradezu Connaisseurgenüsslich schildert er im *Rihla* die Orte mit den schönsten Vertreterinnen des anderen Geschlechts und ihre Besonderheiten. Er heiratet auf seinen längeren Zwischenstationen mehr als ein halbes Dutzend Frauen verschiedenster Stämme und Hautfarben, zeugt um die fünfzehn Kinder – die er, wenig von Skrupeln oder Sentimentalität geplagt, wieder verlässt. Und doch gibt es in seinem Reisebuch die Andeutung von einer Frau und einem Kind, die ihm besonders am Herzen liegen. Die Ahnung davon, dass das Immer-weiter-Reisen bei allen Glücksgefühlen auch einen hohen Preis hat.

Ibn Battuta findet nichts dabei, seine Schönheitsideale mit seinen Lesern zu teilen und dem anderen Geschlecht je nach Land und Lage Gütenoten zu verteilen: Die Frauen von Shiraz in Persien haben es ihm wegen ihrer »besonderen Attraktivität« angetan, die Frauen von Mekka wegen ihres betörenden Parfums, »das in der Luft hängen blieb, wenn sie vorbeigingen«, die Frauen des Berberstammes Bardama (der wirklich so heißt) wegen ihrer perfekten, »höchst eleganten Figuren, schön fett sind sie, und ihre Haut ist reines Weiß«. Fast zur Verzweiflung bringen ihn die Malediverinnen, die oben ohne herumlaufen – »es gelang mir trotz aller Bemühungen nicht, ihnen diese Unsittlichkeit auszutreiben«. Andererseits genießt er durchaus ihre »besondere Geschicklichkeit beim Geschlechtsverkehr«. Er führt das fachmännisch auf die scharfe einheimische Kost zurück. Auch die Politik auf den Inseln findet er heiß, lässt sich nach Einheirat in die höchsten Kreise in einen Machtkampf verstricken und denkt zwischenzeitlich ernsthaft daran, um die Inselherrschaft zu putschen.

Er lässt es schließlich. Flieht weiter. Wie schon seit Beginn seiner Reise kann er auf ein ganzes Netzwerk von Kontakten zurückgreifen, wird auf Empfehlung von einem hochrangigen Politiker oder reichen Kaufmann weitergereicht. Geschenke und Verpflegung betrachtet Ibn Battuta eigentlich als Selbstverständlichkeit. Er weiß: Der weitgereiste Gast wird selten als Belastung, fast immer als Bereicherung gesehen.

Ibn Battuta kann sich mit seinen Geschichten und Erkenntnissen revanchieren, ein hoch angesehenes Gut für jeden der Wissbegierigen aus der Oberschicht, der ihn bewirtet: Er ist ihr Fenster zur Welt, bald geht ihm ein Ehrenname voraus: *Shamsed-Din*, »Gottes Sonne«. Und als hoch geachteter Pilger steht ihm, wenn es mit der Gastfreundschaft der Mächtigen und Reichen einmal nicht klappt, wie allen anderen Wallfahrern ein Geflecht einfacher Pensionen offen, die ihm unentgeltlich Bleibe anbieten und ihn mit Essen versorgen.

Das frühe und mittlere 14. Jahrhundert, die Lebenszeit des Ibn Battuta, ist eine aufregende Epoche, eine Ära, in der alles in Bewegung scheint, die Politik, die Menschen, die Warenströme. Es ist eine erstaunlich globalisierte Welt – und die Erklärung, der Schlüssel für dieses Phänomen besteht eindeutig in der Vorherrschaft einer Religion: Der Prophet Mohammed und seine moralischen wie politischen Grundsätze bestimmen damals einen Großteil der Erde oder beeinflussen ihn zumindest ganz wesentlich.

Wer im Westen von der »Glanzzeit des Islam« spricht, der meint in der Regel das »klassische« Abbasiden-Kalifat vom 8. bis 10. Jahrhundert mit seinen Zentren in Damaskus und Bagdad. Da ist dann von Harun al-Raschid die Rede, dem gütigen Herrscher aus *Tausendundeiner Nacht*, oder von seinem Vater Muhammad al-Mansur, der nach seinem Sieg gegen die Oströmer als Reparationen keine Sklaven oder Territorien verlangte, sondern die Übergabe von vierzigtausend byzantinischen Büchern und deren Übersetzung ins Arabische. Und nicht nur die großartigen Bauwerke, die von Persien bis hin in das maurisch beherrschte andalusische Córdoba entstanden, prägten dieses Zeitalter, sondern auch wissenschaftliche Fortschritte in der Mathematik und der Astronomie sowie soziale Errungenschaften, allen zugängliche Krankenhäuser, öffentliche Müllabfuhr, Bibliotheken.

Anders als in gar zu glorifizierenden Werken muslimischer Historiker behauptet, wurden Angehörige anderer Religionen zwar nicht als gleichberechtigt angesehen, aber immerhin weitgehend mit Achtung und Toleranz behandelt. Europa, so geht die gängige, im Westen kolportierte Kurzgeschichte der Welt, habe sich dann in den kommenden Jahrhunderten von seiner Rückständigkeit erholt und spätestens mit der Aufklärung den endgültigen Durchbruch zur Spitze geschafft; mit dem Islam ging es durch interne Streitigkeiten und die Unfähigkeit, sich zu reformieren und sich an moderne Entwicklungen anzupassen, stetig abwärts.

Doch ganz so einfach ist es nicht. »Die innovative Brillanz des Abbasiden-Kalifats wiederholte sich zwar im folgenden halben Jahrtausend nicht, aber die mittlere islamische Periode von 1000 bis 1500 erlebte eine stetige und bemerkenswerte Expansion des Islam, und zwar nicht einfach nur im religiösen Glauben, sondern auch als kohärentes, universalistisches Modell eines zivilisierten

Lebens«, schreibt der amerikanische Historiker Ross Dunn von der University of California, San Diego. Der britische Wissenschaftler David Waines von der Lancaster University nennt Ibn Battutas Lebenszeit eine Periode »relativer Ruhe und Konsolidierung, die auf die Sintflut der mongolischen, in der Zerstörung des abbasidischen Kalifats und Bagdads 1258 gipfelnden Invasionen« gefolgt sei.

Ja, es gibt Rivalitäten und Stammeskriege und gefährliche Regionen, als der Abenteurer aus Tanger die Welt erforscht, Herrscher unterschiedlichster Provenienz bestehen auf die Einhaltung der speziell von ihnen erlassenen Vorschriften. Aber sie würden sich nicht anmaßen, mit ihren Ansprüchen gegenüber den Bürgern grundsätzlicher zu werden: In weiten Teilen der Welt gilt das göttliche Gesetz, wird die Autorität des Islam als höchstes, den Tagesablauf bestimmendes, das Miteinander der Bürger regelndes Gesetz nicht angezweifelt.

Marco Polos Reise – der Venezianer ist 1324 gestorben, ein Jahr bevor der Mann aus dem Maghreb loszieht – war ein Trip in die *Terra incognita*, in völlig fremde, fremdartige Regionen. Ibn Battutas Reise hingegen bewegt sich weitgehend innerhalb der Grenzen dessen, was sich *Dar al-Islam* nennt, das »Haus des Islam«, in dem Muslime das Sagen haben, wo islamisches Recht herrscht. Er besucht als Einziger jedes der damals von Muslimen regierten Reiche. Und selbst dort, wo Ibn Battuta auf Regionen trifft, in denen seine Glaubensbrüder nicht an der Macht oder weit in der Minderheit sind, etwa in Ceylon oder China, kann er sich darauf verlassen, dass er muslimische Händler antrifft, die auf dem Seeweg gekommen sind, sesshaft wurden und ganze prosperierende Stadtviertel kontrollieren.

Das »Haus des Islam« ist mehr noch als eine geografische Größe, die vom Maghreb bis Mali und zu den Malediven reicht: Es ist »ein Ideal, eine Sehnsucht, ein geteiltes Bewusstsein, das eine globale Sammlung Individuen mit den gleichen spirituellen Vorstellungen und Praktiken verbindet«, wie es Reza Aslan, Professor an der University of California in Riverside, formuliert. Ibn Battuta, Reisender und Forscher, Diplomat und Kaufmann, Lehrer und Priester, weiß sich bei seinem Wahnsinnstrip bis zu den Enden der Welt aufgehoben in einer göttlichen Gemeinschaft, der islamischen *Umma*. Unter den Seinen.

Hätte man ihn nach seiner Heimat gefragt, hätte er wahrscheinlich nicht Tanger genannt, auch nicht das größere marokkanische Meriniden-Reich, nicht Nordafrika. Sondern das »Haus des Islam«. Ihm und seinen spirituellen, moralischen und sozialen Werten fühlt er sich verpflichtet, er ist stolz auf dessen Größe und immer bemüht, den göttlichen Ansprüchen zu genügen und sie anderen zu vermitteln – bei allen seinen eigenen Abweichungen und Schwächen. Ibn Battuta begreift sich als ein Weltbürger, als ein Bürger der islamischen Welt, und das ist für ihn identisch.

Nach einem Vierteljahrhundert unterwegs kehrt er in die Heimat zurück. In Damaskus hat ihn über Freunde die Nachricht vom Tod seines Vaters erreicht. Er beeilt sich nun, hetzt durch das von der Pest heimgesuchte Kairo, dann per Schiff weiter, seine Mutter lebe noch, haben sie ihm gesagt. Er kommt zu spät; sie ist wenige Wochen vor seiner Ankunft im Jahr 1349 verstorben.

Den Rastlosen hält es nicht lange in Marokko. Er schließt sich einem Regiment von Freiwilligen an, das Gibraltar und angrenzende Gebiete vor den Christen verteidigen will – die *Reconquista* macht ihm Sorgen. Die Rückeroberung Andalusiens durch die »Ungläubigen« ist in vollem Gang, Córdoba, Valencia und Sevilla sind schon längst gefallen, das islamische Reich Granada auf der Iberischen Halbinsel hält sich noch (und wird bis 1492 unter der Herrschaft der Nasriden bleiben). Ibn Battuta engagiert sich für den Islam. Aber er ist kein Krieger, war es sein Leben lang nicht. Seine Unterstützung für die Glaubensbrüder ist eher symbolisch, sein *Dschihad*, wie der so vieler in der Geschichte des Islam, kein waffenklirrender, selbstmörderischer, andere mordender Kampf, sondern ein hoher moralischer, inspirierender Einsatz.

1352 geht er noch einmal auf große Reise, schließt sich einer Karawane an, die ihn durch die Sahara bis nach Timbuktu bringt – eine tollkühne Reise, bei der man fast eine Todessehnsucht vermuten mag. Er übersteht auch diese Strapazen. Nach seiner Rückkehr macht er dem einflussreichen Abu Inan Faris, Sultan von Fez, seine Aufwartung, er wirkt jetzt ausgebrannt, so, als seien ihm buchstäblich die Ziele im Leben ausgegangen. Doch es wartet noch eine große Aufgabe auf ihn: Der mächtigste Mann Marokkos regt an, Ibn Battuta möge doch seine Erlebnisse aufschreiben. Reiseberichte sind im islamischen Mittelalter eine durchaus populäre Form. Aber das *Rihla* des Weltenbummlers aus Tanger könnte etwas Einmaliges werden, das hat der aufgeklärte und neugierige Herrscher erkannt. Und er gibt ihm, sozusagen als Ghostwriter, einen jungen andalusischen Schriftsteller zur Hand.

Dieser Ibn Juzayy erweist sich als ein Segen und ein klein wenig auch als Fluch für das gemeinsame Werk: Als Dichter hochbegabt, gelingt es ihm, die sprudelnden Erinnerungen seines Gegenübers in eine ansprechende, ja literarische Form zu gießen. Aber Ibn Juzayys primäres Interesse gilt nicht einem genauen zeitlichen Ablauf der Ereignisse, und Ibn Battuta, der offensichtlich kein Tagebuch geführt hat, gerät gelegentlich bei seinen Erzählungen so aus dem Takt – und aus der Zeit –, dass jeder neuzeitliche Wissenschaftler oder Nachreisende vor einigen Passagen kopfschüttelnd konstatiert und kapituliert: Ganz so kann es nicht gewesen sein.

Und der ehrgeizige Ghostwriter begnügt sich nicht mit dem ihm präsentierten Stoff, möchte sich offensichtlich auch gern selber verwirklichen. Manchmal macht er das kenntlich, aber nicht immer. Und dann nimmt er sich sehr große künstlerische Freiheiten: Er kupfert einige der besten Stellen aus früher erschienenen Reiseberichten ab, fügt sie als Battuta-Original in den Text ein.

Trotz dieser kleinen Abstriche: Dem Autorenpaar gelingt, inhaltlich wie sprachlich, ein großer Wurf. Im Frühjahr 1355 vollenden sie das Werk. Für den Abenteurer und Welterklärer Ibn Battuta schließt sich so ein Kreis, er hat seinen Frieden gefunden: »Ich habe in der Tat, Allah sei gepriesen, mir meine Sehnsucht erfüllen können und bin weiter auf der Welt gereist, als es meines Wissens nach je ein anderer geschafft hat. Groß ist meine Hoffnung, dass der allmächtige Gott kraft seiner Gnade und Barmherzigkeit auch meinen Wunsch erhört, die Gärten des Paradieses zu sehen.«

Ibn Battuta lebt noch dreizehn Jahre, nach anderen Quellen sogar zweiundzwanzig Jahre, vermutlich als hoch geehrter – und vom Sultan zu Fez hoch bezahlter – Richter. Das hat er nicht mehr dokumentiert, seine späte Zeit ist ihm offensichtlich unwichtig: Das *Rihla* soll sein einziges, sein wahres Vermächtnis sein.

In der islamischen Welt wird das Werk des Ibn Battuta bald begeistert herumgereicht. Im christlichen Abendland bleibt das Manuskript lange Zeit unbekannt, ein Beispiel für das Desinteresse Europas an einem Austausch der Kulturen. Der exzentrische Schweizer Koran-Gelehrte Johann Burckhardt, der sich als »Scheich Ibrahim« durch die Suks von Kairo schleicht, stößt schließlich Anfang des 19. Jahrhunderts auf das Schriftstück. Der Orientalist Ulrich Jasper Seetzen verschafft der Bibliothek des Herzogs von Gotha eine Fassung. Welches Schicksal das vergilbte, brüchige Originalmanuskript von Napoleons Ägypten-Feldzug bis zur Nationalbibliothek in Paris genommen hat, ist bekannt.

Wie und von wem es heute gefährdet erscheint, steht in den Sternen. Das bleibt so rätselhaft wie manches in dem noch längst nicht ganz erforschten, geheimnisvollen Leben des Ibn Battuta.

Hat er es wirklich die Wolga hinauf geschafft, wie geschildert, und dann später von der chinesischen Südküste bis Peking? Wo liegt das mysteriöse Reich Tawalisi, das von Amazonen regiert wird und das er auf dem Weg nach Fernost besucht haben will – im heutigen Kambodscha, in Vietnam, im Reich der Phantasie? Was ist an Spuren von ihm, von seinen Freunden geblieben? Welche seiner Ideen, seiner Ideale, seiner Wertvorstellungen haben überlebt?

Nach Ibn Battuta sind in der arabischen Welt ein Flughafen (Tanger), ein Einkaufszentrum (Dubai), diverse Hotels (Fez, Abu Dhabi, Medina) sowie ein Videospiel benannt; auf Antrag einer muslimischen Forschergruppe heißt jetzt sogar ein Krater auf dem Mond nach ihm. Aber das sind Formalien, Äußerlichkeiten. Unklarer ist da schon, welche seiner Gedanken heute noch die islamische Welt prägen. Wie es mit seinem spirituellen Erbe aussieht. Oder dem Verrat daran.

Und was bedeutet Ibn Battuta für die westliche Welt? Schulbücher in Europa und den USA erwähnen den größten aller mittelalterlichen Reisenden kaum. Und wenn überhaupt, unter der Hilfskonstruktion, der Mann sei so etwas wie der »arabische Marco Polo« gewesen – dabei müsste es nach der Lebensleistung wohl eher andersherum heißen: Marco Polo war der »europäische Ibn Battuta«.

*

Ich glaube, ich bin zum ersten Mal Anfang der Siebzigerjahre auf den Namen Ibn Battuta gestoßen, damals, bei einem Trip nach Tanger, und es war eine höchst oberflächliche erste Bekanntschaft – sporadische Erzählungen und Berichte über einen Reisenden, dessen Bedeutung ich noch nicht einschätzen konnte. Ich habe ihn dann bald wieder vergessen. Wie so viele andere Autoren und Reporter hat mich Marco Polo fasziniert, große Teile »seiner« Seidenstraße bin ich entlanggefahren. Seine Heimatstadt Venedig war ohnehin seit jeher eine meiner Favoritinnen.

Später beschäftigte ich mich intensiver mit einem seiner Vorreisenden, dem chinesischen Mönch Hsüan Tsang, der im 7. Jahrhundert sechzehn Jahre lang durch Zentralasien und Indien gepilgert ist, um die Quellen des Buddhismus zu studieren. Ich fuhr auf »seinen« Strecken über den Himalaja, den ebenso holprigen wie landschaftlich großartigen Pamir Highway entlang und den Ganges hinunter. Und dann war da noch der Admiral Zheng He (1371–1433), dem ich gelegentlich nachreiste, in seine Zielhäfen Surabaya, Malakka und Mombasa. Der Nachgeborene der großen mittelalterlichen Entdecker hat einige Jahrzehnte nach Marco Polo und Ibn Battuta mit seiner Flotte von sechzig Schiffen und fünfundzwanzigtausend Mann Besatzung große Teile Asiens und Afrikas erreicht. Verglichen mit seinen Vorgängern waren das Expeditionen de luxe, extrem gut vorbereitet, extrem professionell durchgeführt. Und wäre der Admiral nicht politisch in Ungnade gefallen, er hätte mit seiner Flotte womöglich die ganze Welt erobert.

Auf den großen arabischen Entdecker bin ich dann erst viel später wieder gestoßen, eher zufällig. In der Zeitschrift *National Geographic* erschien im Januar 1991 eine beeindruckende Reportage über Ibn Battuta, den »Prince of Travelers«, wie es darin hieß. Ich habe mir das Heft zurückgelegt und in späteren Jahren immer mal wieder darin geblättert. Dann besorgte ich mir eine englische Übersetzung des *Rihla,* deutsche gab es damals nicht – und war noch mehr fasziniert.

Bei einem meiner vielen Gespräche und Diskussionen mit dem Kollegen Peter Scholl-Latour machte ich einmal, eher scherzend, eine Verwandtschaft zwischen ihm und dem Marokkaner aus. Beide seien sie doch als rastlose Reisende, Ländersammler und Reporterlegenden bekannt, Scholl-Latour hatte damals gerade mit Timor-Leste, Osttimor, den letzten ihm »fehlenden« Staat der Erde besucht. Der neuzeitliche Welterklärer gab sich sofort und sehr ernsthaft als Ibn-Battuta-Fan zu erkennen. Er erzählte mir, dass er bei seinen Trips stets ein verschlissenes französisches *Rihla*-Exemplar bei sich trage und sich immer wieder stundenlang in den Text vertiefe.

Ende 2014 beschloss ich, mich für ein Jahr auf die Spuren des Ibn Battuta zu begeben. Die gesamte Reiseroute des Entdeckers nachzufahren, mitsamt seinen rätselhaften Umwegen, schien mir vermessen. Und so suchte ich mir zwölf Reiseziele in zwölf Ländern für zwölf Monate heraus. Orte, die ihm besonders viel bedeutet haben, um anhand derer seine Lebensgeschichte so historisch korrekt, so biografisch wie möglich nachzuzeichnen. Suchte nach Spuren, die er hinterlassen haben mochte. Versuchte, die »Wunder der Städte«, die er gesehen hatte, nachzuempfinden und sie mit seinen Eindrücken knapp siebenhundert Jahre zuvor zu vergleichen.

2015 sollte »mein Jahr mit Ibn Battuta« werden – von Marokko bis nach China, vom Ausgangspunkt seiner Odyssee bis hin zu ihrem weitesten Punkt fern der Heimat, und mit möglichst allen wichtigen, für ihn entscheidenden Zwischenstationen. Tanger, Kairo, Damaskus und Mekka; Shiraz, Dubai und Istanbul; Samarkand, Delhi und Male; Jakarta, Hangzhou und Granada – an diesen Orten habe ich mich auf seine Fährten geheftet und, so ähnlich wie er, Kontakte geknüpft. Zu Reichen und Einflussreichen, aber eben auch zu den ganz »normalen« Menschen, um ihre Sorgen, ihre Nöte, ihre weltlichen und spirituellen Sehnsüchte zu ergründen.

Es war nicht unbedingt so geplant, aber es hat sich als Muster ergeben: Das Nachreisen, das Neuzeit-Beschreiben sieben Jahrhunderte nach der *Rihla* spielte sich vor einem besonders brisanten politischen Hintergrund ab, meine Ausflüge wurden fast zu einer Folie der gegenwärtigen Weltpolitik. Denn die Route führte praktisch durch all die Staaten außerhalb Amerikas und Europas, in denen sich derzeit die entscheidenden internationalen Entwicklungen ereignen.

Ibn Battutas Trip hat ihn – und mich – längere Zeit in Indien und China verbringen lassen: Heute sind das die beiden einzigen Staaten mit mehr als einer Milliarde Einwohnern, neue Großmächte, die ihre eigenen, gegensätzlichen Entwicklungsmodelle verfolgen. In beiden Riesenreichen sind Muslime nur eine Minderheit. Aber eine bedeutende Minderheit. In Indien zählen sie zwölf Prozent oder hundertfünfzig Millionen Menschen, ein wichtiger Faktor für die indische Politik und ein potentieller Unruheherd in der Hauptstadt Delhi, in der Ibn Battuta fast acht Jahre lebte. In China sind es derzeit kaum mehr als zwei Prozent, dreißig Millionen Menschen (aber immer noch mehr als etwa in Saudi-Arabien). Überall in der Volksrepublik, auch in einer Metropole wie Hangzhou, Tausende Kilometer von dem islamisch geprägten Autonomen Gebiet Xinjiang entfernt, werden sie als mögliche Gegner der Kommunistischen Partei – oder gar als potentielle Terroristen – misstrauisch beäugt.

Die wichtigsten Wege lenkten den Abenteurer aus Tanger aber nicht nach Indien und China, wo seine Glaubensgenossen schon damals keine Bevölkerungsmehrheit stellten, sondern durch Arabien, Südrussland, Zentralasien, Afghanistan, die damalige Welt der Muslime. Eine Welt, die der Islam auch heute noch prägt, und die sich in diesen Tagen besonders im Aufbruch, im Aufruhr befindet. Die Entwicklung hat manche mit Hoffnungen erfüllt, Stichwort »Arabischer Frühling«. Doch weit mehr Menschen macht sie heute Angst. Libyen und Syrien sind von Bürgerkriegen zerrissene Länder, und auch im volkreichen, zur regionalen Führungsmacht bestimmten Ägypten gärt es.

Der »Islamische Staat« (IS), wie sich die irakisch-syrische Terrormiliz nennt, ist zum Synonym des Schreckens, der akuten Bedrohung für den Nahen Osten, aber auch für uns im Westen geworden, Abu Bakr al-Baghdadis »Kalifat« zum Horror-Wort. Und auch anderswo ist der Glaube nicht gerade mit friedlichen Entwicklungen verbunden: Im sunnitischen Saudi-Arabien versteht sich das Königshaus als »Hüter der heiligen Stätten« des Islam, unterdrückt mit seiner rigiden Koran-Auslegung jeden Wunsch nach mehr Liberalität im eigenen Land drakonisch – und bekämpft die schiitischen Muslime von Teheran, Sanaa und Bahrain bis aufs Messer. Im Iran stehen die göttlichen Gesetze über allem, die Ayatollahs glauben, weitgehend ohne Rücksicht auf Pluralismus, Gewaltenteilung und Gedankenfreiheit regieren zu können. Ein Machtkampf, ein Religionskrieg, eine Mischung aus beidem – und eine Entwicklung, die den Weltfrieden gefährden könnte.

Doch gleichzeitig finden in Indonesien, wo mehr Muslime leben als in irgendeinem anderen Staat der Erde, freie und faire Wahlen statt, eine demokratische Ordnung behauptet sich gegen islamistische Tendenzen. Das ebenfalls ganz überwiegend islamisch geprägte Marokko ist längst zum Favoriten des internationalen Jetsets geworden, zum Reiseziel und Party-Paradies einer durchaus legeren und lasziven Klientel. Und viele »aufgeklärte« Muslime sind sogar überzeugt davon, ihren Glauben – trotz mancher Übergriffe – am besten und freiesten in Westeuropa leben zu können.

Gibt es also eher Fortschritte oder Rückschritte im Vergleich zu Ibn Battutas Zeiten, von der damaligen globalisierten Welt zur globalisierten Welt von heute? Haben sich die Muslime unversöhnlich auseinanderentwickelt, oder ist ihre ausgeprägte Verschiedenheit, die Vielfalt ihrer Traditionen und Glaubensformen, langfristig womöglich ein Vorteil? Sehen sich die meisten noch als Teil der *Umma,* wollen sie womöglich durch eine wirtschaftlich erzwungene oder missionarisch gewollte Ausbreitung ihr »Haus des Islam« nach Europa ausdehnen? Existiert das Gefühl der religiösen Zusammengehörigkeit noch, das für Ibn Battuta so selbstverständlich war – und wenn nicht, was ist an die Stelle der *Pax Islamica* getreten, die Mitte des 14. Jahrhunderts große Teile der Welt prägte, anstelle einer Gesellschaft, die nach den Worten des amerikanischen Historikers Marshall Hodgson »näher als jede andere im Mittelalter dem Ideal kam, eine gemeinsame Weltordnung mit sozialen und kulturellen Normen zu schaffen«?

Navid Kermani, in Siegen geborener Sohn iranischer Eltern und ein gläubiger Muslim, beschwört bei seiner Dankesrede für den Friedenspreis des Deutschen Buchhandels 2015 in der Frankfurter Paulskirche die Großen der islamischen Geschichte: »Wir können nur staunen über die Originalität, die geistige Weite, die ästhetische Kraft und auch humane Größe, die uns in der Spiritualität Ibn Arabis, der Poesie Rumis, der Geschichtsschreibung Ibn Khalduns, der poetischen Theologie Abdulqaher al-Dschurdschanis, der Philosophie des Averroës, den Reisebeschreibungen Ibn Battutas begegnen.« Es sind allesamt Persönlichkeiten aus der mittelalterlichen Glanzzeit des Glaubens.

Der Islam steht in diesen Tagen an einem Scheideweg, Reformer und Fundamentalisten kämpfen um die Deutungshoheit. Sehr autoritäre Herrscher wie Ägyptens neuer Präsident Abdel Fatah al-Sisi versuchen mit aller Härte, radikale, aber auch moderate oppositionelle Muslime auszuschalten; eher »aufgeklärte« autoritäre Herrscher wie Dubais Emir Mohammed Ibn Raschid Al Maktum versuchen, Globalisierung und Glauben in Einklang zu bringen und für ihre eigenen Staatsbürger – wenngleich nicht für die »Gastarbeiter« – einen modernen, moderaten und weltoffenen Marktplatz der Muslime zu schaffen.

Im Westen betrachtet man alles, was mit dem Islam verbunden ist, mit großem Misstrauen. Unerklärlich scheint, dass sich junge Menschen in Großbritannien, Frankreich und Deutschland für die Terrormiliz IS begeistern können, für sie ihre Freiheiten aufgeben und sogar in den Krieg ziehen. Besonders nach den Terroranschlägen vom 13. November in Paris bekam die Angst neue Nahrung. Der IS brüstete sich mit den grausamen Taten, einige der Mörder hatten sich in syrischen Lagern radikalisiert und ausbilden lassen, und auch wenn sie zum allergrößten Teil in Frankreich und Belgien aufwuchsen – viele Europäer sind heute nicht mehr willig, zwischen Islam und Islamismus, zwischen Religion und ihrem Missbrauch zu differenzieren. Manche EU-Staaten sind nur noch bereit, christliche Flüchtlinge aus dem Nahen Osten aufzunehmen, sie verdächtigen Muslime pauschal als »Gefährder«, wollen sich abschotten.

Auch in diesem neuen Zeitalter der Grenzzäune aber ist eines sicher: Der Einfluss dieser Weltreligion wird weltweit zunehmen, ob man das in Europa und den USA zu akzeptieren bereit ist oder nicht. Das legen schon allein die Zahlen nahe, die das unabhängige Pew Research Center ermittelt hat. Demnach wird es bis zum Jahr 2050 zwar mehr Christen (plus fünfunddreißig Prozent) und auch mehr Hindus (plus vierunddreißig Prozent) als heute geben – aber der Islam wächst weit schneller, mit dreiundsiebzig Prozent. Damit dürfte kurz nach der Mitte des Jahrhunderts die Anzahl der Muslime die der Christen überholen, der Islam wird zur Weltreligion Nummer eins mit mehr als drei Milliarden Menschen. Mekka löst den Vatikan damit rein zahlenmäßig als wichtigstes spirituelles Zentrum der Erde ab.

Immer wieder tauchten bei meinen Nachreisen, bei meinen Recherchen in Sachen Ibn Battuta philosophische und spirituelle Betrachtungen auf. Und ebenso oft wurden sie überdeckt von Alltagsproblemen, von fehlenden Jobs, schlechten Gehältern, nicht existenten Aufstiegsmöglichkeiten, Sorgen um die Ausbildung der Kinder und die Rente im Alter. Göttlichen Beistand wünschten sich viele meiner Gesprächspartner, aber vor allem wünschten sie sich – welche Rolle auch immer die Religion in ihrem privaten Leben spielte – göttlichen Beistand für ihre Regierenden, Good Governance ohne Korruption und Vetternwirtschaft.

Welche Knüppel die staatliche Bürokratie einem in den Weg werfen kann, erfuhr ich am eigenen Leib. Und welche Vor- und Nachteile das Reisen von heute gegenüber dem Reisen des 14. Jahrhunderts hat. In Ibn Battutas Erzählungen, in seinen kolportierten Träumen tauchen mehrfach große Vögel auf, von deren Schwingen er sich über die weiten Lande tragen lassen möchte; es sind erstaunliche Phantasien, denn natürlich war damals an den Bau von Flugzeugen noch nicht zu denken. Der Abenteurer musste sich auf Kamelen durch Wüsten quälen, Meere in manchmal abenteuerlichen, lebensgefährlichen Seelenverkäufern durchqueren. Ich überflog sie.

Aber andererseits: Ibn Battuta brauchte kein einziges Visum auf seinem Weg. Für den Besuch meiner zwölf Städte in zwölf Staaten benötigte ich elf Visa, nur das spanische Granada war ein »EU-Heimspiel«. In Tanger (Marokko), in Kairo (Ägypten), in Dubai (Vereinigte Arabische Emirate), in Istanbul (Türkei), Male (Malediven) und Jakarta (Indonesien) konnte ich den Sichtvermerk relativ problemlos bei der Einreise erhalten. Für Samarkand (Usbekistan), Delhi (Indien) und Hangzhou (China) waren Erklärungen gegenüber den in Berlin ansässigen Botschaften nötig, bevor nach wochenlangem Warten die Einwilligung kam. Journalistische Reisen in den Iran (Shiraz) und nach Saudi-Arabien (Mekka) gelten als Glücksfall – die Regierungen beider Staaten sind für eine äußerst restriktive Politik gegenüber unabhängigen Berichterstattern bekannt. Eine Einreise nach Damaskus war 2015 wegen des Bürgerkriegs nicht möglich, hier musste ich mich auf frühere Eindrücke aus Reportagereisen und die Schilderungen von Freunden vor Ort verlassen.

Mein Jahr mit Ibn Battuta führt in eine Stadt, die drei der großen Reisenden des Mittelalters – Zheng He, Marco Polo und eben der Mann aus dem Maghreb – besucht haben: Hangzhou. Den »Himmel auf Erden« nennen die Chinesen sie, und wer je im Mondschein an den Ufern des Westsees oder an der über tausend Jahre alten, allen drei großen Entdeckern bekannten Phönix-Moschee entlang geschlendert ist, bekommt auch heute noch eine Ahnung von der früheren Faszination.

Und wenn Hangzhou das »weiteste« Ende meiner Reise ist, so hat sie auch einen natürlichen Anfang: Tanger. Die Geburtsstadt des Ibn Battuta, der Ort auch seines versteckten, geheimnisvollen Grabs. Sein Lebensmittelpunkt, wenn denn ein Weltenwanderer wie er überhaupt so etwas hat.

Tanger – Ursprünglich

Für einen abenteuerlustigen jungen Mann ist das mittelalterliche Tanger Fluch und Versprechen zugleich, eine Heimatstadt als Herausforderung.

Der Legende nach hat Herkules diesen Ort gegründet, der stärkste Mann der Welt. Zur Ehre seiner Frau trennte der Mächtige eben mal die beiden Kontinente Europa und Afrika, schuf eine Passage zwischen Atlantik und Mittelmeer, nicht viel breiter als ein großer Fluss, errichtete große Säulen, um sein Werk zu säumen: den Fels von Gibraltar im Norden, die Jebel-Musa-Berge im Süden. Der griechische Philosoph und Geschichtsschreiber Platon nannte Tingis »den Rand der bekannten Welt« – östlich dessen vermutete er nur noch das sagenhafte, untergegangene Atlantis. Karthager, Phönizier und Römer beherrschten im Lauf der Jahrhunderte diese Grenzsiedlung, Anfang des 8. Jahrhunderts eroberten sie die Araber und verbreiteten im ganzen Maghreb den Islam.

Ibn Battuta erzählt in seinem Reisebuch nichts von seiner Kindheit Anfang des 14. Jahrhunderts, und die historischen Kenntnisse, wie genau es in der Stadt damals ausgesehen haben mag, sind spärlich. Selbst die Nachricht darüber, wann und warum sie die Namen gewechselt hat, verschwindet im Nebel der Geschichte. Tingis, Tanja, Tangier: Sie war nie eine wirkliche Metropole, von der es sich für die großen Historiker zu erzählen lohnte, nie ein Ort, der die Zeiten und die Weltläufte wirklich bewegte, sich in die Geschichtsbücher eintrug. Kein klangvoller Name, ein Ort der zweiten Klasse, der zweiten Wahl.

Ein Fluch für jemanden, der sich im Mittelpunkt des Geschehens fühlt, Abenteuer erleben, die Welt erkunden will.

Aber Tanger, diese weiße, windzerzauste, verwinkelte Ansiedlung, ist auch kein hinterwäldlerisches Dorf. Die Hafenstadt mit ihren damals vielleicht dreißigtausend Einwohnern war zu Battutas Zeiten längst eingebunden in den blühenden mediterranen Handel. Von Tanger aus fuhren Schiffe durch die Meerenge hinüber nach Andalusien, auch weiter weg Richtung Osten nach Tunis und nach Alexandria, oder auch nach Venedig, eine der wenigen europäischen Städte, die während der europäischen Zeiten der Zersplitterung und des Niedergangs mit den muslimischen Metropolen mithalten konnte.

Es muss tagaus, tagein ein reges Geschäftsleben zwischen den Kais geherrscht haben, ein wuseliges Treiben, das sich von den schwindelerregenden Mauern der an die Hügel geklebten Kasbah bestens beobachten und hören ließ: die Kaufleute, die ihre Sklaven anbrüllten, wenn sie die Schiffe nicht schnell genug mit Stoffen und Früchten für den Export beluden; die Künstler und die Handwerker, die ihre aus der Ferne mitgebrachten Gerätschaften vorsichtig balancierten, während Frauen die Seidenballen aus fernen Ländern in Sicherheit brachten; die Soldaten, die mit ihrem Kriegsgerät zur nächsten Garnison auf Boote einstiegen; die Studenten, die sich aufgeregt aufmachten, um zu den angesehenen höheren Koranschulen der Region zu gelangen, die anderen, die über das Meer Heimkehrenden, die von hier auf Esel und Pferde und dann auf »Wüstenschiffe« umsattelten, schwankende Kamele gegen schwankende Boote austauschend. Auf dem Weg ins Innere Marokkos, und, zu Karawanen zusammengeschlossen, oft auch noch weiter über die Sahara. Bis ins legendäre Timbuktu, bis nach Schwarzafrika.

Ein Versprechen für jemanden, der reisend möglichst die ganze Welt erobern wollte. Er musste nur den Absprung finden.

Hier in Tanger, von der nördlichsten Spitze Afrikas, ließ sich
an klaren Tagen bis hinüber nach Europa schauen, und einige
Kilometer entfernt am Kap konnte man von einer Anhöhe buchstäblich auf zwei Meere hinunterspucken, das tiefblaue *Mare Nos-
trum* und den grauschäumenden Atlantik. Hier oben waren zu
allen Zeiten die beliebtesten Treffpunkte, die Verstecke, die Sehn-
suchtsorte der Kinder von Tanger. Hier wird sich auch der junge
Ibn Battuta mit seinen Spielkameraden getroffen haben. Um von
fernen Ländern zu schwärmen. Und um von den Abenteuern und
Wundern zu träumen, die in der Fremde mit ihren glanzvollen
Städten warteten. Denn Ibn Battuta wusste schon in frühester
Kindheit, dass die Zentren der Welt weit weg von Tanger lagen,
dass in Ägypten, im Zweistromland, in Indien und in China die
entscheidenden, die aufregenden, die bahnbrechenden Ereignisse
passierten.

Und wenn er auch Marco Polos Erzählungen von der Seidenstraße und vom fernen Herrscher Kublai Khan auf dem Thron
im Reich der Mitte nicht gekannt haben kann, so dürften ihm
die Berichte früherer muslimischer Reisender zugänglich gewesen
sein, die auch das Fernweh gepackt hatte – wenngleich sie es dann
längst nicht so weit schafften. Die Schriften eines Ibn Jubayr von
Valencia aus dem 12. Jahrhundert beispielsweise: Hat der jugendliche Ibn Battuta sie gelesen, heimlich vielleicht, gegen den Willen der Eltern, zugesteckt von Freunden? Den Mann als Vorbild
genommen, der jedem riet, die »Chance der Freiheit« zu ergrei-
fen, bevor man im Alter »mit den Zähnen knirscht angesichts der
verpassten Möglichkeiten«?

Es fehlt Ibn Battuta während seines Heranwachsens jedenfalls
nicht an materiellen Dingen. Die Eltern sind gut situiert, obere
Mittelklasse würde man heute sagen. Die Angehörigen der Sippe
haben sich schon vor Generationen aus den Bergen Marokkos
in die Hafenstadt begeben, wo die Chancen für ehrgeizige Neu-

ankömmlinge besser waren. Der soziale Aufstieg vollzog sich über Jahrzehnte hinweg, über mehrere Generationen.

Als Ibn Battuta am 25. Februar 1304 geboren wird, hat sich sein Vater in der Stadt als islamischer Rechtsgelehrter etabliert. Solche *Kadis* sind gesuchte Leute, über sie können Geschäfte abgewickelt werden, sie entscheiden wichtige Alltagsprobleme und legale Auseinandersetzungen. Andere Mitglieder der Sippe arbeiten als *Faqihs*, ebenfalls eine erstrebenswerte juristisch-wissenschaftliche Karriere im gut bezahlten quasi-öffentlichen Dienst.

Dass der Battuta-Clan ursprünglich aus der tiefsten Provinz kommt, dass sie Berber vom Stamm der Lawata sind, fiel nicht negativ ins Gewicht. Hätte man auf ihre bäuerliche Herkunft herabgesehen, hätte man auch über die Regierenden von Tanger die Nase rümpfen müssen. Auch die Herrscher dieser Maghreb-Region waren ursprünglich Nomaden, kriegerische und rücksichtslose Kämpfer vom Stamm der Banu Marin. Sie nannten sich Meriniden, und etwa zur Zeit der Geburt des Ibn Battuta hatten sie ihre Macht über große Teile des heutigen Marokkos mit ihrer Hauptstadt Fez konsolidiert. Statt blutige Kämpfe untereinander auszutragen, besannen sie sich auf den lukrativen Handel mit Nachbarstaaten und den Aufbau eines fortschrittlichen Staatswesens. Sie stützten sich dabei auf loyale, tüchtige, im wahrsten Sinne des Wortes staatstragende Familien wie die Battutas.

Gerade weil sie Aufsteiger sind, legt Ibn Battutas Vater besonderen Wert auf die Erziehung und Ausbildung seines spätgeborenen Sohns. Das heißt vor allem, dass er fließendes Hocharabisch lernen muss, was ja nicht seine Muttersprache ist. Wichtiger noch, er muss mit allen Aspekten des Islam vertraut gemacht werden – der Glaube bestimmt und regelt zu dieser Zeit alle wichtigen Aspekte des alltäglichen Lebens.

Der Junge wird ab dem sechsten Lebensjahr in eine der Madrassen von Tanger geschickt, auf eine der Koranschulen. Sie liegen meist in der Nähe der Moscheen, die Kinder sitzen im Halbkreis um den Imam, der ihnen die Grundsätze der Schreibtechnik, der arabischen Grammatik und des Rechnens beibringt. Vor allem aber geht es darum, das Heilige Buch auswendig zu lernen, immer wieder die Texte zu memorieren. Wer sich die schwierigen Wendungen nicht merken kann, in den werden sie förmlich hineingeprügelt. Und bei den Reichen gilt es durchaus als üblich, zusätzlich zu den Madrasa-Lektionen noch einen teuren Privatlehrer für den Zögling zu beschäftigen: Tutoren-Privileg statt Chancengleichheit.

Ibn Battuta gehört offensichtlich zu den Begabteren, zu denen, die schon mit zwölf Jahren den Koran durchgehend rezitieren können, sozusagen im Schlaf. Aus der heutigen Sicht – und aus dem Blickwinkel der westlichen Aufklärung – mag ein solches »blindes« Memorieren eines langen und extrem schwierigen Textes stumpfsinnig erscheinen. Ibn Battuta aber hat seine Gedächtnisleistung und sein gläubiges Aufsaugen des Textes offensichtlich viel bedeutet, die Heilige Schrift ist so etwas wie ein Anker seines Lebens. Immer wieder, so wird er später erzählen, hat er in schwierigen Lebenssituationen, gefangen von Räubern, bedroht von Piraten, verlassen von allen weltlichen Freunden, den Text vor sich hergesagt, Kraft und Lebensfreude daraus geschöpft.

Der Koran, das göttliche Wort, und Mohammed, das Siegel der Propheten, gibt dem jungen Mann wie allen seinen Glaubensbrüdern einen ethischen Kompass und soziale Vorschriften mit auf den Weg. Mit fünfzehn, sechzehn Jahren hat sich seine Ausbildung dann ganz in Richtung der Familientradition spezialisiert: Er bekommt die Grundzüge der Scharia vermittelt. Das auf dem Koran basierende heilige (und damit auch weltliche) Recht regelt das gesamte Spektrum des Zusammenlebens, von Heirat bis zu Erbangelegenheiten, von Geschäftspraktiken bis zum Steuersystem. Alles, von Markt bis Moral.

Die Glaubensunterwerfung – und das bedeutet »Islam« im Wortsinn – beruht für jeden Muslim auf fünf Säulen: Dazu gehört zunächst das Glaubensbekenntnis (»Es gibt keinen Gott außer Gott, und Mohammed ist sein Gesandter«). Dann das Ritualgebet, das fünfmal am Tag zu bestimmten Zeiten verrichtet werden muss und eine Abfolge von Gebeten und Bewegungen umfasst – die Gläubigen wenden sich dabei in Richtung der Kaaba in Mekka, sie sollen sich im Zustand »ritueller Reinheit« befinden, auch der Boden, auf dem sie beten, muss sauber sein. Des Weiteren sind Muslime verpflichtet, Almosen für Bedürftige zu geben und im Monat Ramadan von Sonnenaufgang bis Sonnenuntergang zu fasten. Säule Nummer fünf des Glaubens ist die Pilgerfahrt. Wer gesundheitlich und finanziell dazu in der Lage ist, soll sich zumindest einmal im Leben nach Mekka aufmachen.

Die täglichen Grundpflichten bestimmen natürlich auch Ibn Battutas Tagesablauf. Sie schränken die Zeiten ein, in denen der Schüler mit anderen spielen kann, sie sind manchmal lästig, weil sie ihn beim Lernen unterbrechen und das Essen-und-Trink-Verbot während der Ramadan-Tage kann sehr hart sein. Aber die Regeln geben ihm auch einen Lebensrhythmus. Über sie zu diskutieren oder sich gar gegen sie aufzulehnen, kam sowieso nicht infrage, sie sind im wahrsten Sinne des Wortes gottgegeben.

Im sunnitischen Islam existieren damals weltweit mehrere große juristische Zweige, die *Shafii*, die *Hanafi*, die *Hanbali* und die *Maliki*. Letztere waren in Nordafrika dominant und vielleicht ein wenig orthodoxer als die anderen Schulen. Aber bis auf wenige Details gleichen sich zu Ibn Battutas Zeiten alle Rechtsauslegungen in der gesamten muslimischen Welt. Und die gehobene Amtssprache ist grenzüberschreitend Arabisch, von Malaga bis Malakka, von Tanger über Samarkand bis Timbuktu. Ibn Battuta ist mit seiner »globalisierten« Ausbildung damit in der privilegierten Lage, praktisch überall im »Haus des Islam« von Nahost bis Indien seinen Beruf auszuüben.

Natürlich hat er als Angehöriger der intellektuellen Elite gewisse Formalitäten zu erfüllen: Bei allen öffentlichen Auftritten erwartet man von einem *Alim*, einem »Mann des Lernens«, dass er einen Turban trägt, sich ein Tuch über Kopf und Schultern wirft, ein langes, makellos weißes Baumwollgewand mit weiten Ärmeln anlegt. Ibn Battuta verrät in seinem *Rihla* nicht viel über sein Aussehen, nur dass er einen Bart trug, erfahren wir aus seinem Lebens- und Reisebericht. Vermutlich wirkt er auf seine Zeitgenossen wegen seiner Berber-Herkunft nicht wie ein Küsten-Araber, sondern hatte blaue Augen und helles Haar.

Und natürlich sollte er sich als junger Mann der gelehrten Oberschicht stets benehmen wie ein Gentleman. Zurückhaltend, weise, gerecht, Macht und Mammon nicht übertrieben zugewandt und auf keinen Fall jähzornig, egomanisch, sexgetrieben – wir werden noch sehen, dass Ibn Battuta diesen Ansprüchen nicht immer genügte. Und was seine künstlerische Ader betrifft: Nur einmal wird er sich an einem eigenen Gedicht versuchen, er weiß wohl schon als junger Erwachsener, dass die Poesie nicht zu seinen großen Stärken gehört. Er ist eher der nüchterne Reporter. Beobachtet genau. Schreibt auf, was er sieht. Macht sich mit keiner Sache gemein, und schon gleich gar nicht mit einer guten. Herrscher beurteilt er nach dem Nutzen, die sie für ihn persönlich haben könnten, und nach ihren Erfolgen – wie sie zustande kommen, bleibt bei ihm eher zweitrangig.

Aber er hat auch etwas von einem Rebell in sich, fühlt sich hingezogen zu denen, die anders sind als die Masse, als der Mainstream. Zu den Einsiedlern, zu den Derwischen, zu den Gauklern. Zu den Sufi-Mystikern, die einen eigenen, individuelleren Weg zu Gott suchen. Und er brennt vor Abenteuerlust, vor Sehnsucht nach fernen Gefilden.

Mit einundzwanzig hat er seine Ausbildung abgeschlossen. Er könnte nun als Junior-Richter in das Geschäft seines Vaters oder Onkels einsteigen, eine respektable Kleinstadt-Karriere machen. Er könnte heiraten, sich ein Haus in den besseren Gegenden der weißen Stadt suchen, mit Blick auf den Hafen. Von seinem Diwan aus den Abenteuern hinterherträumen, während sie dort unten an den Kais die Waren aus fremden Ländern löschen, die Stoffe, die Gewürze, das Porzellan auf den Markt schaffen und Karawanen zum Weitertransport zusammenstellen. Ein Leben in geordneten Bahnen.

Aber Ibn Battuta treibt nur eines um – der junge Mann will weg vom Maghreb, dessen arabischer Wortstamm »das Entlegene« bedeutet, er will weg vom Rand der Welt, weg von der letzten Grenze Tanger. Zu den Zentren der Erde. Und zumindest in den kommenden Jahren werden das die großen, berühmten Stätten des Islam sein: Kairo, Damaskus, Mekka, Medina.

Es gibt nur eine große Reise, die für ihn naheliegt, die er auch bei seiner Familie – nach sicherlich langen, nervenzehrenden Diskussionen – durchsetzen kann: die Pilgerfahrt nach Mekka. Das sind von Tanger aus mehr als viertausend Kilometer Luftlinie, die Strecke führt auch durch eine der unwirtlichsten Gegenden der Erde. Aber es ist kein ganz ungewöhnlicher Trip. Wenn Ibn Battuta sich einer der Pilgergruppen anschließt, wenn alles glatt läuft, sollte er in zwei, höchstens drei Jahren zurück sein.

Ob Ibn Battuta damals schon gedacht hat, es könnte nach Mekka für ihn noch weitergehen, bis jenseits aller bekannter Horizonte, buchstäblich von einem Ende der Welt, dem westarabischen, zum anderen, dem chinesischen? Deutet sich seine unbändige, alles sprengende Wanderlust womöglich schon dadurch an, dass er im Sommer loszieht, hastig, ohne Begleitung – alles andere als eine Wallfahrt auf die bequeme Tour, die sich die Familie doch hätte leisten können?

»Im Namen Gottes, des Barmherzigen und Liebenden«, beginnt das große Reisebuch, so wie es sich für das Werk eines Gläubigen gehört – und geht dann ganz nüchtern weiter, mit dem Anfang und den Umständen des großen Trips: »Ich verließ Tanger, meinen Geburtsort, am Donnerstag, den zweiten Rahab im Jahr 725 (14. Juni 1325), damals zweiundzwanzig Mondjahre alt (nach unserer Rechnung einundzwanzig Jahre und vier Monate), um die Pilgerfahrt zu dem Heiligen Haus (in Mekka) und zum Grab des Propheten (in Medina) anzutreten. Ich zog allein los, da ich keinen Weggefährten fand, mit dem ich mich unterwegs hätte austauschen können, und keine Gruppe von Reisenden, der ich mich hätte anschließen können. Es trieb mich ein fest entschlossener Sinn und ein leidenschaftliches Verlangen, diese glorreichen Heiligtümer zu sehen. So beschloss ich denn, mich von allen meinen Freunden zu trennen und meinem Elternhaus Lebewohl zu sagen. Da meine Mutter und mein Vater noch am Leben waren, fiel mir der Abschied besonders schwer, und auch sie überfiel der Schmerz.«

Schon nach wenigen Wochen ist Ibn Battuta in ernsten Schwierigkeiten. Er verliert fast sein ganzes Geld an marodierende Banden, er erkrankt an hohem Fieber. Er wird von barmherzigen Einheimischen mit dem Nötigsten versorgt und auf ein Pferd gesetzt. Der Grenzgänger merkt, wie schnell er an eigene Grenzen stößt. Er schwebt nach eigener Einschätzung bald zwischen Leben und Tod: »Ich band mich mit dem Stoff des Turbans an meinem Sattel fest, falls ich aus Schwäche von dem Gaul fallen sollte ... Und dann wurde ich so von Einsamkeit gepackt, dass ich meine Tränen nicht mehr zurückhalten konnte und anfing, bitterlich zu weinen.«

Der Tanz auf der Rasierklinge

Wer in diesen Tagen nach Tanger fährt und sich auf die Suche nach Spuren des größten mittelalterlichen Reisenden begibt, muss nicht lange suchen. Sie springen ihn an, zumindest dann, wenn er mit dem Flieger kommt. »Aéroport Ibn Battouta« steht in großen Buchstaben über dem Empfangsgebäude am Flughafen der marokkanischen Stadt. Das ist es dann aber auch schon. Diese Stadt überschüttet ihren größten Sohn nicht gerade mit Ehren: kein Ibn-Battuta-Denkmal, kein Ibn-Battuta-Hauptplatz, kein Ibn-Battuta-Forschungsinstitut.

Erinnerungen an meinen ersten Trip hierher. Als ich Ende der Siebziger nach Tanger aufbrach, kam ich mit einer rostigen Fähre aus Südspanien am Hafen an, ein Hotel hatte ich nicht gebucht. Und während ich noch unter den Folgen der zweistündigen, stürmischen Schifffahrt litt und die Übelkeit zu unterdrücken suchte, fiel ich in die Fänge eines der jugendlichen Schlepper, die am Kai auf Gäste warteten. »Monsieur, Monsieur, kommen Sie mit, ich kenne da eine preiswerte Bleibe, großer Luxus für kleines Geld!«

Das war genau das, was ich damals suchte, und so folgte ich ihm. Enge Straßen die Neustadt hinauf, immer um noch ein Eck. Die Gegend wurde immer düsterer. Und dann standen wir plötzlich vor der Pension seiner Empfehlung – vor dem »Ibn Battouta«. Es war eines der am wenigsten einladenden, am meisten heruntergekommenen Hotels, die ich je gesehen hatte. Die Rezeption mit den abgeblätterten Tapeten, der düstere Treppenaufgang, das schmierige Jackett des buckligen Alten, der das Ganze managte – jedenfalls war weit und breit kein anderer zu sehen, kein Angestellter, kein Gast –, weckten trotz meiner Müdigkeit, trotz der kaum überwundenen Seekrankheit, alle Warnsignale. Ich ließ mir ein Zimmer zeigen, und das war's dann: Die Vorhänge starrten vor Schmutz, die Betten waren durchgelegen und die Wäsche wer weiß wann zuletzt gewechselt. Ein Paradies für Flöhe, für Ungeziefer aller Art. Fluchtartig verließ ich die Herberge. Sah noch im Hinausgehen ein Foto an der Wand, gegenüber dem Empfang, es zeigte einen bärtigen jungen Mann vor der Stadtkulisse: »Ibn Battouta à Tangier«. Wenigstens in diesem Punkt war die vorgestrige Absteige also Avantgarde: Sie hatten hier, um den großen Reisenden »ablichten« zu können, etwa fünfhundert Jahre vor Louis Daguerre einfach mal so die Fotografie erfunden.

Was damals eine zufällige erste Begegnung mit dem Namen Ibn Battuta war, bekam für mich bei der Nachreise jetzt besonderes Gewicht: Vielleicht hatte das merkwürdige Hotel mit dem merkwürdigen Manager doch irgendeinen Bezug zu dem mittelalterlichen Abenteurer? War es Ausgangspunkt von irgendetwas? Dem Schriftsteller Tim Mackintosh-Smith, der im Jahr 2000 einige Nächte in der Absteige an der Rue Magellan verbrachte, hatte der Mann am Empfang jedenfalls einige Bemerkungen zugeraunt, die man für kenntnisreich oder immerhin selbstironisch halten konnte. Und er hatte die Aufnahme im Empfangsraum erklärt. »Eine sehr alte Fotografie«, möglich gemacht durch die in der Ferne erworbenen Erfahrungen des »besonders Weitgereisten«, der seiner Zeit immer voraus gewesen sei, erläuterte er dem erstaunten britischen Gast.

Ich finde die Absteige bei meinem neuerlichen Besuch 2015 nicht wieder. Dreimal wandere ich durch dieses immer noch sehr düstere Viertel der Stadt, habe genau vor Augen, wo das Hotel gewesen ist, glaube, es an dem dreckverkrusteten Eingang wiederzuerkennen – bis mich dann ein alter Mann aufklärt: »Die Stadt hat das Hotel Ibn Battuta abreißen lassen. Es ist bei sämtlichen Hygienekontrollen durchgefallen.« Und das Personal, das Foto an der Rezeption, gab es irgendwo anders einen Neuaufbau? Der Alte zuckt mit den Schultern. »Alle weg. Vielleicht verhaftet, man munkelte von Drogengeschäften …«

Oben an den Kasbah-Mauern, im historischen Festungs- und Wohnviertel, müsste es doch eine Ibn-Battuta-Fährte geben. Ich frage die jungen Männer, die am Bab Marshan, dem größten Eingangstor zu diesem Viertel, herumlungern und sich den Fremden als Guides andienen. Ibrahim, vielleicht sechzehn, siebzehn Jahre alt, lässiges Hemd über den verwaschenen Jeans, eine Baseballmütze ins Gesicht gezogen und fließend in Englisch und Französisch, schien mir der Cleverste aus der Gruppe. Ibn Battuta? Einen Moment zögert er, als sei ihm der Name nicht geläufig. Dann kann er ihn aber doch einordnen – und weiß etwas: »Ich kenne seine Schule. Soll ich Sie hinführen?«

Das klingt interessant, aber auch reichlich obskur. In den historischen Quellen gibt es keinen exakten Hinweis darauf, wo genau in Tanger der junge Mann Anfang des 14. Jahrhunderts den Text des Korans, Algebra und Morallehre paukte. Wo seine Madrasa lag.

Wir verlassen die Kasbah, gehen am italienischen Konsulat und an den alten phönizischen Gräbern vorbei, ins eher neu bebaute Marshan-Viertel. »Hier war es«, sagt Ibrahim und verweist auf einige steil zum Mittelmeer abfallende Häuser. Weit und breit nichts von einer Madrasa zu sehen, oder wenigstens von einer Moschee, die als Orientierungspunkt hätte dienen können. »Doch, meine Informationen stimmen«, sagt der junge Mann trotzig. »Aber Sie müssen mir ja nicht glauben.« Ein Moment Pause. »Hier ist auch ein schönes Café, hier können wir wenigstens etwas trinken.« Und da erkenne ich die Örtlichkeit wieder, sie ist ein berühmter Treffpunkt von Tanger, wenn er auch nichts – oder nichts, was ich wüsste – mit Ibn Battuta zu tun hat. Ibrahims Freunde winken ihm zu. Der Verdacht liegt nahe, dass er sich einen Vorwand gesucht hat, sie hier zu treffen und sich auf meine Kosten zu erfrischen.

»Café Hafa – Fondé 1921« sagt ein Zeichen an einem bunt bemalten Felsen, der gegen eine weiße Wand gelehnt ist. Eine steile Terrasse führt Treppen hinunter, auf verschiedenen Ebenen sind einfache Plastikstühle aufgestellt, zwischen denen ein Kellner Gläser mit Minztee balanciert. Über einem Feuer in der halboffenen Küche brodelt Wasser, eine junge Köchin wirft neben der Minze undefinierbare Blätter und Pülverchen in die Getränke. Aus ihrem Fenster, wie von überall auf den Terrassen, bietet sich ein spektakulärer Blick über das azurblaue Mittelmeer. Im Dunst schimmert die Silhouette von Schiffen, man glaubt, am Horizont einen Landstrich zu sehen und ist sich doch nicht sicher, ob man das dort drüben nur als Fata Morgana erträumt: Spanien, Europa, der nahe, ferne, andere Kontinent. Orient trifft Okzident.

Das Café Hafa war immer schon ein magischer Ort. Die Dichter Paul Bowles und William Burroughs haben hier in den Fünfzigerjahren am Abhang gesessen, Hasch geraucht, über Literatur und das Leben gestritten und sich Notizen gemacht, immer auf der Suche nach neuen Grenzerfahrungen. Zumindest Teile ihrer berühmtesten Bücher *Der Himmel über der Wüste* (1949) und *Naked Lunch* (1959) sind hier entstanden. Und später kamen die Rolling Stones und David Bowie hierher, um den Altmeistern der Beat Generation nahe zu sein, das berauschende *Kif* im Tee zu genießen, unterwegs zur ewigen Party von Sex, Drugs and Rock 'n' Roll. Und wenn auch jetzt, wenigstens nachmittags, keine Joints mehr kreisen, ist das Café Hafa ein ganz besonderer Platz geblieben – selbst ohne jeden Ibn-Battuta-Bezug.

Aber das Grab des großen Reisenden müsste doch zu finden sein. Es ist auf der Karte der Stadt eingezeichnet, die ich an einem Kiosk erworben habe. Ibrahim, der den für ihn »viel zu gesunden« Minzgeschmack mit zwei Flaschen Bier weggespült hat, schnappt sich das Papier und verkündet, wieder etwas verdächtig großspurig: »Fünf Minuten.«

Zurück in die engen Gassen der Kasbah, die befestigten dicken Mauern entlang, wo blaue, rote und gelbe Fassaden so dicht stehen, dass die überbordenden Erker uns fast zu berühren scheinen. Der Orangen-, Zitronen-, Grenadinen-Duft aus dem Garten des Sultanspalasts mischt sich mit dem Geruch der Märkte, korpulente Bäuerinnen, Ackerboden unter den Fingernägeln, preisen ebenso lautstark wie atemlos ihre Rosmarin-Büschel, Artischockenherzen, Berge von Saubohnen an.

Die Stadt ist ein Aquarell, zuerst in Pastellfarben, als die Sonne noch hoch steht, so wie es Henri Matisse oft gemalt hat; später am Nachmittag werden die Töne greller, entwerfen scharfe Scherenschnitte. Und die Gassen verengen sich zu immer schmaleren Schläuchen, wie in einem Labyrinth geht es mal links, mal rechts, dann scheinbar wieder zurück, auf jeden Fall aber immer weiter hinunter, Richtung Hafen. Bis zum kleinen Hauptplatz der Medina, den die hier Geborenen, die *Tangerois,* und auch die zugezogenen *Tangerines* hauptsächlich unter seinem französischen Namen kennen: Petit Socco. Tanger zeigt sich hier von seiner besten, seiner unvergesslichen Seite – nur von Ibn Battutas Grab ist nirgendwo eine Spur. Zeit, sich von dem hilflosen Ibrahim zu trennen.

Ich suche auf eigene Faust weiter, strikt nach Karte. Die Rue d'Italie am äußeren Rand der Altstadt entlang, dann durch eines der weniger spektakulären Tore, das Bab Gzenaya, wieder in die Medina hinein, dann links, so weit ist alles klar. Doch dann beginnt wieder das Gewirr der Gässchen. Eigentlich müsste das Grab bergaufwärts sein, links. Aber der winzige Pfad sieht wenig verheißungsvoll aus, es geht an kleinen, offenen Häusern vorbei, wo genäht und geschrubbt wird. An einer Wegbiegung angekommen, will ich schon umkehren. Da sehe ich das Schild, an einer weißgetünchten, abblätternden Wand auf Kopfhöhe angebracht, bunt eingerahmte Keramik, mit einer Aufschrift in Arabisch und Französisch: »Tanger – Tambeau Ibn Battouta«.

Mal abgesehen davon, dass irgendjemand das französische Wort falsch buchstabiert hat, die letzte Ruhestätte schreibt sich *tombeau*, ist klar: Hier muss es sein. Aber der Ort bleibt ein Rätsel. Das Schild auf dem Steinkegel weist in keine besondere Richtung, eigentlich kann das Grab, das inmitten des Wohngebiets liegt, nur rechts hinter der fest verschlossenen Tür sein. Wer hat den Schlüssel?

Ein junger Mann im weißen Kaftan schüttelt den Kopf, er versteht die Frage, weiß es aber nicht; eine alte Frau im schwarzen Kleid dreht sich ratlos weg, Arabisch ist offensichtlich ihre einzige Sprache. Aus einer der angelehnten Türen des Nachbarhauses tritt eine junge Dame, die durch den Türschlitz die Szene beobachtet hat, enge Jeans, modische Bluse, ein Smartphone in der Hand. »Can I help you?« Sie ist gerade vom Schüleraustausch aus Oxford zurückgekommen, freut sich, ihre Fähigkeiten praktizieren zu können. Ja, sagt sie, sie wisse von dem Wächter, der über den Schlüssel verfüge. Allerdings komme er höchst selten zur Grabstätte, vielleicht einmal im Monat, um nach dem Rechten zu sehen. »Von den Touristen fragt kaum je einmal einer nach Ibn Battuta.«

Aber sie kennt einen, der den Wächter kennt und dessen Telefonnummer besitzt. Sie holt einen Plastikstuhl und stellt ihn vor das Haus auf die steil abfallende Straße. »Setzen Sie sich«, sagt sie und verschwindet. Nach einer Viertelstunde kommt die junge Dame strahlend wieder. »Ich habe ihn erreicht, er wird Ihnen das Tor öffnen. Aber es wird ein bisschen dauern, bis er kommt. Er wohnt draußen, in der Vorstadt – und er ist blind.«

Der Wächter des Mausoleums, der Mann mit dem Schlüssel zum Ibn-Battuta-Grabmal, ist blind? Was hat das für eine Bewandtnis? Die junge Dame zuckt die Achseln. »Es ist mir auch ein Rätsel. Er spricht nicht darüber, er ist ein seltsamer, geheimnisvoller Mann.«

Nach einer Dreiviertelstunde, längst hat die Dämmerung eingesetzt, aus einer der eng aneinandergepressten Wohnungen dröhnt Streit, es geht um Haushaltsgeld und aushäusigen Sex, aus einer anderen das Lied zweier konkurrierender Kanarienvögel, da schlurft ein bärtiger Mann die Gasse herauf, schnellen, vorsichtigen Schritts. Manchmal hält er sich an einem Hausvorsprung fest, tastet prüfend über den Stein, als könne er an dessen Oberfläche genau erkennen, wo er sich gerade befindet. An der Tür zum Grabmal streicht er liebevoll über das Schloss, dann sucht er in seiner weiten, weißen *Dschalaba* nach dem großen Schlüssel. Fischt ihn heraus. Führt ihn fast zärtlich und sehr geschickt ein. Knarrend öffnet sich die Tür. Die junge Dame, die dem Alten etwas zugeflüstert hat, lässt uns allein.

Ein hoher, höchstens vier mal sechs Meter großer Raum. Aus einem Fenster, das kurz unter der Decke von außen keinen Blick zulässt und auf einen Hof führt, dringt ein wenig Tageslicht. Fast der ganze Boden ist von einem roten Teppich ausgefüllt. Wie selbstverständlich rollt der Wächter eine an der Seite platzierte Gebetsmatte aus, setzt sich darauf und blickt mit seinen leeren Augen geradeaus, als fixiere er etwas in der Ferne. Das Zimmer ist auf halber Höhe blau gekachelt, die Wände sind weiß. Sonst keine Dekorationen, nur ein gerahmter Koranvers, fast schon so hoch angebracht, dass er an die Decke kratzt. Ein Drittel des Raumes nimmt der Sarkophag ein. Er ist in grünes Tuch geschlungen, der Farbe des Propheten. Ein verziertes Eisengitter begrenzt den Sarg, lässt aber zu, dass man ihn berührt.

Minutenlang sitze ich in der Gesellschaft des Toten und des Blinden, und es ist ein merkwürdig bewegendes, ungestörtes, nachdenkliches Treffen. Dieser große, ewige Bogen: von der ersten bis zur letzten Reise.

Nach einer halben Stunde greift der Wächter, wortlos wie in der ganzen Zeit, nach seinem Schlüssel, steht auf und macht eine Handbewegung: Zeit zum Gehen. Mit einem Kopfnicken nimmt er draußen, nachdem er wieder sorgfältig abgesperrt hat, ein Trinkgeld entgegen. Die Austauschschülerin ist verschwunden. Der Blinde gleitet die Stufen hinunter, und nun, da es schon fast ganz dunkel geworden ist, aber die Lichter noch kaum irgendwo angemacht wurden, da wir Sehenden gerade noch tastend die Hand vor den Augen erkennen, wirken seine Bewegungen noch sicherer, selbstverständlicher, eleganter. Vorteil ewige Dunkelheit.

Ob Ibn Battuta, der vor etwa sechshundertfünfzig Jahren Verstorbene, wirklich hier liegt, ist unter Forschern übrigens umstritten. Vielleicht ist es ja »nur« ein Verwandter des Abenteurers, dessen Gebeine hier begraben sind. Eine große Rolle spielt das nicht, weder für den würdigen alten Mann mit dem Schlüssel noch für den Besucher.

Und wieder einmal verlaufe ich mich, als ich vom Grab versuche, eine Abkürzung zum Hotel El Minzah in der Neustadt zu finden, und wieder einmal kommt mir Tanger so vor, als sei die Stadt absichtlich dafür gemacht, sich in ihren Gassen zu verlieren.

Plötzlich stehe ich wieder am Tor oben an der Kasbah, wo es einsam geworden ist, menschenleer. Fast menschenleer: Im Mondlicht, fast verborgen im Dunkel unter den Bögen, küsst sich innig ein Liebespaar und verdrückt sich schnell, der Fremde ein Störenfried. Es ist ein höchst romantischer Ort, von dem die Einheimischen freilich auch glauben, er sei von Geistern heimgesucht. Vor allem von der gefährlichen Aisha Kandisha, einer der Dschinns, die Allah schuf, gemeinsam mit den Menschen und Engeln, und die aus »rauchlosem Feuer« entstanden. Aisha gilt als schönstes dieser Wesen, und wer sich nach ihr umdreht, gilt als verflucht – das muss schon Ibn Battuta gewusst haben, so alt ist die Legende.

Das 14. Jahrhundert, seine Ära, war eine gute Zeit für Tanger und die Unabhängigkeit von fremden Herren. Das änderte sich. 1471 eroberten die Portugiesen die Stadt, sie suchten eine weitere Basis für ihr expandierendes Handelsreich. Doch es erwies sich als schwierig und höchst kostspielig, den Stützpunkt zu halten, und so waren die Iberer nicht allzu unglücklich darüber, Tanger als Mitgift für die Heirat Katharinas von Braganza mit König Karl II. 1661 an die britische Krone zu übergeben. Auch die Engländer erkannten bald, dass die Kontrolle über die widerspenstige Stadt ziemlich viele Sorgen bereitete, dass der Aufwand bald in keinem vernünftigen Verhältnis mehr zum Ertrag stand. 1680 stimmte das Unterhaus in London dafür, die Gelder für Tanger zu streichen, drei Jahre später zogen die Briten ab, übergaben den Ort an einen örtlichen Sultan – und zerstörten alle von ihnen errichteten Befestigungsanlagen: Die Nachfolger sollten es nicht leicht haben, vor allem die konkurrierenden Europäer nicht.

Tatsächlich schafft es dann bis heute keine einzelne ausländische Macht mehr, Tanger für sich zu gewinnen. Der westliche Einfluss auf die Stadt wächst zwar, als Mitte des 19. Jahrhunderts immer mehr Migranten aus Europa kommen. Sie bauen jenseits der Medina neue Viertel auf, fast die Hälfte der Bewohner Tangers sind damals Ausländer, fast jeder Vierte ist Jude. Strategisch gewinnt die Stadt als Schnittstelle zwischen den Kontinenten und Meeren an Einfluss; auch die Deutschen wollen nun dabei sein, 1905 unterstreicht das Kaiser Wilhelm II. mit einem bizarren Besuch, er reitet mit großer Entourage durch die Stadt. Doch den großen Durchbruch feiert das nun allseits begehrte Tanger 1923. Es wird zur Internationalen Zone erklärt, verwaltet von acht Staaten (unter anderem Spanien, Frankreich, Großbritannien, USA), zum steuerfreien und militärisch neutralen Freihandelsplatz. Mit einer fünfjährigen Unterbrechung durch die spanische Besatzung im Zweiten Weltkrieg kann Tanger seinen besonderen Status bis 1956 halten.

Die Stadt wird zum Zentrum der Spione und Glücksritter und mit ihren intellektuellen und sexuellen Freiheiten auch zum Magnet für Schriftsteller, Maler und Musiker, Aussteiger und Außenseiter aller Art. Und zur internationalen Kapitale der Drogen – in den spanischen *Farmacias* gibt es ohne jede Nachfrage und sehr billig alles, was high macht, von Kokain bis Heroin, Kif wird an jeder Straßenecke angeboten. Die ausschweifenden Partys ziehen die Schönen und Reichen, die Kreativen und die Kriminellen, die Suchenden und die polizeilich Gesuchten aus der ganzen Welt an. Die exzentrische Lauren Hutton, als Woolworth-Erbin eine der reichsten Frauen der Welt und mit fünfunddreißig schon dreimal verheiratet (unter anderem mit Cary Grant), kommt 1946 hierher, um ihr Glück zu suchen. Sie kauft eine prächtige Villa, entschließt sich, ihre Rolls-Royces zu importieren, und erreicht tatsächlich, dass dafür einige Gassen in der Altstadt erweitert werden – die Spur hatte nicht ausgereicht. Sie bleibt viele glücklich-unglückliche Jahre, probiert zahlreiche Liebhaber und Liebhaberinnen, wie so manche andere in dieser Stadt allen sexuellen Spielarten zugetan.

Viele sind damals von Tanger angezogen, manche abgestoßen, kalt lässt der mystische Ort keinen; und viele kommen nie mehr von ihm los, verfallen der Lässigkeit, dem ausgiebig zelebrierten morbiden Verfall, der experimentellen, existenziellen, oft egomanischen Auseinandersetzung mit sich und der Welt. Jean Genet, Tennessee Williams, Allen Ginsberg, Gore Vidal und Patricia Highsmith suchen sich hier Anregungen und treffen begabte einheimische Künstler wie etwa den Autodidakten Mohamed Choukri, der erst mit achtzehn Jahren Lesen und Schreiben gelernt hat und zum größten Schriftsteller Marokkos aufsteigt. Für manche wird die Stadt mit ihren vielen Drogen-Treffs zum fatalen Tanz auf der Rasierklinge, zu ihrer persönlichen Endstation Sehnsucht.

Auch für Jack Kerouac ist Tanger in den Sechzigerjahren seine »Stadt des Lasters«. Der legendäre Reiseschriftsteller, sonst so gern und obsessiv »on the road«, lässt sich hier Monate nieder, kifft ausgiebig, liest nächtelang im Koran und holt sich Prostituierte von der Straße, bevorzugt vollverschleierte Muslima – so jedenfalls hat es der literarische Tanger-Biograf und Marokko-Immigrant Josh Shoemake recherchiert. Abgesehen von dieser etwas eigenartigen Auseinandersetzung mit dem Islam, scheint damals Religion in Tanger keine große Rolle gespielt zu haben. Ganz im Gegensatz zum restlichen Maghreb, wo sich zahlreiche konservative Strömungen und einige eher liberale Spielarten einen unerklärten Krieg zu liefern beginnen. Ibn Battutas Stadt ist zu dieser Zeit eine Art libertinäre Enklave.

Tanger-Fan Truman Capote formuliert es so: »Wenn du auf der Flucht bist vor der Polizei oder vor sonst etwas davonläufst, dann komm auf jeden Fall hierher. Von Hügeln gesäumt, dem Meer ausgesetzt, wirkt diese wirklich internationale Stadt wie ein weißer Umhang, den man über die Küsten Afrikas drapiert hat ... Bevor du kommst, solltest du drei Dinge tun: dich gegen Typhus impfen lassen, deine sämtlichen Ersparnisse von der Bank abheben und allen deinen Freunden Lebewohl sagen – denn der Himmel weiß, ob du sie jemals wiedersehen wirst.«

Und in den Worten des Tanger-Fans William Burroughs: »Wenn du hier nur den leisesten Hauch von Unsicherheit zeigst, springen dich die Jungs aus den Seitenstraßen oder von den arabischen Cafés her an, in denen sie gelungert haben. *Want nice girls, mister? See Kasbah's Sultan Palace? Want Kef? Watch me fuck my sister? Caves of Hercules? Nice boy?*«

Burroughs fand für den Ort die Bezeichnung »Interzone«, und ein Zwischenreich war Tanger in jedem Fall, eine eigene Welt, in der Orient und Okzident, Selbstliebe und Selbsthass, schmerzhaft klares Bewusstsein und rauschhafter Traum auseinanderdrifteten und dann wieder verschmolzen. »Es ist der Horchposten der Welt, der sich stets verlangsamende Puls einer heruntergekommenen Zivilisation, den nur der Krieg beschleunigen kann. Hier treffen sich Ost und West zu einem finalen Debakel des Missverstehens, bei dem jeder die Antwort und das Geheimnis beim Anderen sucht und nicht findet, weil keiner sie hat.«

Der Exzentriker Brion Gysin, der gemeinsam mit Burroughs eine »Traummaschine« erfand und sich patentieren ließ (Patentverordnung 868 281, »ein Apparat für die Produktion künstlerischer Sensationen«), schreibt über die Stadt in diesen Zeiten: »Alles ist wahr, und nichts ist verboten.« Die beiden wohnten damals für fünfzehn Dollar im Monat in kleinen Zimmern des bescheidenen Hotels Muniria. Häufiger haben sie auch Paul Bowles zu Gast, obwohl dem vielleicht größten aller Tanger-Schriftsteller die dortige harte Drogenszene nicht so sehr behagte. Die Absteige heißt unter den Künstlern, die alle mehr oder weniger abhängig vom nächsten Schuss sind und trotzdem erstaunlich besessen von der Kunst und der Kraft des Wortes, nur noch »Villa Delirium«.

Bowles, Langzeitgast in der Stadt, die in Wahrheit seine neue Heimat geworden war, vermochte wohl am besten von allen seinen Rauschgiftkonsum kontrollieren. Sein Problem waren eher die Depressionen, die ihn überfielen, als sich seine Frau, vierzig Jahre alt, von einem Schlaganfall nicht mehr erholen konnte, immer wunderlicher wurde und lange Jahre dahinsiechte. Sie waren ein seltsames, ein seltsam miteinander verwobenes und voneinander abhängiges Paar, Paul und Jane, beide homosexuell, beide hochbegabt, beide extrem schwierig. Den Tod seiner glamourösen Frau 1973, die nur einen Roman und ein paar Kurzgeschichten zu Papier brachte, überlebt Bowles zwar noch ein Vierteljahrhundert, doch geschrieben hat er in der Zeit kaum noch. »Wozu auch, ich konnte doch keinem mehr meine Texte vorlesen«, sagt er einmal. Auch zu Partys ging er nur noch selten. Als ihn der Milliardär Malcolm Forbes 1989 zu seinem siebzigsten Geburtstag neben Elizabeth Taylor als Ehrengast in seine protzige Palastvilla über der Stadt einlädt und zur Dekoration eine

Armee von »Berber-Kriegern« sowie Hunderte Bauchtänzerinnen auftreten lässt, flieht er noch vor Mitternacht. Zu viel Dekadenz, zu wenig Kreativität.

Die Stadt zehrte lange von ihrem Ruf, ein Literatenparadies zu sein, ein intellektueller Treffpunkt mit durchaus zugänglichen Protagonisten. Noch Ende der Siebzigerjahre, als ich Tanger besuchte, konnte man in den einschlägigen Cafés (dem de Paris in der Neustadt, dem Tingis in der Altstadt) und Bars (etwa dem Dean's) die berühmten Autoren Bowles und Burroughs, Genet und Choukri treffen. Entsprechende Tipps, wann wer wo seinen Kaffee oder sein Kif zu sich nahm, wurden hoch gehandelt. Und doch war das alles nur noch eine Art Abgesang auf hohem Niveau. Die wahren Glanzzeiten des literarischen Tanger waren die Fünfziger. Und wirtschaftlich ging es mit der Stadt ohnehin abwärts, seit sie dem Staat Marokko eingegliedert worden war und 1960 ihre besonderen Privilegien als Freihandelszone verloren hatte. Auch politisch geriet Tanger ins Abseits. König Hassan II., der mit eiserner Hand über Marokko herrschte und für Foltergefängnisse und Morde an politischen Gegnern verantwortlich war, konnte mit dem Nordwesten des Landes nie besonders viel anfangen. Insbesondere Tanger mochte er nicht. Als wolle er die Stadt für ihre Frivolität abstrafen, besuchte er sie in seiner langen Amtszeit kein einziges Mal. 1999 ist er gestorben; es war auch das Todesjahr von Bowles.

Mit der Thronbesteigung des damals erst sechsunddreißigjährigen Mohammed VI. zieht wenige Monate später dann ein frischer Wind ins Land – oder, besser gesagt: wenigstens eine leichte Brise. Auch der Neue sieht sich in der Tradition der Alaouiten: Er beruft sich auf die direkte Abstammung vom Sohn der Prophetentochter Fatima und damit auf eine direkte Erbfolge, die ihn zum *Amir Al Mouminine*, dem unantastbaren Herrscher und »Behüter der Gläubigen« macht.

Aber immerhin: Mohammed VI., promoviert in Jura an der Universität von Nizza und mit einer »Bürgerlichen«, der Informatikerin Lalla Latifa, verheiratet, regiert liberaler als sein Vorgänger, er leitet zumindest einige Schritte Richtung Pluralismus, Versammlungsfreiheit und Frauenrechte ein. Eine Demokratie ist Marokko deswegen noch lange nicht. Der Monarch behält sich auch mit der neuen Verfassung vor, in allen religiösen Fragen per Dekret letztgültig zu entscheiden. In den sieben wichtigsten Ministerien hat er neben dem vom Premier bestimmten Amtschef parallel sogenannte »Ministres Délégués« eingesetzt, die ihm immer berichten, was los ist. »L'Etat c'est le roi«, sagen die Marokkaner dazu, manche resigniert, viele aber auch zustimmend: Der Staat, das ist der König.

Dementsprechend sieht es auch in der Parteienlandschaft aus: Die staatstragende PJD will Religion und Politik »auf eine soziale und gerechte Weise« miteinander verbinden. Sie bekennt sich »zu islamischen Werten«, hat sich die aber nicht auf die Fahnen geschrieben. De facto ist Marokko ein säkularer Staat, Islamisten wurden in den Untergrund gedrängt, wenn sie »nur« zum Marsch durch die Institutionen aufrufen und Gewaltverzicht predigten, entgingen sie der direkten Verfolgung. Selten, aber durchaus bedrohlich macht sich die Terrororganisation Al-Qaida im Islamischen Maghreb (AQIM) bemerkbar; von ihren in Algerien gelegenen Stützpunkten aus operiert sie auch in Marokko, 2011 kamen bei einem Anschlag in Marrakesch siebzehn Menschen ums Leben. Anders als in Libyen hat der IS hier keine Basis.

Insgesamt hat es die Monarchie bisher einigermaßen geschafft, dem Land Stabilität zu geben. Der Arabische Frühling, der so viele autoritäre Herrscher hinweggefegt hat, brachte auch in Rabat und Fez, in Marrakesch und Tanger viele Menschen zu Protestdemonstrationen auf die Straße. Aber die Bewegung gefährdete die Regierenden nicht wirklich. Sie sprachen nicht ohne Stolz von ihrem Staat als eine positive Ausnahme in der von Auflösungserscheinungen bedrohten Region, von einer *exception marocaine*.

Doch wie fest sitzt der König wirklich noch im Sattel? Bewegt sich Marokko Richtung konstitutionelle Monarchie mit einer Machtverschiebung vom Herrscher hin zum Parlament – oder dringt hier doch schleichend, aber unaufhaltsam der Islamismus nach vorn? Täuscht mich mein Eindruck von den Hauptplätzen Petit Socco und Gran Socco, dass heute weit mehr Frauen in Tanger das Kopftuch tragen als noch vor drei Jahrzehnten?

Treffen mit einem hervorragenden Landeskenner, dem Journalisten und Historiker Tahir Y. »Wenn Sie meinen ganzen Namen schreiben wollen, bitte. Dann machen wir ein formales Interview. Wenn Sie aber wirklich wollen, dass ich Ihnen alles erzähle, etwa über Skandale im Königshaus, geht das nicht«, sagt der Mittvierziger. »Dann müsste ich mit sehr unangenehmen Folgen rechnen, etwa der Entlassung bei meiner Zeitung oder sogar Strafverfolgung und Gefängnis.« Das Vorgehen sei ihm peinlich, meint er entschuldigend. Aber daran würde ich schon mal sehen, dass es trotz aller Fortschritte so ganz unproblematisch um die marokkanische Demokratie nicht bestellt sei. Marokko nehme derzeit in Sachen Pressefreiheit immer noch einen beschämenden Rang 136 unter 180 von Reporter ohne Grenzen bewerteten Nationen ein.

Tahir hat das Café des Cinéma du Rif am Grand Socco für unsere Unterhaltung ausgewählt. Hier am großen Hauptplatz, der die Altstadt von der Neustadt trennt, haben sich einst die Politiker aller Nationen getroffen, hier horchten die Geheimagenten und Glücksritter ihre lokalen Kontakte aus, hier wehte über dem Mendoubia-Gebäude die Sultansflagge – und 1941 auch die des Deutschen Reichs, von den Nazis über ihrem damaligen Konsulat gehisst. Das Kino genoss lange einen legendären Ruf, man zeigte alles, von Avantgarde bis Hollywood, und in der Regel früher als irgendwo sonst im Land. Heute erinnern nur noch die Filmplakate an die großen Zeiten, Joan Fontaine und Jack Palance im Abenteuerfilm *Flight to Tangier*, Debra Winger und John Malkovich in Bertoluccis Verfilmung des Bowles-Dramas *Der Himmel über der Wüste*. Jetzt nennt sich das Kino »Kulturzentrum«, einige betont desinteressierte Kellner schlurfen durch eine heruntergekommene Bar, im Eck steht ein Cola-Automat. Draußen vor der Tür haben es sich einige Rucksacktouristen auf Plastikstühlen bequem gemacht und zupfen »Stairway to heaven« auf ihren Gitarren.

Um die Mittagszeit ist im Inneren des Ladens nichts los, wahrscheinlich einer der Gründe, warum Tahir das Lokal ausgesucht hat. Er hat Dokumente mitgebracht, die »unbestreitbar« zeigen, was der Königsfamilie in Marokko alles gehört. Sie ist Mehrheitsaktionär der ONA-Holding, die unter anderem im Bergbau, in der Telekommunikation und Finanzleistungsdiensten aktiv ist – zwischen sechs und acht Prozent des gesamten marokkanischen Bruttoinlandsprodukts machen allein diese Anteile aus. Der Glaubenshüter Mohammed VI., auch nach Einschätzung der US-Botschaft »Marokkos führender Unternehmer«, kontrolliert die größte Brauerei und den Weinimport, keiner besitzt mehr Grund und Boden. Und doch ist »M6«, wie der Journalist ihn immer nennt, von allen Steuern befreit. Mit einem geschätzten Privatvermögen von gut zwei Milliarden Euro gilt der König als einer der sechs reichsten Monarchen der Welt.

Nach Ansicht des Journalisten sind bei solchen Summen Korruptionsskandale im Umfeld der Mächtigen unvermeidlich. »Da muss der Mann auf dem Thron nicht persönlich beteiligt sein, das hat er gar nicht nötig«, sagt Tahir. Aber gerade werde wieder gemunkelt, dass einer seiner Privatsekretäre bei dubiosen Deals aufgeflogen sei, es gab Verhaftungen.

Zu den offiziellen Titeln des Mohammed VI. zählt auch die Bezeichnung *Roi des pauvres* (»König der Armen«) – weil er doch einiges für die Unterprivilegierten tue, meinen die ihm Wohlgesonnenen; weil er dafür sorge, dass er so lange wie möglich so viel Arme wie möglich regieren könne, meinen seine Feinde. Er besitzt jedenfalls in praktisch jeder großen marokkanischen Stadt einen eigenen Palast, in Tanger liegt die prächtige Villa mit großem Garten und verschiedenen Pools auf dem Weg zum Kap Spartel, mit weitem Blick über das Mittelmeer. Dutzende Wächter und Bedienstete müssen dort jederzeit auf einen Besuch vorbereitet sein.

Trotz dieser Ausschweifungen sieht der Reporter in Mohammed VI. einen »aufgeklärten Monarchen«, der im Prinzip die neuen Zeiten begriffen habe und auf ihre Anforderungen weitgehend richtig reagiere. »Wenigstens bremst er die Entwicklung in Richtung auf eine lebendige Zivilgesellschaft nicht«, sagt Tahir, und auch an seinem Umgang mit den fundamentalistischen Islamisten hat er wenig auszusetzen. »Die Reformen kommen allerdings ein wenig zu spät, ein wenig zu zögerlich. Es ist und bleibt eben eine Revolution von oben, was da versucht wird.«

Für die Reichen und Schönen, aber auch für die junge, aufstrebende Mittelschicht gibt der Monarch laut meinem Journalisten-Freund ziemlich erfolgreich den »King Cool«. Bei dieser Schicht kommt offensichtlich gut an, dass M6 mit seiner schönen, wildgelockten Frau und den beiden Kindern gern Wasserski fährt und sich dabei auch fotografieren lässt. Dass er offen auch für ungewöhnliche Treffen ist, den amerikanischen Rapper Jay Z hat er zum Meinungsaustausch in eine seiner Villen eingeladen. Langfristig stünden die Zeichen auf Demokratisierung, nicht auf Islamisierung, meint der Insider zum Abschied.

Und doch, und doch: Auch Rückschläge, Irritationen, besondere Empfindlichkeiten sind nach Tahirs Meinung zu beobachten. Vor allem in der Justiz.

Er hat für mich einen neuen Bericht aus seiner Zeitung zurückgelassen. Da wird der Prozess gegen einen Angeklagten namens Nabil Sbai geschildert. Der junge Mann hatte seine offensichtliche Ähnlichkeit mit dem König dazu genutzt, als dessen Double aufzutreten: Er mietete einen Rolls-Royce, zog eine dem königlichen Frack ähnliche Uniform an und ließ sich von einem Freund durch die Straßen chauffieren. Als die Menschen sich verbeugten und um den Wagen drängten, beantwortete er die Grüße gnädig. Nein, er habe sich keine Vorteile verschafft, nicht einmal kleinere ihm angebotene Geschenke angenommen, sagte der Angeklagte dem Richter, er habe sich eben nur mal so fühlen wollen wie der König. Das Gericht war über die Köpenickiade *not amused* und verurteilte den Doppelgänger wegen »Missbrauchs einer offiziellen Identität«, Hochstapelei, Amtsanmaßung und Majestätsbeleidigung zu vollen drei Jahren Gefängnis.

Unten am Meer, zwei Kilometer südlich von meinem Treffpunkt mit dem Journalisten, wird fieberhaft gehämmert und geklopft, Bagger schaufeln zur Landgewinnung Sand auf, Anlegestellen für Luxusyachten entstehen, der Geruch von Algen und Fisch vermischt sich mit dem von Schmieröl und angerührtem Zement. Ein halbes Dutzend Schwarzafrikaner schuften hier als Tagelöhner, sie wollen keine Auskunft über ihr Schicksal geben. »Zisch ab«, sagt drohend ein Hüne im schweißnassen Unterhemd und zeigt den Stinkefinger. Sie sind offensichtlich Illegale, vielleicht wurden sie von den brutalen, geldgierigen Schleppern hierhergebracht, die alle provisorischen Camps oben, in den unzugänglichen Wäldern über den Hügeln von Tanger, kontrollieren.

Das eigentliche Ziel der Flüchtlinge aus Westafrika ist nicht Marokko, sondern Spanien: Ihre Sehnsucht heißt Europa, das sie für das »gelobte Land« halten. Viele versuchen bei nächtlichen Klettertouren, die Grenzzäune an den spanischen Enklaven Ceuta und Melilla zu überwinden, die meisten scheitern blutig. Und versuchen es dann wieder, und wieder.

In Tanger und der unmittelbaren Umgebung sorgt ein starkes Polizeiaufgebot dafür, dass es nur wenige Schwarzafrikaner in die Stadt schaffen. Immer wieder kommt es auch zu Übergriffen. Im Frühjahr 2015 wurden ein Senegalese und ein Flüchtling aus der Elfenbeinküste von einem marokkanischen Mob in der Vorstadt Boukhalef zusammengeschlagen. »Die Einheimischen fürchten, dass wir ihnen ihre Jobs wegnehmen, dabei haben wir doch sowieso nur eine Chance auf Gelegenheitsarbeiten, die sonst keiner will«, sagt resigniert ein Mann aus Guinea. »Die Reichen wollen nicht teilen, und in meinen Augen sind hier in Tanger alle reich.«

Seit Beginn des neuen Jahrtausends ist es vorbei mit dem lähmenden wirtschaftlichen Stillstand, der sich in den Jahren nach den wilden Fünfzigern und Sechzigern, den nostalgischen Siebzigern und Achtzigern zwei Dekaden lang über Tanger gelegt hat. Vor allem der neue Tiefseehafen hat die Stadt wachgeküsst. Der Handel stieg sprunghaft an, es wurde wieder investiert, der heruntergekommene Strandboulevard modernisiert und mit Palmen verschönert. Schmucke Bars, Beach Clubs und Diskotheken locken Touristen und die Jeunesse dorée an, auf den Tanzflächen suchen einige Schönheiten in Super-Minis und knappen Tops nach reichen Freunden, manche auch nach zahlungskräftigen Klienten.

Die Stadt ist allerdings weit entfernt davon, wieder ihre alte Frivolität auszuleben. Tanger ist vergleichsweise brav geworden. Es gibt keine offenen Drogenumschlagplätze, keine sichtbare Prostitution. Das Musikfestival TANJAzz, das jährlich im September stattfindet, soll auf Wunsch der Behörden frei von allen »Exzessen« sein, und was ein Exzess ist, wird von ihnen ziemlich eng definiert. Wenn sich, wie im vergangenen Jahr, einige Jugendliche am

Rande der Darbietungen knutschen und Bier trinken, befürchten die Autoritäten gemeinsam mit der örtlichen Presse schon den Untergang des Morgenlandes. Originalton *Le Journal de Tanger*: »Man sollte den Besuch von unter Achtzehnjährigen nur noch in Begleitung der Eltern zulassen. Und haben die Betreiber des Festivals wirklich die Berechtigung dazu, Alkohol auszuschenken? Wir glauben, dass das Festival unsere Kultur zerstört und unsere Jugendlichen verdirbt.«

Der Anziehungskraft von Tanger scheint diese gelegentlich aufscheinende Spießigkeit noch keinen Abbruch getan zu haben – die Gäste strömen, jährlich werden es mehr, Marokko ist »in«. Der Trend geht weg vom Geschäft mit den Tagestouristen aus Spanien hin zum Luxus- und Boutique-Hoteltourismus.

Das El Minzah, immer noch erstes Haus am Platz, hat seinen Innenhof sorgfältig mit Foto-Reminiszenzen an Gäste wie Errol Flynn, Ava Gardner und Noël Coward bestückt, dem Pool ein ziemlich hässliches Spa hinzugefügt; fast unverändert blieb die Caid's Bar, wo sich einst die echten Milliardäre und falschen Barone mit ihren marokkanischen Freundinnen trafen und wo Ian Fleming immer gegen Mitternacht seinen dreifachen Wodka nahm, um sich von den fünftausend Wörtern zu erholen, die er im Auftrag seines strengen Verlegers täglich für seinen James-Bond-Roman *Diamonds Are Forever* ausstoßen musste.

Nicht nur das große Luxushotel erhielt ein Facelift. In der Medina werden alte Stadthäuser zu edlen *Riads* umgebaut. Zu Luxusherbergen wie dem Tangerine, von deren Dachterrassen der Blick über die ganze weißgetünchte, verschachtelte Stadt fällt und hinübergeht bis Gibraltar, eine Kulisse wie eine Leinwand, wie ein Gemälde, das immer noch im Entstehen ist, nie fertig wird. Fast wöchentlich scheint irgendwo in dieser Boomtown ein weiteres Gästehaus, ein neues Café aufzumachen, Postkartenidylle mit Blumenrabatten auf den Terrassen und Korbstühlen.

Tanger mag seit den Tagen Ibn Battutas, seit den Sonderzonen-Zeiten, seit den Grenzerfahrungen der Beat Generation zahmer, übersichtlicher, »anständiger«, vielleicht sogar intoleranter geworden sein. Aber zumindest was die Ausübung der Religion betrifft, ist die Stadt gegenüber früher aufgeschlossener geworden. Die Zeitungen drucken täglich neben den offiziellen Gebetsstunden für die Muslime auch die Andachtszeiten der Messen in den katholischen und evangelischen Gotteshäusern. Ein friedliches konfessionelles Miteinander, oder wenigstens Nebeneinander, wie man es sonst nirgendwo findet in der arabischen Welt: Die Große Moschee, die katholische Kathedrale, das anglikanische Gotteshaus, die jüdische Synagoge – sie stehen hier Seit' an Seit', oft buchstäblich nur einen Steinwurf voneinander entfernt.

Und so divers, so differenziert gibt sich auch die Architektur von Tanger. Als habe jeder, der hier, unter welch dubiosen Vorzeichen auch immer, einmal geherrscht hat und die Stadt, unter welch schlimmen Umständen auch immer, wieder verließ, wenigstens ein eindrucksvolles Monument der Erinnerung hinterlassen.

Die Spanier erbauten das prächtige Gran Teatro Cervantes, tausendvierhundert Plätze, zwischen den Weltkriegen traten hier so gut wie alle großen Sänger auf, einschließlich Enrico Caruso (leider liegt das Theater derzeit verfallen zwischen Müll und Schutt, nur noch die alte Jugendstilfassade strahlt). Die Engländer schufen die mächtige Kirche St. Andrew mit ihrem grünen Ziegeldach, errichtet auf Grund und Boden, den im 19. Jahrhundert Sultan Hassan I. zur Verfügung gestellt hat; sie bedankten sich mit maurischem Dekor und einem Glockenturm, der wie ein Minarett geformt ist. Die Amerikaner haben zwar das herrschaftliche Hofhaus von 1821, in dem früher ihre Gesandtschaft untergebracht war, nicht selbst errichtet, aber sie haben es weiter verschönert. Heute ist in den Räumen ein Museum untergebracht, die eine Hälfte gewidmet Paul Bowles, dem amerikanischen Zuwanderer und *Tangerine* schlechthin; die andere den besonderen Beziehungen zwischen Marokko und den USA, die eng und herzlich geblieben sind, seit Marokko als erstes Land weltweit 1777 die Unabhängigkeit Washingtons anerkannte. Und zwar durchgehend bis heute eng und herzlich: Auch das ist in der arabischen Welt eine Seltenheit.

Tanger ist eine Stadt, in der man sich gern verewigt. Eine Stadt, die Fremde anzieht, verführt, zurückweist – und dann wieder einlädt, zurückzukommen. In die man sich leicht verlieben kann, von der man aber nicht glauben darf, niemals glauben darf, sie erobern zu können. Eine Stadt wie eine Traummaschine, in der sich Vergangenheit, Gegenwart und Zukunft überschneiden.

*

Ein letzter Spaziergang. Von der Terrasse des Paresseux (»Terrasse der Faulen«), der Aussichtsplattform mit ihren riesigen alten Kanonen, weiter zu den umtriebigen, lebenssatten Plätzen der Stadt. Zum Marché Central mit seinem überbordenden Angebot von Früchten und Blumen über den Mercado de la Yutia, Umschlagplatz für Korb- und Keramikwaren, auf den Markt der Rif-Bäuerinnen, wo die Frauen vom Land mit ihren bunten Strohhüten und gestreiften Wickelröcken Käse und Minze aus heimischer Produktion anpreisen. Und nach der Hektik die Ruhe, die ewige Ruhe: ein Besuch auf den Friedhöfen. In der von Bougainvillea überwucherten christlichen Begräbnisstätte bei der St. Andrews-Kirche dösen zwei alte, schwarzgekleidete Frauen auf einer Bank; in dem ebenso stillen Jüdischen Friedhof hält sich ein junges Paar an den Händen, ihr Fluchtpunkt vor der Hektik und vielleicht auch vor den allzu strengen Eltern. Er trägt die Kippa auf dem Kopf, offensichtlich gehören sie zu den wenigen Dutzend Juden, die in der Stadt verblieben sind.

Achtlos lassen sie die Zeitschrift liegen, in der sie geblättert haben. Deren Schlagzeile lautet: »Noch nie gab es so viele Mekka-Pilger wie dieses Jahr! Sechsundzwanzigtausend Marokkaner machen den Hadsch, über sechzig Sonderflüge wurden eingerichtet!« Sie fliegen über Regionen hinweg, die für den Überlandreisenden kaum zu bewältigen wären. Hinter der algerischen Grenze würden schon Rebellen drohen, im zerfallenden Staat Libyen käme wohl keiner unversehrt durch die verfeindeten Gebiete mit ihren waffenstarrenden Milizen. In Ägypten drohten strenge Militärkontrollen, Syrien wäre vollends unpassierbar.

Aber eine Pilgerreise mit Kamelen in der Karawane oder gar über weite Strecken zu Fuß – auf diese Idee käme heute keiner mehr. Ibn Battuta, der Mann des Mittelalters, der Welterforscher, hat von Vögeln geträumt, die ihn durch die Lüfte tragen. Konfrontiert war er nach seinem verunglückten Start mit ganz anderen, ganz irdischen Problemen.

Zweites Kapitel

Kairo – Triumphal

Schlimmer hätte die Reise nicht beginnen können: Die alles versengende Hitze, der bösartige Überfall, die Krankheit, die ihn zwang, sich halb bewusstlos aufs Pferd zu schnallen, die Lebensgefahr, schließlich der Nervenzusammenbruch – Ibn Battuta hat, endlich angekommen im sicheren Tunis, seine kühne Idee bereut, allein und unvorbereitet zu dem schwierigen Trip aufgebrochen zu sein. Doch nach den Tränen und dem Eingeständnis von Einsamkeit und Heimweh fängt er sich schnell wieder. Die Neugierde siegt, und es gibt vieles zu bestaunen. Tunis ist eine sehr lebhafte Stadt, ein Schnittpunkt der Handelsrouten, Transitmarkt für Güter aus Schwarzafrika wie Gold, Elfenbein und allerlei Tierhäute, ebenso Konsumentenmarkt für christliche Händler aus Andalusien und Sizilien. Die Moscheen hier sind besser ausgestattet als die in Tanger, die Lehrer und Religionsexperten interessanter und aufgeschlossener für alles Neue.

Ibn Battuta findet in einer der muslimischen Hochschulen, in der »Madrasa der Bücher«, eine Bleibe, wird als Pilger umsonst verköstigt und bei den örtlichen Größen herumgereicht. Er erholt sich von den bisherigen Strapazen, körperlich wie geistig. Und bald schon kehrt seine Abenteuerlust zurück.

Zwei Monate bleibt der junge Mann. Er zeigt schon an diesem Ort und nach so kurzer Reisezeit, was ihn auszeichnet und was ihm auch später, in noch prekärerer Lage, helfen wird: seine Wissbegierde, seine hervorragende Menschenkenntnis und das Gespür dafür, wer ihm weiterhelfen kann und wo man ihn braucht. Er beweist den unbedingten, eisernen Willen, es im wahrsten Sinne des Wortes weit zu bringen. Beim Fastenbrechen lernt er den örtlichen Sultan Abu Yahya kennen, ist beeindruckt von dessen prunkvollen Pferden, der großen Entourage. Und Ibn Battuta stellt fest, er ist nicht der einzige marokkanische Berber, den es nach Mekka zieht. Bei allem Draufgängertum, das den Heißsporn auszeichnet und das ihn bisher zur riskanten Reise auf eigene Faust getrieben hat – in Tunis wird Ibn Battuta eine Prise Realitätssinn eingeimpft. Wenigstens vorübergehend wird er »vernünftig«: Er ist bereit, sich für den langen Weg durch die libysche Wüste einer Karawane anzuschließen.

Und Ibn Battuta bekommt seinen ersten Job, weil er bei den anderen Pilgern offensichtlich durch seinen Gerechtigkeitssinn, seine alle Konflikte entschärfende Sprachgewandtheit und die standesgemäße Ausbildung Eindruck gemacht hat. »Sie nominierten mich als ihren Kadi«, schreibt der jetzt Zweiundzwanzigjährige ohne große Erklärung oder weitere Ausführung, aber mit offensichtlichem Stolz. Er ist damit zuständig für sämtliche Streitigkeiten, die bei der Reise unter den Pilgern ausbrechen könnten. Es ist kein ganz kleiner Trupp, der sich da, zu Fuß und zu Pferd und Kamel, durch die Sahara und über die Hügel der Cyrenaika Richtung Tripolis und Ägypten quält. »Wir wurden stellenweise von mehr als hundert Reitern begleitet sowie einer Abordnung von Bogenschützen«, berichtet Ibn Battuta.

Bisher war er Einzelgänger und Junggeselle, eine Art auf sich allein gestellter Backpacker, spiritueller Rucksacktourist. Jetzt bedeutet der Kontakt mit den anderen auch soziale Verpflichtung. Er schließt unterwegs in Sfax mit einem der höheren Offiziellen aus der Gruppe nähere Bekanntschaft, verabredet mit ihm, dessen Tochter zur Frau zu nehmen. Die junge Dame wartet in der nächsten Station, in Tripolis, auf Ibn Battuta; sie wird ihm dort, wie es im damaligen Sprachgebrauch heißt, »präsentiert«.

Doch dann läuft etwas furchtbar schief. Die Verbindung scheitert, bevor sie richtig vollzogen wird. Hat Ibn Battuta seine Braut
nicht gefallen? Ging ihm der Schwiegervater mit seinen Ansprüchen auf die Nerven, sollte er womöglich seine Reiselust ein-
schränken? Oder bekam der junge Mann auf einmal Panik vor
der Hochzeit und der familiären Verantwortung? Im *Rihla* heißt
es dazu nur denkbar knapp: »Nach der Abreise von Tripolis wurde
ich in einen Streit mit dem Vater meiner Braut verwickelt, was es
nötig machte, mich von ihr zu trennen.«

Extreme Bindungsangst oder gar generelle Abneigung gegenüber dem anderen Geschlecht können es nicht gewesen sein. Ihn
fasziniert alles Weibliche, seine Lust auf Sex ist ein Leben lang sehr
ausgeprägt. So sieht Ibn Battuta sich denn auch in der Karawane
gleich nach einer anderen Frau um. Und findet eine Studentin aus
dem heimatlich-marokkanischen Fez, mit der er die Ehe eingeht –
gerade mal ein paar Tage nach der ersten Enttäuschung. Der junge
Mann weiß, was er seinen Mitreisenden schuldig ist, wie man sich
in der Gruppe beliebt macht. Er schmeißt eine große Party, offensichtlich bezahlt von seinem ersten selbstverdienten Geld als Richter. »Ich hielt die ganze Karawane einen Tag lang auf und lud alle
ihre Mitglieder zu meinem Hochzeitsfest ein.«

Leider erfahren wir sonst gar nichts über seine Angetraute, sie
verschwindet, sozusagen im Nebel der selbst erzählten Geschichte.
Das hat System. Persönliche Gefühle, emotionale Regungen kommen im *Rihla* zwar vor, aber bis auf ganz wenige Ausnahmen
betreffen sie nicht Frauen, und schon gleich gar nicht die ihm
angetrauten.

Die Reise verläuft dann wochenlang ohne besondere Vorkommnisse. Nur einmal noch gibt es in der Karawane kurz Aufregung. Nahe der Stadt Sirte versucht eine Bande von Räubern
auf Kamelen einen Überfall auf die Reisenden. Er scheitert kläglich. »Durch Gottes Willen wurden sie versprengt und konnten

uns keinen Schaden zufügen.« Am 5. April 1326 erreicht die Karawane dann Alexandria. Ibn Battuta nennt dieses Datum offensichtlich so präzise, weil es sich für ihn um den ersten herausragen-
den Höhepunkt seines Trips handelt. Die »Wunder der Städte«,
wie der Untertitel seines Buches lautet – hier erlebt er sie zum ersten Mal. Er streift durch den Hafen und die Straßen, staunend
wie ein kleiner Junge, bewundert den Pharos-Leuchtturm (»nur
eines seiner Gesichter ist in Ruinen«) und die Pompeiussäule im
Zentrum (»aus einem Stück, und keiner weiß, zu welchem Zweck
errichtet«).

Er bleibt mehrere Wochen, versucht voller Wissbegierde,
besonders interessante und kluge Alexandriner zu treffen. Er findet sie im Kreis der Sufis. Zuerst stößt er auf einen Richter, dessen
riesiger Turban ihm auffällt, er habe »nie vorher, nie später so ein
überdimensionales Ding gesehen«. Aber mehr noch bewundert
er bald dessen »meisterhafte Eloquenz«. Über den Richter lernt er
dann Burhan ad-Din kennen. Drei Tage bleibt er bei dem heiligen Mann, der wie ein Asket lebt – und der ihn mit erstaunlichen
Einschätzungen verblüfft. Dem jungen Mann kommt es vor, als
würde der Alte ihn schon lange kennen.

»Ich sehe, dass du gern herumschweifst und das Reisen auch
in ferne Länder wie Indien und China liebst.« Ibn Battuta nickt,
obwohl er damals nach eigenem Bekunden noch nicht daran
gedacht hat, sich so weit jenseits des Pilgerziels Mekka vorzuwa-
gen. Und der Weise fährt fort, als ginge es um einen Schulausflug,
bei dem man mal eben um die Ecke eine Bekanntschaft machen
könnte. »Du musst auf jeden Fall meinen Bruder Rukn ad-Din
im Sind und meinen Bruder Burhan ad-Din in China besuchen,
und grüß sie schön von mir, wenn du sie gefunden hast.« Zum
Abschied gibt ihm der Imam einige Geldstücke mit auf den Weg.
Der junge Mann fühlt fortan so etwas wie eine Verpflichtung, die
»Verabredungen« mit den Männern am anderen Ende der Welt

herbeizuführen. Und so ganz ungelegen kommt dem Abenteuer-lustigen die Herausforderung wohl auch nicht.

Es sollte nicht sein letztes wundersames Erlebnis im nörd-lichen Ägypten sein. Schon bald darauf zeigt sich Ibn Battuta abermals fasziniert von den Erzählungen über einen Mann, dem sie erstaunliche Fähigkeiten zuschreiben. Der Name taucht auf, wohin immer er sich wendet: Scheich Abu al-Murshidi, ein Zau-berer soll er sein, ein Mann der Prophezeiungen. Ibn Battuta zieht es nach Kairo. Er kann es kaum erwarten, die Stadt zu sehen, die so etwas wie ein Zentrum der fortschrittlichen islamischen Welt ist, ihre prächtige Kapitale. Aber für einen so ungewöhnlichen Heiligen, dem sogar der Sultan und seine Minister ihre Aufwar-tung machten, riskiert er gern noch einen Umweg.

Abu al-Murshidi lebt in der bescheidenen Zelle eines Klos-ters in Fawwa an einem Kanal, südlich von Alexandria. Ibn Bat-tuta kommt dort an einem heißen Sommernachmittag an. Der Scheich hat gerade eine Abordnung des Sultans zu Gast, doch dann nimmt er sich Zeit für den jungen Pilger, umarmt ihn, lädt ihn zum Essen ein. Und setzt ihn, wie Ibn Battuta im *Rihla* stolz vermerkt, beim abendlichen Gebet in die erste Reihe. Als der junge Mann aus Tanger um eine Gelegenheit zum Übernachten bittet, schickt ihn der berühmte Sufi auf das Dach seines Klos-ters. Dort findet Ibn Battuta eine Strohmatratze und eine Leder-matte, einen Krug mit Wasser für die religiöse Waschung und einen anderen, einschließlich von Gläsern, zum Trinken. Es ist eine klare Nacht, über ihm leuchtet der Himmel mit der Milch-straße und Myriaden von Sternen. Eine magische Nacht.

»Ich träumte, ein Riesenvogel hätte mich auf seine Schwingen genommen, wäre mit mir nach Mekka geflogen, dann weiter in den Jemen, dann Richtung Osten und in den Süden, dann wie-der in den Osten, weit, immer weiter, bis wir schließlich in einem grünen, dunklen Reich landeten, wo er mich zurückließ«, erzählt

Ibn Battuta in seinem Buch. Am nächsten Morgen bittet er den heiligen Mann, ihm diesen seltsamen Traum zu deuten.

Nach dem Morgengebet erklärt der Scheich sich dazu bereit. »Du wirst die Pilgerfahrt vollenden und das Grab des Propheten, Gottes Segen und Frieden sei mit ihm, besuchen«, verkündet er. »Dann wirst du wirklich im Jemen, im Irak, im Land der Türken und in Indien umherreisen. Dort wirst du eine lange Zeit bleiben und meinen Bruder Dilschad al-Hindi treffen, der dich einmal aus einer großen Gefahr retten wird.« Der Scheich beschenkt ihn anschließend großzügig, gibt ihm Geld und Kekse mit auf den Weg. Ibn Battuta verabschiedet sich, tief beeindruckt und sehr dankbar. »Was für ein gütiger und weiser Mann!«, notiert er. »Ich traf auf meinen Reisen sehr lange keinen mehr wie ihn.«

Schon zum zweiten Mal wird Ibn Battuta nun eine Weltreise vorausgesagt, und es spielt für ihn gar keine Rolle, ob ihn womöglich die Prophezeiung des ersten Sehers erst zu seinem nachfolgenden Traum gebracht hat. Ob er gegenüber dem Scheich im Überschwang seiner Gefühle vielleicht Indien erwähnt hat, ob der sich aus dem Trip mit dem Riesenvogel womöglich zusammengereimt hat, was der junge Mann hören wollte – niemand wird es je erfahren. Ibn Battuta vertraut den Wahrsagern, den Magiern, den Wundererzählern, er ist bereit, ihnen auch die absonderlichsten Geschichten zu glauben. Sicher auch, weil ihm seine vorausgesagte Rolle als Entdecker fremder Welten sehr gefällt.

Er besucht auf dem Weg nach Kairo noch einige Gräber von Gelehrten. Friedhöfe faszinieren ihn, weil sie ihm so viel über die Vergangenheit wie die Gegenwart und auch die Zukunft erzählen: Sie sind ihm ein Schlüssel zum Verständnis der Welt. Dabei kommt er auch in das Dorf Damiette, wo ihm auffällt, dass sich die Männer Bärte und Augenbrauen rasieren. Sie erzählen ihm unglaubliche Dinge über ihren lokalen Helden, die den Mann aus Tanger faszinieren, obwohl sie eher mit Sektierertum als mit dem klassischen Islam zu tun haben. Oder gerade deshalb – Ibn Battuta interessieren neben den strengen, allgegenwärtigen Regeln des Korans alle Facetten des praktizierten Glaubens, einschließlich der Volksmythen und Fabeln. Ein Faible hat er für interessante und außergewöhnliche Menschen.

Der Damietter Scheich Dschamal ad-Din ist nach den Erzählungen der Einheimischen ein besonders gut aussehender Mann gewesen, schlank und großgewachsen. Eine verheiratete Frau hat sich unsterblich in ihn verliebt und ihn mit einer List in ihr Haus gelockt und eingeschlossen. Die Liebestolle bedrängte ihn, »sodass es keinen Ausweg mehr für ihn gab«. Der Scheich tat so, als würde er der Verführung nachgeben, bat nur darum, sich noch einmal frischmachen zu können. In der Toilette rasierte er sich mit einem Messer, das er immer bei sich trug, schnitt nicht nur die Barthaare ab, sondern auch die Wimpern. Als er so vor die Frau trat, fand sie den gerade noch Angebeteten nicht mehr attraktiv, beschimpfte ihn und warf ihn aus dem Haus. »Auf diese Weise bewahrte Gott Dschamal ad-Din vor Schaden«, heißt es im *Rihla*. »Der Scheich behielt dieses Aussehen auch später bei. Und alle, die ihn verehrten, taten es ihm nach.«

In dem Dorf der Bartlosen geht es sanft zu. Streitigkeiten werden schon im Ansatz geschlichtet, das reichhaltige Essen – darunter eine Sorte besonders schmackhafter Seevögel, deren Fleisch man bis nach Syrien exportiert – wird von allen geteilt. Das Land ist fruchtbar, es gibt Datteln, Gemüse, Fleisch. Wer hier leben will, braucht einen besonderen Stempel, der in die Haut gebrannt wird. Dem Durchreisenden wird bei der Ankunft ein Papier mit Siegel ausgehändigt, das er nach einigen Tagen wieder abgeben muss. Fremde sollen nicht länger bleiben, sonst würde dieser Ort wohl bald überlaufen. Ein Sprichwort sagt über dieses Damiette: »Hier sind sogar die Häuserwände so süß, dass man an ihnen knabbern kann, und die Hunde so friedlich, dass man sie für Schafe hält.«

Ibn Battuta folgt weiter dem Lauf des Nils. Er kann die Segnungen des breiten, eindrucksvollen Stroms nicht genug preisen. »Der Reisende braucht flussaufwärts nicht die geringsten Vorkehrungen zu treffen«, schreibt er begeistert nach einer längeren Bootsfahrt. Wo immer man an Land gegangen sei, habe es alles im Überfluss gegeben. Wie eine »ununterbrochene Kette von Märkten« kommt ihm Ägypten vor, sein großer Strom ein Lebens- und Luxusspender. Schön in jeder Beziehung sei dieser Nil, sagt Ibn Battuta fast ehrfürchtig, ein Fluss wie ein Meer, so etwas habe nicht Seinesgleichen auf der Welt. Außerdem sei er leicht zu navigieren, und sogar sein Wasser gut zu trinken.

Und dann kommt Ibn Battuta an. Erreicht Kairo. Sieht die Gesegnete, die Unvergleichliche, die »Siegreiche«, wie ihr Beiname lautet. Und ist außer sich: »Endlich in Kairo, Mutter aller Städte, einst Sitz der tyrannischen Pharaonen, längst schon gütige Herrscherin weiter, fruchtbarer Regionen, endlos die Anzahl seiner Bauten, unerreicht deren Schönheit und Glanz, Treffpunkt all derer, die Abschied nehmen oder sich begrüßen, Oase der Schwachen und Mächtigen, oh du Stadt, deren Massen wogen wie die Wellen des Meeres, unaufhaltsam heranrollend und allein schon wegen ihrer Größe nicht aufzuhalten ...«

Ibn Battuta, sonst häufig reporterhaft nüchtern, greift hier – wohl mit Unterstützung seines in Versen versierten Ghostwriters – zur blumig-poetischen Sprache, um seine Begeisterung auszudrücken. Aber dann kommt er im *Rihla* gleich wieder auf die Fakten zurück, fast so, als müsse er sich für den Überschwang entschuldigen. Er erzählt von den »zwölftausend Wasserträgern auf Kamelen«, die täglich die Stadt professionell versorgten, den bei Transportunternehmen verliehenen »dreißigtausend Mulis und Esel«, den »sechsunddreißigtausend Schiffen«, die im Auftrag des Sultans und seiner Entourage auf dem Nil schipperten und Waren aller Art von Damiette im Norden bis nach Assuan im Süden transportierten.

Ibn Battuta sieht eine riesige, funktionierende Stadt mit all ihren Basaren und Geschäften und Handwerksbetrieben, bewundert die Feste der reichen Händler, bei denen sie ihre Läden dekorieren und seidene Ornamente in den Türen aufhängen. Ihm imponieren auch die Freizeitmöglichkeiten der Stadt, besonders die Promenade und der Park am anderen Nilufer, der bei den Einheimischen nur als »der Garten« bekannt ist. Und natürlich schaut der junge Pilger aus Tanger besonders auf die exquisiten Moscheen und zahlreichen Madrassen der Stadt, »so viele, dass man sie nicht zählen kann«. Dazu kommen noch *Khanqahs*, klosterähnliche Institute, die er so noch nie gesehen hat und in denen alle einquartierten Mönche ein staatliches Gehalt beziehen. Sie leben dort keusch, sind aber Kenner von Süßigkeiten, einmal die Woche wird ihnen eine neue Variante serviert. Sie lehren und lernen auf Arabisch wie auf Persisch und beschäftigen sich dabei nicht nur mit der Heiligen Schrift, sondern auch mit Mystischem.

Nicht weniger eindrucksvoll findet Ibn Battuta den großen Friedhof der Stadt. Ihm gefallen die ungewöhnlichen kleinen Pavillons, die von den Familien der Verstorbenen um die Gräber herum gebaut werden, »sodass sie aussehen wie kleine Häuser«. Die Trauernden können sich Koran-Vorleser mieten, die beliebig lange, Tag und Nacht, aus dem Heiligen Buch rezitieren. Und Donnerstagabends, weiß der verblüffte Pilger aus Tanger zu berichten, kommen Männer, Frauen und Kinder und treffen sich an den Gräbern, um dort »ihre Runde zu drehen«. Viele bringen sich auch etwas zum Essen mit, weil sie bis zum frühen Morgen verweilen.

Wenn es einen Ort, ein Bauwerk, in Kairo gibt, der alles andere in den Schatten stellt, dann ist das für Ibn Battuta das »Maristan«, das große Krankenhaus. Er schildert genau, wo es liegt, nämlich zwischen den beiden Burgen, nahe des Mausoleums für den Sultan Qalaun, aber »ansonsten entzieht es sich der Beschreibung, so eindrucksvoll ist das Gebäude mit all seinen Einrichtungen«. Die Ärzte führten jede Art von Operation durch, auch die kompliziertesten am Auge, es sei alles an Medikamenten vorhanden, was man sich nur denken könnte. Und die mehreren Tausend Patienten pro Tag würden unentgeltlich behandelt, keiner abgewiesen. Jeden Tag gehen nach den Worten des Chronisten von wohltätigen Spendern hohe Beträge ein, mit denen sich das karitative Hospital finanziert.

Aber übertreibt da Ibn Battuta nicht ein wenig? Geht die Begeisterung mit ihm durch, zeichnet er im jugendlichen Überschwang womöglich ein gar zu rosiges Bild des mittelalterlichen Kairo?

Historiker wie etwa Stanley Lane-Poole, Autor einer umfassenden Stadtgeschichte, geben Ibn Battuta bis ins Detail Recht. Nach Recherchen des britischen Wissenschaftlers existierten schon Anfang des 14. Jahrhunderts im Maristan-Krankenhaus sorgfältig sterilisierte Operationsräume mit den modernsten chirurgischen Geräten, für die Patienten abgetrennte Einzel- wie Doppelzimmer und angeschlossene Bäder. Man konnte sich zur Linderung der Schmerzen und Entspannung einen Koran-Vorleser bestellen oder auch eine weltliche Musiktruppe oder die hospitaleigene Bibliothek aufsuchen. Reiche wie Arme wurden tatsächlich gleich behandelt – Errungenschaften einer Zivilisation, von denen man außerhalb der islamischen Welt nur träumen konnte.

Kairo ist damals eine der größten Städte der Welt, gut fünfhunderttausend Menschen leben in seinen Mauern, und damit sechsmal so viele wie in Tunis – und fünfzehnmal mehr als in London. Ibn Battuta erlebt Kairo in einer ihrer Glanzzeiten (bei seinem Aufenthalt auf dem Heimweg, zwanzig Jahre später, wird alles schon ganz anders aussehen): ein blühendes Gemeinwesen, dessen Reichtum »die Kompetenz der Mamluken-Regierung widerspie-

gelt, ein funktionierendes System politischer und sozialer Ordnung«, so der Historiker Ross Dunn.

Die aus Zentralasien stammenden, türkischsprachigen Mamluken waren ihren arabischen Untertanen fremd, und vielleicht liegt
darin ein Teil des Erfolgsgeheimnisses der herrschenden Kaste. Sie
rekrutierte ihre wichtigsten Bürokraten und Militärs nicht unter
der zerstrittenen heimischen Bevölkerung, sondern »importierte«
sie. Aus den Regionen im Norden um das Kaspische Meer wurden
junge Männer als Leibeigene – *Mamluk* ist das arabische Wort für
»Sklave« – nach Ägypten gebracht, und von ihren Familien iso-
liert in einer Art Elite-Internat zu einer administrativen Führungsschicht herangezüchtet. Die Besten erhielten dann ihre Freiheit.
Wenn sie sich bewährten, stiegen sie schnell in den Staatsrängen
auf. »Eine Oligarchie der verlorenen Kinder«, nennt dieses System der Historiker Gaston Wiet.

Kairo ist zu Zeiten des Ibn Battuta auch eine Stadt der Ein-
wanderer, ein Zufluchtsort. Reiche Händler, bestens ausgebildete
Ärzte und hervorragende Wissenschaftler sind aus Damaskus und
Bagdad vor den mongolischen Horden Ende des 13. Jahrhunderts
hierher geflohen. Sie bereichern die Stadt mit ihren mitgebrachten Schätzen, ihren beruflichen Kenntnissen, ihrem intellektuellen Know-how. Ibn Battuta mag die »Siegreiche« wie ein ideales Gemeinwesen vorgekommen sein, aber davon war Kairo dann
doch ziemlich weit entfernt. Die Stadt platzt durch den Zuzug
aus allen Nähten, Wohnraum ist teuer und knapp. In einigen der
besonders engen und belebten Straßen werden Drogen verkauft,
Taschendiebe treiben ihr Unwesen, die Prostitution blüht.

Sultan Malik an-Nasir, der mit zwei kleinen Unterbrechun-
gen von 1293 bis 1341 an der Macht ist und so viel zur Prosperität und dem Fortschritt Ägyptens beigetragen hat, herrscht in
Kairo mit eiserner Faust, verfolgt jeden möglichen Konkurrenten. Gegen die Kriminalität geht er mit unmenschlicher Härte

vor, lässt Diebe am Stadttor kreuzigen, überführte Mörder auf Kamelen durch die Stadt schleifen, ihre vom Henker mit dem Schwert abgetrennten Hände baumeln um den Nacken. Auch ihm selbst ist es bei diesen Exzessen offensichtlich nicht immer geheuer. »Was soll ich denn anderes machen«, zitiert ihn ein Zeitzeuge. »Das gemeine Volk erwartet Abschreckung, rechnet damit, dass ich so entschieden handle. Das ist die einzige Sprache, die sie verstehen.«

Ibn Battuta lässt nur an einer Stelle seines Reiseberichts erkennen, dass auch ihm die staatliche Brutalität zu weit geht. Grundsätzlich findet er, in dieser Beziehung ganz ein Kind seiner Zeit, das harte Durchgreifen gegen Gesetzesbrecher in Ordnung. Für den Reisenden zählt mehr die Großzügigkeit, die der Sultan den »rechtschaffenen« Bürgern und vor allem den Pilgern entgegenbringt. Der Mann aus Tanger kommt in einer Madrasa unter, mischt sich unters Volk, versucht mit den Wichtigen der Stadt ins Gespräch zu kommen. Er zählt eine ganze Liste von Notablen auf, die er getroffen hat. Zwischendurch besucht er wohl auch einige der religiösen Vorträge, die in den Moscheen geboten werden.

Aber davon erzählt er nur kurz, akademisches Lernen steht hier für ihn nicht im Mittelpunkt – Kairo ist wie ein einziger Erlebnisurlaub, ein Rausch der Sinne, eine Lebensschule. Er streift durch die Straßen, beobachtet, staunt, genießt. Besucht wohl auch die Pyramiden, obwohl da sein sonst oft so präziser Bericht seltsam vage und oberflächlich bleibt, von faktischen Fehlern durchzogen. Die Stadt ist für Ibn Battuta wohl zu aufregend, um auch noch die Bauwerke weiter draußen gebührend zu würdigen. Und seien sie auch noch so wundervoll.

Mahmud Sabbahi empfängt in seinem Arbeitszimmer, das gleichzeitig Küche und Wohnraum ist. Auf einem kleinen Tisch stehen Wasserkocher, Brotfladen und zwei Mandarinen, auf dem Boden liegen achtlos einige Bücher verstreut, ägyptische Sagen und Englisch für Anfänger, der Mann ist Grundschullehrer. An der weißgetünchten Wand sind einige notdürftig gedübelte Kleiderbügel angebracht, darüber geworfen eine weiße, baumwollene *Dschalaba*, nasse Strümpfe tropfen vom Wäscheständer. Aus dem Radio plärrt Popmusik. Eine Wohnung wie Millionen andere in der arabischen Welt im Jahr 2015 – bis auf den größten Gegenstand, der in der Mitte des Raums thront und ihn fast zur Hälfte ausfüllt: ein marmorner Sarg.

Willkommen in einer der merkwürdigsten Siedlungen der Welt, willkommen in Kairos höchst lebendiger »Stadt der Toten«!

Die schönsten Friedhöfe sind wohl immer auch eine Hymne auf das Leben, sie sind Pilgerziele nicht nur für die Hinterbliebenen – al-Qarafa, die Nekropole im Südosten Kairos, war für den Weltreisenden Ibn Battuta jedenfalls ein so herausragender, ein so ganz besonderer Gottesacker. Andere teilten sein Urteil. Ein Jahrhundert nach dem Weltreisenden aus Tanger bezeichnete Muhammad al-Maqrizi, ein weiterer mittelalterlicher Chronist, Kairos Hauptfriedhof als Ausflugsziel, als Vergnügungspark Nummer eins der Stadt; er gab sogar einen Führer zur Besichtigung der prächtigsten Gräber heraus. Und selbst der Eroberer Napoleon Bonaparte, den kaum etwas beeindrucken konnte, bestaunte Ende des 18. Jahrhunderts ehrfürchtig »diesen Wald von Mausoleen und Minaretten, der da im Dunst des Morgenlichts auftaucht«.

Doch gedacht war dabei immer nur an Besuche auf Zeit, an ein »Vorbeischauen« bei den Verblichenen. Über die Jahrhunderte aber, und besonders über die letzten Jahrzehnte, hat dieses al-Qarafa seinen Charakter völlig verändert: Heute ist die Nekropole nicht Besuchsort, sondern Wohnort für Hunderttausende Menschen, vielleicht schon über eine halbe Million oder noch mehr leben hier permanent, keiner weiß es, denn sie sind nirgendwo erfasst. Sie hausen in den Gruften und zwischen den Gräbern als »Illegale«, sozusagen in Tuchfühlung mit den Verstorbenen. Geduldet von den Behörden, nicht akzeptiert. Ständig von der Evakuierung bedroht. Teils verachtet, teils ignoriert durch ihre Kairoer Mitbürger.

Die »Stadt der Toten« – sie ist ein Slum der Überlebenden. Und für den Lehrer Mahmud ist die Nekropole, wenn auch nicht die Erlösung von allem Übel, so doch eine Zwischenlösung: ein Hauch von Hoffnung in dieser über alles und allem zusammenschlagenden Hauptstadt.

Mahmud, Mitte dreißig, pechschwarze, leicht gekräuselte Haare, ein Bär von einem Mann mit Bodybuilder-Muskeln, ist vor elf Monaten von seinem Heimatdorf bei Assuan in die Metropole gekommen. Er hat lang davon geträumt, der Enge seines Heimathauses mit den acht Geschwistern zu entfliehen. Die Anstellung an einer Kairoer Schule ist allerdings mit einem Minigehalt verbunden, weniger als umgerechnet hundertfünfzig Euro im Monat; unmöglich, davon etwas zu sparen und seine zurückgelassene Verlobte nachzuholen, wenn vom Verdienst auch noch ein Großteil für die Miete draufgehen sollte. »Da erinnerte ich mich an meinen Cousin. Ich wusste, dass er als Grabwächter arbeitete, und bat ihn, doch bei ihm unterkommen zu dürfen. Natürlich ahnte ich nicht, dass er in einem Mausoleum wohnt, und zuerst war das durchaus gewöhnungsbedürftig«, erzählt Mahmud freimütig. Inzwischen habe er sich an seine neue Bleibe gewöhnt. Dem Verwandten gebe er im Gegenzug für die Mitwohngelegenheit Sprachstunden und erledige für ihn Schreibarbeiten, so profitierten sie beide. Und die zwanzig Quadratmeter, die sie miteinander – und mit der Leiche

eines Großwesirs aus dem 18. Jahrhundert – teilen, die seien doch
»immerhin passabel«, meint er. Wahrscheinlich besser als das, was
die Durchschnittsbürger der Hauptstadt so an Zimmergröße zur
Verfügung hätten.

Den Totenhaus-Besetzern kommen die spirituellen Traditionen
und die Bestattungsriten Ägyptens zugute. Schon die Pharaonen
kannten, da sie doch mit entsprechenden Grabbeigaben vorsor-
gen konnten, keine Furcht vor dem Jenseits. An dieser grundsätz-
lichen Haltung änderte sich in Ägypten nichts. Auch nicht, als
die alten Reiche längst untergegangen waren, Einbalsamierungen
nicht mehr en vogue waren, der Islam im 8. Jahrhundert ganz
Arabien eroberte. Der Friedhof al-Qarafa unter den Mokattam-
Hügeln datiert aus dieser Ära, seine eindrucksvollsten Mausoleen stammen aus den späteren Glanzzeiten unter den Fatimiden,
Aijubiden und Mamluken zwischen dem 10. und 15. Jahrhundert.

Vor allem die reichen Mamluken-Herrscher und die Familien der damaligen Oberschicht machten aus ihren Grabstät-
ten damals eindrucksvolle Denkmäler – Ibn Battuta hat erlebt,
wie gern die Verwandten zum Gebet hierherkamen, den Friedhof auch zum Picknick besuchten, den Verstorbenen von ihren
Nöten erzählten, »Zwiesprache« mit ihnen hielten. Damals waren
schon überdachte Steinhäuser für die Sarkophage gebaut worden,
manchmal in zwei Etagen. Die neueren Familien-Mausoleen der
wohlhabenden Kairo-Clans sind nicht mehr ganz so prächtig,
aber auch sie sind mit vier Wänden und Dächern ausgestattet,
inzwischen meist aus rosa Backstein.

Frühzeitig stellten die Chefs der Familienclans Grabwächter
an, um sie zu bewachen und zu pflegen. Die zogen dann bei den
Toten ein oder errichteten sich Hütten in der unmittelbaren Nähe.
Sie vererbten ihren Job und holten nach und nach ihre Familien und Verwandten zu sich in die Nekropole. So ist zwischen
den Gräbern ein neues Gemeinwesen entstanden, mit einem sehr

eigenwilligen, sehr zurückhaltenden Menschenschlag. Die Friedhofsbewohner haben keinerlei rechtlichen Anspruch auf das Land, und das macht sie vorsichtig, misstrauisch, sie schotten sich ab vor der Umwelt, vor denen »da draußen«. Jeder Fremde, jeder unangemeldete Besuch gilt ihnen als Bedrohung. Mahmud weiß das und warnt dringend vor Recherche-Alleingängen. Aber er bietet an, mich bei meiner Erkundung der Siedlung zu begleiten.

Kinder spielen zwischen den Gräbern und Mausoleen Fangen, einige lassen Drachen steigen, bunte Wäsche flattert auf Schnüren zwischen den Gräbern, von denen manche frisch aufgeschaufelt sind – der Friedhof ist immer noch »aktiv«, fast stündlich nähert sich von irgendeiner Richtung ein Trauerzug. An der Ecke einer schmalen Gasse verkaufen Frauen Melonen, zersprungenes Kochgeschirr und Babyschuhe aus Plastiktaschen. Alte Männer bieten abgeschraubte Antennen und Auto-Radkappen an, die sich für alles Mögliche zurechtbiegen lassen. Eine Windbö wirbelt den Schmutz hoch und zerrt an den Müllsäcken, die achtlos an die Mauern gelehnt sind – Mahmud sagt, sie würden irgendwann von den Bewohnern selbst entsorgt, aber es sieht so aus, als läge der Unrat hier schon seit Wochen. Erbärmlich magere Katzen und von Schwielen übersäte Hunde wühlen in dem Abfall, schrecken angstvoll zurück, als sie merken, dass sie mit einer ganzen Bande von aggressiven Ratten konkurrieren.

Mitten in diesem so trostlos wirkenden Chaos sitzt an einem anderen Ende des Weges ein grauhaariger Greis auf einem wackligen, dreibeinigen Plastikstuhl und flüstert liebevoll etwas den beiden aus ihren Verschlägen befreiten Tauben zu, die auf seinen Schultern Platz genommen haben. Streicht ihnen übers Gefieder, und die Vögel gurren dankbar zurück.

Ein Gesamtbild, nicht viel anders als in jedem anderen Armenviertel von Kairo, als in jeder Drittweltmetropole – außer dass es hier in Qarafa leiser zugeht. Keine Totenstille, aber auch kein

Krach, keine schrillen Geräusche. Das liegt nicht an dem besonderen Respekt für die allgegenwärtigen Toten, denn geflucht, gestritten und geliebt wird hier durchaus quasi-öffentlich, Tür an Tür. Sondern daran, dass durch den riesigen Friedhof nur eine befahrbare Straße führt. Kein Hupen, keine Bremsgeräusche, nur säuselnder, sedierender Wind. Mahmud begrüßt einige seiner Nachbarn, sie nicken ihm verschlafen zu. Die Probleme scheinen, zumindest vorübergehend, in Watte verpackt.

Der Abend bricht herein, abrupt und fast ohne Dämmerung. Eine schwarze Wand unter einem staubbeladenen Himmel. Blitze zucken in der Ferne. Es gibt in weiten Teilen von Qarafa kein Licht, nur manchen besonders cleveren Nekropolen-Bewohnern gelang es, das öffentliche Netz anzuzapfen und mit abenteuerlichen Drahtkonstruktionen die Elektrizität in ihre Mausoleen umzuleiten. Mahmud und sein Cousin gehören nicht zu diesen Glücklichen, sie behelfen sich in ihrer Gruft mit Taschenlampen und manchmal mit einer Ölfunzel. Ist es ihnen nicht unheimlich zwischen all den Gräbern, treibt sie keine Gespensterangst um in der Geisterstunde, leiden sie nicht unter Alpträumen?

Mahmud schüttelt den Kopf. »Ach, Unsinn«, sagt er. »Ich fühle mich wohl zwischen denen, die ihren ewigen Frieden gefunden haben.« Und dann setzt er nachdenklich hinzu: »Ich habe keine Angst vor den Toten, nur vor den Lebenden.«

Wie meint er das?

»Unser Viertel wird immer unsicherer. Dass die Polizei sich hier selten blicken lässt, empfinden wir einerseits als angenehm, niemand verlangt von uns Bestechungsgelder, sie lassen uns einfach allein. Doch das hat natürlich auch Nachteile: al-Qarafa ist dabei, sich zu einem bevorzugten Platz für Drogendealer zu entwickeln und gilt inzwischen auch als Umschlagplatz für Waffen«, sagt der Mann aus Oberägypten. Deshalb käme es für ihn gar nicht infrage, seine Verlobte nachzuholen, in der Nekropole gar eine Familie zu gründen. Manchmal, gesteht er, fühle er sich ohnmächtig, zwischen allen Stühlen, allen Welten, allen Zeiten: Er will nicht zurück in die Provinz, aber auf die Dauer auch nicht in der Totenstadt bleiben. Jeden Tag, jede Nacht stirbt seine Hoffnung ein kleines bisschen mehr. Mahmud, äußerlich der Typ ellbogenstarker, selbstbewusster Türsteher an einer Bar, im Inneren eher ein sanftmütiges Lamm, dieser Mahmud, der sich so verzweifelt bemüht, positiv in die Zukunft zu blicken, fühlt sich manchmal schon wie lebendig begraben.

Aufgeben wird er nicht. Der Islam gibt ihm Kraft. Mahmud führt ein gottgefälliges Leben, er hält sich strikt an die Gebetszeiten, fastet im Ramadan, beachtet alle Gesetze seiner Religion, die für ihn allerdings Privatsache ist: »Sobald Politiker sich zu Islam-Parteien zusammenfinden und behaupten, im Namen des Propheten zu handeln, wird es fürchterlich.« Ein weiterer Trost: Er weiß, es gibt in Kairo weit schlimmere Schicksale als seines, weit trostlosere Wohngegenden als al-Qarafa, das von den Lebensbedingungen eher zur unteren Mittelklasse als zu den Slums gehört. Etwa Manshiyat Naser einige Kilometer nördlich. Dort sieht es aus, als hätte man über mehrere Quadratkilometer einen riesigen Mülleimer umgestülpt, die Menschen im Unrat verschüttet.

Wie viele Einwohner mag Kairo heute haben, Afrikas größte Stadt, eine der am schnellsten wachsenden Megacitys der Welt: sechzehn Millionen, achtzehn Millionen oder sind es schon zwanzig? Kairo platzt jedenfalls aus allen Nähten. Mehr als jeder Dritte lebt hier laut UNO-Statistik unter der Armutsgrenze, verfügt über nicht einmal zwei US-Dollar pro Tag.

Aber es kommt natürlich auch darauf an, was man mit seinem Geld macht, wofür man es ausgeben kann. Und da zeigen sich zwischen den mietfreien Besetzern der Totenstadt und denen da oben, die illegal auf den Dächern der Hochhäuser leben, verblüffende Parallelen: Kairos bescheiden lebende Mittelklasse nutzt jeden verfügbaren Winkel und neigt dabei, rein wohntechnisch, zu abenteuerlichen Extremen. Mal unterirdisch, mal überirdisch.

Wer die Menschen auf den Dächern besuchen will, ist besser schwindelfrei. Die Balustraden sind oft nur kniehoch, und jenseits der Mauern gähnt ein neungeschossiger Abgrund. Auf den Straßen der Innenstadt tobt der Verkehr, ein fast permanentes Hupen dringt herauf. Aber der Krach wird übertönt von dem Lärm, den die Kinder machen. Zwei barfüßige Mädchen im Vorschulalter jagen kreischend einen Ziegenbock. Er versucht meckernd, ohne große Überzeugung oder gar Panik, zu fliehen, wird von den Kleinen aber entschlossen an den Hörnern gepackt und ein Stück geschleift – ein Spiel, dessen Harmlosigkeit alle kennen.

In einer anderen Ecke in luftiger Höhe putzen drei junge Frauen Gemüse, schnippeln Zucchini in einen großen Kochtopf, in dem schon die Suppe dampft. Eine besonders korpulente Alte macht sich an einer klapprigen Nähmaschine zu schaffen, sie flickt für ein paar ägyptische Pfund ein halbes Dutzend Kleider. Auf einer Pritsche im Freien döst ein älterer Mann, unbeeindruckt von dem Streit, der aus dem Fernseher im Zimmer nebenan dröhnt. Zwei Teenager verfolgen mit weit aufgerissenen Augen die neuesten Folgen einer Seifenoper. Nur wenn der Muezzin ruft, unterbrechen alle ihre Tätigkeit: Dann wird auf den ausgelegten Teppichen gebetet und Allah gepriesen – ein Ritual der Volksfrömmigkeit.

Mehrere Hunderttausend *Cairenses* dürften inzwischen in so luftigen Höhen leben, sozusagen in einer Stadt über der Stadt. Manche der Areale sind groß wie Fußballfelder, und oft stehen die Häuser so dicht aneinander, dass man von einem Dach zum nächsten hinüberklettern kann. Manche haben ein halbes Dutzend Aufbauten, schnell hochgezogene, abenteuerliche Steinkonstruktionen mit Wellblechdächern oder selbst gezimmerte Hütten aus Holz. Für Ordnung sorgt der *Bawab*, der Hausmeister. Um ihm ein kleines Gehalt zu ermöglichen, legen alle zusammen. Rahman, ein schmaler, kleingewachsener Mann im kurzärmligen Hemd, ist hier dieses Mädchen für alles. Er repariert Wasseranschlüsse, macht Besorgungen – hundertvierzig Stufen geht es in einem engen Treppenhaus hinunter, Lieferanten weigern sich, schwere Gasflaschen nach oben zu transportieren. Und er schlichtet Streit.

Auch wenn das Leben der Großfamilien auf dem Dach oft wie ein Idyll anmutet, man zusammen Bauchtänze übt und lacht und das gemeinschaftliche Essen ihre Zusammengehörigkeit betont: Das enge Aufeinanderhocken hat auch viele Nachteile. Es macht es fast unmöglich, sich einmal zurückzuziehen und für sich selbst zu sein. Jeder hier oben weiß alles vom anderen, das fördert Spannungen. Und dann ist da auch die permanente Angst um die Existenz, ob das Bakschisch für die Beamten reicht, oder ob sie bald hinausgeworfen werden, »hinunter« auf die Straße.

Überall bröckelt die Bausubstanz. Viele der um das Jahr 1900 gebauten Häuser sind architektonische Meisterwerke mit klassischen Ornamenten und gusseisernen Balkonen, sie stammen von französischen Fachleuten und könnten genauso gut im Quartier Latin von Paris stehen. Aber repariert wurde hier nie etwas. Es lohnte sich nicht für die Besitzer, die Mieten für die oft herrschaftlichen Wohnungen auf den »normalen« Etagen sind durch staatliche Vorgaben aus der Nasser-Ära der Fünfzigerjahre eingefroren. Sie sind absurd niedrig, nicht viel höher als der Betrag, den die Dachbewohner heute den Beamten zustecken, damit die ihre illegalen Aufbauten keinem verraten. Im dritten Stock beispielsweise wohnt ein Junggeselle, der das Mietrecht von seinen Großeltern geerbt hat, zweihundert Quadratmeter für umgerechnet zwanzig Euro im Monat, eine Etage darüber ist es eine alleinstehende Modedesignerin, die ähnliche Spottpreise bezahlt.

Ein Haus, zwei Welten: In der Stadt über der Stadt drängen sich immer mehr Menschen, immer mehr ziehen vom Land zu, dasselbe Phänomen wie in der »Stadt der Toten«.

Mein Gesprächspartner, der Schriftsteller, Zahnarzt und Hochhausbewohner Alaa al-Aswani, gehört zu den wenigen Intellektuellen, die Kontakt zu den Dachbewohnern halten. Er weiß, was sie umtreibt. »Ihre Gemeinschaft ist nicht viel anders als die eines ägyptischen Dorfes. Die Frauen sorgen sich um das Essen und die Kinder, sie verwöhnen die Männer. Die kümmern sich in einem immerwährenden harten Kampf unten auf den Straßen um den Lebensunterhalt, sie schlagen sich durch bei Gelegenheitsarbeiten als Mechaniker oder Taxifahrer. Abends kommen sie zurück, um das scharfe Essen zu genießen, das für sie zubereitet wurde, sie greifen zu ihren Wasserpfeifen. Ihr drittes großes Vergnügen ist der Sex, den sie ausgiebig und sehr offenherzig untereinander diskutieren.«

Die älteren Frauen, die nicht mehr so gut zu Fuß sind, gehen oft wochenlang nicht auf die Straße. Sie sind die guten Seelen der Gemeinschaft, sie basteln aus Holz und Pappe Roller für die Kleinen, sie verschönern die kargen Innenräume mit Teppichen und Mustern aus Henna, sie organisieren Matratzen, wenn mal wieder ein Student vom Land eine vorübergehende Bleibe sucht. Und gerade sie, die so wenig mit der Hauptstadt »da unten« in Berührung kommen, sorgen sich darum, ob ihr Gast wirklich alles Wichtige in ihrem Kairo besichtigt hat, die Höhepunkte von *al-Qahira* kennt; so heißt die Metropole bei ihnen schon seit über einem Jahrtausend, die »Siegreiche, stets Triumphierende«. Bei allen Klagen und Alltagssorgen erfüllt die Menschen ein tiefer Stolz. »Waren Sie schon am alten Stadttor Bab al-Futuh, wo es den besten Knoblauch gibt?«, fragen sie mich. »Haben Sie die mächtige Zitadelle gesehen und die Alabastermoschee, das Doppelminarett der Azhar und die heilige Festungsanlage des Ibn

Tulun? Vergessen Sie nicht, dort in der Nähe gibt es die edelsten Gewürze, da hat sich einst jede Nacht auch die Familie des Propheten versammelt ...«

Alle Araber betrachten diese Stadt als die Mutter aller Städte. »Wer Kairo nicht gesehen hat, hat die Welt nicht gesehen. Ihre Erde ist aus Gold, ihr Nil ist ein Wunder, ihre Frauen sind wie die schwarzäugigen Jungfrauen des Paradieses, ihre Luft ist weich und süß und duftend wie Aloe«, so heißt es in den Geschichten aus *Tausendundeiner Nacht*.

Mit dem Duft ist das heutzutage so eine Sache. Im Sommer und Herbst stinkt der Müll zum Himmel, im Winter treiben die nahen Stahlwerke von Helwan ätzende Schwaden herüber, im Frühjahr liegt oft beißender Smog über der Metropole, ausgelöst durch das im Nildelta verbrannte Reisstroh der Bauern. Aber ja, es gibt die faszinierenden, die mit allem versöhnenden Kairo-Momente – beim Spaziergang am Ufer des großen Stroms entlang der Corniche, wo sich die Liebespaare treffen, beim Entspannen im gepflegten al-Azhar-Park, beim Blick weiter draußen auf das Wunder der Pyramiden.

Manchmal glaubt man als Besucher, dieses Kairo bestehe nur aus Extremen. Aus Menschen, die in unterschiedlichen Welten leben, die kaum je aneinander stoßen, die sich ausschließen. Das Nobelviertel Zamalek auf der Nil-Insel mit seinen großzügigen, dauergesprenkelten Gärten und der Imbaba-Slum, ständig von Wassernot wie von herabstürzenden Geröllmassen bedroht. Das Omar-Khayyam-Spielkasino mit seinem Glitzer und der Khan-al-Khalili-Markt mit seiner Patina. Das Revolving Restaurant, sündhaft teure französische Speisen nebst Jackett-Zwang, und die Koshari-Gaststätten mit ihrem supergünstigen Einheitsessen aus Reis, Makkaroni, Kichererbsen. Kairo ist eine prächtige Weltstadt in der einen Minute, die Mutter aller Kloaken in der anderen. Ordinäre Dirne oder vornehme Grande Dame.

Und doch, es gibt einen gemeinsamen Nenner. Es gibt Orte, an denen alle durchatmen können – die Kaffeehäuser der Stadt, für die Ähnliches gilt wie für die »verwandten« Etablissements in Wien: Hier ist man nicht daheim und doch zu Hause.

Vielleicht existieren in Kairo zwanzig-, vielleicht dreißigtausend dieser *Ahwas*, keiner weiß es, keiner hat sie gezählt. Einige wenige sind richtig vornehm, haben sich eingerichtet in den Palästen der Belle Époque, Kaffeetassen aus kostbarem Porzellan, Damasttischdecken, Silberbesteck, Alte-Welt-Charme. Andere sind bloß ärmliche, zigarettengeschwängerte Plastikverschläge. Aber die große Anzahl der *Ahwas* ist irgendetwas dazwischen, nicht sonderlich vornehm und nicht versifft, sondern gemütlich und kommunikativ. Die Kaffeehäuser sind der Herzschlag der Stadt. Dazu gehören auch meine beiden Lieblingsplätze.

Das Qahwat al-Fishawi, fast zweihundertfünfzig Jahre alt, ist eine wunderbare alte Räuberhöhle inmitten der muslimischen Altstadt, gelegen in einem der engen Gässchen des Khan-al-Khalili-Basars. Man sitzt hier dicht gedrängt im Innenraum, umgeben von holzgetäfelten Wänden, arabeskenumrankten Spiegeln und Kronleuchtern, raucht eine der blubbernden Shisha-Pfeifen, schlürft einen »türkischen« Kaffee oder einen *Tschai Masri*, den Tee des Hauses, stark gesüßt und mit den Blättern der Minze veredelt. Beide werden in kleinen Email-Kännchen serviert, bei manchen ist schon das eine oder andere Eck abgesprungen, aber das stört keinen. Hier treffen sich Intellektuelle und Arbeiter, Mädchen in schwarzer Vollverschleierung und solche in ausgeschnittener Bluse. Und mit einer Mischung aus Respekt und Amüsement beobachten die Kairoer, die meist im Innenraum Platz nehmen, die Touristen. Wie die sich auf den Fishawi-Stühlen im Freien niederlassen, auf den chinesischen Billigschmuck der fliegenden Händler hereinfallen und aus schlechtem Gewissen den Schuhputzern übereuerte Preise bezahlen.

Das Café Riche, nahe dem Ägyptischen Museum und dem Unabhängigkeitsplatz in der Innenstadt, ist dagegen eine Oase der Ruhe. Ein schönes Belle-Époque-Gebäude, einfache rotweiß karierte Tischdecken, ägyptische Fähnchen neben den Gläsern am Tresen, an den mit dunklem Holz verkleideten Wänden Porträts von Schriftstellern. Berühmtester Dauergast war hier der Literaturnobelpreisträger Nagib Mahfuz (der Freidenker ist 2006 verstorben, Spätfolge der Messerattacke eines islamistischen Fanatikers). Mahfuz hat dem Riche in seinem Werk ein Denkmal gesetzt: »Während meiner Abende in diesem Café hörte ich von vielen Dingen, die die Menschen bedrückten. Hätte ich sie nicht niedergeschrieben, wären sie wohl verlorengegangen.« Es sind Storys, die von Liebe und Verrat handeln, von religiösen Zweifeln ebenso wie Alltagssorgen – und oft auch von der großen Politik.

Hier probten Studenten wortreich den Aufstand, hier hielten Generale konspirative Sitzungen ab, und Geheimdienstler belauschten sie vom Nebentisch. Hier zerschlugen sich Träume und wurden neue erdacht: Die Geschichte des Café Riche ist eng, sehr eng verbunden mit der Geschichte des neuzeitlichen Kairo.

Gegründet wurde das Etablissement noch in der britischen Kolonialzeit, 1908, so erklärt es jedenfalls ein Schriftzug an einem der Fenster. 1918 stärkte sich hier der junge Attentäter, bevor er eine Bombe gegen den Ministerpräsidenten warf und einen ersten Aufstand gegen die fremden Herren auslöste. Anfang der Zwanzigerjahre druckten hier Unabhängigkeitskämpfer in einem verborgenen Untergeschoss mit einer selbstgebauten Druckerpresse ihre Pamphlete – die Geheimtür wurde erst Jahrzehnte später entdeckt. Im formal freien Ägypten gab sich dann der ebenso korrupte wie korpulente, von Pornografie besessene König Faruq I. gern volksnah und ließ verbreiten, er habe seine zweite Frau, eine Bürgerliche, im Café Riche kennengelernt. Später wurde hier häufiger auch ein aufstrebender, junger Militär gesichtet, der mit Gleichgesinnten beim mit Kardamom gewürzten Kaffee die Köpfe zusammensteckte: Gamal Abdel Nasser, der 1952 den Monarchen stürzte. Auch den Codenamen der Revolution heckten die »Freien Offiziere« hier aus. Dass in diesen Räumen häufiger auch Alkohol floss, mag ihnen dabei geholfen haben: »Project FF (Fat Fucker)«.

Nasser schätzte in seinen ersten Jahren an der Macht kritische Meinungen. Die Cafés wurden zu einer Art Ersatzparlament, vor allem die Schriftsteller liebten das Riche, und damit die Atmosphäre noch kreativer wurde, gaben sie den Kellnern die Namen von klassischen Poeten. Die Verstaatlichungen in der Industrie sowie die Sozialprogramme machten den jungen Oberst enorm populär. Anfangs war Nasser noch ein Suchender, sprach auch mit den Muslimbrüdern und hielt Kontakte zu den Westmächten, sogar zum offiziell nicht anerkannten Israel. Er experimentierte mit einem feurigen Nationalismus und verschrieb sich dann dem Panarabismus – die gesamte arabische, ja die gesamte afrikanische Welt sollte sich unter Kairos Führung zusammenschließen. Doch je deutlicher diese Pläne scheiterten, desto mehr zeigten sich seine autoritären Züge; Ägypten entwickelte sich zu einem Polizeistaat. 1962 verkauften die letzten ausländischen Besitzer das Café Riche. Und 1967 erlitt Nasser dann im Sechstagekrieg eine demütigende Niederlage gegen Israel. Er erholte sich davon nie mehr, starb keine drei Jahre später.

Mit Anwar al-Sadat kam der nächste Militär an die Macht. Der eiserne Griff wurde noch fester, die Debattenkultur noch begrenzter. Im Riche flüsterte man nur noch, wenn es um Kritik an den Regierenden ging. Sadat wandte sich ab vom Nationalismus und Panarabismus seines Vorgängers, er fürchtete sozialistische Gruppierungen mehr als die Islamisten. Er kam der Muslimbruderschaft entgegen und ließ in die Verfassung schreiben, die Scharia sei ein Hauptquell der Gesetzgebung. Außenpolitisch trieb Sadat mit seinem spektakulären Besuch in Jerusalem die Versöhnung mit Israel voran, erhielt 1978 den Friedensnobelpreis. Die radikalen Muslimgruppierungen änderten ihre Taktik, griffen ihn für seine Versöhnungspolitik mit den »Zionisten« scharf an, er antwortete mit Festnahmen und Folterungen. 1981 fiel Sadat einem Attentat ultrareligiöser Fanatiker zum Opfer. Auch persönliche Motive spielten eine Rolle – der Chefplaner Khalid al-Islambuli rächte sich so für die Verhaftung seines Bruders.

Es folgte die Ära Hosni Mubarak. Lange, quälende drei Jahrzehnte. Der Präsident versprach seinem Volk Stabilität und Prosperität, im Austausch verlangte er von »seinen« Ägyptern, dass sie seine Ein-Mann-Herrschaft bedingungslos akzeptieren. Die Menschen ließen sich darauf ein – und mussten über die Jahre feststellen, dass das Militär sich wie ein Krake in jedem Bereich des öffentlichen Lebens festsetzte. Die Armee kontrollierte bald ganze Industriezweige, von der Erdölindustrie über den Straßenbau, von der Möbel- bis zur Schuh- und TV-Produktion. Und die Streitkräfte verteilten auch den Großteil der internationalen Hilfe untereinander, die der intellektuell eher mittelmäßige, aber bauernschlaue *Rais* (»Führer«) den USA im Austausch für seine prowestlichen Politik abtrotzte. Ohne Schmiergelder ging in Kairo gar nichts mehr. Im Café Riche schimpften die Intellektuellen, aber nur hinter vorgehaltener Hand, und trotzdem wurden manche abgeführt – die Wände haben jetzt Ohren in unserem Café, sagten die Regimekritiker. Es war unklar, ob sie damit die allgegenwärtigen Spitzel oder die befestigten Wanzen meinten, oder beides. Doch von ihren subversiven Witzen ließen sie sich dennoch nicht abhalten.

Kairo wurde in den Achtzigern und Neunzigern zu einem wuchernden Moloch, überwältigt von den Massen, die vom Land in die Stadt strömten. Die hässlichen Vororte verschmolzen mit der Innenstadt. Doch der Traum der Zugezogenen vom Aufstieg in die Mittelschicht erfüllte sich in den seltensten Fällen. Mubarak hielt sein Wort nur gegenüber den Militärs und einer kleinen Unternehmerschicht. Die neuen Herren sollten sich maßlos bereichern und flohen vor dem gemeinen Volk in überwachte Luxuswohngebiete außerhalb der Ring Road – eines trug den Namen »Mirage City«, Fata-Morgana-Stadt. Die meisten Kairoer verarmten indessen und mussten zudem mit ansehen, wie ihre Metropole immer hässlicher wurde. Überall billige Plastikwaren, Pfusch am Bau, Verschandelung. Und Mubarak wurde nicht müde, den Ägyptern klarzumachen, für wie unmündig er sie hielt. Er verlangte sogar noch Dankbarkeit für die »Stabilität«, die doch nichts anderes bedeutete als das Ausbleiben ganz großer Katastrophen. Die Kairoer fühlten sich um den Lohn ihrer Opfer betrogen. Viele flüchteten zu denen, die ihnen Erlösung versprachen, sie suchten ihr Heil in der Religion.

Mubarak sah die Gefahr. Er ließ den Muslimbrüdern einen begrenzten Freiraum, verschärfte aber gleichzeitig die Kontrolle über die »offiziellen« religiösen Einrichtungen. Als Staatschef stand ihm ohnehin zu, den Großscheich an der Azhar-Universität zu ernennen, der als oberste religiöse Autorität Ägyptens fungiert und darüber hinaus auch als die vielleicht wichtigste Stimme des sunnitischen Islam weltweit. Ähnlich viel zu sagen hatte nur noch der Religionsminister.

Ich erinnere mich sehr gut an das Interview, das ich im Jahr 2001 mit dem damaligen Amtsinhaber Hamdi Zakzouk in Kairo führte. Der Minister hatte an der Azhar wie an der Universität München studiert, er bestand darauf, auf Deutsch zu antworten, »ich liebe die Sprache Goethes und Lessings«. Er sprach offen über Schleierzwang, Scharia und die Schreckensherrschaft der Taliban – religiös ein Liberaler, wie er im Buche stand, politisch aber ein bedingungsloser Anhänger des Autokraten Mubarak. Der Religion schrieb er eine wichtige, aber im Staatswesen eher dienende Rolle zu. »Islam heißt Toleranz, Gott hat den Propheten gesandt, um den Menschen Barmherzigkeit zu erweisen, der Koran sagt: Wer will, möge glauben, wer nicht will, soll es lassen« – so lauteten die Kernsätze des Religionsministers.

Ganz anders klang das bei Muhammad Badie, dem Veterinärmediziner, der dem obersten Gremium der Islamisten-Partei angehörte. Die Muslimbruderschaft durfte damals bei den (ohnehin weitgehend bedeutungslosen) Parlamentswahlen nicht als politische Partei kandidieren, einzelne Mitglieder konnten sich jedoch aufstellen lassen. Badie blieb in unserem Gespräch immer freundlich, immer höflich, aber in der Sache war er knallhart. Er zitierte die fünf Grundregeln der 1928 gegründeten Bewegung, von denen abzuweichen unmöglich sei: »Gott ist unser Ziel. Der Prophet ist unser Führer. Der Koran ist unsere Verfassung. Der Dschihad ist unser Weg. Der Tod für Gott unser vornehmster Wunsch.« Der feurige Redner war für Demokratie und Wahlen – aber dass christliche Kopten (etwa zehn Prozent der Bevölkerung) oder gar Laizisten in Ägypten neben seinen *al-Ichwan al-Musliman* eine gleichberechtigte Rolle spielen könnten, schien ihm unvorstellbar.

Der bärtige Badie, der lange Jahre unter Sadat und auch noch unter Mubarak im Gefängnis gesessen hatte, hielt sich im Jahr 2003 mit Kritik an der Staatsführung erstaunlich zurück, wohl weil er zutiefst davon überzeugt war, auf der richtigen Seite der Geschichte zu stehen. Und dass die Zeit der Muslimbrüder schon noch kommen würde.

Um 2005 gab es dann die ersten Demonstrationen von Regimegegnern. Die Bewegung unter dem Namen *Kifaya* (»Es ist genug«) brachte etwas Erstaunliches zustande: Erstmals kämpften Säkulare und ein Teil der Islamisten Seite an Seite gegen die Staatsmacht, bezogen gemeinsam Prügel durch die berittene Polizei und die in Zivil gekleideten, bewaffneten Geheimdienstschergen. Außer dem Hass auf den Diktator verband sie nicht viel, aber dieser Hass reichte als vorläufiger Kitt. Der Protest drohte allerdings, eine Fußnote der Geschichte zu bleiben. Kairo zeigte ein lähmendes Beharrungsvermögen, die Kräfte des Immergleichen schienen jeden Ansatz zur Neuerung ersticken zu können. Die Metropole kam mir noch Ende des vergangenen Jahrzehnts vor wie die internationale Hauptstadt des Stillstands.

Was letztlich den Wandel brachte – Mubaraks starrköpfige Abkehr von der Realität und seine nachlassende Gesundheit, die zunehmende Brutalität gegenüber allen Oppositionellen oder eine Kombination von all dem –, werden die Historiker von morgen besser beurteilen können. Einer der ausschlaggebenden Fehler des Präsidenten war sicher, dass er seinen Sohn Gamal »Jimmy« Mubarak zum Vizegeneralsekretär der alleinregierenden Nationaldemokratischen Partei machte und damit als seinen Nachfolger ins Spiel brachte. Das vertrug sich nicht mit dem Stolz der Ägypter. Wo immer sie auch ideologisch standen, für sie war ihr Land eine Republik, keine pharaonische Dynastie. Gemeinsam gegen die *Tawreeth* (»Erbmonarchie«) wurde zu einem vereinigenden Schlagwort aller Regimegegner. Und als die Polizei im Sommer 2010 einen jungen Mann in Alexandria zu Tode prügelte und das anschließend noch zu vertuschen versuchte, da war das ein staatlich sanktionierter Mord zu viel. Die Funken sprühten und führten zum Flächenbrand.

Aber Revolutionen brauchen nicht nur katalysatorische Ereignisse, sie brauchen auch Symbolfiguren. Die ägyptische Revolution hatte einen durchaus ungewöhnlichen Initiator – er wurde zur Hoffnung weckenden, inspirierenden Kraft und später zur zaudernden, tragischen Gestalt des Arabischen Frühlings: Mohamed ElBaradei.

Wir haben uns vor mehr als einem Jahrzehnt in Wien kennengelernt. ElBaradei war damals Vorsitzender der Internationalen Atomenergie-Organisation (IAEA) in Wien: Er sollte im Auftrag der mit der UNO verbundenen Organisation weltweit die

friedliche Nutzung der Kernenergie fördern und alle Mitglieds-
länder auf den neuestes Stand der Technik bringen, gleichzeitig
aber überwachen, dass ein bestimmter Teil der Kernenergie *off-
limits* blieb, dass sich die Atomwaffen auf der Welt nicht verbreiteten. Er war Chef von Tausenden Experten, die von Nordkorea bis
Libyen als »Nuklear-Wachhunde« gefährliche Verfehlungen auf-
decken sollten. Eine bessere Möglichkeit, sich Feinde zu machen,
gab es nicht. Die einen (vor allem in den USA) beschimpften ihn
als Weichei, der potentiellen Bombenbastlern viel zu viel durch-
gehen ließe, die anderen (vor allem im Iran) nannten ihn einen
Scharfmacher, der als verlängerter Arm der Atommächte und
Spion des Westens agierte.

ElBaradei schlug sich tapfer, indem er sich mit allen anlegte
und doch stets diplomatisch blieb. Das Nobelpreiskomitee wür-
digte seine Bemühungen und verlieh ihm persönlich sowie der
IAEA als Organisation 2005 den Friedensnobelpreis. Einige Tage
vor der Verleihung empfing er mich in seiner Privatwohnung in
Wien, wir tranken Kaffee. Mir war sehr sympathisch, wie boden-
ständig der in Kairo geborene Sohn einer prominenten ägyptischen Juristen-Familie geblieben war, wie er auf alle äußerlichen
Zeichen von Prominenz wie etwa einen Privatparkplatz verzichtete, sich dazu bekannte, dass seine Frau weiter als Lehrerin arbeitete. Schon seine Stimme klang so sanft, als wolle er keinen ver-
stören. Er erzählte von seiner liberalen Erziehung, die ihm die
Eltern mitgaben, vom Kampf seines Vaters, als Chef der Anwalts-
vereinigung unter Präsident Nasser wenigstens einige liberale
Grundüberzeugungen durchzusetzen. Nach dem Studium an der
New York University School of Law war Mohamed ElBaradei
bei den Vereinten Nationen gelandet, hatte dort schnell Karriere
gemacht. Er wurde 1997 IAEA-Chef – wie er in unserem Gespräch
selbst bekannte, niemandes erste Wahl, sondern ein Kompromisskandidat aus der »Dritten Welt«.

Sein fast haarloser Kopf und seine Rundbrille sowie sein hagerer Körperbau gaben ihm etwas Asketisches: ein Hauch von Mahatma Gandhi. Gleichzeitig wies der getrimmte Schnurrbart, die konservative Kleidung in eine ganz andere Richtung: mehr als ein Hauch von Aristokratie. Dass dieser Mann äußerlich wie politisch wie jobmäßig fast unüberbrückbare Gegensätze in sich vereinte, war offensichtlich, »Superman und Sisyphus« überschrieb ich damals meine Reportage. Als Mohamed ElBaradei im November 2009 nach zwölf Jahren an der Spitze der IAEA in Pension ging, rechneten alle damit, dass der Weltbürger sich ins Privatleben zurückziehen würde, Vorträge halten, Bücher schreiben, am Swimmingpool seines Hauses in Südfrankreich ausspannen.

Doch es kam anders. Schon wenige Monate später stand er im Zentrum einer Volksbewegung. Er wurde zum Helden in der Stadt, in der er geboren wurde, in der er aber schon lange nicht mehr seinen Lebensmittelpunkt hatte.

»Ich wollte im Februar 2010 nur mal kurz meine Heimat besuchen. Aber da warteten am Flughafen tausendfünfhundert Menschen und jubelten mir zu, ein Querschnitt durch unsere Gesellschaft, Studenten, Geschäftsleute, Arbeiter und überraschend viele Frauen, auch solche mit Kopftuch. Sie riefen: ›ElBaradei for President‹ – es war ein ganz besonderer, anrührender Moment, der mich elektrisiert hat«, erzählt er mir wenige Wochen später bei unserem nächsten Interview in Kairo. Wir fahren mit einem kleinen Segelboot über den Nil, junge Leute haben den Nobelpreisträger, der ihr Großvater sein könnte, zu dem Treffpunkt eingeladen. Sie hängen an seinen Lippen, als wäre er ein Popstar.

Und deshalb wirft er seine Lebensplanung um?

»Ich bin durch die Städte und über Land gereist. Ich war erschüttert über die Rückständigkeit, tief bewegt über die spürbare Sehnsucht nach Wandel. Und dann ist es das Regime selbst, das mir keine andere Wahl lässt, als politisch in Kairo aktiv zu werden«, sagt ElBaradei. »Es ist ein historischer Moment für Ägypten, eine Zeit des Aufbruchs. Aber ich will und kann nicht der Erlöser sein, als den mich manche sehen. Diese Mentalität, sich zurückzulehnen und auf einen Messias zu bauen, bekämpfe ich. Jeder muss bereit sein, sich einzusetzen, und das passiert gerade, mit einer atemberaubenden Mobilisierung auf völlig neuen Wegen.«

Über Twitter und Facebook finden sich Tausende, dann Zehntausende, bald schon Hunderttausende, die sich zu Unterschriftenaktionen zusammenschließen, die einen Neuanfang wollen, Sozialisten, Frauenrechtlerinnen, gemäßigt Religiöse, Muslimbrüder. Aber der Friedensnobelpreisträger macht in unserem Gespräch auch klar, dass er sich nicht als Anführer der Revolution sieht, sondern als »eine Symbolfigur, um den Aufbruch zu repräsentieren«. Dass die Tunesier im Dezember 2010 ihren ausbeuterischen Autokraten aus dem Amt jagen, ist für die ägyptischen Regimegegner eine weitere Ermutigung. Am 25. Januar 2011 rufen junge Revoluzzer zu einer Demonstration gegen Mubarak auf, Versammlungsplatz soll der Tahrir sein, der »Platz der Unabhängigkeit« im Zentrum Kairos. Sie rechnen mit einigen Hundert Teilnehmern, es kommen Zehntausende. Und in den folgenden Tagen und Wochen werden es immer mehr, Hunderttausende, mehr als eine Million. Sie besetzen den Platz, spannen Zelte auf. Und sie ziehen gegen den Präsidentenpalast, eine menschliche Welle gegen die Staatsmacht, die zum Tsunami wird.

»Brot! Freiheit! Soziale Gerechtigkeit!«, heißt ihr Schlachtruf, und bald schon fordern sie auch den Sturz des Diktators. Die Revolutionäre kleiden das in höfliche, aber unmissverständliche Worte: »Das Volk verlangt das Ende dieses Regimes!«

Mubarak reagiert mit aller Härte. Er lässt in die Demonstranten schießen, schickt in einer absurd anmutenden, aber tödlichen Aktion bewaffnete Kamelreiter über den Platz. Es gibt Tote, Verletzte, aber kein Zurückweichen. Die Angst hat die Seiten gewechselt, die Regierenden wissen nicht weiter, die Rebellen bekommen Oberwasser. Und es scheint zumindest so, als seien Teile der Armee auf der Seite der Aufständischen.

Die Menschen der »Republik Tahrir« helfen in diesen Wochen einander, Architektinnen kochen Essen und bringen es zu den Zelten auf den großen Platz, Ärzte schließen ihre Praxen und behandeln Verletzte, Archivangestellte verteilen Decken. Und auch das Café Riche, zehn Minuten vom Befreiungsplatz entfernt, erlebt wieder einmal eine Renaissance, es wird zum Rückzugsraum und Resonanzboden der Revolutionäre. Hier tauschen sie ihre Geschichten aus, ersinnen neue Strategien. An besonders gewalttätigen Tagen, als direkt vor dem Riche Straßenkämpfe toben, werden hier die Verletzten behandelt. Einmal versuchen die Sicherheitskräfte, die Tür zu stürmen, doch die drinnen haben Barrikaden gebaut und halten unter dem Jubel aller dem Ansturm stand. Als wäre nichts gewesen, trägt der greise Filfil, Kellner seit 1943 und guter Geist des Hauses, den Kaffee auf.

Und dann ist plötzlich alles vorbei. Es geschieht, was noch Wochen zuvor undenkbar erschienen ist: Mubarak tritt am 11. Februar 2011 zurück, flieht vor seinem Volk in einem Hubschrauber in seine Villa am Roten Meer.

Doch anders als von den Aufständischen gefordert, übernimmt nicht ein ziviler Präsidialrat die Macht, sondern ein mit Offizieren besetztes Militärgremium. Die verhasste Geheimpolizei bleibt im Amt, filmt und bespitzelt weiterhin die Demonstranten, die ihre Besetzung des Befreiungsplatzes nicht aufgeben wollen. Jetzt, da der Diktator aus dem Amt gejagt ist, zeigt sich, dass den Revolutionären eine gemeinsame Strategie fehlt, ein Konzept für die Zeit danach, eine Führungsfigur. Der »Doktor«, wie sie ElBaradei ehrfürchtig nannten, ist das Gegenteil eines Volkstribuns. Seine wenigen Auftritte auf dem Platz bleiben blass. Er zögert mit der Gründung einer politischen Partei, zögert mit einer Unterstützung für schnelle, freie Wahlen und will lieber im Hintergrund bleiben und erst eine Verfassung für sein Land ausarbeiten. Als es dann doch zum Urnengang kommt, zeigt sich, dass niemand gegen die einzige organisierte Kraft im Land eine Chance besitzt. Die Muslimbrüder haben sich zu der neuen »Partei der Freiheit und Gerechtigkeit« zusammengeschlossen, ihr Führer Mohammed Mursi gewinnt die Präsidentschaftswahl im Juni 2012, allerdings nur knapp gegen einen unabhängigen Kandidaten.

Die Islamisten, demokratisch an die Macht gekommen – es hätte ein interessantes Experiment werden können. Doch vom ersten Tag an zeigt sich, dass der Diplomingenieur aus einem Dorf im Nildelta seiner Aufgabe nicht gewachsen ist. Mursi legt sich nicht nur mit dem immer noch mächtigen Militärrat an, sondern auch mit der Justiz, er gängelt die Medien und höhlt die Rechte von Frauen und nationalen Minderheiten aus. Seine inkompetente Wirtschaftspolitik führt zu einer rapiden Verschlechterung der Lage; statt mehr guter Jobs, für die jugendlichen Aufständischen eines ihrer wichtigsten Ziele, gibt es mehr Arbeitslosigkeit. Der Präsident versichert zwar, er wolle einen »demokratischen, zivilen und modernen Staat«, aber für die Organe eines solchen Staates hat er wenig Achtung. Er setzt Teile der Verfassung außer Kraft, lässt Demonstranten wegsperren. Und dass Mohammed Mursi ausgerechnet ein früheres Mitglied der Terrororganisation »Gamma Islamija« zum Leiter der Tourismusbehörde von Luxor macht, erweckt nicht gerade Vertrauen.

Und so folgt die nächste Phase einer unvollendeten Revolution: Millionen gehen gegen die Herrschaft der Muslimbrüder auf die Straße. Im Juli 2013 reißt das Militär die Macht an sich, Mursi wird verhaftet – unter großem Beifall der meisten Ägypter, und auch vieler der Ex-Revolutionäre, der Anti-Mubarak-Demonstranten.

Eine kurze Zeit Hoffnung: Mohamed ElBaradei nimmt in einer Übergangsregierung von Gnaden der Militärs den Posten des Vizepräsidenten an. Darf denn ein Friedensnobelpreisträger mit putschenden Generalen paktieren, frage ich ihn einige Tage danach im gepflegten Garten seiner Villa am Rande von Kairo, bei Limonade und Mozartkugeln, die seine Frau reicht. »Lassen Sie mich gleich eines klarstellen: Dies war kein Staatsstreich«, sagt er. »Ohne die Absetzung Mursis hätten wir uns auf einen faschistischen Staat zubewegt, oder es wäre zu einem Bürgerkrieg gekommen. Er hat sein Amt missbraucht. Es war eine schmerzliche Entscheidung, sie war zugegeben außerhalb des legalen Rahmens. Aber wir hatten keine andere Wahl.« ElBaradei erzählt, das Militär habe ihm versichert, es werde zu keiner Hexenjagd gegen die Islamisten kommen. »Ich fordere, dass die Muslimbrüder in den Demokratisierungsprozess einbezogen werden, sie sind ja ohne Zweifel ein wesentlicher Bestandteil unserer Gesellschaft.«

Fürchten Sie nicht, als Feigenblatt der Militärs missbraucht zu werden?

»Das ist keine Frage des blinden Vertrauens. Das nächste Treffen mit den Generalen ist schon vereinbart, sie hören mir immerhin zu. Meine rote Linie ist: Ich lasse mich mit niemandem ein, der Toleranz und Demokratie verachtet.«

Genau einen Monat ist ElBaradei im Amt, da richtet die Armee ein Massaker unter Anhängern der Muslimbruderschaft an. Mehr als fünfhundert Menschen sterben. Der Aufrechte, so tragisch Betrogene, zieht sofort Konsequenzen. Er tritt von seinem Posten zurück, allerdings nicht, um zu kämpfen und sich seinen Anhängern nun doch noch als Führer zu präsentieren, der Islamismus wie Militärdiktatur tapfer entgegentritt. Er verlässt das Land, Richtung Europa, in die alte Heimat Wien. Um nun wirklich seine Memoiren zu schreiben.

In Kairo installieren die Militärs wieder einen der ihren als starken Mann. Abdel Fatah al-Sisi, in Kairo geboren und in Großbritannien und in den USA ausgebildet, war früher Chef des

Militärgeheimdienstes. Er hatte sich während des Anti-Mubarak-Aufstands auf dem Tahrir-Platz zunächst den Zorn der Demonstrantinnen zugezogen, als er zwanzig von ihnen in Gewahrsam nehmen und zu demütigenden Jungfräulichkeitstests zwingen ließ. Später konnte er der Revolution auch positive Seiten abgewinnen. Er lobte die »Gesetzestreue« all derer, die ihre Proteste nicht gegen das Militär richteten, und präsentierte sich als Garant von Sicherheit und Stabilität. Der ehrgeizige General lässt sich im Januar 2014 zum Feldmarschall befördern, den höchsten Rang, den die ägyptische Armee kennt – und gibt den Posten schnell wieder auf, weil er als »Zivilist« fürs Präsidentenamt kandidieren will. Er gewinnt gegen zwei nur als Zählkandidaten auftretende Konkurrenten mit überwältigender Mehrheit.

Seit seiner Amtseinführung im Juni 2014 hat Präsident al-Sisi zahlreiche Gesetze durchgeboxt, die Ägyptens Zivilgesellschaft unter Druck setzen. Er lässt ausländische Kulturinstitute schikanieren, die Presse weiter gleichschalten, Hunderte Todesurteile verkünden – meinen früheren Interviewpartner Badie traf das härteste aller möglichen Urteile ebenso wie den Ex-Präsidenten Mursi; Mubarak und dessen Söhne wurden dagegen aus dem Gefängnis entlassen. Sisi verbot die Muslimbruderschaft als »Terrororganisation«, ließ ihre Büros und Gelder beschlagnahmen, was deren radikalen Flügel stärkte und zu Selbstmordanschlägen anstachelte.

Der Ex-General präsentiert sich dem Westen als einzige Alternative zu Chaos und religiösem Terror: »SISI oder ISIS«, heißt seine Botschaft. Bei einer Rede vor der Azhar-Universität fordert er Anfang 2015 eine »religiöse Revolution« der Muslime, die sich nicht mehr in Staatsangelegenheiten einmischen dürften. Manche im Westen feiern ihn danach schon allen Ernstes als »Luther des Islam«, einige westliche Regierungen wollen Ägyptens alt-neue Militärherrschaft als Anker der Stabilität, Ruhe, Verlässlichkeit sehen. Trotz schwerer Menschenrechtsverletzungen nehmen die USA wieder die Lieferung modernster Waffen auf, und auch die Bundesregierung beehrt den Präsidenten Sisi im Sommer 2015 mit einer Einladung nach Berlin. Saudi-Arabien, Kuwait und die Vereinigten Arabischen Emirate unterstützen die regierenden Militärs von Kairo mit Milliardengeldern. Aber auch eine Mehrzahl der Ägypter befürwortet nach dem Chaos der vergangenen Monate wieder eine harte Hand: Sie versprechen sich von den Generalen einen Wirtschaftsaufschwung, bessere Jobs, weniger Korruption. Und sind dafür offensichtlich bereit, ihre Träume von Demokratie und Mitbestimmung zurückzustellen.

Sisi ist es gelungen, vielen Ägyptern den Glauben an eine bessere Zukunft zurückzugeben. Jüngstes Beispiel dafür sind die Pläne für die neue Hauptstadt – Kairo, die Mutter aller Metropolen, die jeder gesehen haben muss, der die Welt sehen will, soll allen Ernstes von einer Kunst-Kapitale abgelöst werden. Bei einer Konferenz in Scharm asch-Schaich im März 2015 trommelt der Präsident ausländische Staats- und Regierungschefs sowie mehrere Hundert internationale Investoren zusammen, um sein Vorhaben vorzustellen. Mitten im tristen Niemandsland, auf halbem Weg zwischen Kairo und dem Suezkanal, soll »CC« (für »Capital City«) entstehen, fünfhundert Quadratkilometer für fünf Millionen Menschen. Eine Reißbrett-Hauptstadt mit neuen Regierungsgebäuden, vielen Grünflächen, vielspurigen, aber auch fußgängerfreundlichen Straßen, einem Freizeitpark, viermal größer als Disneyland in den USA. Ein gigantischer Gegenentwurf zum überfüllten, smogbelasteten Moloch. Kostenpunkt: fünfundvierzig bis achtzig Milliarden US-Dollar.

Alle elf Zeitungen Kairos feiern am Tag nach der Bekanntmachung das größenwahnsinnige Projekt mit einer identischen Schlagzeile, einem Sisi-Zitat: »Ägypten erwacht!« Von der Begeisterung ausgenommen scheint nur der Graffiti-Künstler, der nahe dem Platz der Befreiung eine Warnung an eine Hauswand gesprüht hat, offensichtlich einer der jungen Revolutionäre des Arabischen Frühling: »Erinnert ihr euch an das Morgen, das niemals kam?«

Ich will noch einmal mit Alaa al-Aswani sprechen, dem Schriftsteller und vielleicht bedeutendsten Chronisten des heutigen Kairo. Er war einer der prominentesten Revolutionäre beim Kampf gegen Diktator Mubarak, an jedem der schicksalshaften achtzehn Tage agierte und agitierte er auf dem Tahrir-Platz. Was ist seiner Meinung nach übriggeblieben von den damaligen Träumen und Vorsätzen, was ist das Vermächtnis des Kairoer Aufstands? Wie kam es zur politischen Rolle rückwärts und warum finden sich die Menschen mit ihr so klaglos ab?

Eine Fahrt vorbei am pinkfarbenen Ägyptischen Museum mit seinen Schätzen von Hatschepsut, Echnaton und Tutanchamun, über die Nilbrücken und dann weit hinaus an der Mall of Arabia vorbei, fast bis in die Wüste: Hier hat sich der Autor ein neues Haus gebaut, so weit von der Innenstadt, als wolle er das alte Kairo nun endgültig hinter sich lassen, ins Umland fliehen. »Nein, das täuscht«, sagt er beim Tee. »Hier draußen sind die Preise noch einigermaßen erschwinglich, und meine Zahnarztpraxis im Zentrum habe ich immer noch – diese Stadt kriegt man nicht raus aus seinem System.«

Aswani, dessen Onkel unter Präsident Nasser Erziehungsminister war, hat in Kairo und Chicago Zahnmedizin studiert, an der Sorbonne Vorlesungen besucht und in Madrid an der Uni einen Abschluss in Literaturwissenschaft gemacht, er ist ein Weltbürger, zu Hause in vielen Ländern, Kulturen und Sprachen. Wie Nobelpreisträger ElBaradei gehört er zur wohlhabenden, international bestens vernetzten ägyptischen Elite, wie er hat er sich nicht auf seinen Reichtümern ausgeruht. Aber der joviale Mann mit den vielen Lachfalten im Gemütlichkeit ausstrahlenden, kreisrunden

Gesicht ist in Kairo geblieben – und bezahlt einen hohen Preis dafür. »Es ist jetzt schlimmer als unter Mubarak«, sagt der Autor. »Keiner wagt mehr, etwas von mir zu drucken. Und immer wieder werde ich von Repräsentanten des Regimes beleidigt, mal als unzurechnungsfähiger Alkoholiker, mal als iranischer Spion, mal als Mossad-Agent, und dass sich zumindest die letzten beiden Vorwürfe doch widersprechen, scheint keinen zu stören. Das Ägypten von heute ist wieder der tiefe Staat von einst mit seinem alles durchdringenden Spitzelsystem. Dieses Land hat keinen Platz mehr für Andersdenkende.«

Aswani beklagt sich über ElBaradei, »er ist mein Freund, ein durch und durch integrer Mann, aber seine Unentschlossenheit hat die Revolution zurückgeworfen«. Er bedauert die Planlosigkeit der jungen Revolutionäre, die nach dem Sturz des alten Regimes nicht imstande waren, neue Strukturen aufzubauen. »Aber vielleicht war das auch zu viel verlangt.« Er ist zornig auf die Armee, von der er lange geglaubt hat, sie stünde zumindest zu Teilen auf der Seite des Volkes. Und er hat auch wenig übrig für die Muslimbrüder, die seiner Überzeugung nach eine große Chance verschenkt, die Wirtschaft ruiniert, die Menschen verschreckt haben. »Die Menschen sind froh, dass die Muslimbrüder aus ihrer Mitte verschwunden sind«, sagt er. »Sie fürchten inzwischen jede Veränderung, wollen nichts mehr als Ruhe, als die Schein-Stabilität von früher.«

Der Schriftsteller will sich nicht ins Exil drängen lassen. Er sammelt Geschichten und gibt sie weiter, Geschichten, die nur noch im Ausland gedruckt werden und von denen er hofft, dass sie auf Umwegen doch die Ägypter erreichen. Dass sie nach und nach sein Land, seine Heimatstadt verändern. Tatsachenberichte. Beispielsweise die Geschichte des Arztes, der beim Kampf gegen die Geheimdienstschergen auf dem Befreiungsplatz erst das eine Auge verlor und bei der nächsten Demo dann noch das andere.

Die Story des Bloggers, den sie unter einem Vorwand festnahmen und der jetzt das Regime mit seinen Hungerstreiks nervt. Den Bericht des Islamisten, der sich von seiner Muslimbruderschaft abwandte, um eine wirklich demokratische Partei zu gründen, und der nun zwischen allen Stühlen sitzt. »Die Revolution frisst ihre Kinder, und sie vergisst ihre Kinder«, sagt er zum Abschied. »Das darf nicht sein.«

Aber vielleicht ist da der Chronist von Kairo zu streng. Sicher, die Revolution im Zeitraffer, die mit der Vertreibung Mubaraks so überraschend schnell ihr Hauptziel erreicht hatte, geriet ins Stocken. Es gelang nicht, den Idealismus und die Opferbereitschaft der Aufständischen in ein wirkliches, langfristig wirkendes Reformprogramm zu überführen – zu unterschiedlich waren die säkularen und religiösen Kräfte, zu wenig kohärent die Träume, zu zögernd und zaudernd ihre Führung. Die Twitter-und-Facebook-Generation legte wenig Wert auf die Stärkung demokratischer Institutionen, sie erwartete von ihrem Kampf eine sofortige Verbesserung der Lebensumstände. Und doch gelang der Bewegung etwas Entscheidendes – sie nahm den Menschen zumindest zwischenzeitlich die Furcht. Sie zeigte, dass man Geschichte nicht erleiden muss, sondern dass man sie, auch von unten, gestalten kann. Kein Machthaber kann sich in Kairo mehr sicher sein, dass ihm sein Amt auf ewig übertragen wurde, dass er unbesiegbar ist, seine Herrschaft gottgegeben. Selbst der mächtige neue Pharao Sisi nicht.

Vielleicht wird der Arabische Frühling zu hastig totgesagt, so wie er zu hastig in den Himmel gehoben wurde. Wie viele Anläufe, wie viele Jahrzehnte brauchte etwa die Französische Revolution, bis sie wirklich nachhaltigen Erfolg zeitigte? Hat Europa nach 1848 nicht Jahrzehnte, die Weltkriege mitgerechnet sogar ein Jahrhundert gebraucht, bis so etwas wie eine Friedensordnung entstand? Reüssierten die Freiheitshelden in den Vereinigten Staaten von Amerika etwa schon mit der Unabhängigkeitserklärung, brauchte es nicht – wie der US-Autor Thanassis Cambanis schreibt – noch Generationen, bis die Sklaverei abgeschafft wurde? Manchmal möchte man die Chinesen um ihren langen Atem der Geschichte beneiden. Als Ministerpräsident Tschou En-lai 1955 gefragt wurde, was er denn von der Französischen Revolution hielte, hat er lange nachgedacht. Und dann gesagt: »Es ist vielleicht noch ein wenig zu früh, um das zu beurteilen.«

Ägyptens Zivilgesellschaft lebt. Aber auch der terroristische Untergrund bekommt Zulauf, angetrieben von IS-Radikalen wie Qaida-nahen Kräften. Wenn nach jedem schrecklichen Anschlag Gesetze verschärft, Menschen auf Verdacht verhaftet, Journalisten zu mehr Sprachregelungen gezwungen werden, mag das den Militärs vorübergehend helfen. Zu einer langfristigen Beruhigung der Lage kann es nicht führen. In Sachen Autoritarismus gleicht sich das heutige Kairo langsam wieder den Zeiten des Ibn Battuta an – nicht aber in Sachen Effizienz und religiös inspirierter Nächstenliebe. Damals im 14. Jahrhundert, in den späten Glanzzeiten des Islam, hatte der Glaube noch mehr Verbindendes als Trennendes, da war er, bei allen Grausamkeiten und Ungerechtigkeiten, vor allem eine soziale, die Menschen auffangende Kraft.

*

Eine letzte Recherche in Kairo, eine letzte Spurensuchen in Sachen Ibn Battuta: Was ist aus dem Maristan geworden, jenem zweiten Ort neben dem Friedhof al-Qarafa, den der marokkanische Weltreisende über alle Maßen lobte? Hat dieses Vorbild aller Krankenhäuser überlebt?

Das alte Gebäude wurde nicht abgerissen, existiert tatsächlich noch. Es gehört heute zum Sultan-Mansur-Qalawun-Komplex, gelegen an der »Straße des Karmesinrots« in der Altstadt. Das Haus ist, ergänzt um neue Stockwerke, ein Krankenhaus geblieben, allerdings nicht mehr für Allgemeinmedizin. In einer Toreinfahrt neben dem Mausoleum zeigt ein großes Schild den »Eingang zur Augenklinik«. Wer die Gänge entlanggeht, hat nicht gerade das Gefühl, in einer modernen Musterklinik zu sein, von irgendwelchen Extras wie Ablenkungsprogrammen für Patienten gar nicht zu reden. Das liegt kaum an den Ärzten, die – unterbezahlt und allein schon durch die schiere Anzahl ihrer Patienten hoffnungslos überfordert – ihr Bestes geben.

»Sie fragen, ob wir uns an diesem Ort des großen Erbes bewusst seien – klar, das sind wir, die meisten hier kennen den Bericht Ibn Battutas. Aber wir können nicht zaubern«, sagt einer der Oberärzte und seufzt. Mehr Behandlungszimmer, modernere Geräte, höhere Löhne, alles wird nach seinen Worten auf die lange Bank geschoben. Und wenn der eine oder andere Katarakt – so etwas konnte übrigens schon zu Ibn Battutas Zeiten geheilt werden – heute unbehandelt bleibt: Man hat sich in diesem Land, zumindest hier, im alten Maristan, wieder ein wenig Fatalismus angewöhnt, man zitiert den Glauben der Herrschenden, dass sich die meisten Probleme von allein lösen oder eben unlösbar sind. Und behilft sich in verzweifelten Situationen mit einem befreienden, manchmal auch bitterem Scherz.

Einer dieser subversiven Witze, die im Augenblick erzählt werden, geht so: Der Präsident, empört über die vielen Spottverse über ihn, schickt seinen Polizeichef los, den mysteriösen Urheber zu finden – und tatsächlich, der Ordnungshüter entdeckt den Mann und lässt ihn im Palast dem Regierungschef vorführen. »Du gibst also zu, all diese scheußlichen Dinge über mich erzählt zu haben?« Der Delinquent nickt. »Ja, weißt du denn nicht, dass ich der Präsident bin? Dass ich mich Tag und Nacht abrackere, um Ägypten in eine glorreiche Zukunft zu führen und das Beste für mein Volk zu erreichen?« – »Mit Verlaub, Herr Präsident, der ist gut. Aber der ist nicht von mir.«

Kein Zweifel: Da hatte Ibn Battuta größeres Vertrauen in die Herrschenden. Einen Monat bleibt der Mann aus dem Maghreb damals, dann zieht es ihn weiter. Aber er schlägt nicht den normalen Weg Richtung Mekka ein, schließt sich keiner der Karawanen an, die über Jerusalem und Damaskus zu den heiligsten Stätten aufbrechen. Die Lebendigkeit und Vielfalt der heimlichen Hauptstadt des *Dar al-Islam* hat offensichtlich wieder seine Abenteuerlust geweckt, sein Selbstbewusstsein gestärkt, eigene, ungewöhnliche, selten begangene Pfade zu finden. Er zieht nicht wie die anderen Richtung Osten, sondern in den Süden, zuerst nach Assuan, nach Luxor, dann weiter nach Aydhab an den Golf. Von dieser obskuren Hafenstadt aus will er sich ein Boot nehmen und nach Jeddah übersetzen.

Eine kühne Route, von der ihm jeder Landeskenner abrät. Aber wieder einmal schlägt Ibn Battuta alle Warnungen in den Wind.

Damaskus – Lehrreich

Ibn Battuta hat sich nicht abbringen lassen von seiner eigenwilligen Pilgerroute zu den heiligen Stätten. Und zunächst geht ja auch alles glatt. Er genießt die Fahrt den Nil aufwärts, besucht noch ein Heiligengrab, bestaunt dann den einen oder anderen antiken Tempel Oberägyptens, »schwer erklärliche Werke von Ungläubigen«. Luxor nennt er eine »hübsche kleine Stadt«. In Edfu überquert er den großen Strom, mietet sich Kamele und einen Führer: Ab da sollen es noch fünfzehn Tage bis zur Küste sein, fünfzehn Tage quer durch eine menschenleere Wüste bis zum Roten Meer.

Fast unerträglich heiß ist es im Sommer, zu heiß sogar für marodierende Banden. Nur einmal herrscht nachts Aufregung bei dem kleinen Trupp: Hyänen umschleichen das Lager, heulen bedrohlich, schleichen sich immer näher heran. »Tatsächlich hat es eine geschafft, an mein Gepäck heranzukommen, einen meiner Säcke aufzureißen und Datteln herauszuholen. Das Tier machte sich mit seiner Beute davon«, schreibt er in seinem Reisebuch. Ibn Battuta lässt sich davon nicht schrecken. Er glaubt immer noch, auf dem richtigen Weg zu sein: ein Individualist, der alle Warnungen in den Wüstenwind schlägt. Sein Optimismus ist allerdings schnell dahin, als er nach all den Strapazen endlich in die Hafenstadt Aydhab einreitet. Überall Rauch, Zerstörung, Tote auf den Straßen. Kaum ein Haus steht noch. Kein Zweifel: Das ist ein unfreundliches, gefährliches Drecksloch.

Es gibt zwar genug zu essen, er organisiert frische Milch und Fisch, und dass die Bewohner der Stadt hauptsächlich Schwarze

vom Stamm der Bejas sind, stört den Reisenden aus Tanger überhaupt nicht. Aber es herrscht Bürgerkrieg in der Stadt, der König
vor Ort hat sich gerade gegen die Truppen des Sultans aufgelehnt,
die Schiffe im Hafen brennen oder sind größtenteils schon zerstört. Es erweist sich als schlicht unmöglich, ein Boot für die
Überfahrt Richtung Mekka zu organisieren – genauso haben es
Ortskundige Ibn Battuta immer wieder, von Kairo bis Assuan,
vorhergesagt. Er wollte nicht hören.

Aber er tut es jetzt. Ibn Battuta ist nicht lebensmüde. Er weiß,
wann er verloren hat, wann man sich mit einer Niederlage abfinden muss – und er hat noch so viel vor im Leben. Also kehrt
er zähneknirschend um. Im *Rihla* berichtet er darüber nur sehr
schmallippig, Rückschläge, dazu noch solche, die auf seine eigene
Kappe gehen, mag er nicht ausführen. Sonst macht er sehr gern
Umwege, um etwas Ungewöhnliches zu sehen, zu erleben, aber
dieser hier hat keinen Sinn gehabt, ihn nur aufgehalten: »So ritt
ich durch die Wüste zurück und segelte flussabwärts nach Kairo,
wo ich lediglich eine Nacht geblieben bin.«

Er hat eingesehen, dass es Richtung Mekka nur eine vernünf-
tige Route gibt: nicht südlich, sondern östlich, den Landweg über
Damaskus. Keinen Moment hat er sein Ziel grundsätzlich infrage
gestellt. Es liegt ihm viel daran, den Hadsch zu vollenden, die
Runden in der heiligen Stadt zu drehen, den schwarzen Stein zu
berühren. Und so macht er sich auf Richtung Gaza, dann über
Hebron nach Jerusalem, damals noch eine ziemlich verschlafene
Kleinstadt, aber eben nicht irgendeine. Hier treffen sich die drei
monotheistischen Weltreligionen, hier haben deren Führer wichtige Monumente gebaut. Ibn Battuta weiß, dass Jerusalem heilig
für alle Muslime ist, mit dem im 7. Jahrhundert errichteten Fel-
sendom im Zentrum, dem Platz, von dem der Prophet auf seinem Pferd gen Himmel aufstieg. Er pilgert zu den Sehenswürdigkeiten, beeindruckt, aber nicht überwältigt. Jerusalem ist für ihn

nicht mehr als eine Zwischenstation. Auch Bethlehem streift er kurz, den Ort, »wo die Christen den Geburtsplatz von Jesus verehren und jedermann mit enormer Gastfreundschaft empfangen«.

Ibn Battuta reist anschließend über Galiläa durch den heutigen Libanon (»Beirut ist eine kleine Stadt mit schönen Märkten«) und Syrien bis hoch nach Hama, eine Stadt »mit schönen Gärten, in denen sich Schaufelräder drehen und Wasser schöpfen«. Weiter nach Aleppo, »wo sie eine bemerkenswerte Seife herstellen« und dann im Zickzack wieder zurück: Nur keine Strecke zweimal nehmen, dafür ist das Leben zu kurz. Besonders gefällt ihm auf seinem Weg ein christliches Kloster nahe Latakia. Und wieder preist der Pilger, der kaum Berührungsängste zu anderen Religionen kennt, die Großzügigkeit der Christen: »Sie verköstigen jeden, ob Muslim oder Angehöriger ihres Glaubens, sie servieren Brot, Käse, Oliven, Kapern und Essig.«

Auf der weiteren Strecke zeigt Ibn Battuta dann einmal mehr sein besonderes Gespür für Exzentrisches. Ihm gefällt im wahrsten Sinne des Wortes alles, was vom gängigen Weg abweicht. In einem Ort namens Sarmin stößt er auf eine Sippe von Abergläubischen, die eine sehr besondere Angst umtreibt – die Angst vor der Zahl zehn. Die Kaufleute unter ihnen haben auf dem Markt so ihre Schwierigkeiten. Sie helfen sich aus der Patsche, indem sie bei ihren Geschäften im Fall des Falles zu einer Umschreibung greifen: neun plus eins, heißt es dann. Ibn Battuta nimmt das erkennbar amüsiert zur Kenntnis und erzählt, wie ein genervter Händler einen der Eigenwilligen unter Androhung von Stockschlägen zum Aussprechen der »Zehn« zwang. Der Unglückliche habe laut ausgerufen, so etwas Schreckliches tue er nur unter äußerstem Zwang.

Über Baalbek, »eine sehr alte und sehr feine Stadt«, erreicht der Abenteurer endlich Damaskus. Es ist der 9. August 1326, wieder so ein Datum, das ihm wert scheint, gesondert erwähnt zu werden. Fast vierzehn Monate ist er nun schon unterwegs – ein neuer

Höhepunkt auf seinem Trip, ein Traumziel, das zu sehen allein schon alle Mühen des Reisenden aus Tanger gelohnt hat.

Geradezu paradiesisch kommt ihm die Oasenstadt mit ihren etwa hunderttausend Einwohnern vor, als er aus den schroffen Höhen des Libanongebirges in die Ebene hinunterreitet, immer mit Blick auf die nahen Wüsten. Damaskus ist ein »Garten, geschmückt mit einem Brokat-Talar von Blumen«, wie es sein poetischer Vorreisender Ibn Jubayr aus Andalusien im 12. Jahrhundert einmal formuliert hat. Und auch Ibn Battuta ist nicht verlegen um Superlative: »Damaskus übertrifft alle anderen Städte der Welt an Schönheit, seinen Zauber können keine Worte fassen. Die Omajjaden-Moschee ist die großartigste Moschee auf der Erde, architektonisch perfekt, in ihrer Anziehungskraft unerreicht.«

Er verschweigt jedoch nicht, dass das Gotteshaus früher ein zwischen den Religionen umkämpfter Ort war, ursprünglich eine griechisch-orthodoxe Kirche. »Als die Muslime Damaskus eroberten, hat einer ihrer Kommandanten die eine Seite des Gotteshauses mit dem Schwert betreten, ein anderer kam ohne Waffen, sie trafen sich in der Mitte. Sie beschlossen, die eine eroberte Hälfte des Gotteshauses in eine Moschee umzuwandeln, die andere als Kirche zu belassen.« Das war keine Dauerlösung, ein geteiltes Gotteshaus erwies sich im Alltag als nicht praktikabel. Die Omajjaden-Herrscher empfahlen den Christen bald dringend, sich doch ihre fünfzig Prozent abkaufen zu lassen. Als die sich weigerten, konfiszierten die muslimischen Regierenden das ganze Gebäude. Aber sie versuchten immerhin, diesen Zivilisationsbruch abzufedern – und boten den Christen eine große Summe, damit sie sich eine neue Kathedrale bauen konnten.

Präzise wie in einem modernen Reiseführer und auf immerhin zehn Buchseiten schildert der Chronist nach diesem Ausflug in die Vorgeschichte dann seine eigenen Beobachtungen. Er beschreibt das südliche »Tor des Fortschritts«, von dem aus eine Passage zu den Läden der Händler führt. Auf der linken Seite des Durchgangs verkaufen manche Geschäftsleute Secondhand-Kleidung, berichtet Ibn Battuta – und entlarvt so die Legende, dieses Geschäftsmodell sei eine geniale Erfindung der Neuzeit. Auf der rechten Seite preisen die Kupferschmiede ihre Waren an, es folgen die Basare für Juweliere und Buchhändler. Und dann kommen die Notare, vor deren Fenster immer ein halbes Dutzend Zeugen bereitstehen, wenn ein Paar seine Eheschließung besiegeln will. Bei dem Richtung Osten gelegenen »Tor der Stunden« fallen dem Reisenden besonders die überdachten Gänge mit zwölf Türen auf; elf sind gelb angestrichen, eine ist an der Innenseite grün bemalt. Mit ihr wird die jeweilige Stunde angezeigt, ein Fulltime-Job für die »Uhrmacher«, die sich in den jeweiligen Räumen aufhalten und, wann immer sie vom Gefühl her an der Reihe sind, die Farbe wechseln. Das Grüne nach außen kehren.

Das »Tor der Kuriere« im Westen führt zu den Läden der Kerzenmacher und Obsthändler. Das nördliche »Tor der Zuckerbäcker« versorgt mit seinen Geschäften all die Gläubigen, die nach der geistigen Nahrung durch die Predigten der Imame und Schriftgelehrten etwas zum Naschen brauchen. Alle vier Eingänge zur Moschee haben nach Ibn Battutas Schilderungen ausreichend große öffentliche Vorkehrungen für das religiöse Ritual, was die Reinigung vor dem Betreten der heiligen Stätte einschließt. »Es sind wohl an die hundert Räume mit fließendem Wasser.«

Damaskus ist ein blühendes, geordnetes Gemeinwesen – wie so häufig auf seiner Weltreise (zumindest auf dem Hinweg) hat Ibn Battuta auch hier das Glück, zur richtigen Zeit am richtigen Ort zu sein. Noch ein Jahrzehnt zuvor hat es in Damaskus weit weniger paradiesisch ausgesehen. Die Bedrohung durch die Mongolen aber ist nach 1315 so gut wie verschwunden, die Feindseligkeiten zwischen den jetzt auch in Damaskus regierenden Mamluken und den mongolischen Ilkhans in Persien, die alle Handelsrouten nach Indien zuvor unterbrochen haben, sind weitgehend beendet. Jetzt blüht der Warenverkehr Richtung Osten und zur Schwarzmeer-Region wieder. Seif al-Din Tubus, der lokale Sultan und Statthalter der Mamluken, gilt allgemein als fähiger und gerechter Verwalter. Er sei ein »Aufrechter«, befindet auch Ibn Battuta anerkennend.

Damaskus hat 1326, als der Reisende aus Tanger es kennenlernt, eine »geradezu kongeniale Balance zwischen einem durchgreifenden Autoritarismus und einer Liebe zur Zivilisation, zu Geschmack und Bequemlichkeit eingeschlagen«. So urteilt, womöglich etwas zu euphorisch, der Historiker Ross Dunn. Unbestreitbar aber bleibt: Pilger finden in der Stadt eine freundliche Aufnahme, dazu jede Menge Chancen, sich in interessanten Kursen gelehrter Theologen weiterzubilden. Ibn Battuta, der sich in Kairo größtenteils nur verlustiert hat und sich treiben ließ, nutzt nun diese Gelegenheiten. Er stürzt sich geradezu ins Lehrangebot. Wie ein Schwamm saugt er die Erkenntnisse der Wissenschaftler, Religionsexperten und Rechtsphilosophen auf – oft scheint der Maghrebiner vor Eifer gar nicht mehr zu wissen, wann und wo er sich gerade wieder engagieren soll.

Er hört fasziniert die Vorträge des Arztes Taqi ad-Din Ibn Taymiyya, eines »großen Gelehrten, kundig in vielen Wissenschaften und von einem genialen, wenngleich sehr eigenwilligen Geist«. Die Damaszener lieben diesen Mann, hängen an seinen Lippen. Doch als der schillernde Prediger im Freitagsgebet vormacht, wie Gott eines Tages die Treppen vom Himmel hinunter auf die Erde steigen wird, kommt es zu einem Aufruhr. Strenggläubige schleifen den »Häretiker« zum Kadi. Schließlich wird sogar der Sultan mit der Sache betraut. Ibn Taymiyya weigert sich, seine Vermenschlichung Allahs zu widerrufen. Da glaubt auch der sonst so milde Herrscher nicht anders zu können, als den »Verwirrten« in der Zitadelle wegzusperren. Ibn Battuta kommentiert das nicht ausdrücklich, man kann in seinem Reisebuch nur zwischen den Zeilen lesen. Aber es scheint, als sei ihm diese Form der intellektuellen Intoleranz zuwider, als plädiere er indirekt für mehr Großzügigkeit gegenüber Abweichlern.

Nicht alle Diskussionen verlaufen so kontrovers. Der junge Mann aus Tanger hört verschiedene Lesungen über berühmte Texte des Islam. Vierzehn verschiedene Kurse will der Wissensdurstige in den vierundzwanzig Tagen seines Damaskus-Aufenthalts besucht haben, so erzählt er es jedenfalls stolz im *Rihla*.

Es ist nicht nur Bildungshunger, der ihn umtreibt. Er strebt nach den *Ijazas*, den Zertifikaten, die von den Wissenschaftlern an aufmerksame Schüler vergeben werden. Die Papiere sind wichtig, weil sie die eigene Gelehrsamkeit bezeugen und dazu berechtigen, später einmal denselben Stoff zu lehren. In der Regel erhalten solche Beglaubigungen allerdings nur diejenigen, die mindestens zehn Stunden bei einem Lehrer gehört haben, Anwesenheit unbedingt erforderlich. Ibn Battuta mag bei dem einen oder anderen »Proseminar« geschummelt haben, ein Scheine-Sammler mit Scheinstunden, wie es sie auch heute an Universitäten geben soll. Zumindest liegt der Verdacht nahe, da er sich in Damaskus nicht durchgehend gesund fühlt und nach eigenen Worten auch noch an einem undefinierbaren Fieber erkrankt.

Er wohnt zunächst in einer der Madrassen in unmittelbarer Umgebung der Großen Moschee, wo auch die meisten Kurse stattfinden – man sitzt auf dem kühlen Boden, im Kreis um den Vortragenden herum, lauscht, macht Notizen, diskutiert. Dann freundet er sich mit einem Professor an, der ihn zu Hause aufnimmt und ihn besonders pflegt, als er sich bettlägerig fühlt. Dieser Nur al-Din Sakhawi fühlt sich gegenüber dem jungen Mann wahrscheinlich auch deshalb verpflichtet, weil sie beide aus dem Maghreb stammen und einer Minderheiten-Rechtsschule des

Islam angehören, den *Malikis*. So sehr Ibn Battuta speziell seinen Gastgeber für dessen Wohltaten preist, so klar macht er in seinem Reisebericht auch, dass seiner Meinung nach die Damaszener generell ihr Herz am rechten Fleck haben. Und erstaunlich großzügig sind.

»Die Vielfalt und das Ausmaß der Angebote in Damaskus sind unvergleichlich«, schreibt er in seinem *Rihla*. »Es gibt Hilfsgelder für Menschen, die keine Pilgerfahrt nach Mekka unternehmen können und deswegen andere auf den Weg schicken müssen. Es gibt finanzielle Unterstützung für junge Frauen, die heiraten wollen und deren Familien sich die Aussteuer nicht leisten können. Reiselustige, die es in fremde Länder zieht, können sich um Stipendien bewerben, und auch für das Einrichten von Bürgersteigen vor jedem Haus wird auf Antrag mit öffentlichen Geldern gesorgt.«

Besonders beeindruckt den jungen Mann das karitative Engagement für die Unterprivilegierten – so etwas ist er aus seiner Heimat nicht gewohnt. »Eines Tages lief ich eine schmale Gasse entlang und sah einen jungen Sklaven, dem eine chinesische Porzellanschale aus der Hand glitt, sie zerbrach in viele Scherben. Passanten halfen ihm, die Stücke aufzuheben und zu sammeln. Sie schickten ihn dann zu einem staatlichen Fachmann für Geschirr, der sich mit Notfällen beschäftigt und für solche Missgeschicke eine besondere Kasse hat. Er gab dem Sklaven eine Summe, die ihm ermöglichte, eine ähnliche Schale wiederzubeschaffen.« Ibn Battuta kann das nicht genug loben. Er weiß, dass der Bedienstete von seinem Herren geschlagen oder mindestens ausgeschimpft worden wäre, hätte er den Verlust nicht ersetzen können. »Und das hätte ihm womöglich das Herz gebrochen.«

Ibn Battuta genießt die Zeit in der Stadt, jede Minute, erkennbar noch mehr als die Freizeit in Kairo. Die Atmosphäre von Damaskus hat es ihm so angetan, dass er nicht nur die sechshundert Koran-Rezitierer und dreizehn Imame der Omajjaden-Moschee hervorhebt, sondern auch die weltliche Lässigkeit der Stadt. »Die Menschen treffen sich unter den Arkaden, manche unterhalten sich, manche lesen, manche spazieren einfach nur auf und ab.« Ibn Battuta mischt sich unter die Einheimischen, er verbringt aber auch viel Zeit bei zugezogenen Maghrebinern. Bei einem dieser Treffen lernt er eine junge marokkanische Frau kennen. Wir wissen nicht, wo seine beiden vorherigen Angetrauten verblieben sind, wir erfahren nichts über seine Neue. Nur so viel: Ibn Battuta heiratet in Damaskus – die dritte Ehe, und das vor seinem dreiundzwanzigsten Geburtstag.

Noch einmal besucht er die großen Sehenswürdigkeiten der Stadt. Die Omajjaden-Moschee. Das Grab von Umm Habiba, der Frau des Propheten. Etwas außerhalb auch das »Gotteshaus der Fußabdrücke« mit dem angeblichen Fußabdruck des Moses. Und dann widmet er sich noch ausführlich der Abraham-Höhle am Berg Qassyun, wo der Stammvater aller monotheistischen Religionen geboren sein soll. »Von hier aus also sah er Sonne und Sterne«, schreibt ein gerührter Ibn Battuta in seinen Reiseerzählungen.

Zwischen allen Fronten

Da unten irgendwo, zehntausend Meter unter uns, muss Damaskus liegen. So ungefähr jedenfalls. Ob die Maschine der Saudia, Flug SV 168, von Frankfurt unterwegs nach Jeddah, wirklich über den syrischen Luftraum fliegt oder Richtung Süden einen kleinen Bogen über das Mittelmeer macht, weil irgendwo hier auf der Erde Boden-Luft-Raketen mit bedrohlicher Reichweite stehen, weiß ich nicht, Airlines informieren ihre Passagiere ungern über die ganz genauen Flugrouten. Es ist auch nicht wichtig, Lichter sind aus dieser Höhe sowieso nicht zu sehen. Tiefschwarze Nacht.

Noch etwa zwei Stunden Flug. Zeit für Erinnerungen an die Stadt, die Ibn Battuta so gefallen hat, in der er so viele aufbauende, lehrreiche und idyllische Stunden verbrachte. An eine ganz besondere Stadt, die auch mir immer viel bedeutet hat. Und die jetzt, im Jahr 2015, für westliche Beobachter nicht mehr zu erreichen ist. Die man überfliegen muss, statt sie zu durchstreifen.

Ich hatte mir als Student in meinen ersten Semesterferien im Jahr 1969 Syrien als Reiseziel ausgesucht, war mit dem Zug vom türkischen Adana nach Aleppo eingereist. Dass Syrien ein stramm autoritär regierter Staat war, ließ sich an jeder Straßenecke spüren, überall prägten Wandmalereien und Poster das Bild, die Hafez al-Assad zeigten, von meinen neuen studentischen Freunden aus Syrien respektvoll, aber auch etwas ängstlich der »Löwe« genannt. Sie erzählten, dass Oppositionelle im Gefängnis säßen, dass gefoltert würde, aber auch, dass es wirtschaftlich aufwärts ginge und wie froh sie über ihren unabhängigen Staat seien. So viel Nationalstolz und Staatsbewusstsein kamen mir alles andere als selbstverständlich vor: Syrien war erst 1946 unabhängig geworden, nachdem England und Frankreich jahrzehntelang in der Region mit Geheimvereinbarungen und Versprechungen für alle Seiten die Fäden gezogen, die Menschen getäuscht und gegeneinander aufgehetzt hatten. Und schließlich ziemlich willkürlich die Grenzen setzten.

Von Aleppo mit seiner eindrucksvollen Zitadelle – Weltkulturerbe wie so vieles in diesem Land – nahm ich den Bus, fuhr über das verschlafene Hama mit seinen schönen Wasserrädern und verwinkelten Gassen in das geschäftige Homs. Ich machte dann bei An Nabk noch einen kleinen Umweg zum Kloster Mar Musa al-Habashi, auch Sankt Moses genannt, wo in einer Kirche auf einem Felsvorsprung, eingerahmt von großartigen Fresken, Mönche und Nonnen das christliche Erbe der Region pflegten. Erreichte schließlich mit dem nächsten klapprigen Bus Damaskus. Stellte das Gepäck in irgendeiner Absteige ab. Zog los – und staunte, und staunte. Es war unmöglich, von dieser Stadt nicht überwältigt zu sein.

Damaskus: Der Ort, an dem Abraham der Legende nach erkannte, dass es nur den einen Gott geben konnte und so zum Urvater des Judaismus, des Christentums und des Islam, zum Begründer aller monotheistischer Religionen wurde. Damaskus: Der Platz, den zu besuchen sich der Prophet Mohammed geweigert haben soll, weil ein Gläubiger nur ein einziges Mal das Paradies betreten darf und er nur das »andere« Paradies, das im Jenseits, kennenlernen wollte. Damaskus: Die Stadt, in der sich Saulus zum Paulus wandelte, vom Verfolger der Urchristen zum wichtigsten Förderer der Religion wurde.

In Damaskus ließ sich Geschichte wirklich erleben, und so wanderte ich jedes Mal, wenn ich hierherkam, zur Omajjaden-Moschee, die wirklich alle Superlative Ibn Battutas verdient hat, bewunderte das muslimische Schatzhaus mit seinen filigranen Säulenkapitellen und arabeskenreichen Fenstergittern, den Marmorschrein mit dem Jesus-Minarett, bis heute Beleg für die Verwandtschaft und geradezu körperliche Nähe der Weltreligionen. Und spazierte von der Moschee weiter durch die Suks zum Haret al-Yahoud, dem jüdischen Viertel. Ich beschloss den ersten Rundgang häufig im Nationalmuseum, wo es viel zu entdecken gab: Schätze aus den Gräbern von Palmyra, figürliche Malereien aus der Synagoge von Dura Europos. Und vielleicht als Höhepunkt: ein kaum handgroßes Tontäfelchen, auf dem das erste Alphabet der Menschheitsgeschichte eingeritzt war, die Keilschrift von Ugarit.

Das war das Syrien, wie man es als Tourist erlebte; problematischer, viel problematischer war Damaskus als Thema politischer Reportagen. Ich erinnere mich vor allem an drei solcher journalistischer Reisen.

Im Herbst 2008 bin ich mit Karim Aga Khan IV. nach Damaskus gereist; ich konnte bei diesem »Staatsbesuch« des geistlichen

Oberhaupts der Ismailiten seinen Gastgeber, den neuen syrischen Präsidenten, sehr gut aus nächster Nähe beobachten. Baschar al-Assad war auch damals schon eine umstrittene Figur. Syrien galt der Bush-Cheney-Regierung als »Schurkenstaat« und Teil der »Achse des Bösen«, weil es die militant antiisraelische Hisbollah-Miliz in Libanon mit Geldern wie mit Waffen unterstützte und Selbstmordattentäter über seine Grenzen in den Irak hineinließ. Andererseits zeigte sich Assad aber auch ansatzweise kompromissbereit. Er zog seine Truppen weitgehend aus dem Libanon ab, er freundete sich mit der Türkei an und führte unter deren Vermittlung sogar Gespräche mit dem Erzfeind Israel. Es sickerte durch, dass Assad nach einer möglichen Rückgabe der Golanhöhen zu einem Friedensvertrag und zur Anerkennung Israels bereit sein könnte. In die erstarrten Fronten des Nahen Ostens schien endlich Bewegung zu kommen.

Baschar al-Assad wurde in Europa regelrecht umworben, vor allem Frankreichs damaliger Präsident Nicolas Sarkozy hatte sich im Sommer 2008 zu Vorleistungen bereit erklärt. Er lud den Syrer zum EU-Mittelmeergipfel ein und setzte ihn bei den Nationalfeierlichkeiten in Paris neben sich auf die Ehrentribüne.

Assad schien diese internationale Aufwertung auch beim Besuch des Aga Khan ausgesprochen zu genießen. Er gab sich in den Hintergrundgesprächen moderat und an einer umfassenden Friedensregelung interessiert. Immer wieder betonte er den laizistischen Charakter seiner Regierung, der Glaube sei eine Privatsache, die Gleichberechtigung der Religionen eine Selbstverständlichkeit. Am zweiten Abend gab der Präsident einen Empfang, bei dem sich, vom Großmufti bis zum griechisch-orthodoxen Patriarchen, Würdenträger fast aller Glaubensrichtungen einfanden.

Für Baschar al-Assad war diese öffentlich demonstrierte Form von Toleranz natürlich mehr als eine Glaubenssache, sie war politisches Kalkül: Sein Familienclan gehört zu den schiitischen Alawiten, einer etwa dreizehn Prozent der syrischen Bevölkerung umfassenden religiösen Minderheit – in einem Staat, der von vierundsiebzig Prozent Sunniten geprägt ist. Es war immer klar: Eine politische Organisation der Sunniten konnte der regierenden Sippe sehr gefährlich werden. Als mit der Muslimbruderschaft solch eine radikale Strömung entstanden war, hatte der »Löwe« Hafez al-Assad 1982 sofort brutal zugeschlagen, die Aufständischen in Hama eingekreist und an einem Tag mehr als zwanzigtausend Muslimbrüder umgebracht.

Baschar al-Assad wirkte sehr viel milder als sein Vater, keiner konnte sich damals vorstellen, dass er zu vergleichbaren Grausamkeiten fähig wäre. Das lag auch an seinem eher Mitleid erheischenden denn Furcht einflößenden öffentlichen Auftreten. Er wirkte auf mich immer, als wollte er sich aus der Realität wegträumen, als befände er sich im falschen Film. Der Zweimetermann stand beim Staatsempfang kerzengerade da, als hätte er einen Riesenbleistift verschluckt, er fühlte sich sichtlich unwohl, verlagerte das Körpergewicht im Sekundenrhythmus von einem Bein aufs andere. Ein verirrter, verwirrter Flamingo im Palast der Macht. Zu dieser Einschätzung trug bei, dass er – wie jedermann wusste – dieses Amt gar nicht gewollt hatte, er war sozusagen ein Zufallspräsident.

Der Vater hatte sich Basil, seinen anderen Sohn, als Nachfolger ausersehen, ein rücksichtsloser Draufgänger und Machtmensch. Erst als der bei einem Autounfall mit seinem Sportwagen ums Leben kam, griff er auf den Jüngeren als seine zweite Wahl zurück. Baschar, der als Augenarzt in London gearbeitet hatte, musste seine Zelte abbrechen, als sich das Leben des »Löwen« zu Ende neigte. Schnell holte er seine Militärausbildung nach, hastig machte er sich mit den verschiedenen, konkurrierenden Geheimdiensten seines Vaters vertraut. Mit vierunddreißig Jahren wurde der junge Mann zum Herrscher des Landes »gewählt«.

Dafür musste sogar die Verfassung geändert werden, die ein höheres Alter für den ersten Mann im Staate vorschrieb; neunundneunzig Prozent der Syrer stimmten im Jahr 2000 für ihn, Alternativen gab es für sie jedoch keine.

Die Hoffnungen auf einen liberaleren Neuanfang wurden auch durch die First Lady bestärkt: Mehr noch als Baschar al-Assad schien seine Frau Asma von westlichen Werten geprägt; in London geboren, hatte die Tochter aus reichem syrischen Haus Wirtschaftswissenschaften studiert und für JP Morgan wie für die Deutsche Bank als Finanzanalystin gearbeitet. Die bildhübsche junge Dame, die so aufgeklärt-fortschrittlich wirkte und stets Designerkleidung trug, begeisterte die internationale Presse. Deutsche Zeitungen schwärmten von ihr als »Lady Di des Orients«, die amerikanische *Vanity Fair* umschmeichelte sie in einem reichlich anbiedernden Porträt als »Die Rose der Wüste«.

Schon bei meinem Damaskus-Besuch im Jahr 2008 war allerdings klar, dass sich das Paar den Niederungen der nahöstlichen Machtpolitik, der Vetternwirtschaft und des autoritären Führungsstils mehr verpflichtet fühlte als Demokratie und Fair Play. Die Assads dachten gar nicht daran, das Land zu reformieren. Der Machterhalt des Clans, die Nähe zu den Generalen und den Geheimdienst-Claqueuren, stand über allem. Und so unterdrückten sie ganz im Stil ihres Vorgängers jede oppositionelle Meinung und ließen eine pluralistische Zivilgesellschaft nicht einmal im Ansatz zu.

In einem der schönen alten Cafés in der Damaszener Altstadt erzählte mir der Schriftsteller Bassin al-Haj Saleh von Haft und jahrelanger Folter. »Auch ich hatte mir viel von dem Machtwechsel versprochen und glaubte einige Monate an eine neue, bessere Zeit«, sagte der linksliberale Oppositionelle, der schon wieder auf einer Liste von Gesuchten stand. Vom »Damaszener Frühling« sprach man im ersten Jahr nach Baschars Amtsantritt, als der

Neue Computer-Clubs gründete und Hightechfirmen förderte. »Was waren wir naiv«, sagte Saleh. »Wir dachten, mit den modernen Geräten käme auch ein modernes Denken. Doch sobald jemand einen kritischen politischen Gedanken äußerte, wanderte er ins Gefängnis, das war bei Baschar bald so wie bei seinem Vater.« Und dann fügte der Oppositionelle noch einen geradezu prophetischen Satz hinzu: »Wir Syrer sind und bleiben Gefangene der Familie Assad.«

Im Januar 2009 traf ich den Präsidenten dann in Damaskus zum SPIEGEL-Gespräch. Er empfing persönlich auf den Treppen seines Stadtpalasts, nahm sich für das Interview anderthalb Stunden Zeit und gab sich – er trug einen westlichen Anzug, konservative Krawatte wie ein Banker der Londoner City – in der Form sehr höflich und konziliant. In der Sache aber zeigte er sich knallhart und sehr selbstbewusst. Beim Gaza-Krieg, der gerade tobte, gelte grundsätzlich: »Nicht die Hamas ist das Problem, sondern Israel.« Zu Mordanschlägen auf israelische Soldaten und auch auf Zivilisten wolle er zu Protokoll geben: »Ich persönlich unterstütze das Konzept der Selbstmordattentate nicht, das ist nicht Teil meiner Kultur. Aber ob man sie verurteilt oder nicht – Selbstmordattentate sind eine Realität.« Auf die Frage, wie er es mit Massenvernichtungswaffen halte, leugnete er Pläne zum Bau einer Atombombe, obwohl erst wenige Monate zuvor israelische Kampfjets bei Deir al-Sur im Norden Syriens eine Fabrik zerstört hatten, von der auch die neutrale Internationale Atomenergie-Organisation in Wien inzwischen überzeugt war, dass es sich um eine Nuklearfabrik handelte. Die Selbstbeschränkung in Sachen Atom dürfe man aber nicht missverstehen: »Chemiewaffen, das ist etwas anderes.«

Assad war während des Interviews hoch konzentriert. Nur einmal hellte seine Miene auf, als ich den früheren amerikanischen Außenminister Henry Kissinger zitierte: »Ohne Ägypten gibt es im Nahen Osten keinen Krieg, ohne Syrien keinen Frieden.« Der Präsident ergänzte: »Das gilt mehr denn je.« Und dann forderte er noch Mitleid mit dem Schicksal der palästinensischen Kinder: »Gerade erst habe ich das Foto eines dreijährigen Mädchens gesehen, das in Gaza getötet wurde – wo ist der Aufschrei des Westens?« Eine Formulierung, die aus heutiger Sicht, angesichts des von Assad verschuldeten Massensterbens im Bürgerkrieg, das Blut in den Adern gefrieren lässt.

Im November 2011 war ich dann zum letzten Mal in Syrien. Großmufti Scheich Ahmed Badr al-Hassun hatte mich nach Aleppo eingeladen. Es sollte ein höchst ungewöhnlicher Trip werden. Nach Damaskus gab es wegen der Kriegshandlungen keine Flugverbindungen mehr, die alte Seidenstraßen-Stadt im Norden wurde dagegen noch einmal wöchentlich von Istanbul aus angeflogen. Die kleine Maschine der Turkish Airlines landete um zwei Uhr morgens. Scheich Hassun, höchste islamische Autorität im Land und Freund wie Berater des Präsidenten, ließ es sich nicht nehmen, mich am Flughafen persönlich in Empfang zu nehmen. »Eine Frage der Höflichkeit«, sagte er. »Er machte das aus Angst um Ihre Sicherheit«, sagten später, beim Gepäck-Ausladen, seine Leute. Die Rebellen kontrollierten bereits die Vorstädte Aleppos, auch Teile der Zubringerstraße zum Flughafen.

Scheich Hassun war mir schon während der Reise mit dem Aga Khan aufgefallen, 2008. Beim abendlichen Zusammensein der Religionsführer hatten wir uns lange unterhalten. Er erzählte von seiner Promotion an der ägyptischen Azhar-Universität, von seiner Tätigkeit in der syrischen Volksvertretung. Meine kritischen Fragen nach dem Sinn des Abgeordnetendaseins in einem so offensichtlich zahnlosen Scheinparlament lächelte er weg. Es sei wichtig, überall zur Versöhnung aufzurufen. Er habe auch vor dem Europaparlament gesprochen und den Begriff vom »Heiligen Krieg« angeprangert. »Heilig kann nur der Frieden sein.«

Und dann schwärmte mir der Großmufti vom Ökumenischen Kirchentag in München vor, wo er ein Plädoyer für den interreligiösen Dialog gehalten habe – und die deutschen Bischöfe mit dem Vorschlag, die CDU solle sich aus Gründen des Säkularismus das C aus ihrem Namen streichen, wohl »etwas verblüfft« hätte.

Ich muss zugeben, der Mann imponierte mir damals bei unserem ersten Treffen. Umso gespannter war ich, wie er, spiritueller Mentor des Präsidenten, dessen Weg in die Diktatur und in einen blutigen Krieg gegen sein eigenes Volk erklären würde.

Der Religionsführer empfing mich keine zwölf Stunden nach meiner Ankunft bei sich zu Hause, in seiner mit Büchern vollgestopften Wohnung nahe der Universität. Er war eine eindrucksvolle Erscheinung im langen Ornat, das Gesicht von einem gepflegten kurz geschnittenen Vollbart gerahmt, auf dem Kopf ein weißer Turban. Die Übersetzung des Gesprächs, das sich noch in einen zweiten Tag hineinzog, besorgte sein Vertrauter George, ein armenischer Christ. Inhaltlich war die Diskussion, wie sich schnell herausstellte, allenfalls teilweise ergiebig. Der Großmufti hatte sich ganz auf die Seite des Präsidenten geschlagen, er wirkte – ob aus Überzeugung oder aus politischem Kalkül und Überlebensinstinkt – über weite Strecken unseres Gesprächs wie ein Sprachrohr Assads. »Die Regierung hat nicht schnell und umfassend genug liberalisiert, insofern hat sie möglicherweise politische und ökonomische Fehler gemacht«, lautete seine einzige Kritik.

Für Scheich Hassun waren ausländische Mächte an der kriegerischen Eskalation in seinem Heimatland schuld: Saudi-arabische Scharfmacher seien in die Grenzstadt Daraa eingesickert und hätten nach den »an sich berechtigten Protesten« wegen der gewaltsamen Auflösung einer Schüler-Demonstration eine Versöhnung verhindert, die Menschen aufgehetzt. Ähnliches sei nahe der Grenze bei Homs geschehen, und mit den ausländischen Aufwieglern seien auch Waffen ins Land geschmuggelt worden.

Klingt wie eine Verschwörungstheorie, um Assads Versagen und seine Brutalität zu entschuldigen, sagte ich. Er wies das empört zurück. Und plötzlich konnte sich der einst so Sanfte auch mit Gewalt anfreunden, »mit Gegengewalt«, wie er das nannte.

Diese Verhärtung hatte sicher auch mit seinem tragischen persönlichen Schicksal zu tun: Wenige Wochen vor unserem Interview lauerten militante Regimegegner seinem Sohn Soria, einem zweiundzwanzigjährigen Studenten der Politischen Wissenschaft, außerhalb von Aleppo auf und brachten ihn um. Bei der Beerdigung klagte der Großmufti die Mörder verbittert an. Er drohte ihren angeblichen Drahtziehern aus Saudi-Arabien, aber auch solchen im westlichen Ausland indirekt mit Selbstmordattentaten. »In dem Augenblick, wenn die erste Nato-Rakete unser Land treffen sollte, werden unsere Söhne und Töchter losziehen, um Märtyrer in Europa und auf palästinensischem Boden zu werden.« Bei unserem Gespräch wollte er das relativieren, ganz zurücknehmen konnte er seine Worte nicht. Die Ansprache am Grab war auf Video dokumentiert.

Scheich Hassun hielt bei unserem Gespräch Ende 2011 immerhin für möglich, dass der Herrscher unter bestimmten Voraussetzungen zurücktreten könnte. »Er ist kein Präsident auf Lebenszeit. Der ehemalige Augenarzt Baschar al-Assad möchte wieder zurück in seinen alten Beruf. Ich kann mir das gut vorstellen, er hat mir schon mehrfach von seinem Traum erzählt, eine Augenklinik zu leiten.« Doch da täuschte sich der Religionsführer: Zu einem friedlichen Übergang, zu einer Abdankung war Assad offensichtlich nicht bereit. »Ich bleibe, solange mich fünfzig Prozent und eine Stimme in diesem Land unterstützen«, sagte er später immer wieder trotzig. Und in Syrien wurde alles immer schlimmer.

Der Großmufti wollte damals mit mir von Aleppo weiter nach Damaskus reisen. Es klappte nicht, zu gefährlich, sagten seine Leute. Später sah ich Scheich Hassun auf syrischen Fernsehaufnahmen regelmäßig an der Seite des Präsidenten, im Parlament, bei Empfängen iranischer Politiker. Und auch beim gemeinsamen Jubel über den »Wahlsieg«, mit dem sich Assad 2014 wieder im Amt bestätigen ließ, zuletzt beim Fastenbrechen während des Ramadans 2015. Ein treuer Diener seines Herrn. Und das hieß in diesem Fall: kein treuer Diener seines Gottes.

Baschar al-Assad mag von ausländischen Hetzern und eingesickerten Terroristen provoziert worden sein. Schlimme Menschenrechtsverletzungen haben laut Berichten der UNO auch seine Gegner begangen – die Geschichte von den »guten« Rebellen erwies sich spätestens dann als weitgehende Illusion, als die mit der Qaida verbündete al-Nusra-Front und die Terrormiliz »Islamischer Staat« zur stärksten Opposition gegen das Regime wurden (und sich zwischenzeitlich auch wieder mit Assad-Militärs verbündeten, der Nahe Osten kennt wild wechselnde Allianzen). Aber das alles entschuldigt den Präsidenten nicht, relativiert auch nicht seine Verbrechen. Assad hatte alle Chancen, seinem Land als Reformer zu dienen. Er hätte später zumindest das Blutvergießen begrenzen, seiner Heimat durch den Gang ins Exil einen Neuanfang ermöglichen können.

Er hat keine dieser Möglichkeiten genutzt und ist jedes Mal, wenn er am Scheideweg, an einer politischen Kreuzung ankam, in die falsche Richtung abgebogen. Aus Panik vor Kontrollverlust hatte er sich in dem Bunker seiner Macht eingegraben, beratungsresistent, halsstarrig, unrettbar. Baschar al-Assad hat sein »Damaskuserlebnis«, seinen positiven Wandel durch Selbsterkenntnis, niemals gehabt.

Das Ergebnis seiner Politik lässt sich jetzt, da ich diese Zeilen 2015 über den Wolken von Damaskus in mein Laptop tippe, in schrecklichen, von den Vereinten Nationen bekanntgegebenen Zahlen zusammenzufassen: Mehr als zweihundertfünfzigtausend Tote, mehr als vier Millionen Syrer, die in den Nachbarländern oder im Westen Zuflucht gesucht haben, acht Millionen Entwurzelte, die ihre Häuser, Dörfer und Städte verlassen haben und durchs Land irren. Jeder dritte Syrer ist inzwischen ein »Binnenflüchtling«, wie die Vereinten Nationen das nennen. Die Weltorganisation spricht von der größten humanitären Katastrophe in der gesamten Region seit dem Ende des Zweiten Weltkriegs.

Wie so häufig gibt es am Rande der Katastrophe einen erstaunlichen Rest von Normalität. Im Spätherbst 2015 hat der Krieg Aleppo fast vollständig zerstört, weite Teile von Homs sind eine Geisterstadt. In Damaskus ist der Schrecken bis dahin nur an die Ränder, in fünf Kilometer entfernte Vororte, gerückt. Der Innenstadt blieben Kampfhandlungen und Terrorattacken weitgehend erspart. Die Omajjaden-Moschee erstrahlt, so berichten es Bekannte, weiter in bewährtem Glanz, das Nationalmuseum bleibt für die wenigen Besucher geöffnet. Aber jeder weiß: Es ist ein Frieden auf Zeit, es gibt hier nur ein Überleben auf Bewährung. Und viele, gerade aus der Mittelschicht, die lange ausgeharrt haben, auch weil sie so viel zu verlieren haben, verlieren jetzt im Spätherbst die Hoffnung, machen sich auf zum langen und gefährlichen Treck Richtung Europa. Am liebsten Richtung Deutschland.

Ich habe Freunde gebeten, sich für mich in der Stadt auf die Spuren des Ibn Battuta zu begeben – und sie erzielten erstaunliche Treffer. Der Lehrer S. mailt »von einer sicheren Internet-Verbindung aus«, dass praktisch alle Madrassen, an denen der Pilger aus Tanger studiert hat, noch existieren und unversehrt geblieben sind. »Wir sehen Rauchsäulen in den Vororten, wir hören Granaten, die vom nahen Qassiun-Berg abgefeuert werden, aber wir schauen nicht einmal mehr hin, wir horchen nicht einmal mehr auf. Im Vorort Jarmuk ist die Terrormiliz IS im März in das riesige Palästinenserlager eingedrungen, es gab schreckliche Übergriffe, Morde, Vergewaltigungen, eine Hungersnot. Aber wir kaufen auf den Märkten ein wie immer, gehen ins Café wie immer und spielen Schach und Canasta wie immer. Die vorgetäuschte Normalität ist unser Selbstschutz.«

Der Großhandelskaufmann K. – auch er legt Wert darauf, dass die Nachricht gesichert ist, »mach dir keine Sorgen, aber nenne meinen vollständigen Namen bitte nicht« – berichtet vom »erschreckend erfreulichen, pervers normalen Alltag« in der syrischen Hauptstadt. »Ich war gestern für dich am Grab des Mystikers Ibn Arabi im Stadtteil Salihiya, in der Moschee des großen Meisters, der 1240 verstorben ist. Gehört er nicht zu den Sufis, die dein Ibn Battuta damals so bewundert hat? Ich habe noch mal in seinen Werken gelesen, und seine schönsten Zeilen gehen so: *Mein Herz, das kann jede Form annehmen/ Für Gazellen eine Weide, für Mönche ein Kloster/ Ein Tempel für die Götzen, die Kaaba für Pilger/ Die Tafeln der Tora, die Blätter des Korans/ Ich folge der Religion der Liebe.* Ich wollte, wir spürten in unseren Tagen etwas von dieser Toleranz.«

Erstaunlich, wie unterschiedlich die beiden Alteingesessenen von Damaskus die Lage bewerten, wie unterschiedlich sie den Akteuren die Schuld zuweisen.

Für K., den Christen, ist der Präsident immer noch das am wenigsten schlimme aller schlimmen Übel. Wie so viele Angehörige der oberen Mittelklasse, die sich nicht politisch engagiert haben, konnte er unter dem autokratischen Regime gute Geschäfte machen und seinem Glauben ungehindert nachgehen. Auch K. hätte sich entschiedene Reformen an der Staatsspitze gewünscht, auch er beklagt Baschar al-Assads brutales Vorgehen gegen jede Opposition. Aber alles, was nach seinem Sturz kommen könnte, macht ihm noch mehr Angst. Vor allem der religiöse Fanatismus der IS-Terrormiliz, die Auseinandersetzung zwischen den fundamentalistischen Sunniten und den in Teheran beheimateten Radikal-Schiiten. »Zwischen denen drohen wir zerrieben zu werden.«

Für S., den Sunniten, ist klar: Assad muss weg, und zwar schnell. Der iranische Einfluss sollte seiner Meinung nach ganz zurückgedrängt werden, er hofft auf eine von der Nato verhängte Flugverbotszone. Die IS-Terroristen wie die Qaida-Ableger sind für den Lehrer aus Damaskus ein Randproblem, sie müssten einfach in Grund und Boden bombardiert werden. S. hofft auf die jungen Generale der syrischen Armee. Aus ihren Kreisen müsste seiner Meinung nach der neue Mann kommen, den dann die USA und die EU massiv unterstützen sollten.

Beide sind sich nur in einem einig: So kann es nicht weitergehen. Damaskus braucht dringend Frieden, braucht Milliarden für den Wiederaufbau.

Der deutsch-iranische Islamwissenschaftler und Publizist Navid Kermani hat die Lage in Damaskus in seinem Buch *Ausnahmezustand* so beschrieben: »Der Aufstand in Syrien wirbelt die eingefahrenen Muster auch unserer Wahrnehmung durcheinander. Das strikt säkulare, seinem ganzen Habitus nach weltliche Regime hat als Hauptsponsor eine islamische Theokratie, während der Westen aufseiten einer Opposition steht, die jedenfalls in Teilen dezidiert religiös ist; vollkommen weltläufig wirkende, perfekt Englisch sprechende Syrer verteidigen die autoritären Strukturen mit dem Argument, dass das Volk für die Freiheit noch nicht reif genug sei, und fordern beim Whisky, dass die Armee die Aufständischen mit eisernem Besen aus dem Land kehrt, während bärtige Männer und streng verschleierte Frauen ihre Hoffnung auf die Demokratie setzen und an die Menschenrechte appellieren. Und dazwischen hört man von Kommandanten der Freien Armee, die auf die Frage, warum sie sich einen Bart wachsen ließen, antworten: Gebt ihr uns Waffen, dann rasieren wir uns wieder.«

Kermani war noch im September 2012 in Damaskus. Im Jahr 2015 aber gab es in der syrischen Hauptstadt praktisch keine unabhängige Berichterstattung mehr, und wurde überraschend doch ein

Reporter zugelassen, musste er über Beirut auf dem Landweg einreisen und bekam gleich mehrere Aufpasser zugeteilt. Den meisten großen amerikanischen und westeuropäischen Medien wurden Visa verweigert. Auch ich erhielt trotz mehrfacher Bemühungen keine Einreisegenehmigung mehr – ohne offizielle Begründung; hinter den Kulissen aber klagte man, wie bei so manchem anderen, über die »feindselige Berichterstattung«. Das Regime Assad wollte mit seinem Morden allein gelassen werden. Die Rebellen luden gelegentlich ausländische Berichterstatter ein, die bei ihren Reportagen hinter den Linien große Risiken eingingen (und sich auch nicht immer sicher sein konnten, ob sie mit gezielten Bildern und Videos nicht manipuliert und instrumentalisiert wurden).

*

Das Land am Mittelmeer, zehntausend Meter unter mir, liegt bei meinem Flug jetzt, kurz vor Mitternacht, längst hinter uns. Der Kapitän hat bekanntgegeben, dass wir den Luftraum Saudi-Arabiens erreicht haben, was für alle Damen im Airbus bedeutet, dass sie jetzt ihre *Abaya* anlegen müssen, den körperverhüllenden Mantel. »Please, fasten your seatbelts«, sagt dann die voll verschleierte Stewardess der Saudia. Wir haben die Reiseflughöhe verlassen, befinden uns im Landeanflug auf Jeddah. Seit Jahrhunderten wie auch heute ist diese Stadt das Tor nach Mekka, zu den heiligsten Stätten des Islam.

Letzte Erinnerungen an meinen ersten Damaskus-Besuch vor gut fünfundvierzig Jahren. Damals war ich, nach einem wochenlangen Aufenthalt, mit dem Linienbus über Baalbek nach Beirut weitergefahren. Für den Libanon brauchte ich damals kein Visum, an der Grenze wurde nicht einmal kontrolliert. So ähnlich muss es vor rund siebenhundert Jahren Ibn Battuta bei seiner Reise gegangen sein, er hat in etwa die gleiche Route in umgekehrter

Richtung genommen. Ihm drohten keine Boden-Luft-Raketen, keine Fassbomben, keine chemischen Waffen, keine Selbstmordattentäter, keine Gewehrfeuer aus dem Hinterhalt. Aber der Weg nach Mekka war damals trotzdem alles andere als ein Spaziergang, Gefahren aller Art lauerten – und auch die konnten tödlich sein.

Nach seinen intensiven Damaskus-Studien wurde es Zeit für Ibn Battutas Aufbruch, Zeit, das eigentliche Pilgerziel in Angriff zu nehmen. Von seinem großzügigen Gastgeber erhielt er alles, was man für die Reise braucht, Proviant, Decken, Geld. Nüchtern, als wollte er seinen Abschiedsschmerz in der Dürre seiner Worte verstecken, schreibt Ibn Battuta: »Als der Neumond des Monats Shawwal erschien (am 1. September 1326), verließ die Karawane Damaskus Richtung Mekka, und ich schloss mich ihr an.«

Mekka – Göttlich

Kairo, die Stadt des Vergnügens, Damaskus, die Stadt des Lernens, und jede Menge Umwege, die sich der junge Mann aus Tanger ausgesucht, die er sich aus reinem Privatinteresse gegönnt hat – jetzt ist die spirituelle Erfüllung dran, der eigentliche Grund der Reise. Zeit für den finalen Aufbruch zum Pilgerziel Mekka und Medina. Ibn Battuta hat fürs Erste genügend Abenteuer getankt, nun fühlt er sich in der religiösen Pflicht. Von seiner dritten Ehefrau und damit verbundenen anderweitigen Verpflichtungen ist im *Rihla* keine Rede, Privates ist sekundär, wird zurückgestellt. Für die frisch Angetraute bedeutet das: Es bleibt nur die Hoffnung auf ein späteres Wiedersehen – oder (wie es dann kommen sollte) eine Trennung auf Nimmerwiedersehen.

Um den Hadsch zu vollenden, geht Ibn Battuta ab Damaskus relativ konventionell vor: Er hat sich einer Karawane angeschlossen, die von der syrischen Stadt aus die etwa tausendzweihundert Kilometer lange Reise in Angriff nimmt. Fünfundvierzig bis fünfzig Tage werden dafür normalerweise angesetzt, aber vorhersagen lässt sich das nicht. Alles hängt von den Strapazen ab, von Unwägbarkeiten unterwegs, die auch einem gut organisierten Trupp in diesem äußerst schwierigen Berg-und-Wüsten-Terrain drohen, die ihn zurückwerfen, im schlimmsten Fall sogar scheitern lassen können. Ibn Battuta weiß: Das wird alles andere als ein gemütlicher Spaziergang, ihm stehen große Strapazen bevor. Fast schaudernd zitiert der sonst so Forsche und Unerschrockene ein geflügeltes Wort, das er über die vor ihm liegende Wüste gehört hat:

»Wer sie betritt, ist schon fast verloren, wer sie wieder verlassen kann, wie neugeboren.«

In Tabuk, der letzten Station vor dem unwirtlichen Gelände, füllen sie Tierhäute, Schläuche, Kanister, Flaschen mit Wasser, einfach alle Behälter, die zur Verfügung stehen, um so gut wie möglich für die kommende Durststrecke gewappnet zu sein. Dann hasten sie los, treiben die schwer bepackten Kamele an, und sie wissen: Sie werden auch öfter absteigen, zu Fuß steile Steigungen hinaufklettern, bis an den Rand ihrer Kräfte. Sie müssen durch das Hidschas-Gebirge mit seinen dreitausend Höhenmetern, immer weiter durch die sich ewig vor ihnen auftürmenden Sanddünen, ohne Unterbrechung, Tag und Nacht.

Sie durchqueren nackte Bergrücken und riesige, schwarze Lava-Felder. Sie passieren die al-Ukhaydr-Senke, die man nach Ibn Battutas Worten auch als »Tal der Hölle« bezeichnen könnte. Sie machen nur kurz Rast an den Felsen mit Inschriften, die man nicht gerade aufbauend oder ermutigend nennen kann. Von den *Samum*, schlimmen Wüstenstürmen, erzählen die verzweifelten Kritzeleien, und dass diese Stürme in einem der Vorjahre so schlimm waren, dass »alle Wasservorräte vertrockneten und der Preis für einen Schluck auf tausend Dinar stieg«. Kaum einer hätte überlebt, berichtet die letzte, für die Nachwelt geschriebene Zeile. »Wir konnten noch die gebleichten Gebeine der Gescheiterten sehen«, schreibt Ibn Battuta lakonisch und kommentiert den grausigen Fund nicht weiter. Welche Schrecken dieses Bild in ihm ausgelöst hat, merkt man auch so.

Längst nicht jeder Trip verlief tragisch. Aber kaum einer blieb auch ohne Opfer, und natürlich traf es am ehesten die Alten und Schwachen und all diejenigen, die sich nicht gut genug mit Decken und Datteln und Wasservorräten eingedeckt hatten. Der junge Mann aus Tanger ist dank der Großzügigkeit seines Gastgebers in Damaskus bestens versorgt, er hat auch genug Goldstücke mit, um sich von den fliegenden Händlern, deren Preise stetig ansteigen, etwas zu kaufen. Ibn Battuta ist in dieser Karawane, die wohl mindestens einige Hundert, wahrscheinlich aber sogar um die tausend Pilger umfasst, kein Star, sondern nur ein Mitläufer. Es gibt in dem Treck Beamte, die alle Papiere der Pilger für die kommenden Kontrollen vor dem Zugang zu den heiligen Stätten bereithalten; es sind Ärzte, Gaukler und spirituelle Berater mit dabei, ein Sicherheitsdienst, ausgestattet mit Pfeil und Bogen, reitet an der Spitze, um Räuberbanden abzuschrecken. Und mehrere Richter sorgen bei Streitfällen für Ordnung.

Um eine solch hohe Aufgabe als Kadi in diesem Massenzug zu erfüllen, ist der junge islamische Rechtsgelehrte Ibn Battuta noch nicht erfahren genug. Aber er beobachtet genau, wer im Trupp die Meinungsführer sind und wie sie sich auszeichnen; und er zeigt sich einmal mehr als begnadeter »Netzwerker«. Lernt einige hochgebildete Mitreisende kennen, unter anderem einen Juristen der Maliki-Schule aus Damaskus und einen Sufi-Mystiker aus Granada, dem er später noch einmal in Indien begegnen wird. Auch mit einem Reisenden, der in seine Heimatstadt Medina zurückkehrt, freundet er sich an – der Herr wird ihn später vier Tage in seinem Haus unterbringen und verköstigen.

Das Schlimmste ist überstanden, als sie die Oase al-Ula erreichen, »ein Dorf mit Palmengärten und Wasserfontänen«. Vier Tage stoppt die Karawane in dem freundlichen Ort, alle haben Zeit, sich zu erholen, ihre Kleider zu waschen, sich Proviant zu besorgen. Die Einheimischen seien als so vertrauenswürdig bekannt, dass die Pilger einen Teil ihrer Sachen in einer Art Schließfach zurückließen, berichtet Ibn Battuta. An der Oase scheiden sich nun auch die »Rechtgläubigen« von den anderen. Die christlichen Händler aus Damaskus, die bisher mitreisen und ihre Geschäfte machen konnten, dürfen nicht weiter. Die heiligsten Stätten des Islam sind für sie tabu.

Noch einmal zweiundsiebzig Stunden Weg, diesmal eine relativ bequeme Strecke – und dann erblicken die Pilger Medina. Eine letzte Rast, bevor sie abends in die »Erleuchtete« einreiten, die zweitwichtigste Stadt der Muslime. Was für ein Triumph, was für ein Hochgefühl! Hier hat Mohammed im Jahr 622 mit seinen Gefährten Zuflucht gefunden, hier entwickelte er seine staatliche Ordnung, hier bekehrte er zum ersten Mal einen größeren Kreis zum neuen Glauben. »Wir betraten den heiligen Platz mit der erhabenen Moschee, hielten inne am Tor des Friedens, beteten dann im berühmten Garten zwischen dem Grab des Propheten und der noblen Kanzel, berührten ehrfürchtig die Reste eines Palmrumpfes, an den sich der Prophet gelehnt hat, als er predigte. Dann kehrten wir in unser Lager zurück, jubelnd vor Freude, dass uns dieses große Geschenk vergönnt war. Und wir priesen Gott.«

Vier Tage bleibt Ibn Battuta mit seinen neu gewonnenen Freunden in der Stadt. Jeden Abend gehen sie in die Moschee, bilden im dortigen, von Tausenden Kerzen erleuchteten Hof einen Kreis und rezitieren den Koran. Es ist ein spirituelles Gemeinschaftserlebnis, das Ibn Battuta tief bewegt und das er sein Leben nicht vergessen wird. Und er weiß: Das kann nur noch durch einen anderen, den heiligsten Ort überboten werden. Durch Mekka.

Wenige Kilometer außerhalb Medinas, an der Moschee Dhu al-Hukaifa, trennen sich die Pilger von ihren Alltagskleidern, »ganz wie der Prophet es einst tat«. Sie baden und schlüpfen in den zweiteiligen weißen Überwurf, der sie symbolisch für den Eintritt in die heilige Stadt vorbereitet. Sobald ein Muslim diese Gewänder der Reinheit übergestreift hat, wird von ihm ein besonders vorbildliches, sündenfreies Verhalten in Wort und Tat erwartet – er befindet sich jetzt im *Ihram*, dem islamischen »Weihezustand«, der auch die Gleichheit aller Gläubigen vor Gott symbolisiert. Ab diesem Moment legt die Karawane auch an Tempo zu, immer wieder rufen die Pilger Lobgesänge auf den Herrn: »Labbaik, Alla-humma – Gott, wir sind zu Deinen Diensten!«

Noch eine Übernachtung. Noch eine dreitägige leichte Wande-rung durch das fruchtbare Tal von Rabigh. Dort treffen zwei Kara-wanenrouten zusammen. Die von Nordwestafrika über Jeddah gereisten Pilger tauschen ihre Erfahrungen mit der Damaskus-Truppe aus, teilen ihre mitgebrachten Süßigkeiten und Früchte. »Wir brechen in der Nacht auf zum gesegneten Tal, die Herzen voller Freude, da wir nun das Ziel unserer Hoffnungen erreichen«, schreibt Ibn Battuta in seinem *Rihla*. »Und am Morgen liegt sie dann vor uns, die Stadt der Städte, die Stadt der letztendlichen Gewissheit: Mekka, möge Gott sie adeln! Hier machen wir uns sofort auf zu den heiligen Stätten und beginnen mit der Erfüllung unserer Pilgerpflichten.«

Es ist jetzt Mitte Oktober 1326 – nach sechzehn Monaten *on the road* und vielen Umwegen ist Ibn Battuta am Ziel angekommen.

Nirgendwo auf der Welt hat es im 14. Jahrhundert ein solch buntes Völkergemisch gegeben wie in Mekka während der Hoch-zeit des jährlichen Hadsch, und es ist ein friedliches, von der Reli-gion beseeltes Miteinander. Diese Stimmung wirkt sich auch auf den jungen Mann aus Tanger aus. Der Gemeinschaftssinn, den er hier beobachtet, beeindruckt ihn zutiefst. »Die Bürger von Mekka sind großzügig, geradezu darauf aus, Gutes zu tun, sie sind beson-ders freundlich zu allen Fremden. Und sie haben ein Herz für die Unterprivilegierten. Wenn ein Mekkaner ein Brot kauft und ein Armer folgt ihm in sein Haus, so wird der nicht weggeschickt, sondern alles mit ihm geteilt.«

Ibn Battuta hebt auch die Behandlung der Waisenkinder posi-tiv hervor, die nicht mit Almosen abgespeist, sondern entspre-chend ihrer Befähigung eingesetzt und bezahlt würden: »Sie sit-zen im Basar, jeder einen großen und einen kleinen Korb vor sich. Wer auf dem Markt einkauft, gibt alles einem Jungen seiner Wahl, der dann Fleisch und Gemüse in einen Korb, das Getreide in den anderen legt und es zum Haus des Einkäufers bringt. Der kann in der Zwischenzeit seinen Gebeten in der Moschee oder anderen Dingen nachgehen. Es ist noch nie vorgekommen, dass einer der Jungen das in ihn gesetzte Vertrauen missbraucht hätte, sie werden für ihre Dienste nach einem festen Tarif entlohnt.«

Auf achtundfünfzig Buchseiten beschreibt Ibn Battuta die heiligen Orte und Rituale, in einer Mischung aus religiöser Inbrunst und schwärmerischer Touristen-Begeisterung. Die Kaaba, der heilige würfelförmige Stein, kommt ihm vor »wie eine Braut, die auf ihrem majestätischen Thron den Mantel der Schönheit zur Schau stellt«. Gemäß der Vorschriften umkreist er mit den anderen Pilgern die Stätte in sieben Runden, und jedes Mal küsst er den in der Ostecke eingelassenen schwarzen Stein. Wie vom Koran verlangt, trinkt er aus der heiligen Quelle Zamzam. Wie durch den Koran bestimmt, besteigt er den Berg Arafat und beteiligt sich an der symbolischen Steinigung des Teufels. »Es gehört zu den Wundern des Allerhöchsten Herrn, dass Er die Herzen der Menschen mit dem unbändigen Verlangen erfüllt hat, diese besonderen Stätten aufzusuchen, und wenn er denn mit Schmerzen von ihnen scheidet, dass Er jeden mit der Sehnsucht erfüllt, sie wiederzusehen.«

Die Details über die heiligen Stätten und die Rituale schreibt Ibn Battuta dann passagenweise – und nur teilweise mit Quellenangabe – von Ibn Jubayr ab, dem andalusischen Vorreisenden aus dem 12. Jahrhundert. So als wollte er (oder sein Ghostwriter) sagen: Das kann man nicht besser machen. Aber der junge Mann aus Tanger bewahrt sich seinen Blick fürs Besondere, er ergänzt und erweitert den Text mit originellen und originären Erkenntnissen. Ibn Battuta hat während seines über dreiwöchigen Aufenthalts in der heiligen Stadt seine Beobachtungsgabe im Vergleich zu früher sogar noch geschärft, und er sieht offensichtlich nichts

Gegensätzliches oder gar Frevelhaftes darin, Spirituelles und Weltliches zu kombinieren.

Er bleibt inmitten seiner Pilgerandacht kühler Reporter – und Ladies' Man. »Die Mekkaner sind sehr elegant und sehr reinlich, ihre weißen Tücher sind immer frisch wie Schnee. Sie benutzen oft Zahnstocher aus grünem Arak-Holz«, schreibt er in seinem *Rihla*. »Und was die Frauen betrifft: Sie sind außerordentlich schön. Sie machen reichhaltig Gebrauch von Duftwässern, und das ist ihnen so wichtig, dass sie lieber abends hungrig bleiben und ihr Essensgeld sparen, um davon Parfums zu kaufen. Sie besuchen jede Donnerstagnacht die Moscheen und tragen dabei ihre feinsten Sachen. Die ganzen Gebetsräume sind von Düften durchdrungen. Und wenn eine Mekkanerin auf der Straße an dir vorbeiläuft, hängt der betörende Geruch ihres Parfums noch lange in der Luft.«

Ibn Battuta wohnt während seines Mekka-Aufenthalts in einem Hospiz. Er verbringt viel Zeit mit einem »asketischen und frommen« Arzt, der ebenfalls aus Tanger stammt und den eine langjährige Freundschaft mit Ibn Battutas Vater verbindet. Der Mann lebt in Rabi, einem besonders geschätzten Kloster etwas außerhalb von Mekka, auf dem Weg nach Taiz gelegen. Wer immer an dem Gebäude der Mönche vorbeikommt, spendet besser großzügig – »andernfalls drohen ihm schlechte Geschäfte oder verdorrte Ernten«, heißt es im *Rihla*. Dieses ungeschriebene Gesetz gilt auch für höchste Regierungsbeamte. Als die Abgesandten des Gouverneurs von Mekka ihre Pferde gedankenlos und ohne Almosenabgabe am Teich des Klosters tränken, befiel sie nach den in Mekka kursierenden Erzählungen ein Fluch. Ibn Battuta berichtet, die Tiere seien zusammengebrochen, und erst als sich der Gouverneur höchstpersönlich im Kloster entschuldigt und milde Gaben nachgereicht hätte, sei es zum glücklichen Ende gekommen: Einer der heiligen Männer massierte die Bäuche der Pferde, die daraufhin die Flüssigkeit ausspien und wieder gesundeten.

Der junge Mann aus Tanger schreibt in seinem Reisebuch wenig über seine Gefühle. Aber offensichtlich denkt er in seiner Mekka-Zeit öfter an seine marokkanische Heimat, diskutiert mit dem Freund des Vaters über die Geburtsstadt und das Elternhaus. Er ist hin- und hergerissen: Würde er sich jetzt, nach seinem Monat in der heiligsten Stadt und den vollzogenen Riten, einer Karawane Richtung Damaskus anschließen, könnte er seine Angetraute besuchen und auf die Rückreise mitnehmen. Dann wäre er knapp zwei Jahre von zu Hause weggewesen, nun nicht mehr unerfahren, sondern ein angesehener »al-Hadschi«, ein Mann mit religiösen Zeugnissen und beruflichen Empfehlungen. Er könnte die Eltern und Geschwister wieder in die Arme nehmen, seine Freunde treffen und voller Stolz interessante Geschichten von seiner eindrucksvollen Reise erzählen. Er wäre in der Lage, eine Familie zu gründen und in Tanger einen guten Job als Richter in einem Büro der Regierung oder einer Privatkanzlei zu finden.

Das ist Ibn Battutas eine Option, die naturgemäße, die offensichtliche. Als zweite Möglichkeit bietet sich für ihn an, noch eine längere Zeit in Mekka oder Medina zu bleiben, vielleicht ein Vierteljahr oder sechs Monate, um die *Baraka*, den spirituellen Geist dieser besonderen Orte, tiefer auf sich wirken zu lassen. Solche Dauergäste müssen sich keine großen Sorgen um den Lebensunterhalt machen, die *Mujawir* können mit Stipendien vor Ort rechnen, wenn sie sich weiterführenden religiösen Studien unterziehen. Hunderte machen das, und sie stammen aus vielen Volksstämmen und allen sozialen Schichten.

Ibn Battuta entscheidet sich für einen dritten, für einen ganz und gar ungewöhnlichen Weg. Ihn hat in Mekka offensichtlich jenseits der spirituellen Befriedigung, jenseits der beeindruckenden heiligen Stätten, jenseits der vollzogenen Pilgerfahrt noch etwas ganz anderes bewegt, ja mitgerissen, für alle Zeiten verändert. Er ist süchtig nach dem Reisen geworden, das Fernweh hat das Heimweh verdrängt. All die Gerüche und Geräusche aus fernen Ländern, die Verschiedenheit der Sitten und Gebräuche seiner Mitmuslime, ihre Erzählungen von fremden Speisen und exotischen Frauen, ihr Sprachengewirr von Sanskrit bis Suaheli haben sein Heimweh vertrieben. Ihn hat jetzt endgültig die Sehnsucht nach fernen Ländern gepackt. Und nach all den Abenteuern, die hinter jeder neuen Wegkreuzung, hinter jedem Gebirgspass, hinter jedem durchwatetem Fluss, hinter jedem Pfad, den er noch nicht gegangen ist, warten.

Ibn Battuta weiß nun: Er ist nicht gemacht fürs bürgerliche, geruhsame Leben. Und auch wenn er nicht ausdrücklich darüber berichtet: Da müssen wieder die Träume gewesen sein und die Erinnerungen an die Prophezeiungen und Traumdeutungen – von den Vögeln, die ihn in die Fremde tragen, von den Menschen, die er in Indien und China treffen und grüßen soll. Die Vorstellung von einer Bestimmung, die ihn hinaustragen wird bis zu den Enden der Welt. Ibn Battuta reist nicht mehr in religiöser, sondern nur noch in seiner eigenen Mission, auf eigene Faust. Er ist nun kein Pilger mehr, sondern ein Forscher, ein Entdecker. Er bricht die Brücken ab. Zu seiner Heimat, zu seiner Vergangenheit.

Er beschreitet neue Wege. Klar, dass die nicht nach Damaskus zurückführen können. Er sucht sich in Mekka eine Karawane aus, die Richtung Bagdad zieht. Und danach möchte er auf sich allein gestellt sein. Ibn Battuta, zweiundzwanzig Jahre und fünf Monate alt, will möglichst dorthin aufbrechen, wo noch keiner war.

Saudi-Arabien im Jahr 2015: Es gibt wenige Freizeitmöglichkeiten, wenige Ausflugsziele in diesem Land, wenn man öffentliche Hinrichtungen und Auspeitschen nicht mag.

Zum Beispiel Jeddah, die Dreimillionen-Metropole am Roten Meer. Sie zählt zu den liberalsten, weltoffensten Städten im Königreich. Aber auch für das nur siebzig Kilometer von der heiligen Stadt entfernte »Tor nach Mekka« gilt: keine Kinos, keine Konzerte, keine Discos. In riesigen Einkaufszentren wie der Red Sea Mall haben zwar alle westlichen Designer ihre Showrooms, und von Kentucky Fried Chicken über Pizza Hut bis zu McDonald's und Dunkin' Donuts ist alles vorhanden, was der westliche und auch der nahöstliche Junkfood-Fan begehrt. Aber die Gäste sind gezwungen, getrennt nach Geschlechtern zu essen und einzukaufen. Da mag es nicht ganz unverständlich und der menschlichen Sensationslust wie dem Gruppenzwang geschuldet sein, dass manche nach dem Freitagsgebet zu den öffentlichen Plätzen drängen, wo die Delinquenten vorgeführt werden. Wo die Todgeweihten, eine schwarze Kappe über dem Kopf, der Hals gut sichtbar, vor dem Henker niederknien müssen, bevor der das scharfe Schwert zückt und Blut fließt. Oder wo sein Kollege für leichtere Fälle die Peitsche schwingt, zu zehn, zwanzig, manchmal fünfzig Hieben. Ein Mediziner vor Ort bestätigt bei den Hingerichteten gleich den Tod, die Leiche wird weggekarrt. Die Ausgepeitschten werden in hochmodernen Krankenhäusern auf Folgeschäden untersucht; verurteilte Diebe mit Beziehungen können Strafamputationen auch direkt vom Arzt vollziehen lassen.

Die Häufigkeit der kapitalen Strafen steigt. 2013 wurden in Saudi-Arabien etwa achtzig Todesurteile vollstreckt, ein Jahr darauf waren es neunzig; schon in den ersten sechs Monaten des Jahres 2015 sind mehr als hundert Menschen liquidiert worden. Auffällig ist, dass die Anzahl der Hinrichtungen seit dem Amtsantritt des neuen Königs im Januar stark zugenommen hat. Unter Missachtung aller internationalen Konventionen exekutieren die Machthaber auch Minderjährige und geistig Behinderte; fast die Hälfte der Opfer sind Ausländer, denen oft nicht einmal Dolmetscher für ihre »Verteidigung« bereitgestellt werden. Und laut Amnesty International vollzieht Saudi-Arabien die Todesstrafe nicht nur bei Mord und Drogenhandel, sondern auch bei »Hexerei«, bei »Abwendung vom Glauben« und »außerehelichem Sex«. Bei besonders schweren Verbrechen wird der Leichnam des Geköpften auch noch gekreuzigt und öffentlich zur Schau gestellt.

In absoluten Exekutionszahlen liegt das Königreich zwar hinter der Volksrepublik China und Iran, bezogen auf die Bevölkerungszahl aber ist Saudi-Arabien wohl Spitzenreiter im Hinrichten. Und so ist es kein Wunder: Die Henker werden knapp. In einer Anzeige vor einigen Monaten schreibt das Ministerium für Öffentliche Verwaltung deshalb acht entsprechende Stellen aus. Die Behörden verlangen von den Henkern keine besonderen Vorkenntnisse, sie sollen nur nach einem entsprechenden Gerichtsurteil ohne großes Aufhebens die »Ausführung der Strafe gemäß der islamischen Scharia« vollziehen. Über die Entlohnung sagt die Ausschreibung nichts. Aber es ist eine Position im öffentlichen Dienst, der beamtete Henker wird laut Regierungsverordnung als »Religiöser Funktionär« eingestuft. Was eher auf einen Spitzenverdienst hinweist.

Natürlich ist es unfair, Saudi-Arabien nur nach solchen Superlativen zu beurteilen. Jeddah beispielsweise hat noch manches andere zu bieten. Den höchsten freistehenden Fahnenmast der Welt beispielsweise, 171 Meter. Die gewaltigste Wasserfontäne, nach König Fahd benannt, die 312 Meter hoch Wasser in den Himmel spritzt, ebenfalls unerreicht; und in wenigen Jahren schon – geplant ist die Fertigstellung des Rohbaus bis Ende

2018 – das größte Gebäude der Welt. Der Burj al-Mamlaka, der »Königsturm« am Rande von Jeddah, soll dann auf fünfhunderttausend Quadratmetern Büros, Wohnflächen und Hotels beherbergen, vor allem aber den Konkurrenz-Wolkenkratzer von Dubai in Sachen Höhe schlagen, eine Nadel bis hinein in die Wolken, 1007 Meter, das erste Gebäude von Menschenhand, über einen Kilometer hoch. Noch etwas für das Guinness-Buch der Rekorde.

Jeddah ist eine Art Super-Dallas, mit amerikanisch anmutenden Highways und Drive-Ins, Hightechparks und allen denkbaren Modernitäten, aber ohne diese anderen Merkmale der westlichen Gesellschaft, der demokratischen Offenheit, der pluralistischen Zivilgesellschaft. Ein Super-Dallas, regiert von den Taliban. Oder jedenfalls von Autoritäten, deren gesellschaftliche und religiöse Vorstellungen denen der fundamentalistischen Fanatiker von Afghanistan bis Nigeria in ihrem Rigorismus sehr ähneln. Es wird kontrolliert von Herrschern, die von ihrer Rolle als »Hüter der heiligen Stätten« geradezu besessen wirken. Sie sind Protagonisten einer islamischen Vorzeit und ihrer fundamentalistischen Regeln – was sie aber nicht daran hindert, als Turbokapitalisten mit ihrem Ölreichtum und einem hocheffektiv gesteuerten Pilgertourismus das große Geld zu machen. Und, im Kampf gegen den großen Konkurrenten Iran, eine politische Vormachtstellung in der gesamten Region anzustreben.

Zu Ibn Battutas Zeiten war Judda eine Kleinstadt. Aber die Cleveren unter den Pilgern erwogen auch schon im 14. Jahrhundert, diesen Ort zum Ausgangspunkt für die Pilgerfahrt nach Mekka zu machen und die lange, gefährliche und höchst anstrengende Durchquerung der Wüsten zu vermeiden. Der junge Reisende aus dem Maghreb scheiterte bei seinem ersten Versuch, vom ägyptischen Aydhab nach Judda überzusetzen, an den politischen Verhältnissen. Bei seinem letzten, dem vierten Hadsch auf der Rückreise aus China gelang es ihm schließlich, den kurzen Weg von der

Hafenstadt in die heilige Stadt einzuschlagen. Der damals offensichtlich ziemlich unspektakuläre Ort war ihm in seinem Reisebericht jedoch keine weiteren Zeilen wert.

Die Zeit der Karawanen ist längst vorbei. Nicht einmal mehr Abenteuertouristen machen sich heute auf dem Landweg von Damaskus nach Mekka auf. Abgesehen von den Strapazen lässt das auch der Krieg in Syrien nicht zu. Die saudischen Herrscher versuchen derzeit, sich mit dem Bau einer fast tausend Kilometer langen Mauer gegen Übergriffe der IS-Terrormilizionäre aus dem Irak zu schützen. Auch auf dem Seeweg kommen nicht mehr viele Gläubige. Die Pilgerfahrt ist heute in aller Regel eine Flugreise, sie beginnt und endet in Jeddah. Ein modernes Spektakel, wie es auch Fußballweltmeisterschaften und Olympische Spiele oder andere Großereignisse bieten. Folglich fällt dem saudischen Minister für den Hadsch – es gibt tatsächlich einen eigenen Kabinettsposten für die Pilgerreise – auch kein religiöser Vergleich ein, wenn er die Wallfahrt beschreibt, sondern nur einer aus der Welt des Sports. »Stellen Sie sich viele, viele Super Bowls vor, konzentriert in einem Stadion mit mehr als zwei Millionen Menschen, die aber nicht Zuschauer sind, sondern Teilnehmer, und die nicht Stunden bleiben, sondern Tage!«

Die Behörden haben in Jeddah ein eigenes Terminal für die Pilger gebaut. Ich war nie während dieser besonders hektischen Zeit in Saudi-Arabien. Für Ausländer, die sich nicht auf der Wallfahrt befinden, ist es fast unmöglich, in diesem Zeitraum ein Visum zu erhalten. Und Mekka, die für alle Nichtmuslime durchgehend gesperrte Stadt, wird in den Hadsch-Tagen besonders streng kontrolliert. Es ist für mich 2015 auch jenseits der Pilgerwoche alles andere als einfach, eine Einreisegenehmigung zu bekommen.

Professor Ossama bin Abdul Shobokshi, seit mehr als einem Jahrzehnt Botschafter des Königreichs in Berlin, hatte sich erst begeistert zu meinem Projekt über Ibn Battuta geäußert. Er lud mich nach Berlin ein, versprach mir, bei der Regierung in Riad schnell auf ein Visum für mich zu drängen. Nach fünf Monaten und diversen Nachfragen hatte er zwei Schreiben in die Heimat aufgesetzt, die laut seinen Worten »nicht beantwortet wurden«; ein drittes Schreiben, nach Aussage des Chefdiplomaten wieder keine Reaktion. Und noch immer gab sich der Diplomat »optimistisch«. War es nur eine Verzögerungstaktik? Reichte der Einfluss des doch so gut Vernetzten nicht einmal bis ins Informationsministerium von Riad, das ausländische Besuche genehmigt? Oder gab es »politische« Gründe für die Nichtbearbeitung meines Antrags?

Nach den furchtbaren Anschlägen vom 11. September auf das World Trade Center in New York und das Pentagon in Washington wurde rasch bekannt, dass fünfzehn der neunzehn Attentäter Staatsbürger Saudi-Arabiens waren. Gefundene Pässe und schnell recherchierte Lebensgeschichten belegten diese Tatsache. Das hinderte die höchsten saudi-arabischen Stellen einschließlich des Innenministers in Riad jedoch nicht daran, ihre Landsleute zu verleugnen und von einer »zionistischen Verschwörung« zu fabulieren. Ende 2001 hatte ich eine kritische SPIEGEL-Titelgeschichte über das Königreich geschrieben, 2004 nach einem längeren Besuch in Riad und Jeddah einen skeptischen Artikel zur Zukunft des Landes (»Heimspiel für den Terror«) verfasst. Und dann den früheren Geheimdienstchef Prinz Turki al-Feisal interviewt, der relativ offen – vielleicht für die heute Herrschenden zu offen? – über seine Treffen mit Osama Bin Laden und Mullah Omar und gewisse Defizite der Monarchie geplaudert hatte.

Fest steht: Die Regierung in Riad hat bis heute sehr eigenwillige Vorstellungen von Pressefreiheit. Die Enthüllungsplattform WikiLeaks veröffentlichte im Frühjahr 2015 abgefangene Dokumente aus dem saudi-arabischen Außenministerium. Demnach haben die

Behörden per Scheckbuch versucht, sich in aller Welt Einfluss zu beschaffen – auch über die Medien. Der Iran-kritische Fernsehsender MTV Libanon erhielt »Zuschüsse« in Höhe von zwanzig Millionen US-Dollar, auch in Australien und Kanada floss Geld für eine freundliche Berichterstattung über das Königshaus.

Einen besonderen Schwerpunkt der PR-Initiative sollte Deutschland bilden. Wie viel würde es kosten, einen deutschen Journalisten als Auftragsschreiber zu kaufen, fragte das Außenministerium in Riad Ende 2011 beim Botschafter in der Bundesrepublik an, reichten die veranschlagten siebentausendfünfhundert Euro im Monat? Die Saudi-Jubelberichte sollten »mal in Hamburg, mal in Berlin, mal in München« erscheinen, um die hässlichen Fakten zu konterkarieren, die unabhängige Organisationen wie Reporter ohne Grenzen über das Königreich kolportierten; nach deren Liste steht Saudi-Arabien in Sachen Pressefreiheit unter 180 Staaten derzeit auf dem 166. Platz. Auch deutsche Schriftsteller sollten in die Kampagne einbezogen werden. Der als oberster Scheckbuch-Diplomat fungierende Außenminister plante laut einer mit »Streng geheim« gestempelten Depesche »alle sechs Monate ein positives Buch« drucken zu lassen, freilich ohne Hinweis darauf, dass es sich um eine Auftragsarbeit handelte. Botschafter Shobokshi war nach den WikiLeaks-Auswertungen der *Süddeutschen Zeitung* aktiv in das manipulative Geschehen eingebunden – oder zumindest in seine Planung, denn bis heute ist unklar, ob und an wen gezahlt wurde.

Saudi-Arabien vergibt keine Touristenvisa. Aber es existiert ein weitgehend unbekanntes Nadelöhr: Wer über Jeddah oder Riad in ein Drittland weiterreist, kann ein Transitvisum beantragen, sich zweiundsiebzig Stunden frei und ohne das sonst übliche Regierungsprogramm in Saudi-Arabien bewegen. Zweiundsiebzig Stunden – und keine Minute länger. Ich legte die Zeit zwischen der Ankunft aus Frankfurt mit der SV 168 und dem Weiterflug nach Neu-Delhi mit der SV 758 so, dass keine Minute verloren ging. Das Ziel: Jeddah, Mekka und zurück. Zum Glück konnte ich meinen netten und sehr einfallsreichen Unternehmer vom letzten Mal auftreiben, ein Mann, von dem ich wusste, dass ich ihm vertrauen konnte – und der, vielleicht noch wichtiger, umgekehrt auch mir vertraute und sich darüber im Klaren war, welche Risiken er eingehen konnte.

Der Highway 40 führt durch das ganze Land von Jeddah im Westen bis ins tausendvierhundert Kilometer entfernte Dammam im Osten. Die Strecke von der Küstenstadt in die heilige Stadt ist nur ein winziges, landschaftlich wenig reizvolles Teilstückchen. Gleich hinter den grauen Vororten von Jeddah mit ihrem achtlos weggeworfenen Wohlstandsmüll beginnt eine karge Wüstenlandschaft. Dann bahnt sich die Autobahn wie eine in der Sonne schimmernde Silberschlange ihren Weg durch die Wüste. Nach weniger als einer Stunde Fahrt teilt ein großes, über der Straße angebrachtes Schild die Menschen in zwei Kategorien: Muslime und Nichtmuslime.

Wer nicht dem »richtigen« Glauben angehört, wird in einer Ringautobahn weitläufig um die heilige Stadt herumgeführt. Die eigentlichen Kontrollen kommen aber erst näher am Stadtgebiet. Wer da noch ohne Berechtigung angetroffen wird – oder es gar bis in die Innenstadt schafft, ohne Muslim zu sein –, muss mit drakonischen Strafen rechnen. Zumindest aber mit seiner sofortigen Ausweisung aus dem Land. Die *Mutaween*, die saudi-arabische Religionspolizei, ist da rigoros. Die Herren waren blitzschnell zur Stelle, als ich 2004 ein Einkaufszentrum mit Kundinnen an den Schaufenstern fotografierte – »strictly forbidden«. Und ich erinnere mich an die vom Auswärtigen Amt in Berlin ausgegebenen Anweisungen bei meinem letzten Besuch, doch keinesfalls eine Bibel mit ins Geburtsland des Propheten zu bringen, auch nicht zum persönlichen Gebrauch im Hotelzimmer. Bibel-Lektüre ist

ebenso verboten wie jede Form einer nichtmuslimischen religiösen Handlung; selbst auf dem Gelände ausländischer Botschaften
sollen keine christlichen Gottesdienste abgehalten werden.

Daran halten sich, Gott sei Dank, nicht alle Diplomaten;
schließlich fällt das Territorium einer Botschaft nicht in die Juris-
diktion des Gastlandes. Und auch das Mekka-Totalverbot lässt
sich umgehen. Natürlich würde mich mein Bekannter aus der
Welt des Big Business bei aller Freundschaft nicht in die unmittelbare Nähe der Kaaba bringen. Aber er kennt einen Weg, wie
man über Wüstenpisten einen Aussichtspunkt nahe der Stadt relativ gefahrlos erreichen kann. Von der Grenze aus, die ein über die
Straße gespanntes, zehn Meter hohes Portal markiert und wo eine
kleine maurische Säule den allerheiligsten Bezirk anzeigt.

Mekka al-Mukarrama, die gebenedeite Stadt des Islam, Heimat
für eineinhalb Millionen Menschen, wirkt auf den ersten Blick wie
eine Allerweltsmetropole. Weiße, eng aneinandergedrückte Häuser, die von einer Hügellandschaft umrahmt sind, in die sich Tun-
nel gegraben und wild durcheinandergebaute, von einem gelang-
weilten Riesen dahingewürfelte Vororte hineingefressen haben.
Der Bereich der Großen Moschee mit dem schwarzen Stein in
der Mitte – ein Meteorit aus dem Weltall für westliche Wissenschaftler (die ihn freilich nie erforschen durften), das Haus Gottes auf Erden für die Gläubigen, der Stein, um den der Prophet
Mohammed Krieg führte, der Ort, dem sich Muslime seit vierzehn Jahrhunderten beim Gebet zuwenden – liegt im Zentrum
der Stadt, aber er wirkt nicht wie das wahre Zentrum, sondern
seltsam geschrumpft: Das Heiligtum wird weit in den Schatten
gestellt von den Bauwerken in seiner unmittelbaren Umgebung.
Von gigantischen Profanbauten.

Die Krönung des Platzes bilden die sieben Türme des Abraj-al-
Bait-Komplexes mit dem Raffles- und dem Fairmont-Hotel. Das
Hauptgebäude schraubt sich über hundertzwanzig Etagen auf

sechshundertundeinen Meter, damit ist es nach dem Burj Khalifa von Dubai und dem Shanghai Tower derzeit das dritthöchste der Welt. Gekrönt wird es von einer überdimensionalen Uhr, an der sich die nächste Gebetszeit auch von meiner kilometerweit entfernten Warte ablesen lässt. Sie wirkt wie eine Kopie des Big Ben, ist aber mehr als sechsmal so groß wie das Londoner Wahrzeichen, mit einem Ziffernblatt von dreiundvierzig Metern. Das mit Sonnenenergie angetriebene Uhrwerk stammt vom Mittelstandsunternehmen Perrot aus dem Schwarzwald, überwacht und gestaltet wurde der Aufbau von dem in Stuttgart geborenen Architekten Mahmoud Bodo Rasch; Eigentümer des gesamten, milliardenteuren Komplexes ist die in Jeddah ansässige Saudi Binladin Group. Aus dem Familienclan mit allerbesten Beziehungen zum Königshaus stammt allerdings auch ein berühmt-berüchtigtes schwarzes Schaf namens Osama Bin Laden.

Nachmittag an meinem Aussichtsort über Mekka. Die Schatten machen die Konturen schärfer, die Luft ist hier in der ansteigenden Gebirgslandschaft längst nicht so feucht und unangenehm wie unten am Hafen von Jeddah. Die Wüste treibt die Temperaturen dafür zu Extremen. Noch um vier Uhr bläst der heiße Wind wie aus einem Föhn kurz vor dem Durchschmoren. Zweiundvierzig Grad. Wir haben die ganze Zeit die Klimaanlage des luxuriösen Geländewagens angelassen, eine schlimme Umweltsünde, nur durch die Umstände einigermaßen zu rechtfertigen.

Ich frage meinen saudi-arabischen Bekannten, wo denn das schreckliche Video gedreht wurde, das wir beide auf YouTube gesehen haben: Es zeigt, wie eine Frau, die in Mekka des Mordes an ihrer Tochter »überführte« Burmesin Laila Ibn Basim, am 12. Januar 2015 auf einem Platz der heiligen Stadt hingerichtet wird. »Ich bin unschuldig«, ruft sie in ihren heimlich mitgeschnittenen letzten Minuten mehrmals verzweifelt, dann packt sie der Exekutor und schwingt das Schwert. Erst beim dritten Schlag ist

der Kopf abgetrennt. Üblicherweise wird Delinquenten ein Beru-
higungs- oder Betäubungsmittel gespritzt, nicht aber in diesem
Fall. Mein Freund weiß nicht, wo der »Chop Chop Square« liegt,
wie die Hinrichtungsstätte im legeren Saudi-English-Slang heißt.
»Irgendwo da«, meint er und zeigt in eine Häuserwüste nördlich
der Großen Moschee. Und dann schweigen wir lange, in Erinnerung an die Bilder, die keiner schnell vergessen kann.

Mekka ist gnadenlos. Auch gnadenlos modern. Nichts außer
der Kaaba würde den Propheten heute an seine Geburtsstadt erinnern; Ibn Battuta hätte im 14. Jahrhundert keinen Anhaltspunkt
außer dem schwarzen Stein gehabt; der Spanier Domingo Bahia
y Leiblich, der sich als Abkömmling des Propheten ausgab und es
unter dem falschen Namen Ali Bey im Jahr 1807 als erster Beobachter aus dem Westen zum Hadsch nach Mekka schaffte, stünde
vor den Trümmern seiner Erinnerung. Die Stadt, die er beschreibt,
ist ein Labyrinth kleiner Gassen, »die dreistöckigen Steinhäuser
sehen hübsch aus, ihre Fassaden mit Farben bemalt, ihre Fenster
mit Blumenmustern und geometrischen Ornamenten verziert« –
alles verschwunden. Und das liegt keinesfalls daran, dass die Häuser unsolide gebaut worden wären.

Neu-Mekka ist eine bewusste Zerstörung alles Alten, alles Traditionellen. Ein fundamentalistischer, puristischer, antipluralisti-
scher Wahn. Ein Wahn, der als eine der Hauptströmungen des
Islam Saudi-Arabien bis heute entscheidend prägt. Die Hüter der
historischen heiligen Stätten hassen in Wirklichkeit Historisches,
sie verachten einen großen Teil der Geschichte von Mekka und
haben, zumindest nach außen hin, erfolgreich geschafft, diesen
auszulöschen.

Zwei Männer sind entscheidend für die Entwicklungen auf der
Arabischen Halbinsel, beide erlebten Mitte des 18. Jahrhunderts
die Hochzeit ihres Einflusses. Und für beide stand Mekka im Zentrum ihres Denkens.

Muhammad Ibn al-Saud gelang es, die konkurrierenden Fürstentümer zu einigen und sich an die Spitze des herrschenden Clans zu stellen, er war der Urvater des bis heute herrschenden Königshauses; Muhammad Ibn Abd al-Wahhab schaffte es, seine rigide Auffassung des Islam bei den anderen Rechtsgelehrten durchzusetzen: Tabak, Tanz, Musik und jede Form von Luxus sollte fortan verpönt sein, Heiligengräber durften nicht besucht, an Gedenkstätten außerhalb von Moscheen nicht getrauert werden, nichts sollte von der reinen Lehre, der Askese und dem Anbeten des Einen ablenken. Alle anderen Formen des Islam, der Sufismus der Mystiker, das Schiitentum, sollten des Teufels sein. Emir Saud und Prediger Wahhab schlossen einen Pakt, besiegelten ihn auch mit Hochzeiten innerhalb ihrer Familien. Saud sollte die militärischen Angelegenheiten eines neu zu gründenden Staates regeln, Wahhab dieses Gemeinwesen religiös legitimieren. Eine symbiotische Verbindung von Macht und Religion, wobei die Unterwerfung der verbliebenen aufständischen Beduinen mit ihrer Bekehrung zur strikten Lehre Hand in Hand ging.

Als das Bündnis 1803 dann auch Mekka und Medina erobern konnte, als die Wahhabiten in Karbala unter den Schiiten ein furchtbares Massaker mit Tausenden Toten anrichteten, reagierte das immer noch mächtige Osmanische Reich. Sultan Mahmud II. schickte seine Truppen, sein Feldherr schlug die Emporkömmlinge vernichtend. Aber die wahhabitischen Sauds kamen zurück: 1902 eroberten sie Riad, 1924 besetzten sie Mekka, 1932 konnte der geschickt taktierende Abd al-Asis Al Saud das Königreich Saudi-Arabien proklamieren.

Nur zögerlich ließ der Herrscher die amerikanischen Ingenieure der Standard Oil of California ins Land. Aber er brauchte das zunächst eher bescheidene Geld aus den Konzessionen. Am 16. März 1938 schoss dann aus einem Bohrschacht nahe Dammam eine Fontäne empor, und das Erdöl sprudelte bald darauf an vielen Stellen. Das Königreich wurde zum größten Exporteur des schwarzen Goldes, die Monarchie quasi sakrosankt. Die Milliardeneinnahmen ermöglichten es den Herren aus dem Hause Saud, ihre Bürger mit großzügigen Geschenken ruhigzustellen. Mit den USA entstand eine außenpolitische »Sicherheitspartnerschaft«, Washington lieferte für Unsummen neueste Waffen nach Riad, durfte dafür Militärstützpunkte im Land einrichten. Über schlimme Menschenrechtsverletzungen sahen so gut wie alle Präsidenten im Weißen Haus großzügig hinweg – es ging um eine nach ihrer Ansicht überlebenswichtige strategische Verbindung. So geriet der Staat, der eigentlich zur »Achse des Bösen« hätte zählen müssen, zum – neben Israel – besten und beständigsten Freund Washingtons im Nahen Osten.

Der Islam ist in Saudi-Arabien Staatsreligion, die Lehren des fundamentalistischen Eiferers Wahhab sind so etwas wie die Staatsdoktrin – mit ihm lässt sich das Ausüben von brutaler Staatsgewalt wie der individuelle Terror gegen Andersgläubige rechtfertigen. »Natürlich sind nicht alle Muslime Selbstmordattentäter, aber praktisch alle muslimischen Selbstmordattentäter sind Wahhabiten«, schrieb der Islam-Experte Stephen Schwartz vor einigen Jahren. »Die Mörder in Israel wie ihre ägyptischen Gesinnungsgenossen, die algerischen wie die in Kaschmir operierenden Rebellen.« Die Taliban praktizieren eine Variante dieser puritanisch-aggressiven Religionsauffassung, und auch der selbst ernannte Kalif der Terrormiliz »Islamischer Staat« lässt in irakischen IS-Schulen die Schriften seines Vorbilds verteilen.

Mohammed Ibn Abd al-Wahhab ist sowohl für die Regierung in Riad als auch für ihre militantesten Gegner die Schlüsselfigur ihres Denkens. Besonders deutlich zeigte sich das im Schicksalsjahr 1979, das die gesamte Region durcheinanderwirbelte – mit entscheidenden Auswirkungen bis zum heutigen Tage. Es war das Jahr, in dem die Russen in Afghanistan einmarschierten, in dem

Ajatollah Khomeini aus dem Exil nach Teheran zurückkehrte und den Iran zum Gottesstaat machte. Und es war das Jahr, als Mekka brannte, als die Stadt bei einem Angriff auf das Allerheiligste in den Flammen des Terrorismus unterzugehen drohte.

Am 20. November 1979, mitten im Pilgermonat, schlugen die Attentäter im Morgengrauen zu, fast fünfhundert an der Zahl. Monatelang hatten sie sich heimlich getroffen, hatten Waffen und Sprengstoff gekauft, ihre Angriffspläne präzise ausgearbeitet. Sie versperrten von innen alle Tore der Großen Moschee und begannen, in die Menge der zum Gebet versammelten Pilger zu schießen. Anführer Juhaiman al-Uteibi, ein bärtiger Radikaltheologe mit zotteligem, schwarzem Haupthaar, der früher in der Armee Saudi-Arabiens gedient hatte, schnappte sich einen Lautsprecher und verkündete die Übernahme der heiligen Stätten durch die »wahrhaft Gläubigen«; ihm sei der Mahdi, der Erlöser erschienen. Seine Bedingungen: Die korrupte Monarchie müsse sich von Grund auf ändern und einem wahren Gottesstaat weichen, Radio, TV sowie Bilder aller Art seien aus der Öffentlichkeit zu verbannen, ebenso Tabak und Fußball; die diplomatischen Beziehungen zum Westen sollten abgebrochen, die Ölexporte gestoppt, Ausländer des Landes verwiesen werden.

Es dauerte damals Stunden, bis die Regierenden den Ernst der Lage begriffen: Das war keine Wahnsinnstat, aus der Laune des Augenblicks heraus vollzogen und schnell zu stoppen, sondern ein regelrechter Aufstand. Eine unvorstellbare Schmach – das Herrscherhaus hatte die Kontrolle über die ihm anvertrauten Symbole des Islam verloren. Und damit eigentlich auch seine Existenzberechtigung. König Khalid al-Saud blieb nichts anderes übrig, als die führenden Religionsgelehrten des Landes zusammenzurufen und sich von ihnen die Erlaubnis einzuholen, die göttlichen Stätten gewaltsam zurückzuerobern – mit dem hohen Risiko, dass die Moschee, womöglich sogar die Kaaba, zerstört oder beschädigt würden. Einige der führenden Geistlichen sympathisierten, wenn nicht mit dem Vorgehen, so doch mit der Analyse Uteibis. Vettern-wirtschaft und Korruption waren schon damals nicht zu übersehen: Manche der fünftausend Prinzen hielten sich mehr in den Kasinos von Monte Carlo auf als in den Moscheen ihres Landes, vergnügten sich mit ihren Gespielinnen auf Yachten im Mittelmeer und ließen den verbotenen Alkohol in Strömen fließen. In Teilen der Bevöl-kerung war ein in ihren Augen »verweichlichter« Umgang mit der Lehre zu beobachten, manche beteten zu Sufi-Mystikern, andere versammelten sich an Grabmonumenten und Gedenkstätten.

Die Religionsgelehrten ließen sich von dem verzweifelten Monarchen für den Sturm auf die Moschee eine Art Blankoscheck ausstellen: Sie wollten alle verbliebenen Symbole von »Abweich-lern« zerstören, die wahhabitische Lehre mithilfe des Königreichs künftig noch konsequenter umsetzen. Und sie verlangten Mil-liardengelder für die Verbreitung ihrer Glaubensauslegung auch im Ausland.

König Khalid sagte alles zu und bekam die *Fatwa*, die ihm die Anwendung zur Gewalt erlaubte. Dennoch dauerte es noch fast zwei Wochen, bis alle Moschee-Besetzer getötet oder gefan-gen genommen waren, wohl mehr als fünfhundert Pilger verlo-ren bei den Kämpfen ihr Leben. Und der entscheidende Schlag gelang erst mithilfe einer aus Paris herbeigeholten Spezialeinheit, die Giftgas durch unterirdische Gänge in das Gotteshaus leitete (wobei die Agenten aus Paris in einer eiligst vollzogenen Konver-sion zum islamischen Glauben übertreten mussten, um überhaupt innerhalb Mekkas wirken zu können). Die meisten Aufständi-schen starben. Uteibi und zweiundsechzig seiner Mitverschwörer wurden öffentlich hingerichtet.

In Mekka stand nun kein Stein mehr auf dem anderen, die Monarchie hatte sich durch den kühnen Terrorangriff auf das Allerheiligste entscheidend verändert: Die Chance auf liberale

Experimente war für lange Zeit vertan, angstvoll kam das Königshaus seinen Zusagen an die religiösen Ultras nach und förderte
weltweit wahhabitische Missionierungen. Vor allem finanzierten
sogenannte Wohlfahrtsverbände mit Billigung des Königshauses
eine fanatische Bewegung in Afghanistan, die mit allen Mitteln
gegen »Gottlose« kämpfte – die Taliban. Die gewaltbereiten Islamisten taten sich mit dem abgesprungenen Spross einer saudischen Industriellenfamilie namens Osama Bin Laden zusammen.
In den Bergen des Hindukusch heckten sie gemeinsam mit arabischen Fanatikern Angriffspläne gegen den Westen aus. Die Saat
des internationalen Terrors war gelegt, das Senfkorn zur Gründung der Qaida, zum Angriff mit entführten Verkehrsflugzeugen
auf das World Trade Center.

Es ist Abend geworden an meinem Aussichtspunkt auf dem
Wüstenhügel über Mekka im September 2015. Fieberhaft werde
jetzt an der Organisation des diesjährigen Hadsch gearbeitet, die
Hochzeit der Pilger beginne in wenigen Tagen. Dann, so erzählt
mir mein Bekannter, würden die Kontrollen im Gebiet der heiligen Stadt noch strenger, dann sei an einen Ausflug wie den
unseren nicht mehr zu denken; und selbst er als saudi-arabischer
Staatsbürger müsste sich für Mekka anmelden, denn nur alle fünf
Jahre sei einem Einheimischen der Hadsch erlaubt.

Auch die Kontingente für ausländische Pilger sind genau festgelegt, sie richten sich nach der Anzahl der Muslime im jeweiligen
Land – Indonesier, Pakistaner, Inder und Nigerianer verfügen formal über größere Kontingente als jeder arabische Staat. Sie alle sind
2015 konfrontiert mit einem Ort, an dem vierundzwanzig Stunden gearbeitet wird: Riesige Kräne schwenken über die Straßen, es
wirkt, als solle die Stadt weitgehend neu errichtet oder zumindest
radikal generalüberholt werden. Aufflammende Neonlichter verwandeln die biblische Landschaft. Im Zwielicht wirkt dieses Mekka
von oben wie eine Mischung aus Los Angeles und Jerusalem.

Mein Begleiter zeigt auf eine besonders riesige Baustelle im Stadtteil Manafia. Etwa zwei Kilometer südlich der Großen Moschee entfernt ragen schon riesige, eng aneinandergeklebte zwölf Türme in den Himmel. »Hier entsteht das größte Hotel der Welt«, sagt er. Ich wusste, er übertrieb nicht, der Abraj-Kudai-Komplex soll tatsächlich die bisherige Nummer eins des Gastgewerbes übertreffen, das Venetian Resort & Casino in Las Vegas. Die Details des Mekka-Monsters waren schon vom britischen *Guardian* enthüllt worden: zehntausend Hotelzimmer, siebzig Restaurants, fünf Stockwerke allein zur exklusiven Nutzung der königlichen Familie, vier Hubschrauberlandeplätze auf den Dächern, Kostenpunkt: 3,3 Milliarden Euro, geplante Fertigstellung bis Ende 2017.

Der Komplex soll einer traditionellen Wüstenfestung nachempfunden sein, wirkt aber eher wie der Traum eines Disneyland-Architekten. »Wir erleben die letzten Tage von Mekka. Alles Alte wird weggefegt. Die Stadt wird zu einem Abklatsch der westlichen Moderne, zu einem Mekka-hattan«, klagt Irfan al-Alawi, der in London für eine Stiftung zum »Bewahren des Islamischen Erbes« arbeitet. »Die Wallfahrt sollte ursprünglich eine bescheidene, spirituelle Angelegenheit sein, jetzt wird sie zu einer Erfahrung, die eher an einen glitzernden Las Vegas-Trip erinnert.«

Das alte Haus Khadijahs, der ersten Frau des Propheten – abgerissen und zu einem Block öffentlicher Toiletten verwandelt. Der historische Friedhof von Jannat al-Mualla – als Bauland freigegeben. Die Grabmäler der Banu Hashim, des Propheten-Stammes – bis zum letzten Stein zerstört. Die Bilal-Moschee, die auf das Zeitalter Mohammeds zurückging – eingeebnet. Das Wohngebäude von Abu Bakr, des besten Freundes und ersten Kalifen – dem Erdboden gleichgemacht, der Grund und Boden für das Hilton Hotel freigegeben. Die klassischen Häuser aus der Zeit der

Ottomanen mit ihren kunstvollen Verzierungen – abgerissen und durch Allerweltswohnblöcke ersetzt.

Mehr als neunzig Prozent des »klassischen« Mekkas sind nach Schätzung internationaler Fachleute für immer verloren. Und selbst das Geburtshaus Mohammeds ist nicht sakrosankt. Es wurde zwischenzeitlich für Viehauktionen genutzt, dann in eine Bücherei verwandelt, die nicht für die Öffentlichkeit zugänglich ist. Aber selbst das genügt den radikalen Klerikern nicht, sie verlangen die Zerstörung und ließen nach Presseberichten jetzt ein Schild am Haus anbringen: »Es gibt keinen Beweis, dass der Prophet, Friede sei mit Ihm, hier geboren wurde. Es ist ausdrücklich verboten, sich hier zum Gebet zu versammeln.«

Die kulturelle Verwüstung, die im Auftrag des Königshauses Saud in Mekka angerichtet wird, erinnert an die Radikalität, mit der in diesen Tagen der »Islamische Staat« von Babylon bis Palmyra Weltkulturerbe auszulöschen versucht. Die brachiale Vergrößerung der Großen Moschee, die vielen neuen Hotels, die überall platzierten modernsten Überwachungssysteme dienen natürlich auch dazu, die immer größer werdende Zahl der Pilger unterzubringen, ihren Hadsch möglichst sicher zu machen. Die Modernisierung mit all den Hotels und Geschäften der großen internationalen Ketten ist auch ein bedeutender wirtschaftlicher Faktor – das Königreich muss in Zeiten des fallenden Erdölpreises andere Einnahmequellen erschließen. Und doch geht das, was das Herrscherhaus und die mit ihm verbundenen Rechtsgelehrten da in ihrer Zerstörungs- und Modernisierungswut treiben, weit über Security und Business hinaus: Es ist eine Weltanschauung. Eine religiös-politische Machtdemonstration gegen alles Historische, das nicht als bereichernd, sondern als gefährlich und subversiv gesehen wird.

Die Entsorgung der Vergangenheit soll auch all die Erinnerungen tilgen, die die Mekkaner über viele Generationen sozial und individuell zusammengehalten haben. Wer das kollektive Gedächtnis so konsequent ausradiert, sucht nach Ansicht von Alastair Bonnett, Professor für Sozialgeografie an der Universität Newcastle, die totale Kontrolle über eine Stadt: »Verwandelt man komplexe, von Vielfalt geprägte Orte in oberflächliche, simple Plätze, so macht das die Bevölkerung kulturell verwundbarer, sie wird zu einer wurzellosen Masse, verbunden allein durch die Ideologie, die ihr von oben eingetrichtert wird.« Bonnett geht sogar so weit, die saudische Monarchie und ihre absoluten Machtansprüche mit dem Denken und Vorgehen Maos in der Volksrepublik China zu vergleichen.

Kann die Wallfahrt unter diesen Umständen noch das spirituelle Erlebnis sein, das dem Propheten vorschwebte? Ist sie nur mehr eine Ausflugsfarce oder doch noch die angestrebte, erträumte »fünfte Säule« des Islam, wie sie ein zutiefst beglückter, spirituell erfüllter Ibn Battuta im 14. Jahrhundert erlebte?

Für den Nichtgläubigen wirkt verblüffend, mit welcher Inbrunst, mit welcher Begeisterung die Pilgerfahrer auch in jüngster Zeit noch von ihrem Hadsch berichten.

Ilija Trojanow, in Bulgarien geborener Muslim und gefeierter, kosmopolitischer Autor des *Weltensammler*, beschreibt seine Reise nach Mekka und Medina schwärmerisch als »Kulmination aller Sehnsüchte, als einmalige Aus-Zeit, so reich an Mühsal und Zermürbung wie an Belohnung und Beglückung«. Der marokkanische Anthropologe und Autor Abdellah Hammoudi sagt: »Männer und Frauen treiben ohne Unterlass, wie von einem Magnetismus ergriffen, auf den schwarzen Stein zu. Dann, unmittelbar vor der Kaaba, im Angesicht des Hauses Gottes, vergisst man alles.« Und Basharat Peer, der indische Schriftsteller aus Kaschmir, formuliert bei all seiner Kritik an den lokalen Behörden und ihrer merkantilen Auswüchse ähnlich überwältigt: »Jeder Pilger versucht, den Stein zu küssen, wie es einst Mohammed auf seinem

Hadsch getan hat, von den Berührungen ist er konkav und ganz dunkel geworden. Wir Muslime glauben, dass er die Sünden der Menschheit in sich aufsaugt.«

Der Hadsch, so haben es mir bei einem früheren Besuch in Jeddah vor einigen Jahren gerade aus Mekka zurückgekehrte Pilger mit strahlenden Augen erzählt, sei eine spirituelle Einkehr, eine individuelle Selbstfindung – und gleichzeitig ein großes Gemeinschaftserlebnis. Ein zusammenführendes, alle vereinendes Band, trotz der erheblich schwankenden Hotelpreise in der heiligen Stadt, die sich für eine Absteige am Stadtrand auf vierzig Euro pro Nacht und pro Person im Zwölfbettzimmer belaufen, in einer der Suiten mit Blick auf die Kaaba aber auch viertausend Euro und mehr erreichen können. Die genau vorgeschriebenen Handlungen, denen sich jeder Gläubige unterziehen muss, nivellieren die Unterschiede: Sobald die Pilger am Stadtrand von Mekka ihr vorgeschriebenes, einfaches weißes Pilgergewand überstreifen und in den Weihezustand des *Ihram* übergehen, sind sie alle nur noch Teil einer großen Bewegung, Rädchen im Getriebe der Religion, *Umma*-Untertanen. Sie dürfen in den Tagen der Andacht nicht fluchen und keinen Streit anfangen, sie können sich nicht rasieren oder die Nägel schneiden, Jagen und Sex sind verboten. Ein ebenso großes Tabu ist es, die Natur zu schänden – den Pilgern ist untersagt, auch nur einen Halm abzubrechen oder, im wahrsten Sinne des Wortes, einer Fliege Leid anzutun.

Die rituellen Runden um die Kaaba, das Wasserschöpfen am Zamam-Brunnen oder der Aufstieg zum Berg Ararat – der Hadsch eint alle, die doch von ihrer Herkunft, ihrer Hautfarbe, ihrer Ausbildung, ihrem Besitzstand so auseinanderdriften; gleichgültig, ob sie in einem der Flüsterjets der Emirates, den altersschwachen Propellermaschinen der Sudan Airways, den Jumbos der Air India oder gar mit einem der überladenen Schiffe aus Eritrea angekommen sind. Ich traf nur glückliche Hadschis (so lautete der Ehrentitel aller, die den Pilgerweg ganz hinter sich gebracht haben): einen Schuhfabrikanten aus Alexandria, ein frisch verheiratetes Immobilienmakler-Ehepaar aus Beirut, einen Stammeshäuptling aus Lagos, einen Investmentbanker aus Mumbai, einen Fremdenführer aus Sansibar, einen Finanzberater aus Sevilla, einen Koch aus Istanbul, einen Lagerarbeiter aus Berlin, einen Mullah aus dem iranischen Isfahan und einen aus dem chinesischen Kashgar.

Die Kraft des Glaubens, die Macht der Andacht: Sie nötigen auch demjenigen Respekt – ja, eine fast neidvolle Bewunderung – ab, der sonst mit Religion wenig anfangen kann. Und wahrscheinlich wird der Hadsch, diese Reise ihres Lebens, den allermeisten Pilgern persönliche Erfüllung geben, ein Glaubenserlebnis auch dann schaffen, wenn die Wallfahrt noch durchkonstruierter, noch massenkompatibler gemacht wird. Wenn, wie die Autoritäten Saudi-Arabiens planen, im Jahr 2025 in der Saison gut siebzehn Millionen Muslime nach Mekka kommen, um den Teufel zu steinigen.

Ob die saudischen Herrscher aber letztlich glücklich sind über dieses Mekka, über diese hohe Ehre, über diese Verantwortung, die zur Bürde werden kann, über ihre Rolle als »Hüter« der wichtigsten Stätten einer Religion, die doch so unterschiedliche Ausformungen hat? Ob sie dieses Mekka womöglich manchmal sogar als eine Art Fluch des Propheten empfinden? Denn das ist ja die Ironie dieses Ortes: Das Königshaus kontrolliert das Allerheiligste, aber es kann seinen vormittelalterlichen Islam nur seinen Landsleuten, nicht aber den aus der ganzen Welt angereisten Gläubigen verordnen.

Und so treffen beim Hadsch radikale Wahhabiten, IS-Sympathisanten und Taliban auf ökologisch angehauchte Vertreter des »grünen Dschihad« aus den Emiraten, auf hippe junge Muslime aus München und Manchester, auf kriegsmüde Sufi-Anhänger aus Pakistan und Mali, auf Hanafiten, Ibaditen, Ismailiten – und

auf viele Schiiten. Die höchsten saudi-arabischen Religionsgelehrten betrachten die Anhänger der Zwölfer-Schia (immerhin knapp
fünfzehn Prozent der Muslime weltweit, dreizehn Prozent in Saudi-
Arabien) gar nicht als Rechtgläubige, das Königshaus behandelt sie
im eigenen Land als Bürger zweiter Klasse und fürchtet, dass die
Minderheit im ölreichen Osten eines Tages politisch aufbegehren
könnte. Aber selbst die Mächtigsten in Riad können den Schiiten
nicht generell die Pilgerfahrt nach Mekka verwehren, den Wallfah-
rer-Strom nach ihren Vorstellungen kanalisieren. Es wäre beispielsweise unmöglich, die Iraner auszuschließen.

Wenn es dann zu einem so furchtbaren Unglück kommt wie
beim Hadsch 2015, als über siebenhundert Menschen zu Tode
getrampelt wurden, haben sich die saudischen Behörden für die
Organisationsmängel zu verantworten, die zu solchen Katastrophen führen. Und sie müssen sich vom religiösen Führer des Iran
vorwerfen lassen, sie seien einfach nicht in der Lage, den Hadsch
unfallfrei durchzuführen – mit anderen Worten: als Hüter der
heiligen Stätten ungeeignet. Könnte mit den »aufgeklärten« westeuropäischen Muslimen und den »alternativen« Schiiten beim
Hadsch womöglich eine Art Fünfte Kolonne unterwegs sein, die
während der Diskussionen beim großen gemeinsamen Religions-
fest die Macht des Königreichs untergräbt?

Zeit für meinen Abschied von Mekka, Zeit für die Fahrt durch
eine sternenklare Nacht zurück nach Jeddah.

Am nächsten Tag ist Freitag, der Tag des Herrn, ein weiterer
Tag drohender Langeweile für Saudi-Arabiens verwöhnte Jugendliche. Das gilt nicht für die »Velvet Class«, die »Samtenen«, wie
man in Saudi-Arabien die Reichen und Superreichen mit Verbindungen zum Königshaus nennt. Ihnen stehen gegen astro-
nomische Gebühren die Beach Clubs der Ausländer offen. Sie
können ohne Kontrolle so abenteuerliche Unternehmungen wie
ein gemeinsames Volleyballspiel mit Freundinnen am Strand ris-

kieren. Für alle anderen ist es jedoch gar nicht so einfach, eine Chance für einen Flirt zu bekommen, jemanden kennenzulernen. Noch immer gilt die Geschlechtertrennung als Staatsraison. *Ichtilat* soll verhindert werden, die Begegnung von »fremden« Männern und Frauen; und *Chalwa*, das noch größere Vergehen, das Aufeinandertreffen von Frauen und Männern allein und unkontrolliert in einem Raum.

Manche versuchen, beim Spaziergang an der Corniche oder beim Schaufensterbummel heiße Blicke auszutauschen. Bessere Chancen bieten sich für die Sportwagenbesitzer, die am Steuer ihres Ferraris oder Porsches durch die Stadt kreuzen. Beliebt ist hierfür der schicke Thaliya-Boulevard, wo sich auch junge Damen von ihren Chauffeuren oder denen ihrer Eltern umherfahren lassen – selber am Steuer eines Autos zu sitzen, ist Frauen im Königreich ja immer noch strengstens verboten (was angesichts der Tatsache, dass die Propheten-Gattin selbstständig Kamele durch die Wüste führte, besonders absurd anmutet). Manche Männer schreiben ihre Handynummer auf ihre Samsung-Tablets und halten diese dann an jeder roten Ampel hoch; der ein oder andere hat sie auf seinem iMac in leuchtenden Farben festgehalten. Wenn junge Damen das tun, gilt das als leicht verrucht – und sie dürfen sich darauf gefasst machen, bald angerufen zu werden. Ansonsten ist und bleibt der Flirt ein Glücksspiel. Trotz der Hightech-Einsatzmittel fühlt man sich als Fremder wie in einer Zeitreise zurück in die Vergangenheit, wie eingetaucht in Jane Austens frühes 19. Jahrhundert: *Sense and Sensibility, Pride and Prejudice.* Arrangierte Ehen sind hier immer noch die Norm.

Die Saudi-Araber haben gelernt, Signale richtig zu begreifen. Auf den ersten Blick wirken alle Abayas und Kopftücher gleich, und in Riad und den anderen eher traditionell strengen Städten sind Abweichungen vom allgegenwärtigen Tiefschwarz der den ganzen Körper und große Teile des Gesichts bedeckenden Burka, etwa bestickte Ärmel, wirklich nur von Kennern zu entdecken. Die Möchtegern-Playboys sprechen da ziemlich respektlos von BMOs, »Black Moving Objects«. In Jeddah geben sich die modebewussten jungen Damen deutlich waghalsiger. Farbige Sneakers sind groß in Mode, das Kopftuch wird gern hochgeschoben, die das Gesicht freilassende Abaya in anderen Farben als schwarz getragen. Fast alle sind sehr sorgsam geschminkt. Und erstaunlich selbstsicher.

Wenn es denn in diesem sozial so rückständigen Land einen Wandel geben sollte, wenn das Königshaus in den nächsten Jahren unter Druck gesetzt werden könnte – dann wohl nur von Frauen. Noch immer sind ihre Rechte stark eingeschränkt. Frauen dürfen nicht Richterin und Botschafterin werden, Sex außerhalb der Ehe kann mit Steinigen bestraft werden, für Auslandsreisen brauchen sie die Erlaubnis eines männlichen Vormunds, Ehemann, Vater oder Bruder. Und doch hat es sich seit 2013 ein wenig zum Besseren verändert, obwohl Saudi-Arabien beim Global Gender Gap Index immer noch zu den zehn Staaten gehört, in denen Frauen weltweit am meisten diskriminiert werden. Als ich vor einigen Jahren in Jeddah bei der *Saudi Gazette* einen Vortrag hielt, war die englischsprachige Zeitung trotz einiger weiblicher Reporter eindeutig männerdominiert – inzwischen ist Somayya Jabarti die erste Chefredakteurin des Landes geworden. Und selbst in der Geschäftswelt gibt es Vorreiterinnen: Hanin Alamri etwa leitet in Jeddah die Filiale einer Schuhfirma; Farin Bundagji ist Chefin der Handelskammer geworden.

Auch die Journalistin Sobia Javed ist auf dem Weg nach oben; wie so viele hat sie sich mit ihren Argumenten den Herrschenden angepasst. So schreibt sie über die Vorzüge der Vollverschleierung – und deutet sie um als Kampf gegen Beauty-Wahn und Bulimie: »Westliche Magazine raten jungen Frauen, wie sie eine lupenreine Haut bekommen oder wie sie zehn Pfund verlieren.

Sie verordnen den Frauen ein bestimmtes Aussehen, sie schreiben Mädchen vor, was Schönheit bedeutet und wonach sie streben müssen. Oft beziehen die dann in einem bestimmten Alter im Westen ihr Selbstwertgefühl aus diesen Idealproportionen und neigen zu Essstörungen und Depressionen. Sich ordentlich zu verhüllen beschränkt also Frauen nicht, es befreit sie eher, weil sie nicht nach ihrem Aussehen beurteilt werden.«

Aber es gibt immer wieder Rückschläge in Sachen beruflicher Gleichberechtigung. Als der neue König Salman Bin Abdulaziz Ende April 2015 sein Kabinett umbildete, feuerte er erst einmal die einzige Kollegin im Kabinettsrang. Die Vizeministerin für Bildung, Nora al-Faiz, verlor ihr Amt ohne jede Erklärung aus der alles beherrschenden Männerwelt. Dass Frauen im Dezember 2015 zum ersten Mal wenigstens bei den wenig bedeutenden Kommunalwahlen kandidieren und ihre Stimmen abgeben dürfen, konnte der jetzige starke Mann des Landes nicht verhindern – das hatte vor drei Jahren noch sein Vorgänger versprochen. Wegen der unklaren Ausschreibungen und der begrenzten Machtbefugnisse mochten sich allerdings nicht viele hochkarätige Kandidatinnen aufstellen lassen.

»Und für potentielle Wählerinnen stellt sich ja auch die Frage: Wie komme ich zum Wahllokal?«, schrieb eine Journalistin in Jeddah und fügte ironisch hinzu: »Ich verfüge über keinen Chauffeur, öffentliche Verkehrsmittel gibt es keine und selbst fahren darf ich nicht.« Wenigstens dieses Problem ließ sich lösen: Das Taxiunternehmen Uber erklärte sich, vermutlich auf Druck der blamierten Behörden, dazu bereit, alle Frauen unentgeltlich zum Urnengang zu fahren.

Zwei Drittel der Staatsbürger sind unter dreißig, mehr als die Hälfte der Hochschulabsolventen weiblich, die Arbeitslosigkeit unter den Akademikern liegt bei über fünfundzwanzig Prozent. In keinem Land der Erde verbringen die jungen Menschen so viel

Zeit auf YouTube wie im Königreich, nirgendwo hat Twitter im Verhältnis zur Bevölkerung mehr aktive Nutzer. Die virtuelle Welt ist besonders für die gut Ausgebildeten zu einer Gegenwelt geworden, über die sie sich von Politik über westliche Modetrends bis zum Sport auf dem Laufenden halten und sich gegenseitig austauschen. Kein Wunder, dass die Religionsgelehrten dadurch Gefahr wittern: »Facebook öffnet die Tür zu Pornografie«, wetterte kürzlich ein prominenter Geistlicher im offiziellen Fernsehen. »Es zerstört unser bisheriges soziales Geflecht.«

Aber kaum jemand schaut noch die Staatssender, die viel Interessantes auslassen. Beispielsweise berichten sie nichts über die Blamage des neuen Königs Salman Ibn Abd al-Aziz an der Côte d'Azur, der polizeilich verhindern wollte, dass am Privatstrand vor seiner Villa Ausländer aufkreuzen, und nach öffentlichen Protesten verärgert seinen Urlaub abbrach – es war nichts geworden aus seinem *Riad-sur-Mer*. Oder sie berichten sehr einseitig. Beispielsweise über den rücksichtslosen und brutalen Krieg, den Riads Militär seit einigen Monaten im Nachbarland Jemen führt und bei dem nicht nur die Teheran nahestehenden Huthi-Rebellen, sondern auch zahlreiche Zivilisten durch international geächtete, aber von den Saudis verwendete Streubomben sterben. Die alternativen sozialen Medien informieren dagegen weitgehend objektiv.

Lange schien es so, als hätten die saudi-arabischen Behörden es aufgegeben, sie flächendeckend auszuschalten. Im Herbst 2015 verschärft das Kulturministerium dann die Regeln für Onlinepublikationen drastisch, um »die Einheit Saudi-Arabiens zu stärken«. Onlinedienste müssen sich um Lizenzen bewerben, ihre Arbeitsstelle und Privatadresse angeben. Internetdienste unterliegen damit dem gleichen Korsett wie die traditionelle Presse. Gegen private Blogger ging die Staatsmacht schon in den vergangenen Monaten rigoros vor. Immer wieder griff sich der Geheimdienst einen besonders störenden, besonders wagemutigen Oppositionellen oder Freidenker heraus und ließ ihn juristisch verfolgen.

Raif Badawi ist der spektakulärste Fall. Wegen regimekritischer Äußerungen und Vorbehalten gegenüber dem fundamentalistischen Wahhabismus wurde der dreißigjährige Internetaktivist im Mai 2014 zu zehn Jahren Haft und tausend Peitschenschlägen verurteilt. Er habe den »Islam beleidigt«, hieß es in der Urteilsbegründung. Als er nach den ersten fünfzig Hieben – öffentlich in Jeddah verabreicht – zusammenbrach, kam er ins Krankenhaus, die weitere körperliche Bestrafung wurde ausgesetzt. Nur weil es Badawis Frau gelang, die internationale Öffentlichkeit auf den Fall aufmerksam zu machen, wurde der Blogger so etwas wie ein Symbol für die Menschenrechte, zu einer internationalen Berühmtheit und erreichte die Wiederaufnahme seines Verfahrens.

In Saudi-Arabien ist Badawi kaum bekannt – dafür gibt es zu viele vergleichbare Fälle. Die Regierenden glauben, in ihrem Land einen Zweifrontenkrieg gegen »Linksabweichler« und »Rechtsabweichler« führen zu müssen: Sie bekämpfen mit aller Vehemenz die westlich gesinnten Liberalen, die mehr demokratische Freiheiten, mehr Pluralismus fordern. Und sie bekriegen, nach Jahren der Milde, jetzt auch vehement die Fanatiker des »Islamischen Staates«. Die stehen ihnen zwar ideologisch sehr nahe, haben sich aber mit ihren Aufforderungen zum Sturz der Monarchie zur Gefahr für das Königshaus entwickelt. Wenige wagen, auf diese Schizophrenie hinzuweisen. Der in Riad lebende Autor Turki al-Hamad, gegen den Religionsgelehrte schon zwei Fatwas verhängten und der immer mit einem Bein im Gefängnis steht, brachte es im Sommer 2015 auf den Punkt: »Wer wirkt denn als Brandbeschleuniger für den IS? Das ist unsere eigene Jugend. Und was treibt unsere jungen Menschen dazu, sich dem IS anzuschließen? Die vorherrschende Kultur, die in unsere Köpfe eingepflanzt wurde.«

Mindestens genauso intensiv wie gegen den IS ziehen die saudischen Herrscher gegen ihren Erzrivalen in der Region zu Felde, gegen den Iran. Es geht nicht nur um die politische Vormachtstellung im Nahen Osten, um einen Kampf Sunniten gegen Schiiten, sondern um eine geradezu obsessive Feindschaft und Furcht. Das Atomabkommen, das die USA und die übrigen UNO-Vetomächte nebst Deutschland mit Teheran geschlossen haben, hat in Saudi-Arabien zu schrillen Kommentaren, ja zu geradezu hysterischen Reaktionen geführt. Vor allem fürchtet das Königshaus, dass die nach der Aufhebung von Sanktionen frei werdenden iranischen Milliardengelder genutzt werden könnten, um die Monarchie zu destabilisieren und Saudi-Arabiens Feinde in der Region aufzuhetzen. »Das Regime in Teheran ist wie ein Monster, das an einen Baum gebunden war und jetzt befreit wurde«, schreibt die ansonsten eher nüchterne, von führenden Prinzen finanzierte Tageszeitung *Al Sharq al Aswat*, die in London erscheint. Und die Medien im konservativen Mekka schlagen noch alarmistischere Töne an – als stünde eine feindliche Übernahme der heiligsten Stätten durch die Iraner unmittelbar bevor.

Die USA sollten einen Militärschlag gegen die iranischen Atomanlagen führen, hat allen Ernstes das saudische Königshaus laut einem WikiLeaks-Dokument von 2010 gefordert. »Man muss der persischen Schlange den Kopf abschlagen.« Mal abgesehen von der im Henker-Staat offensichtlich zwanghaften Enthauptungs-Metapher: ein abenteuerliches Vorhaben, das die ganze Region in ein Flammenmeer hätte verwandeln können. Lieber Krieg statt Diplomatie – bis auf den israelischen Ministerpräsidenten hatte dieser höchst riskante Plan weltweit wenig Befürworter. Washington, Europa, selbst Russland und China setzten lieber auf Verhandlungen, die letztendlich auch zu einem Ergebnis führten.

Bei meinen Diskussionen in Jeddah bin ich immer wieder mit ablehnenden, geradezu panischen anti-iranischen Reaktionen konfrontiert, gerade wegen des Atomdeals. Und wenn ich das Abkommen verteidige, stoße ich selbst bei meinen liberal gesinnten, aufgeklärten Gesprächspartnern auf Unverständnis. Die Perser, so die allgemeine Überzeugung, versuchten, die arabische Welt zu dominieren – und die USA wie Westeuropa hätten wissentlich oder aus naiver Verblendung aufgegeben, sie dabei zu bremsen. Und noch etwas ist erstaunlich: Das Schicksal der Millionen syrischer Flüchtlinge, deren Leid auch mit den Waffenlieferungen Riads an die Kriegsparteien zu tun hat, lässt Politiker wie Geschäftsleute völlig kalt. Politisches Asyl ist am Golf unbekannt, kein einziger Flüchtling aus der Krisenregion erhielt bisher hier einen neuen Pass. Und für das Syrien-Hilfswerk der UNO haben Riads Herrscher in den ersten acht Monaten dieses Jahres gerade mal fünf Millionen US-Dollar gespendet. Die heiligen Puritaner haben es offensichtlich nicht so mit der Nächstenliebe. Obwohl doch soziale Wohltätigkeit als einer der Pfeiler des Islam gilt und es sich bei den Flüchtlingen um Glaubensbrüder handelt. Dafür fließen aus dunklen saudischen Quellen noch mehr Millionen an den IS.

*

Meine zweiundsiebzig Stunden Saudi-Arabien neigen sich dem Ende zu. Ein letzter Versuch, Ibn-Battuta-Spuren zu finden.

Vor drei Jahren wurde im Jeddah Hilton Hotel für ein ausgewähltes und selbstverständlich nach Geschlechtern getrenntes Publikum *Journey to Mecca* gezeigt, eine sehr kitschige Verfilmung der Reise des marokkanischen Abenteurers von Tanger bis in die heilige Stadt – es war damals, nach einer Staatspropagandaproduktion, erst der zweite Film, der in Saudi-Arabien überhaupt öffentlich aufgeführt wurde. Seitdem gibt es keine Hinweise mehr auf den großen Sohn des Islam, keine Jeddah-Symposien über sein Leben, keine Mekka-Auseinandersetzungen in Sachbüchern oder größeren Artikeln. Man beschäftigt sich in Saudi-Arabien nicht mit dem weiteren Lebensweg des Weltreisenden jenseits von Mekka, etwa mit seinen anerkennenden Passagen über die Christen in Konstantinopel oder gar seine Bewunderung für die Sufi-Heiligen. Das passt offensichtlich nicht in das einseitige Islam-Bild des Königshauses. Das widerspricht seinem rückwärtsgewandten Modernitätswahn.

Die Saudi Binladin Group repräsentiert dieses Denken am eindrucksvollsten. Das Hauptquartier der Firma ist ein chromstrotzender und glasglitzernder Bau in der Al-Rawdah-Straße von Jeddah. Im Eingangsbereich verweisen Modelle auf die wichtigen Bauprojekte, bei denen ein Dutzend Brüder, Halbbrüder, Neffen und Onkel des Osama Bin Laden das Sagen haben: der Spitzenturm der Welt, errichtet in Jeddah, das größte Hotel der Welt in Mekka, kurz vor der Fertigstellung, die Erweiterung der Großen Moschee. Mohammed war wohl schon weiter fortgeschritten in seinem Denken als die heutigen Hüter der heiligsten Stätten des Islam. So ist es in einem seiner *Hadithe* überliefert. Der Erzengel Gabriel fragte den Propheten: »Wie lässt sich denn erkennen, wann das Ende der Welt naht, wann der Jüngste Tag anbricht?« Und der antwortete nach der Überlieferung: »Dann, wenn verwirrte Kamelhirten miteinander wetteifern, die höchsten Gebäude zu erbauen.«

Wie ein göttliches Menetekel wirkt da, wenn ein riesiger Kran, wie Mitte September 2015 geschehen, bei einem Unwetter umstürzt, Teile der Großen Moschee von Mekka zerstört und über hundert Menschen erschlägt. Und hilflos jeder offizielle Erklärungsversuch.

Mein Bekannter bringt mich zum Flughafen, ich bin gebucht auf einen der brandneuen »Dreamliner« der Saudia. Nach dem Abenteuer Mekka geht es für mich – wie einst für Ibn Battuta – auf zur nächsten »Stadt der Wunder«. Ins sagenumwobene Shiraz.

Shiraz – Bezaubernd

Zum Wasser drängt, am Wasser hängt doch alles – nicht dass Ibn Battuta den gut vier Jahrhunderte nach ihm geborenen Johann Wolfgang von Goethe gekannt haben könnte, aber das Wort des deutschen Dichterfürsten hätte auf dem Rückweg von Mekka nach Bagdad und weiter nach Persien sein Motto sein können.

Offensichtlich hat dem Mekka-Pilger der lange Marsch durch die Wüste in die heilige Stadt einen guten Monat zuvor ziemlich zugesetzt. Er ist ausgedorrt, ausgezehrt, fühlt sich schwach und bedroht. Nie spricht er in seinem Reisebericht die Furcht vor dem Verdursten direkt an, das, so glaubt er wohl, geziemt sich nicht für einen Reisenden, der sich das Durchhaltevermögen auf die Fahnen geschrieben hat: Wallfahrer und Weichling, das passt kaum zusammen. Aber die Angst springt den Leser auch so von jeder Seite, jeder Zeile an. Wohl unbewusst beschränkt sich der junge Mann bei seinem Bericht über die Erlebnisse mit der irakischen Karawane jenseits von Mekka seitenlang auf die Erwähnung jeder Zisterne, jedes Brunnens, jeder Quelle. Wasser zählt, sonst gar nichts – erstaunlich für einen, der sonst so präzise links und rechts des Weges zu schauen, Ereignisse, Menschen, Sehenswürdigkeiten zu beobachten und zu schildern weiß.

»Wir hielten am Wasserpunkt al-Usayla, nahmen dann unseren Marsch wieder auf, erreichten al-Qarura, wo man die Regentropfen in großen Behältern auffängt ... In al-Hajir muss man tief graben, um an das kostbare Nass zu gelangen ... In Samara gab es dann jede Menge, aber es ist Brackwasser von minderer Trinkqualität.« Und so weiter. Ibn Battuta kommt offensichtlich gar nicht auf die Idee, dass das den Leser langweilen könnte. Es sind Buchpassagen, die sicher nicht zu den aufregendsten des *Rihla* gehören. Aber gerade weil sie auch die menschlichen Schwächen des »Helden« zeigen, bewegen, rühren sie auf merkwürdige Weise.

Der jungen Mann aus Tanger, am Anfang seiner Reise eher schüchtern, dann sehr bald gewandt und ein guter Kommunikator in eigener Sache, hat im Umgang mit anderen weiter dazugelernt. Seine Freundlichkeit und Neugier machen es ihm leicht, auch in dieser Karawane Bekanntschaften zu schließen, bevorzugt solche, die ihm auch etwas nutzen. Ibn Battuta lernt gleich zu Anfang des Vierzigtagetrips von Mekka nach Mesopotamien einen reichen persischen Politiker kennen, den er mit seinem Wissen, aber vor allem mit seinen abenteuerlichen Erzählungen tief beeindruckt. So tief, dass dieser Amir Pehlewan dem jungen Mann bald anbietet, doch mit ihm eine Kamel-Sänfte zu teilen. Ibn Battuta schlägt ein. Er hat sich – wie wahre Wanderlustige in allen Zeiten – nie davor gescheut, Strapazen auf sich zu nehmen, aber wo es geht, genießt er unterwegs auch gern Luxus. Und schaukelt so, einigermaßen bequem, aber immer kommende Quellen und Brunnen im Blick, den nächsten Zielen entgegen.

Trotz aller Strapazen ist der Trupp in Hochstimmung. Die Pilger sind noch von den Erlebnissen ihres Hadsch erfüllt, stolz auf das Erreichte. Und der Erfolg scheint ihnen besondere Kräfte zu verleihen. »Wir marschierten auch nachts, zündeten Fackeln an, sodass die ganze Landschaft glänzte vor Licht und wir die Dunkelheit zu einem strahlenden Tag verwandelten«, schreibt Ibn Battuta in seinem Reisebuch. Aber bevor es dem jungen Mann dann zu romantisch wird, streut er einen eher prosaischen Hinweis ein: Wer mal austreten müsse, heißt es im *Rihla*, solle auf dieser Strecke lieber vorsichtig sein und seine Notdurft schnell verrichten. Sonst findet er seinen Platz in der großen, schnell vorwärtsziehenden Karawane nicht wieder. Und bleibt zurück, verloren in der Wüste. »Denn niemand nimmt Rücksicht auf Nachzügler.«

Der Treck erreicht schließlich al-Najaf, auf einem felsigen Plateau gelegen. Die Stadt gefällt Ibn Battuta, er lobt ihre schönen, sauberen Märkte, er schlendert über den Basar der Obsthändler, der Metzger, der Gemüseverkäufer, alle sorgfältig voneinander getrennt. Wegen der Gerüche sind diese Verkaufsstände in einiger Distanz zum Basar der Parfumhändler gelegen, von dem stets Duftschwaden aufsteigen und die Sinne benebeln. Es ist eine heilige Stadt. Hier liegt Ali begraben, Mohammeds Neffe und Schwiegersohn. Ibn Battuta besucht das Mausoleum, bewundert den Schrein mit all seinem Gold und Silber, den kunstvoll verzierten Holzornamenten. Er schildert das alles mit großer Anerkennung und objektiv, ohne irgendeine Spur von Häme. Und doch merkt man bei seinen Beschreibungen eine gewisse Distanz.

Ali ist für ihn eine wichtige theologische Figur im Islam, aber sie ist keineswegs die zentrale Figur – ganz anders als bei den meisten Einwohnern von Najaf. Zwar gehören damals in Mesopotamien die meisten Menschen zur Glaubensrichtung der Sunniten, aber in dieser Stadt und den umliegenden befinden sich die Zentren der Schiiten: »Sie sind fanatisch, was Ali betrifft«, konstatiert Ibn Battuta knapp. Er hält sie nicht für Glaubensabtrünnige, aber doch für Fehlgeleitete. *Rafidis* nennt er sie mehrfach in seinem Buch, was sich am ehesten als »die Zurückweisenden« übersetzen lässt. Die Schiiten, so sieht es der Reisende aus dem Maghreb, akzeptieren nicht alle Elemente der wahren Religion. Bedauerlich, aber auch nicht tragisch. Ibn Battuta weiß, wie wohl fast alle seine gebildeten Zeitgenossen, von der Spaltung der islamischen Welt, sie ist ja fast so alt wie der Glaube selbst.

Die beiden Richtungen unterscheiden sich weniger durch theologisch-dogmatische Positionen als vielmehr durch das

Bekenntnis zu bestimmten Personen, denen die höchste Autorität in der Gemeinschaft, der *Umma*, zugeschrieben wird. Entzündet hat sich das Schisma an der Nachfolge Mohammeds. Eine Gruppe hielt allein den Propheten-Vetter Ali für den rechtmäßigen Nachfolger. Als dieser dann gut zwanzig Jahre nach Mohammeds Tod zum vierten Kalifen erhoben wurde, stieß die Entscheidung bei anderen Muslimen auf Kritik. Ali und seine Parteigänger, bald Schiiten genannt – *Schia* bedeutet auf Arabisch »Partei« –, zogen sich daraufhin nach Mesopotamien zurück, Irak und Iran bleiben bis heute ihr Kernland.

Nach der Ermordung Alis versuchte sein jüngerer Sohn Hussein den Omajjaden-Kalifen Yazid I., den Favoriten der sunnitischen Mehrheit, mit einigen wenigen Getreuen militärisch zu besiegen. Es war im wahrsten Sinne des Wortes ein Himmelfahrtskommando. Das Aufeinandertreffen in Kerbela endete für die Schiiten mit einer absehbaren, für die höhere Sache in Kauf genommene Katastrophe. Die Nachfahren des Propheten-Schwiegersohns wurden niedergemetzelt, bis auf den letzten Mann. Erst nach dieser, zur ewigen Heldentat verklärten Niederlage nahm die »Partei Alis« religiöse Züge an. Die Schiiten blieben und bleiben bis heute eine höchstens zwölf bis fünfzehn Prozent zählende Minderheit unter den Muslimen. Sie sind allerdings eine sehr opferbereite Minderheit, die angebliche oder tatsächliche Verfolgung vehement bekämpft und das Märtyrertum preist. Sie sind andererseits weniger streng als die Sunniten, was bildliche Darstellungen des Propheten betrifft. Mal gesellschaftliche Avantgarde, mal das Gegenteil.

Dem überzeugten Sunniten Ibn Battuta bleiben die Anhänger Alis ein Leben lang fremd, viel fremder noch als die anderen Glaubensaußenseiter, denen er später begegnet, die tanzenden Ahmadi-Derwische und eigenwilligen Sufi-Gelehrten, die über glühende Kohlen gehen und lebenden Schlangen die Köpfe abbeißen. Aber deswegen degradiert er die Schiiten noch lange nicht oder sieht auf ihre Gebräuche herab, so eigenwillig sie auch sein mögen. »Sie sind sehr gute Kaufleute, tapfer und großzügig, und sie sind auch wunderbare Reisebegleiter«, schreibt er im *Rihla*. »Es gibt viele Wunder bei ihnen, und sie finden gewöhnlich auf dem Gelände des Mausoleums statt. An einem Abend werden dreißig bis vierzig Krüppel aus der Umgebung hierhergebracht und auf das heilige Grab gelegt. Ist die Nacht zu zwei Dritteln vorbei, stehen sie auf, völlig gesundet, und sie preisen Gott.« Allerdings, so schränkt der ehrliche Reporter Ibn Battuta ein, sei er bei keinem Wunder vor Ort gewesen, müsse sich deshalb auf »vertrauenswürdige Berichterstatter« verlassen.

Nach einem kurzen Ausflug auf eigene Faust kann er die Karawane, die al-Najaf bereits verlassen hat, gerade noch einholen. Gemeinsam ziehen sie weiter nach Basra. Für den ansonsten so positiv Gestimmten und Begeisterungsfähigen ist diese Stadt eine einzige Enttäuschung. Außer der Qualität der Datteln und der Quantität der Palmenhaine lässt er kein gutes Haar an dem Ort, was vielleicht auch daran liegt, dass der Reisende aus dem Maghreb hier etwas ganz anderes, Eindrucksvolleres erwartet hat. Basra galt lange als eine besonders ehrwürdige, gelehrte Stadt, als »Athen des Islam«; auch Ibn Battuta dürfte dieser Beiname geläufig gewesen sein. Doch nun hat die Stadt ihre besten Zeiten hinter sich, die Gebäude sind zerfallen, die Marktstraßen ungepflegt, die Moscheen in die Peripherie verbannt. Basra wirkt heruntergekommen, und das nicht nur äußerlich.

Der Jüngling aus Tanger, gerade erst dreiundzwanzig Jahre alt geworden, fühlt sich berufen, auch den intellektuellen Niedergang zu beklagen – und macht diesen fest an den mangelnden Grammatikkenntnissen der örtlichen Intellektuellen. Bei seiner Ansprache während des Freitagsgebets habe selbst der Imam von Basra satzbauliche Fehler gemacht, konstatiert der Gast. Ein spürbar übellauniger, merkwürdig überheblicher Ibn Battuta gibt das an den obersten Kadi der Stadt weiter, den er um ein Treffen ersucht hat. Im *Rihla* heißt es dazu: »Ich war doch sehr überrascht über diese Unfähigkeit des Predigers in der Moschee. Der Richter akzeptierte meine Kritik nicht nur, er stimmte mir zu. Er sagte: ›Es gibt wohl in der ganzen Stadt keinen einzigen Mann mehr, der die Kunst der Grammatik richtig beherrscht.‹«

Es ist möglicherweise auch ein Gefühl der Verunsicherung, das zu dem nassforschen Auftreten Ibn Battutas führt. Denn natürlich meint er die arabische Sprache und die Grammatik des Hocharabischen, die der Imam beherrschen müsste, die allen Intellektuellen bis ins Detail geläufig sein sollte. Man versteht in Basra die Sprache des Korans, aber es ist nicht die Muttersprache vieler Einwohner der Stadt. Mit dem Überschreiten des Tigris nahe seiner Mündung hat Ibn Battuta das arabische Herz des *Dar al-Islam* verlassen, ist zum ersten Mal in eine Gegend vorgestoßen, in der das Persische den Alltag der Menschen prägt – und das kann er weder verstehen noch sprechen.

Und dann ist da noch etwas: Er kommt in ein Land fremder Herren, in ein Territorium, das ein knappes Jahrhundert zuvor durch die Reiterheere des Dschingis Khan verwüstet worden ist. Schreckensgeschichten von Mord, Totschlag und Vergewaltigung durch die Tataren mögen in Ibn Battutas marokkanischer Heimat noch fern und unwirklich geklungen haben, hier in Mesopotamien sind sie im kollektiven Gedächtnis der Menschen allgegenwärtig. Sie sind präsent durch die Erzählungen der Großeltern, durch die noch nicht überall beseitigten physischen Zerstörungen. Wo immer der Reisende in den nächsten Monaten hinkommt, trifft er auf Spuren einer Katastrophe, einer tödlichen Terrorwelle, die zwischen 1220 und 1260 über das Land geschwappt ist wie ein menschengemachter Tsunami.

Das Schlimmste ist allerdings schon überstanden, als Ibn Battuta die Region bereist – wieder einmal zeigt sich sein Glück, in die richtige Zeit »hineingeboren« worden zu sein. Seine Weltreise zeigt ein fast perfektes historisches Timing. Anfang des 14. Jahrhunderts sind nämlich die meisten der vertriebenen Kaufleute, Handwerker und Künstler Mesopotamiens wieder in die Städte zurückgekehrt, die alte Elite beginnt, sich mit den neuen Herren zu arrangieren, vielerorts auch durch Heirat zu verschmelzen. Die Ilkhane, die regionalen Nachfolgeherrscher des Dschingis Khan, erweisen sich als wirtschaftsfreundliche Pragmatiker. Sie knüpfen gute diplomatische Beziehungen zu den Mamluken in Kairo und sichern die Handelswege nach Mittelasien und Fernost. Und obwohl manche Ilkhane ursprünglich eher das Christentum oder den Buddhismus als Religion bevorzugten, konvertierten sie alle nach und nach zum Islam. Allahs Glaube wurde fast in ihrem gesamten Herrschaftsgebiet von Zentralasien über Mesopotamien bis Anatolien zur Staatsreligion.

»Tatsächlich wurden die mongolischen Führer praktisch in Perser verwandelt«, schreibt Ross Dunn in seinem Buch *The Adventures of Ibn Battuta*. »Sie entwickelten keine besondere Liebe zur fortgeschrittenen Theologie oder zur Poesie, aber sie schätzten praktische Wissenschaften, Geografie und Geschichte.« Und mit Raschid al-Din haben sie auch einen mittelalterlichen wissenschaftlichen Superstar: Der Mann aus Tabriz, ein zum Islam übergetretener Jude, dient unter mehreren Ilkhanen als Minister und schreibt mit seiner *Historischen Sammlung* so etwas wie die erste universelle Geschichte der Menschheit.

Ibn Battuta kommt also keineswegs in eine kulturelle Wüste, als er persisches Land betritt, und nach seiner Enttäuschung über die heruntergekommene Stadt Basra ist der Abenteurer und Entdecker schnell wieder obenauf. Er mag nicht mehr in der Masse reisen. Zwar plant auch er, Bagdad zu besuchen – das Ziel der Karawane –, aber dafür gibt es keine besondere Eile. Der junge Mann hat von interessanten Umwegen gehört. »Ich nahm mir einen *Sumbuq*, ein kleines Boot, und fuhr zwischen Obstgärten und Palmenhainen auf dem Seeweg weiter nach Ubulla.«

Und von dort lässt er sich einfach weitertreiben. Kommt in Abadan vorbei, wo er auf Anraten der Einheimischen einen Sufi-Einsiedler aufsucht, der in den Ruinen einer Moschee lebt. Der heilige Mann beeindruckt ihn durch seine Güte und sein Wissen. »Für einen Moment habe ich mit dem Gedanken gespielt, den Rest meines Lebens in den Diensten dieses *Sheykh* zu verbringen«, kokettiert Ibn Battuta – und zieht dann kommentarlos weiter, zum nächsten weltlichen Abenteuer. Nach einem Fußmarsch durch eine Ebene mit kurdischen Dörfern wandert er drei Tage zwischen hoch aufragenden Bergen: »Ich entdeckte immer wieder Stationen, in denen ich eine Klause fand und mir Essen angeboten wurde.« In Idhaj, der nächsten größeren Stadt, hat er ein sehr seltsames, verstörendes Erlebnis: Er stößt auf Alkohol.

Das schlimmste aller Übel oder ein Genuss – wie bei so vielen Dingen lässt sich im Koran auch zum Alkohol Widersprüchliches finden. Da heißt es beispielsweise in Sure 16, Vers 67, der Wein sei, gleichgestellt mit dem Honig, ein »Geschenk Gottes«. Andererseits beschreibt die Sure 2, Vers 219, das berauschende Getränk, analog mit dem Glücksspiel, als »Teufelswerk«. Nach überwiegender Auffassung in der islamischen Welt galt – und gilt – ein striktes Alkoholverbot für die Gläubigen. Ibn Battuta wäre es nach seiner Erziehung jedenfalls sehr merkwürdig vorgekommen, die Frage auch nur zu diskutieren.

Der Reisende versucht auch in dem Städtchen Idhaj, wie fast überall, wo er hinkommt, die höchstrangigen Autoritären zu treffen. Er hört von Gerüchten, der Sultan sei alkoholabhängig, selbst am heiligen Freitag häufig beschwipst. Er kann das kaum glauben, drängt nun schon aus Neugier auf ein Treffen – und bekommt tatsächlich eine Audienz. Der Sultan ist, so viel wird Ibn Battuta schon nach wenigen Minuten klar, ziemlich zugedröhnt. Der Maghrebiner ist Gast und will nicht unhöflich sein. Aber dann beschließt er doch, den Alkohol anzusprechen. Zumindest indirekt: »Ihr seid der Sohn des Sultans Atabeg Ahmad, der bekannt war für seine Frömmigkeit und seine Selbstbeherrschung«, beginnt er seine vorsichtige Kritik. »Und soweit ich weiß, gibt es auch gegen Euch als Regenten nichts Negatives zu sagen, außer diesen Dingen da …«

Ibn Battuta zeigt auf die zwei Becher, die vor dem Sultan stehen und nach Wein riechen. Und dann geht die Szene, glaubt man dem *Rihla*, erstaunlicherweise so weiter: »Der Sultan war völlig verwirrt und saß eine Weile schweigend da. Ich wollte schon gehen, aber er bat mich zu bleiben. Und er sagte: ›Ich betrachte es als eine Gnade, einen Mann wie dich zu treffen.‹« Einsicht? Reue? Eine nur vorübergehende Verbeugung vor dem mahnenden Gast, die bald in Zorn und Strafe umschlagen würde? Ibn Battuta hat wohl keine Lust, das herauszufinden. Er macht sich nach seinem tollkühnen Vorstoß schnell auf und davon.

Isfahan ist das nächste Ziel. »Eine der größten und freundlichsten Städte in der Region«, findet der Reisende. Aber begeistert ist er nicht. Auch hier haben die Mongolen viele Bauwerke zerstört, nichts ist davon zu sehen, was die Stadt später zu einer architektonischen Perle macht und bis heute nach einem persischen Sprichwort als schönere »Hälfte der Welt« erscheinen lässt. Wenn er in dieser Region eine besonders faszinierende, eindrucksvolle Stadt sehen wolle, müsse er dorthin gehen, wohin die Reiter Dschingis Khan nie gekommen seien, sagen ihm Landeskenner. Weiter südlich, eine Zehntagesreise. Nach Shiraz.

Das lässt er sich nicht zweimal sagen. Tatsächlich dauert der Trip länger als eine Woche, und beschwerlich ist er auch. Aber schnell nach der Ankunft stellt sich heraus, dass es sich gelohnt hat. Und wie es sich gelohnt hat: Endlich findet Ibn Battuta die Erfüllung seines persischen Traums. »Es gibt keine Stadt im Osten, die es mit der Schönheit von Damaskus aufnehmen könnte – nur dieses Shiraz«, schwärmt er. »Es ist eine wohlgebaute und weiträumige Stadt, mit wunderschönen Gärten, Wasserläufen und Märkten. Ihre Einwohner sind rechtschaffen, fromm und tugendhaft. Außerdem sehen sie alle gut aus und achten auf saubere Kleidung.«

Natürlich darf Ibn Battutas Kennerblick aufs andere Geschlecht nicht fehlen. »Die Frauen sind sehr hübsch und gottesfürchtig. Und sie haben einen seltsamen Brauch. Jeden Montag, Donnerstag und Freitag treffen sie sich in der Hauptmoschee der Stadt und hören dort der Ansprache des Imam zu. Tausend, vielleicht zweitausend mögen es sein, die da zusammenkommen, nie vorher und nachher habe ich eine solche Ansammlung von Frauen gesehen. Sie lauschen aufmerksam, alle tragen Fächer und wedeln sich wegen der großen Hitze mit ihnen kühlenden Wind zu.«

Ibn Battutas wichtigste Bezugsperson in Shiraz heißt Madj ad-Din. Er hat von ihm als »Pol der Heiligen und Wundertäter« gehört, macht voller Spannung seine Aufwartung. Er wird nicht enttäuscht. Der betagte Mann, der »mindestens so hoch im Ansehen steht wie der Sultan selbst«, zeigt sich als äußerst entgegenkommend. Er befragt seinen Gast nach dessen Reiseroute, hört ihm aufmerksam zu. Battuta fühlt sich sehr geehrt. Und berichtet dann im *Rihla* ausführlich, was den *Sheykh* zu einem so besonderen, einmaligen Heiligen macht – eine Geschichte von kulturhistorischer und großer religiöser Bedeutung, wenngleich sie sich vielleicht nicht ganz genau so abgespielt haben mag wie in seiner verklärten Erzählung.

»Als der Herrscher des Irak zum Islam übertrat, war einer seiner Gefolgsleute ein Schiit. Dieser verleitete ihn dazu, die Lehren der Zurückweiser zu übernehmen. Der Sultan schickte daraufhin Briefe nach Bagdad, Shiraz und die übrigen Orte und forderte die Bewohner auf, es ihm gleichzutun. Doch die weigerten sich. Der aufgebrachte Sultan bestellte die Kadis zu sich; der erste, der eintraf, war jener Madj ad-Din aus Shiraz. Der Sultan befahl, ihn den großen Hunden vorzuwerfen, die hielt der Herrscher sich, um all diejenigen, die seinen Zorn erregt hatten, zerfleischen zu lassen.«

Da geschah laut *Rihla* etwas Wundersames. »Die Hunde stürzten sich auch, wie beabsichtigt, auf den Mann aus Shiraz – doch wichen dann zurück. Sie begannen mit dem Schwanz zu wedeln und taten ihm nichts zuleide. Da eilte der Sultan zu Madj ad-Din, küsste seine Hände, zog sich nackt aus und gab ihm all seine Kleider. Der Sultan verließ nach diesem Erlebnis den Weg der Zurückweiser und schloss sich dem Weg der Sunna an.« (Tatsächlich wurde in diesem Gebiet das Schiitentum erst im 16. Jahrhundert zur vorherrschenden Glaubensrichtung.)

Ibn Battuta findet Unterkunft in einem Hospiz, wo er sich sehr wohlfühlt. Er wandert gern durch die Straßen und Parks von Shiraz, besucht verschiedene Wallfahrtsstätten, unter anderem die Schreine verehrter religiöser Gelehrter. Besonders angetan hat ihm das Monument für Saadi. »Er war der größte persische Poet seiner Zeit, von allen verehrt, und manchmal reicherte er seine Gedichte mit arabischen Wendungen an«, schreibt er in seinem Reisebericht. Saadi habe selbst einen wunderschönen Garten angelegt, nahe dem Fluss, und habe auch persönlich die Zisternen aus Marmor konstruiert, um dort seine Kleidung zu waschen. »Die Bürger von Shiraz besuchen sein Grab und sie machen dort Picknick. Sie essen sozusagen auf seinem Tisch und waschen an seinem Platz ihre Umhänge.«

Ibn Battuta denkt auch an das Vermächtnis des großen Dichters, der ein Menschenleben vor ihm verstorben ist. Überlegt einen sentimentalen Moment lang, wie es mit diesem Shiraz in den nächsten Jahrhunderten weitergehen könnte. »Ich tat es den Menschen nach, aß dort an Saadis Platz, wusch meine Sachen, wie hoffentlich Generationen nach mir – möge Gott diesem Dichter Seine ewige Gnade schenken!«

Im Iran gibt es strenge, schwarzgraue, weitgehend freudlose Städte, Orte so heilig und von Martyrien geprägt, dass man dort Mühe hat, sich zu entspannen, sich wohlzufühlen. Ghom etwa, im Herzland der Islamischen Revolution, mit seinen schiitischen Grabmoscheen und konservativen Koranschulen. Oder Maschhad im Norden nahe der afghanischen Grenzen und in den Augen der Gläubigen die noch Heiligere, bestimmt durch das Mausoleum des achten Imams Reza – wie so viele Hochverehrte dieser Religion ein tragischer, von einem Kalifen ermordeter Held. Ohne Zweifel sind sowohl Ghom als auch Mashhad höchst sehenswerte Städte, ihre Monumente sind imposant, gehören zum Weltkulturerbe. Aber man möchte sie nicht gerade einem Freund in einer depressiven Phase zum Besuch empfehlen.

Shiraz ist anders. So schön und so beschwingt, so lässig und so locker, dass diese Stadt in einem strengen Gottesstaat gar nichts verloren haben kann, gar nicht hierher gehört. Glaubt man wenigstens am Anfang, nach ersten Spaziergängen.

Im persischen Volksmund ist Shiraz als die Stadt der Liebe, der Rosen und der Nachtigallen bekannt. Vielleicht hat das etwas mit ihrer geografischen Lage zu tun: Shiraz befindet sich weit im Süden des Iran, nur zweihundert Kilometer Luftlinie vom Persischen Golf entfernt, eine Oasenstadt in mehr als tausendfünfhundert Meter Höhe und deshalb mit einem sehr angenehmen Klima gesegnet. Aber wahrscheinlicher dürfte sein, dass die besondere Atmosphäre der Stadt den großen, den klassischen Schöngeistern zu verdanken ist, die sich von den Gärten und Wasserläufen, den Aprikosenhainen und Weinbergen angezogen fühlten und die hier mit ihren Anhängern lebten.

Shiraz ist so etwas wie das persische Weimar, wenngleich mit der fast zwanzigfachen Bevölkerungszahl von 1,4 Millionen Menschen. Die gemeinsame Heimat der vielleicht bedeutendsten Landesdichter – dort Goethe und Schiller, hier Saadi und Hafez.

Ibn Battuta hat Saadi in seinem Reisebuch gepriesen, er kannte die Werke des persischen Mystikers und Dichters. Muscharraf al-Din Mullah, wie Saadi ursprünglich hieß, wurde um 1190 geboren und ist etwa vierzig Jahre vor dem Besuch des Maghrebiners in Shiraz gestorben. Vermutlich hat Ibn Battuta in dem persischen Volksdichter auch einen Gesinnungsgenossen ausgemacht. Er muss von den Einheimischen nicht nur über Saadis Werk, sondern auch über dessen Lebensweg informiert worden sein – und der wies erhebliche Parallelen mit seinem eigenen auf. Saadi war auf eigene Faust aus seiner Heimatstadt losgezogen, hatte sich Anatolien und Ägypten, Jemen und sogar Indien als Reiseziele ausgeguckt. Ein Wanderlustiger, ein Rastloser, ein immer neugieriger Abenteurer und Eindrücke-Sammler. Für Ibn Battuta ein Bruder im Geiste.

Spurensuche in Shiraz. Wo befindet sich die Zisterne, in der Ibn Battuta ebenso wie der große Dichter seine Kleidung gewaschen hat? Wo liegt sein Grabplatz, an dem »die Bürger Picknick machten« und wo sich auch der Mann aus dem Maghreb im Schatten der Bäume ausgeruht hat?

Ganz genau will sich keiner der Shiraz-Kenner festlegen, auch nicht der Historiker, der mich in den ersten Tagen durch die Stadt führt. Aber vieles spreche dafür, dass der Ort, an dem der große Dichter in seinen letzten Jahren gelebt hat, sich tatsächlich nahe seines heutigen, im Jahr 1860 erbauten Mausoleums befindet. Die Gedenkstätte liegt am Fuß eines Hügels, etwas außerhalb der heutigen Großstadt. Sie ist umgeben von Zypressen und einem Fischteich, der aus tiefen Quellen gespeist wird. Ein schlichter marmorner Sarg, ein achteckiges Deckengewölbe sind oberirdisch zu bestaunen, im Untergeschoss sprudelt Quellwasser in einen Brunnen. Auf Säulen haben die Erbauer markante Sätze des Meisters gemeißelt. In dem gepflegten Garten fallen mir immer wieder Schüler auf, die in Gruppen oder auch allein halblaut etwas vor sich hersagen, wie in Trance. »Sie rezitieren Saadi«, klärt mich mein Begleiter auf. »Aufrüttelnde Sätze über das gesellschaftliche Zusammenleben.«

Wenn einer im Volke töricht handelt/ So fällt Verachtung gleich auf groß und klein/ Oft kann ein einz'ger Ochse auf der Weide/ Verderber einer ganzen Herde sein. Oder folgende Zeilen, Warnung vor Größenwahn und Aufforderung zur Kritik: *Zuwider ist mir ganz der Freunde Umgang/ Die mir mein Schlechtes stets als Gutes ausgeben/ Weit lieber unverschämt freche Feinde/ Die mir meine Fehler zeigen.*

Wenn es in den Augen der persischen Öffentlichkeit noch eine Steigerung zu Saadi gibt, dann ist es Hafez.

Der Mann mit dem Geburtsnamen Muhammad Sams ad-Din kam aus ärmlichen Verhältnissen. Sein früh verstorbener Vater, ein Kohlenhändler, hatte der Familie hohe Schulden hinterlassen, doch der hochbegabte Knabe schaffte es schnell auf die besten Madrassen der Stadt; er soll schon mit acht den Koran vollständig auswendig gekannt haben und wurde zum stadtbekannten Wunderkind. Das dürfte in etwa das Jahr gewesen sein, in dem Ibn Battuta die Stadt besuchte. Hat der Reisende in den Koranschulen von Shiraz vielleicht etwas von dem genialen Kleinen gehört? Hat er später den *Diwan* gelesen, das Meisterwerk des Dichters, das Mitte des 14. Jahrhunderts in der gesamten nahöstlichen Weltgegend Furore machte, ganz zu schweigen von dem Einfluss, den es später auf Goethe ausübte? Im *Rihla* hat Ibn Battuta jedenfalls nichts davon erwähnt – eines der vielen Geheimnisse, denen sich der Nachreisende annähern, die er jedoch nicht entschlüsseln kann.

Das Hafez-Mausoleum liegt in der Innenstadt, gegenüber dem Bagh-e Melli, dem Volkspark. Als ich das Monument besuche, kommt es unter den jungen Leuten an meiner Seite fast zu einem kleinen Volksaufstand. Sie bezahlen als Eintritt zum Park und Grabmal nur einen symbolischen Betrag, mir als Ausländer knöpft der Wächter umgerechnet mehr als vier Euro ab. »Das ist eine Schande, Ihr solltet froh sein, wenn sich Gäste für unseren Nationaldichter interessieren!«, rufen mehrere Studenten. Erst als ich versichere, das sei schon in Ordnung, beruhigen sie sich allmählich. Sie bestehen aber darauf, mich später ins traditionelle Teehaus auf dem ummauerten Gelände einzuladen.

Schon kurz nach seinem Tod haben Bewunderer ein Mausoleum für den Dichter errichtet, der Originalbau fiel wohl einem Erdbeben zum Opfer. Aber auch das heutige Bauwerk atmet Geschichte. Es wurde während der Zand-Dynastie im 18. Jahrhundert errichtet, einer der Glanzzeiten der Stadt, und es ist ebenso schlicht wie stimmungsvoll. Ein großer Garten, ein Pavillon, von acht schlanken Säulen getragen, offen nach allen Seiten und nach innen mit Fliesenmosaiken ausgelegt. In der Mitte der einfache Sarg. Es sind an diesem Spätnachmittag erstaunlich viele Besucher da, um dem Bewunderten ihre Ehre zu erweisen. Hochzeitspaare aus dem ganzen Land suchen sich hier den Segen des großen Poeten, der so gefühlvoll über die Liebe schreiben konnte. Viele sind offensichtlich gekommen, um sich mit Freunden zu treffen. Und auch hier wird, auf den Treppen, an den Rosenbeeten, am Sarkophag, viel zitiert – fast scheint es so, als übertrage sich die Lebensfreude und Sinnlichkeit des Dichters nahtlos über die Jahrhunderte auf die heutige Shirazer Jugend.

Saghi, schenk ein den Wein und lass den Becher kreisen/ Im Anfang schien die Liebe leicht, die dann doch zum Rätsel ward./ Wann bringt der Wind den Moschushauch von deinem Haar? Von deinen Locken wurden alle Herzen wund/ Wie fänd ich Frieden doch in deinem Bau, da ruft die Karawanenglocke schon zum Weiterzug!

Im Persischen klingt die Wortmusik dieser Zeilen natürlich noch viel eindringlicher, melodischer, betörender. Die Studenten versuchen, mir die vieldeutigen Bilder näherzubringen, erzählen von der Melancholie des Schriftstellers. Aber sie wollen mich auch über die Meditationen über Scheinheiligkeit aufklären, mit der sich der Poet ausführlich befasst hat. »Alle seine Werke sind Lektionen darüber, wie man sich nicht von der verordneten Tristesse der falschen Prediger anstecken lassen darf. Sie schildern, wie Wein und Liebe, wie Rausch und Erotik zu Glückserlebnissen werden«, sagt mir einer der Studenten.

Und das macht, neben der Sprachgewalt, klar, warum die beiden in der Islamischen Republik Iran auch im Jahr 2015 so populär bleiben: Saadi und Hafez sind wahrhaft revolutionäre Denker. Sie preisen ein selbstbestimmtes, freies Leben, fordern auf zur Kritik an den Mächtigen und zum selbstkritischen Überdenken der Religion und der eigenen Rolle. Ein Leben, wie es auch in Shiraz, in dieser für persische Verhältnisse verhältnismäßig liberalen Stadt, nur mit großen Anstrengungen und vielen Abstrichen möglich ist.

Ich treffe die Studenten im Teehaus wieder, das innerhalb der Hafez-Grabanlage zum Verweilen und zum Gedankenaustausch einlädt. Es ist ein lauschiger Platz mit gemütlichen Kissen, wir haben es uns im Schneidersitz und barfuß auf einem der Diwane gemütlich gemacht. Die jungen Leute holen von der Theke große Teekannen. Sie bieten mir auch das lokale Speiseeis aus Rosenwasser an, *Faludeh* heißt die sehr eigenwillige Spezialität. Ich entscheide mich lieber für einen der köstlichen, Gugelhupf-artigen Kuchen. Und nein, danke, keine Wasserpfeife.

Mich hat im Iran immer gewundert, wie aufgeschlossen gerade die jungen Leute gegenüber dem Westen sind. Kein Hauch von »Death to America!«-Stimmung, die in der Hauptstadt Teheran noch gelegentlich verbreitet und von Religionsführer Ali Khamenei ausdrücklich verteidigt wird. »Ach, das sind doch organisierte Veranstaltungen der Vorgestrigen, bei denen so etwas gerufen wird, ein leeres, sinnloses, peinliches Ritual«, sagt Lockenkopf Arvid, dreiundzwanzig, der Betriebswirtschaft studiert. Tatsächlich gibt es nach Umfragen in keinem nahöstlichen Staat außer Israel so viel Goodwill gegenüber Amerika und Europa. Deutschland gilt als besonderer, bevorzugter Freund. Alle Studenten wissen von der besonderen Nähe der Dichterfürsten, den bewundernden Zeilen Johann Wolfgang von Goethes. Der sah nicht viele als Gleichwertige neben sich, diesen Mann aus Persien aber schon: *Und mag die ganze Welt versinken! / Hafez, mit dir, mit dir allein will ich wetteifern! Lust und Pein sei uns, den Zwillingen, gemein!*

»Warum sollten wir Berührungsängste haben? Wir lesen Harry Potter, wir sehen über unsere Satellitenschüssel die gleichen BBC-Nachrichten wie ihr, wir hören die gleiche Popmusik und träumen von den gleichen Urlaubszielen, von der Blumenriviera bis Bali. Glauben Sie mir, am liebsten würden wir schon morgen mit Ihnen zu einem Berlin-Besuch aufbrechen.« Architekturstudent Amon, einundzwanzig, der Gestylteste der Gruppe mit viel Gel im Haar und Ray-Ban-Sonnenbrille, setzt hinzu: »Und gern auch zum BMW-Werk nach München.«

Die beiden jungen Damen an ihrer Seite mischen sich ins Gespräch ein. Shirin, neunzehn, studiert Literatur und Geschichte; sie möchte später »etwas im Bereich Tourismus, Fremdenverkehr, Hotelgewerbe« machen. Sie war als Einzige aus der Gruppe schon einmal im Ausland, in Dubai. Die Glitzerstadt am Golf, das supermoderne Übermorgenland, ist nur knapp mehr als eine Flugstunde entfernt, aber für die jungen Leute dennoch kaum zu erreichen – die Flugpreise sind hoch, und wer keinen »Sponsor« aus den Emiraten hat oder jemanden kennt, der für ihn bürgt, hat Schwierigkeiten mit dem Visum. Shirin war von Dubai übrigens wenig beeindruckt. Sie verbindet mit ihren Freunden – und mit den allermeisten Landsleuten – eine tiefe Verachtung für alles Arabische, sie hält die Nachbarn für kulturlos oder zumindest der persischen Kultur weit unterlegen. »Gut, es gibt dort alles zu kaufen und die Hotels sind unseren im wahrsten Sinne des Wortes haushoch überlegen«, sagt sie. »Aber die Stadt hat keine Atmosphäre. Keine Seele, nicht so wie mein Shiraz.«

Auch ihre Freundin Yara, einundzwanzig, Medizinstudentin, übt sich in Lokalpatriotismus. »Der Fachbereich meiner Uni in Shiraz ist der beste weit und breit«, glaubt sie. Aber das ist es denn auch schon, was sie positiv über die iranischen Verhältnisse sagen will. Sie beklagt die vielen Einschränkungen, denen sie als Frau ausgesetzt sei. Die lästigen Kleidervorschriften, die rechtliche Zurückstellung – die Aussage eines Mannes vor Gericht zählt doppelt so viel, auch in Erbschaftsangelegenheiten ist das andere Geschlecht deutlich bevorteilt. Religion, findet Yara, sollte Privatsache sein. Und vor allem stören sie »die falschen Prioritäten mancher Politiker«, wie sie nun doch etwas vorsichtig und flüsternd formuliert und dabei mit den Augen die Gegend nach möglichen unerwünschten Mithörern absucht. »Wir wollen bessere Aufstiegschancen und einen höheren Lebensstandard. Aber vor allem wollen wir mehr Unabhängigkeit, ein freieres Leben.«

Die anderen nicken. Sie alle erhoffen sich von dem Atomabkommen, ausgehandelt zwischen dem Iran, den USA und den übrigen UN-Vetomächten nebst Deutschland, einen Fortschrittsschub. Und sie sind sich bewusst, dass ihre Generation im Land eine mächtige Kraft darstellt: Mehr als sechzig Prozent der Iraner sind jünger als dreißig Jahre. »Wenn erst die Sanktionen fallen, dann müsste es doch vorwärtsgehen«, meint Arvid. »Wir sind jedenfalls mehr an den neuesten Smartphones als an den neuesten Uran-Zentrifugen interessiert.«

Die jungen Männer holen noch eine Runde Tee und Eis. Die jungen Damen erzählen und gestikulieren lebhaft. Ibn Battuta hatte Recht mit seiner Bemerkung im *Rihla*: Die Menschen in Shiraz sind nicht nur sehr freundlich, sie sehen auch besonders gut aus. Die großgewachsenen Arvid und Amon mit ihren markanten Gesichtern und der sportlichen Figur könnten Filmschau-

spieler sein, Shirin und Yara Models. Die beiden Frauen, sorgfältig geschminkt und mit nachgezogenen Augenbrauen, tragen
übrigens keinen weiten, dunklen *Tschador* (was auf Persisch »Zelt«
bedeutet). Sie haben über ihre engen Jeans einen knapp unter
die Knie reichenden schicken Mantel in hellem Grün und Blau
geworfen, den *Manto*; das obligatorische Kopftuch, das die Haare
voll bedecken soll, sitzt bei ihnen sehr lässig und provozierend tief.
Beide tragen es in Türkis. Der Schal-ähnliche *Chimar* wirkt wie
ein modisches Accessoire und wird inzwischen auch von Desig-
nern wie Dior angeboten. Er bedeckt wenig von ihrem langen
schwarzen Schopf.

Die Moralpolizei, die im konservativen Ghom auch im Jahr
2015 noch auf den Straßen und öffentlichen Plätzen patrouilliert,
würde sie für so viel »Frivolität« umgehend aus der Öffentlichkeit
entfernen und ihnen eine Strafe, womöglich sogar Peitschenhiebe,
verordnen. In Shiraz sieht man das nicht so eng, die berüchtigten
Nachbarschaftsorganisationen von früher, die Schnüffler-*Komi-
tehs*, haben sich aufgelöst. »Hier haben wir schon lange keinen
Sittenwächter mehr erlebt«, sagt Yara. »Auch unsere Satelliten-
schüsseln kontrollieren sie kaum noch.« Und doch führe sie, wie
alle ihre Bekannten, eine Art Doppelleben. »Hinter den Mauern
meiner Wohnung mache ich, was ich will. In der Öffentlichkeit
bin ich vorsichtiger, in meiner Kleidung, in meinem Auftreten,
in meinen Äußerungen. Sie könnten ja mal, wenn Sie wollen …«

Bevor Yara weitersprechen kann, wirft ihr der Freund einen
strengen Blick zu. Sie bricht ab, ohne die offensichtlich geplante
Einladung zu einer gemeinsamen Feier nach Hause auszuspre-
chen. Und das ist gut so – ich hätte sie nicht angenommen. Denn
ganz ausschließen kann man auch im heutigen Iran, auch im liberalen Shiraz nicht, an Spitzel des Geheimdienstes zu geraten, die
sich gerade bei solchen Gelegenheiten gern einklinken.

Ein paar Jahre zuvor bin ich einmal bei einer iranischen Privatparty Gast gewesen. Ein junger Fotograf, den ich sehr gut kannte, hatte seinen dreißigsten Geburtstag gefeiert. Aber er war sehr vorsichtig, ich musste auf seine telefonische Anweisung einige Straßen von seiner Wohnung entfernt aussteigen und dann den Rest des Weges zu Fuß zurücklegen. Er hatte nur enge Freunde in sein Apartment eingeladen, für die er die Hand ins Feuer legen konnte, und bald erkannte ich auch, warum: Es wurde wild getanzt, es gab Whisky und Marihuana, die Frauen trugen extrem kurze Miniröcke und schmusten mit ihren Partnern im Badezimmer – als wollten die jungen Leute in einer Nacht alles nachholen, was ihnen sonst verwehrt blieb. Vermutlich wäre es bei der Fete mit Arvid und Amon, Shirin und Yara ganz ähnlich gewesen, und doch hätte für sie wie für mich ein kleines Sicherheitsrisiko bestanden.

Abschied von der netten Studententruppe am Hafez-Gedenkpark, von unserem west-östlichen Diwan. Längst ist die Sonne untergegangen, die Mausoleumskuppel mit ihren schlanken Säulen wird von dezenten Strahlern beleuchtet und wirkt, im Kontrast zu den schroffen Bergen im Hintergrund, fast noch romantischer als bei Tageslicht. Allerdings: Nichts ist perfekt. Ich bekomme zwar an der Straßenecke gleich ein Taxi, aber gerate in einen stundenlangen Verkehrsstau, bevor ich endlich mein Hotel erreiche, das nur zwei, drei Kilometer entfernt vom Hafez-Grab liegt.

Ich bin dieses Mal im Karimkhan abgestiegen, einem der kleinen Dreisternemittelklassehotels im Zentrum (die beiden Etablissements mit Viersterneniveau liegen etwas außerhalb und sind zur Erkundung der Stadt weniger praktisch). An der Roodaki-Straße reihen sich ein halbes Dutzend vergleichbare Hotels, aber meines hat die ungewöhnlichste, die abenteuerlichste Architektur, und das muss gewürdigt werden: Es ist einem alten Palast nachempfunden, mit vielen Erkern und Buntglasfenstern. Leider hält das Interieur nicht, was die Fassade verspricht: Die Zimmer sind winzig, die Betten pritschenhart, die Schranktüren eine schlimme Fehlkonstruktion. Wettgemacht wird das alles durch ein sehr freundliches Personal, das sein rudimentäres Englisch ausgiebig an den Gästen testet.

Gegenüber dem Karimkhan finden sich wunderbare Geschäfte: Gemüse- und Obstläden, die frische Trauben, Pfirsiche und Feigen sowie köstliche getrocknete Aprikosen anbieten. Daneben Verkaufsstände für Süßigkeiten: Die heimischen Verlockungen türmen sich himmelwärts, von grasgrünen Ingwer-Kandisstäbchen über weißen Nougat bis zu schokobrauner Zuckerwatte. Und dann noch die Spezialitätenläden für Nüsse aller Art. Der Iran ist Weltmarktführer bei Pistazien, die hier in allen Größen und Arten probiert werden können. So wie es bei uns Champagner-Experten gibt, die bei geschlossenen Augen am Geschmack erkennen können, um welchen Jahrgang es sich handelt, so fachmännisch bewerten Pistazien-Experten hier ihre Super-Jahrgangsnüsse.

Es gibt in Shiraz noch andere Experten, die Fachleute für Reben aller Art. Der größte Obsthändler an der Roodaki-Straße behauptet, »ohne Zweifel« sei die hiesige Shiraz-Traube, auch Syriah genannt, die Grundlage für die besten Weine der Welt. Nun ist zwar eindeutig bewiesen, dass hier in der Gegend viele Jahrhunderte lang Wein produziert wurde, aber der »genetische« Fingerabdruck dieser besonderen Sorte bleibt umstritten; Wissenschaftler neigen inzwischen der Meinung zu, die Shiraz-Traube stamme ursprünglich aus dem Rhône-Tal. Da könne es sich nur um eine »westliche Verschwörung und Verleumdung« handeln, findet meine lokale Reben-Autorität.

Die Roodaki ist keine Hauptstraße. Aber sie ist laut, und manchmal wirkt es, als führen die Autos quer durch mein Hotelzimmer. Noch schlimmer braust der Verkehr fünfhundert Meter weiter, da kreuzt die Roodaki den großen Zand-Boulevard, eine der Durchgangsstraßen der Stadt rund um die Zitadelle. Es ist kaum möglich, auf die andere Straßenseite zu gelangen. Iranische Autofahrer denken gar nicht daran, sich an irgendwelche Verkehrsregeln zu halten und fahren aggressiver als ihre Kollegen sonst irgendwo auf der Welt. Shiraz kann hektisch, stickig, staubig sein, eine Allerweltsmetropole, die zu schnell gewachsen ist und an ihren baulichen Fehlplanungen erstickt. Weiß Gott keine durchgehende Rosen-und-Nachtigallen-Idylle. Aber all das wird mehr aufgewogen durch die atemberaubenden Sehenswürdigkeiten und durch die ganz besonderen Plätze zur Erholung, die die Stadt bietet. Viele entstanden, als Shiraz von 1750 bis 1781 Hauptstadt des persischen Reiches war, manche auch schon sehr viel früher.

Da sind die Bauwerke. Die Masdjid-e Wakil etwa, direkt am Ende des Basars gelegen, eine höchst ungewöhnliche Moschee, 1772 vollendet. Zögernd habe ich den quadratischen Innenhof betreten und überlege nun, ob ich als Nichtmuslim auch die große Gebetshalle betreten soll. Ein alter Mann beantwortet die nicht ausgesprochene Frage, nimmt meine Hand und zeigt mir, wo ich die Schuhe abstellen soll. Dann dreht er mit mir eine Runde, weist wortlos – stolz, als sei er selbst der verantwortliche Künstler – auf die achtundvierzig Marmorsäulen, die in den Akanthusblättern der Kapitelle enden. Auf die Innenkuppeln mit dem geometrischen Fliesenmosaik, die Paneelen, die Blüten und Blumen zeigen, aus Beeten oder Vasen emporrankend, vom Künstler gestaltet in ungewöhnlichen, rötlichen Farbschattierungen.

An die Moschee grenzt ein sorgfältig restaurierter *Hammam* mit schönen schwarz-weißen Schnitzereien. Das Besondere an diesem öffentlichen Bad sind die lebensgroßen Wachsfiguren, die einen lebendigen Eindruck von dem früheren Männertreff vermitteln, wo Freundschaften geschlossen und Intrigen geschmiedet wurden. Und nur wenig weiter, östlich des Ahmadi-Platzes, befindet sich das vielleicht schönste Gebäude der Stadt: das Shah-Cheragh-Mausoleum mit seinen Tausenden blauen Fliesen und der wie eine geschlossene Tulpenblüte geformten Kuppel. Benannt ist das Gebäude nach dem berühmten Imam, der hier im Jahr 835 umgebracht worden sein soll – noch ein schiitischer Märtyrer. Als sei das gestern passiert und als sei der Ermordete ein Verwandter gewesen, schlägt sich ein Mann mit peitschenähnlichen Zweigen auf den Rücken. Bricht anschließend sogar in Tränen aus.

Und da sind die Gärten von Shiraz, Oasen der Stille und Einkehr mitten im Lärm der hektischen Großstadt. Im Bagh-e Narendjestan, dem »Park der Orangen«, treffe ich nahe der Wasserbassins und Rosenbeete eine Schulklasse. Als sie erfahren, dass ich »from Germany« bin, reichen sie mir Postkarten und Briefpapier: Ich muss Autogramme geben, als wäre ich ein Popstar oder mindestens der deutsche Außenminister. Ihre Lehrer beobachten die schweißtreibende Szene der Völkerverständigung lachend. Hier wie im Bagh-e Eram, der zweiten eindrucksvollen Parkanlage, sind die mit Tausenden blinkenden Spiegeln ausgelegten Mosaike der Paläste der besondere Hingucker. Sie geben wieder und verzerren doch gleichzeitig: tausendfach gebrochene Egos.

Neuerdings lockt in einem Außenbezirk der Stadt eine weitere Attraktion Besucher an, ein Monument der neueren Geschichte, freigegeben von den iranischen Militärs, die bisher dieses Gelände für ihre Zwecke beschlagnahmt haben: der einstige Sommerpalast des Schahs Reza Pahlavi. Die Residenz zeigt einen eher zweifelhaften, neureichen Allerweltsgeschmack. Bemerkenswert an der Villa ist lediglich der weite Blick, der aus dem Zimmer des letzten persischen Kaisers strategisch in alle Richtungen führt: Der Mann, der bis zuletzt alles gern kontrolliert hat, konnte von keiner Seite aus durch Menschenansammlungen oder meuternde Soldaten überrascht werden. Der Schah mochte Shiraz und ist mit seiner Frau und den Kindern häufig hierhergekommen, Schwarzweißbilder in den Gemächern zeugen davon. Sie wirken wie aus einer fernen Epoche. Schwer vorstellbar, dass die Fotos vor nicht einmal vierzig Jahren aufgenommen wurden. Dass der Iran damals noch von einem Mann auf dem Pfauenthron regiert wurde.

Ich bin immer besonders gern in dieses Land gereist, zum ersten Mal noch zu Schah-Zeiten, im Sommer 1978. Der *Stern*, mein damaliger Arbeitgeber, hatte mich geschickt, um über die einsetzenden Unruhen zu berichten. »Machtkampf mit den Mullahs« hieß der Titel meiner Reportage. In Abadan brannte ein Kino, Dutzende starben bei dem vermutlich vom kaiserlichen Geheimdienst selbst verschuldeten Anschlag, in Teheran und Isfahan flammten die Straßenproteste auf. Es war überall spürbar, dass der autoritäre Herrscher vor großen Problemen stand.

Die erzwungene Modernisierung Persiens nach westlichen Mustern war trotz anfänglicher Erfolge kläglich gescheitert, der Geheimdienst des Monarchen terrorisierte die oppositionellen Studenten und demütigte die einflussreichen Basarhändler. Eine korrupte Oberschicht teilte den durch die Explosion der Erdölpreise sprunghaft gewachsenen Reichtum unter sich auf. Das Volk, stolz auf seine viertausendjährige Zivilisation, tief religiös und immer noch zornig über den von der CIA initiierten Putsch gegen den nationalliberalen Premier Mohammed Mossadegh im Jahr 1953, empfand die allgegenwärtige Amerikanisierung als Ausverkauf nationaler Interessen. Die Zeit war reif für einen revolutionären Wechsel. Er kam aus dem französischen Exil, in der Person eines Heilsbringers, der Gerechtigkeit versprach und sich für seine Landsleute glaubhaft als »Werkzeug Gottes« präsentierte. Großajatollah Ruhollah Khomeini, kam, sah und siegte. Der Sechsundsiebzigjährige wurde von seinem Volk bei der Rückkehr in die Heimat am 1. Februar 1979 im Triumphzug begrüßt.

Schnell wurde klar, dass Khomeini die Macht nicht teilen wollte. Er ließ alle hinrichten, die ihm hätten gefährlich werden können:

reformwillige Repräsentanten des ehemaligen Regimes ebenso wie Kommunisten und Liberale, die gegen den Schah gekämpft hatten. Er machte aus dem Iran eine »Islamische Republik«, schuf mit der *Welajat-e Fakih* (»Herrschaft der Rechtsgelehrten«) eine weltweit einzigartige Konstruktion, die zwar freie Wahlen und ein Parlament akzeptiert, aber als letzte Entscheidungsinstanz in allen wichtigen Fragen den religiösen Führer vorsieht. »Vom ersten Moment an hat Khomeini geplant, wie ein Diktator zu regieren«, sagte mir im Rückblick Abol Hassan Banisadr, der als erster frei gewählter, gemäßigt denkender Präsident des Landes nach der Revolution bald in Konflikt mit Khomeini geriet und seine Heimat 1981 verlassen musste. (Wie die Ironie der Geschichte es will, lebt Banisadr heute im französischen Exil, nur wenige Kilometer von Neauphle-le-Château entfernt, wo sich Khomeini einst auf seine Rückkehr in den Iran vorbereitet hat.)

Die Besetzung der amerikanischen Botschaft durch radikale Studenten – und unter ausdrücklicher Billigung des religiösen Führers – sowie der bittere, von Saddam Hussein begonnene Krieg machten es dann lange Zeit schwierig, in den Iran zu reisen. Auch als Khomeini starb und im Sommer 1989 von einem ähnlich kompromisslosen Gelehrten ersetzt wurde, schien sich nicht viel zum Positiven zu wenden. Aber Ali Khamenei besaß weder die religiöse Kompetenz noch die charismatische Ausstrahlung seines Vorgängers, er musste eher Kompromisse eingehen. Und als mit Mohammad Khatami 1997 ein weltoffener Präsident gewählt und 2001 im Amt bestätigt wurde, veränderte sich die politische Atmosphäre zum Positiven. Endlich konnte ich, als Autor längst beim SPIEGEL gelandet, wieder ins Land reisen. Und zum ersten Mal nach Shiraz.

Ich verdankte das einem glücklichen Zufall. Iran-Trips von Journalisten waren damals noch strenger reglementiert als heute, ein Visum war fast schon so etwas wie der Hauptgewinn in einer Lotterie. Gleich nach der Ankunft in Teheran musste man sich beim Religionsministerium melden und bekam einen Aufpasser sowie einen genauen Plan über die erlaubten Aktivitäten zugeteilt. Unter Khatami war nun plötzlich das Außenministerium für Reporter zuständig, ein gelangweilter Bürovorsteher hatte meine Akte vor sich. Ich wollte quer durch den Iran reisen. »Unmöglich«, sagte der Abteilungsleiter, »so viel Zeit hat ihr vorgesehener Begleiter gar nicht, und außerdem kostet der hundertfünfzig Dollar pro Tag.« Schnell war klar, dass es nur um das Geld ging und sie es einfach nur lästig fanden, sich mit mir abgeben zu müssen. »Und was wäre, wenn ich zahlte und auf die Betreuung verzichtete?«

Sie akzeptierten schulterzuckend – und ich hatte zehn Tage Iran frei, konnte auf eigene Faust dahin fahren, wohin ich wollte. Ich eilte gleich ins Büro der Iran Air und stellte mir meine Wunschroute zusammen: Mashhad, Ghom, Isfahan, Shiraz.

Die eindrucksvollste Stadt aber fand ich, knapp vor Isfahan, war dann tatsächlich Shiraz. Ich mochte die Atmosphäre, die Offenheit der Menschen. Und ich schwor mir, so oft wie möglich wiederzukommen. Das erwies sich als weit schwieriger als damals angenommen. Was am Aufstieg eines ganz besonderen Scharfmachers im Iran lag – und am Streit um die Atombombe.

Iranische Exil-Oppositionelle überraschten die Weltöffentlichkeit mit Satellitenaufnahmen und Informationen über eine geheime Nuklearanlage, die von Teherans Machthabern, anders als durch den Atomwaffensperrvertrag erfordert, nicht deklariert worden war. Und es gab noch weitere Verdachtsmomente, die darauf hindeuteten, dass Iran die internationale Gemeinschaft auszutricksen versuchte und im Geheimen an der Entwicklung einer Kernwaffe arbeitete, oder zumindest an den Voraussetzungen dafür. Mit Mahmud Ahmadinedschad war zudem ein Mann an die Regierung gekommen, der den Holocaust leugnete und Israel gern »von der Landkarte ausradiert« gesehen hätte. Er war der Mann, der George W. Bushs fatalem Wort von der »Achse des Bösen« ein Gesicht gab. Beim Interview in seinem Teheraner Amtssitz 2009 erzählte Ahmadinedschad mir unbeirrt und unbelehrbar von den angeblichen wirtschaftlichen Erfolgen seines Landes, beklagte seine Ausgrenzung durch den Westen und behauptete, die Nuklearenergie werde »selbstverständlich nur zivil genutzt« – da hatten die Sanktionen der UNO und des Westens wegen nachweislicher iranischer Täuschungen schon eingesetzt.

Zwischenzeitlich bemühte sich die iranische Seite um etwas mehr Transparenz. Gemeinsam mit meinem SPIEGEL-Kollegen und Iran-Kenner Dieter Bednarz durfte ich die Urankonversionsfabrik in Isfahan und den Teheraner Forschungsreaktor besuchen – gut geschützte und nahe an Bevölkerungszentren gebaute Anlagen. Man wollte wohl zeigen, wie verheerend sich israelische oder amerikanische Luftschläge dort auswirken könnten. Die internationalen Verhandlungen zur Atomfrage schienen zur unendlichen Geschichte zu werden. Eine echte Chance bekamen sie erst, als Ahmadinedschad aus dem politischen Leben des Landes verschwand und mit Hassan Rohani 2013 ein Gemäßigter zum Präsidenten gewählt wurde, ein Mann, der den Westen durch sein Studium im Ausland genau kannte. (Rohani hat an der University of Glasgow in Rechtswissenschaften promoviert.) Und als sich der Westen, allen voran der US-Präsident, für ein Abkommen zu schmerzlichen Kompromissen bereit zeigte.

Heute sitzen in der iranischen Regierung mehr Minister mit dem Doktortitel einer amerikanischen Universität als im Kabinett Obama. US-Energieminister Ernest Moniz, ehemals Chef am Massachusetts Institute of Technology, kam bei den Verhandlungen in Wien und Genf erkennbar gut mit dem ehemaligen Außenminister Ali Akbar Salehi aus, der jetzt Chef der iranischen Atomenergiebehörde ist. Kein Wunder, hat Salehi doch ebenfalls am MIT promoviert. Solche persönliche Nähe half, das Sperrfeuer der Konservativen im Iran und der Republikaner in den USA zu überwinden, die Warnungen Israels vor einem »historischen Fehler«, der zu einem »nahöstlichen Terrorstaat mit Atombomben« führe, zurückzudrängen.

Was bedeuten die neuen politischen Entwicklungen für die Menschen in Shiraz? Werden die nach der Sanktionsaufhebung frei werdenden Milliarden in die Verbesserung der Infrastruktur gesteckt oder eher in Hilfen für die ideologischen Partner von Hisbollah bis Hamas? Stärkt der Atomdeal den Gottesstaat und seinen religiösen Führer oder hilft er eher den Liberalen? Führt er zu einer Neuauflage der »Grünen Revolution« von 2009, als junge Leute mutig auf die Straßen gingen, ihr Protest blutig niedergeschlagen wurde – oder gar zu einem friedlichen »Regime Change«?

Herr Karabashi sucht nach Erklärungen. Er führt mich dabei durch seine Stadt – zu den ungewöhnlichen, nicht-touristischen Plätzen von Shiraz. Zum Beispiel zu dem großen Vorplatz am Flughafen. »Hier kam der Parlamentsabgeordnete Ali Motahari am 7. März 2015 an, um auf Einladung der hiesigen Uni einen Vortrag zu halten, und hier warteten schon die Schläger und verfolgten ihn dann auf dem ganzen Weg.« Der Reformer hatte sich den Zorn des religiösen Establishments zugezogen, weil er offen gegen den lange andauernden Hausarrest führender Oppositionspolitiker protestiert hatte. »An diesem Märztag traktierte ihn eine vermummte, offensichtlich gut organisierte Gruppe von ihren Motorrädern mit Pfefferspray, Steinen und faulen Tomaten«, berichtet mein neuer Bekannter und Fremdenführer. Die Polizei habe nicht eingegriffen, der Volksvertreter musste zurück ins Flugzeug fliehen und unverrichteter Dinge abreisen. Herr Karabashi ist ganz sicher: Die Angreifer waren Schergen der Pasdaran, der Revolutionsgarden, die direkt Khamenei unterstehen.

Die iranische Presse berichtete sachlich über den Vorfall, Rohani und andere Regierungsmitglieder nannten das Vorgehen der Vermummten »eine Schande für unser Land«. In Shiraz gingen Studenten auf die Straße, um den Angegriffenen moralisch zu unterstützen. Aber die Verurteilung der Vorgänge war im Frühjahr 2015 durchaus nicht einhellig. Wir fahren auf unserer Shiraz-Tour weiter zu einer Moschee, deren Freitagsprediger am Tag nach dem Vorfall gesagt hat: »Wie kann einer Respekt erwarten, wenn er den obersten Führer nicht respektiert?« Zu einer neuen Einladung der Universität an den Parlamentarier ist es bisher nicht gekommen.

Und dann zeigt mir Herr Karabashi noch die neuen Großbaustellen. »Hier entstehen zwei Einkaufszentren«, erläutert er. »Beide werden von den Pasdaran finanziert, die so ihr Geld anlegen wollen.« Die Truppe sei so etwas wie ein »Staat im Staate« geworden. Er hat Recht mit dieser Einschätzung, das bestätigen meine eigenen Recherchen aus den letzten Jahren und die Erkenntnisse der wichtigsten Iran-Experten aus den USA. Während wir im Westen den Iran als monolithische politische Einheit sehen, existieren in Wahrheit verschiedene, manchmal aneinander vorbei agierende, manchmal offen gegeneinander arbeitende Machtzentren.

Der Gründer des Gottesstaates selbst hat die Pasdaran ins Leben gerufen, die »Wächter der Iranischen Revolution« sollten nach 1979 so etwas wie eine erweiterte Leibgarde Ajatollah Khomeinis sein. Sie wurden weit mehr: eine bedeutende militärische und wirtschaftliche Kraft im Land. Nur dem Religionsführer Rechenschaft schuldig und von der Steuerpflicht befreit, mit ihren Truppen und Waffen stärker als die reguläre Armee, kontrollieren sie inzwischen viele der wichtigsten Unternehmen, in der Telekommunikation, bei Öl- und Gasanlagen, im Schiffsbau. Auch wenn der Einfluss der Pasdaran jetzt unter Rohani etwas eingedämmt wird, bleiben sie eine bedeutende Gegenmacht, die misstrauisch auf ihre eigenen Interessen, auf die Erhaltung ihrer Pfründen achtet. Und die sich durch den Atomdeal und neue internationale Wirtschaftsverflechtungen gefährdet sieht. Als einzige wichtige öffentliche Figur hat Pasdaran-Chef Ali Dschaafari es gewagt, offen gegen das Abkommen zu polemisieren. »Da wurden entscheidende rote Linien überschritten«, behauptet er im Juli 2015.

Und nun also neue Supermärkte für Shiraz, finanziert durch Revolutionsgarden. Warum sie sich davon besondere Profite versprechen, ist unklar, eigentlich gibt es genug Kaufhäuser in der Stadt. Aber vielleicht haben sie auch nur Angst vor den kommenden Buchprüfungen, dem Ende ihrer Privilegien. Kampflos werden sie die kaum aufgeben. »Die meisten Pasdaran tragen keine Uniform, sie sind im Stadtbild nicht zu erkennen, aber ihre Unterabteilung der Basidsch-Milizen manchmal schon«, sagt mein Informant. »Wenn einer von denen am Straßenrand steht und nach einem Taxi ruft, stell dich nicht dazu – da hält keiner. Ebenso wenig übrigens wie bei den Mullahs, sie gelten hier als korrupt und sind bei den meisten meiner Mitbürger verhasst.«

Herr Karabashi muss es wissen: Er kommt selbst aus dem Transportgewerbe. Ein ganz besonderer Mann. Höchste Zeit, ihn jetzt einmal vorzustellen. Er hat mich auf der Straße angesprochen. Ein emeritierter Hochschullehrer, der mit seinem Privatwagen, einem kleinen, klapprigen Peugeot, Touristen umherfährt, um sich zu seiner Pension etwas dazuzuverdienen. Und weil er, wie er sagt, »so viel Zeit hat und gern interessante Leute kennenlernt«. Ich schätze ihn so um die sechzig, gepflegter kurzer Bart, markantes Gesicht, Typ Aristokrat. Karabashi sei sein Spitzname, sagt er, ich solle ihn bitte für mein Buch nicht zu genau beschreiben, auf Wiedererkennung durch iranische Behörden lege er nun wirklich keinen Wert. »Sie können mich auch Herrn K. nennen, so wie der Mann aus den Keuner-Geschichten von Brecht, Sie wissen doch ...« Also, Kenner der westlichen Literatur ist er auch noch.

Unter Journalisten gilt es als verpönt, Taxifahrer zu zitieren, sie sind eine gar zu leicht zugängliche, oft auch zu geschwätzige, nicht immer zuverlässige Informationsquelle. Ein ungeschriebenes Gesetz, an sich unumstößlich. Jetzt, da der iranische Regisseur Jafar Panahi mit »Taxi Teheran« den Goldenen Bären von Berlin 2015 gewonnen hat, sollte man das, finde ich, zumindest für dieses Land überdenken. Panahi hat sich für seinen Film selbst ans Steuer gesetzt und die Hauptrolle gespielt; er liefert während seiner Fahrten durch eigene Kommentare und die Aussagen seiner Gäste ein höchst aufschlussreiches Stimmungsbild der iranischen Gesellschaft, ein Porträt des Landes, wie es Sozialwissenschaftler nie hingekriegt hätten. Was Panahi für Teheran ist, könnte Karabashi für Shiraz sein. Ich behaupte mal, keiner ist besser geeignet, den Taxifahrer als Informationsquelle zu rehabilitieren, als mein neuer, äußerst sachkundiger, sehr genau beobachtender und analysierender Bekannter.

Und dann will er mir Persepolis zeigen. Ich war schon bei einer früheren Reise in dieser einmaligen Königstadt, habe die prachtvollen Palastanlagen der Achämeniden, vierzig Kilometer vor den Toren von Shiraz, bewundert. Aber an der Seite meines Begleiters mache ich den Trip gern noch ein zweites Mal. Wir starten frühmorgens, um möglichst lange die kühlen Stunden genießen zu können.

Auf dem Weg erzählt mir Herr K., dass er den Schah gern zurückhätte, dass er sich sogar vorstellen könnte, dessen Sohn zu unterstützen, sollte der wirklich eines Tages ins Land kommen können. Ist das sein Ernst? Nostalgiegefühle für die Monarchie, trotz der schrecklichen Geheimpolizei Savak, trotz der Verschwendungssucht des Kaiserhauses und seiner speichelleckenden, ausbeuterischen Oberschicht?

»Ja, ich weiß«, sagt Karabashi. »Er machte schwere Fehler. Auch ich habe mir damals bei seinem Sturz mehr Gerechtigkeit und bessere Zeiten versprochen. Aber eigentlich ist alles schlimmer geworden.« Er gebe allerdings zu, dass sich wohl nur eine Minderheit im Land eine Rückkehr der Pahlavis wünschte, »ganz sicher nicht meine Studenten, die junge Generation«. Und manchmal habe es der Schah tatsächlich übertrieben, beispielsweise bei der Zweitausenfünfhundertjahrfeier des altpersischen Reiches, die der Herrscher im Oktober 1971 rund um Persepolis veranstaltete. Mehr als hundert Millionen Dollar soll die äußerst aufwändige Prunkzeremonie mit Gästen aus aller Welt und einer eigens aufgebauten, riesigen Zeltstadt gekostet haben. Der Schah nutzte sie, um sich als legitimer Nachfolger des Ur-Kaisers Kyros I. zu präsentieren, er werde »immer dessen Erbe bewahren«, deklamierte er. Aus dem Exil nannte Ajatollah Khomeini die Prunkfeier ein »Festival des Teufels«, und in den ersten Jahren nach seiner Machtübernahme galt es eher als verpönt, Persiens großartige Vergangenheit zu rühmen, Persepolis zu besuchen.

Doch das ist längst vorbei. Inzwischen hat sich das Land dem Tourismus geöffnet, und auch die konservativen Autoritäten haben begriffen, dass sie mit Persepolis und den nahen Felsengräbern von Naqsh-e Rostam eine Sehenswürdigkeit von Weltrang besitzen.

Wir wandern durch das »Tor aller Länder«, geflügelte Stieren mit Menschenköpfen bewachen die Anlage. Weiter über eine gewaltige Freitreppe zum Apdana, einem von Säulen getragenen Quadratbau, dessen über sechzig Meter lange Innenhalle mehr als zehntausend Menschen fassen konnte. Hier empfing der Großkönig wohl die Abgesandten der zahlreichen unterworfenen Völker. Das Schatzhaus und die Thronhalle mit dem Hundertsäulensaal lassen erahnen, was hier geplant wurde: »Parsa«, die »reichste Stadt unter der Sonne«. Und viele der Mauern und Gebäudeteile schmückten Dareios I., der um 515 v. Chr. mit dem Bau begann, sowie sein Sohn Xerxes I. und dessen Sohn Artaxerxes I., die ihn vollendeten, mit eindrucksvollen Reliefs. Delegierte von dreiundzwanzig Völkerschaften sind in Stein gemeißelt, alle bringen sie Geschenke mit, unter ihnen die Meder mit ihren Krügen und

Kurzschwertern, die Baktrier mit Schalen und Kamelen, die Assyrer mit Tierhäuten und Widdern, die Skythen mit Schmuck und Pferden, die Inder mit Äxten, Goldstaubs und Maultieren. Hier, so sagt jeder Stein, manifestiert sich wahre Größe. Hier setzt sich die Weltmacht der Antike ihr Denkmal.

Stundenlang, ja tagelang könnte man durch das riesige Gelände streifen, die Gegend erkunden, neue Aussichtspunkte an den steilen Berghängen erforschen. Wir sind bis zum Sonnenuntergang geblieben, hingerissen von den Kulturschätzen.

Auf dem Rückweg zeigt Herr Karibashi mir dann ein wenig von der Unterwelt des heutigen Shiraz, von den Schattenseiten seiner Stadt. Es sind Plätze an der Peripherie mit schnell hochgezogenen Wohnblöcken, wo mit Drogen gedealt wird; Rauschgift ist in Shiraz wie im ganzen Land ein großes Problem. Und vom Auto aus weist er auf Hinterhöfe, die zu den Dirnen führen. Prostitution gibt es in zweierlei Form: als schnellen, riskanten, streng verbotenen Sex gegen kleines Geld – oder in der Halblegalität der sogenannten »Anstandshäuser«. Hier kann jeder Mann, der mehr zu zahlen bereit ist, die *Sigeh* beantragen, die im schiitischen Islam traditionell erlaubte »Ehe auf Zeit«, die ursprünglich Männer und Frauen vor einer missglückten lebenslangen Bezeigung schützen sollte. Gedacht ist sie ursprünglich für einen längeren Zeitraum, von einem Jahr bis zu symbolischen neunundneunzig Jahren. In den entsprechenden Etablissements lässt sich die Ehedauer heute auf dreißig Minuten herunterhandeln – so wird die Religion pervertiert.

Wir verlassen seinen Wagen nicht, allein die Nähe zu den polizeibekannten Plätzen kann zu unangenehmen Fragen führen, fahren schnell weiter. Zurück in die Stadt, wir wollen Abschied feiern. Herr K. hat da schon ganz bestimmte Vorstellungen. Nicht in einer der »Pizza Hots« soll es gehen, wie die preiswerten, der amerikanischen Kette nachempfundenen Pseudo-Italiener heißen, die mit einem sehr kessen, sehr vieldeutigen englischen Spruch werben: »Share a Slice of Hope« (»Teilen Sie ein Stück Hoffnung«). Es muss für diesen besonderen Anlass etwas Besseres sein, das Beste. Wir gehen ins Nummer-eins-Restaurant der Stadt. Eigentlich ist es ein ganzer Restaurantkomplex, auf vier Stockwerken serviert das Haft Khan internationale und persische Küche. Die Qualität ist gut, die Preise sind für örtliche Verhältnisse gesalzen. Doch die Lokale sind gut besucht, hierher kommt die Oberschicht, wenn sie sich mal etwas leisten möchte, wenn sie sehen und gesehen werden will.

Mein Begleiter weist mich auf eine Gruppe junger Damen hin, die alle Pflaster auf den Nasen tragen. »Sie haben von ihren Eltern einen *Nose Job* geschenkt bekommen«, erläutert er fachmännisch. »Denn bei allem Selbstbewusstsein der Perserinnen: Sie finden ihre Nasen zu lang, deshalb geht jede, die es sich leisten kann, zum Schönheitschirurgen.« Wir stoßen zum Abschied an mit Granatapfelsaft. Herr Karibashi sagt, er sehe die Zukunft rosig. Wenn ich das nächste Mal komme, habe er sich vielleicht schon einen Zweit- und Drittwagen angeschafft, mehrere Mitarbeiter eingestellt. Er träumt von einem Touristenbüro und ist ziemlich überzeugt, seine Heimat werde sich nun schnell der Welt öffnen. »Und was denken Sie über die Zukunft des Iran, sehen Sie das auch so positiv?«

Ich bin da nicht so sicher. Noch hat Präsident Rohani, der im Westen so gemäßigt und aufgeklärt auftritt, innenpolitisch wenig liberalisiert: Selten wurden so viele Todesurteile gefällt wie im ersten Halbjahr 2015, auch in Shiraz hatten die Henker Hochsaison. Nach wie vor werden kritische Journalisten gegängelt oder sogar eingesperrt. Vielleicht glaubt die Regierung, den Scharfmachern entgegenkommen zu müssen, um den Atomdeal und die außenpolitischen Ziele abzusichern. Zumindest vorübergehend. Und an den Schaltstellen der verschiedenen Machtorgane – im einflussreichen Wächterrat, der Gesetze auf Konformität mit den Prinzipien des Islam prüft, im Expertenrat der sechsundachtzig »tugendhaften und erfahrenen Geistlichen«, bei den Pasdaran, im Parlament – sitzen noch viele Bremser und »Prinzipientreue«, wie man die revolutionären Puristen nennt.

Je öfter ich in dieses Land komme, desto weniger traue ich mir eine Einschätzung zu. *Poscht-e parde*, sagen die Iraner: Wer uns verstehen will, muss »hinter den Schleier sehen«. Aber was, wenn hinter dem Schleier ein neuer Schleier ist, und dahinter wieder einer?

Die Eingangshalle zur UNO in New York ziert ein persischer Vers von Saadi: *Die Menschenkinder sind ja alle Brüder, aus einem Stoff wie eines Leibes Glieder/ Hat Krankheit nur ein einzig Glied erfasst, so bleibt anderen weder Ruh noch Rast.* Es ist ein eindrucksvoller Appell, predigt das Vorbild der Nächstenliebe und der Einbeziehung aller in die Völkergemeinschaft. Aber gleichzeitig ist Saadis Heimatland ein langjähriger Außenseiter, ein Paria, der Iran wurde in den beiden letzten Jahrzehnten von der Generalversammlung wegen seiner Atom-Lügen mit fünf Sanktionsrunden belegt (die jetzt erst nach und nach aufgehoben werden).

Persien ist vom Paradox geprägt: Da ist einerseits dieser ausgeprägte und verständliche Stolz auf die eigene Kultur, ein Überlegenheitsgefühl – gleichzeitig aber existiert ein ausgeprägter Minderwertigkeitskomplex, man werde vom Westen politisch nicht ernst genommen und absichtlich gedemütigt, und diese Opferrolle wird durch den schiitischen Glauben noch verstärkt. Da ist ein politisches System, das Unvereinbares miteinander zu vereinen versucht: ein Vatikan mit Elementen der parlamentarischen Demokratie und nordkoreanischen Einsprengseln. So ist eine Mischung aus Freiheit und Zwang entstanden, aus Aufgeklärtem und Zurückgebliebenem, aus privaten Frivolitäten und öffentlicher Zucht, aus Professionalität und Pfusch.

Erinnerungen an meinen Besuch im Atomkomplex von Isfahan, dem Ort, an dem einige der besten Nuklearexperten der Welt arbeiten. Erinnerungen an die dortigen Widersprüche, die unerklärlichen Gegensätze. Ich war unmittelbar vor dem Präsidenten angekommen, der die hochmoderne Urankonversionsanlage einweihen sollte. Auf dem Dach des neuen Gebäudes stand ein Techniker, der in letzter Minute noch etwas reparieren musste, er fluchte, weil er den richtigen Schraubenschlüssel nicht fand. Und die Nuklearwissenschaftler führten mich zwischenzeitlich herum, sie wollten die Zeit totschlagen. Dabei outeten sie sich als umweltverliebte Grüne: Zwischen den Werken, in denen der Stoff für Massenvernichtungswaffen entstehen sollte, bewässerten automatische Sprinkler sorgsam gepflegte Beete, Versuchsreihen mit Stiefmütterchen.

Persien ist ein Puzzle, dessen Einzelteile kein schlüssiges Gesamtbild ergeben. Es bleibt – möchte man in Anlehnung an Winston Churchills Spruch über Russland sagen – ein Rätsel innerhalb eines Geheimnisses, gehüllt in ein Mysterium. Und das gilt auch für Shiraz.

*

Mein Flugzeug geht erst am Spätnachmittag, es bleibt noch Zeit für einen letzten Besuch in meinem Lieblingscafé. Das Firdausi, benannt nach dem dritten großen persischen Dichter und Vorbild von Saadi wie Hafez, liegt praktischerweise nur fünf Gehminuten von meinem Hotel entfernt und ist ein hübscher, unprätentiöser Platz mit bunten Kacheln und wechselnden Fotoausstellungen. Es gibt »echten« Espresso, leckere Schokoladenkekse und eine passable Pasta.

Viele junge Leute und Künstler vertreiben sich hier ihre Nachmittage. In einem Eck sitzt ein junges Paar und hält Händchen.

Die beiden erzählen, ein konservativer Abgeordneter in Teheran habe gerade eine neue, verschärfte Kleidervorschrift vorgeschlagen – demnach sollen Frauen keine Strumpfhosen mehr tragen, da diese »zu aufreizend« wirken können. »Selbst in unserem verknöcherten Parlament haben da die meisten gelacht«, sagt die junge Dame und schaltet ihr Handy ein, hier gibt es WLAN und eine besonders schnelle Internetverbindung. Vernetzt sind hier alle. Viele Internetseiten sind zensiert, und doch kommen die Mächtigen nicht an den neuen Medien vorbei. Auch das gehört zu den iranischen Widersprüchen: Das Regime verbietet und vereinnahmt Facebook gleichzeitig; der Religionsführer betreibt einen eigenen Account zu Propagandazwecken.

Dann lehnen sich die jungen Leute im Café wieder zurück und genießen, eng aneinandergeschmiegt, ihre kleinen Freiheiten: Sie lauschen den Beatles und den Rolling Stones, den Byrds und den Beach Boys, die der Wirt aufgelegt hat. Und immer wieder, fast in Endlosschleife, spielt er seinen Lieblingssong, so etwas wie die Hymne des Cafés: Bob Dylans »The Times They Are a-Changing'«.

Sechstes Kapitel

Dubai – Unglaublich

So schön es in Shiraz auch ist, Ibn Battuta hat Bagdad, die wichtigste Stadt Mesopotamiens, noch nicht gesehen. Vielleicht hat er sogar einen Teil der Umwege nach Mekka gemacht, um diesen Besuch aufzuschieben. Er weiß, dass Bagdad, einst als »Stadt des Friedens« bekannt und in einem Atemzug mit Kairo und Damaskus genannt, von den Mongolenstürmen schwer erschüttert worden ist. Er fürchtet ganz offensichtlich, einen weitgehend zerstörten Ort mit einer deprimierten Bevölkerung vorzufinden – nicht gerade etwas, worauf ein lebenslustiger junger Mann wie er sich freut. Ein Muslim, der den Fortschritt liebt und Errungenschaften der weltweiten Glaubensgemeinschaft preisen will. Aber dennoch ist seine Neugier stärker als die Angst, und als er eine Karawane findet, die nach Bagdad zieht, schließt er sich an.

Es kommt dann lange nicht so schlimm, wie es Ibn Battuta offensichtlich erwartet hat. Bagdad ist keine düstere Geisterstadt, viele verwüstete Stadtteile sind wieder aufgebaut. Auch wenn nicht alles wieder so glänzt wie früher, ist die Stimmung der Einwohner weitgehend optimistisch. An der berühmten Mustansiriya-Universität lehren die Professoren beinahe so freigeistig wie einst, Tausende Studenten bevölkern den Campus. Und die Bagdader sind ausgesprochen freundlich zu Fremden.

Der Koran schreibt jedem Gläubigen äußerste Reinlichkeit vor (was im christlichen Europa damals keine Priorität hatte). Ibn Battuta merkt im *Rihla* dankbar an, wie er mehrfach in die *Hammam*, die schönen Badehäuser der Stadt, eingeladen wird. Dass diese den Herren der Schöpfung vorbehalten sind, versteht sich für ihn von selbst, und ebenso, dass es heißes wie kaltes Wasser gibt. Wenn er bei seiner Reise in Oberägypten einst missbilligend feststellen musste, dass dort nackt gebadet wurde, so hat er in Bagdad nichts auszusetzen: Mann ist züchtig in Handtücher eingewickelt.

Wieder einmal hat Ibn Battuta unwahrscheinliches Glück, und dass sich dieses mit seinem Geschick im Umgang mit Menschen paart, macht es noch besser: Neue Abenteuer winken, und der junge Mann aus Tanger will sich die nicht entgehen lassen. Er bekommt die Chance, Abu Said Bahadir zu treffen, einen der bedeutendsten Politiker der damaligen Welt, den Ilkhan von Mesopotamien. Von dem jungen »Großkönig«, wie er selbst noch nicht einmal fünfundzwanzig Jahre alt, schwärmt Ibn Battuta in den höchsten Tönen. Abu Said war in seinen Augen ein Musterbeispiel dafür, wie die Nachfahren des eher grobschlächtigen Dschingis Khan durch den Islam und die persisch-arabische Kultur »zivilisiert« wurden. »Er war die schönste Kreatur Gottes«, schreibt er in seinem Reisebuch, bewundert den Kunstsinn des Herrschers, seine Gedichte, die der Ilkhan auf Arabisch wie Persisch verfasst, seine Fähigkeit, wunderbar Flöte zu spielen – und nicht zuletzt preist er ihn als großzügigen und weitsichtigen Politiker.

1327, als sich die beiden treffen, ist Abu Said auf dem Höhepunkt seiner Macht; er schließt sogar Handelsverträge mit Venedig ab. Acht Jahre später – Ibn Battuta ist da längst in Indien – wird der viel versprechende Herrscher vergiftet, vermutlich von einer eifersüchtigen Ehefrau. »Hätte er länger regiert, wäre er vielleicht einer der Großen geworden«, schreibt der Historiker Ross Dunn.

Der Wanderlustige aus Tanger mit seinem Gespür für traumhaftes Timing kommt in Bagdad gerade rechtzeitig an, um sich einer königlichen Karawane anzuschließen. Er weiß noch nicht einmal, wo genau es hingehen soll, aber da muss er natürlich dabei sein. Und Ibn Battuta hat sich nicht getäuscht, die Teilnahme an der Prozession lohnt sich. Er schreibt im *Rihla*: »Wenn die Militärführer mit ihren Truppen, den Musikern und den Fahnenträgern kommen, setzt sich auch der König in Bewegung, Trompeten, Trommeln und Schilfpfeifen kündigen seinen Aufbruch an. Jeder der Amine (Militärführer) salutiert vor dem Herrscher. Den großen Zug führen zehn Reiter an, die in Schlingen um ihren Hals kleine Trommeln tragen, rechts und links des Königs sind seine engsten Berater platziert, wohl fünfzig an der Zahl.«

Zehn Tage kann Ibn Battuta den illustren Trupp begleiten, der vermutlich nach Sultaniya unterwegs ist, wo sich Abu Said einen neuen Regierungssitz gebaut hat. Als einer der Militärführer den Befehl erhält, noch vor der dortigen Ankunft Richtung Tabriz abzubiegen, ist Ibn Battuta dabei: Von dieser Stadt hat er schon viel Positives gehört, die möchte er sehen. Und er wird nicht enttäuscht, schlendert durch »einen der wunderbarsten Basare, die ich je sah«, genießt ein Festmahl mit Fleisch, Brot und feinsten Früchten. Doch lange kann er sich nicht aufhalten. Er hört von einer günstigen Reisemöglichkeit nach Bagdad und erfährt dort, dass ihm der Gouverneur für einen Trip mit der Karawane nach Mekka eine besondere Sänfte zur Verfügung stellen würde. Er entschließt sich spontan zur Rückkehr in die heilige Stadt, zum Hadsch Nummer zwei.

Alles deutet auf eine bequeme, entspannte Reise hin. Doch auch ein Glückskind wie Ibn Battuta ist nicht immer vor Rückschlägen, vor Krankheiten gefeit: Unterwegs wirft ihn eine schlimme Diarrhö nieder. Alle paar Stunden muss er von seinem Kamel absteigen, wird von Magenkrämpfen geplagt. Völlig geschwächt erreicht er schließlich Mekka – und hat, ganz und gar untypisch für ihn, nur noch eines im Sinn: ausruhen, an einem Ort bleiben. Er erkennt, dass er seinem Körper in den vergangenen Monaten zu viel zugemutet hat. Er ist etwa sechstausend Kilometer durch oft schwieriges Terrain gereist, hat Berge erklommen, Wüsten durchquert, tückische Flüsse durchwatet. Er hat wichtige und interessante Menschen kennengelernt, Politiker, Gelehrte, Richter, heilige Volkstribune und Eremiten: Er braucht Zeit, das zu verarbeiten. Und Zeit zu überlegen, ob nun die Rückkehr in die Heimat anstehen soll. Oder eine Weiterreise ins Ungewisse.

Noch etwas dürfte ihn in diesen Tagen beunruhigt haben – die Nachrichten darüber, dass seine Frau in Damaskus, mit der er nur wenige Tage verbracht hat, ein Kind geboren haben könnte. Soll er nun zurück nach Tanger, auf dem Weg seine junge Frau mitnehmen und mit ihr ein geruhsames Familienleben führen? Soll er sich in Damaskus niederlassen, dort eine Existenz aufbauen und auf weitere Welterforschung und Abenteuer verzichten?

Ibn Battuta nimmt ein Sabbatical. Und dann noch eins. Er erholt sich in Mekka gesundheitlich. Er vertieft seine Kenntnisse des islamischen Rechts, sicher auch schon im Hinblick auf einen künftigen Job, wo auch immer. Er knüpft weitere Kontakte, er betet viel um göttliche Eingebung. Was genau während dieser Zeit in ihm, mit ihm vorgeht, daran lässt er uns in seinem Reisebuch nicht teilhaben. Das ist ihm offensichtlich zu intim – er lässt lieber Taten sprechen. Und so heißt es im *Rihla* schlicht: »Nach meiner Pilgerzeit brach ich Ende 1330 von Mekka auf, Richtung Jemen.«

In Judda (dem heutigen Jeddah) besteigt er ein Boot und bereut diese Entscheidung bald: Es wird seine erste schlimme Schiffsreise, viele unangenehme, ja lebensgefährliche sollten noch folgen – Ibn Battuta wird nie ein Mann der Meere werden; das Schiff bleibt lebenslang sein unbeliebtestes Reisemittel. Am Roten Meer gab es damals nur die schlimmsten Seelenverkäufer, sogenannte *Jalba*, die wenig vertrauenswürdig konstruiert waren. Ihre wackligen Segel bestanden aus zusammengebundenen Teeblättern, ihre morschen Holzplanken waren vom Auseinanderbrechen bedroht.

Und dann waren da noch die Schiffseigner, die ihre Boote voll-pferchten, bis gar nichts mehr ging, ohne Rücksicht auf eine mögliche Lebensgefahr.

Die erste *Jalba*, die ihm angeboten wird, verlässt Ibn Battuta im letzten Moment, als auch noch mehrere Kamele zugeladen werden. Die nächste macht einen besseren Eindruck. Doch auch dieses Boot kann den tückischen Wetterbedingungen im Roten Meer nur sehr bedingt standhalten. »Die Wellen schlugen über Bord, und wir alle wurden ernsthaft krank«, schreibt er, »der Horror hielt lange an.«

Die Schönheiten des Jemen, das er al-Mashrabiyah nennt, »Land der verzierten Fenster«, entschädigen ihn dafür. Überall duftet es nach Weihrauch, Jasmin und Lavendel, die Frauen besprenkeln sich mit Rosenöl, das angeblich eine schnelle Schwangerschaft und schöne Kinder garantiert. Die Stadt Sanaa beeindruckt durch ihre Bauwerke und die prächtigen Märkte. Weniger positiv stimmen Ibn Battuta die politischen Verhältnisse des Jemen und ihre Auswirkungen auf die dort lebenden Männer, er traut sich da inzwischen ein dezidiertes Urteil zu. »In Taiz sind sie eingebildet, unverschämt und grob, wie es so oft in einer Stadt der Fall ist, in der sich die Regierung niedergelassen hat.« Noch knapper, noch vernichtender urteilt er über den Sultan einer Kleinstadt: »Dumur Khan ist ein wertloser Geselle, der eine Menge dubioser Gestalten angezogen hat. Wie der Sultan, so das Volk.«

Er setzt nach Afrika über. Und kommt in Zelia, dem heutigen Dschibuti, vom Regen in die Traufe. Es gibt keinen Platz im gesamten *Rihla*, für den er so viel Abscheu, so viel Verachtung empfindet wie für diesen: »Die dreckigste, stinkendste und unerfreulichste vorstellbare Stadt der ganzen Welt ist das.« Die Einwohner haben nach seinen Worten »die schlimme Angewohnheit«, Fische in der glühend heißen Mittagssonne zu verkaufen und Kamele auf den Straßen zu schlachten.

Er segelt mit den günstigen Winden weiter südlich, Ostafrikas Küsten entlang. Über Mogadischu und Mombasa schafft er es bis Kilwa, wo sehr viele Angehörige des Stammes der Zanj leben, deren Wortstamm sich bis heute in der Suaheli-Bezeichnung der Insel Sansibar gehalten hat. »Sie blicken aus tiefschwarzen, tätowierten Gesichtern.« Der lokale Sultan, bei dem er zu Gast sein darf, beeindruckt Ibn Battuta durch seine soziale Ader. »Er respektiert die Gebildeten und Religionsgelehrten, aber er ist auch von größter Bescheidenheit, sitzt mit den Ärmsten am Tisch und nimmt mit ihnen gemeinsam die Mahlzeiten ein.«

Die meisten Einwohner Ostafrikas sind damals (noch) nicht zum Islam bekehrt, sie hängen ihren Naturreligionen an und praktizieren Riten, die Ibn Battuta fremd sind. Aber der Mann aus dem Maghreb kann sich auch an diesen fremden Gestaden auf die Glaubensinfrastruktur verlassen. Die meisten der wohlhabenden und gesellschaftlich einflussreichen Kaufleute in den Küstenregionen sind Muslime. Diese Arabisch sprechenden, gebildeten Weltbürger kontrollieren nicht nur den Handel vor Ort, sie reisen auch regelmäßig in den Nahen Osten. Muslimische Kapitäne, die ihre Waren nach Ostafrika bringen, sind bei den lokalen Herrschern so beliebt, dass diese um ihre Gunst buhlen; sie versuchen auch zu verhindern, dass die Kaufleute womöglich den nächsten Hafen attraktiver finden könnten. Ibn Battuta beschreibt das so: »Wenn ein großes Schiff in Sicht kommt, schickt der Sultan Dutzende Sklaven auf kleinen Booten hinaus, die kostbare Kleider für den Kapitän und die Offiziere als Geschenke bei sich führen. Wenn man sie so an Land gelockt hat, werden sie für drei Tage verköstigt und bekommen auch Reittiere zugeteilt.«

Ein gutes halbes Jahr später, als sich die Monsunwinde gedreht haben, tritt er die Rückreise Richtung Norden an und schafft es problemlos bis zum Golf von Oman. In dem kleinen Ort Sur, am östlichsten Ende der arabischen Welt, betritt er wieder festen

Boden. Ibn Battuta fühlt sich fast schon wieder wie zu Hause und ist in Hochstimmung. Am Horizont sieht er, einer Fata Morgana gleich und zum Greifen nah, die große Stadt Qalhat, sie muss, so der Reiseschriftsteller Tim Mackintosh-Smith, in der Morgensonne »geschimmert haben wie ein mittelalterliches Dubai«. Euphorisch beschließt Ibn Battuta, sich dieses Qalhat gleich anzusehen – der Weg dorthin sieht nach einem wenig beschwerlichen Fußmarsch aus. Trotz der Hitze, die jetzt im Sommer besonders schwer erträglich ist.

Es ist eine falsche Entscheidung, eine fatale Fehleinschätzung, die ihn fast das Leben kosten sollte.

Ibn Battuta findet schnell einen Interessierten, der mit ihm marschieren will, einen Inder namens Khadir, den er auf dem Schiff kennengelernt hat. Gemeinsam heuern sie einen lokalen Führer an. Der erzählt ihnen, man sei in ein paar Stunden da. Das klingt glaubwürdig, aber irgendetwas macht Ibn Battuta so misstrauisch, dass er im letzten Moment einen in Ostafrika erworbenen Speer mitnimmt. Sicher ist sicher.

Sie müssen einen Umweg machen, als die Flut die Bucht überspült. Sie finden sich plötzlich in einer Wüstenlandschaft wieder, das mitgenommene Trinkwasser geht ihnen aus und sie stolpern über das Geröll. Der Inder kann nicht mehr. Und zu allem Überfluss fallen sie bei hereinbrechender Nacht auch noch in den Schacht einer verlassenen Mine. Ibn Battuta ist nun überzeugt, dass der merkwürdige Führer sie ausrauben will. Der geschwächte Khadir ist keine Hilfe, er fällt sofort in den Tiefschlaf. Trotz seiner Müdigkeit bleibt Ibn Battuta die ganze Nacht wach, immer den Speer bei der Hand. Noch einmal eine stundenlange Wanderung durch Geröll und Sand. Dann haben sie es, mit letzten Kräften, doch geschafft.

»Totale Erschöpfung«, notiert der Abenteurer in seinem Reisebuch. »Die Füße waren in meinen Schuhen so geschwollen, dass das Blut unter meinen Zehennägeln floss. Ich musste mich ins Bett legen und konnte sechs Tage lang vor Schmerzen nicht aufstehen und umherlaufen.« Der Bürgermeister von Qalhat zeigt sich als großzügiger Gastgeber, der Inder und der Mann aus Tanger dürfen sich in seinem Haus ausruhen.

Von der Küste des Oman zieht Ibn Battuta dann weiter entlang des Arabischen Meeres, in die Region der heutigen Vereinigten Emirate. Doch da findet er keine Städte vor, nicht einmal Dörfer. Die Gegend kommt ihm ungeeignet für menschliche Behausungen vor. Er registriert nur einige Perlentaucher und Fischer, die hier ein kärgliches Dasein fristen, und will möglichst schnell weg, auf die andere Seite hinüber, nach Jeddah.

September 1332. Sieben Jahre ist es her, dass der junge Mann in Tanger aufgebrochen ist. Nun endgültig erwachsen geworden, kann er die Grundsatzentscheidung, was er mit seinem Leben machen will, nicht mehr lange hinausschieben.

Grüße aus dem Übermorgenland

Von Andalusien bis China sind es eineinhalb Kilometer, bei einem strammen Fußmarsch braucht man dafür fünfzehn Minuten – wenn man allerdings Zwischenstopps in Tunesien, Ägypten, Persien oder Indien einlegt, können daraus auch Stunden werden, und würde die Welt nicht zwischenzeitlich von Mitternacht bis acht Uhr morgens schließen, wären es vielleicht auch Wochen, Monate, Jahre. Nichts würde man in dieser Zeit vermissen, jedenfalls nichts, was man an Konsumgütern zum Leben, zum Wohlfühlen, zum Genießen braucht.

Willkommen in der Ibn Battuta Mall von Dubai, dem »größten Einkaufszentrum der Erde, das einem Menschen, seinem Leben und seinen wichtigsten Reisezielen gewidmet ist«, wie es in der

Broschüre des Hauses heißt, diesem Nachbau der mittelalterlichen islamischen *Terra Cognita*, dieser Ladenpassage der Superlative am nördlichen, schon in die Wüste übergehenden Teil der heutigen Vereinigten Arabischen Emirate!

Willkommen in der futuristischen architektonischen Rückschau mit den zeitgenössischen Sonderangeboten der zweihundertfünfundsiebzig Boutiquen, Restaurants und sozialen Einrichtungen von Pierre Cardin bis Pizza Hut, zweihundertfünfzigtausend Quadratmeter Einkaufsfläche, fünfzig Restaurants, einundzwanzig Kinoleinwände und natürlich auch Kinderbetreuung in der Fun City nebst Gebetsräumen für die Gläubigen, wenn der Muezzin ruft, alles auf angenehme achtzehn Grad heruntergekühlt, während draußen auf den fünftausend Parkplätzen bei achtunddreißig Grad ein Sandsturm tobt!

Willkommen in diesem superlativsüchtigen Dubai, in diesem von Weltrekorden besessenen Morgenland, dem neuen Übermorgenland, das London, Berlin und New York nicht einholen, sondern gleich hinter sich lassen will und wo das einmalige Reisekaufhaus mit dem höchsten Gebäude der Welt, dem größten Flughafen, dem teuersten Hotel und den meisten menschengemachten Inseln um die Schlagzeilen wetteifert!

Die Ibn Battuta Mall ist eher etwas für Disneyland- und Las-Vegas-Fans als für Geschichtspuristen. Der Mann aus Tanger, dessen Leben anhand sechs seiner spektakulärsten Reiseziele vorgestellt wird – sie heißen hier »Themenwelten« –, würde wohl manches wiedererkennen, was er in der ersten Hälfte des 14. Jahrhunderts gesehen hat und was mit viel architektonischer Sachkenntnis und gelegentlichen Anflügen von Phantasie der Wirklichkeit nachempfunden, nachgebaut wurde: die maurischen Fenster, die ägyptischen Steinornamente, die prächtige chinesische Dschunke mit ihren roten Segeln. Aber manches würde ihn auch rätseln lassen.

Die Sheykh Lotfollah Moschee von Isfahan, deren Kuppeln Dubais moderne Baumeister mitten hinein zwischen die Boutiquen und Fresstempel stellten, existierte zu Ibn Battutas Zeiten noch nicht, das Original entstand erst gute zwei Jahrhunderte später. Und auch ein anderes Prunkstück der Mall hätte ihn verblüfft: der lebensgroße Kunst-Elefant, auf dessen Haupt eine Uhr thront, nach deren Zeiger sich stündlich kleine Figuren drehen. Zwar hat der geniale arabische Wissenschaftler al-Jazari im 13. Jahrhundert einen vergleichbar traumhaften Zeitnehmer in seinem Skizzenblock entworfen, doch umgesetzt wurde der Plan bis in die Neuzeit nie. Das lebensechte Tier ist dennoch der große Renner in der Mall: Gerade hat sich ein Ehepaar aus Milwaukee mit seinen beiden Kindern zum Foto aufgestellt, zwei kichernde Japanerinnen aus Kyoto machen ein Selfie, philippinische Parfum-Verkäuferinnen kreisen eine Gruppe arabischer Kunden in ihren weißen Dischdascha-Überwürfen ein, erklären bereitwillig die Geschichte des Dickhäuters und, by the way, der Herrenduft von Hugo Boss ist heute um vierzig Prozent reduziert.

Um historische Korrektheit geht es hier erkennbar nicht. Es geht um ein spielerisches Infotainment, um ein Einkaufs-, Essens- und Unterhaltungserlebnis für die ganze Familie, um Spaß. Zehn Millionen Kunden jährlich können nicht irren: Die Ibn Battuta Mall funktioniert. Und sie liefert jenseits gelegentlicher allzu greller Showelemente auch handfeste Informationen über ihren Helden. In der »Themenwelt Persischer Hof« erinnert eine permanente Ausstellung an Ibn Battuta. Auf eindrucksvollen Schautafeln und mit weitgehend korrekten historischen Erinnerungsstücken wird das Leben des Weltreisenden und seiner Zeit sehr anschaulich und plastisch nachgezeichnet. Viele junge Leute stellen hier ihre Einkaufstüten ab und vertiefen sich zumindest für einige Minuten in eine andere Welt, in eine andere Zeit – das nahe Starbucks, das IMax und auch die angrenzenden Geschäfte Forever 21 und One World können warten.

Womöglich wäre die Ausstellung, ja die ganze Ladenpassage ganz im Sinne des mittelalterlichen Kosmopoliten, der so stolz war auf seine Erlebnisse und seine Erkenntnisse, und durchaus nicht uneitel. Er hätte sich auch kaum über die hier zur Schau gestellte Verbindung von Kommerz und Wissensvermittlung entsetzt – nur einmal, auf dem Basar von Tabriz, hat er über »Frauen, die sich beim Einkauf gegenseitig übertrumpfen wollen«, die Nase gerümpft. Ansonsten war er selbst ein begeisterter Kunde auf den Märkten, schätzte ein großes Warenangebot und maß seinen persönlichen Erfolg wie auch den Erfolg der Regierenden an Reichtum und Kaufkraft, an Zugang zu Bildung und Medizin.

Aber Nakheel, die Firma, die für den Bau der Ibn Battuta Mall verantwortlich ist und auch die riesigen künstlichen Palmeninseln ins Meer gesetzt hat, will mehr als nur eindrucksvolle und lukrative Immobilien schaffen. Das staatliche Unternehmen für Projektentwicklung ist eng mit dem Herrscherhaus verflochten. Keine grundsätzliche Entscheidung, so heißt es, werde ohne den Kronprinzen und starken Mann der Emirate getroffen, ohne Mohammed Ibn Raschid Al Maktum, und da geht es um mehr als nur schnöden Mammon oder den nächsten Architektur-Preis: Es geht um Fortschritt durch positive Rückbesinnung auf die Wurzeln, auch die der Religion.

Der Islam soll als Ursprung von Forschung wie Handel gezeigt werden, geradezu idealtypisch kompatibel mit dem Kapitalismus. Gleich am Eingang des Warenhauses, in der Andalusien-Halle, zeigen Infotafeln und Schaustücke dem Besucher die Überlegenheit vergangener Zeiten, beschreiben die »Häuser des Wissens« von Bagdad, die im Mittelalter in der Forschung führend und in ihrem Gemeinsinn vorbildlich waren.

Nakheel will ganz im Sinne seines anspruchsvollen Firmen-
mottos (»Unsere Visionen inspirieren die Menschheit«) mit seinen Malls, Wolkenkratzern und Vergnügungsparks eine Vorzeigestadt, eine Musterkommune schaffen, eine Drehscheibe zwischen
Ost und West. Dieses »Mekka der Moderne« muss nach Meinung
seiner Macher auch wieder ein Leitbild für den Westen werden,
ein Zukunftslabor für die globalisierte Gesellschaft, ein liberaler
Gegenentwurf zu al-Qaida und IS, den Terrororganisationen, die
im Namen Allahs Schrecken und Rückschritt verbreiten. Dubai
soll sich zum Ort der Hoffnung entwickeln. Zum Symbol dafür,
dass Muslime die wirtschaftliche Größe und Avantgarde-Stellung
zurückerobern können, die sie zu Ibn Battutas Zeiten innehatten.

Ein langer, mühseliger Weg, wie man am Golf durchaus weiß.
Den klügeren unter den Autokraten ist bewusst, dass ein Jahrhundert nach dem Tod des großen Forschungsreisenden die ökonomische Macht der islamischen Staaten schnell dahingeschmolzen
war, dass Europa und die USA zu den dominierenden Mäch-
ten wurden – und dass die allermeisten der muslimisch geprägten Staaten in der Weltwirtschaft diesen Verlust nie mehr aufge-
holt haben. Dass sie im Gegenteil auch heute noch immer weiter
zurückzufallen drohen.

Um ihre Visionen intellektuell zu untermauern, holt die Regierung Dubais regelmäßig Prominente ins Land (und bezahlt sie für
ihre Vorträge fürstlich). So kam auch Hans Magnus Enzensberger
in die Vereinigten Arabischen Emirate und sagte vieles, was den
einheimischen Machthabern gefiel. »Die Europäer haben kein
Copyright auf Aufklärung«, dozierte der Frankfurter Schriftsteller
2008, kurz nach der Eröffnung der Ibn Battuta Mall. »Im Westen
vergisst man oft die Tatsache, dass viele Jahrhunderte bevor Hume
und Locke, Diderot und Kant ihre epochalen Werke schrieben,
die islamische Zivilisation im arabischen Andalusien in voller
Blüte stand.« Die anwesende lokale Elite klatschte begeistert.

Aber erfüllt dieses Dubai wirklich die eigenen Ansprüche, kann es seinem selbstgewählten Helden gerecht werden? Entsteht da tatsächlich ein für alle Seiten interessanter, von allen inspirierter und alle inspirierender west-östlicher Diwan? Oder ist alles nur Schimäre, Fata Morgana, Tand, auf Sand gebaut, Dubai nicht mehr als ein riesiger Duty-free-Shop mit angeschlossener Allerweltsstadt?

Ich habe mich im Jahr 2015 gegenüber der Ibn Battuta Mall im Mövenpick Ibn Battuta Gate einquartiert, nicht weit von der neuen Metrostation Ibn Battuta entfernt. Es ist eines der Fünfsternehotels, von denen es in den Emiraten inzwischen über hundert gibt, mehr als in jeder anderen Stadt; Ibn Battuta nimmt zweihundertfünfzig Euro pro Nacht, das Hotel ist damit eines der günstigeren. Das Schweizer Unternehmen hat sich unter Anleitung der heimischen Bauherren viel einfallen lassen, um adäquat an den Namensgeber zu erinnern: Jedes Stockwerk ist einem seiner Reiseziele gewidmet, selbst im Aufzug fehlt nicht die Karte seiner Route, und im Foyer hängt ein überdimensionales Wandbild, das den berühmten Reisenden zeigen soll. Ein Künstler hat einen bärtigen Schönling auf die Leinwand gebannt, feurig die Augen, selbstbewusst die Haltung, ein kühner Reiter, die Zügel seines Pferdes fest im Griff.

Nirgendwo auf der Welt, nicht einmal in seiner Heimatstadt Tanger, ist Ibn Battuta so präsent wie in Dubai – und dabei gilt es als höchst zweifelhaft, dass er überhaupt einen Fuß exakt auf diesen Küstenstreifen gesetzt hat. Warum hätte er auch sollen, zu seinen Zeiten war dieser sturmzerzauste, für menschliche Behausung ungeeignete Wüstenlandstrich menschenleer. Allenfalls ein paar Perlentaucher fristeten dort ihr kärgliches Dasein, wo jetzt eine Weltmetropole steht. Ibn Battuta war wohl in der Nähe hier am Golf, aber er machte sich schnell wieder davon. Siebenhundert Jahre später beschränkt sich der Geschichtsunterricht à la Dubai nicht allein auf den Maghrebiner.

Fast rührend wirkt das in der winzigen Altstadt neben den wenigen »antiken« Häusern gelegene Museum der Stadt, untergebracht im Fort Al-Fahidi. Das Gebäude mit dem runden Turm, auf dem die Nationalflagge der Vereinigten Arabischen Emirate weht, besteht aus einem Gemisch von Lehm, Muscheln und Korallen. Es wurde angeblich 1799 errichtet und war schon weitgehend verfallen, als Dubais Historiker auf Anweisung der traditionsbesessenen Herrscherfamilie vor einigen Jahren gründlich und teuer restaurieren durften. Jetzt wird hier historische Bedeutung simuliert. Portugiesische Urkunden und britische Kanonen erwecken den Eindruck, als habe sich die Welt um diesen Flecken gestritten. Dabei existierte hier außer Fischfang und gelegentlichen, von Piraten angefachter Stammesstreitigkeiten nicht viel mehr als das große Nichts – bis Mitte des vergangenen Jahrhunderts Öl gefunden wurde. Und auch da ging es alles andere als harmonisch zu.

Mohammed al-Fahim ist nicht zu haben für geschönte Geschichte. Der Mann geht nun schon auf die siebzig zu, ein voller Bart ziert sein ausdrucksvolles Gesicht, furchige Runzeln, die ein wenig aussehen wie die Ringe eines ehrwürdigen Baumes, haben sich hineingegraben. Er weiß aus eigener schmerzlicher Erfahrung, wie es früher gewesen ist. Er gilt als Chronist der Emirate, hat ein kritisches Buch über die Frühzeit der Region geschrieben – der historische Alptraum des Landes verschmilzt dabei mit seinem eigenen Alptraum. Wenn er ins Erzählen kommt, sprudelt es nur so aus ihm heraus: Mohammed al-Fahim, heute wie so viele seiner Landsleute Multimillionär und Kosmopolit, sagt: »Ich kann manchmal selbst nicht glauben, was sich hier innerhalb von ein, zwei Generationen abgespielt hat.«

1957 erleidet seine dreijährige Schwester bei einem Unfall in der Oase al-Ain weitab von der Küste schwere Brandwunden, der Vater will sie zum nächsten Krankenhaus fahren, doch das liegt mehr als hundert Kilometer entfernt. Stunden über Stunden quälen sie sich mit dem Jeep, den ihnen ein lokaler Scheich geliehen hat, über Kamelpfade durch die Wüste. Als sie an dem britischen Militärhospital ankommen, ist das Mädchen tot. Mohammed verzweifelt. Überall wo er hinsieht, fühlt er sich mit Rückständigkeit, Analphabetismus und Piraterie konfrontiert. Aber er entdeckt doch auch Hoffnungsschimmer, lernt Menschen kennen, die sich nicht mehr mit ihrer Opferrolle abfinden wollen. Der Junge bekommt 1962 von seinen Eltern ein Fahrrad geschenkt, das er erst kilometerweit durch den Sand schieben muss, bevor er dann auf dem damals noch weitgehend verlassenen Rollfeld des Flughafens Runden drehen kann. Sein weitsichtiger Vater baut als Händler von Autoteilen eine eigene Firma auf, der Sohn darf studieren.

Der Rest der Geschichte hört sich fast an wie ein Märchen aus *Tausendundeiner Nacht*. Said Al Nahjan, der großzügige und mitleidige Emir, der ihnen damals ohne Zögern seinen Jeep zur Verfügung gestellt hat, löst 1966 seinen starrsinnigen und reformunwilligen Bruder als Herrscher ab und schafft es, 1971 die britischen Mandatsherren aus der Region zu komplimentieren; Abu Dhabi, Dubai, Schardscha, Adschman, Ras al-Cheima, Fudschaira und Umm al-Qaiwain schließen sich zum neuen Staat Vereinigte Arabische Emirate zusammen. Said aus dem erdölreichsten Teil Abu Dhabi wird ihr erster Präsident, sein Vize, der gleichzeitig als Premier der VAE fungiert, stammt aus Dubai – eine Aufteilung der Herrschaft, die zum Gewohnheitsrecht werden sollte und von den kleineren und ärmeren Fürstentümern klaglos akzeptiert wird. Im Gegenzug erhalten sie einen großzügigen »Länderfinanzausgleich«.

Bei der Verteilung des schnell sprudelnden Ölreichtums bewährt sich der Stammesrat (*Madschlis*), eine traditionell tribalistische Einrichtung, die man anderswo in der arabischen Welt gar nicht schnell genug loswerden konnte. Die Regierungspläne werden in einem nächtelangen, manchmal auch wochenlangen Palaver durchdiskutiert, bei dem am Ende alle ihr Gesicht wahren und die Illusion hegen können, »mitentschieden« zu haben – auch wenn letztlich doch immer die beiden Scheichs aus den großen Emiraten das finale Sagen haben. Die Siebener-Föderation funktioniert ähnlich wie ein europäischer Bundesstaat, allerdings ohne Parteien, Gewerkschaften und eine unabhängige Justiz. Die Regierenden verstehen ihr Gemeinwesen als einen weltoffenen, fortschrittlichen Gegenentwurf zum großen Nachbarn, dem erzkonservativen, von archaisch religiösen Gesetzen geprägten Saudi-Arabien.

Die Emirate-Scheichs wollen das Beste aus dem Westen mit dem Besten aus dem Nahen Osten verbinden, und zumindest, was die Ausbildung und die Nachfolgeregelungen von der Gründergeneration bis heute angeht, haben sie erstaunliche Stabilität geschaffen: Es gab keine Erbfolge-Auseinandersetzungen, was vermutlich auch an der uniformierten Bildungskarriere der Scheich-Söhne lag: Kindheit im Palast, Jugend unter dem Einfluss westlicher Erzieher und lokaler Stammesältester. »Das brachte uns Kontinuität«, sagt stolz der »Mister History« der Emirate. Und noch etwas will der Geschichten- und Geschichteerzähler gern loswerden: Sein Vater hat aus seiner kleinen Reifenfirma von damals ein milliardenschweres Konglomerat gemacht, das Immobilien, Hotels und Flugzeugmotoren verkauft.

»Ich habe dem Unternehmen dann auch gedient«, fügt Mohammed al-Fahim bescheiden hinzu und verschweigt, dass er zu den reichsten Männern am Golf gehört. Wichtiger ist ihm, das Vermächtnis seiner kleinen, verbrannten Schwester zu wahren; er spendet viel für Krankenhäuser, für deren Forschungseinrichtungen – die Behandlung der Patienten muss er nicht unterstützen, die ist für Bürger der Emirate kostenlos.

Allerdings haben weniger als fünfzehn Prozent der Menschen, die hier leben und arbeiten, einen Pass der VAE. Der Rest sind

Gastarbeiter – und damit Bürger zweiter Klasse. Über die schreibt Mohammed al-Fahim nichts in seinen Büchern. Er ist der Chronist der hier geborenen, hier verwöhnten Minderheit. Die anderen, die so wesentlich zum »Wunder« am Golf beitragen, kennt er gar nicht, mit ihnen kommt er gar nicht in Berührung.

1979 entstand mit dem Dubai World Trade Center der erste Wolkenkratzer in der bis dahin sehr überschaubaren Kleinstadt. Weitere folgten in schnellen Abständen, mehr als zweihundert Wohn- und Geschäftstürme mit jeweils mehr als hundertfünfzig Metern Höhe wuchsen in den Himmel, auch das wieder ein Weltrekord. Anfang der Achtzigerjahre wurde dann meine Redaktion auf die Boomtown aufmerksam, ich reiste erstmals nach Dubai. Ich weiß noch, dass ich in meinem damaligen Bericht von einem »Mini-Manhattan« schrieb – und den Begriff beim Redigieren dann wegstrich: zu viel Klischee, zu übertrieben, zu viel Hype, so schien es mir.

Ich reiste dann häufiger in die Emirate, etwa im Fünfjahresabstand. Beobachtete 1999 die Eröffnung des Burj al Arab, das sich selbst stolz zum »ersten Siebensternehotel der Welt« kürte und dessen Bau in Form eines aufgeblähten Segels zum meistfotografierten Kennzeichen Dubais wurde. Pilgerte 2004 zu dem innerhalb von vier Jahren aus dem Boden gestampften Freizeit- und Geschäftszentrum Madinat Jumeirah, wo auf achtundvierzig Hektar eine begrünte, mit venezianischen Kanälen angelegte »Stadt in der Stadt« entstanden war, als Höhepunkt ein nachgebauter Suk mit Dutzenden Restaurants, Bars und Boutiquen, und ein Konferenzzentrum für viertausend Gäste, das wahlweise in einen Ballsaal verwandelt werden kann und in dem jetzt – oh ja, man kann auch Kultur – die offizielle Dubaier Variante des Wiener Opernballs stattfindet. Besuchte den im Januar 2010 eröffneten Burj Khalifa, den mit 828 Metern alles auf der Welt überragenden, höchsten Bau von Menschenhand, der wie eine Haarnadel an den Wolken

kitzelt und von dessen Aussichtsplattform sich, wenn der morgend-
liche Nebel weicht, ein atemberaubender Anblick bietet.

Fast schon wie aus dem Weltraum, aus der Astronautenkap-
sel drängt sich da unten ein dichter Spargelwald von Hochhäu-
sern, mehr oder weniger architektonisch geglückt und scheinbar wie zufällig in die graugelbe Wüstenlandschaft hineingesetzt.
Doch wer die Entwicklung der Zweimillionenstadt über die Jahre
genauer verfolgt hat, erkennt schon Muster, einen zumindest gro-
ben Generalplan.

Zunächst waren da die Freihandelszonen wie Jebel Ali, Health
Care City, Silicon Oasis, Knowledge Village, zwölf an der Zahl.
An diesen spezialisierten Standorten, »Cluster« oder »Kompe-
tenzzentren« genannt, konnten sich internationale Unternehmen
steuerfrei und mietgünstig ansiedeln. Umweltauflagen existierten zunächst überhaupt nicht, eine Kontrolle des Geschäftsver-
kehrs fand kaum statt. Die Städte innerhalb der Stadt brauchten Infrastruktur. So entstanden rund um die Technologieparks
neue Straßen, Banken, Restaurants, künstliche Strände, vor allem
aber Apartmenthäuser, alles betreut und kontrolliert von großen
Staatsunternehmen. Mit immer neuen Prestigeprojekten und
Freizeiteinrichtungen schufen die Scheichs zudem ein attraktives
Touristenziel, und mit den Emirates und Etihad zwei prestige-
trächtige Fluglinien, die Gäste aus aller Welt mit den modernsten Maschinen vor Ort bringen. Stammten 1990 noch rund fünfzig Prozent der Staatseinkünfte aus dem Verkauf von Erdöl, sind
es heute weniger als fünf Prozent, ausländische Besucher tragen
inzwischen mehr als ein Viertel zum Dubai-Haushalt bei.

Es ist unmöglich, vom Goldrausch am Golf nicht beeindruckt,
nicht überwältigt zu sein. Keine Stadt weltweit ist so schnell
gewachsen, hat eine so aufregende Entwicklung genommen,
explodierte so vor Dynamik – und scheint auch durch Rückschläge wie die Weltwirtschaftskrise von 2009 nurmehr kurzfris-

tig zu bremsen. Bei meinem Besuch 2015 bin ich direkt von New York gekommen, die berauschende Skyline von Manhattan noch im Kopf, aber auch den chaotischen Airport und das Taxi mit seinen durchgesessenen, leicht angeschmutzten amerikanischen Sitzen noch im Kreuz. Als ich nachts aus dem supereffizienten Dubai-Flughafen in eine der neuen, bequemen Emirates-Limousinen Richtung Hotel einstieg und die Glitzerstadt wie eine Lichterorgie, wie eine Verheißung am Horizont auftauchte, dachte ich einen Moment tatsächlich: New York war gestern, die Zukunft gehört diesem Dubai. Ex Oriente Lux, ex Oriente Luxus.

Und doch: Irgendwas habe ich hier immer vermisst, und jetzt, nach einer Woche in den Emiraten, nimmt dieses unbestimmte Gefühl der Leere überhand. Die Sättigung mit Superlativen wirkt schal, die stolze Feststellung, keine Stadt der Erde sei so oft im Guinness-Buch der Rekorde verzeichnet, doch ziemlich banal. Ich vermisse – ja, was eigentlich? Vielleicht ist es die Atmosphäre, das organisch Gewachsene, das Urbane, das Unverwechselbare, das Eigenständige, Nichtkopierte. Dubai ist eine Stadt wie auf Speed – vielleicht mangelt es hier an der Fähigkeit, sich auch einmal zurückzunehmen, sich einmal zurückzulehnen.

Und immer wenn man denkt, man hat schon alles gesehen, winkt noch etwas Abenteuerlicheres. Per Speedboat geht es an den Palm Islands vorbei weit hinaus aufs Meer, Ziel ist das irrwitzigste aller Projekte, aller Dubai-Hybris – die Neuerschaffung der Welt. Wenn es denn einen Gott gibt: Er ist derzeit wohl wenig amüsiert. Denn Er hat Konkurrenz bekommen, »General Manager, The World« heißt es auf der Visitenkarte des Herrn von Nakheel. Der eifrigste der neuzeitlichen Möchtegern-Schöpfer ist ein Österreicher, Josef Kleindienst mit Namen, Makler, Unternehmer, Visionär. Herr Kleindienst denkt groß, er will hoch hinaus.

Fast eine halbe Stunde braucht das schnelle Schiff, bis am Horizont des Persischen Golfs Land auftaucht – wenn man es denn so

nennen will: Es sind Dutzende aufgeschüttete Sand- und Steinbänke mit mehreren hundert Metern Durchmesser. Das Besondere an dieser Genesis von Menschenhand ist die Anordnung der
Eilande: Aus der Luft betrachtet, ergeben sie eine Karte der Kontinente, eine zweite Welt sozusagen. Zum Verkauf steht nicht weniger als die gesamte Erde mit ihren den tatsächlichen Umrissen
nachgebildeten Staaten (wobei einige »zusammengelegt« sind; so
ganz genau nimmt man es nicht mit dem Globus und der wahren
Größe seiner Staaten, und politisch umstrittene Territorien wie
Israel und Palästina fehlen ganz). Josef Kleindienst jedenfalls vertritt im aufgeschütteten Inselreich Europa, und da liegt ihm insbesondere das neue Deutschland am Herzen.

Begonnen wurde mit dem Projekt im Frühjahr 2003. Bei meinem ersten Besuch in der Kunstwelt Ende 2007 waren die Auf-
schüttarbeiten schon weitgehend abgeschlossen, das geografische Herausmodellieren hatte begonnen, auf »Grönland« standen
bereits eine Villa, Palmen, mehrere Pools. Im Jahr 2010 sollten
dann schon, trotz des Baustopps während der Weltwirtschaftskrise, zweihundert Inseln verkauft worden sein, Preise zwischen
fünfzehn und fünfzig Millionen US-Dollar. Doch der neuerliche
Besuch zeigt, dass sich seither wenig getan hat – alles wirkt, als
sei das Großunternehmen im Jahr 2015 eingestellt, als läge die
Welt brach, vielleicht sogar schon aufgegeben. Selbst der Betreiber
Nakheel gibt zu, dass bis jetzt nur zwei Objekte des Retortenarchi-
pels bebaut würden. Richtig fertig ist nur »Libanon«, die Modell-
insel, zu der sich Investoren übersetzen lassen können; Trips, die,
wie man hört, wenig gefragt sind.

Aber es soll um Deutschland gehen, und da heißt es: volle Kraft
voraus. Mit einem entschlossenen Sprung verlässt der österreichische Immobilienunternehmer das Schnellboot, eilt den improvi-
sierten Steg entlang, endlich aufgeschütteten Inselboden unter den
Füßen. »Willkommen in Deutschland – Passkontrolle« steht auf

einem schwarz-rot-goldenen Schild, umrahmt von einem Stoff-
baldachin. Das ist Kleindienst-Humor, denn natürlich wartet auf
diesem gottverlassenen Stück Kunstland niemand, schon gleich
gar kein staatlicher Beamter. Der Hausherr hat Palmen und einige
besonders widerstandsfähige Olivenbäume anpflanzen lassen,
andere Gewächse würden in der schwülen Hitze, oft über vierzig
Grad, schnell eingehen. Offensichtlich haben die Pflanzen unlieb-
same Gefährten angezogen, riesige Insekten schwirren umher, die
der langjährige Dubai-Resident »Helikopterbienen« nennt.

Herr Kleindienst träumt von Fachwerkhäusern, einem Biergar-
ten, einem »Kaiserin-Sisi-Hotel«, schwimmenden Villen, einem
Unterwasseraquarium in seinem Tropen-Deutschland – und allen
Ernstes von Schnee. Angeblich existiert ein Projekt des Münch-
ner naturwissenschaftlichen Fraunhofer-Instituts, das zumindest kurzfristig eisige Flocken produzieren und aus dem Himmel herabfallen lassen kann: Frau Holle goes Dubai. »Je heißer es
wird, desto mehr sollten wir es schneien lassen«, sagt Kleindienst.
»Desto attraktiver wird es hier.« Bis Anfang 2017, da ist der Österreicher überzeugt, werde dieses ganz besondere Inselresort fertiggestellt sein.

Das alles wirkt so fernab jeder Wirklichkeit, so megaloma-
nisch und – Verzeihung, Herr Kleindienst – so durchgeknallt,
dass man es an jedem anderen Ort der Welt belächeln würde.
Selbst in Dubai gilt der österreichische Unternehmer vielen als
realitätsentrückt, aber so ganz sicher ist dann doch wieder keiner. Vielleicht klappt's ja mit der »World«, zumindest in abge-
speckter (und schneefreier) Version. Viel verrückter als dieses Projekt ist ja auch das andere Landgewinnung-Luxusprojekt nicht, an
dem das Schnellboot jetzt bei der Rückfahrt zum Festland vor-
beirast. »The Palm Jumeirah« wurde tatsächlich fertiggestellt, im
November 2008 mit einem großen Feuerwerk und viel internationaler Prominenz eingeweiht. Zweihundert Millionen Kubik-

meter aufgeschütteter Sand und Steine, fünfhundertsechzig Hektar Kunstland, geschätzte Kosten allein für den »Rohbau« der Insel eineinhalb Milliarden US-Dollar.

Vom Schiff aus sieht man zuerst den »Sichelmond«, die zum Schutz gegen Sturmfluten aufgetragene Umrandung der Insel. Der Palmenstamm ist durch eine Brücke mit dem Festland verbunden, am nördlichen Ende protzt »Atlantis«, ein Luxushotel mit Vergnügungspark, tausendfünfhundert Zimmer, angeschlossen ein Aquarium mit weißen Delphinen, die nahe der Solomoninseln eingefangen und aus dem Südpazifik hierher transportiert wurden. Aber Kernstück des menschengemachten Eilands sind die siebzehn Palmenwedeln; auf den schmalen Landarmen sind einige Hundert Ferienhäuser gebaut, die in unwirklichen Pastellfarben leuchten. Die luxuriöseren Villen gibt es in verschiedenen Ausführungen, im indischen, italienischen oder arabischen Stil. Eine davon gehört laut Presseberichten David Beckham, dreizehn seiner früheren britischen Nationalspielerkollegen sollen sich hier ebenfalls eingekauft haben.

Zumindest vom Meer aus wirken die Villen wenig eindrucksvoll, wenig großzügig, wie zu dicht aneinandergebaute Reihenhäuser. Die Apartmentblocks auf dem Palmenstamm sind noch eintöniger; Exklusivität besteht offensichtlich darin, dass öffentlicher Raum auf der Kunst-Insel nicht vorgesehen zu sein scheint. Dazu kommen Umweltprobleme. Durch die fehlende Wasserzirkulation zwischen den aufgeschütteten »Palmwedeln« und die fast permanent hohen Temperaturen kam es zur Algenbildung. Die Bauherren haben dies mit zusätzlichen Drainagen bekämpft, die Situation verbesserte sich, aber ein durchschlagender Erfolg stellte sich nicht ein – was Experten wenig verwunderte.

»Unser Büro hatte damals das Angebot, die Palmeninsel mitzugestalten, doch wir haben abgelehnt, obwohl es sehr lukrativ gewesen wäre«, hat mir der Frankfurter Architekt Albert Speer einmal erzählt. Er kann der Gigantomanie des Dubai-Projekts nicht das Geringste abgewinnen. »Das ist einfach nur ein idiotisches Projekt, unter dem Gesichtspunkt der Nachhaltigkeit, ach was, unter jedem Gesichtspunkt einfach nur falsch.« Eine zweite, etwa gleich große artifizielle Insel, die »Palm Jebel Ali« südwestlich des Hafens, ist fertig aufgeschüttet, liegt derzeit noch brach. Ein dritter Palmenkomplex namens »Deira« wurde weitgehend auf Eis gelegt, wenn das angesichts der hiesigen Temperaturen der richtige Ausdruck ist – vielleicht ist eine Welt dann doch genug.

Aber Niederlagen sieht Dubais Herrscher nur als temporäre Rückschläge an, als Ansporn, noch größer, noch kühner zu denken. »Ordinary is for the Others« heißt der Leitspruch, der auf zahlreichen überlebensgroßen Plakaten an der Hauptstraße Sheikh Zayet neben dem Konterfei des grimmig und entschlossen dreinblickenden Kronprinzen prangt. Und dass er am Gewöhnlichen, am Durchschnittlichen nicht interessiert ist, nie interessiert war, zeigt sein ganzes Leben.

Mohammed Ibn Raschid Al Maktum, geboren 1949 als drittältester Spross der traditionellen Herrscherfamilie, gilt als extrem pressescheu. Termine, bei denen man ihn bei der Arbeit oder in der Freizeit sehen kann, sind eine Rarität. Meinem Kollegen Bernhard Zand, damals Korrespondent mit Sitz in Dubai, und mir ist es 2008 nach langen und schwierigen Verhandlungen mit der Staatsmacht gelungen, ihn für eine Titelgeschichte des SPIEGEL aus nächster Nähe zu beobachten.

Seine Bewunderer und Freunde nennen ihn nur »Scheich Mo«, und sie wissen, wo er sich am liebsten aufhält: in der Wüste. Ein paar Autominuten vor den letzten Ausläufern der Stadt liegt das Gestüt von Marmum, sein privates Refugium. Wäre es nicht sein Lieblingsort, die Bagger von Dubai hätten sich längst an dieses Reservat herangefressen, hätten den bescheidenen, abgeschiedenen Pavillon auf der Anhöhe wohl schon eingerissen. Sehr muskulöse, sehr nervöse Männer in weißen Umhängen und mit großen Sonnenbrillen regulieren die Zufahrt. Der Herrscher von Dubai hat es sich im Kreis seiner Familienmitglieder, Minister und Freunde – meist in einer Person – im Schneidersitz auf dem Teppich bequem gemacht, es gibt Lammfleisch und Gemüsereis. Er lädt, ganz perfekter Gastgeber, allen die Teller voll, knabbert selbst nur an einigen Radieschen und macht das, was er nach Aussagen seiner Getreuen am liebsten macht: Er erzählt vom Wunder Dubai.

»Vor mehr als zwei Jahrzehnten fuhr ich mitten im Sommer die Straße am Ufer entlang. Heute steht da ein Hotel neben dem anderen, damals aber war bis zum Horizont nichts zu sehen – außer ein Mann, seine Frau und ein paar Kinder, die im Wasser planschten. Ich hielt an und fragte sie, wie sie es bei dieser Hitze im Freien aushielten. Oh, sagten sie, uns kann es gar nicht heiß genug sein. Wir kommen aus Deutschland.« Da sei ihm schlagartig klargeworden, welche Entwicklungsmöglichkeit Dubai als Touristenziel habe. Und wie viel Fortschritt neu geschaffene wirtschaftliche Sonderzonen am und im Wasser bringen könnten. »Viele Leute glaubten, ich sei verrückt, und hielten mir ein arabisches Sprichwort vor – das Meer kannst du nicht pflügen, sagten sie. Unsinn. Seht euch heute unsere Häfen an, die Palmeninseln. Natürlich kannst du das Meer pflügen, und wie!«

Die Ernte musste nur noch eingefahren werden – und dabei halfen lange Zeit die fast unbegrenzten Ressourcen der Emirate aus dem Ölverkauf. Seine Verwandten durften mithilfe der üppig ausgestatteten Staatsfonds Häfen, Hotels und Einkaufszentren bauen. Bürgern wie Unternehmern bot er die »erste komplette E-Regierung der Welt« und transparente Regeln, die Behördengänge sparten. Ein eher ziviles Aufbauprogramm für einen Mann, der an der Kadettenschule im britischen Aldershot zum Kampfpiloten ausgebildet worden war und mit dem Ehrenschwert für den besten Abschluss eines ausländischen Offiziers im Commonwealth ausgezeichnet wurde. Seine erste Amtshandlung als Kronprinz war die Gründung des Dubai Shopping Festivals. Nach dem Tod seines Bruders übernahm er dann 2006 auch offiziell die Führung von Dubai, gleichzeitig das Amt des Premierministers der Vereinigten Arabischen Emirate. »CEO Scheich« nannte ihn das amerikanische Nachrichtenmagazin *Newsweek*, weil er sein Scheichtum nicht wie ein Politiker, sondern eher wie ein Vorstandsvorsitzender mit sehr ehrgeizigen Unternehmenszielen führt: »Wir sollten Nummer eins sein, möglichst in jeder Beziehung. Und zwar nicht irgendwann, sondern jetzt.«

In seinem Büro im neunundvierzigsten Stock eines Wolkenkratzers der Emirates Towers klingeln die Smartphones fast permanent, und auf den Fernsehschirmen laufen parallel CNN und al-Arabija – Weltbürger Mohammed allerdings fühlt sich draußen in Marmum sichtlich wohler. Dort rauscht er in seinem Geländewagen seinen Jagdfalken hinterher. »Wie?«, fragt er seine Gäste aus der Stadt. »Ihr könnt auf die Entfernung eine Taube nicht von einer Wachtel unterscheiden?«

Scheich Mo besitzt eine der drei teuersten Yachten der Welt, aber es sind die Sanddünen des Hinterlandes, in denen er seinen beiden größten Leidenschaften nachgeht: der Poesie und der Pferdezucht. Von Liebe und Leid handeln seine Gedichte, von der Reitkunst und auch ein wenig von gesellschaftlicher Verantwortung. Einer seiner dichterischen Ergüsse wurde im wahrsten Sinne des Wortes aus dem Meer und auf Sand gestampft: Auf der unvollendeten Palmeninsel Jebel Ali schütteten Arbeiter das Land so auf, dass es sich, aus dreitausend Metern Höhe betrachtet, zu einem einzigen Schriftzug formt: »Nimm Rat nur an von Gescheiten/ Lass wahre Jockeys reiten/ Visionäre können auf Wasser schreiben/ Große Männer sich an Problemen reiben.«

Jedes Jahr nimmt der Scheich bei einer Art Poetry Slam teil, und mit ebenso großem persönlichen Einsatz widmet er sich seinem sportlichen Hobby: Er rief mit dem Dubai World Cup das höchst-dotierte Pferderennen der Welt ins Leben und wurde beim Distanzreiten auf seinem eigenen Hengst 2012 Weltmeister in der Einzel- und Mannschaftswertung. Allerdings blieben seine Erfolge nicht ohne Kontroversen. Immer wieder gab es Doping-Gerüchte, Tiere aus dem Rennstall Al-Maktum wurden positiv auf verbotene Steroide getestet. Scheich Mo zeigte sich entsetzt und entließ den Trainer – da zog wohl jemand die falschen Schlüsse aus der immer wieder zitierten Maxime Seiner Hoheit, sich unter keinen Umständen mit dem zweiten Platz begnügen zu wollen.

So gern er siegt, so wenig liebt er öffentliche Auftritte. Arabische Gipfeltreffen sind dem Herrscher ein Gräuel. Und manchmal macht er auch auf inkognito. Setzte sich zum Entsetzen seiner Leibwächter schon mehrfach unangekündigt in seinen Mercedes und inspizierte spontan Baustellen und Büros. Als Dubai einmal von einem schweren Unwetter heimgesucht wurde, fuhr er hinaus, um zu sehen, was alles in Mitleidenschaft gezogen worden war. Ein Erlebnis hat ihn besonders amüsiert. »Ich sah einen alten Mann am Straßenrand, neben ihm seine Frau. Ich stieg aus und setzte mich zu ihm. Alles in Ordnung, sagte er. Gut, entgegnete ich ihm und fragte: Kennst du mich? Er schaute mich lange und forschend an. Bist du nicht Mohammed, der Sohn von Raschid? Ich nickte und freute mich: Er hatte nicht einmal Scheich zu mir gesagt.«

Mit anderen Spontanbekanntschaften soll der Herrscher weniger freundlich umgegangen sein. »Er lobt gern«, sagt ein deutscher Ingenieur, der ihn schon mehrfach bei unerwarteten Inspektionen sah. »Aber wenn ihm etwas nicht passt, kann er sehr deutlich werden.« Wird Scheich Mo erkannt, lässt er sich aber in der Regel bereitwillig fotografieren, vor allem junge Damen himmeln ihn an wie einen Popstar. Von Affären ist allerdings nichts bekannt. Mohammed Ibn Raschid Al Maktum ist zweifach verheiratet; eine Ehefrau stammt aus dem Umkreis der Herrscherfamilie, die andere ist die Tochter des verstorbenen jordanischen Königs Hussein, er hat neun Töchter und acht Söhne. Als wahrscheinlicher Nachfolger gilt der Auto- und Rennsportfan Hamdan, aber auch dessen sechzehn Geschwister müssen sich um ihre Zukunft wohl keine Gedanken machen: Das Privatvermögen des Herrschers wird derzeit auf zwölf Milliarden Dollar geschätzt.

Es waren allerdings auch schon mal vierzehn Milliarden. Die Weltwirtschaftskrise von 2009 hat Dubai monatelang schwer erschüttert und gezeigt, dass auch im Emirat nicht alle Palmen unbegrenzt in den Himmel wachsen, dass die Profiteure der Globalisierung auch schnell zu ihren Opfern werden können. Die großen staatlichen Baugesellschaften wie Nakheel hatten sich hoch verschuldet, der Cashflow stoppte wegen der plötzlich zusammenbrechenden Einnahmen: Es drohte ein schwerer finanzieller Engpass, sogar der Offenbarungseid. Nur Notkredite des »flüssigeren« Bruderemirats Abu Dhabi retteten Dubai. Der Clan des Herrschers Khalifa Al Nahjan verlangte im Gegenzug einen hohen symbolischen Preis: Er bestand auf die Umbenennung des höchsten Bauwerks der Erde zu seinen Ehren. Der Burj Dubai heißt seit 2010 nun Burj Khalifa – das sei ungefähr so, als müssten die Stadtväter von Düsseldorf ihr neues Wahrzeichen dem Oberbürgermeister von Köln widmen, spottete ein in den Emiraten ansässiger Rheinländer.

Inzwischen hat sich Dubai gefangen. 2014 stiegen die Immobilienpreise um vierzig Prozent gegenüber dem Vorjahr und erreichten schon wieder Rekordniveau, die Wirtschaft wuchs um fünf Prozent. Dubai hat ein wichtiges, sehr prestigeträchtiges und wohl auch lukratives Projekt an Land gezogen: Es wurde im Konkurrenzkampf mit São Paolo, Izmir und Jekaterinburg von einem internationalen Gremium auserwählt, im Jahr 2020 die Weltausstellung auszurichten – als erste Stadt im Nahen Osten überhaupt.

»Wir werden die Welt in Staunen versetzen«, versprach ein über-
schwänglicher Scheich Mo, nun wieder ganz obenauf. Seinen
Ordnungshütern, die zur Verbrecherjagd ohnehin schon über
spektakuläre Dienstfahrzeuge wie Porsche, Lamborghinis und
Ferraris verfügen, spendierte er daraufhin als neue Streifenwagen
drei neue Lexus RCF mit 477 PS.

Erfolg schweißt zusammen. Gab es in Zeiten des drohenden
Crashs ein leichtes politisches Grummeln, wird nun wieder alles
klaglos umgesetzt, was die Führenden beschließen. Konsultatio-
nen finden im erweiterten Kreis des Clans statt, zu bestimmten
Zeiten haben bei den *Madschlis* auch einfache Bürger die Chance,
Vorschläge einzubringen und Kritik zu üben. Die lokale Presse
greift Missstände auf, würde aber nie Fundamentalkritik an der
Herrscherfamilie oder gar an Scheich Mo persönlich üben.

Im kleinen Kreis macht der Herrscher dann noch einmal
klar, dass er nicht eine Demokratisierung nach Westminster-
Zuschnitt befürwortet, sondern das von oben verordnete Schaffen von Arbeitsplätzen und Aufstiegschancen. Es ist ein pater-
nalistisches System, aber keines, das dem weiblichen Geschlecht
alle Chancen verweigert (wobei es beim beruflichen Aufstieg
sicher hilft, wenn man aus einem Herrschergeschlecht stammt).
Luba al-Kassimi ist so eine Karrierefrau: Der Herrscher machte
die Informatikerin, die ihm als besonders fähige Managerin aufgefallen war, 2004 zur Wirtschaftsministerin, heute kontrolliert
sie im Kabinett den Außenhandel. »Ich bin nicht zur Zierde da«,
sagt sie uns selbstbewusst beim Interview – und weiß doch, dass
sie es ohne die Protektion des obersten Chefs nie in ihre Spitzen-
funktion geschafft hätte.

Der Islam ist formal die Staatsreligion, aber in Wirklichkeit hat
der Glaube in diesem politischen System einen eher »privaten«
Platz. Christentum, Buddhismus, Hinduismus können frei aus-
geübt werden, interne muslimische Auseinandersetzungen sind

so wenig geduldet wie interkonfessionelle. »Ich weiß nicht, wer in meiner Stadt Sunnit oder Schiit ist«, sagt der Herrscher. »Und es interessiert mich auch nicht.«

Scheich Mo nennt den Terror ein »Krebsgeschwür«, aber er bekämpft ihn eher vorsichtig, will sich nicht zu sehr exponieren. Unter den neunzehn Terroristen des 11. September waren neben fünfzehn Saudi-Arabern, einem Ägypter und einem Libanesen auch zwei VAE-Bürger – sie nutzten die Liberalität des Handelsplatzes und internationalen Drehkreuzes. Etwa die Hälfte der Gelder für die Attentate von New York und Washington sind nach Erkenntnissen der amerikanischen Ermittler über die Emirate geflossen. Abdul Qadir Khan, der pakistanische »Doktor Seltsam«, der die Atombombe liebte und mit seinem nuklearen Know-how dealte, hat über seine VAE-Firma Teile seiner Millionendeals abgewickelt. Die Behörden haben auf Druck von Washington und der UNO-Sanktionen zwar einige Hundert dubiose iranische Unternehmen geschlossen, doch immer noch kommen nach Meinung der Experten die meisten illegalen Gelder und Güter der Mullahs über den Hafen am Golf.

Im Kampf gegen die Terrormiliz IS versucht Dubais Herrscher zu lavieren. 2015 lässt er irakisch-syrische Stellungen bombardieren, schert dann aber auch wieder aus der Koalition aus. Wie kontrovers solche Bombardements in den Emiraten sind, erfuhr die Führung, als in Zeitungen ein Foto der einzigen Kampfpilotin des Landes in einer für den Kampfeinsatz hergerichteten F-16 auftauchte – ihre Familie verstieß die fünfunddreißigjährige Mariam Al Mansouri umgehend, erklärte sich mit den IS-Gewalttätern »solidarisch«. Was zumindest zeigt, dass es in Dubai im Geheimen eine aktive Sympathisantenszene für die Islamisten gibt.

Scheich Mos wahre Front heißt ökonomischer Fortschritt. Für diese Auseinandersetzung spart er sich seine martialischen Vokabeln. »Unsere Opfer sollten Armut, Rückständigkeit und Ignoranz sein«, sagt der Poet mit Sinn für Pathos. Berührungsängste kennt der Wanderer zwischen den Welten offensichtlich nicht, besonders gern besucht er Berlin. Er will das Beste aus Ost und West mit den islamischen Traditionen vereinen – und fühlt sich dabei dem großem Nachbarn Saudi-Arabien mit seinem rigorosen Wahhabismus trotz eines gemeinsamen Militäreinsatzes im Jemen weniger nah als Singapurs erfolgreicher Autokratie. Am liebsten wäre er mit allen Freund, allerdings weiß der aufgeklärte Alleinherrscher auch, gegenüber wem er Abstand halten will. »Ich liebe die Vereinigten Staaten«, sagt er. »Nur ihre Außenpolitik nicht.«

Der moderne Prinz sieht sein Land in einer strategisch günstigen Lage. Fast eineinhalb Milliarden Menschen leben im Dreistunden-Flugradius von Dubai. Die Strecke nach Mumbai ist kürzer als die nach Kairo, Ostafrika so nah wie die Märkte Irans und des Nahen Ostens. Die Vereinigten Arabischen Emirate sind ein Kriegsgewinner: Je mehr die Lage in der Region eskaliert, je offensichtlicher die Arabische Revolution scheitert und Staaten wie Libyen dem Zerfall entgegenschlittern, desto attraktiver wird der sichere Hafen Dubai. Vermögende Saudis, Iraner und Ägypter, Libanesen, Kataris und Syrer tragen ihr Geld hierher. Die Investoren genießen hohen Schutz, das Bankgeheimnis gilt auch für dubiose ausländische Politiker und ihr Schwarzgeld – Dubai ist für sie, nach der weitgehenden Offenlegung von Konten in Bern und Zürich, sogar zu einer Art besseren Schweiz geworden.

Und so kann Scheich Mohammed Ibn Raschid Al Maktum verkünden, bis jetzt seien »gerade mal zehn Prozent« seiner Visionen verwirklicht, und die Menschen folgen ihm ohne große Kritik – es lebt sich gut im Emirat, das Pro-Kopf-Einkommen liegt etwa so hoch wie das in Deutschland. Für alle Teilhaber der Dubai AG fällt eine satte Dividende ab, neben der medizinischen Versorgung ist auch die Schulbildung kostenlos, bei Familiengründung spendiert der Staat ein Stück Land.

Es gibt allerdings die eine, die zentrale Einschränkung bei diesen Wohltaten: Nur »Einheimische« können sie in Anspruch nehmen. Und das ist nur jeder Achte der zwei Millionen, die in Dubai leben und arbeiten – alle anderen bekommen keinen VAE-Pass und sind von den Privilegien ausgeschlossen.

Es ist eine Dreiklassengesellschaft. Da sind einmal die in jeder Beziehung bevorzugten Einheimischen. Dann die europäischen und amerikanischen Experten, die als Architekten, Ärzte, Finanzberater, Im- und Exportkaufleute oder als Wissenschaftler mit Zeitverträgen in Dubai arbeiten; auch sie haben wenig zu klagen, beziehen ihre hohen Gehälter steuerfrei und loben in der Regel die weitgehende Rechtssicherheit und unbürokratische Schnelligkeit bei Geschäftsangelegenheiten.

Und dann ist da noch die große Masse der Dubai-Malocher. Sie arbeiten vor allem auf Baustellen und stammen aus Staaten wie Bangladesch, Pakistan oder Nepal. Sie haben wenig Rechte, hausen in Baracken und müssen auch noch bei über vierzig Grad Hitze ran (ab einundvierzig Grad sind die Firmen zum Stopp der Außenarbeiten verpflichtet, weshalb das Thermometer nach Ansicht unabhängiger Beobachter im Sommer auffallend häufig 40,9 Grad zeigt). In der Regel wird ihnen bei der Einreise der Pass abgenommen, sodass sie kaum Chancen haben, Dubai im Fall des Falles vorzeitig zu verlassen oder vor Ort ihren Arbeitsplatz zu wechseln. Viele würden trotzdem gern länger bleiben als ihr Zwei- oder Drei-Jahres-Turnus es ihnen erlaubt. Sie überweisen fast ihr ganzes in Dubai verdientes Geld, im Schnitt um die zweihundertfünfzig US-Dollar pro Monat, zurück an ihre Familien. Auf eine solche Verlängerung haben sie jedoch keinen Anspruch, sie haben überhaupt keine Chance zur Mitsprache über ihr Schicksal und müssen häufig sogar noch Schlepper abbezahlen.

Von dieser lautlosen Mehrheit hören und sehen die Dubai-Bürger und die Dubai-Besucher wenig. Und umgekehrt leben die

Arbeiter auch in ihrer Welt, ohne Kontakt zu den Reichen. Salman Rajput ist einer dieser Malocher, er stammt aus einer pakistanischen Kleinstadt bei Lahore, der Dreißigjährige hat zu Hause seine Frau, drei Kinder und eine kranke Großmutter zurückgelassen.

Morgens um fünf weckt ihn im Labour Camp draußen vor den Toren der Stadt die Sirene. Mit achtzehn Mann hausen sie in einem Container, zu sechst müssen sie sich eine Dusche teilen. Doch sie sind ein eingespieltes Team, alles klappt pünktlich auf die Minute. Muss klappen. Denn schon um Viertel vor sechs Uhr steht der gelbe Bus vor der Tür und bringt sie zu der Baustelle in der Media City, wo in der Nähe der Tamanya Terrace Bar (»Versäumen Sie nicht unsere DJ-Party mit verführerischen Lichteffekten!«) ein neues Apartmenthaus entstehen soll. Vierzehn Stunden harte Arbeit, unterbrochen nur von einer kurzen Mittagspause. Aber Salman beklagt sich nicht. Er weiß, wer gegen den Arbeitgeber demonstriert, riskiert die sofortige Abschiebung. Und immerhin wird er pünktlich bezahlt – anders als sein Bruder, der im Sklavenstaat Katar schuftet.

Abends karrt der Bus die Männer zurück zu ihrem Container. Meist fällt Salman erschöpft ins Bett, sonntags, wenn einmal keine Sonderschichten anfallen, trifft er sich mit seinem Freund. Der hat als Lkw-Fahrer den viel besseren Job, kann sich zwischen den Fahrten von Schottergruben zu Baustellen dreimal am Tag eine Viertelstunde Rast gönnen und sich eine Zigarette anstecken – Arbeiterfreuden im Touristenparadies Dubai. Am Wochenende schauen sie gemeinsam Bollywood-Filme und gehen zur Bank, um das Geld nach Hause zu überweisen. »Das ist immer ein großer Triumph«, sagt Salman und stoppt mitten im Satz, er wird von einem Hustenanfall geschüttelt. »Nicht so schlimm«, setzt der hagere Mann hastig hinzu, als er sich wieder einigermaßen erholt hat. Vor nichts hat er so große Angst wie vor Krankheit und Arbeitsunfähigkeit. Wer einmal fehlt, wird abgemahnt, wer dreimal fehlt, gekündigt.

Noch sind die Regierenden von Dubai in einer komfortablen Situation. Noch können sie mit einer ständig nachströmenden Flut von Arbeitskräften rechnen. Vielleicht bald nicht mehr aus dem Boom-Staat Indien, wo die Löhne in den Großstädten steigen. Aber in Bangladesch oder Pakistan sind die Chancen so gering, die Verdienstmöglichkeiten so mager, dass die Arbeitsmigranten Dubai trotz aller Härten, trotz der Ungleichbehandlung nicht als Zumutung sehen. Sondern als Chance. In ihren Heimatländern stehen sie bei den Vermittlern Schlange nach VAE-Visa. Ob diese relative Zufriedenheit einmal in Wut umschlägt und sich gegen die »Gastgeber« richtet, und wann das sein wird: Keiner weiß es.

Dubai weckt gemischte Gefühle. Die Weltarbeitsorganisation hat versucht, hier einen Mindestlohn von umgerechnet dreihundert Euro pro Monat durchzudrücken – und ist gescheitert. Die französische Business School Insead hat Dubai andererseits gerade als attraktivsten Arbeitsplatz für Führungskräfte auserkoren. Und zum dritten Mal hintereinander ergab eine Umfrage unter arabischen Jugendlichen in der gesamten Region, dass sie in keinem anderen Staat weltweit so gern leben würden wie in den Emiraten. Die VAE erhielten neununddreißig Prozent, die USA nur einundzwanzig Prozent der Stimmen; die jungen Menschen schätzen die Chancen und Freiheiten. Amnesty dagegen beklagt wesentliche Einschränkungen der Presse. Zwiespältig sind die Eindrücke in noch einer Beziehung: Die Regierung der VAE hat mit der Errichtung einer ökologischen Musterstadt in der Wüste begonnen, Masdar soll »CO_2-neutral« sein. Gleichzeitig haben die Emirate den höchsten CO_2-Ausstoß aller Staaten, nirgendwo verschwendet man so skrupellos Energie.

Und in Dubai herrscht zwar Liberalität gegenüber allen Religionen, Alkohol wird ohne Bedenken ausgeschenkt und in fast allen Hotelbars und Diskotheken gehen russische und afrikanische Prostituierte offen ihrem Gewerbe nach. Aber die streng nach der Scharia ausgerichteten Gerichte fällen empörende Urteile. Als etwa eine junge Norwegerin im Jahr 2013 eine Vergewaltigung anzeigte, schlugen sich die Richter auf die Seite der Täter – und klagten das Opfer an. Wegen »außerehelichen Geschlechtsverkehrs« wurde die Neunundzwanzigjährige zu sechzehn Monaten Haft verurteilt und durfte erst nach einer scharfen Intervention ihrer Regierung das Land verlassen.

Scheich Mo hat jetzt eine neue nationale Innovationsinitiative angekündigt, vor allem nachhaltige Projekte sollen gefördert werden. Ein Fokus liegt auf erneuerbaren Energien. Gleichzeitig ist Seine Hoheit weiter im Kaufrausch und auf Weltrekordjagd im Konsumbereich. Als gäbe es noch keine Ibn Battuta Mall, keine Mall of the Emirates mit einer überdachten, unterkühlten Vierhundert-Meter-Skipiste mitten in der Wüste, keine Dubai Mall mit einem Riesenaquarium und den zwischen Boutiquen hinter riesigen Glaskästen umherschwimmenden Haien – jetzt muss die noch größere, noch spektakulärere Mall of the World entstehen, Einkaufszentrum Nummer eins weltweit und Teil der »ersten, durchgängig luftgekühlten Stadt innerhalb einer Stadt, mit einer Glaskuppel, zwanzigtausend neuen Hotelzimmern und einer sieben Kilometer langen Fußgängerzone«.

Die Kathedralen des Konsums, die Illusionstempel einer Idealwelt sind die wahren Lebensadern dieser Stadt, und alles fokussiert und summiert sich zu einer Aufforderung, die schon in dem Namen dieser Stadt mitschwingt: DO BUY!

Nein, dieses Dubai leidet nicht unter falscher Bescheidenheit oder zu kleinkarierten Zielen. »Stellen Sie sich eine Welt vor, in der keiner ein Fremder ist«, wirbt die Stadt, die in die Zukunft weisen will, »eine Welt, in der Angehörige von über hundertfünfzig Nationen leben und arbeiten.« Dubai will alles sein: Singapur und Saint-Tropez und Silicon Valley, New York und Neuschwanstein, Hongkong, Houston und Hollywood. Vorwärtstaumelnd, alle Klischees niederreißend, stilsicher in ihrer Stillosigkeit. Eine Idealwelt, zusammengezimmert im Zeitraffer, kopiert diese Stadt so viel und von so vielen, als hätte sie Angst vor sich selbst.

Die Grenzen zwischen dem, was ist und was sein wird, verschwimmen. Die Werbung für die Zukunftsprojekte ist in den Augen der Macher so real wie die Stadt selbst. Überall blitzen computergesteuerte Animationen neuer Projekte auf, zieren Schautafeln und Hochglanzbroschüren, und in den Kaufhäusern und Maklerbüros nehmen die blinkenden Modelle halbe Stockwerke ein. Selbst Ortskundige sind ob dieses zwanghaften, ständigen Sich-selbst-Übertreffens unsicher: Ist das schon gebaut, wird es gerade gebaut?

Und doch, bei aller Kritik, bei aller Skepsis, welchen Weg das Übermorgenland gehen wird: Dubai blüht. Es boomt inmitten einer aus den Fugen geratenen Weltgegend, und der Aufschwung hat das Elend von Palästina, den libanesischen Bürgerkrieg, Saddam, Khomeini und Gaddafi, den 11. September und die Golfkriege überdauert, und auch der gegenwärtige Zerfall nahöstlicher Staaten wie Syrien und Libyen, die Grausamkeit des IS scheint Dubai nicht aus der Bahn zu werfen.

»Lange sind die Menschen nach Saudi-Arabien oder in den Iran gepilgert, die Männer haben sich für fanatische Ideologien begeistert und die Frauen kauften sich schwarze Umhänge«, sagt der ägyptische Autor Yussuf Ibrahim. »Heute fliegen sie nach Dubai, und was bringen sie von da mit? Jeans und Tanktops und Geschäftsideen. Der ägyptische Nasserismus ist tot, der irakische Baathismus ist gescheitert, der militante Islam geht mit einem letzten Aufbäumen seinem blutigen Ende entgegen. Es lebe der arabische Kapitalismus!«

Doch zur Wahrheit gehört auch, dass Dubais System weder besonders »arabisch« noch gar »islamisch« ist – die Emirate wurden wohlhabend, indem sie die wesentlichen ökonomischen Prinzipien des Westens, wenngleich nicht seine politischen, weitgehend kopierten. Mit einer Ausnahme: Dubai wurde zum führenden Zentrum des islamischen Bankensystems, das auf dem Prinzip des *Sukuk* basiert. Selbst bei den Anleihen, die offiziell keine – vom Koran verbotenen – Zinsen bringen dürfen, schummeln sich die Herrscher von Dubai in die Neuzeit: Der Gewinn für den Anleger wird über Firmenbeteiligungen und deren Wertzuwachs ausgezahlt.

*

Letzter Tag im Mövenpick Ibn Battuta Gate Hotel, nahe der Ibn Battuta-Metrostation, letzter Besuch in der gegenüberliegenden Ibn Battuta Mall. Ich kaufe für die nächste Reise all die Bequemlichkeiten, die dem Mann aus Tanger vor sieben Jahrhunderten nicht zur Verfügung standen: Taschenlampe, Sonnenschutzmittel, Müsli-Riegel. Und dann will ich noch kurz in eine Buchhandlung schauen, was sich als schwieriger erweist als gedacht.

Buchhandlungen gibt es hier nicht, sagt der Mann am Informationsstand. – Was, zweihundertfünfundsiebzig Läden und keine Buchhandlung? Das kann nicht sein. – Ich schau noch mal nach. Oh ja, Sie haben Recht. Aber danach wird nicht so oft gefragt. Hier der kleine Laden, zwischen Indien und China … – Kann ich denn eine Ausgabe des *Rihla* von Ibn Battuta kaufen?, frage ich, als ich das Geschäft endlich gefunden habe. – Führen wir nicht. Was hat der Autor sonst so geschrieben? – Eigentlich nichts anderes. Kennen Sie den Mann gar nicht, nach dem die Mall benannt ist? – Sorry. Aber nein, wir haben dieses Buch nicht vorrätig. Und auch nichts über ihn. Sollten wir vielleicht mal besorgen.

Ich bitte darum, höre ich mich sagen. Aber da bin ich in Gedanken schon unterwegs zum nächsten Ziel, das Ibn Battuta anstrebte. Eine Stadt, die weder auf seiner Reiseroute noch in seinem islamischen Kulturkreis liegt. Ein Ausflug in eine andere Welt, in die er buchstäblich hineinstolpert. Und doch wird dieser Trip zu einem der Höhepunkte für den Globetrotter – eine Stadt, die bis heute einen besonderen Klang hat und auf zwei historische Namen hört: Konstantinopel, Istanbul.

Istanbul – Zukunftsweisend

Nach seinem so schmerzhaften Ausflug in ein mittelalterliches Dubai namens Qalhat, nach der anschließenden wochenlangen Erholung in dieser eindrucksvollen Stadt beginnt der wiedergenesene Ibn Battuta konkrete Pläne zu machen. Sein Entschluss steht fest: Die größten Abenteuer versprechen die Regionen und Orte jenseits des Maghreb, jenseits der arabisch-persischen Welt. Und nichts lockt ihn mehr als Indien, das geheimnisvolle Land, sein fremder Zauber, seine Zukunftsperspektiven.

Da sind einmal die Prophezeiungen der beiden Sufi-Mystiker, die ihm in Ägypten den Weg Richtung Fernost gewiesen haben, ihm den Auftrag gaben, ihre Verwandten aufzusuchen und zu grüßen. Da ist aber auch, jenseits dieser persönlichen, fast spirituellen Motive, etwas ganz Konkretes, das Ibn Battuta Richtung Indien zieht: die Berufschancen, die mögliche eigene Karriere, der soziale Aufstieg.

Immer wieder hat er unterwegs in Ostafrika vom sagenhaften Reichtum des Herrschers von Delhi gehört. Und dieser Sultan Mohammed Tughluq steht auch im Mittelpunkt fast aller Erzählungen auf den besonders lebhaften und farbenprächtigen Märkten des Oman, dem kommunikativen Schnittpunkt zwischen Afrika und Arabien, Zentralasien und Fernost. Auf diesen Basaren bieten die Händler so ziemlich alles an, was in der muslimischen Welt und an ihren Rändern geerntet oder produziert wird: Perlen von den Malediven, Goldschmuck aus Mali. Elfenbein von Mombasa, Teakholz aus Mandalay. Baumwolle von Samarkand, Seide aus Suzhou. Fleisch, Früchte, Gewürze von Wild über Waldbeeren bis Weihrauch.

Es ist ein einziges Fest für die Sinne – und dann gibt es dazu noch diese andere, für den Mann aus dem Maghreb so wichtige Ware: Informationen. Vor allem und immer wieder über Indien. Zuletzt hat ihm auch sein indischer Weggefährte und Leidensgenosse der missglückten Wanderung nach Qalhat vorgeschwärmt, wie freundlich zu Fremden der dortige Herrscher sei, wie er seine interessanten Gäste von weither mit kostbaren Geschenken verwöhne, ihnen Geld und ein gutes Leben verspreche, wenn sie denn an seiner Seite einen Job annähmen und ihn loyal ausübten.

Eine Win-win-Situation für den ehrgeizigen und selbstbewussten jungen Mann aus Tanger. Es winken spannende Abenteuer, neue Möglichkeiten, den Horizont zu erweitern, interessante und »exotische« juristische Fälle, die den Intellekt und das islamische Wissen des Rechtsgelehrten schärfen können, eine glanzvolle Karriere am Hof mit allem Drum und Dran: Macht, Frauen, Gold. Eine historische Herausforderung könnte das werden. Sie verspricht Ruhm, vielleicht sogar Nachruhm, einen Platz in der Geschichte.

Aber auch der erfolgsverwöhnte und mittlerweile schon sehr erfahrene Reisende Ibn Battuta hat mal Pech. Hatte er auf dem Weg von Ostafrika nach Oman den Monsun im Rücken und kam so an Bord einer Dhow schnell und gut voran, blasen ihm die Winde nun entgegen, im wahrsten Sinne des Wortes ins Gesicht – es ist die falsche Jahreszeit für einen Bootstrip Richtung Indien. So macht er sich noch einmal Richtung Mekka auf. In der heiligen Stadt fühlt er sich wohl, sie ist sein spiritueller und weltlicher Anker, hier hat er Freunde, bei denen er sich womöglich noch präzisere Kenntnisse für seinen nächsten großen Schritt holen kann.

Er bleibt diesmal nur einige Monate, reist dann weiter an die Küste. In Jeddah will er einen *Rafiq* finden, einen kundigen Führer und Mitreisenden, der sich in Indien auskennt und ihm in Delhi die Türen öffnet, denn er hat gehört, dass man beim Sultan vom ersten Augenblick an Eindruck machen müsse. Und er braucht natürlich noch ein zuverlässiges Schiff, das ihn zu den indischen Küsten bringt. Beides erweist sich als schwierig, bei Ibn Battutas Ansprüchen sogar als unmöglich.

»Ich war nach Judda (Jeddah) gekommen, um nach Indien weiterzureisen. Doch das war mir nicht vergönnt«, schreibt er in seinem Reisebuch äußerst knapp, und man glaubt, das Zähneknirschen, den Ärger zwischen den Zeilen heraushören zu können. Vielleicht zum ersten Mal seit dem Beginn seiner Reise, seit seinem Abschied von Tanger, weiß er nicht weiter. Er hängt herum, »vierzig Tage ging das so«. Jeddah langweilt ihn, er wird unruhig. Er ist stark versucht, das nächstbeste Boot zu nehmen, egal wohin, nur weg. Er besteigt einen klapprigen Schoner, springt im letzten Moment von Bord, einer Eingebung folgend. Zwei Tage später hört er, dass der Kahn bei einem Sturm gekentert ist, keiner der über siebzig Passagiere hat überlebt. »Ein Akt der Vorsehung durch Gott, den Allmächtigen«, nennt er sein knappes Davonkommen. Es gibt ihm neuen Lebensmut. Übermut.

Hat ein Ibn Battuta es nötig, die Zukunft so präzise zu planen, mit einem Berater an der Seite, mit einer Verbeugung vor dem Herrscher, mit einer Karriere am Hof? Oder macht es nicht doch mehr Spaß, sich wieder wie früher durch die Welt treiben zu lassen, Unerwartetes zu erfahren, Abenteuer, Eskapaden? Kann Indien, kann die Karriere, kann der Himmel nicht warten? Gegen alle Vernunft beschließt der Wanderlustige, in die andere Richtung aufzubrechen, hinüber nach Ägypten, dann weiter nördlich nach Anatolien ins Reich der Türken, zum Schwarzen Meer. Nach Zentralasien, Usbekistan, Afghanistan, über den Hindukusch. Die lange Reiseroute Richtung Fernost, fast alles über Land.

Und kaum sucht er nicht mehr krampfhaft nach einem idealen Begleiter, findet er ihn: In Kairo lernt er einen Gleichgesinnten kennen, Abdallah al-Tuzrai heißt der Mann, er sollte bis zu seinem Tode in Indien an seiner Seite bleiben. Eine Männerfreundschaft, wie sie Ibn Battuta – so oft, so gern der einsame Wolf auf den Straßen der Welt – bis dahin nicht gekannt hat und auch nicht mehr kennenlernen wird. Im syrischen Latakia besteigen sie ein Schiff, das einem Christen aus Genua gehört. Sehr fair sei der Kapitän mit ihnen umgegangen, schreibt Ibn Battuta, hätte nicht einmal Bezahlung für die Passage angenommen.

Sie landen in Antalya, einer laut *Rihla* großen und schönen Stadt. Überhaupt gefällt es dem Reisenden im Byzantiner-Reich. »Das ist eine der feinsten Regionen der Erde«, schreibt er, »so, als hätte Gott von allen anderen Gegenden die besten Ingredienzen eingesammelt und hier verteilt. Die Einwohner sind herzensgut, ihre Kleider äußerst sauber, ihre Speisen köstlich.« Es klingt ein bisschen, als wolle er hinzufügen: Und das alles, obwohl sie Ungläubige sind. Denn Anatolien ist zu Ibn Battutas Zeit noch ein überwiegend christlich geprägtes Land, die Muslime sind in der Minderheit.

Besonders der Umgang mit Frauen fällt dem islamischen Rechtsgelehrten auf. Sie seien unverschleiert und genössen genauso viele Rechte wie die Männer, konstatiert er verwundert, vielleicht auch ein wenig bewundernd, aber insgesamt klingt es so, als wisse er nicht so recht, was er von diesem seltsamen Phänomen halten soll. Er hat in Anatolien nur zwei Dinge zu bemängeln: die überall auffällige Prostitution und den offenen Haschisch-Konsum. Beides betrachtet er als frevlerisch, als zutiefst unislamisch. Ansonsten: »Wo immer wir hinkamen, fragte man nach unseren Bedürfnissen. Und wenn wir dann nach ein paar Tagen weiterzogen, verabschiedeten sie uns, als seien wir Familienmitglieder, und die Frauen weinten sogar vor Abschiedsschmerz.«

Ibn Battuta beeindruckt die Gläubigkeit der Christen, er lobt ihre architektonisch eindrucksvollen Kirchen, allen voran die von Ephesus. Er bewegt sich aber auch hier meist unter seinen Glaubensbrüdern. Die Städte an der türkischen Küste haben abgegrenzte Viertel, Juden und Muslime bevorzugen ihre eigene Umgebung. Die aufstrebenden muslimischen Geschäftsleute haben sich in sogenannten *Okhis* (»Gemeinschaft der Großzügigen«) zusammengeschlossen und treffen sich regelmäßig. Ibn Battuta kommt in den vollen Genuss dieser Mischung aus Männerbund, Kaufmannsgenossenschaft und Freizeitclub. Die engen Kontakte in der gesamten Region helfen dem Maghrebiner, die »Blutsbrüder« behandeln ihn wie einen der ihren. Sie glauben, ihre Wurzeln als vorbildliche Muslime bis zu den Zeiten des Propheten zurückverfolgen zu können. »Nirgendwo in der Welt habe ich ein solches Entgegenkommen gegenüber Gästen erlebt«, notiert ein tief bewegter Ibn Battuta.

Der Mann aus dem Maghreb wird von *Okhi* zu *Okhi* weitergereicht, wohnt, isst, diskutiert und feiert mit ihren Mitgliedern in mehr als zwanzig Städten. Er erzählt im Gegenzug von seinen Reisen und berät in Rechtsfragen, die Gastgeber hängen an seinen Lippen. Er schätzt diese Anerkennung sehr, beobachtet stolz, wie sich sein Name herumspricht. Und er wird reich beschenkt, so als wollte ein Männerbund den anderen durch seine Generosität übertreffen, als sei es eine Ehre, ihn mit möglichst kostbaren Gaben zu überhäufen.

Im westanatolischen Birgi darf er dann am Hof eines Sultans beten, wird eingeladen, sich an dessen Seite zu setzen. Als ein Mann neben ihm unaufgefordert auf einer ähnlich privilegierten Position Platz nimmt und Ibn Battuta erfährt, dass es sich dabei um einen Juden handelt, vergreift er sich schlimm im Ton. »Wie kannst du es wagen, hier oberhalb der Koran-Leser zu sitzen, wo du doch ein Jude bist?« Es ist ein merkwürdiger Ausrutscher, gibt sich der Mann aus dem Maghreb doch ansonsten überall auf der Welt allem Fremden gegenüber aufgeschlossen, achtet er doch vor allem die anderen monotheistischen Religionen. Wenn Ibn Battuta geglaubt haben sollte, dem Herrscher mit seiner Verteidigung des privilegierten Platzes imponiert zu haben, sieht er sich getäuscht. Zwar lobt ihn ein lokaler Islamgelehrter für seine »mutigen Worte«. Der Sultan jedoch wirkt von dem verbalen Ausfall seines Gastes überrascht und befremdet.

Über Konya mit seinen tanzenden Derwischen und Bursa gelangt Ibn Battuta mit immer größerem Gefolge ans Schwarze Meer – er verfügt nun über zwei männliche Bedienstete, eine hübsche junge Sklavin und ein halbes Dutzend Pferde, nebst Preziosen und kostbarer Kleidung. Fünfzehn Monate Anatolien, das hat sich gelohnt, finanziell, und auch was die Kontakte betrifft. Ibn Battuta ist nun endgültig kein Rucksacktourist mehr, sondern ein arrivierter Luxusreisender. Allerdings keiner, der vor Rückschlägen gefeit ist, wie sich bald zeigt. Der Trip übers Schwarze Meer hinüber zur Krim wird zum Alptraum. Drei Tage lang wütet ein schlimmer Sturm. Ibn Battuta bleibt unter Deck, schickt einen Bekannten ins Freie, um sich über die Höhe der Wellen und die Zerstörungen auf dem Boot berichten zu lassen. Der kommt leichenblass zurück und sagt nur: »Vertrau dich Gott an.«

Sie werden Richtung ihres Ausgangshafens Sinop zurückgetrieben, schaffen es dann aber »nach Stunden über Stunden der Panik« schließlich auf die Krim. Der Kapitän bekommt im letzten Moment auch noch Angst vor einem möglichen Piratenüberfall, und so landen sie schließlich an einem menschenleeren Teil der Küste. Vorbeifahrende christliche Händler leihen ihnen einige Pferde: Nach einem Tag kommen sie schließlich in Kaffa an, dem damals größten Hafen auf der Krim, dem heutigen Feodossija.

Die Stadt ist christlich geprägt, Kaufleute aus Genua und Venedig bestimmen das Bild. Wenige Moscheen stehen einer großen

Anzahl von Kirchen entgegen – und die beginnen, gerade hatte sich Ibn Battuta zur Mittagsruhe ausgestreckt, alle gemeinsam ihre Glocken zu läuten und zur Messe zu rufen. Satanische Geräusche, so laut, so geballt, das packt den überzeugten Muslim an der Ehre. Er schnappt sich einen Freund und steigt aufs nächstliegende Minarett, ruft Koranverse gegen den Wind. Es ist eine eher kindische Demonstration, bei der er sich nicht viel denkt. Den lokalen Kadi aber, der die Szene beobachtet, besorgt das doch so sehr, dass er mit einer gezogenen Waffe nach oben stürmt, um seine muslimischen Glaubensbrüder von eventuellen Racheakten zu bewahren.

Ibn Battuta übersteht auch dieses Abenteuer unbeschadet. Er hat immer noch im Hinterkopf, den Sultan von Delhi zu treffen, und sucht nach einer geeigneten Vorbereitung, um dem mächtigsten Mann von Indien, wenn es denn so weit ist, auch angemessen gegenüberzutreten. Er will ihm imponieren, mit seinen Reiseerlebnissen, vor allem aber seinen Verbindungen zu anderen Großen der Welt. In Bagdad hatte er bereits einen der sieben Weltführer getroffen, den jungen, hochgebildeten Abu Said, »einen der schönsten und eindrucksvollsten Menschen auf Gottes Erdboden«. Jetzt sieht er die Chance, unterwegs noch einen weiteren aus dieser Riege kennenzulernen. Er will nach Sarai an der Wolga. Dort regiert einer, so hat er gehört, der es fast aufnehmen kann mit den mächtigen Männern von Bagdad und Delhi: Muhammad Uzbeg, Chef der »Goldenen Horde«, des nordwestlichen Khanats. Das ist ein riesiges Steppengebiet östlich des Schwarzen Meeres, einer von vier Teilen des mongolischen Großreichs, den Dschingis Khan seinen Söhnen und Enkeln in seinem Todesjahr 1227 vermacht hat. Diesen Uzbeg will er unbedingt kennenlernen.

Sein Improvisationstalent, seine Kenntnisse fremder Länder und sein geschickter Umgang mit Menschen allein werden kaum ausreichen, ein Treffen mit einem so wichtigen Herrscher zu arrangieren. Ibn Battuta hat gelernt, dass es nicht schaden kann, die eigene Bedeutung auch mit Äußerlichkeiten zu dokumentieren.

Ein Mann von Welt braucht seinen eigenen Wagen, dazu noch weitere vierrädrige Gefährte für seine Bediensteten. Ibn Battuta ist durch seine anatolische Geschenke-Tour flüssig, er kann sich einen Großeinkauf leisten. Und so lernt er nebenbei auch ein neues Transportmittel kennen, das für die nächsten Jahre weitgehend die ihm vertrauten Kamele und Esel ablösen sollte: die von Pferden gezogene Kutsche, in ihrer luxuriösen Version mit vergitterten Fenstern, Vorhängen und bequemen Liegen ausgestattet. Der Mann aus dem Maghreb kauft sich gleich ein halbes Dutzend solcher Wagen. Im bequemsten richtet er sich selbst häuslich ein. Die hübsche Bedienstete aus der Türkei an seiner Seite wird bald schwanger – Kind Nummer drei für den jungen Mann.

Nicht, dass er sich wegen solcher privater Nebensächlichkeiten von seinen großen Zielen abbringen ließe. Ibn Battuta hat wieder einmal großes Reiseglück. Er stößt bald auf die Karawane des Herrschers Uzbeg und darf sich ihr anschließen. Man müsse sich die Aneinanderreihung von Wagen vorstellen wie »eine ganze Stadt in Bewegung, mit mobilen Moscheen und Basaren, dabei liegt der Rauch und der Duft der königlichen Küchen in der Luft, die unterwegs ständig neue Gerichte produzieren«, schreibt der Chronist beeindruckt. Der Sultan selbst ist während des Trips nicht anwesend, er wartet in seinem Heerlager Bisch Tagh auf die Ankunft seiner Entourage. Und er empfängt den Fremden dann auch gleich nach dessen Ankunft.

Muhammad Uzbeg sitzt auf einem Silberthron inmitten einer riesigen, mit Goldplatten bedeckten Jurte, eingerahmt von seinen Brüdern, Onkeln und vier Frauen. Der Herrscher habe sich erst gesetzt, nachdem seine vier Gattinnen Platz genommen hätten, schildert Ibn Battuta. Ansonsten ist er wenig angetan von dem mächtigen Sultan. Zwar scheint der ihm als ein fähiger Politiker und Kriegsherr, aber dass Uzbeg ausgerechnet am besonders heiligen Tag des muslimischen Fastenbrechens sichtbar betrunken umhertorkelt, das nimmt er ihm sehr übel.

Besser zurecht kommt er mit Prinzessin Bayalun, einer der vier Frauen des Sultans. Als er ihr von seinen Reisen erzählt und der großen Distanz, die jetzt zwischen ihm und seiner Heimat liegt, »bricht sie aus Mitleid und Anteilnahme in Tränen aus«. Bald erfährt Ibn Battuta auch, warum die Dame so sensibel ist: Prinzessin Bayalun ist die Tochter von Andronicus III., dem christlichen Kaiser von Byzanz, und lebt selbst fern von ihrem Mutterland. Sie ist schwanger und möchte jetzt gar zu gern ihre Verwandten in Konstantinopel besuchen. Ihr Mann aber erlaube das nicht, erzählt sie. Es gebe keinen Beschützer, dem er sie für den wochenlangen Weg anvertrauen wolle.

Ibn Battuta horcht auf. Er begreift sofort, dass ihm da eine einmalige Chance winken könnte, die Möglichkeit, eine Weltstadt unter besonderen Bedingungen kennenzulernen, ein Umweg de luxe. Er bietet sich als Begleiter an, und die Prinzessin ist gleich von der Idee begeistert. Sultan Uzbeg zögert zunächst, stimmt dann aber zu. Ob das aus Liebe geschieht oder aus politischer Berechnung – schwer zu sagen. Jedenfalls ist die politische Heirat zwischen dem muslimischen Dschingis-Khan-Erben und der Tochter vom christlich-byzantinischen Hof wichtig für die prosperierenden Beziehungen zwischen beiden Seiten: Der Khan will die Handelsbeziehungen zum Bosporus aufrechterhalten, der Kaiser von Konstantinopel braucht die »Goldene Horde« als Gegengewicht zu seinen immer mächtiger werdenden Rivalen auf dem Balkan.

Am 14. Juni 1334 ist Aufbruch. Eine kurze Wegstrecke zieht der Herrscher mit, dann lässt er seine Frau und den Fremden allein weiterreisen – freilich nicht ohne Begleitung. Was sich da durch die Steppe zwischen Don und Dnjepr bewegt, hat den Charakter einer Großprozession: fünfhundert Soldaten, vierhundert Wagen mit zweitausend Pferden, Dutzende Diener, Sklavenmädchen, Köche. Wo immer der Tross Halt macht, müssen die Einheimischen ihn mit frischen Nahrungsmitteln versorgen, das ist Teil des verabredeten Tributsystems in der Region.

Sie fahren Richtung Donaumündung, durch das heutige Bulgarien. Und mit der Landschaft verändern sich zum Erstaunen des aufmerksamen Beobachters auch die Gewohnheiten seiner Schutzbefohlenen. Prinzessin Bayalun, in der Fremde zum Islam konvertiert, nimmt sich wieder alte Freiheiten: Sie trinkt Wein und – fast schlimmer noch für Ibn Battuta – »sie isst Schweinefleisch!«

Nach fünfundsiebzig Tagen erreichen sie die Vororte Konstantinopels, sehen in der Ferne schon die hohen Mauern der christlichen Hauptstadt, die einen Beinamen bekommen hat: das »neue Rom«. Ibn Battuta ist sehr gespannt auf diese Metropole. Und er ist auch nervös – keine Ahnung, was ihn dort erwartet. Ob er als Muslim, als obskurer Begleiter der Prinzessin willkommen ist?

»Unser Einzug in Konstantinopel fand um die Mittagszeit statt. Sie ließen ihre Glocken läuten, bis der Horizont erzitterte«, schreibt er in seinem Reisebuch. Ibn Battuta wird von der Kaisertochter getrennt, man lässt ihn zunächst nicht in die Nähe des Palasts. Doch schnell setzt Bayalun durch, dass ihr Beschützer in einem Haus bei der herrschaftlichen Residenz untergebracht wird, schickt dem Mann aus dem Maghreb täglich kostbare Speisen. Doch darum geht es Ibn Battuta nicht: Er brennt darauf, den Kaiser kennenzulernen, und vor allem will er sich überall ungehindert in der Stadt umsehen. Wieder und wieder ersucht er um eine Audienz.

Schließlich bekommt er sein Treffen. »An der fünften Tür des Palasts wurde ich von Wachsoldaten durchsucht, damit ich nicht etwa eine Waffe hineinbrächte. So verfahren sie mit allen, die zum

Kaiser gehen. Der Herrscher saß, flankiert von seiner Frau und seiner Tochter, auf seinem Thron, während ihre Brüder unterhalb Platz genommen hatten. Er war freundlich und fragte mich nach meinen Reiseerlebnissen. Er erkundigte sich zunächst nach den christlichen Stätten, der Grabeskirche in Jerusalem, der Krippe in Bethlehem, fragte mich dann auch nach den islamischen Stätten von Damaskus, Ägypten, dem Irak. Ich beantwortete alle Fragen, ein Jude übersetzte. Was ich sagte, erstaunte den Kaiser, und er sprach zu seinen Söhnen: ›Ehrt diesen Mann und beschützt ihn!‹ Dann kleidete er mich in ein besonderes Gewand, ließ mir ein gesatteltes Pferd und einen Schirm von der Art zuweisen, die er selbst über seinen Kopf tragen ließ.«

Ibn Battuta bittet Andronicus III., ihm einen Führer mitzugeben. Er will »sämtliche Viertel« durchstreifen, die »Wunder der Stadt besichtigen«. Das wird ihm gewährt, und so reitet er tagelang durch Konstantinopel, teils spektakulär von Trompeten und Trommeln begleitet, teils nur mit unauffälliger Eskorte, immer beeindruckter von den Bauwerken, den Plätzen, der allgemeinen Ordnung. Und er ist auch sehr angetan von der religiösen Toleranz, im Zentrum der Metropole befindet sich eine große Moschee. Der Gast scheint wenig davon gespürt zu haben, dass Andronicus III. bereits unter erheblichem politischem Druck steht, sein Reich außerhalb der Hauptstadt zu bröckeln beginnt. Dass Konstantinopel seine Glanzzeiten schon hinter sich hat.

Ibn Battuta genießt, beobachtet, schwelgt in Superlativen. Aber ganz ohne Wermutstropfen geht sein fünfwöchiger Konstantinopel-Besuch dann doch nicht zu Ende. Die schönste Sehenswürdigkeit bleibt ihm verwehrt. Mit tiefem Bedauern notiert er in seinem *Rihla*: »Ich sah die Hagia Sophia, die größte Kirche der Stadt, nur von außen. Denn an ihrem Eingangstor hängt ein Kreuz, vor welchem sich jeder Eintretende in ein Gebet vertiefen und sich verbeugen muss. Das aber konnte ich nicht.«

Die Geräusche: Der melodische Gebetsruf des Muezzin-Stimm-
lehrers, der den Nachwuchsklerikern geduldig die richtige Intona-
tion beibringt; das Kreischen der fast Albatros-großen Möwen auf
der Zwölfminutenbootsfahrt von Europa nach Asien; das Dröhnen der Airbus-380-Motoren auf dem bald zweitgrößten Flughafen der Welt; die einpeitschenden Klänge von anatolischem
Rock und Istanbuler Rap in der Disco, konkurrierend mit dem
klagenden Arabesk aus einer Volksmusikkneipe; das Zirpen der
Zikaden in den Pinienhainen der abgelegenen Prinzeninseln; das
wütende Bellen der Straßenköter, die sich in den Arbeitervierteln
nachts zu Gangs zusammenschließen; das sanfte Wellenschlagen
frühmorgens am Goldenen Horn; das Klacken der Limonaden-
verkäufer, die Zangen aneinanderhauen, um auf sich aufmerksam
zu machen; das laute Vor-sich-her-Sagen des *gürültülü,* des türkischen Wortes für »laut«.

Die Gerüche: Dutzende verschiedene Rosenwasser, noch mehr
Teesorten an den Gewürzständen des Ägyptischen Basars; das
neue Apfelaroma der Wasserpfeifen-Geschmacksspezialisten in
der ehemaligen Koranschule Corlulu Ali Pascha; der klassische
Mokka-Duft im kleinen, antik eingerichteten Café Privato nahe
des Galata-Turms; der Odeur von altem Holz in der restaurierten
Villa der mächtigen Unternehmerfamilie Koç; der Gestank von
Abgasen und Müll und defekter Kanalisation an den Durchgangsstraßen, deren Baustellen nie fertig werden; der hunderttausend-
fache Angst- und Jubelschweiß der Fußballfans beim Lokalderby
Galatasaray gegen Fernerbahçe; die rund um die Uhr frisch geba-
ckenen Sesamkringel, die mit Zitronen beträufelten Makrelen,
an den Ständen am Wasser oder von Straßenhändlern erhältlich;
der nach Sirup duftende Spritzkuchen; die beißenden Tränengasschwaden der gegen die Demonstranten vorrückenden Polizei.

Die Gestalten: Der stoische Alte, der neben Dutzenden Gleichgesinnten an der Galata-Brücke angelt, ohne jemals einen mehr als fingergroßen Fisch zu fangen; der in Istanbul geborene Staatspräsident bei einer Wahlveranstaltung, wild gestikulierend; die blonde Straßenprostituierte in der steil aufsteigenden Nebenstraße zum Galata-Turm; die Vollverschleierte in Burka-Schwarz mit einer knallgelben Prada-Designertasche in der Fußgängerzone; der minderjährige Tee-Balancierer mit seinem Messingtablett und dem Wechselgeld auf der Bosporus-Fähre zwischen Kadiköy und Karaköy; der wichtigtuerische Geschäftsmann, der sich an der Straßenbahn vordrängelt; der Dolmuş-Fahrer, der sein Sammeltaxi in die Außenbezirke anpreist, bis platzmäßig gar nichts mehr geht, und dann in halsbrecherischer Fahrt losrast; der Börsenprofi, der mit schriller Stimme beim Wertpapierhandel alle anderen übertrumpft.

Istanbul riecht, schmeckt, hört sich an und sieht aus wie eine Weltstadt – und doch empfindet es sich selbst nicht so. Die Istanbuler agieren, als sei ihrer Stadt die Persönlichkeit abhandengekommen, verunsichert, als habe die Größe, die Arroganz des Alten den Weg in die Zukunft verbaut oder mache ihn zumindest unendlich dornig, mühselig, schwierig. Warum nur?

Wenige Städte waren so lange so durchgehend so bedeutend wie diese. Alle Herrscher haben hier ihre Visitenkarte hinterlassen, das Feinste vom Feinen, großartige Kirchen, Moscheen, Paläste; Griechen gründeten die Stadt im siebten vorchristlichen Jahrhundert zwischen Bosporus, Goldenem Horn und Marmarameer, ermutigt vom Orakel zu Delphi, das diesen Platz über alle Maßen anpries; für die Wikinger war sie die »goldene Stadt«; Lateiner eroberten sie 330 n. Chr. und machten daraus Byzantion, ein zweites und, wie sie lange glaubten, besseres Rom mit weltoffenen Universitäten, Bibliotheken, funktionierender Kanalisation und Feuerwehr; fränkische Ritter kamen 1204, glaubensblinde Kreuzfahrer, um die in ihren Augen grell geschminkte, verwerfliche »Hurenstadt« zu schleifen; Sultan Mehmed II., gerade erst einundzwanzig Jahre alt geworden, erstürmte sie schließlich 1453 für die Welt der Muslime; Janetscharen bemächtigten sich ihrer 1826. Und nach dem Ersten Weltkrieg dankte unter dem Einfluss der Briten schließlich der letzte Sultan ab; 1923 stieg Mustafa Kemal Pascha, später Atatürk genannt, von hier aus zum ersten Präsidenten der unabhängigen Türkei auf.

Als einzige Metropole im ganzen Erdkreis umspannt dieses Istanbul zwei Kontinente, sie ist ganz unbestreitbar ein Zentrum der Religionen und ein Mittelpunkt von Kulturen. Eine elegante Stadt der schwarzen Zypressen und weißen Minarette, auf sieben Hügeln gebaut wie dieses andere Rom. »Was ihre Lage anbetrifft, so scheint es, als habe die Natur sie für die Hauptstadt der Welt erschaffen«, schrieb der flämische Diplomat Ghislin de Busbecq.

Eine vielleicht gelegentlich schizophrene, manchmal nach allen asiatisch-europäischen Seiten schielende Schöne, aber eine Schönheit, weiß Gott – warum also ist sie sich ihres Weltstatus nicht sicher, warum wirkt sie so unsouverän, so zerrissen, warum sagen alle, wirklich alle meine Istanbuler Bekannten, wenn ich sie denn bitte, die Stadt mit einem Begriff zu beschreiben: Nur *hüzün* trifft es, was sich mit »melancholisch«, »traurig« und »gescheitert« übersetzen lässt? Und wie kommt es, dass der beste Chronist dieser Stadt, der Literaturnobelpreisträger Orhan Pamuk, diesem *hüzün* als dem »schwarzen Gefühl« seiner Mitbürger den großen Teil eines Buches gewidmet hat?

Wanderungen durch Istanbul, zu seinen Highlights und zu seinen Tiefpunkten. Zu Ibn Battutas Orten, zu denen Atatürks und Pamuks; und zu den jungen Leuten, die hier ihre Zukunft sehen und gestalten. Ein Stadtbild aus Splittern, aus Szenen zusammengesetzt, an sieben Schauplätzen.

In der Hagia Sophia. Als Ibn Battuta dieses Gotteshaus von außen sah, war er hin und weg, wollte es gleich betreten, das Innere erkunden – und sah sich gezwungen, darauf zu verzichten: Er hätte sich bekreuzigen müssen. Zwischen den Zeilen des *Rihla* lässt sich sehr wohl herauslesen, dass er seine Konsequenz, die er zunächst für unumgänglich hielt, später bedauert hat. Was er versäumte, war ein Wunderwerk. Kaiser Justinian hatte nicht geruht, bis die Hagia Sophia, die »Heilige Weisheit«, am 27. Dezember 537 feierlich eingeweiht, zur prächtigsten Kirche ihrer Zeit wurde. Ein bis heute erhaltenes Mosaik zeigt den Herrscher, wie er der Muttergottes mit dem Jesuskind ein symbolisches Modell der Hagia Sophia überreicht.

Die Baupläne der mächtigen, damals als Weltwunder geltenden Kuppel sind verschollen. Bis heute verleitet sie zum Staunen. Ihre Wölbung in sechsundfünfzig Meter Höhe, von vierzig Fenstern umkränzt, wirkt, als schwebe sie durch einen Himmel aus gleißendem, göttlichem Licht. Hundertfünfundvierzig Tonnen Gold ließ der Kaiser für seinen Prestigebau heranschaffen, heutiger Wert über drei Milliarden Euro, nur das Teuerste war ihm gut genug, die Granitsäulen stammen aus dem Artemis-Tempel von Ephesus. Es entstand ein Kunstwerk, das neben Bewunderung auch Neid erzeugen musste.

Die Kreuzritter schändeten den Bau, sie sahen seinen Glanz als ketzerisch, wähnten ihn in der »falschen«, der zweitrangigen östlichen Zentrale des Glaubens. Sie zerschlugen den Altar, zerrissen die Baldachine, plünderten und trieben zum Abtransport ihrer Beute Maultiere durch das Heiligtum: Christen, die Christen demütigten. Da muss die Eroberung durch den muslimischen Sultan als ein vergleichbar erträgliches Übel erschienen sein, zumal Mehmed II. dem Patriarchen versprach, niemandem Leid anzutun, den Andersgläubigen ihre Freiheit zu gewähren. Und er hielt Wort.

Der Sultan bewunderte das Bauwerk. Er wollte es nicht zerstören, sondern ergänzen. Aber er war der Eroberer. Natürlich machte er es zu einer islamischen Gebetsstätte – aus der Hagia Sophia erklangen nun die Eröffnungssuren des Korans. Sie wurde zur wichtigsten Sultanmoschee des osmanischen Imperiums, das bald vom Nahen Osten über Nordafrika bis über den Balkan reichte. Und im Verlauf der Jahrhunderte ergänzten seine Nachfolger dann das Gotteshaus mit kunstvoll verzierten Koranversen, Holzschilden mit geschwungener Kalligrafie, Stützpfeilern und Grabbauten für ihre Herrscher.

Nach dem Ende des Sultanats wurde die Hagia Sophia 1934 schließlich zu einem Museum. Nirgendwo sonst wirken christliche wie muslimische Schätze so perfekt aufeinander abgestimmt, sich so friedlich ergänzend, beinahe so, als wollten die Weltreligionen miteinander verschmelzen. Die Hagia Sophia ist und bleibt die Hauptsehenswürdigkeit von Istanbul. Hierher strömen täglich Zehntausende, besuchen auch die rund um den Sultanahmet-Platz gruppierten anderen berühmten Gebäude der Stadt, die Blaue Moschee, den Topkapi-Palast. Wer in der Welt, der seine Sinne einigermaßen beisammen hat, könnte an der jetzigen Funktion der Hagia Sophia etwas ändern mögen, wer an ihrem Status als glanzvolle, tolerante Mittlerin zwischen den beiden wichtigsten Glaubensrichtungen rütteln wollen?

Der türkische Vizepremier Bülent Arinc war der Erste, der Ende 2013 den Stein ins Wasser warf: Die Hagia Sophia, meinte er, solle wieder als Gebetsort für Muslime hergerichtet, ihrer »wahren Bestimmung« zugeführt werden. Regierungschef Recep Tayyip Erdoğan pfiff ihn damals zurück. Aber als im April 2015 der Papst wie der Großteil der westlichen Politiker von einem »Genozid« der Türken an den Armeniern sprach und sich mit dieser historischen, in der Türkei höchst heiklen Frage der überwältigenden Mehrheit westlicher Politiker und Wissenschaftler anschloss, sprach der Mufti von Ankara von einem »modernen Kreuzzug« des Vatikan – und verband dies mit einer offensichtlich als Revanche gemeinten Drohung: »So kann sich der Prozess nur beschleunigen, die Hagia Sophia wieder ausschließlich für muslimische Betende zu öffnen.«

Ende Mai 2015 gingen dann mehrere Hundert Demonstranten in Istanbul auf die Straße, um diesen Forderungen Nachdruck zu verleihen. »Die Hagia Sophia gehört den Muslimen«, stand auf ihren Plakaten. »Wir sind bereit, uns für unseren Glauben zu opfern.« Und diesmal kein Kommentar von Erdoğan.

Wenig spricht dafür, dass Istanbuls berühmtestes Museum bald in eine Moschee zurückverwandelt wird. Aber dass es ein hochrangiger Imam wagt, mit diesem Gedanken die Gläubigen aufzuwiegeln, dass die Politik zu diesem Vorstoß schweigt, das zeigt, wie leicht radikale Strömungen des Glaubens in der Türkei an Gewicht gewinnen. Es zeigt, dass der Säkularismus dieser Republik ausgehöhlt werden kann.

Die Betten des Pera Palace. Wann immer ich in Istanbul war, führte mich einer meiner ersten Spaziergänge zu diesem ganz besonderen Hotel, und manchmal habe ich auch hier gewohnt. Billig, als es heruntergekommen war, es gab kein heißes Wasser, der Putz blätterte, eine baufällige Bruchbude. Preiswert, als die Renovierungen eingesetzt hatten und einzelne Zimmer schon fertig, die anderen aber noch im ohrenbetäubenden, von Presslufthämmern gesteuerten Entkernungszustand waren. Jetzt ist das Pera Palace mit seinen plüschigen Gasträumen unverhältnismäßig teuer geworden, Luxuskategorie. Die Jumeirah-Gruppe aus Dubai hat das Traditionshaus übernommen, dessen Vorgeschichte man kennen muss, um Istanbul zu verstehen.

Ein seltsamer Kasten mit schmiedeeisernen Erkern und Balkonen, Fin de Siècle-Architektur, ein Fremdkörper am Rande des gentrifizierten, weitgehend auf neuzeitlichen Chic gemachten Stadtteils Beyoğlu mit seinen Geschäften und Bars. Im Innern fast schon ein Übermaß an Plüsch, tiefe, weinrot bezogene Sessel konkurrieren mit Sofas im rosaroten Blumenmuster. Entstanden ist das Etablissement, weil die belgische Eisenbahngesellschaft Compagnie Internationale des Wagons-Lists 1883 eine Luxusverbindung zwischen Paris und Istanbul einrichtete und dachte, sie müsse ihren verwöhnten Gästen auch am Endpunkt etwas bieten. Ein gewagtes Unternehmen, da das Osmanische Reich doch damals schon seinem Ende entgegendämmerte. 1895 eröffnete das Hotel, wurde bald zum beliebten Ziel für betuchte westeuropäische Abenteuerurlauber, die sich ins geheimnisvolle Reich der Sultane, Harems und Derwische vorwagten und die Nächte mit gefallenen russischen Fürstinnen und armenischen Prostituierten durchfeierten. Nach dem Ende des Ersten Weltkriegs übernahmen die Sieger das Pera Palace und richteten sich in seinen Gemächern ein.

Zumindest äußerlich hat sich seit damals wenig verändert. Ein knarrender Aufzug, nichts für Klaustrophobe, aber immerhin der zweitälteste europäische Lift nach dem im Pariser Eiffelturm. Kemal Pascha, der spätere Atatürk, intrigierte in den Hinterzimmern mit seinen aufständischen Offizieren, hier schuf er 1920 die Keimzelle für die moderne Türkei. Sein damaliges Zimmer mit der Nummer 101 ist heute als Museum eingerichtet, eine Suite mit alten Bildern und angeblich originalen Kleidungsstücken, die nicht vermietet werden darf. Aber auch sonst geschah im Pera Palace viel Außergewöhnliches, wie allein schon ein Blick auf die Gästeliste zeigt: Hier übernachteten Greta Garbo, die schönste aller Frauen, und Mata Hari, die gefährlichste, der junge Reporter Ernest Hemingway und der aufstrebende Filmemacher Alfred Hitchcock, und ja, auch Leo Trotzki machte auf revolutionärer Durchreise Halt. Und Agatha Christie schrieb im Zimmer 411 ihren *Mord im Orientexpress*.

In den Zwanziger- und Dreißigerjahren des vorigen Jahrhunderts sprühte dieses Istanbul vor Kreativität. Junge Künstler experimentierten, Jazz und Tango blühten. »Miss Türkei« wurde die erste muslimische Schönheitskönigin. Es war auch eine Zeit politischen Aufbruchs: Atatürks Befreiungskrieg trieb die ausländischen Herren aus dem Land, ein Kraftakt des Landes, das in Europa als »kranker Mann am Bosporus« galt und von Franzosen und Briten sozusagen schon zur Aufteilung freigegeben worden war.

Dass der neue Nationalheld Istanbul nicht mochte und, um den Neuanfang der Republik zu demonstrieren, Ankara als neue Hauptstadt wählte, schadete der Stadt am Bosporus kaum, auch nicht der endgültige Namenswechsel von Konstantinopel zu Istanbul. In den Augen der lebenslustigen Großstädter passten Raki, Jazz und Laizismus gut zusammen. Den Fortschrittsgläubigen gefiel auch Atatürks Satz: »Ich habe keine Religion, und manchmal wünsche ich alle Religionen in den Meeresgrund ... Ich diktiere meinem Land die Demokratie.« Doch viele strenggläubige Muslime begannen ihn zu hassen, auch viele Kurden, die er zwangsassimilierte. Atatürk, der Fez und Schleier verbot, legte die Saat für die Moderne, förderte aber auch den Geist des Obrigkeitsstaats – und stoppte eine für jedes Volk, jede Stadt doch so wichtige Erinnerungskultur. Die Bande zum Osmanenreich wurde gekappt, nur der Blick nach vorn zählte.

Das Pera Palace wurde deshalb nicht über Nacht zum Allerweltshotel. Es geriet aber nach diversen Pleiten seiner Besitzer in Staatshand und verfiel. Das Parkett verrottete, der Putz fiel von den Wänden. Erst seit seiner Generalüberholung 2010 erstrahlt es wieder im alten Glanz – ein türkisches Juwel unter der Ägide seiner arabischen Besitzer. Hundertfünfzehn Zimmer, davon sechzehn Suiten; ein Indoor-Swimmingpool »mit Gegenstromanlage«; ein dreihundertachtzig Quadratmeter großes Spa. Das Pera Palace ist wieder ein eleganter, romantischer Platz, ein nostalgischer

Treffpunkt für Eliten. Lokale kulinarische Köstlichkeiten werden im Signature Restaurant Agatha gereicht, die Patisserie de Pera und die Tee-Lounge Kubbeli laden zum gemütlichen Gedankenaustausch. »Wir sind ein Hort der Tradition, und trotzdem mitten in einer wunderbaren Entwicklung«, behauptet stolz Binar Kartal Timer, die Hoteldirektorin – innerhalb des kosmopolitischen Jumeirah-Teams wenigstens eine Türkin in Spitzenposition, geboren in Istanbul.

Ganz nah am Gezi-Park. Von ihm hatte man den Protest erwarten können: Emrah Serbes ist ein zorniger, kompromissloser junger Mann Mitte dreißig, Kettenraucher, Lederjackenträger, Rebell. Vielfach ausgezeichneter Literat, und sein im ganzen Land berühmter Hauptkommissar Behzat ist genau wie er: mürrisch, melancholisch und brillant. Der Poet und sein Alter Ego lassen sich von niemandem etwas vormachen, schon gleich gar nicht von Politikern. Und deshalb hat es keinen so richtig überrascht, dass Serbes bei den regierungskritischen Protesten um den Gezi-Park im Sommer 2013 dabei war. Dass er eine Gefängnisstrafe riskierte, indem er öffentlich über Präsident Erdoğan Witze machte (und prompt wegen »Majestätsbeleidigung« angeklagt wurde, das Verfahren ist inzwischen eingestellt). Dass er jetzt einen Roman schrieb, bei dem es um Gezi geht, *Deliduman* heißt er, »Verrückter Rauch«.

Aber sie, die Dame Anfang fünfzig, etabliert und distinguiert? Die moderate, schicke, weltoffene Istanbulerin schlechthin, auf deren Schoß es sich gerade eine Katze bequem macht, weil sie hier instinktiv Freundlichkeit und zärtliche Zuneigung spürt?

Ich sitze mit Gaye Boralioğlu, einer der aufregendsten türkischen Schriftstellerinnen, in einem kleinen Café nahe dem Galata-Turm Richtung Taksim, vielleicht einen Kilometer vom Gezi-Park entfernt. Der Tochter aus einer Oberschichtenfamilie, Philosophiestudentin der Istanbuler Universität, erfolgreiche Autorin von Drehbüchern und Kurzgeschichten, ist jede Radikalität, jede Aggressivität fremd. Und doch wurde sie »von unserer Regierung in den Protest gezwungen«, wie sie sagt. »Ich kann nicht anders. Opposition ist in Istanbul der Geist der Zeit.«

Frau Boralioğlu war empört, wie brutal die Polizei gegen die jungen Leute vorging, die ursprünglich ja nur gegen ein neues Bauprojekt aufgestanden waren, ein Einkaufszentrum, das die Grünanlage zubetonieren sollte. Aber schnell wurde aus dem Protest der Studenten etwas sehr viel Umfassenderes, für die Regierenden Bedrohlicheres: ein Aufstand gegen das System, das so autoritär geworden war und die Bürger nicht mehr einbezog. Und zu den jungen Intellektuellen gesellten sich bald Lehrer, Ingenieure, Ärzte – Gezi wurde zum Symbol einer breiten Protestbewegung. Auch Gaye Boralioğlu schloss sich nun den allabendlichen Märschen und Sit-ins an, die ebenso regelmäßig mit Tränengasschwaden und Gummigeschossen der Polizei beantwortet wurden.

Selbst nach der Räumung aller Gezi-Barrikaden gehen die Demonstrationen weiter, in anderen Parks, an anderen Straßenkreuzungen, spontan organisiert im Internet und von Tausenden besucht. »In meiner Handtasche befanden sich früher Lippenstift, Taschentücher und eine Sonnenbrille«, sagt die Autorin. »Heute trage ich eine Gasmaske, eine Taucherbrille und Flaschen mit Talcid-Lösung gegen die Augenreizungen mit mir.«

Sie hat Erdoğan früher durchaus geschätzt. Der Mann, geboren und aufgewachsen im Istanbuler Hafenviertel Kasimpaşa, hat als Oberbürgermeister der Stadt zwischen 1994 und 1998 einiges bewegt. Er hat dann als Ministerpräsident seinem Land einen großen wirtschaftlichen Aufschwung beschert – im vergangenen Jahrzehnt wuchs keine Wirtschaft eines europäischen Staates so schnell. Und Erdoğan hat sich nach Meinung der Schriftstellerin zwischenzeitlich auch um die Aussöhnung mit den Kurden bemüht. Doch dann, meint Frau Boralioğlu, habe ihn der Größenwahn gepackt, seine Geschäftsfreunde seien mit dubiosen, von ihm geförderten Deals reich und arrogant geworden. Und er habe seine AKP, die konservative Erweckungspartei, immer weiter in eine Islamisierung des Landes getrieben. »Mit der Niederschlagung der Gezi-Proteste und der anschließenden Gängelung der Presse hat er sich dann endgültig als undemokratischer Möchtegern-Sultan entlarvt.«

Sie hat bei der Wahl im Juni 2015 die neue linksliberale, den Kurden nahestehende Demokratische Partei der Völker gewählt, »wie alle meine Freunde«, sagt sie. Ein Moment der Hoffnung: Die HDP schaffte tatsächlich den Sprung über die Zehn-Prozent-Hürde und zog ins Parlament ein. Erdoğan, der auf eine absolute Mehrheit gesetzt hatte und ein Präsidialsystem mit sich selbst an der Staatsspitze schaffen wollte, war düpiert. Er wirkte wie gelähmt. Allerdings nicht lange.

Der Premier entwickelte einen teuflischen Plan. Er begann, im Nachbarland Syrien die Terrormiliz IS zu bombardieren, derem Vormarsch er lange zugesehen, den er logistisch sogar gefördert hatte – offensichtlich wollte er so dem Westen imponierén. Gleichzeitig aber griff er aus der Luft auch Stellungen der radikalen, verbotenen Kurdischen Arbeiterpartei an. Die PKK ging ihm prompt in die Falle und antwortete mit Terror auf türkischem Boden. Erdoğan beschuldigte daraufhin die HDP-Führung, mit der PKK zu kollaborieren und ließ die demokratisch gewählten Oppositionellen mit Strafprozessen überziehen. Ich oder das Chaos, heißt seine Devise, ein eigener Kurdenstaat ist in seinen Augen offensichtlich bedrohlicher als ein IS-Staat. Er präsentiert sich seinem Volk als Garant für Stabilität – und hofft, doch noch alle Vollmachten für seinen Durchmarsch zu erlangen.

Im Sommer 2015 weigerte sich Erdoğan, eine Koalitionsregierung zuzulassen, und erzwang Neuwahlen. Noch am Vorabend des Urnengangs ließ er einen unabhängigen Fernsehsender besetzen und Schriftsteller verhaften. Tatsächlich gelang der AKP dann am 1. November entgegen allen Prognosen ein Erdrutschsieg: Mit über neunundvierzig Prozent der Stimmen errang Erdoğan die absolute Mehrheit der Sitze im Parlament – und ließ von Ahmet Davutoğlu, dem Premierminister von seinen Gnaden, gleich darauf verkünden, nun sei der Weg für ein auf ihn zugeschnittenes Präsidialsystem frei. Erdoğan – endgültig der Übermächtige, der die Türkei weg von der Demokratie in einen neuen Autoritarismus führt? Erdoğan – der neue Sultan, der von den Europäern Milliardengelder und Visazugeständnisse für seine Kooperation in Flüchtlingsfragen abpresst, der die USA und Russland in Sachen Syrien und Krieg gegen den IS vor sich hertreibt?

Dagegen, meint Gaye Boralioğlu, helfe jetzt nur noch der Aufruhr, der friedliche Dauerprotest. »Wir sind flexibel und entschlossen«, sagt die Sanfte und jagt nun doch die aufdringliche Katze von ihrem Schoß. »Der Staat wendet unverhältnismäßige Gewalt an, die Opposition wird mit unverhältnismäßigem Intellekt und Einfallsreichtum antworten. Istanbul ist der Ort, an dem Märchen und die bitterste Wirklichkeit aufeinandertreffen.«

Überhaupt, die türkischen Schriftstellerinnen: Viele, und zwar die besten, sind mit vorn an der Protestfront. Etwa Perihan Mağden, vierundfünfzig, die Kolumnistin der linksliberalen Zeitschrift *Radikal* und begnadete Krimi-Autorin, die in ihren Büchern den Rachegelüsten gegen die türkische Macho-Gesellschaft freien Lauf lässt und sich trotzdem an Istanbul krankliebt. Die gegen die Herrschenden austeilt, immer ein halbes Dutzend Gerichtsverfahren am Hals, zuletzt wegen »Entfremdung des Volkes vom Militär«. Oder Elif Shafak, fünfundvierzig, deren türkisch-armenischer Familienroman *Der Bastard von Istanbul* sprachlich brillant die Vorurteile zwischen den Nachbarn seziert und freilegt, auch schon angeklagt wegen »Volksverhetzung«. Im

Roman sagt einer ihrer Helden: »Wir sitzen zwischen dem Osten und dem Westen fest. Zwischen Vergangenheit und Zukunft. Auf der einen Seite die weltlichen Modernisierer, sie haben die Armee und die Hälfte des Volkes hinter sich. Auf der anderen Seite die Traditionalisten, die in die osmanische Vergangenheit vernarrt sind. So stolz, so überzeugt sind beide, das man kein kritisches Wort fallen lassen darf.«

Aber vielleicht passt kein Bild so gut auf Istanbul zu, vielleicht charakterisiert nichts diese Stadt so treffend wie der Titel des neuen Buchs von Gaye Boralioğlu. Es erzählt von einem lokalen Zigeunermädchen und deren Träumen in der Großstadt und heißt: *Der hinkende Rhythmus*. Alles in Istanbul wirkt etwas aus dem Takt, die Noten jagen sich, können keine endgültige Melodie finden. Wohin man sieht, wohin man hört: beängstigende Dissonanzen.

Zu Gast im Treffpunkt der Reichen und Schönen, im Reina. Dieser Club, zugleich vornehmes Restaurant, Bar und Disco, scheint vorwiegend zu existieren, um alle Klischees über Milliardäre, Möchtegernfilmstars und Models zu bestätigen. Manche legen hier im neuen Szeneviertel Kadiköy direkt mit ihrer Yacht an und spazieren – gern langsam, man will ja gesehen werden – über einen Steg zum Allerheiligsten der Istanbuler Partyszene. Andere kommen im Ferrari oder Lamborghini, geben den Schlüssel lässig an den Türwächter des Reina weiter, der an diesem Abend wieder so viele schroff abweisen wird. »Hey man, Mustafa, everything all right?«, sagen diejenigen, die zum Stammpublikum zählen. Man kennt sich, man gibt sich lässig, denkt gar nicht daran, der Dame im superkurzen Glitzermini und den unbequemen Highheels auf dem Beifahrersitz die Tür zu öffnen, ihr beim Aussteigen zu helfen. Gisele Bündchen war schon hier, hat im Reina gespeist und getanzt, Madonna und Boris Becker ebenso.

Und natürlich braucht ein solcher Ort auch einen kleinen Hauch von Verruchtheit: Vor einigen Jahren wurde der Sicherheitschef des Etablissements verhaftet, er war angeblich Teil eines mafiösen, rechtsnationalistischen Netzwerks, seine Fingerabdrücke sollen sich auf einem Tresor mit Handgranaten und Sex-Dossiers von führenden Politikern befunden haben.

Sieben Restaurants, von Sushi über Kebab bis Pasta; gemütliche Tische und weiße Couchgarnituren, alle mit Blick auf den Bosporus, das Glas Wein zwischen dreißig und zweihundertfünfzig Euro. Nach Mitternacht werden die Tische weggeräumt, angesagt ist jetzt Disco. Es ist heute ein Bilderbuch-Sommerabend, vor einer idealen, fast unwirklichen Filmkulisse: Die Meerenge gibt den Blick auf das gegenüberliegende Ufer mit dem erleuchteten Beylerbeyi-Palast frei. Auf dem schwarzen Wasser spiegelt sich der Vollmond wider, die nahe Bosporus-Brücke wird von Lichtkegeln in verschiedene Farbtöne getaucht.

Ich bin mit dem Unternehmensberater Bülent Hikmet verabredet. Der Zweiunddreißigjährige kommt öfter ins Reina, nirgendwo gebe es so viele schöne Frauen, schwärmt er. Meist platziert er sich strategisch günstig an der großen, viereckigen Bar, von der aus man einen idealen Überblick hat. Hikmet verdient gut, der Junggeselle hat sich gerade in einem der Hochhäuser der Koza Park Residence am Rande Istanbuls ein luxuriöses Zweizimmerapartment gekauft. Vor der Haustür lockt dort ein großer, künstlicher See. Hikmet möchte sich ein Boot kaufen und segeln lernen. »Um sich eine Yacht zu leisten und hier im Club anzulanden, reicht es zwar noch lange nicht, aber wer weiß …« Seine Freunde, erzählt der schwarzhaarige Schöne, dächten nur noch an das gute Leben, er jedoch mache sich gerade große Sorgen.

Was beunruhigt ihn denn am meisten, die politischen Unruhen, die diktatorischen Bestrebungen des Staatspräsidenten, die Rache der PKK-Kommandos, der Terror des »Islamischen Staates«?

Er wischt alles mit einer Handbewegung zur Seite. »Ach was, die Politik mit ihrem Auf und Ab, das stört mich wenig«, sagt er. »Die Wirtschaft mag nach Jahren des Superbooms etwas schwächeln, aber in meiner Branche merke ich davon wenig. Nein, was mich echt besorgt, ist die Gefahr eines großen Erbebens. Erst vor einigen Tagen habe ich wieder ein großes Zittern, ein Rumoren aus der Erde gespürt.«

Hikmet weiß, dass seine Heimatstadt zu den am meisten gefährdeten der Welt gehört. Europa und Asien kämpfen unterirdisch, sozusagen um jeden Millimeter. Und Europa gewinnt, die Türkei wandert jährlich einen Viertelzentimeter gen Westen. Arabien wird hochgedrückt, tektonisch sind das fast schon Bewegungen im Zeitraffer, die Katastrophe, so glauben Experten, ist allenfalls noch eine Frage von Jahrzehnten, und sie kann auch noch viel früher kommen. Da die Verwerfungen direkt unter dem Marmarameer nahe der Küste Istanbuls verlaufen, ist mit schwersten Erschütterungen zu rechnen. Istanbul müsste durchgehend erdbebensicher gebaut sein. Das Gegenteil ist der Fall. »Zwei Drittel der Häuser in unserer Stadt sind illegal und mit schlechtem Material hochgezogen«, sagt Hikmet. Er glaubt, dass die Istanbuler auch deshalb so verzweifelt fröhlich, so intensiv in den Tag und die Nächte hineinleben – weil sie die Gefahr einer Naturkatastrophe verdrängen.

Das Reina ist ein seltsamer Platz, um über Erdbeben zu reden. Oder auch nicht. Das dumpfe Dröhnen der Disco-Bässe, die jetzt nach Mitternacht den Raum ausfüllen und vibrieren lassen, passt vielleicht sogar zu gut. Erst gegen drei Uhr morgens geht der DJ zu mehr Schmusesongs über, spielt auch den speziell für den Club komponierten Ohrwurm »Reina, you make me hot«… Die »Nataschas«, wie die Istanbuler die russischsprachigen Schönen aus Moldawien oder der Ukraine nennen, schälen sich aus ihren Barsesseln und werfen zielstrebig heiße Blicke.

Mein Kollege Kai Strittmatter hat die späten Jagdszenen in seinem Buch *Gebrauchsanweisung für Istanbul* so beschrieben: »Nachts um vier vor der Damentoilette. Louis-XV-Sessel säumen die Wand vor der Tür. Darauf alles, was die Dame so ablegt: Gucci-Täschchen nebst Armani-Männchen. Dilek kommt aus der Toilette. ›Da drin ist Transsylvanien‹, meldet sie. ›Die Vampire machen sich fertig.‹ Auf den Sesseln ein paar falsche Blondinen mit falschen Augenbrauen, falschen Haarteilen und falschem Busen, die sich Luft zufächeln. Viel Zeit bleibt ihnen nicht mehr, bevor die Sonne aufgeht.«

Zur Verzweiflung besteht für die jungen Damen aber auch dann kein Grund, wenn die interessantesten Männer im Reina vergeben scheinen. Dann ziehen sie eben weiter. Ins 360 oder in den neuen Club Billionaire, wo Fashion TV seine rauschenden Partys veranstaltet und Modemacher, Modefans und nicht nur sie bis zum Frühstück intensive Kontaktpflege betreiben.

Die Herren der alten Gemäuer. Wer die wahren Herrscher von Istanbul sind, die Mächtigen, die in dieser Stadt am meisten zu sagen haben, ist umstritten: Sind es die Politiker, die Pfründen verteilen können, die Generale, die Gewinne absichern? Oder doch die großen Unternehmer, die sich die Milliardengelder zuschanzen und untereinander aufteilen?

Unsinn, sagt die eine Fraktion meiner Istanbuler Bekannten: Die wahren Herrscher von Istanbul sind die Hunde, die ungestört durch die Straßen streunen und sich nachts zu Banden zusammenschließen, sieh doch nur, wie respektvoll sie behandelt werden, wo überall Wassernäpfe für sie stehen, wie sie sich schwanzwedelnd und knurrend Respekt verschaffen. Quatsch, sagt die andere Fraktion: Es sind die Katzen, schau dir doch nur an, wie sie von allen gestreichelt und verwöhnt werden, wie sie fauchen und schnurren, die Menschen um ihre Tatzen wickeln ...

Ein Spaziergang durch Fener und Balat, zwei der ärmeren Viertel von Istanbul, am Goldenen Horn stadtauswärts gelegen. Einblicke in das zurückgedrängte, verschwindende christliche und jüdische Leben, das diese Metropole doch auch so sehr geprägt hat. Einblicke auch in das Katzen- und in das Hunde-Reich. Die Territorien sind nicht ganz so klar abgesteckt, aber es lässt sich deutlich erkennen, dass Fener, der tiefer liegende Teil, eher das Territorium der Köter ist, und Balat, wo es in winkligen Straßen und Treppen hinauf zur alten Straßenmauer geht, das Territorium der Miezen. Ganz gemäß dem Istanbuler Spruch: Jeder in dieser Stadt hat seinen *Mahalle*, seinen Kiez.

Hundertfünfzigtausend herrenlose Hunde soll es in Istanbul geben, aber so ganz genau weiß das niemand. Tagsüber sind sie eine ziemlich träge Truppe, eher verschlafen denn aggressiv. In seinem Reisebericht *Die Arglosen im Ausland* beschreibt Mark Twain 1869, wie drei faule Hunde mitten auf der Straße liegen blieben und klaglos erduldeten, dass eine ganze Schafherde über sie hinwegtrampelte. Im Prinzip hat sich an ihrem Tagesverhalten seither wenig verändert. Nachts allerdings verändert sich das Bild. Da rotten sich die Struppigen schon mal zusammen und gehen auf Rattenjagd, und da ist es auch für den Touristen besser, sich zurückzuhalten. Zwischenzeitlich gab es immer wieder behördliche Versuche, die Hunde aus der Stadt zu vertreiben, man hat sie auf Inseln zu deportieren versucht, umfangreiche Sterilisierungskampagnen gestartet, nichts ließ sich wirklich durchsetzen.

Ihr Hauptrevier liegt um den Fener Vapur Iskelesi herum, den Fähranleger des Distrikts. Diese Gegend nahe der schönen alten Kirche des orthodoxen Patriarchats ist auch das letzte verbliebene Refugium der Griechen in der Stadt. Es leben nur noch wenige Vertreter des Volkes in Istanbul, das einst die Stadt gegründet hat – und wie so häufig in der Geschichtsschreibung liegt die Erklärung dafür im Auge des Betrachters.

Viele Türken sehen in den griechischen Angriffen der Zwanzigerjahre und den Expansionsbestrebungen Athens den tieferen Grund für die Erzfeindschaft. Unbestritten ist aber auch die Hetze der anderen Seite: Der türkische Justizminister Esat Bozkurt gestand Nichttürken im Land 1930 nur noch das Recht zu, »Diener oder Sklave zu sein«. 1955 kam es dann, von den Istanbuler Behörden angezettelt oder zumindest geduldet, zu einem Pogrom, auf den Straßen wütete ein mordender, vergewaltigender, brandschatzender Mob. Von mehr als hunderttausend Griechen, die damals hier lebten, sind gerade noch etwa dreitausend geblieben. Einige wenige Gotteshäuser, ein orthodoxes Mädchengymnasium und eine Knabenschule haben überlebt. In den stillen Straßen arbeiten Möbelrestaurateure und Schmiede; Hatira heißt eines der Restaurants in dem Viertel, was sowohl »Erinnerung« als auch »Andenken« bedeuten kann.

Weiter den Berg hinauf, in der Katzengegend des Stadtteils Balat, werden die Gassen lebhafter, die Läden etwas schicker, die Lokale internationaler.

Hier befindet sich eine der Istanbuler Hauptsehenswürdigkeiten, die freilich sehr viel weniger besucht wird als das »Triumvirat« von Hagia Sophia, Blauer Moschee und Topkapi: die Chora-Kirche mit ihren spektakulären mittelalterlichen Mosaiken der Muttergottes Maria. Und unweit ist auch ein eindrucksvolles Zeugnis für das jüdische Leben der Stadt zu bewundern: die Ahrida-Synagoge. Vorfahren der etwa zwanzigtausend heute noch in Istanbul lebenden Juden haben sie im 15. Jahrhundert gebaut, Sephardim, die vor der Verfolgung durch Christen auf der Iberischen Halbinsel hierher flohen. Im Osmanischen Reich ging es ihnen weit besser, sie konnten ihren Glauben frei ausüben – Vertreibung oder Hetzjagden wie Griechen oder Armenier mussten sie nicht erleiden, wenngleich sie auch hier nicht alle Bürgerrechte besaßen.

Ich sitze mit Samuel, einem dreißigjährigen Istanbuler Juden, auf der Stadtmauer, die den Bezirk Balat nach Norden hin begrenzt. Am besten erhalten sind die Teile der Stadtmauer hin zum früheren byzantinischen Kaiserpalast, die Treppen säumten damals die Stallung für Elefanten und Giraffen, später vergnügte man sich hier in einem heimlichen Freudenhaus. Samuel trägt noch die Kippa, er kommt gerade aus der Synagoge, und er wirkt sehr nachdenklich.

»Zum ersten Mal denke ich jetzt daran, mit meiner Frau und den drei Kindern auszuwandern«, sagt er mir. »Die antisemitischen Übergriffe haben in Istanbul zugenommen. Man identifiziert uns mit der Hardliner-Politik Israels, obwohl ich doch mit diesem scharfmacherischen Premier Netanjahu überhaupt nichts am Hut habe.« Nein, sagt er, nach Israel wolle er bestimmt nicht ziehen. Sondern nach Spanien. Die dortige Regierung hat vor wenigen Monaten allen Nachfahren der einst aus dem Land vertriebenen Juden Visa zugesagt. »Eine späte Wiedergutmachung, aber für uns vielleicht nicht zu spät«, sagt Samuel. Und er streicht dabei eines der Kätzchen, die sich in der Mittagshitze an die Gemäuer schmiegen. Nachbarn haben ihnen kleine Schälchen mit Milch hingestellt.

Im Einwandererviertel. Keiner käme auf die Idee, Bağcilar hübsch zu nennen oder sonst irgendwie attraktiv. Schnell hochgezogene Apartmentblocks wechseln sich mit überfüllten, flachen Backsteinhäusern ab, über engen Gassen hängen auf provisorischen Drähten Wäschestücke, dem dröhnenden Verkehrslärm von zwei nahen Ringautobahnen kann keiner entgehen. Außerhalb des Zentrums gelegen, auf der europäischen Seite der Stadt, aber kilometerweit von den Sehenswürdigkeiten entfernt, ist dieser Distrikt Istanbuls so gut wie unbekannt. Und doch hält er einen Rekord. Er ist der bevölkerungsreichste aller neunundzwanzig Stadtteile, hier leben von den geschätzten vierzehn Millionen Menschen der Metropole mehr als achthunderttausend. Bağcilar gilt vielen Neubürgern als Anlaufpunkt, als erste Station, wenn sie von Anatolien oder anderen Landesteilen der Türkei in die Großstadt ziehen – und sie werden immer mehr.

»Willkommen!«, verspricht ein überlebensgroßes Poster an einer Straßenkreuzung. »Möge unser Erfolg so weitergehen und Istanbul weiterwachsen!« Doch die Ränder des Plakats sind eingerissen und es flattert hilflos im Wind. Ob die gastfreundliche Einladung, doch in der Stadt zu bleiben, in Istanbul die Zelte aufzuschlagen, ernst gemeint ist, da sind Zweifel erlaubt. Die meisten Istanbuler scheinen jetzt jedenfalls zu glauben: Es reicht. Die Stadt platzt aus allen Nähten, die Fährschiffe, die zwischen Marmara, Goldenem Horn und Bosporus entlangschippern, sind permanent am Rand ihrer Kapazitäten. Istanbul ist voll, sagen viele der Wohlhabenden und verweisen auch auf die syrischen Flüchtlinge, kein Land nehme so viele Menschen aus dem Bürgerkriegsland auf wie die Türkei. Sie strömten aus den Auffanglagern bald in die Großstadt, glauben sie. Und fürchten diesen möglichen Zuzug noch mehr als den anatolisch-kurdischen.

Aber natürlich geht da noch immer etwas. Gerade in Bağcilar. »Die Leute in den vornehmen Stadtteilen wissen doch gar nicht, wie das bei uns läuft«, sagt Cem Dioğliu, der sich als Vorsitzender einer gemeinnützigen Organisation um die Istanbul-Immigranten kümmert. Er selbst ist vor fünfzehn Jahren in die Stadt gekommen, aus Van, dem äußersten Osten des Landes. Längst hat er seine Frau und die beiden Kinder nachgeholt. Die Familie gehört zu denen, die es in Istanbul geschafft haben. Sie haben ein kleines Unternehmen für Textilien aufgebaut, beschäftigen acht Näherinnen. Herr Dioğliu glaubt, dass die Metropole noch viel mehr Menschen vom weiten Bauernland aufnehmen kann. Dass es sich lohnt, hierher zu kommen. Und davon erzählt er auch immer, wenn er in der Heimat Vorträge für Interessierte hält. »Ich spreche allerdings auch immer von den großen Hindernissen.«

Wovor warnt er seine ostanatolischen Bekannten denn genau?

»Sie sollten sich keine Illusionen machen, dass die Alteingesessenen auf sie warten. Von wegen, die Steine und der Staub der Straßen hier seien aus Gold, wie es manchmal in der Provinz heißt. Sie müssen hart arbeiten, lernen, ihre Fähigkeiten weiterzuentwickeln. Dann allerdings haben sie eine gute Chance – Zigtausende haben es hier in Istanbul zu einem bescheidenen Wohlstand oder gar zu mehr gebracht. Es ist nach wie vor ein guter Platz, um auf der sozialen Leiter nach oben zu klettern.« Gleichzeitig sei es schwer, diesen besonderen Geruch der Hinterwäldler vom Land loszuwerden. »Die hier geborenen Istanbuler sehen sich als urbane Oberschicht, sie nennen sich die ›Weißen Türken‹. Uns bezeichnen sie als die ›Schwarzen Türken‹, und natürlich schwingen in dem abwertenden Ausdruck viele Vorurteile mit«, sagt Cem Dioğliu. Als Beispiel dafür, wie weit man es als »Schwarzer« in der nächsten Generation bringen könne, nennt er Erdoğan, den mächtigen Ministerpräsidenten, der von ganz unten kam. Er ist ihr Held.

Das Arbeiterviertel Bağcilar gilt als AKP-Territorium, hier erringt Erdoğans islamische Erweckungspartei regelmäßig absolute Mehrheiten. Gelegentlich sind bei Wahlveranstaltungen auch stark nationalistische Töne zu hören, fanatische Islamisten sind in der Vorstadt allerdings eine verschwindende Minderheit. Der Islam von Bağcilar ist ein Volksglaube, Ibn Battuta käme hier manches vertraut vor. So wie einst der Mann aus dem Maghreb verehren hier viele die Sufis, besuchen die Heiligengräber der Mystiker und Derwische.

Der Distrikt ist im Umbruch. Noch vor wenigen Jahren sah man hier anatolische Neu-Einwanderer ihre mitgebrachten Schafe durch die Gassen treiben. Später nahmen sie die Tiere in ihre provisorischen Wohnungen mit. Doch längst hat sich auch im Osten des Landes herumgesprochen, dass das wenig praktikabel ist. Jetzt lassen sich die Neu-Einwanderer beraten, in jeder größeren Stadt Anatoliens existieren Verbindungsbüros. Sie stellen Kontakt zu den Familien her, die schon in Istanbul sesshaft geworden sind.

So entstand innerhalb von Bağcilar ein Klein-Erzerum, ein Klein-Diyarbakir, ein Klein-Van. Und die Männer, die vom Land hierher ziehen, bringen aus ihren Orten meist eine besondere berufliche Befähigung mit, durch die sie an Jobs gelangen: Sie sind Schreiner oder Steinmetze, Möbelmacher oder Mechaniker, Bäcker oder Bauarbeiter. Sie kämpfen sich nach oben. Und so verkörpern diejenigen, die keine Istanbul-Vergangenheit haben, in Istanbul am besten und am optimistischsten den Glauben an die Zukunft der Stadt.

Herr Dioğliu wird von seiner Frau abgeholt, sie arbeitet in einem Modegeschäft. Sie trägt wie so viele in Bağcilar ein Kopftuch, Zeichen ihrer Religiosität, keinesfalls Zeichen eines radikalen Islamismus. Ihres ist purpurrot. Die Farbe erinnert an die Mitra katholischer Kardinäle.

Das »Museum der Unschuld«. Ein einfaches rotes Haus im Künstlerviertel Cukurcuma gehört zu meinen absoluten Istanbuler Lieblingsplätzen. Manche mögen sagen, da sei doch nur, auf verschiedenen Stockwerken, eine Sammlung von alten Telefonen, Streichholzschachteln und vergilbten Fotos ausgebreitet, und dafür sei ein Eintrittspreis von fast zehn Euro doch eine Zumutung – aber, mit Verlaub, diese Kritiker haben gar nichts begriffen. Es geht um nichts weniger als um das ultimative Istanbuler Stadtporträt des vergangenen Jahrhunderts, um eine begehbare, erlebbare Phantasie. Außerdem gibt es einen Trick, um das von Orhan Pamuk erfundene und eingerichtete »Museum der Unschuld« ohne Gebühr zu besichtigen: Wer ein Buch des Literaturnobelpreisträgers bei sich trägt, wird durchgewunken. Ein genialer Coup des heute Zweiundsechzigjährigen, steigert das doch das Interesse für das Werk wie für den Gedenkort seines gleichnamigen Romans.

Auf über neunhundert Seiten beschreibt der Autor in seinem Buch die Liebesgeschichte zwischen einem jungen Mann aus der Oberschicht zu seiner verarmten Verwandten. Doch Kemal, so der Name des jungen Mannes, bringt nicht die Kraft auf, aus seinem großbürgerlichen Leben auszubrechen, und verliert seine angebetete Füsun, der er dann ein Leben lang nachtrauert. Und weil er erkennt, dass er seine Geliebte zwar später noch treffen, aber nicht mehr wirklich zurückholen kann, beginnt er obsessiv Gegenstände zu sammeln. Alles, was sie gemocht und getragen oder auch nur mit ihren Augen berührt hat. Wir sollen glauben, dass dies eine wahre Geschichte ist, dass der Protagonist sie dem Autor hier in diesem Haus erzählt hat, dass der Romanheld hier oben in seinem Schlafzimmer gestorben ist. Pamuk machte zu dessen Ehre, und natürlich auch ein wenig zu seiner eigenen, aus dem literarischen *Museum der Unschuld* 2012 auch ein faktisches. Drei Stockwerke Erinnerungsstücke, gebannte Vergänglichkeit, eingefangene Liebe, konserviertes Glück, dokumentierte Verzweiflung.

Es ist ein Spiel zwischen Fiktion und Wirklichkeit, mit einer geradezu wahnhaften Detailbesessenheit umgesetzt. Das wird schon am Eingang klar: Da sind hinter Glas 4213 Zigarettenkippen ausgestellt, von Orhan Pamuk mit kurzen Bemerkungen versehen, die an die Umstände erinnern sollen, unter denen sie Kemal geraucht hat. Dann in dreiundachtzig Vitrinen, die den dreiundachtzig Buchkapiteln entsprechen: Ohrring, Raki-Flasche, Lippenstift, Flakon, Kinokarte, Vogelkäfig, Wanduhr, das Gebiss des Vaters im Wasserglas, ein von Weitem aufgenommenes Foto, das Kemal oder ein Kemal-Double beim Rückwärtsschwimmen im Bosporus zeigt, was angeblich »gut gegen Liebeskummer« ist – alles Originale aus der zweiten Hälfte des 20. Jahrhunderts, gesammelt bei Trödlern der Gegend oder auch über eBay erworben. Und wo sich die »Originale« nicht finden ließen oder ganz erfunden waren, machte sich Pamuk die Mühe, sie anfertigen zu lassen. Die Limonade »Meltem« beispielsweise oder die Handtasche »Jenny Colon«, die für die Handlung des Buches eine wichtige Rolle spielen.

Ein nostalgisches, verklärendes, fetischistisches, melancholisches Zeugnis einer verlorenen Zeit. Das Dokument eines Leidens, das für Pamuk Istanbul bei all seiner Liebe für die Stadt auch bedeutet. »Es ist nicht das als Krankheit empfundene Leiden eines Einzelnen, sondern der millionenfach erlebte Verlust von Kultur und Atmosphäre«, hat der Schriftsteller geschrieben. »Neben den großen Moscheen und geschichtsträchtigen Bauten erinnern nämlich an allen Ecken und Enden der Stadt auch zahllose Gewölbe, Brunnen und kleine Moscheen, wie vernachlässigt, unbeachtet und zwischen Betonklötzen eingepfercht sie auch sein mögen, die zwischen ihnen lebenden Millionen Menschen schmerzlich daran, dass sie Überbleibsel eines großen Reiches sind.«

Orhan Pamuk kämpfte gegen dieses kollektive Gefühl des Scheiterns und der großen Melancholie erfolgreich an. Der Mann, der für sein literarisches Werk vielfach ausgezeichnet wurde, hat nun auch mit seiner Gedenkstätte einen wichtigen Preis erhalten: Das »Museum der Unschuld« wurde zu »Europas Museum des Jahres 2014« gekürt.

*

Istanbuls wortmächtigem Sprachchronisten steht Istanbuls bildmächtiger Chronist mit der Kamera gegenüber, oder vielmehr: Sie ergänzen sich. Orhan Pamuk mag Ara Güler, und umgekehrt gilt das Gleiche. Der Sohn einer armenischen Apothekerfamilie, die in seinen Kindertagen vom Land in die Stadt zog, ist inzwischen Ende achtzig. Er gilt nicht nur als der berühmteste Fotograf der Türkei, er zählt weltweit zu den ganz Großen, das New Yorker Metropolitan Museum of Art wählte ihn unter die »ewigen« Top Ten der Branche. Manche seiner Aufnahmen der Stadt gehören zu den Ikonen unserer Zeit. Es sind wahre Gemälde in Schwarzweiß von Arbeiterfamilien, vom Hafen, und fast immer ist die Silhouette einer Moschee im Hintergrund.

Er hat auch die Berühmten und Mächtigen fotografiert, Adenauer, Churchill und die Callas, Dalí und Picasso; sein Lebenswerk, Negative und Dias, ruht, in Kisten verpackt, in seinem Büro. Aber wirklich wichtig sind dem Mann mit dem eisgrauen Bart und den Augenrändern, so tief wie Canyons und so zahlreich wie die Ringe eines uralten Baums, nur die Istanbul-Bilder. Zu seiner Stadt ist er immer wieder mit der Kamera zurückgekehrt, ist ihr treu geblieben. Einige große Abzüge dieser Fotos hängen im Café Ara, einem gemütlichen Treffpunkt der künstlerischen Elite der Stadt, das sich im gleichen Gebäude wie sein Büro befindet und das er gegründet hat. Sie sind »Zeugnisse einer vergangenen Ära«, sagt Güler. »Istanbul hat eine verhängnisvolle Entwicklung zum Hässlichen genommen. Die Baulöwen und die Miethaie fressen uns auf.«

Seine Welt ist die Welt der kleinen Leute, der Fischer, der Hafenarbeiter. Zu den wichtigen Politikern der Türkei hat er immer Distanz gehalten. Für Erdoğan hat er wenig übrig, obwohl der ihm schon, auf die Knie fallend, Preise verlieh und den Fotografen gern für seine Partei vereinnahmt hätte. Diese ganzen geplanten Megaprojekte – der neue Flughafen, dreimal so groß wie Frankfurt, die dritte Bosporus-Brücke, ein neuer Unterwassertunnel, die geplante Supermoschee auf dem höchsten Hügel der Stadt –, sie sind in seinen Augen große Fehler.

»Immer noch eine Einkaufspassage, noch ein Konsumtempel: Istanbul verschwindet, zugemauert von Spekulanten und Geschäftemachern, wir werden unter diesen Betonmassen sterben«, meint der zornige Altmeister. Es gibt nur noch wenige Plätze in Istanbul, an denen er fotografieren mag, die von der Gigantomanie der neuen Paschas unberührt blieben. Zum Beispiel den Fischereihafen im Stadtteil Sariyer. Er wäre gern der einzige Mensch mit einer Kamera gewesen, als Sultan Ahmed 1453 die Stadt für die Muslime eroberte, meinte er einmal im Gespräch mit Vertrauten. Aber ansonsten?

»Istanbul ist heute eine sterbende Schöne«, hat Ara Güler traurig gesagt, auch in der düsteren Übertreibung ein Meister. »Alles hier ist *hüzün*.«

Samarkand – Entlarvend

Ibn Battuta verlässt Konstantinopel nach fünf Wochen Aufenthalt. Viel spricht dafür, dass er gern noch länger geblieben wäre: Die Stadt gehörte zu den interessantesten seiner bisherigen Reise, er hatte eine schöne Residenz und genoss mit seiner vom Herrscher abgestellten Eskorte alle Privilegien. Und vor allem: Er konnte die Viertel der faszinierenden Stadt auf eigene Faust erkunden.

Die fünfhundert Mann, die gemeinsam mit dem Maghrebiner die Prinzessin begleitet haben, wollen zurück in ihre Heimat, und sie rechnen höchstwahrscheinlich damit, die schwangere Bayalun wieder zu ihrem Mann mitnehmen zu können. Doch die Prinzessin hat Gefallen an ihrem alten Zuhause gefunden, sie will auf unabsehbare Zeit bei ihrem Vater in Konstantinopel bleiben. »Sie hing noch ihrer früheren Religion an«, schreibt Ibn Battuta kühl, lässt weder Vorwurf noch Anerkennung durchscheinen. Für den Mann aus Tanger ist es selbstverständlich, sich den Rückkehrern anzuschließen, er will den Sultan nicht verärgern und verspricht sich zudem viel von dessen Unterstützung für die Weiterreise Richtung Indien. Vielleicht aus schlechtem Gewissen oder auch aus schierer Dankbarkeit beschenkt die Dame ihren jungen Beschützer zum Abschied großzügig: Sie besorgt ihm Geld, Pferde und Nahrungsmittel.

Gemeinsam mit den Reitern des Sultans macht Ibn Battuta sich auf den Weg. Es wird ein Trip mit ungewohnten Hindernissen: Der Reisende, der bisher in seinem Leben so oft unter der sengenden Wüstenhitze gelitten hat, lernt jetzt das Klima von der anderen Seite kennen – bittere Kälte schlägt ihm und dem Trupp im Norden Griechenlands und am Schwarzen Meer entgegen. Für den Maghrebiner sind die Minusgrade und der eisige Sturm schlimmer als alles andere. »Ich war gewohnt, meine religiösen Riten mit heißem Wasser zu vollziehen, und ich hielt mich dazu in der Nähe eines Feuers auf. Doch das Nass gefror in Sekundenschnelle«, berichtet er. »Als ich mein Gesicht wusch, rannen die Tropfen meinen Bart hinunter und wurden sofort zu kleinen Eiszapfen. Wenn ich mich schüttelte, fielen sie wie Kristalle zu Boden.«

Ibn Battuta beschreibt dann bis ins kleinste Detail, wie er sich gegen die Kälte zu wappnen versucht: Er trägt zwei Paar Socken übereinander, zwei Hosen, schlingt sich in drei Pelzmäntel, seine Füße stecken in Stiefeln aus Pferdeleder, um die er zusätzlich ein Bärenfell geschlungen hat. Das alles schränkt ihn so ein, dass er sich kaum noch bewegen kann. Er mag eine komische Figur machen, und doch ist ihm alles andere als lustig zumute. Ibn Battuta hat Angst vor dem Erfrieren. Um diesem Schicksal zu entgehen, nimmt er manches in Kauf. »Es war mir unmöglich, selber ein Pferd zu besteigen, meine Bediensteten mussten mich in den Sattel hochhieven«, heißt es im *Rihla*.

Schließlich schaffen sie es nach Astrachan. Dann ziehen sie, gut zweihundert Kilometer nördlich, die Wolga hinauf, bis nach Neu-Sarai, die Hauptstadt des Dschingis-Khan-Erben Uzbeg. Ibn Battuta ist sehr angetan von der riesigen Metropole, die ihm »fast grenzenlos und vollgestopft mit Menschen« erscheint. Einen halben Tag lang läuft er von einem Ende der Stadt zum anderen, »durch eine Ansammlung dichter, intakter Häuserzeilen, die nicht einmal von Gärten getrennt sind«. Die meisten Gebäude sind aus Holz, Ibn Battuta zählt allein dreizehn größere Moscheen. Er beschreibt Handwerksbetriebe und Webereien, die Haushaltsgeräte herstellen, Leder und Seide verarbeiten. Auf den Märkten wird alles feilgeboten, was am Flusslauf der Wolga von Interesse ist, vor allem Getreide und Felle. Kaufleute aus Persien und China kommen mit ihren Karawanen über die Seidenstraße aus China, treffen sich mit den Kollegen aus den Städten am Schwarzen Meer und Italien: Sie bedienen den luxuriösen Geschmack der Reichen: kostbare Keramik, Mosaiken, Schmuck.

Und nicht nur mit Waren wird in der blühenden Hauptstadt der »Goldenen Horde« gehandelt: Hier, fast schon an der Grenze der islamischen, von Muslimen regierten Welt, fließen auch die Informationen aus allen Himmelsrichtungen. Der Khan fordert ausdrücklich Toleranz gegenüber anderen Religionen, droht allen, die sich an Christen vergreifen: »Eure Kirchen sollen geschützt, eure Gesetze geachtet werden«, schreibt er an den örtlichen Metropoliten, »wer sich an eurem Besitz vergeht oder eure Gotteshäuser schändet oder sich in eure religiösen Angelegenheiten mischt, soll mit dem Tod bestraft werden.« Papst Johannes XXII. schickt Uzbeg dafür ein Dankesschreiben.

Wissenschaftler, Mystiker, Mediziner, Baumeister und Poeten tauschen in diesem kosmopolitischen Sarai ihre Meinungen aus. Ibn Battuta mischt sich unter sie und genießt ihre Gastfreundschaft. Er sucht auch den Herrscher auf, gibt ihm im Palast einen detaillierten Bericht über die Zeit in Konstantinopel. Wie Uzbeg auf die Nachricht reagiert, dass seine Frau in der alten Heimat verweilen will, berichtet er leider nicht. (Prinzessin Bayalun sollte viele Jahre später nach Sarai zurückkehren, zu einer Zeit, in der es mit Sultan Uzbeg und der »Pax Mongolica« aber bereits abwärtsging).

Bald hält den Weltreisenden nichts mehr in Sarai, dem wohl nördlichsten Punkt seines Trips. Er will weiter, Richtung Indien – und auf dem Weg nach Delhi noch mindestens einen wichtigen Herrscher treffen. Ibn Battuta hat sich in seinem Kopf eine politische Skizze ausgemalt: Er plant, möglichst jeden der großen sieben Männer zu treffen, die in seinen Augen die Welt beherrschen.

Kurz vor Samarkand hat einer, den er zur Kategorie der wirklich Bedeutenden zählt, sein Heerlager eingerichtet. Ala ad-Din Tarmaschirin heißt der Mann, wie Uzbeg ein zum Islam bekehrter Mongole; er ist mit seinen Streitkräften zwischenzeitlich sogar bis Indien vorgestoßen. Diesen Machthaber will er kennenlernen, wohl auch, um später mit dieser Bekanntschaft seinem möglichen indischen Arbeitgeber imponieren zu können. Es ist allerdings alles andere als einfach, zu Tarmaschirin zu gelangen. Und wer weiß, ob er – trotz aller Vorbereitungen, trotz der geknüpften Kontakte – eine Audienz bekommen wird.

Ibn Battuta ist optimistisch, er nimmt die Mühen auf sich. Längst schon führt für ihn kein Weg mehr zurück, jedenfalls nicht ohne Besuche in Indien und China, jedenfalls nicht in absehbarer Zeit. Und so quält er sich mit seinen Wagen und den Pferden vierzig Tage lang durch eine garstige Wüste, muss wegen des unwirtlichen Geländes gelegentlich auf Kamele umsteigen. Erschöpft erreicht er schließlich Khwarizim, das heutige Urgentsch in Usbekistan. Wie eine Fata Morgana kommt ihm die lebhafte Oasenstadt vor, er bewundert prächtige Basare, breite Straßen, »viele Einrichtungen, die der Erholung und Behaglichkeit dienen«. So sehr »wogt die geschäftige Masse der Bevölkerung durch die Stadt«, dass Ibn Battuta auf dem Weg zum Markt nicht durchkommt und seinen Ritt durch den Basar auf den wöchentlichen Feiertag, den Freitag, verschieben muss.

Der Reisende erholt sich von den Strapazen, will aber nicht lange bleiben. Sechs Tage quält er sich anschließend durch eine weitere trostlose Wüstenlandschaft, bis er die nächste größere Menschenansammlung trifft. Doch die Stadt Buchara, deren klingenden Namen Ibn Battuta schon lange auf der Zunge trägt, ist eine einzige Enttäuschung. Hier haben die Truppen des Dschingis Khan besonders brutal zugeschlagen, hier ist kaum etwas wiederaufgebaut – die einst glanzvolle (und später auch wieder für die Schönheit ihrer Bauwerke berühmte) Metropole, die Perle von Transoxanien, liegt in Trümmern, die Moscheen, die Madrassen, die Basare, alles nur noch Schutt und Asche. »Es gab dort nicht einen Mann, der über ernsthafte religiöse Kenntnisse verfügte, keinen, der solches Wissen auch nur anstrebte«, schreibt Ibn Battuta verzweifelt. Schnell zieht der Enttäuschte weiter.

Abermals Wüste, abermals schwieriges Reisegelände. Aber Ibn Battuta hat gelernt, es sich so bequem wie möglich zu machen. Er hat sich eine Doppelsänfte bauen lassen; er teilt sie mit seinem Freund Abdallah al-Tuzari, den er schon seit Anatolien kennt und der ihn bis Indien begleitet. Zusätzlich zu den Kamelen kauft er auch neue Pferde, unter anderem einen prächtigen schwarzen Hengst. Seine Entourage soll ihn als Reisenden von Welt ausweisen, wenn er den Sultan trifft, einen der sieben »Weltherrscher«, zu dessen Einflussgebiet auch Samarkand gehört. Dieser Ala ad-Din Tarmaschirin hat sein Feldlager weit außerhalb der Stadt im freien Gelände aufgeschlagen.

Bevor Ibn Battuta in die Nähe des Lagers kommt, sieht er sich mit einem persönlichen Problem konfrontiert. Eine seiner Sklavinnen ist hochschwanger, sie steht kurz vor der Geburt des gemeinsamen Kindes und braucht dringend Ruhe sowie ärztliche Betreuung. Bis dahin hat der Reisende wenig Rücksicht auf Privates genommen, alles, was ihn und seinen Trip gefährden oder auch nur verzögern konnte, musste hintanstehen – da war ein Egomane unterwegs, der Länder, Wissen und Bekanntschaften sammelte, ohne sich an irgendjemanden oder irgendetwas binden zu wollen. Doch jetzt zeigt der junge Mann plötzlich so etwas wie Verantwortungsgefühl: Er verfrachtet die junge Frau in seine Sänfte, gibt ihr seinen fähigsten Begleiter und die letzten noch vorhandenen Lebensmittel mit auf den Weg, schickt sie voran. Sie schafft es bis in den nächsten Ort. Von dort erreicht Ibn Battuta die Kunde, sie habe einen gesunden Knaben geboren – was sich bald als eine merkwürdige Fehlinformation herausstellt.

Als er seinen Sohn sehen will, teilen ihm die peinlich berührten Begleiter mit, es habe da ein Missverständnis gegeben, die Gefährtin habe eine Tochter zur Welt gebracht. Offensichtlich rechnen sie mit dem Zorn ihres Herrn, zählt doch ein Stammhalter nicht nur in dieser Kultur und nicht nur in dieser Zeit mehr als ein Mädchen. Doch Ibn Battuta zeigt sich wegen des Geschlechts nicht weniger begeistert: »Das Kind war unter einem glücklichen Stern zur Welt gekommen, und ich empfand große Freude und Genugtuung«, schreibt er im *Rihla*. Leider sollte sich schon wenige Wochen später zeigen, dass die Geburt ganz und gar nicht unter einem glücklichen Stern geschehen ist. Sondern unter einem tragischen.

Zunächst läuft alles noch nach Plan. Ibn Battuta kommt heil an im Lager des Regenten, den er als einen »gerechten Führer mit großer Macht« bezeichnet. Seine Ländereien, so berichtet er, sicher etwas übertreibend, lägen zentral »zwischen den vier gewaltigen Reichen dieser Erde, denen von China, Indien, Irak und der Schwarzmeer-Region«. Alle seien dazu verpflichtet, Tarmaschirin Geschenke zu schicken und ihm Ehre und Respekt zu erweisen. Der Reisende versucht, mit dem Sultan Kontakt aufzunehmen; das gelingt ihm schließlich, clever hat er sich bei der Freitagsandacht im Moscheezelt in seine unmittelbare Nähe gesetzt. Da kann der Khan nicht fliehen.

»Als er sich vom Gebetsteppich erhob, grüßte ich ihn. Er erkundigte sich nach meinem Befinden und nannte meine Ankunft gesegnet. Später musste ich ihm in Gegenwart seiner Emire von meinen Reisen nach Mekka und Medina, Jerusalem und Damaskus sowie in alle nichtarabischen Länder erzählen«, schreibt Ibn Battuta stolz. Und wieder funktioniert alles zwischen Gastgeber und Gast wie bei einer unausgesprochenen Vertragsvereinbarung.

Leistung erfordert Gegenleistung: Der Maghrebiner wird im Austausch für seine Reiseberichte fürstlich untergebracht und reichlich beschenkt. Ibn Battuta bleibt vierundfünfzig Tage im bequemen Heereslager Tarmaschirins.

Abschiedsgaben sind für ihn so selbstverständlich, dass er sich sogar getraut, konkrete Wünsche zu äußern. Ein Pelzmantel aus Zobel soll es für die Weiterreise sein, denn es ist immer noch bitterkalt. Er bekommt das kostbare Kleidungsstück, dazu noch zwei Pferde und zwei Kamele sowie siebenhundert Silberdinare. Ibn Battuta ist zufrieden, aber lässt Tarmaschirin auch spüren, dass er die Dankbarkeit und das Verhalten des Herrschers für angemessen hält. Man begegnet sich sozusagen auf Augenhöhe, von Angesicht zu Angesicht. »Als ich aufbrach, ritt der Sultan gerade zur Jagd. Trotz meiner warmen Kleidung fror ich erbärmlich. Ich brachte kaum ein Wort heraus, er verstand mein Unbehagen bei solcher Kälte und reichte mir zum Abschied die Hand.«

Kälte und Hunger – das sind für Ibn Battuta die Geißeln des Reisenden. Gegen Kälte wappnet er sich, wie beschrieben, mit Schicht um Schicht von Kleidern und Pelzen, und kommt doch nicht zurecht mit den niedrigen Temperaturen, mit den Schneestürmen und eisigen Winden. Genauso sehr quält ihn, wenn das Essen knapp ist. Das religiöse Fasten stellt er nicht infrage, der Ramadan ist Teil seiner Kultur. Aber der durch die Reise-Umstände erzwungene Hunger, die Aussicht, tagelang ohne ausreichende Lebensmittel durchhalten zu müssen, belastet ihn schwer.

Wo immer es ihm möglich ist, schaut er – im wahrsten Sinne des Wortes – in die Kochtöpfe seiner Gastgeber: Ihn interessiert brennend, wie genau sich die Menschen in den verschiedenen Regionen ernähren, und ein Bankett auszulassen, kommt für ihn nicht infrage. Er genießt jede Delikatesse, versucht fast alles, was ihm aufgetischt wird, und schlingt es häufig in großen Mengen hinunter: Der Maghrebiner ist »Gourmand und Gourmet zugleich« (so der britische Historiker David Waines). Häufig bezahlt er für seine Neugier mit Völlegefühl, Magenverstimmung, gelegentlich auch mit einer gefährlichen Diarrhö. Aber nichts hält ihn von neuen Essensexperimenten ab.

Sein Reisebericht liest sich passagenweise wie ein mittelalterliches Kochbuch. Zu den kulinarischen Höhepunkten gehört die Büffelmilch, die ihm ebenso wie eine besonders wohlschmeckende Flugente und ein köstliches Fischgericht namens *Uri* am Nil gereicht werden; die Aprikose *Lawzi* aus dem syrischen Hama, deren Kern man mitisst, zählt ebenfalls zu den Delikatessen, ein mit Zucker verdickter Traubensaft, *Dib* genannt, ebenso. Überhaupt zeigt sich Ibn Battuta als Liebhaber von Süßigkeiten in jeder Form, vor allem ein *Sawiq* auf Grundlage von Haferschleim, Mandeln nebst Safran hat es ihm sehr angetan. Und dann das Obst: Die besten Datteln stammen seiner Meinung nach aus Basra, bei den Melonen ist die Konkurrenz so groß, dass er sich nicht festlegen mag – Mekka, Shiraz, Isfahan, alles Weltklasse. Und die besten Kokosnüsse mit ihren verschiedenen Zubereitungsarten sollte er noch auf seiner Weiterfahrt kennenlernen.

Von seinem Trip durch das Land der »Goldenen Horde« in Zentralasien ist er kulinarisch weniger angetan. Dass die Turkstämme »keine Süßigkeiten mögen«, kommt ihm sehr befremdlich vor. Ihre Diät aus Pferdefleisch, das man, geröstet oder gegart, in eine salzige Soße taucht und das immer mit den Knochen daran serviert wird, toleriert er, ebenso wie die *Rishta* genannten Nudeln, gerade noch so. Die häufig gereichte, säuerlich schmeckende Stutenmilch *Kumis* findet er schlicht ungenießbar.

So sehr er sich an Spezialitäten erfreuen kann, so zentral ist für ihn das gemeinschaftlich eingenommene Essen. Die Mahlzeiten sollen ein kommunikatives, ja fast religiöses Gemeinschaftserlebnis sein, ganz wie der Prophet es mit seinen Worten festgelegt hat: »Das beste Essen ist das, über dem sich viele Hände vereinen.« Und da gibt es, quer durch alle Regionen, die Ibn Battuta bereist, quer durch das gesamte muslimisch geprägte Weltreich ein Gericht, bei dem man sich trifft, bei dem man seine Erlebnisse, Erfahrungen, Enttäuschungen austauscht, ein Traditionsmahl, das man von Marokko bis China kennt: *Harisa.* Der Reisende erwähnt es mehrfach in seinem Buch, als Bestandteil der Großstadtküche, aber auch als Essen im abgelegensten Winkel.

Harisa besteht in seiner einfachsten Form aus Fleisch, Weizen und Butterfett, die in einem großen Kochtopf über Nacht gegart und dann immer wieder umgerührt werden. Aber Ibn Battuta kennt auch die feineren Ausprägungen, und natürlich mag der Lebemann ein *Harisa de luxe* am meisten, bei dem verschiedene Gewürze wie etwa Zimt hinzugefügt werden. Der Maghrebiner hat in den Regionen der »Goldenen Horde« sein Lieblingsgericht nicht mehr bekommen. Als er von Sultan Tarmaschirins Lager aufbricht, wird er auch daran gedacht haben – nach all den Entbehrungen auf dem Weg, nach der freundlichen, aber doch eher kargen Speisenfolge bei dem Feldherrn ist es wieder einmal Zeit, sich verwöhnen zu lassen.

Bald erreichen sie Samarkand. Die Stadt ist keine herbe Enttäuschung, wie Buchara es war. Sie gefällt ihm. Aber er muss auch hier feststellen, dass noch nicht alles Zerstörte wiederaufgebaut ist. »Die wunderbaren Paläste früherer Zeiten stehen nicht mehr, ebenso wie ein Großteil der Stadt sind ihre Ausmaße nur noch aus den Ruinen heraus zu erkennen.« Und doch beeindruckt Ibn Battuta bei allen Einschränkungen die »Pracht« Samarkands, er nennt die Stadt und ihre Lage »unübertroffen«. Er genießt es, gemeinsam mit den Einheimischen die Uferstraßen am Fluss entlangzuflanieren, durch die Obstgärten zu wandern, »wo Bänke und Sitzplätze zum Ausruhen bereitstehen«. Die Bevölkerung von Samarkand, schreibt er in seinem Reisebericht, »ist gegenüber dem Fremden äußerst zuvorkommend«. Und ja, es gibt auch seine Leib- und Magenspeise.

Es gibt Städte, die sind steingewordene Langeweile, wie dahingewürfelt von erzürnten Göttern. Wohnmaschinen ohne Flair. Überlebensquartiere. Nichts entzündet die Phantasie, man wandert durch ihre modernen Hochhausfluchten, austauschbaren Glaspaläste und Luxuskaufhäuser wie sinnenbetäubt, wie leer, und das, obwohl sie vom Lebensstandard her doch zur Spitzengruppe gehören: die Denvers und Den Haags der Welt.

Und dann gibt es diese anderen. Sie klingen schon nach Versprechen, wenn man ihren Namen nur leise vor sich hersagt, sie bündeln Sehnsucht und Spannung, sie erwecken Erinnerungen an Kindertage und den ersten Globus zu Hause, die Landkarte, an der die Finger erwartungsvoll entlangstrichen. Sie faszinieren mit Geschichte und Geschichten, sie sind Wegmarken und Schnittpunkte der Kulturen: Timbuktu, Isfahan, Bombay, Shanghai. Und dann natürlich Samarkand, über allem Samarkand. Solche poetischen Blumengirlanden wie dieser Stadt wurden wohl noch keiner anderen geflochten, und zwar von einigen der größten Schriftsteller der Menschheitsgeschichte.

Johann Wolfgang von Goethe wollte im *West-östlichen Divan* »Tausend liebliche Gedichte/ Auf Seidenblatt von Samarkand« zu Papier bringen und dies alles 1819 seiner geliebten Suleika literarisch zu Füßen legen. »Schau um dich nun auf Samarkand!/ Ist's nicht der Erde Königin?/ Stolz aller Städte?/ In seiner Hand das Weltgeschick?«, dichtete ein hingerissener Edgar Allan Poe um 1830. Franz Grillparzer schilderte in seinem Drama *Der Traum ein Leben* 1834 Samarkand als unermesslich wohlhabendes, faszinierendes Königreich: »Eines nur ist Glück hienieden.« Und 1913 übertraf James Elroy Flecker mit seiner Bewunderung noch all die anderen euphorischen Dichter-Kollegen: »Wir lassen uns beim Reisen nicht nur treiben/ Unsere feurigen Herzen sind von Stürmen entbrannt/ Begierig zu wissen, was soll verborgen bleiben/ Nehmen wir den goldnen Weg nach Samarkand.«

Es ist ein mythischer Ort, ein Wüsten-Atlantis, eine Traum-Stadt, was die großen Autoren da beschreiben – denn mit eigenen Augen gesehen hat dieses Samarkand ja keiner der vier Großen. Weder Goethe noch Grillparzer, weder Poe noch Flecker hatten je die Chance, dorthin zu reisen. Ibn Battuta hat es im Gegensatz zu ihnen geschafft, er streifte im Jahr 1333 durch die Stadt, erlebte ihren vorsichtigen Aufbau nach der Zerstörung durch die Mongolen. Doch er war viele Jahrhunderte zu spät dran, um Samarkand in seiner höchsten Blüte als griechisches Marakanda, als Magnet und Metropole der Seidenstraße zu erleben. Und andererseits wieder mehrere Jahrzehnte zu früh. Denn 1370 erst hat der Welteroberer Tamerlan, wegen einer Verwundung am Fuß auch »Timur der Lahme« genannt, Samarkand zu seiner Hauptstadt gemacht. In seiner Regierungszeit und der seines Enkels Ulugbek wurden viele der Prachtbauten geschaffen, die bis heute das Bild der Stadt prägen und sie zum Weltkulturerbe machen.

Wann immer ich in Samarkand bin, gehe ich zuerst zum Registan, dem zentralen Platz mit seinen drei Madrassen. Mächtige Torbögen, majestätische Kuppeln locken da, Wunderbauten in Blau und Türkis, verziert mit Mosaiken und Majolika, den uralten handbemalten Kacheln. Stilisierte Sterne auf Rundbogengalerien, Gazellen, die um ihr Leben rennen, Fabelwesen, die an Löwen und Tiger gleichzeitig erinnern. Sonnen mit lachenden Gesichtern, die vom Erbe des Zarathustra und seiner Feueranbeter zeugen. Aber vor allem prägen das Ensemble Glaubensbekenntnisse an Allah, mit geometrischen Schriftzeichen auf Stein ziseliert, in die Ewigkeit kalligrafiert: »Es gibt keinen Gott außer den Einen.«

Ich weiß noch, wie ich hier zum ersten Mal stand, in einem der letzten Monate der untergehenden Sowjetunion, staunend Stunden über Stunden, und ich mich dann fragte, was dieses zentralasiatische, muslimische Meisterwerk denn mit dem fernen, sozialistisch-kalten Moskau gemeinsam haben könnte. Gute Nacht, Wladimir Iljitsch Lenin, Wiedergeburt des Islam: Man konnte das geradezu körperlich spüren. Und der Registan hat seine Faszination nie verloren, nicht bei meinen Besuchen 2005 und 2010, als Samarkand längst Teil der unabhängigen Republik Usbekistan geworden war. Und auch heute noch, da die Stadt viel leichter zu erreichen ist und die Touristenzahlen steigen – der neue Superschnellzug *Afrosiab* schafft die Strecke von der Hauptstadt Taschkent in weniger als zweieinhalb Stunden –, kann ich die Klagen der architektonischen Puristen im Westen schwer nachvollziehen; sie sprechen von einer zu »gelackten« Wiederherstellung der alten Bauwerke, von einer Überrestaurierung, die dem Ort seine besondere Stimmung nähme.

Weiter beim Samarkand-Rundgang 2015, auf zum Kollier der Kunstwerke, zur Avenue der Mausoleen. Hier in der Totenstadt Shah-i-Zinda (was irreführender Weise »Der König lebt« bedeutet) steigt man steile Treppen hinauf, die von Grabmälern umrahmt sind. Die Pavillons selbst sind im Innern meist einfach und kühl, die Grabsteine schlicht gehalten – aber welche Pracht in den Keramikkacheln mit ihren vergoldeten Pflanzenornamenten und verschlungenen Buchstaben aus Korantexten! In der Nekropole geht es weniger förmlich und feierlich denn verspielt und fröhlich zu: Einheimische Familien machen Picknick am Rand der Mausoleen, Kinder spielen Verstecken in den Winkeln um die Totenhäuser. Und die Erwachsenen pilgern einmal von unten nach oben, dann zurück und das Ganze noch mal. *Ziarat* nennt sich das, eine »Gedenkfahrt« machen.

Alle, die das Völkergemisch Samarkands ausmachen, sind hier versammelt: Tadschikinnen mit lockigem Haar und bunter Tracht, ehrwürdige alte usbekische Männer mit mächtigen Bärten, russische Teenies in engen Jeans und mit Smartphones um die Hüfte geschnallt, stämmige Mongolinnen, die ihren Kindern aus mitgebrachten Kannen nicht Cola, sondern *Kumis* einschenken, gegorene Stutenmilch. Das Sprachengewirr wird vom Persischen geprägt, Farsi ist hier in Samarkand seit Jahrhunderten die *Lingua franca,* nicht Usbekisch oder Russisch.

Dann ein Snack um die Mittagszeit in meinem Lieblingsteehaus, dem Lyabi Gor, erster Stock einer leicht heruntergekommenen Villa, mit Blick auf den Registan. Kann ich eine *Harisa* haben, dieses Eintopfgericht aus Fleisch, Gemüse und Getreide, das Ibn Battuta einst so liebte? Der Kellner runzelt die Stirn, holt seinen Kollegen. Auch der zuckt mit den Achseln. »Das kennen wir nicht.« Also ersatzweise eine *Laghman*, die traditionelle usbekische Suppe mit Lammstückchen und Nudeln. Die gibt es überall, die ist lecker und sättigt. Aber die Leibspeise des Weltreisenden muss ich irgendwo hier auch mal auftreiben.

Meine Stadtprozession endet regelmäßig am Gur Emir, dem »Grab des Gebieters«, dem finalen Ruheplatz Tamerlans. Sein Reich erstreckte sich in der Blütezeit Anfang des 15. Jahrhunderts von Anatolien bis Indien, von Georgien bis zur Mongolei, er nannte sich ziemlich selbstbewusst »Allahs Silhouette auf Erden«. Auch hier besticht wieder diese überwältigende Mischung aus Prunk und eleganter Schlichtheit: Die gewaltige Kuppel strahlt in Azurblau, zwei mächtige Säulen kitzeln den Himmel, zwischen Kaskaden von Arabesken kreisen Schwalben. Der Innenraum des Mausoleums wird von kunstvollen Stalaktiten getragen, geriffelte Fayencen-Kunst verziert die Wände. Leuchter werfen ein mildes Licht auf eine Ansammlung von Särgen, angeordnet in strenger Reihenfolge: Tamerlans Söhne, der Enkel Ulugbek, dann sein Mentor Said Bereke, zu dessen Füßen der Weltenlenker begraben sein wollte. Tamerlans Kenotaph ist aus dunkelgrünem Nephrit, in den kostbaren Stein sind die Namen und Daten des Herrscherstammbaums eingraviert.

Die Krypta unterhalb hat der sowjetische Anthropologe Mikhail Gerasimov am 21. Juni 1941 freigelegt – und fand dort eine ominöse Inschrift: »Wer immer diesen Sarg öffnet, wird von einem Feind bestraft werden, der noch mächtiger ist als ich.« Tags darauf griff Adolf Hitler die Sowjetunion an. Und so durchweht den Gur Emir mehr als ein Hauch der Melancholie: der schwarze Duft der Schwermut.

Denn wahr ist ja auch, Timur der Lahme war nicht nur ein Weltensammler und Weltenzusammenfüger, sondern auch ein Zerstörer. Sein Reich steht im Zeichen des Islam wie im Zeichen des Terrors und der Massenmorde, »Allahs Silhouette auf Erden« gilt als einer der grausamsten Herrscher der Menschheitsgeschichte, als Allahs furchtbarer Schatten, als ein Schandmal Gottes. Er hat die Erde mit Strömen von Blut getränkt und sich einen Spaß daraus gemacht, überall in den eroberten Gebieten Menschenschädel zu Pyramiden aufzutürmen.

»Wir verdanken alles, was wir hier sind, diesem Timur«, sagt Kutbija Rafijewa, die resolute Wirtin des Antica, meiner Lieblingspension in Samarkand. Wir sitzen in dem von wilden Rosen überwachsenen Garten des kleinen Bed & Breakfast im letzten Teil der verwinkelten Altstadt, der noch nicht abgerissen ist. Das Haus versteckt sich hinter einer hohen Tür in einem Seitengässchen, aus den oberen Zimmern kann man hinübersehen zum Gur-Emir-Mausoleum. Ein Geheimtipp, der sich unter den Reisenden aus allen Ländern, allen Schichten herumzusprechen beginnt. An lauen Sommer- und Herbstabenden treffen sich hier Rucksacktouristen und Diplomaten, Universitätsprofessoren und Modedesignerinnen zu Bier und Snacks, bevor sie sich in die plüschigen, kühlen Räume zurückziehen.

Jetzt aber ist später Vormittag, die anderen Gäste sind ausgeflogen, eine gute Zeit für einen Meinungsaustausch unter vier Augen. Kutbija holt frisches Brot aus der Küche, bestreicht es dick mit der köstlichen, selbstgemachten Quittenmarmelade. Ihr Deutsch ist fast perfekt, sie hat die Sprache lange studiert. Die resolute Wirtin ist mir immer als eine besonders wache, kritische Beobachterin aufgefallen, als eine, die politische Verfehlungen zu erkennen und benennen weiß: die wahllose Zerstörung der Nachbarschaft und das Hochziehen von Plattenbauten, schlimmer als die lässlichen Restaurationssünden an den Moscheen und Mausoleen; die mangelnde Wasser- und Stromversorgung; die Korruption auf den Ämtern und in den Krankenhäusern.

Und jetzt windet sie Timur Kränze. Warum diese Eloge auf einen Herrscher, der doch ein Massenmörder, ein Schlächter, ein Bluthund war?

»Für mich ist er zuallererst ein großer Baumeister. Ohne ihn wäre Samarkand nicht zu denken, die Anziehungskraft unserer Stadt, daneben verblasst alles andere«, sagt sie. Immerhin sind ihr die Gewaltexzesse des Herrschers bewusst, anders als der usbekischen Staatsführung.

Staatspräsident Islom Karimow sieht Tamerlan als eine Lichtgestalt, ein Vorbild, und mehr noch: als den Vater der Nation. Letzteres ist besonders absurd, weil dieser Amir Timur, der Sage nach geboren mit einem Klumpen geronnenen Bluts in der Faust, ethnisch gar kein Usbeke war, sondern ein Tatar. Aber das stört Karimow nicht im Geringsten, er hat sein ganzes Land zupflastern lassen mit Tamerlan-Statuen, Tamerlan-Büsten. Und mit Tamerlan-Museen, in denen idealisierte Karimow-Porträts – strenge Gesichtszüge, feurige Augen, Entschlusskraft in jedem Muskel – mit ganz ähnlich anmutenden Timur-Gemälden wetteifern, bis die Botschaft auch dem letzten begriffsstutzigen Besucher eingehämmert ist: Seht her, hier hat einer die Statur des großen Führers angenommen, seinen Mantel übergestreift. Seht her, hier ist ein Politiker, der Zentralasien zur alten Blüte zurückführen könnte, wenn nötig auch mit aller Härte. Der Tamerlan des 21. Jahrhunderts.

Auf Karimow ist meine Wirtin nicht so gut zu sprechen. Aber offen Kritik am Präsidenten zu üben, empfiehlt sich nicht: Usbekistan ist alles andere als eine Demokratie, die freie Meinungsäußerung garantiert. Und auf Samarkand blickt der Herrscher immer mit besonders scharfem Blick, die Stadt bedeutet ihm viel. Er ist schließlich hier geboren, hat seine Kindheit in einem staatlichen sowjetischen Waisenhaus vor Ort verbracht. Hier hat er auch seine ersten Verbindungen aufgebaut, als Teil des »Samarkand-Clans«, einer Sippe von ehrgeizigen Jung-Politikern.

Der Aufstieg des Herrn K. ist eine Apparatschik-Karriere wie aus dem sowjetischen Bilderbuch. Er studierte Maschinenbau, trat als Mittzwanziger in die KP ein, diente sich dann in einem Landmaschinenkombinat von Taschkent hoch. Noch zu UdSSR-Zeiten stieg er bis in die Schaltzentralen der Macht auf, schaffte es ins Politbüro. Dort gehörte er zu den Konservativen und unterstützte zunächst die Putschisten gegen Michail Gorbatschow. Als es aber opportun erschien, wandelte er sich – vom überzeugten Internationalisten zum glühenden Nationalisten, vom Atheisten zum Mekka-Pilger. Mit sechsundachtzig Prozent der Stimmen im Dezember 1991 zum Präsidenten der neuen unabhängigen Republik gewählt, prangerte der Wendige die von ihm doch so entscheidend mitgeprägte Sowjet-Vergangenheit scharf an. Usbekistan sei als »Rohstoffkolonie« ausgebeutet worden, Moskau habe den »politischen Pluralismus eliminiert«. Dann verbot er alle auch nur halbwegs aussichtsreiche Oppositionsparteien. Bei den nächsten vier Präsidentschaftswahlen, zwei mehr als die Verfassung ihm als Amtsinhaber eigentlich gestattet, achtete er immer darauf, dass pro forma Gegenkandidaten aufgestellt werden. Reine Zählkandidaten, denn Usbekistans Herrscher sollte keiner gefährden.

Die vorläufig letzte Wahl-Farce findet Ende März 2015 statt; diesmal beträgt die Beteiligung 91 Prozent, der Sieger erringt 90,4 Prozent der Stimmen. Die Plakate hängen noch Monate später in allen Straßen. Karimow mit glücklichen Baumwoll-Arbeiterinnen; Karimow mit fröhlichen Krankenschwestern; Karimow mit strahlenden Waisenkindern. Der Übervater, soll das heißen, kümmert sich um alles und jeden. Mehr als ein Hauch von Nordkorea weht da durch die Straßen. Und Samarkand ist bei den Lobhudeleien für den Ziehsohn der Stadt immer vorneweg, sein Ergebnis beim Urnengang stets überdurchschnittlich. Wahlplakate mit einem Imam oder vor einer Moschee im Hintergrund aber gibt es nicht – und das hat seine Gründe.

In Sowjetzeiten hat Karimow als oberster Parteisekretär den Islam als politische Kraft unterdrückt, ganz im Sinne seiner »gottlosen« Kommunistischen Partei. Als Präsident des unabhängigen Usbekistan gab es dann ein kurzes Tauwetter zwischen ihm und den höchsten kirchlichen Vertretern. Doch die gute Stimmung verflog, er merkte, dass die Imame sich politisch nicht bedingungslos vor seinen Karren spannen ließen. Als die Geistlichkeit immer mehr gegängelt wurde, entschloss sich eine islamistische Minderheit, in den Untergrund abzutauchen. Im Februar 1999 und dann noch einmal im März 2004 verübten Fanatiker in der Hauptstadt Bombenattentate. Karimow ging nicht nur mit aller Härte gegen die Radikalen vor, sondern ließ auch Tausende gemäßigter Muslime verhaften und foltern. Und auf Demonstranten, die gegen diese Willkür protestierten, schossen seine Sicherheitskräfte ohne Vorwarnung. Beim schlimmsten Massaker kamen im Mai 2005 in der Stadt Andischan mehr als siebenhundert Menschen ums Leben. Auch in Samarkand wurden Demonstrationen blutig niedergeschlagen.

Welche Rolle kann, welche Rolle darf der Islam heute in Usbekistan spielen, welche in seiner international bekanntesten Stadt, die – obwohl mit dreihundertfünfzigtausend Einwohnern nur die viertgrößte des Landes – so etwas wie die Vorzeigestadt dieses Landes ist?

Ein Besuch in der fast vollständig wiederaufgebauten Bibi-Kha-num-Moschee, die im Mittelalter eine der größten der Welt war und immer noch als größte und eindrucksvollste ganz Zentral-asiens gilt, könnte Aufschluss geben. Der Legende nach hat sie die Lieblingsfrau des Tamerlan errichten lassen, um ihren Mann bei dessen Rückkehr von seinem Feldzug nach Indien zu überraschen. Der Architekt aber verliebte sich unsterblich in die schöne Bibi, wollte die Moschee erst fertigstellen, wenn er von seiner Angebe-teten einen Kuss erhalten hätte. Zögernd stimmte sie zu – und behielt vom heißen Mund des Baumeisters ein Brandmal auf der Wange, das dem Herrscher nach seiner Rückkehr sofort auffiel. Im besten Tyrannenstil soll der daraufhin seine Frau verstoßen und den Baumeister hingerichtet haben.

Es ist ein eindrucksvolles Ensemble, ein weiteres Highlight der Stadt: Das fünfunddreißig Meter hohe Eingangstor wurde voll-ständig restauriert, im Innenhof ein riesiger, steinerner Koran aus Marmor aufgestellt. Noch immer wird das Gelände als Samar-kands Freitagsmoschee zum Gebet genutzt. Ich würde gern den Imam sprechen, er ist jedoch nicht da. Bekannte versuchen, den Kontakt für mich herzustellen. Der Imam vertröstet mich. Als er aber auch bei der nächsten und übernächsten Anfrage »kein Zeit-fenster findet«, wird mir klar, dass er nicht Rede und Antwort ste-hen will. Oder darf.

Über Freunde gelingt es mir, einen anderen der wenigen Imame der Stadt zu kontaktieren. Er will anonym bleiben, und so kann ich seine Person und die Fahrt zu seiner kleinen Moschee, die auf dem Gebiet der sowjetisch geprägten Außenbezirke Samarkands liegt, auch nicht detailliert beschreiben. Der Geistliche ist nervös, mein Übersetzer hat Schwierigkeiten, seine leise herausgepressten Stak-kato-Sätze zu verstehen. »Nichts gegen unsere Regierung, aber …«, so beginnen viele seiner vorsichtigen Äußerungen. Islom Karimow dulde zwar die Religionsausübung, habe sie aber aus Furcht vor extremistischen Kräften eingeschränkt und erlaube den Geistlichen nicht mehr, aktiv um die Gläubigen zu werben. Und dass die Imame jede Freitagspredigt der Staatssicherheit vorlegen und den Text genehmigen lassen müssen – er empfinde das als erniedrigend. »So fördert man eher Misstrauen, als dass man Sicherheit schafft.«

Aber ist nicht auch ein Teil der Wahrheit, dass die IMU, die Islamische Bewegung Usbekistan, sich der Qaida angeschlossen hat, dass ein-, zweimal in Taschkent schon die schwarzen Fahnen der Terrormiliz IS aufgetaucht sind? Der Imam wischt das mit einer Handbewegung weg. »Eine Randerscheinung, die mit unserem Glauben nichts zu tun hat und hier praktisch keine Anhänger findet. Unsere Form des Islam ist weder staatstragend noch staatsgefährdend.«

Tatsächlich spricht wenig für ein Zukunftsszenario, wie es der Autor Matthias Politycki in seinem aufregend-anregenden Roman *Samarkand, Samarkand* für das Jahr 2028 an die Wand malt. Da wird nach einem zwischen Türken und Russen ausgetragenen Krieg um Mitteleuropa Zentralasien zum entscheidenden Schlachtfeld – und ein schwaches Usbekistan von seinem mächtigen Nachbar Iran in die Rolle eines Gottesstaats gedrängt. Abgesehen davon, dass die meisten hierzulande Sunniten, und nicht wie die Iraner, Schiiten sind: Usbekistan ist alles andere als schwach und dürfte sich auch in Zukunft mit seiner Landmasse, ein Drittel größer als die Deutschlands, und mit seinen gut dreißig Millionen Einwohnern als eine der wichtigsten Mächte der Region etablieren. Der Staat gehört zu den potentiell reichsten der Welt, verfügt über riesige Vorkommen an Erdgas, Uran und Gold, und er gehört zu den größten Baumwoll-Exporteuren.

Usbekistan ist nicht nur wirtschaftlich, sondern auch politisch nicht zu unterschätzen. Im 19. Jahrhundert stritten sich in dieser Region Großmächte wie England und Russland um Einflusssphären, belauerten sich gegenseitig. Heute erlebt die Welt eine

Neuauflage dieses »Great Game«, und Usbekistan steht in seinem Zentrum. Staatschef Karimow hat es geschafft, sich für viele unentbehrlich zu machen. Die Chinesen wie die Russen buhlen um seine Gunst. Und vor allem der Westen tut alles, um den postsowjetischen Dauer-Diktator bei Laune zu halten.

Allen voran Deutschland zeigt erstaunlich viel Verständnis für die Gewaltherrschaft. Berlin hat nach dem Massaker von Andischan die von der EU verhängten Sanktionen unterlaufen; die Bundesregierung erlaubte sogar die Ausbildung usbekischer Offiziere auf deutschem Boden. Auch Brüssel legte den Roten Teppich aus, empfing Karimow 2012 mit allen Ehren. Die Nato machte 2014 in Taschkent ein »Verbindungsbüro« auf, misstrauisch vom Kreml und den chinesischen Herrschern beäugt. Usbekistan ist mit seinen Grenzen zu Afghanistan und Iran strategisch besonders wichtig, liegt an den Bruchlinien des neuen Kalten Krieges. Es geht um Militärbasen: Die Deutschen hatten in Termez, nur knapp fünfhundert Kilometer Luftlinie südlich von Samarkand, ihren wichtigsten Versorgungsstützpunkt im Krieg gegen die Taliban (und nutzten ihn später zur Organisation des geordneten Bundeswehr-Teilrückzugs). Es geht um Pipelines: Neue Erdöl- und Erdgasrohre aus der Region könnten den Energienachschub für Westeuropa sichern. Es geht um Rauschgiftprävention: Einige der wichtigsten Heroin- und Kokain-Routen der Welt führen durch Usbekistan; würden sie gekappt oder zumindest effektiv kontrolliert, trocknete der Nachschub bald aus.

Berlin überwies für die Nutzungsrechte von Termez viele Millionen, bis es zum Jahresende 2015 überraschend und ohne Angabe von Gründen die Basis aufgab. Immer wieder mahnen Europa und die USA eine Verbesserung der Menschenrechtssituation an, einen entschlossenen Kampf gegen die Vetternwirtschaft. Sie tun das hinter verschlossenen Türen, »um Karimow nicht zu provozieren«, wie es ein deutscher Botschafter mir gegenüber einmal formulierte. Aber unabhängige Organisationen wie Human Rights Watch und Amnesty International sehen eher eine Verschlechterung der Lebensbedingungen in den Gefängnissen, Transparency International zählt das Land zu den zehn korruptesten der Welt, Reporter ohne Grenzen führt Usbekistan auf Rang 166 unter 180 erfassten Staaten, Tendenz weiter fallend. Karimow schert sich nicht um die Ermahnungen des Auslands, ihn interessiert vielmehr sein Machterhalt im Innern.

Geschickt spielt der alte Fuchs dabei die mächtigen Clans der Landesteile gegeneinander aus. Der Sozialwissenschaftler Alisher Ilkhamow, der wie so viele Usbeken zur Auswanderung gezwungen worden ist, beschreibt das Herrschaftssystem aus seinem Londoner Exil: »Wenn wir uns den Kampf zwischen den verschiedenen Sippen des Landes als ein Weckglas voller Spinnen vorstellen, so erhalten wir ein Modell der Macht. Karimow, zugleich Herr dieser Konserve, Schiedsrichter und Dompteur, sorgt ständig dafür, dass das Glas immer wieder geleert und mit neuen Spinnen gefüllt wird.«

Die Konstante in diesem Wechselspiel des misstrauischen Herrschers war bisher immer die eigene Familie. Aus dem Kreis der Blutsverwandten sollte, so drang es aus dem Palast nach außen, seine Nachfolge geregelt werden. Als Favoritin galt lange Gulnara, die ältere der beiden Töchter des Herrschers. Machtbewusst. Klug. Glamourös. Modemacherin, Popsängerin an der Seite von Julio Iglesias, milliardenschwere Unternehmerin. Doch ausgerechnet innerhalb der engsten Familie tauchen neuerdings schwere Probleme auf, sie verraten Risse in der betonierten Machtstruktur, im Spinnennetz der Diktatur.

Gulnara Karimowa hat es offensichtlich übertrieben mit der Selbstbereicherung und der Egomanie: Gegen sie laufen in der Schweiz wie in Schweden juristische Ermittlungen. Im Februar 2014 wurde die einst so Mächtige unter Hausarrest gestellt, im

Frühjahr 2015 hat der Generalstaatsanwalt von Taschkent gegen sie ein Verfahren wegen Korruption und Veruntreuung von Staatsgeldern eingeleitet. Gulnara Karimowa behauptet in einer an die BBC geschmuggelten Nachricht, sie würde von ihren Bewachern geschlagen, sie und ihre sechzehnjährige Tochter würden nicht einmal ausreichend mit Essen versorgt. Sie hätte sich nichts zu Schulden kommen lassen, alles sei nur eine Intrige ihrer mit dem Geheimdienstchef verbandelten Mutter.

Was denken die Menschen in Samarkand über die Präsidententochter? Überwiegt angesichts ihres tiefen Falls die Genugtuung oder haben die Menschen Mitleid? Eine Stichprobe, in meinem Auftrag durchgeführt von meinem lokalen, bestens vernetzten Dolmetscher (weil sich einem Ausländer gegenüber kaum jemand zu einer so heiklen Frage äußert). Zarin, Gemüseverkäuferin vom Siob-Basar: »Während ihr Vater wenigstens für Stabilität sorgt, ist sie völlig abgehoben und hat das Geld verprasst, eine schlimme Lady.« Shamsi, Student und Schwarzgeldhändler am Navoi-Park: »Mitgefühl? Habe ich mit den Bettlern, nicht mit denen in den Palästen. Wenn ich könnte, würde ich schon morgen auswandern.« Aziza, Seidenverkäuferin in einem Geschäft nahe des Kaufhauses GUM: »Für mich war Gulnara immer ein Mode-Vorbild. Gut, sie mag es übertrieben haben – aber das Gefängnis hat sie nicht verdient, da darf sie sich doch nicht einmal schminken.« Ismail, pensionierter Lehrer, auf seiner Lieblingsbank im Park am Denkmal für die Weinende Mutter: »Bei Karimow wissen wir, was wir haben. Ob danach Gulnara kommt, jemand anderes aus dem Clan oder der Geheimdienstchef, ich sage Ihnen, nichts wird besser werden. Usbekistan ist zum Abstieg verdammt.«

Es wäre schön, den Präsidenten mit diesen Ansichten seiner Bürger konfrontieren zu können. Aber Islom Karimow gibt westlichen Journalisten grundsätzlich keine Interviews; auch seine beiden Töchter habe ich nie persönlich getroffen. Aber seine wichtigsten und wortgewaltigsten Kontrahenten konnte ich kennenlernen. Eine Frau aus Samarkand und zwei Männer.

Wjatscheslaw Akhunow, Bildhauer, Maler, Schriftsteller und Regisseur, ist der wohl international bekannteste Künstler Usbekistans, er hat sein Land schon bei der Biennale in Venedig vertreten, in Paris wie in München ausgestellt – das gibt ihm einen gewissen Schutz. Und den braucht er. Der Mann mit dem eisgrauen Vollbart und dem halb spöttischen, halb resignativen Lächeln auf den Lippen macht etwas Verbotenes, sehr Riskantes: Er wagt es, den Herrscher zu kritisieren. »Karimow tyrannisiert mit seiner mafiösen Clique ein ganzes Volk«, sagt er bei unserem Treffen in seinem heruntergekommenen Atelier außerhalb von Taschkent. Er sei in seine Rolle als Dissident hineingerutscht, das habe sich einfach so ergeben. »Ich konnte irgendwann nicht mehr stillhalten.« Er schrieb Satiren auf die Herrscherfamilie und verbreitet sie über seinen Blog, schuf Plastiken, Bilder und Filme, die Usbekistans Diktatur anprangerten, zwar meist indirekt, aber doch unmissverständlich.

Das Regime hat seine Kritik totgeschwiegen – und den Mann, der doch nur die von der Verfassung garantierten Grundrechte einfordert, abgestraft. Er darf nicht mehr ins Ausland reisen und dort seine Arbeiten präsentieren. Zu Akhunows bekanntesten Werken gehört der »Käfig für Führer«, eine Installation, bei der er zweihundertfünfzig Lenin-Büsten aus Polystyrol in ein enges Gittergefängis sperrte. Und ein Videofilm, in dem Menschen immer wieder gegen Mauern rennen, umkehren, es immer wieder aufs Neue versuchen. Hindernisse überall, kein Weg führt die Verzweifelten weiter. »Sackgassen« hat er sein Werk genannt.

Aber bei aller Standfestigkeit und Hartnäckigkeit: Es beunruhigt ihn, dass es in Usbekistan nicht einmal im Ansatz eine Zivilgesellschaft gibt, einen Pluralismus der Meinungen. »Stattdessen regiert überall die Angst, das Duckmäusertum«, sagt Akhunow.

Gerade kommt er von einer Vernissage zurück. Keiner der anwesenden Künstler, keiner der Gäste hat sich getraut, mit ihm ein Gespräch zu führen. Sie drehten sich zur Seite, als er auf sie zuging. Er ist eine Art zentralasiatischer Ai Weiwei. Träumt davon, mit seinem chinesischen Kollegen gemeinsam ausstellen zu können, in Paris, Berlin, Peking. Oder sogar in seiner usbekischen Lieblingsstadt, in Samarkand.

Vielleicht noch überraschender, ungewöhnlicher geriet ein anderer zum Gegenspieler des usbekischen Gewaltherrschers – ein britischer Botschafter, der sich in eine Schönheit aus Samarkand verliebte und mit seiner Liebe und seiner Radikalkritik an seinem Gastgeber gegen alle Regeln der Diplomatie verstieß. Die Geschichte ist wie gemacht für Hollywood, Brad Pitt und Angelina Jolie interessierten sich für die Filmrechte. »In aller Bescheidenheit – mancher Bond-Film hatte eine langweiligere Story«, sagt Ex-Diplomat Craig Murray, als wir uns in seinem Haus in London treffen.

Er hat sich immer etwas fremd gefühlt im Club der Privatschulabsolventen und Oxford-Cambridge-Jünger von Whitehall, hat die Arroganz der im Außenministerium dominierenden Oberklasse immer gehasst, ihre Scherze verabscheut. Die da oben, er da unten: Arbeiterkind, ausgebildet an der zweitklassigen schottischen University of Dundee, Außenseiter, Aufsteiger. Vielleicht kommt daher seine rebellische Ader, die er auch als Angehöriger des diplomatischen Dienstes nie abgelegt hat. Aber er ist tüchtig, manche sagen auch: brillant. Nach Auslandsposten in Polen, Russland und Afrika wurde er 2002 mit noch nicht einmal vierundvierzig Jahren zur jüngsten Exzellenz im Dienste der Krone, Botschafter in Usbekistan.

Anders als seine Vorgänger und die meisten seiner Diplomaten-Kollegen bestand Murray darauf, durch das Land zu reisen. Ins dichtbesiedelte, brodelnde Fergana-Tal an der Grenze zu Kir-

gisien und Kasachstan, zum verseuchten, austrocknenden Aral-
see – und natürlich auch zu den Perlen der Seidenstraße, nach
Khiva, Buchara und Samarkand, das ihm sofort ans Herz wuchs.
Überall versuchte er auch, mit den wenigen Bürgerrechtlern ins
Gespräch zu kommen, er besuchte regelmäßig Gerichtsverhand-
lungen gegen Oppositionelle, in denen viel von Terror und Aufstand gegen die Staatsgewalt die Rede ist, aber ganz selten von
handfesten Beweisen. Und immer wieder hörte er von schlimmsten Folterungen.

Eines Nachts kam eine schluchzende Frau aus Samarkand in
die britische Botschaft, ein grausiges Dokument an die Brust
gedrückt. Sie hatte es geschafft, den Sarg ihres im Gefängnis verstorbenen Sohnes öffnen zu lassen und heimlich Fotos von seinem geschundenen Körper zu machen. »Er war ein Regimegegner, deshalb haben sie ihn in siedendes Wasser getaucht und zu
Tode gequält.« Murray schickte die Bilder mit Diplomatenpost an
die Pathologie der University of Glasgow, mit der Bitte um eine
Expertise. Zwei Wochen später meldeten sich die professionel-
len Leichenbeschauer: Sie konstatierten schwere Schlagwunden,
abgerissene Fingernägel und als wahrscheinliche Todesursache
das Eintauchen des Körpers in eine kochende Flüssigkeit. Murray informierte Whitehall und stellte sicher, dass »sein Fall« im
diplomatischen Corps von Taschkent zum Gesprächsgegenstand
Nummer eins wird. Er wusste: So etwas wird auch dem Präsidenten hinterbracht.

»Sie sind ja gar kein normaler Botschafter«, sagte bewundernd
eine australische Menschenrechtsaktivistin zu ihm. »Das hoffe ich
doch«, entgegnete der darauf stolz. Aber es gibt noch eine andere
Seite dieses heroischen Craig Murray, der mit seinem Bauchansatz,
den wuscheligen Haaren und der altmodischen Brille äußerlich
eher spießig wirkt: Er ist nicht nur politischer Überzeugungstäter,
sondern auch Provokateur aus purer Lust an der Provokation.

Trägt seinen Schottenrock bei offiziellen Staatsempfängen, beleidigt anreisende Parlamentsabgeordnete, spricht gern dem Whiskey zu. Und gibt, seiner Frau und den beiden Kindern zum Trotz, den Womanizer. In einem Nachtclub von Taschkent lernte er eine Bauchtänzerin kennen und verliebte sich unsterblich in die langbeinige Schöne. Nadira Alijewa, damals zweiundzwanzig, stammt aus Samarkand, sie hat eines dieser typischen usbekischen Schicksale: eine Jugend im Drogenmilieu, später eine Stelle als Lehrerin mit einem Gehalt, das kaum zum Leben reicht, Träume von der großen, weiten Welt. Murrays Ehe ging 2004 in die Brüche, die junge Dame zog in die Residenz ein.

Und Murray spielte auch politisch weiter mit dem Feuer. Bei einer öffentlichen Veranstaltung sagte er: »Es gibt zweifelsohne berechtigte Sicherheitsinteressen Usbekistans. Aber keine Regierung hat das Recht, den Krieg gegen den Terror als Entschuldigung für die Verfolgung auch derjenigen zu nutzen, die als Muslime friedlich ihrem Glauben nachgehen.« In chiffrierten Botschaften an das Londoner Außenministerium wurde er noch deutlicher: Er beschuldigte die CIA, Terrorverdächtige zu Folterverhören nach Usbekistan zu fliegen, und klagte seine eigene Regierung an, »Erkenntnisse« aus solchen illegalen Praktiken zu nutzen. Ein deutscher Diplomaten-Kollege warnte ihn mit einem Oscar-Wilde-Zitat: »Wer die Wahrheit sagt, kann sicher sein: Er wird früher oder später erwischt.« Noch kam aus London nicht mehr als eisiges Schweigen. Doch das Dossier mit Botschafter Murrays »Verfehlungen« wuchs. Und irgendwann 2005 legte Whitehall dem Undiplomaten dann nahe, sein Amt aufzugeben.

Als Murray sich weigerte, startete das Londoner Außenministerium ein Disziplinarverfahren gegen ihn. Seine fundamentale Karimow-Kritik spielte dabei offiziell keine Rolle. Er sei öfter betrunken ins Büro gekommen, habe seine Dienstwagen für Privatfahrten missbraucht, britische Visa gegen sexuelle Gunstbeweise ausgestellt. Murray war außer sich über die rufmörderischen Vorwürfe. Er erlitt einen körperlichen und mentalen Zusammenbruch, wurde unter dramatischen Umständen ausgeflogen und in die psychiatrische Abteilung des Londoner St.-Thomas-Krankenhauses eingewiesen. »Das war mein persönliches Fegefeuer«, sagte er. Wieder genesen, setzte er noch einmal seine Rückkehr nach Taschkent durch, kämpfte mit allen Mitteln gegen die Anschuldigungen. Schließlich verfügte Großbritanniens Regierung die Suspendierung des unbequemen Gesandten – wohl das schlimmste Ende eines britischen Emissärs, seit Charles Stoddart 1842 auf dem Platz vor der Zitadelle in Buchara im Auftrag des örtlichen Emirs öffentlich enthauptet worden ist.

Seine Anwälte erreichten, dass Whitehall die Vorwürfe gegen Murray zurückzog (bis auf den wegen Verletzung von Geheimdienstvorschriften), für sein Ausscheiden aus dem Amt wurde ihm eine Abfindung von rund fünfhunderttausend Euro zugestanden. Seine folgenden politischen Unternehmungen – unter anderem verschrieb er sich dem Kampf für Schottlands Unabhängigkeit – scheiterten. Aber privat feierte er Erfolge. Seine Autobiografie unter dem Titel *Murder in Samarkand* wurde zu einem Bestseller. Und seine Lebensgefährtin Nadira gab ihm das Jawort, die beiden bekamen einen Sohn.

Heute ist Craig Murray für eine Im-und-Export-Firma tätig. Eines Tages aber, so verrät er im persönlichen Gespräch, »will ich wieder, muss ich wieder nach Samarkand«. Nadira Murray hat ohnehin permanentes Heimweh nach ihrer Heimatstadt an der Seidenstraße. Sie telefoniert viel mit der Verwandtschaft in Samarkand, und in einigen Jahren, wenn sie nicht mehr Persona non grata in ihrer Heimat ist, wenn Karimow Geschichte ist, wird auch sie zurückkehren. »Es gibt keine Stadt wie meine.«

*

Abschied von London. Zurück nach Samarkand, ins Jahr 2015. Von der nahen Wüste her ist ein Sandsturm aufgekommen, bedeckt alle Wände, macht aus glatten Fassaden Schmirgelpapier. Wilde Wolkenformationen aus dem Serafschan-Gebirge verdunkeln die usbekische Welt.

Es ist wieder einer dieser Tage, an denen ich mich beim Spaziergang durch die wenig atmosphärische, wie geleckt wirkende Fußgängerzone zwischen Registan und Bibi-Khanum-Moschee frage, ob die Stadt wirklich der »Spiegel der Seele« ist, wie die Einheimischen gern sagen. Oder ob Samarkand eine zwar überaus beeindruckende, aber doch eher seelenlose, museale Ansammlung von Gebäuden bleibt. Da schwanke ich fast stündlich. Aber ich muss vor meiner Abreise noch etwas klären: Wo bitte geht's zum Traditionsgericht *Harisa*, zu dem von Ibn Battuta so heiß ersehnten Eintopf aus Fleisch, Gewürzen und Getreide?

Ich war nun schon in drei verschiedenen *Chaikhanas*, wie die Teehäuser heißen, in denen es auch herzhaftes Essen gibt. Kein Erfolg. Und dann gehe ich noch ins Platan und ins Karambek, die beiden Samarkander Restaurants für gehobene usbekische Küche. Auch dort Kopfschütteln – von *Harisa* hat keiner gehört. Ich mache dann das, was man als Journalist sehr ungern tut: Ich gebe auf. Offensichtlich haben sich im Lauf der Jahrhunderte die Essgewohnheiten so verändert, dass dieses Gericht von den Speisekarten verschwunden ist.

Auf ein letztes Bier im Blues Café an der – wie sollte sie auch sonst heißen – Amir-Timur-Straße. An den Wänden der gemütlichen Bar hängen Bilder von amerikanischen und britischen Jazz-Größen, und wenn man Glück hat, jammt hier auch mal eine einheimische Band, übt sich in Klassikern von »Summertime« bis »A Wonderful World«. Nicht so heute. Es ist laut, Disco-Musik vom Band dringt auf die Straße – »geschlossene Gesellschaft«. Ich will mich schon abwenden, da winkt mich ein fröhlicher älterer Herr mit Nelke im Knopfloch herein. Die Party ist in vollem Gang, Geldscheine fliegen durch die Luft, es wird sogar auf Tischen getanzt. Und da erst sehe ich das Brautpaar in der Mitte – sie im weißen Spitzenkleid, er im schicken dunklen Anzug. Sie winken mich zu ihnen. Keine Chance mehr, sich diskret zurückzuziehen.

Der Wodka fließt in Strömen, aber es gibt auch etwas zu essen. Aus mitgebrachten Töpfen schaufeln mit großen Kellen zwei ältere Frauen, vermutlich die Mütter von Braut und Bräutigam, Essen auf die Teller und drücken auch mir einen in die Hand. *Harisa*, sagt die eine. Na endlich, doch noch ein Erfolgserlebnis. »Oder *Haleem*, wie wir hier diesen Eintopf meistens nennen«, sagt die andere. »Greifen Sie zu!«

Ich kann nun nicht sagen, dass diese Mischung aus Fleisch, Koriander und Haferbrei auf Anhieb zu meinem Lieblingsgericht avanciert wäre – aber ja, Grüße an Ibn Battuta: Es schmeckt.

Neuntes Kapitel

Delhi – Umwerfend

Als Ibn Battuta von Samarkand aufbricht, genesen und gestärkt, da hat er ein klares Ziel vor Augen. Wie wichtig es ihm damit ist, zeigt schon allein dies: Er verzichtet auf die von ihm sonst so geliebten Umwege. Er möchte jetzt schnellstmöglich nach Delhi. Er will den Sultan Mohammed Tughluq kennenlernen, den wohl mächtigsten Herren der Zeit. Und von ihm profitieren.

Er ist nun kein Reisender allein um des Reisens willen mehr. Seine ausgedehnten Trips mit den langen Aufenthalten in Mekka und Medina haben ihn spirituell gefestigt; geistig – so glaubt er offensichtlich – hat er sich genügend bereichert, jetzt möchte er Karriere machen, weltliche Güter genießen. Er sucht einen lukrativen Job, eine Tätigkeit, in der er seine Kenntnisse und seine gewonnene Lebenserfahrung gleichzeitig einbringen kann. Und der ihm Macht über andere verschafft, Macht über Menschen, von denen er noch etwas lernen kann. Den besten Ort für sein berufliches Weiterkommen hat er sich sehr bewusst ausgesucht, immer mehr Informationen zusammengetragen, er hat bei Freunden, Weggefährten und an den Höfen der Welt recherchiert. Und hat sich auf Delhi fixiert. Seinen potentiellen Auftraggeber beschreibt er im *Rihla* so: »Der Herrscher Indiens hat sich dafür entschieden, Fremde zu ehren, ihnen seine Zuneigung zu schenken und sie für hohe Staatsämter auszuwählen. Die Mehrheit seiner Palastoffiziellen, seiner Minister und Richter sowie die meisten angeheirateten Verwandten sind Ausländer. Per Dekret sollen alle Fremden mit dem Ehrentitel Aziz, Euer Ehren, angesprochen werden.«

Das gefällt ihm. Was da auf ihn zukommt, ist auch eine Selbstprüfung – Ibn Battuta kann nicht sicher sein, dass er eine anspruchsvolle berufliche Aufgabe auch erfolgreich bewältigt. Bis auf seine kurze Tätigkeit als junger, noch unerfahrener Kadi auf dem Weg zwischen Tunis und Kairo hat er noch keinen festen Job gehabt, noch kein Geld als Jurist, als Beamter oder Unternehmer verdient. Es ist Zeit für eine Karriere, für eine Reisepause, für ein Niederlassen, für ein möglicherweise längeres Intermezzo in der Fremde. Und für die Überlegung, was danach folgt. Ob es noch weitergehen soll mit dem Vagabundendasein, Richtung Fernost, ins sagenhafte China. Oder nicht doch zurück in die Heimat, um die Eltern und Freunde in Tanger wieder in die Arme zu nehmen, ihnen von den Wundern der Welt zu erzählen, von den Städten, die er gesehen hat

Ibn Battuta hat sich möglichst gut auf Delhi vorbereitet; er ist längst erfahren und gewitzt genug, sich unterwegs nicht mehr nur auf seine Intuition zu verlassen. Er hat es sich beim Reisen, ob mit Sänfte oder per Pferd und Wagen, immer so bequem wie möglich gemacht, auch wenn er Entbehrungen, wenn sie denn sein mussten, nie aus dem Weg ging. Er zieht jetzt, von Sultan Tarmaschirin bestens ausgestattet, mit Dutzenden Pferden und Dienern Richtung Delhi, im Gepäck Gold und Schmuckstücke. Fast schon einem kleinen Hofstaat gleich.

Die folgenden Kapitel des *Rihla* berichten nur kurz von Zwischenstationen, es sind hastig hingeworfene, kurze Texte – so, als wolle uns Ibn Battuta an seiner Ungeduld teilhaben lassen. Er durchquert einige der landschaftlich und historisch reizvollsten Regionen der Welt und streift sie doch nur mit kurzen Beobachtungen. »Nach Samarkand kamen wir zu der Stadt Nasaf, weiter ging es nach Tirmith (dem heutigen Termez), »eine große und schöne Stadt mit Wasserläufen und Bäumen«. Und dann geht es weiter mit der dürren Aufzählung: »Wir setzten über den Amu-

Darya-Fluss und reisten dann durch eine menschenleere Sand-
wüste, bis wir die Stadt Balkh erreichten ...«

Parallel zu der uninspirierten Schilderung wird es im *Rihla*
auch unpräzise. Die Reiseroute wirkt wenig plausibel, Ibn Battuta
verwechselt offensichtlich den einen Ort mit dem anderen, und
auch seine Zeitangaben für diesen Teil seines Trips sind zweifel-
haft. Er muss weit länger gebraucht haben, als er in seinen Erzählungen angibt. Es wirkt, als seien ihm Orte und Zeiten buchstäblich zusammengeschrumpft.

Seine schlechte Laune über die Verzögerung springt den Leser
zwischen den Zeilen direkt an, als ihn der Winter dann doch
zu einer mehrwöchigen Pause zwingt. In Kundus muss er seine
erschöpften Pferde und Kamele rasten lassen und seiner Entourage eine Zwangspause gönnen. Vor ihnen türmen sich bedrohlich
hohe Gipfel mit schwierigen Pässen: der Hindukusch, »Schlächter
der Hindus« genannt, weil da, so wird der Reisende aus Marokko
gewarnt, viele der Sklaven sterben, die vom heißen Subkontinent
stammen und Kälte wie Strapazen nicht gewohnt sind.

Ibn Battuta beschränkt sich auch auf die nötigsten Informationen, als es um die schwierige Kletterpartie geht: »Wir blieben,
bis das wärmere Wetter eingesetzt hatte. Dann überquerten wir
die Berge, indem wir den ganzen Tag, von der Morgendämme-
rung bis zum Abend, ritten und wanderten. Wir breiteten auf
dem Boden Filzkleider vor den Tieren aus, damit sie nicht im
tiefen Schnee versanken.« Nachdem sie den Khawak-Pass hinter
sich gelassen haben, geht es hinunter ins spektakuläre Pandschir-
Tal. Aber auch diese Landschaft kommentiert er nur knapp. Und
gar nicht mehr der Erwähnung wert findet Ibn Battuta Privates,
die Geliebte und seine neugeborene Tochter lässt er im Nebel der
Geschichte verschwinden.

In Barwan genießt er auf Einladung des örtlichen Emirs (»Er
war unfassbar dick, so etwas hatte ich noch nie gesehen«) ein Fest-

mahl, in der Nähe zeigt man ihm eine Klause, in der ein Greis lebt, den die Einheimischen »Vater aller Heiligen« nennen. Dieser Ata Awliya behauptet, dreihundertfünfzig Jahre alt zu sein. »Er sagte mir, dass ihm alle hundert Jahre neue Haare und Zähne wachsen.« Solche Geschichten faszinieren ihn. Wäre Ibn Battuta nicht so in Eile und auf sein Ziel Delhi fixiert gewesen, er hätte sicher versucht, den Dingen in der Höhle auf den Grund zu gehen. Er belässt es bei einem denkbar kurzen Treffen. »Ich fragte ihn nach verschiedenen Dingen. Was ich an Antworten bekam, ließ mich die Geschichte über ihn bezweifeln. Aber Gott weiß es am besten.«

Schnell weiter. Selbst gefährliche Zwischenfälle behandelt Ibn Battuta nur noch kursorisch. Nahe des nächsten Passes – es könnte sich um den Khyber gehandelt haben oder einen schmalen Bergdurchgang südlicher – wird die Reisegruppe von afghanischen Wegelagerern angegriffen, einige aus seiner Truppe geraten in einen Hinterhalt und sind für Stunden von Ibn Battuta abgeschnitten. »Wir bekämpften sie den ganzen Weg über mit Pfeilen, während sie sich oben in den Bergen verschanzten«, konstatiert er kühl. Seine Mannen und er kommen durch, alle unversehrt. Sie sind nun in der indischen Ebene angekommen, im Punjab, dem »Fünfstromland«. Ibn Battuta nennt den September 1333 als Ankunftsdatum, Experten glauben, es müsse mindestens ein Jahr später gewesen sein.

Es ist eine Zäsur im Leben des Ibn Battuta – der erste Teil des *Rihla* endet hier. Sein dreißigster Geburtstag liegt jetzt hinter ihm, es ist in jeder Beziehung Halbzeit. Wie wichtig für den Mann aus Tanger die kommenden gut sieben Jahre am Hof des Sultans und seine zusätzlichen zwei Jahre dauernden Reisen in der Region sind, welchen entscheidenden Teil seines Lebens und seines Erlebens sie einnehmen, zeigt sich schon allein am Umfang seiner Berichte vom indischen Subkontinent: Sie füllen vierzig Prozent des gesamten *Rihla*. Und keinem anderen Herrscher widmet er so viele Kapitel wie Mohammed Tughluq, dem Sultan von Delhi – er ist in Ibn Battutas Augen nicht nur einer der sieben Herrscher der Welt, sondern der bedeutendste. Jedenfalls wird er der wichtigste im Leben des marokkanischen Abenteurers.

Ibn Battuta hat die gleiche – oder eine sehr vergleichbare – Route aus dem Nahen Osten über die hohen Berge des Hindukusch genommen wie ein Jahrhundert vor ihm die türkischen Eroberer, die das Bauernvolk im Punjab unterjochten und das Sultanat von Delhi errichteten. Die erste Welle der muslimischen Soldaten plünderte die Städte, zerstörte die Hindu-Tempel, verfolgte die »Götzengläubigen« blutig. Doch schon die nächste Generation der Sultane versuchte, sich die Macht nicht allein durch Morden und Brandschatzen zu sichern, sondern durch ein System der Besteuerung; sie ersetzten die bisherigen lokalen Herrscher mit Afghanen oder Türken, teilweise beließen sie auch Hindus an der Macht, solange sie diese gegeneinander ausspielen konnten – ein System von Teilen und Herrschen, wie es später die britischen Kolonialherrscher perfektionieren sollten. Und das klarmachte: Wer sich zur »überlegenen«, zur fortschrittlichen Sieger-Religion Islam bekehren ließ, wechselte nicht nur auf die »richtige« Seite der Geschichte, sondern hatte auch ganz konkrete wirtschaftliche Vorteile.

Doch im 14. Jahrhundert können sich die Sultane, auch wenn sie ihre Macht nach und nach bis zur Südspitze des indischen Subkontinents ausbreiten können, nicht sicher fühlen. Ihnen drohen mongolische Konkurrenten aus dem Norden, vor allem aber Volksaufstände.

Sultan Mohammed Tughluq ist vermutlich durch einen von ihm inszenierten Vatermord an die Macht gekommen; nach seiner Thronbesteigung 1325 hält er sich dann ein Vierteljahrhundert ganz oben, er kennt offensichtlich all die Gefahren. Allein schon aus diesem Grund versucht er, möglichst viele Hindus zu konvertieren, verspricht ihnen nach dem Übertritt niedrigere Steuern. Als das im großen Maßstab nicht so recht funktioniert, erlaubt er den Hindus immerhin freie Religionsausübung. Er hält sie aber in extremer wirtschaftlicher Abhängigkeit, fordert viele Abgaben, presst sie bis zum letzten Gramm Getreide aus. Er weiß, dass er bei vielen seiner Untertanen verhasst ist und sieht zur Festigung seiner Macht nur ein probates Mittel – möglichst alle wichtigen Positionen im Staatsapparat mit »Gastarbeitern« aus dem Herzland des Islam zu besetzen, mit fähigen Administratoren und Juristen aus Arabien oder Anatolien, denen er vertrauen kann. Oder deren Loyalität auf Zeit er sich zumindest erkaufen kann. Tughluq braucht Vertraute, die seine Herrschaft sichern, und wenn es geht, noch mehr für ihn leisten: den Herrscher preisen, ihm schmeicheln, seine Weltgeltung durch ihre Erzählungen mehren. Möglichst alles auf einmal.

Er braucht Menschen wie Ibn Battuta. »Gentleman, Pilger, Jurist, Erzähler, Weltreisender, Gast von Emiren und Khans: Ibn Battuta hatte guten Grund zu glauben, dass er die Sorte von sehr gehobenem Staatsdiener war, nach dem Mohammed Tughluq suchte«, schreibt Ross Dunn.

Aber Ibn Battuta kann nicht voraussetzen, dass der Sultan von ihm gehört hat, dass irgendjemand in Delhi seiner Ankunft entgegengefiebert – dazu ist er dann doch zu unbekannt. Er könnte untergehen im Konzert all der wichtigen und wichtigtuerischen Fremden, die mit ihm um die Gunst des Herrschers konkurrieren. Tughluqs Reichtum und die Aufstiegschancen in Delhi sind ja kein Geheimwissen. Ibn Battuta braucht also einen guten Plan. Er muss zeigen, dass da kein Allerweltsreisender anklopft, sondern ein bedeutender Gast, um den man sich bemühen muss. Mit anderen Worten: Er muss bluffen, Eindruck machen, um beim Sultan eine Audienz zu bekommen und dann in seinem Regierungssystem möglichst hochrangig einzusteigen.

Ibn Battuta hat schon in Afghanistan Geschenke gesammelt und bis an den Rand seiner finanziellen Möglichkeiten eingekauft. Er ist mit dreißig Pferden unterwegs, einem Dutzend Kamelen, prächtigen Kleidern und ganzen Kisten voller Pfeile. Er hat gehört, dass jeder Neuankömmling dem Sultan möglichst kostbare Geschenke machen sollte, weil der sich dann mit noch wertvolleren Gaben revanchiert. Es ist ein riskantes Spiel. Aber Ibn Battuta geht aufs Ganze. Er verschuldet sich bei einem der cleveren Geschäftsleute des Punjab, kauft noch mehr Tiere, Teppiche, alles gegen die Zusage, mit Zins und Zinseszins zurückzuzahlen.

Noch vor der Ankunft in Multan, der ersten größeren Stadt im indischen Reich, fällt dem marokkanischen Reisenden der Geheimdienst des Sultans auf. Die Agenten nutzen einen speziellen Botendienst, *Barid* genannt. Fast jeden Kilometer haben Posten des Herrschers kleine Pavillons aufgebaut, zu denen Kuriere im Laufschritt versiegelte Umschläge bringen. Dann übernimmt jeweils ein neuer Mann, der zur nächsten Station spurtet. »Das ist das effektivste und schnellste System, das ich je gesehen habe«, lobt Ibn Battuta die Nachrichtenübermittlung. Manchmal transportierten die Boten auch besonders exquisite Früchte oder Flaschen mit Quellwasser für den Herrscher, dessen Hauptstadt Delhi zehn »normale« Tagesreisen von Multan entfernt liegt. Und über dasselbe System, allerdings nicht ganz so schnell, werden auch Kriminelle befördert, von Posten zu Posten, auf einer Bahre angeschnallt.

Die Geheimdienstmitarbeiter schicken über jeden Neuankömmling präzise Informationen an ihre Chefs, nichts werde dabei ausgelassen, erfährt Ibn Battuta. Weder die Beschreibung der äußeren Erscheinung noch seine »Verhaltensweise«, und selbstverständlich stehe in den Dossiers auch alles über die finanzielle Ausstattung des Fremden und seiner Entourage. Dem

Weltenbummler auf Jobsuche ist das recht. Ibn Battuta hat nichts zu verbergen, ganz im Gegenteil, je präziser der Sultan von den eindrucksvollen Reichtümern des Anreisenden erfährt, desto größer dürfte seine Neugierde sein. Und seine Bereitschaft, ihn persönlich kennenzulernen, ihm eine Audienz zu gewähren.

Ibn Battuta muss zwei Monate lang in Multan ausharren. Er lernt den lokalen Statthalter des Sultans kennen, einen Emir namens Sartiz Schah, »was so viel bedeutet wie der ›Scharfäugige‹«. Der Mann aus Tanger langweilt sich, doch er weiß, er muss Geduld zeigen. Außerdem hat er angenehme und anspruchsvolle Gesprächspartner, darunter auch Konkurrenten wie Geistliche und Notabeln, die gleichfalls auf eine Anstellung am Hofe von Delhi hoffen. Die gute Nachricht ist: Es soll dort viele gute Jobs geben. Niemand allerdings darf Multan Richtung Hauptstadt und Sultanspalast verlassen, ohne sich darauf festzulegen, »in Delhi eine Lebensstellung anzunehmen«. Sultan Tughluq ist großzügig, aber er will keine Gastarbeiter, die sich nur schnell die Taschen füllen und dann das Weite suchen.

Ibn Battuta muss bei seinen Vorstellungsgesprächen mit den Oberen von Multan mehrfach versichern, dass er dem Herrscherhaus dauerhaft dienen werde. Man will das sogar schriftlich von ihm. Wenn er gezögert haben sollte, verschweigt er es in seinem Reisebuch. Er unterzeichnet das Papier – und wird sich vielleicht gedacht haben: Ich werde schon einen Ausweg finden, wenn es mir nicht mehr gefällt. Sein bisheriges Leben hat ihn ja gelehrt, wie man sich aus schwierigen Situationen befreit, wie man es schafft, auf eigene Faust und gegen alle Wahrscheinlichkeiten zu fliehen. Schließlich erhält er grünes Licht aus der Hauptstadt. Man hat ihn offensichtlich für eine Spitzenposition in Erwägung gezogen. Auf nach Delhi.

Unterwegs wird der Trupp von Banditen angegriffen. Ibn Battuta ist nur leicht verletzt, verliert aber zwei seiner Mitreisenden.

»Wir kämpften hart und schlugen sie schließlich in die Flucht.«
Mehr als ein Dutzend der Angreifer geraten in Gefangenschaft, es
gibt für sie keine Gnade. Auch um Nachahmungstäter abzuschrecken, werden ihnen auf Anraten der lokalen Führer, die den Trupp
begleiten, an Ort und Stelle die Köpfe abgeschlagen.

Ibn Battuta beobachtet das Land, das zu seiner neuen Heimat
werden soll, sehr genau – und mit verwunderten Augen. Auf dem
Weg sieht er manches, was ihn begeistert: blühende Felder, Reis-
terrassen, Bäume mit köstlichen Früchten, die Mangos genannt
werden, unbekannte Nussarten namens Schaki und Barki. »Das
Land der Inder besitzt die besten Böden«, schreibt er im *Rihla*.
Und merkwürdige Tiere. In einem dichten Wald nahe einer Was-
serstelle sieht sich der Trupp plötzlich mit einem Wesen konfrontiert, wie es Ibn Battuta noch nie begegnet ist. Es erschreckt ihn,
fasziniert ihn aber auch mit seiner wilden Urgewalt – ein Rhino-
zeros, das mit seinem Horn eines der Pferde seitlich aufschlitzt.

Aber er beschreibt auch Dinge, die ihn gänzlich abstoßen,
lokale Sitten, die er der fatalen »Ungläubigkeit« der Einwohner
zuschreibt: »Ich sah Frauen, die sich mit ihren verstorbenen Ehe-
männern verbrennen ließen. Das ist keine Pflicht, wird aber von
den Dorfvorstehern empfohlen.« In der kleinen Stadt Adschud-
han hat er dann noch ein besonderes Erlebnis. Es gelingt ihm,
den Scheich Dain ad-Din aufzusuchen – den Mann, dessen Verwandten Burhan ad-Din er in Ägypten kennengelernt hatte. Es
wird ein kurzes, emotionales Treffen. »Ich übermittelte ihm die
Grüße. Er war sehr überrascht und sagte nur: ›Ich bin das doch
gar nicht wert.‹«

Kurz vor Delhi empfängt ein Gesandter des großen Sultans die
Reisenden und überbringt ihnen eine enttäuschende Nachricht.
Mohammed Tughluq hält sich nicht in der Hauptstadt auf. Es
wird erst später zu einem Treffen kommen, wenn überhaupt. Der
Trupp solle aber schon mal in die Hauptstadt vorreiten.

Delhi begeistert Ibn Battuta schon beim ersten Anblick. »Was für eine gewaltige Stadt, die Schönheit und Stärke vereint! Ihre Mauern kennen in der Welt nicht ihresgleichen, es ist nicht nur die größte Stadt in Indien, sondern die größte des Islam im gesamten Osten.« Besonders hat es ihm die zentrale Moschee angetan. »Sie ist sowohl was die Größe als auch was die Schönheit angeht einmalig. Vor der Eroberung durch die Muslime im Jahr 1188 war sie einer der (buddhistischen) Tempel, die die ungläubigen Inder *Budchana* nennen. In ihrem Hof steht ein Minarett, das höher ist als die der anderen islamischen Länder. Wenn man von oben heruntersieht, erscheinen die Männer wie kleine Kinder. Und im Hof der Moschee ragt eine gewaltige Säule empor, von der es heißt, sie sei aus sieben Metallstreben zusammengesetzt – der ganze Komplex ist eines der Wunder der Welt.«

Der Wesir, der als Stellvertreter des Sultans fungiert, empfängt Ibn Battuta. Er darf mit einigen seiner Geschenke der Mutter des Sultans seine Aufwartung machen. Selbstverständlich hat sich der Weltgewandte erkundigt, wie man sich dabei verhalten muss. »Ich zeigte meine Ehrerbietung in der vorgeschriebenen Weise, kniete nieder, legte eine Hand auf den Boden, zog mich dann wieder zurück«, beschreibt er die Szene später im *Rihla*. Die alte Dame imponiert ihm. Vor allem überrascht ihn, als sie von ihrem sozialen Engagement erzählt, von ihren Besuchen bei Armen und Kranken.

Dem Ankömmling aus Tanger wird ein komfortables Quartier zugewiesen, das mit kostbaren Teppichen ausgelegt ist, Diener reichen Fleisch, Reis und Getränke. Am nächsten Morgen kommt der Wesir vorbei, erkundigt sich, ob alles in Ordnung sei. Er überreicht dem Gast kostbare Gewänder und eine größere Geldsumme, die dazu dienen soll, »seine alten Kleider waschen zu lassen«. Ibn Battuta gefällt diese Art von Wertschätzung, wenngleich sie ja noch nichts Konkretes aussagt über ein mögliches Jobangebot, die kommende Karriere, den verheißenen Reichtum.

Ibn Battuta fiebert dem Treffen mit dem mächtigsten Mann der Welt entgegen. Doch vorher muss er noch einen privaten Rückschlag verkraften – sein Baby hat die Strapazen der Reise nicht überstanden. Wie sehr ihn der Tod der Tochter schmerzt, lässt sich seinem Reisebuch nicht entnehmen; ganz im Stil der Zeit erspart er sich da fast jede Emotion. Aber allein dass er die genauen Umstände der Bestattung schildert, den Weihrauchduft, das Rosenwasser, die rezitierten Koranverse, die Anwesenheit des Wesirs, lässt etwas von seiner tiefen Trauer ahnen. Ibn Battuta erwähnt auch ausdrücklich, dass seine Geliebte, in der gesellschaftlichen Hierarchie als Sklavin doch weit unten stehend, zum Leichenschmaus ins Haus der Sultansmutter mit eingeladen ist.

Dann nähert sich der Sultan der Stadt, er macht Rast in einem Schloss sieben Kilometer vor Delhi. Dorthin werden die Neuankömmlinge kommandiert. Wenn Ibn Battuta enttäuscht ist, dass ihm zunächst keine längere Privataudienz gewährt wird, lässt er es sich nicht anmerken. Seine Geschenke werden wie die der anderen illustren Gäste sorgfältig registriert. Ibn Battuta muss im Hof der Burg warten, bis er für ein kurzes Treffen an der Reihe ist. Es fällt eher unspektakulär aus, abseits seines Hauptstadtpalasts gibt sich der Herrscher vergleichsweise leger. »Zuerst hielt ich ihn für einen der Kammermeister, aber als ich merkte, dass sich die anderen verneigten, tat ich das auch.«

Der Sultan bittet Ibn Battuta näher zu sich, man tauscht Höflichkeiten aus. Der Mann, den seine Bediensteten den »Meister der Welt« nennen, fragt nach dem Heimatland des Gastes, er nennt dann die Ankunft des Marokkaners in Delhi »gesegnet«. Ibn Battuta will nichts falsch machen, im *Rihla* schildert er die Szene so: »Jedes Mal, wenn er etwas Ermutigendes zu mir sagte, nahm ich seine Hand und küsste sie. Nachdem ich sie siebenmal geküsst hatte, zog ich mich zurück, und er überreichte mir ein Ehrenkleid.«

Am nächsten Tag zieht der Sultan in seinen Hauptstadtpalast ein. Ibn Battuta und die anderen ausländischen Aspiranten für hohe Staatsämter bekommen kostbar geschmückte Pferde und dürfen bei der Prozession mitreiten. Der Herrscher steht natürlich im Zentrum der Parade, eingerahmt von Elefanten, geschützt von sechzehn Standartenträgern mit Sonnenschirmen. Vor ihm hat er die *Ghashiyah* platziert, die königliche Satteltasche, prall gefüllt mit Diamanten. Und auf den Dickhäutern, die neben ihm traben dürfen, sind kleine Vorrichtungen montiert, die Gold- und Silberstücke in die jubelnde Mange am Straßenrand katapultieren. Später wird diese Stelle des *Rihla* Ibn Battuta immer wieder zu weiteren Erklärungen nötigen, denn seine arabischen Zeitgenossen können sich eine solche Verschwendung kaum vorstellen. »Ich schwöre, dass es die Wahrheit ist, und nichts als die Wahrheit.«

Die Audienz selbst findet dann in einem prächtigen Saal von gigantischen Ausmaßen statt, *Hezar Ustun* genannt, »Halle der Tausend Säulen«. Die Säulen sind aus lackiertem Holz, sie tragen eine mit Malereien verzierte Decke. Der Sultan sitzt auf einem mit weißer Seide ausgelegten Thron, gestützt von großen Polstern. Das Hofzeremoniell legt genau fest, wer in welcher Reihenfolge hinter ihm stehen darf: Kammerherren, Sekretäre, Palastoffiziere. Ein Mann mit einem großen Wedel ist dazu ausersehen, die Fliegen zu verscheuchen. Links und rechts des Herrschers gehen hundert Palastsoldaten mit Schwertern und Bogen in Stellung, Minister, Rechtsgelehrte und Prediger folgen.

Ibn Battuta ist äußerst angetan von dem Zeremoniell und berichtet mit der akribischen Genauigkeit eines Reporters, dem jedes Detail wichtig ist und der sich als Zeitzeuge, als Geschichtsschreiber begreift: »Dann bringen sie, gesattelt und gesäumt mit kaiserlichem Geschirr, das schwarze Zaumzeug aus bestickter Seide, sechzig Pferde in den Audienzsaal, Tiere, die nur der Sultan reiten darf. Anschließend noch fünfzig Elefanten, die goldgeschmückt sind und deren Stoßzähne mit scharfspitzigen Eisen verkleidet sind, damit sie auf diese Weise überführte Verbrecher töten können. Die Elefanten sind so dressiert, dass sie dem Herrscher durch Verneigen ihres Kopfes Ehrerbietung bezeugen. Dabei rufen die Kämmerer mit lauter Stimme, es solle des Herrschers Wille geschehen.«

Der Mann aus Tanger hat schon im Vorfeld der Sitzung seine Präferenz für ein Richteramt klargemacht. Er hat selbstbewusst zu Protokoll gegeben, dass auch schon seine Vorfahren in vergleichbaren Funktionen tätig gewesen seien und er sich in Kairo, Damaskus und Mekka profunde Kenntnisse erworben habe. Er muss die Entscheidung in einem Vorraum abwarten, wird dann ins Innere der Macht gerufen.

Er begrüßt den Sultan, der verweist huldvoll auf seinen Chefminister, dem die Verkündung obliegt. »Der Herr der Welt hat dir das Amt des obersten Kadi von Delhi übertragen, auch ein Ehrenkleid und ein gesatteltes Pferd sowie sofort zu zahlende zwölftausend Dinare wurden dir zugesprochen, zudem ein jährliches Gehalt in gleicher Höhe. Weiter hat er dir Dörfer als Lehen vermacht, die etwa das Gleiche einbringen sollten.« Das ist Musik in Ibn Battutas Ohren. Er weiß, er ist nun ein gemachter Mann. Und zwar sowohl was die Karriere als auch was die Finanzen anbetrifft. Gerade mal dreißig Jahre alt, Sohn aus einem Mittelklasse-Haushalt in einer maghrebinischen Kleinstadt und schon einer der wichtigsten Männer am vielleicht wichtigsten Sultanat, einer von vier Chefrichtern – Ibn Battuta fühlt sich *on top of the world*, und er hat auch allen Grund dazu.

Nur kurz überkommen ihn am nächsten Tag Zweifel, ob er dem Amt gewachsen sein wird. Die Amtssprache vor Gericht ist Persisch, das er zwar versteht, aber nicht fließend schreiben kann. Man beruhigt ihn. Als entscheidend gilt, was der Sultan ihm zutraut. Und der stellt seinem neuen Kadi zwei gestandene Juristen als ständige Übersetzer und Berater zur Verfügung.

Ibn Battuta genießt in den nächsten Monaten das gute Leben. Er stellt fest, dass sein Posten eher zeremoniell ist. Er kann gar nichts Entscheidendes falsch machen, weil er das Vertrauen des ersten Mannes im Staate genießt. Und so fällt er Urteile nach Gutdünken, immer eher auf der für damalige Verhältnisse milden Seite – beispielsweise verordnet er achtzig Peitschenhiebe für einen Mann, der sich am verbotenen Wein berauscht hat. Ansonsten verliert er bald den Überblick über die Finanzen, denkt, er könne immer aus den Vollen schöpfen. Ibn Battuta zahlt seinem Gläubiger aus dem Punjab den Kredit mit Zins und Zinseszins zurück, macht den Ministern extravagante Geschenke, kauft nur das Feinste für sich und seine Diener, spendet großzügig für das Wohl der Soldaten, als er den Sultan zu einer militärischen Strafaktion begleiten darf. Und steht plötzlich vor einem Berg von Schulden – fünfundfünfzigtausend Dinar, die er bald begleichen muss.

Er geht aufs Ganze. Bittet den Herrscher bei einer Audienz um die Begleichung der Ausgaben. Versucht, ihn mit einem einschmeichelnden Lobgedicht in arabischen Versen milde zu stimmen. Seine Menschenkenntnis lässt ihn nicht im Stich, er hat die Situation richtig eingeschätzt: Sultan Tughluq gefallen die sentimentalen Verse. Er lässt die Gelder aus seiner Schatulle begleichen und mahnt nur milde: »Gib in Zukunft nicht mehr aus, als du einnimmst.« Ibn Battuta kann aufatmen: Er ist noch einmal davongekommen.

Aber der Maghrebiner ist ein viel zu kluger und umsichtiger Beobachter, um nicht neue Gefahren zu sehen. Der Herrscher ist unberechenbar – er hat neben seiner Milde und Freigebigkeit, die er vor allem den Fremden am Hof zugutekommen lässt, auch noch ganz andere Charakterzüge.

Sultan Mohammed Tughluq ist eine gespaltene Persönlichkeit, großzügig in der einen Minute, grausam in der nächsten. Ein Feingeist und Folterer, ein Wohltäter und Wahnsinniger zugleich.

Er kennt die persische Literatur und spricht fließend Farsi. Er begeistert sich für chinesische Kalligrafie und meistert auch diese Kunst. Er rezitiert den Koran auswendig und kann auf Arabisch gelehrte Diskussionen über Recht und Religion führen. Aber besonders genießt er es, wenn Blut in Strömen fließt, wenn die Henker unter seiner Anleitung vor Angst zitternde Gefangene quälen und in Stücke hacken, wenn abgeschlagene Köpfe an den Stadttoren hängen. Dass dies alles weit mehr ist als »nur« Abschreckung, zeigt sich, wenn der Sultan persönlich Verurteilte zu Tode prügelt. In Ibn Battutas Worten: »Er war einer der freigiebigsten Herrscher, aber auch viel zu freigiebig dabei, Blut zu vergießen. Ich erlebte ihn als extrem unduldsam, und er verhängte die härtesten Strafen für die, auf die er wütend war. Ganz selten folgte dem Ärger Vergebung.«

Und es wird immer schlimmer, je weniger Erfolg dem »Meister der Menschheit« in der großen Politik beschieden ist. Sultan Tughluqs visionäre Pläne scheitern einer nach dem anderen. Er gründet während der Dürrezeit ein Landwirtschaftsministerium, das finanzielle Anreize für die Kultivierung bisher unbebauter Flächen bietet – korrupte Beamte boykottieren das an sich sinnvolle Projekt. Er führt neue Kupfermünzen ein, die aber so leicht zu kopieren sind, dass sie schnell an Wert verlieren – die weitsichtige Währungsreform muss rückgängig gemacht werden. Zu seinem größten Fehlschlag wird die neue Hauptstadt, die er in Daulabad, gut tausend Kilometer südlich von Delhi, errichten lässt. Er hatte geplant, sein Reich von dort verwalten zu können. Auf dem Reißbrett eine faszinierende Idee. In der Praxis aber scheitert der Plan an den gewaltigen Umzugskosten und an der Unzufriedenheit der Bürokraten, die fast über Nacht aus ihren bisherigen Lebensumständen herausgerissen werden. Die Hauptstadt blutet aus, im wahrsten Sinne des Wortes. Delhi verödet, ohne dass Daulabad erblüht.

An der Nordwestgrenze des Reiches tauchen neue Feinde auf, die sich durch die Verlegung des indischen Militärs ermutigt fühlen. Der Sultan sieht sich zu einem kräfteraubenden Feldzug gezwungen. Über zwei Jahre bleibt er von Delhi weg und erreicht militärisch nicht einmal ein Patt. Mohammed Tughluq ist ein Herrscher im Niedergang – und das, so weiß Ibn Battuta, sind die gefährlichsten. Vor allem, wenn sie über so bedenkliche Charakterzüge wie der Sultan verfügen.

Noch einmal kann der Mann aus Tanger seine Beziehungen zum Sultan nutzen. Er bekommt den Auftrag, ein spektakuläres Bauprojekt zu überwachen, die Restaurierung und Erweiterung des religiösen Komplexes Qutub al-Din, wo neben einer großen Moschee Ende des 12. Jahrhunderts ein eindrucksvolles Monument errichtet wurde, zum Gedenken an den Sieg des Islam in Indien. Der schlanke Turm aus rotem Sandstein und Marmor mit seinen nach oben spitz zulaufenden Wendeltreppen soll bei seiner Vollendung über siebzig Meter hoch in den Himmel ragen. Ibn Battuta fordert und bekommt dafür ein eigenes Budget. Eine prestigereiche Aufgabe mehr. Aber auch eine, an der man scheitern und mit seinem Versagen den Herrscher tödlich verärgern kann.

Wenigstens privat ist bei Ibn Battuta alles im Lot. Er heiratet eine junge Araberin aus den besten Kreisen, deren Vater allerdings später als Verschwörer gegen den Sultan hingerichtet wird. Er bekommt wieder eine Tochter, diesmal eine gesunde. Näheres zu Frau und Kind verrät er im *Rihla* nicht.

So vergehen die Jahre. Ibn Battuta delegiert nach wie vor die meisten juristischen Fälle, achtet als Oberster Richter nur darauf, nicht anzuecken. Er gehört nun zu den Etablierten, in Sachen Karriere und Finanzen ist er ein gemachter Mann. Er hat ein geordnetes Familienleben, Freunde. Aber – Delhi für immer? Nie wieder reisen, keine Abenteuer erleben, das Versprechen brechen, nach dem »Onkel« in China zu suchen und ihn, wie vom ägyptischen

Weisen prophezeit, aus der Heimat zu grüßen? Womöglich die geliebte Vaterstadt und die Verwandten nie mehr wiedersehen?

Ibn Battuta lässt seine Leser nicht in sein Herz schauen oder gar seine Gedanken lesen. Wollte er fliehen, müsste er sowieso höchst vorsichtig vorgehen, er hatte ja versprochen, dem Sultan auf Lebenszeit zu dienen. Was immer er plant, er behält es für sich. Dass aber die Sehnsucht noch in ihm brennt, verraten seine kleinen Fluchten. Der Mann aus Tanger verlässt Delhi regelmäßig, um sufistische Einsiedler in der Region zu besuchen und sich mit ihnen auszutauschen – offensichtlich findet er das spannender als die juristischen Auseinandersetzungen in seinem Amt und die Ränkespiele am Hof. Unter diesen neuen Bekannten befindet sich auch Scheich Schihab al-Din, der meditierend in einem Erdloch außerhalb Delhis lebt.

Ibn Battuta muss immer damit rechnen, dass einer der Minister beim Sultan gegen ihn intrigiert, dass er am Hof in Ungnade fällt. Die Bedrohung für seine Karriere, ja für sein Überleben, kommt dann aber aus einer gänzlich unerwarteten Richtung. Es geht um den heiligen Mann, den Mönch im Erdloch. Der Herrscher hat diesen Scheich Schihab, aus welchen Gründen auch immer, als Feind ausgemacht und ihn in einen seiner Kerker werfen lassen. Bei den Recherchen, wer sich mit dem Verfemten schon einmal getroffen hat, stoßen die Geheimdienstagenten des Sultans auf Ibn Battuta.

Tughluq ist außer sich. Er lässt Ibn Battuta zur Vernehmung in den Palast bringen. Ordnet an, dass vier seiner Sklaven den Kadi rund um die Uhr bewachen. Ibn Battuta muss Blut und Wasser geschwitzt haben. Im *Rihla* konstatiert er illusionslos: »Hat der Sultan einmal so eine Entscheidung getroffen, ist es im Allgemeinen recht selten, dass diese Person heil davonkommt.« Vom Auspeitschen über eine Verbannung in die Wüste bis zum Enthaupten oder Vierteilen – alle Urteile scheinen möglich. Erst kürzlich hat der Herrscher seinen Horrorstrafen neue, noch brutalere hinzugefügt, er ließ einen Blinden, der ihn verflucht hatte, nach und nach zerstückeln und dann seine einzelnen Körperteile durchs ganze Land schleifen.

Ibn Battuta erfährt noch nicht einmal, was genau seinem Eremiten-Freund vorgeworfen wird. Aber er muss damit rechnen, dass der Verfemte unter Folterqualen alles gestehen wird, möglicherweise auch gefährliche Dinge erfinden, etwa Intrigen oder gar Putschpläne des Obersten Richters gegen seinen Herren. Ibn Battutas erster Tag als Verdächtiger ist ein heiliger Freitag, der einzige Tag, an dem im Reich niemand körperlich gequält wird. Ibn Battuta bittet Gott um Hilfe. Er fühlt sich erhört, »vom Allmächtigen inspiriert«, wie er in seinen Lebenserinnerungen schreibt. Tausende Mal betet er den Satz, den er aus dem Koran kennt: »Wir brauchen nichts und niemanden außer Allah, was für ein Beschützer ist er uns doch!« Am vierten Tag erfährt er dann, dass der Eremit hingerichtet wurde – er hat auch unter schlimmsten Qualen kein Wort von sich gegeben, hat seinen Vertrauten nicht angeschwärzt. Ibn Battuta kommt frei.

Das Erlebnis verändert ihn grundlegend. Er ahnt, dass es ihn in dieser Stadt der Folter und des Verrats irgendwann einmal erwischen wird. Dass er sein Leben ändern, einen Fluchtweg suchen muss. Er will nicht mehr so weitermachen, Beruf, Besitz, Familie, sein gesamtes Leben am Hof erscheint ihm jetzt nicht nur gefährlich, sondern auch banal. Er nimmt sich eine Auszeit. Ibn Battuta braucht Abstand, und er geht dabei sehr konsequent vor.

Er nutzt eine mehrmonatige Abwesenheit des Sultans von Delhi, um seinen Job zu kündigen. Er verschenkt einen Großteil seines Besitzes. Er verlässt die Familie und sucht sich einen spirituellen Lehrmeister, denn er hat festgestellt, dass er in den entscheidenden Stunden nur in der Religion Trost finden kann. Er schließt sich einem heiligen Mann namens Kamal al-Din al-

Ghari an. »Der Einzigartige«, wie ihn seine Anhänger ehrfürchtig nennen, lebt in einer Höhle in den Bergen, einige Kilometer entfernt von der Hauptstadt; er verlangt von seinen Jüngern, ein Bußgewand zu tragen und mit ihm zu fasten. Ibn Battuta verbringt mehrere Monate an der Seite des Sufi-Scheichs. Manchmal, so berichtet der Büßer stolz, habe er fünf Tage lang nichts zu sich genommen, »so weit ging meine Askese«.

Dann eine überraschende Wende: Reiter des Sultans tauchen auf, verlangen, dass der langjährige Kadi des indischen Reichs ins Zentrum von Delhi mitkomme, der Sultan wolle ihn dringend sprechen. Das kann kaum etwas Gutes bedeuten, und doch hat Ibn Battuta keine Wahl. Er macht sich schnell fertig, verabschiedet sich von seinem Guru, reitet mit.

Nach der Ankunft im Palast nimmt sein Schicksal eine völlig überraschende, sehr positive Wende. Der Herrscher zeigt sich ihm gegenüber »freundlicher als je zuvor«, rät Ibn Battuta, doch in sein Amt als Oberster Richter zurückzukehren, wieder am Hof in Delhi zu leben. Ibn Battuta weiß, das kann er nicht rundweg ablehnen, ohne einen überzeugenden Gegenvorschlag zu machen oder eine Erklärung abzugeben. So bittet er darum, zunächst noch eine Pilgerfahrt nach Mekka machen zu dürfen. Das genehmigt ihm Mohammed Tughluq erstaunlicherweise ohne jede weitere Diskussion. Ibn Battuta zieht sich mit dem Einverständnis des Sultans vierzig Tage zurück, um die religiösen Riten bei seinem Guru, dem Sufi-Scheich, zu vollenden.

Am letzten Tag der Exerzitien reitet wieder eine Delegation des Sultans ein. Diesmal haben sie ein kostbar geschmücktes Pferd für Ibn Battuta mitgebracht, neue Kleider, mehrere Diener; Sklavenjungen und Sklavenmädchen kümmern sich bei der Rückreise um ihn. Er weiß nicht, was das alles zu bedeuten hat, aber ihm ist klar: Er muss da mitspielen. Also legt er bei Ankunft in der Hauptstadt sein Büßergewand ab und wirft sich in die prächtige Hofgarderobe, die für ihn bereitgelegt ist. Der Sultan wartet schon auf ihn, begrüßt ihn besonders herzlich. Und macht ihm einen verblüffenden, völlig unerwarteten Vorschlag. Ohne Umschweife kommt der Herrscher zum Punkt: »Ich rief nach dir, weil ich einen Spezialauftrag für dich habe. Ich möchte dich als Gesandten zum Kaiser von China schicken, da mir doch deine Liebe zum Reisen bekannt ist.«

Nach und nach erfährt der Mann aus Tanger die Vorgeschichte des Angebots: Der chinesische Kaiser hat eine Delegation zum Sultan geschickt und ihm kostbare Geschenke zukommen lassen, Sklavinnen und Diener, Edelsteine und Kleider, bestickte Köcher und perlenverzierte Schwerter. In einer Depesche bittet er, an einem bestimmten Ort im Himalaja – »das Land grenzt an Tibet, wo die Moschusgazellen leben« – einen berühmten Tempel wieder herrichten zu dürfen, der von den muslimischen Eroberern Jahrzehnte zuvor weitgehend zerstört wurde. Zu diesem *Budchana* im Grenzgebiet pilgerten, so heißt es im Schreiben des Kaisers, auch viele Chinesen, es sei ihm wichtig.

Sultan Tughluq reagiert auf das Ansinnen kühl, Ibn Battuta wird von dem Wortlaut der Antwort-Depesche in Kenntnis gesetzt. Er zitiert den Text im *Rihla* kommentarlos: »Der Wiederaufbau des Tempels ist nach den Regeln der islamischen Gemeinschaft nicht möglich. Niemand darf in den Ländern der Muslime Tempel betreiben außer diejenigen, die eine Sondersteuer entrichten. Solltet Ihr einverstanden sein, eine solche *Dschizya* zu entrichten, erlauben wir den Bau, aber nur dann. Denn wir haben die Region um den Tempel damals erobert, wodurch er ein Teil unseres Reiches wurde.«

Um diese ziemlich bittere Botschaft zu versüßen – und um den eigenen, überlegenen Reichtum zu zeigen –, entschließt sich der Sultan, der unübertreffliche »Meister der Welt«, mit einer Delegation noch größere, noch wertvollere Geschenke nach China zu schicken, als er von dort erhalten hat. Hundert Rassepferde, hundert Mamluken, hundert hinduistische Sing-Sklavinnen, hundert Seidengewänder, dazu Gold und Juwelen. Ein bedeutender Rechtsgelehrter und ein Eunuch gehören ebenfalls zur Entourage, begleiten sollen den Trupp auch die fünfzehn Gesandten des chinesischen Kaisers, die in Delhi gewartet haben. Ihr Wohlergehen, ihre heile Rückkehr ist dem Sultan besonders wichtig. Da der Delegation eine weite, gefährliche Reise zur indischen Küste bevorsteht, wo Schiffe Richtung Fernost bestiegen werden sollen, sorgt Mohammed Tughluq auch für militärische Sicherheit. Tausend bewaffnete Reiter werden die Gruppe mit ihren wertvollen Gütern bis zum nächsten Hafen begleiten.

Und das alles, so erfährt ein staunender Ibn Battuta, soll unter seinem »diplomatischen« Oberbefehl geschehen. Er macht noch den einen oder anderen Einwand, bittet um Kleinigkeiten, die ihm sofort gewährt werden. Dem Mann aus Marokko ist klar, dass sich in seinem Leben eine solche Chance nicht ein zweites Mal bieten wird: Er kann seine Reiseabenteuer wieder aufnehmen. Er schafft es nach China, dem geheimnisvollen Land am Ende der Welt, von dem er als Endziel seines Trips immer geträumt hat. Und er bekommt dazu auch noch eine reizvolle berufliche Aufgabe, die ihn wieder mit mächtigen Männern zusammenbringen soll. Es ist ein Angebot, zu dem Ibn Battuta nach gut sieben Jahren am indischen Hof und angesichts der aktuellen Lage nicht nein sagen kann.

Und doch verlässt er Delhi nicht ohne schweres Herz, nicht ohne Wehmut. Frau und Tochter bleiben zurück, er kehrt dem ersten Haus, das er selbst gebaut und eingerichtet hat, den Rücken. Bis ins hohe Alter wird Ibn Battuta, von seiner Heimat Tanger abgesehen, in keiner Stadt so lange gelebt haben.

Für Ibn Battuta war Delhi die Stadt der Wunder. Der Ort des unermesslichen Reichtums, der Goldstück-Katapulte und der verschwenderischen Feiern am Hof des Sultans, aber auch der Ort der grausamsten Folter und Willkür. Die Gegensätze sind nicht verschwunden. Ganz im Gegenteil: Kaum irgendwo prallen heute so unglaubliche Widersprüche aufeinander wie in der indischen Megacity, es sind fast schon klischeehafte, schmerzliche Scherenschnitte des Arm-Reich.

Milliardäre tauchen in abgeschirmten Villen hinter hohen Mauern in das kristallklare Wasser ihrer Pools, vor den Garagen stehen Lamborghinis, Maseratis und Ferraris, Dutzende Angestellte maniküren den Rasen und polieren die Lüster. Zerlumpte Bettlerfamilien, Frau, Mann, Großeltern, ein halbes Dutzend rotznasentriefender Kinder schmiegen sich auf Pappkartons zwischen den Pfeilern einer staubig-stickigen Hochstraße zum Schlafen aneinander. Auf dem Asphalt lebend aus Not und wider Willen, immer in der Hoffnung, dass keiner, von Alpträumen geplagt, auf die Fahrbahn rollt. Und damit in den sicheren Tod.

Wunder? Die gibt es eher selten in dieser harten, herzlosen, auf Konkurrenz gebürsteten Hauptstadt, deren Biograf Rana Dasgupta (*Im Rausch des Geldes*) glaubt, hier werde nicht nur die Zukunft des Subkontinents entschieden, sondern Delhi stehe beispielhaft für das kommende Schicksal aller Metropolen dieser Welt.

Aber wundern darf man sich immer wieder. Beispielsweise über die Sache mit den Affen und dem Parlament. Das Sansad Bhavan ist ein eindrucksvolles, riesiges Rundgebäude aus Sandstein mit hundertvierundvierzig Säulen und einer Kuppel, errichtet im Jahr 1920 als Monument des britischen Empire. Heute sind hier die Repräsentanten der indischen Demokratie untergebracht, das Oberhaus, die Rajya Sabha genannte Vertretung der Bundesstaaten, und das weitaus wichtigere Unterhaus. Hier, in der Lok Sabha, fallen die wichtigsten politischen Entscheidungen, beispielsweise über den Haushalt. Die Anzahl der Abgeordneten ist auf 552 begrenzt, das sind weniger als im Bundestag sitzen; nirgendwo auf der Welt vertritt ein Volksvertreter so viele Wähler wie in Indien, wo mehr als achthundert Millionen Menschen wahlberechtigt sind. Es geht im Unterhaus oft sehr stürmisch zu. Meist wird in der Sache ernsthaft und intellektuell anspruchsvoll diskutiert, die Fähigkeit zur freien Rede ist weiter verbreitet als im Berliner Parlament. Aber gelegentlich erinnert die indische Volksvertretung auch an die unterirdischen Umgangsformen der Parlamente von Papua-Neuguinea oder der Ukraine.

Vor einigen Jahren etwa sprang nach einem verbalen Angriff unter die Gürtellinie ein Abgeordneter einem Minister an die Kehle, daraus resultierte ein Faustkampf mehrerer Parlamentarier, die sich so ineinander verkeilten, dass die Sitzung abgebrochen werden musste. Mehrfach vorgekommen ist auch, dass einzelne Volksvertreter sich mit Schuhen bewarfen; fast schon an der Tagesordnung ist der empörte Auszug einer ganzen Fraktion aus dem Hohen Haus.

Seit den Wahlen im Frühjahr 2014 ist es etwas ruhiger geworden: Die nationalhinduistische BJP errang einen klaren Wahlsieg und stellt mit ihren Koalitionspartnern gut zwei Drittel aller Abgeordneten. Eine solch deutliche Niederlage, wie sie die Kongresspartei des Gandhi-Clans erlitten hat, dämpft das Selbstvertrauen, macht zahm und zahnlos. Und deshalb nahmen sich die Regierenden schnell eines neuen Gegners an, einer oppositionellen Kraft der etwas anderen Art: marodierender Affen-Banden.

Venkaiah Naidu, Indiens neuer Minister für städtische Entwicklung, verkündete in der Lok Sabha, dass rund um das Parlament vierzig professionelle Affenbekämpfer zum Einsatz gebracht werden. Sie sollen die frechen, kleinen, aber sehr flinken Rhesus-Primaten vom Stamme der *Macaca mulatta*, die regelmäßig in die Höfe des Parlaments eindringen, die Korridore der Topbürokraten unsicher machen, sich an Akten vergreifen und alles Essbare an sich reißen, endgültig verjagen. Die »Monkey Busters« sind professionelle Tierimitatoren aus den umliegenden Provinzen, sie haben in ihren Dörfern diesbezüglich schon Erfahrungen gesammelt. Die Affen dürfen nicht getötet werden, sie spielen in der Religion eine große Rolle und gelten vielen als heilig; der Affengott Hanuman ist eine der populärsten Gottheiten in der Hindu-Mythologie. Hauptwaffe gegen die *Macaca mulatta* sind die Geräusche, die ihre Feinde machen, die größer gewachsenen, schwarzgesichtigen Languren, eine Art entfernter Verwandter der rotgesichtigen Rhesus-Primaten. Erst wenn alles nicht hilft, so meinte der Minister im August 2014, sollten betäubende Gummigeschosse zum Einsatz kommen.

Die Männer aus der Provinz arbeiteten teils mit schwarzen Affenkostümen, teils ohne. Ihre markerschütternden, der Natur genau abgelauschten Schreie rissen manchen Abgeordneten aus der Mittagsruhe. Aber das Abschreckungsprogramm half. Die Lage besserte sich deutlich, die Plage ging zurück, zusammengerottete Horden angriffslustiger Primaten tauchten nicht mehr auf, obwohl auch heute noch gelegentlich Rhesusaffen über die Stränge schlagen und zu unvorsichtig in Fensternähe platzierte Chapati stibitzen: Die Roten wurden mithilfe der falschen Schwarzen weitgehend vertrieben.

Exotisch, fremdartig, unendlich reich und skandalös arm, in vielem unerklärlich und durch und durch verschieden von seinen bisherigen Destinationen – so kam dieses Delhi auch schon dem Weltreisenden Ibn Battuta im 14. Jahrhundert vor. Er beschreibt in seinem *Rihla* seitenlang die merkwürdigen Pflanzen und Speisen, mit denen er sich hier erstmals in seinem Leben konfrontiert sah. Und er konstatiert die merkwürdigen Gebräuche der Hindu-Bevölkerung, mit der er freilich in seinem Alltag kaum konfrontiert ist. Jedenfalls viel weniger als mit den ausländischen muslimischen Spitzenbeamten und der kleinen aristokratischen Schicht der Sultan-Vertrauten.

Ob der Oberste Richter Ibn Battuta am Hof des Herrschers Mohammed Tughluq Probleme mit aggressiven Affen hatte, wissen wir nicht. Er erwähnt Primaten in seinem Buch mit keinem Wort. Nirgendwo sind seine persönlichen Schilderungen einer Stadt ansonsten so präzise wie hier. Kein Wunder, hat er doch über sieben Jahre lang in diesem Delhi verbracht, eine weitaus längere Zeit als an irgendeinem anderen Ort auf der Welt. Er legt in seinem Text sozusagen Spuren aus, Spuren, die sich bis heute verfolgen lassen – obwohl er es seinen Nachreisenden so ganz leicht doch nicht macht und es mir manchmal sogar scheint, als mische er bewusst ganz präzise, recherchierbare Details und Orte mit anderen Angaben, die Rätsel bleiben oder gar auf falsche Fährten führen müssen.

Ich beginne mit dem Leichten, mit dem Offensichtlichen, und fahre frühmorgens zum Qutub Minar am südlichen Stadtrand von Delhi. Zu der Säule, die anlässlich des ersten Sieges der Muslime über die Hindus 1193 errichtet und dann unter Anleitung des Marokkaners verschönert wurde. Der Komplex um das Minarett, von dem Ibn Battuta schreibt, es gebe »nichts Vergleichbares in der Welt des Islam«, zählt seit über zwei Jahrzehnten zum Weltkulturerbe der Unesco und ist bis heute eines der bekanntesten Ausflugsziele für Touristen wie Einheimische. Eine vielbesuchte Attraktion – aber Gott sei Dank nicht jetzt, bei Sonnenaufgang.

Im Sommer öffnet das eingezäunte Gelände mit Minarett und Moschee beim ersten Lichtstrahl, was Wenigen bekannt zu sein scheint. Ich bin jedenfalls an diesem Morgen der erste Besucher.

Ein verschlafener Wärter schiebt mir, offensichtlich verwundert über den frühen Gast, die Eintrittskarte durch sein Fenster.

Aus der Ferne Hahnenschreie, grunzende Schweine, Hundebellen; ganz nah rauscht der Durchgangsverkehr einer Schnellstraße. Der Komplex liegt an der Peripherie, etwa fünfzehn Kilometer vom Zentrum der Hauptstadt entfernt. Drei, vier Kilometer nur vom internationalen Flughafen, weshalb auch alle paar Minuten eine Boeing oder ein Airbus relativ erdnah das Gelände überfliegen und das satte Brummen der Triebwerke das Klangkonzert ergänzt. Dann ist plötzlich Stille, als hätten sich Hähne und Hunde, Autos und Flugzeuge auf eine rote Ampel verständigt, die absolute Ruhe verordnet. Und so habe ich die Atmosphäre des Qutub Minar für mich allein, kann mich ganz dem Staunen hingeben.

Ich habe mich auf eine der kühlen Steinbänke gesetzt, die das Areal begrenzen. Vielleicht hat hier, genau hier, auch schon Ibn Battuta gesessen, über seinen Job und das Leben nachgedacht. Berufliches Prestige und Reichtum hatte er erworben, aber zu welchem Preis? Konnte er sicher sein, all die Privilegien, die ihm der Sultan einräumte, auch dauerhaft genießen zu können – und war das wirklich seine spirituelle Erfüllung, das, wovon er als Mekka-Pilger geträumt hatte?

Eine Zeitlang muss er fast täglich zu diesem Ort gekommen sein, er sollte ja im Auftrag des Sultans die Bau- und Reparaturarbeiten überwachen. Und er hat wohl auch in der neben dem Siegesturm gelegenen Quwwat-ul-Islam Masjid, der »Stolz-des-Islam-Moschee«, gebetet. Von dem Gotteshaus mit ihrem Säulengang sind nur noch Teile erhalten, aber der Siegesturm wirkt so intakt, als sei er gerade erst fertiggestellt. Auch heute, da wir doch viel höhere Gebäude gewöhnt sind, verblüfft das Bauwerk, das sich wie ein nach oben immer schlanker werdender Schornstein in den Himmel schraubt. Seine Quader wurden nach dem Bericht des

Marokkaners »von Elefanten bis nach oben transportiert«. Wie das funktionieren konnte, überlässt er unserer Phantasie.

Man weiß gar nicht, was man an dem fünfgeschossigen Turm mehr bewundern soll: Die imposante Höhe von dreiundsiebzig Metern, das gewaltige, fünfzehn Meter breite Fundament oder die in den zwischen Dunkel- und Hellrot alternierenden Sandstein gravierten Koranverse und Blumenornamente. Bei meinem ersten Delhi-Besuch als jugendlicher Rucksacktourist in den Siebzigerjahren konnte ich noch die engen Stufen hinaufklettern, und ich erinnere mich an den schwindelerregenden Blick von der nur zweieinhalb Meter breiten Plattform an der Spitze. Das geht nun leider nicht mehr – 1981 kam es nach einem Elektrizitätsausfall zu einer Massenpanik, Dutzende Menschen starben. Seitdem darf man den Siegesturm nur mehr von unten bestaunen. Angesichts der jetzt um neun Uhr morgens schon ziemlich hoch stehenden, brennenden Sonne ist das vielleicht auch gut so. Wer weiß, ob ich den Aufstieg ein zweites Mal gewagt hätte.

Ob Ibn Battuta das spitz zulaufende oberste Stockwerk fünf des Qutub Minar noch fertigstellen konnte, ist unklar. Später wurde die Spitze einige Mal von Blitzschlägen getroffen und ausgebessert. Seine hohe Stellung ermöglichte es dem Mann aus dem Maghreb aber sicher, sich jeden Abend nach getaner Überwachungsarbeit in einer Sänfte nach Hause tragen zu lassen. Wir wissen nicht genau, wo der Richter damals in Delhi wohnte, dazu schweigt er sich in seinem langen Bericht über die Stadt weitgehend aus. Vermutlich wird er sein Privatquartier in der Nähe des neuen Sultan-Regierungssitzes gehabt haben. Immerhin verrät er seinen Lesern, dass er sich hier – zum ersten Mal in seinem Leben – ein eigenes Haus gebaut hat, sogar mit einer kleinen Moschee auf dem Gelände.

Mit Sicherheit wird er auch die mächtige Festung gekannt haben, die Ghiyath al-Din Tughluq, der Vater seines Gönners und Gründer der Dynastie, gebaut hat und um die sich schon damals so viele Geheimnisse rankten. Ghiyath, Beiname »Schlächter der Ungläubigen«, hatte sich den Zorn des Hindu-Heiligen Nizamuddin zugezogen, dessen Jünger er zur Errichtung seines Forts zwangsverpflichtete, und er wurde von dem Guru mit einem Fluch belegt: »Dort werden nur Schafe grasen, Schafhirte leben.« Ghiyath wurde ermordet, als er eine Strafexpedition gegen den Heiligen startete. Möglicherweise starb er sogar durch die Hand seines Sohnes Mohammed. Historiker sind sich da bis heute nicht einig.

Tughluqabad gehört heute zu den wenig besuchten Sehenswürdigkeiten von Delhi, obwohl es nur wenige Kilometer vom vielbestaunten Siegesturm entfernt liegt. Ich glaube, ich bin an diesem Nachmittag der einzige Gast. Überwucherte Steintreppen führen hinauf zu einem Fort, dessen mächtige Grundmauern noch gut erhalten sind. Aber bis auf das bescheidene Grabmal des Dynastiegründers zum Fuße der Ruinen und einem künstlichen See ist auf der Burg nicht viel zu sehen. Zwischen dem zerfallenden Gemäuer wuchert das Unkraut, Stechmücken schwirren, auf den überwachsenen Steinen klebt schwarzer Kot. Kein Mensch weit und breit, eine fast unheimliche Stille. So nah bin ich an der brodelnden Zwanzigmillionenstadt, dass ich ihre Ausläufer in der Ferne sehen kann – und doch in einer anderen Welt.

Eine Herde Ziegen zieht beleidigt meckernd davon, als sei ich unzulässig in ihr angestammtes Territorium vorgestoßen. Selten ist ein Fluch so präzise und für einen so langen Zeitraum in Erfüllung gegangen wie der des Hindu-Heiligen: Hier gibt es wirklich nur Tiere, keine Menschen, geschweige denn den Mittelpunkt eines Weltreichs. Tughluqabad war von Anfang an zum Untergang verurteilt. Schon kurz nach dem Tod seines Vaters ist Mohammed Tughluq die Festung unheimlich geworden, er verließ 1325 die Zitadelle; seitdem ist sie dem Zerfall und dem Vergessen preisgegeben. Der Sultan aber rastete nicht. Er baute sich schnellstmöglich, wie getrieben, wie besessen von seiner historischen Rolle, eine neue Stadt – so haben es die Herrscher von Delhi in ihren Allmachtsphantasien immer getan: Jeder wollte seinen Vorgänger übertrumpfen. Mohammeds Delhi Mitte des 14. Jahrhunderts war schon die vierte Inkarnation der Stadt: Es sollte nach seinem Willen die großartigste, verschwenderischste werden: Jahanpanah, das »Refugium der Welt«. Hier lag die von Ibn Battuta beschriebenen Zisterne, die für die Bezahlung schneller Bauvorhaben oder Kriegszüge »bis zum Rand gefüllt mit Goldstücken« war, hier lag die Thronhalle mit dem phantastischen »Saal der Tausend Säulen«. Aber wo finden sich heute Spuren dieser Pracht?

Es braucht lange, bis sich erste Hinweise ergeben – und viel Geduld. Jahanpanah werde »kaum je erwähnt, kaum je besucht«, sagt verwundert ein Vertreter der Fremdenverkehrsbehörde von Delhi auf meine Anfrage. Angeblich gibt es eine Tour für Spezialinteressierte, veranstaltet von den Betreibern der »Heritage Walks«; aber selbst da steht der Ausflug nur unter ferner liefen. Und manchmal falle der Trip »Nummer 66«, am Ende der Beliebtheitsskala angesiedelt, auch ganz aus, sagen die Zuständigen bedauernd. Ich bin jetzt endgültig im touristischen Niemandsland angekommen, kein Zugang scheint zu diesem verschütteten Erbe zu führen. Aber dann ist es wie so häufig in Indien: Einer reicht einen weiter an einen anderen, der einen kennt, und der weiß von einem Experten … Jedenfalls lerne ich bald telefonisch einen Professor Vajpayee Singh kennen. Der ist zwar persönlich verhindert, schickt mir aber zwei Studenten. Treffpunkt Vijay Mandal, im äußersten Süden der Stadt. Ich kenne diesen Namen, Ibn Battuta hat ihn erwähnt. Vijay Mandal heißt »Pavillon des Sieges«. Hier feierte der Sultan seine Triumphe. Hier in der Nähe stand auch der »Saal der Tausend Säulen«.

Nach langem Suchen findet mein Taxifahrer, der sich an der Peripherie der Hauptstadt nicht auskennt, schließlich den beschriebenen Ort. Die Studenten warten schon. Sie führen mich an einigen verwitterten Grabsteinen entlang, eine weiße Gebetsmauer taucht rechts auf – und dann ein noch deutlich erkennbarer Pavillon. Er ist, wie von Ibn Battuta beschrieben, achteckig und nach allen Himmelsrichtungen hin offen. Über eine schmale Treppe geht es zum höchsten Punkt, von dem aus man in der Ferne die Delhi-Vorstädte Sarvodaya und Hauz Khas sieht. Von hier hat Sultan Tughluq die Siegesparaden seiner Truppen abgenommen.

Die »Halle der Tausend Säulen« aber kann man nur noch erahnen: Alle kostbar geschnitzten und bunt bemalten Pfeiler waren aus Holz und sind verschwunden. Die Studenten zeigen einige steinerne Sockel, auf denen sie gestanden haben könnten, und weisen mich auf zwei rätselhafte Einschnitte an der Wand hin. »Wir glauben, die führten zu Schatzkammern«, sagen die Jung-Historiker. Und als spürten sie meine leichte Enttäuschung, bringen sie mich noch weiter, zu einem überraschenden, ver-wunschenen Ort: der Begumpur-Moschee, auch ein Überbleib-sel der Jahanpanah-Zeit Mitte des 14. Jahrhunderts. »Eines der schönsten Gebäude unserer Stadt«, verkünden sie mit dem Stolz von Entdeckern. »Und selbst bei den Delhi-Alteingesessenen absolut unbekannt.«

Bevor ich den Rückweg antrete, verabschiede ich mich von meinen Führern. Ich will noch einige Minuten allein sein mit Ibn Battuta, lese in dem Originaltext, den ich – in der handlichen Übersetzung von Hamilton A. R. Gibb – mitgebracht habe. Hier also hat der große Abenteurer aus Marokko zu Gott gebetet und seinem Herrscher geschmeichelt, hier hat er intrigiert und sich inszeniert, hier häufte er Macht und Reichtümer an und sah, aus der Gunst gefallen, mehr oder weniger gefasst seinem Tod entge-gen. Hier wurde er nach seinem Karriereknick zum Asket (»Ich entsagte der Welt, fastete und kleidete mich in ärmliche Fetzen«) und avancierte dann, nach seinem erstaunlichen Comeback am Hofe, zum Chefdiplomaten für China. Was für ein Auf und Ab der Gefühle muss das gewesen sein, als er da entlangspaziert ist und über die Welt und das Leben nachgedacht hat!

Aber Delhi, zumindest das heutige Delhi, ist nichts für Sentimentalitäten. Mein letzter Rest romantischer Gedanken verschwindet, als ich mit meinem Taxi im Großstadtverkehr steckenbleibe. Ein Megastau. Schon am Vortag habe ich vom Flughafen ins Hotel zweieinhalb Stunden gebraucht; jetzt werden es mehr als drei. Der Kleinwagen hat keine Klimaanlage, und so kurbele ich das Fenster herunter. Doch das ist nicht lange auszuhalten, so angenehm der seltene Fahrtwind auch ist: Abgase verpesten die Umgebung. Mir kommt es vor, als sei da unter einer dunstverhangenen Sonne eine einzige graue Wand aus Smog, als inhalierte ich mit jedem Atemzug schlimme Krankheitskeime.

Das mit den Erregern ist keine Einbildung, sondern wissenschaftlich belegt: Man dürfte sich in diesem Delhi aus gesundheitlichen Gründen eigentlich gar nicht länger aufhalten. Die Weltgesundheitsbehörde sieht Indiens Hauptstadt als weltweite Smog-Metropole Nummer eins; die krankheitserregenden Feinstaubpartikel erreichen hier an manchen Tagen mehr als das Hundertfache der von der UNO als gerade noch erträglich bezeichneten Menge, der jährliche Mittelwert ist gut doppelt so hoch wie etwa im für seine schlechte Luft berüchtigten Peking. Experten der University of Chicago schätzen, dass Delhis Umweltverpestung – verursacht durch immer mehr zugelassene Autos und Tausende Diesel-Lkw, durch den Bauschutt, die »wilde« Müllverbrennung, die Kohlenheizungen im Winter – jeden seiner Einwohner etwa drei Jahre seines Lebens kosten könnte. Das Auswärtige Amt schickt deshalb bevorzugt Diplomaten ohne Familie nach Indien, wer möchte, darf die normalen drei Jahre Dienstzeit in diesem Gastland auf zwei verkürzen.

Den Expats, auch den nicht mit Botschaftergehältern verwöhnten Korrespondenten vor Ort, fehlt es finanziell kaum an etwas: Sie können sich, trotz der stark ansteigenden Wohnpreise, schöne Apartments leisten, sie verfügen in der Regel über Koch und Haushaltshilfe. Und doch ist der Preis für ihre Delhi-Zeit manchmal sehr hoch, vielleicht zu hoch – wie ich durch meinen Kollegen Gardiner Harris von der *New York Times* weiß. Gardiner ist einer dieser hochmotivierten, hemdsärmeligen, durch nichts zu bremsenden Reporter, wissbegierig und vorurteilsfrei: eine Idealbesetzung für den Posten. 2012 zog er mit seiner Frau und seinen beiden kleinen Söhnen in die indische Hauptstadt. Schon bald begannen die Sorgen. Der achtjährige Bram hatte schon in den USA über Atemprobleme geklagt, Ärzte sprachen von einer leichten, vorübergehenden Störung und verschrieben ihm einen Inhalator. Doch nach neun Monaten Indien hatte der Junge einen ersten schweren Asthma-Anfall, er musste eine Woche lang im Krankenhaus behandelt werden. Und die Beschwerden kehrten immer wieder zurück.

Der Journalist war hin- und hergerissen, ihn faszinierte das Land, seine Frau und der ältere Sohn genossen das indische Essen, die Ausflüge, sie freundeten sich mit Nachbarn an. Für Gardiner war der Posten des Südasien-Korrespondenten ein Traumjob. Nach zweieinhalb Jahren entschied er dennoch, dass die gesundheitlichen Probleme alles andere überschatteten, dass es für die Familie keine Zukunft mehr in Delhi geben konnte. »Meine Frau und ich waren auf Schwierigkeiten vorbereitet, hatten uns eingestellt auf hartnäckige Bettler, endemische Tropenkrankheiten wie Denguefieber und Sommertemperaturen über vierzig Grad. Aber wir hatten nicht einberechnet, wie gefährlich die Stadt für unsere Jungs werden könnte. Wir lernten nach und nach, dass Delhis wahre Bedrohungen aus der Luft kommen, dass fast die Hälfte der knapp viereinhalb Millionen Schulkinder irreparable Lungenschäden erleiden«, schreibt Gardiner Harris Ende Mai 2015 in seiner Delhi-Abschiedsreportage. Der

Artikel in der *New York Times* trägt die Überschrift: »Holding Your Breath in India« – »Halt die Luft an in Indien«.

Aber es ist nicht nur die Luft. Eine ebenso große Plage dieser Stadt ist das Wasser, seine skandalöse Knappheit, seine erschreckende Verunreinigung. Durch Indiens Hauptstadt zieht sich ein großer Fluss, die Yamuna wird in der hinduistischen Mythologie als Göttin verehrt. Doch die Heilige, früher von Dichtern besungen, ist heute eine giftige, schwarzgrüne Kloake, in der Methanblasen blubbern, in der Tierkadaver, Wohlstandsmüll und Industrieabfälle treiben. Mit diesem Nass möchte man nicht in Berührung kommen. Über weite Strecken der Innenstadt ist der Fluss praktisch nicht zu sehen, wird er durch riesige Schilder aus der Sicht gerückt, als schäme sich Delhi für den Zustand seiner früheren Lebensader.

Ich klettere eine betonierte Böschung hinunter, vorbei an den Ärmsten der Armen, die sich hier auf kleinen Vorsprüngen mit ihren Bettgestellen, Planen und Plastikflaschen niedergelassen haben. Drei Jungs mit Turnschuhen und nackten Oberkörpern navigieren ein primitives Floß aus Schilf mit den Händen, fischen undefinierbare Gegenstände heraus, halten sie mir triumphierend entgegen. Weißer Schaum bedeckt hier weite Teile der schwarzen Brühe, ein Chemikaliengemisch von befremdlichem optischem Reiz.

Aus diesem Fluss zu trinken, scheint undenkbar – nicht einmal die Andeutung von Natur ist hier zu sehen. Wasserspeicher wie zu früheren Zeiten existieren nicht mehr, die ganze Stadt wirkt in Monsunzeiten wie versiegelt, sodass es inzwischen jedes Jahr zu schlimmen Überschwemmungen kommt. Und das Grundwasser versiegt, muss aus immer weiter von der Innenstadt entfernten Gegenden aus immer größeren Tiefen gepumpt werden. Die Leitungen, die das Nass weitertransportieren, sind so schlecht gewartet und so marode, dass nach Expertenschätzung zwischen fünfzig und sechzig Prozent des kostbaren Stoffs im Boden versickern. Die Behörden schaffen es nicht einmal annähernd, die Bevölkerung der Hauptstadt mit genügend Trinkwasser zu versorgen. Wie so oft in Indien geht es nicht ohne den »informellen Sektor«. Im Klartext: Es geht nicht ohne verbrecherische Zwischenhändler.

Unterwegs mit der Wasser-Mafia – in Delhi ist das nur mithilfe indischer Journalisten möglich, und die haben keine Lust, sich mit der Preisgabe ihrer Kontakte Schwierigkeiten mit den Behörden oder »Konkurrenzunternehmen« in diesem Geschäftsbereich einzuhandeln. Aber dann ist solch ein Treffen doch ziemlich einfach, vor allem weil die Dealer zwar formell im Untergrund agieren, aber beste Beziehungen zu den Offiziellen haben. Und sie sich, wenn der Ausdruck in diesem Genre erlaubt ist, im Mainstream bewegen. »Jeder weiß, dass es ohne uns nicht geht«, sagt selbstbewusst Tilak Sanghwan, einer der führenden Wasserhändler, der mehrere Traktoren besitzt und seine Ware an einer Kreuzung im Vorort Vihar entgegennimmt. Dutzende schwere Lkw pumpen das Nass aus illegalen Bohrungen in die kleineren Fahrzeuge beziehungsweise deren Container. All das geschieht bei helllichtem Tage. Manche Illegalen geben sich sogar als Wohltäter. »Sanghwan Janta Sevak« hat der Boss auf seine Fahrzeuge schreiben lassen: »Sanghwan, Diener des Volkes«.

Fast nirgendwo in der gesamten »wild« gebauten, auf Brachland wuchernden, ständig vom Abriss bedrohten Slum-Siedlung existieren funktionierende Wasserleitungen. Die Stadtverordneten kümmerten sich bisher wenig um die Menschen dort. So kaufen sich mehrere Hunderttausend Einwohner Delhis ihr Trinkwasser auf dem Schwarzmarkt, füllen ihren Wochenbedarf gleich hier vor Ort in Kanister um. Etwa dreihundert Euro Reingewinn bleiben dem »Volksdiener« pro Tag. Dass der Ökokreislauf durch die unkoordinierten Bohrungen durcheinandergerät, dass langfristig schwere Umweltschäden entstehen und es vielleicht in einem Jahrzehnt gar kein Delhi-Grundwasser mehr gibt, kümmert keinen der Slumbewohner, die ums tägliche Überleben kämpfen. Und keinen Mafioso, der ein Geschäftsmodell gefunden hat.

Für Delhis Mittelklasse kommt das Trinkwasser in der Regel aus der Leitung, irgendwo müssen die nicht versickerten, verbliebenen Mengen ja bleiben. Die Qualität ist allerdings sehr schlecht. So hat sich jeder, der es sich leisten kann, einen eigenen Zugang zu Quellen verschafft, teils durch das auf dem Schwarzmarkt zugekaufte Nass. In den Reichenvierteln existieren aber auch viele private Speicher, aus denen sich die Swimmingpools und Rutschen der privaten Fun Parks speisen. Und selbstverständlich hat jedes der »Farm Houses«, wie die teuersten, von hohen Mauern umschlossenen Villen in den Gated Communities am südlichen Stadtrand heißen, einen eigenen Generator. So ist man unabhängig von der unzuverlässigen Elektrizitätsversorgung durch die Behörden. Immer mehr koppelt sich Delhis Elite auf diese Weise von den Normalbürgern ab, driftet die Gesellschaft auseinander, entstehen Parallelwelten: Man lebt zwar in einer Stadt, aber kommt gar nicht mehr in Kontakt zu den »anderen«.

Und ein wenig spiegeln sich diese krassen Gegensätze auch in meinem Aufenthalt: Ich fahre frühmorgens in Jeans und T-Shirt in die Armenviertel; ich ziehe Krawatte und Jackett an für die Nachmittagstermine mit den reichen Geschäftsleuten und Politikern; ich springe am frühen Abend in den Pool des Viersternehotels Maidens, einer alten Kolonialvilla, wie eine Oase in diesem hektischen Teil von Old Delhi gelegen; und ich kleide mich wieder leger zum Abendessen in einem der einfachen Restaurants wie dem Moti Mahal oder dem Karim's, wo es die beste nordindische Küche der Stadt, ach, was sage ich, weltweit gibt. Und spaziere anschließend durch die chaotischen Verkaufsstände am Diebesmarkt zu einem letzten Kingfisher in die Kneipe Chor Bizarre, wo man inmitten eines sehr eigenwilligen Dekors auf Himmelbetten sitzt und sich bereitgestellte Snacks aus einem im Inneren des Restaurants abgestellten Rolls-Royce-Oldtimer holt.

In den Sechziger- und frühen Siebzigerjahren habe ich bei meinen ersten Besuchen in der indischen Hauptstadt immer in der düsteren Bahnhofsgegend nach einer billigen Bleibe gesucht, immer in der Gefahr, von den Magenkrämpfen – dem berüchtigten »Delhi Belly« – durchgeschüttelt zu werden. Längst habe ich mich an Luxus gewöhnt, wie die wohlhabend gewordenen Aufsteiger in Delhi. Und so wie damals auch Ibn Battuta, der sich hier vom Reisenden mit geringen Ansprüchen zum verwöhnten Großbürger gewandelt hat.

Mal abgesehen von meinen Interviews mit führenden Politikern wie Indira und Rajiv Gandhi, die logischerweise im Regierungssitz stattfanden, habe ich Delhi meist nur als Stadt des Übergangs genutzt – als Durchgangsstation fürs Weiterreisen nach Agra, Jaipur, Rishikesh, Varanasi. Es ist eine merkwürdige, weitläufige, sich jeder Definition entziehende Megacity, mit der ich nie richtig warm geworden bin. Und auch heute empfinde ich Delhi als im wörtlichen Sinne unfassbar. Jede dieser einzelnen, aneinandergereihten Gemeinden mag ihre besonderen Unterscheidungsmerkmale, ihre Attraktionen besitzen, zu einem einheitlichen Ensemble fügen sich diese Menschenansammlungen nicht: Dörfer auf der Suche nach einer Großstadt.

Es gibt viele Delhis. Das lässt sich auch aus der Geschichte dieser Metropole ablesen, mit ihr begründen und wenigstens im Ansatz verstehen. Delhi ist der Ort der sieben Leben, der sieben Epochen, der sieben Inkarnationen (und Reinkarnationen). Aufbau und Niedergang, Zerfall und Neubeginn wechseln sich über die Jahrhunderte ab, und wenig bleibt, wenig lädt ein zum Verweilen.

Die frühe Stadthistorie im Schnelldurchgang: Nach dem Ende der Tughluq-Dynastie 1413 und einem Zwischenspiel mit einigen weniger bedeutenden muslimischen Herrschern erlebte Delhi unter den Moguln ab 1526 eine neue Blütezeit: Das Rote Fort und die Jami Masjid entstanden, bis heute zwei Wahrzeichen der Stadt. Der Perserkönig Nadir Schah richtete dann mit seinen Invasionstruppen 1739 schlimme Verwüstungen an, plünderte und brandschatzte. Er ließ den berühmtesten aller Diamanten, den legendären hundertzehnkaratigen Koh-i-Noor, mitgehen und verschleppte den Pfauenthron nach Teheran (auf dem zuletzt noch Schah Reza Pahlavi saß).

Als die Britische Ostindien-Kompanie Mitte des 18. Jahrhunderts in Delhi eine Handelsniederlassung gründete, brach die Zeit der europäischen Fremdherrschaft an. 1803 eroberten Londons Streitkräfte die Stadt. Nach einer Meuterei, die große Teile Indiens erfasste, erlitten die Kolonialherren 1857 schwere Verluste und mussten kurzzeitig aus Delhi fliehen. Doch nach vier Monaten setzte sich ihre militärische Überlegenheit durch, die letzten Großmoguln, mit denen Englands Könige lange nach dem Prinzip des Teilens und Herrschens zusammengearbeitet hatten, wurden vertrieben. Zur Hauptstadt Britisch-Indiens machten die fremden Herren Kalkutta, die Metropole Bengalens schien ihnen weniger aufsässig. Erst 1911 beschloss die Kolonialverwaltung, den Regierungssitz ins zentralere Delhi zu verlagern. Der Neustart erforderte ihrer Meinung nach aber auch, dass dieses Delhi völlig umgekrempelt, in wesentlichen Teilen neu geschaffen werden musste. Südlich des bisherigen Stadtkerns entstand unter der Anleitung des Londoner Architekten Edwin Lutyens eine weitläufige Reißbrettsiedlung nach dem Vorbild britischer Gartenstädte.

New Delhi sollte mit seinen imposanten Bauten imperiale Größe zeigen, ein Weltreich repräsentieren. Bis heute wirken Parlament, Regierungssitz und Präsidentengebäude aber merkwürdig deplatziert. Georges Clemenceau, der frühere französische Premier, sagte schon 1920 bei seinem Besuch, auf die pompösen Verwaltungsgebäude angesprochen: »Das werden einmal die großartigsten Ruinen.« Aber selbst mit ihren breiten Boulevards und den gespenstischen öffentlichen Leerräumen gelang es den Kolonialherren nicht ganz, das quirlige Leben der historisch engen Gässchen und Basare auszulöschen. Das Alte lebte wenigstens eine Zeitlang harmonisch neben dem Neuen, Hindus kämpften Anfang des 20. Jahrhunderts Seite an Seite mit Muslimen gegen die Fremdherrschaft. Es war eine gemeinsame Kultur, die Delhi prägte.

Das weitgehend friedliche Miteinander endete dann abrupt – mit einer menschengemachten Katastrophe, mit dem Federstrich von Bürokraten. Um Mitternacht die Freiheit, hieß es zwar am 15. August 1947, als sich die Briten nach dem langen, gewaltlosen, von Mahatma Gandhi angeführten Kampf zurückzogen, aber es war eine Freiheit unter furchtbaren Bedingungen: Der Subkontinent wurde geteilt, in ein formal laizistisches, aber von einer großen Hindu-Mehrheit geprägtes Indien, in die Islamische Republik Pakistan. Unzählige Menschen machten sich gezwungenermaßen auf den Weg, jeweils verfolgt von denen, die sie plötzlich als »andere« wahrnahmen. Es kam zu furchtbaren Blutbädern, denen mehr als eine Million Menschen zum Opfer fielen und deren Nachwirkungen bis heute nicht ganz überwunden sind.

Delhi definierte sich wieder einmal neu, diesmal noch radikaler als in früheren Jahrhunderten: »Die moderne Stadt entstand aus einem Trauma gewaltigen Ausmaßes«, schreibt der Delhi-Kenner Rana Dasgupta in seinem Buch *Im Rausch des Geldes*. Die Minderheiten der Muslime und Sikhs seien ausgegrenzt worden, das soziale Netzwerk der führenden hinduistischen Familien sei aber intakt geblieben, sie unterstützten die Zugezogenen und boten ihnen Chancen. Aus dem Gefühl, dass man jederzeit wieder alles verlieren könnte, entstand laut Dasgupta eine besondere, Delhi-spezifische Rücksichtslosigkeit: »Tief in der Seele der Stadt war etwas Dunkles, Verhängnisvolles. Doch wie alles Dunkle übte auch Delhi eine starke Anziehungskraft aus. Man gab sich dieser Faszination hin und merkte erst, wenn man mit Außenstehenden sprach, wie korrupt man geworden war. Die Menschen strömten nicht nur scharenweise in die Stadt, weil sie wie New York Großartiges bereithielt – wenn ich es dort schaffe, schaffe ich es überall –, sondern weil es selbst den reinsten Seelen gewaltsame, dämonische Freuden versprach. Kommet her zu mir, alle, die ihr beschissen wurdet, flüsterte es ihnen zu, und ich zeige euch, wie ihr andere bescheißen könnt.«

Jahrzehntelang hat die Nehru-Gandhi-Dynastie das politische Leben Indiens bestimmt. Ich bin als Journalist mehr als ein Dutzend Mal nach Delhi gefahren, um die politischen Führer des Landes zu interviewen oder über besondere Entwicklungen in der Hauptstadt zu berichten. An einige der Reisen erinnere ich mich intensiv. Beispielsweise an die im Jahr 1975. Die Ministerpräsidentin Indira Gandhi hatte gerade die »National Emergency« ausgerufen und damit Indiens Demokratie außer Kraft gesetzt – eine ungeheure politische Provokation. Sie war damals auf dem Gipfel ihrer Macht, hatte die Wahlen klar gewonnen und eigentlich kaum Konkurrenten zu fürchten. Selten habe ich eine Persönlichkeit erlebt, die so eindrucksvoll wie zwiespältig war, so charismatisch wie geheimnisvoll. Eine stählerne Lady, die auf Knopfdruck ein Lächeln anknipsen konnte, und die über einen ausgeprägten politischen Instinkt verfügte. Aber gleichzeitig war sie auch arrogant und hasste Kritik, weshalb sie sich bevorzugt mit *Chamchas* (»Löffelchen«) umgab, die ihr nach dem Munde redeten. Der Ausnahmezustand war reine Willkür, Indira Gandhi wollte nur dem Obersten Gericht eins auswischen, das es gewagt hatte, sich mit ihr anzulegen. Die Folgen ihres Alleingangs waren dramatisch: Über Nacht wurden Hunderte Oppositionspolitiker ins Gefängnis geworfen, die Zeitungen sahen sich mit Zensoren konfrontiert, es galt ein Versammlungsverbot. Bald glaubte sich die Regierungschefin so stark, dass sie großzügig eine Rückkehr zur Demokratie erlaubte und Wahlen ausrief. Sie rechnete mit einem Erdrutschsieg – und erlitt eine demütigende Niederlage.

Doch die Stählerne kam wieder. Sie gab sich demütig und geläutert und gewann erstaunlicherweise schnell das Vertrauen auch der Hauptstadtwähler zurück. Sie mischte sich unters Volk, obwohl sie Volksmassen schwer ertragen konnte. Sie stopfte sich Wattebäusche in die Ohren, um die Schreie der Menge nicht zu hören; sie hasste den schweren Duft der Blumengirlanden, und ließ sie sich doch bei jeder Gelegenheit umhängen. »Dem Sieger laufen in Indien alle hinterher«, sagte Indira Gandhi mir einmal bei einem unserer Treffen, beim Spaziergang im Garten ihres Regierungsbungalows. »Der Verlierer hat nur Staub an den Schuhen.« Indira Gandhi war die perfekte Verkörperung von Neu-Delhi: klassenbewusst, arrogant, mitleidslos, egomanisch. Und zutiefst davon überzeugt, Erfolg rechtfertige alle Mittel.

Ihr übersteigertes Selbstbewusstsein spielte auch bei ihrem Ende eine Schlüsselrolle: Wieder an die Macht gekommen, ließ sie keinerlei Kompromissbereitschaft gegenüber den Forderungen von Minderheiten erkennen: Ob im muslimisch geprägten Kaschmir oder im an die Grenzen zu China reichenden Problem-Bundesstaat Assam – sie weigerte sich, über die Wünsche nach mehr regionaler Autonomie auch nur zu diskutieren. Und als sich der radikale Führer der Sikhs im höchsten Heiligtum seiner Glaubensgemeinschaft verschanzte, ließ sie ohne Rücksicht auf Gefühle und Verluste den Goldenen Tempel von Amritsar stürmen. Ein fataler Fehler, der zwei Sikh-Leibwächter, langjährige Vertraute in ihrer unmittelbaren Umgebung, gegen sie aufbrachte und zu einer Wahnsinnstat verleitete: Am 31. Oktober 1984 starb Indira Gandhi im Kugelhagel. Ganz nah an der Stelle in ihrem Bungalow-Garten von Delhi, wo ich sie zuletzt getroffen hatte.

In den Tagen und Wochen danach erlebte die indische Hauptstadt die schlimmste, die blutigste Zeit nach der Teilung des Subkontinents: Ein rasender Mob mordete, brandschatzte, vergewal-
tigte. Schon auf dem Weg vom Flughafen in die Stadt stolperte ich
förmlich über brennende Leichen. Es war ein Bild des Grauens.
Mehr als dreitausend Sikhs – viele kritisch gegenüber Indira Gandhi, aber keinesfalls terroristisch gesinnt oder gar schuld an ihrem
Tod – mussten bei diesen Rachefeldzügen der Hindus ihr Leben
lassen, nur weil sie der Turban tragenden Minderheit angehörten.

Auf Indira Gandhi folgte nach gewonnener Wahl ihr Sohn Rajiv
als Ministerpräsident; auch er wurde ermordet, 1991 von tamili-
schen Terroristen, bei einer Reise in den Süden des Landes. Als
Übergangspremier kam Narashima Rao an die Macht, ein blasser
Parteisoldat von Sonia Gandhis Gnaden; Rajivs Witwe mochte
nicht selbst antreten und ihrem Sohn Rahul traute sie das Amt
(noch) nicht zu. Indien stöhnte auf, denn dem blassen Siebzigjäh-
rigen, durch mehrere Bypass-Operationen geschwächt, traute niemand viel zu. Doch er holte sich mit dem Sikh Manmohan Singh
einen brillanten, sachkundigen Finanzminister ins Kabinett, der
das Land und die Hauptstadt umkrempelte. Er hatte allerdings
auch kaum eine andere Wahl: Indien war praktisch pleite, musste
sogar seine Goldreserven verpfänden. Die Rupie wurde abgewer-
tet, der Regulierungswahn der Behörden zurückgefahren. Auslän-
disches Kapital strömte ins Land, die Wachstumsraten der Wirtschaft verdoppelten sich – fast schon auf chinesische Verhältnisse.

Nach einem Zwischenspiel mit Regierungschefs anderer Parteien übernahm Singh 2004 das Amt des Premiers und behielt es
zehn Jahre. In seine Amtszeit fallen der Ausbau der Infrastruktur in
den Städten – Delhi beispielsweise bekam eine Metro, die wenigstens Teile der Stadt für den öffentlichen Nahverkehr erschließt,
Hotels und Bürohochhäuser wurden hochgezogen, der Börsen-
wert indischer Vorzeigefirmen vor allem im Bereich Software und

Medizin stieg teilweise um mehr als das Zwanzigfache, ebenso der Quadratmeterpreis für Wohnraum in guten Lagen. Mit Indien ging es steil aufwärts, allerdings hatte der Fortschritt einen hohen Preis. Der Lebensstandard der Bauern stagnierte, in der Hauptstadt nahm die Vetternwirtschaft kriminelle Ausmaße an. Singh, gegen Ende seiner Amtszeit schon über achtzig Jahre alt, brachte trotz unbestrittener persönlicher Integrität nicht mehr die Kraft auf, die Auswüchse einzudämmen. Öffentliche Skandale häuften sich, durch Lizenzabgaben unter der Hand und falsche Abrechnungen gingen dem Staat Milliarden verloren. Und auch bei den prestigeträchtigen Commonwealth-Spielen 2010 bereicherten sich Bürokraten auf skandalöse Weise, so wurde beispielsweise jede Rolle Toilettenpapier für fünfundsechzig Euro abgerechnet. Alles auf Kosten der Steuerzahler.

Meine indischen Bekannten streiten bis heute darüber, wie man seine Bilanz bewerten soll – ihre Urteile gehen weit auseinander. Der Wirtschaftsnobelpreisträger Amartya Sen, den ich an seiner Wirkungsstätte in Harvard interviewen konnte, sah eher die Nachteile. »Durch die Vernachlässigung sozialer Probleme haben sich die Unterschiede zwischen Arm und Reich immer weiter vergrößert. Und was das große Elend der Unterschichten betrifft: Selbst unsere rückständigen Nachbarländer wie Nepal oder Bangladesch haben, was etwa die Reduzierung der Kindersterblichkeit angeht, größere Fortschritte gemacht.«

Shashi Tharoor, gefeierter indischer Schriftsteller und langjähriger Vizegeneralsekretär der Vereinten Nationen, sah das naturgemäß in viel milderem Licht, kein Wunder, diente er doch zwei Jahre lang unter Premier Singh im Auswärtigen Amt als Staatsminister. »In Indien wird sich die Zukunft der Welt entscheiden, mit seinen Erfolgen wie mit seinem Scheitern hält dieses Land Lektionen für die gesamte Menschheit bereit – und wir haben vieles auf einen sehr guten Weg gebracht«, sagte mir der Mann, dessen Redebeiträge zu den geschliffensten im indischen Unterhaus gehören und der auch wegen seines schillernden Privatlebens zum beliebten Gesprächsthema von Bollywood bis zum Parlament Sansad Bhavan wurde.

Einig sind sich Sen und Tharoor darin, dass Indien über eine sehr ausgeprägte, kritische und pluralistische Zivilgesellschaft verfügt und dass dies, bei allen sonstigen Nachteilen gegenüber der in den vergangenen Jahrzehnten ökonomisch noch viel erfolgreicheren Volksrepublik China, einen wichtigen Vorteil bedeutet. Wie lebendig Indiens Demokratie ist, zeigt sich am eindrucksvollsten am Platz der täglichen Demonstrationen, an Delhis Hyde Park Corner, dem Treff der außerparlamentarischen Opposition. Ein Sonntagnachmittag im Herbst 2015 an diesem Jantar Mantar wirkt wie ein Panoptikum Indiens. Und die vorgebrachten Anliegen zeigen die ganze Bandbreite der Probleme.

Drei junge Damen in Jeans und modischen Tops rufen von ihren mitgebrachten Gartenstühlen aus: »Ihr Blinden in der Regierung, tut endlich was gegen die Übergriffe auf Frauen!« Ein alter Mann fordert mit krächzender Stimme: »Alle korrupten Bürokraten entlassen! Wasser und Licht sind Grundrechte und müssen umsonst sein!« Vier halbnackte Gurus, ihre Oberkörper aschebeschmiert und in der Hand einen Dreizack, haben schweigend einen Kreis gebildet und zeigen nur auf ihr Pappschild: »Spiritualität statt Geldgier!« Und zwischen all den Jahrmarktsgestalten, die eine Rückkehr zu alten Werten oder unentgeltliche Computerspiele verlangen, stehen auch zwei alte Mütterchen und versuchen tapfer, sich gegen die mitgebrachten Trommeln und Rasseln der anderen zu behaupten. »Senkt die Zwiebelpreise, sonst sind wir verloren!«

Wer für eine Demo noch weitere Protestierer braucht, kann diese für ein paar Rupien anheuern. »Bereit zum Kampf für jede gute Sache«, steht auf dem Schild eines Bettlers.

Ist das wirklich ein »Tempel der Mitbestimmung«, wie Paramjeet Singh glaubt, einer der Dauerdemonstranten? Oder nur ein »Placebo der Regierenden, die den Protest so kanalisieren«, wie ein junger Student meint?

Die größte Gruppe auf dem Marktplatz der Demokratie sind Muslime. Wohl zwei Dutzend haben sich nahe einem Podium niedergelassen, auf dem ein junger Mann in weißen Gewändern schläft, angeblich geschwächt durch einen schon tagelangen Hungerstreik. Die Organisatoren verteilen Handzettel, auf denen »Schluss mit der Diskriminierung!« steht. Glaubt man Untersuchungen indischer Soziologen, haben die Muslime durchaus Anlass zur Sorge. Zwar garantiert ihnen Indiens Verfassung Religionsfreiheit und gleiche Rechte (in Sachen Ehe sogar Privilegien, muslimische Männer dürfen vier Frauen haben), der Alltag aber sieht anders aus.

In Delhi wie im ganzen Land stellen sie etwa dreizehn bis fünfzehn Prozent der Bevölkerung, aber im Staatsdienst wie in allen anderen wichtigen gehobenen Positionen sind sie weit geringer repräsentiert; das gilt auch für die Armee und den Geheimdienst. Ihre durchschnittliche Lebenserwartung, ihr Bildungsstand, ihr Pro-Kopf-Einkommen liegen niedriger als es der nationale Durchschnitt erwarten ließe. Dass es trotzdem einige indische Muslime in der Politik (wie etwa der Staatspräsident Abdul Kallas), in der Wirtschaft (Software-Milliardär Azim Premji) oder im Showbusiness (Bollywood-Star Shah Rukh Khan) bis an die Spitze schaffen, ändert daran nichts. Über die Jahrhunderte haben sich die Gewichte verschoben: Während zu Ibn Battutas Zeiten muslimische Experten aus arabischen Ländern mit hohen Gehältern und dem Versprechen der Macht an den Hof von Delhi gelockt wurden, verdingen sich heute viele indische Muslime aus Delhi als weitgehend rechtlose Hilfsarbeiter am Golf.

Immer wieder ist es während der vergangenen Jahre in den

Metropolen des Subkontinents zu Spannungen zwischen den Glaubensgemeinschaften gekommen, und manchmal gab es auch gewalttätige Ausschreitungen, ausgelöst durch die Schändung eines religiösen Symbols. So schlimm diese Ausschreitungen auch waren, sie blieben ein vorübergehendes Phänomen. Indien sei »so wenig ein Land wie der Äquator«, hatte Winston Churchill einst verächtlich gesagt, und die Demokratie passe hierher »wie ein Pelzmantel in die schwüle Hitze«. Eine Fehleinschätzung: Der Staat bricht nicht auseinander, in Delhi, Mumbai, Kalkutta, aber auch auf dem weiten Land existiert ein ausgeprägtes indisches Nationalbewusstsein. Das zeigt sich nicht nur bei Cricket-Länderspielen, sondern auch bei Wahlen.

Bisher hat die Demokratie nicht zur Good Governance geführt, wurden die Inder stets mehr oder weniger von ihren Politikern enttäuscht. Und doch gehen sie zu den Urnen, weil sie an positive Veränderungen glauben. Die Wahlbeteiligung in Indien liegt regelmäßig höher als in den meisten europäischen Ländern und in den USA. So auch im Frühjahr 2014, als Narendra Modi mit seinen Hindu-Nationalisten einen klaren Sieg errang. Sonia Gandhis blasser Sohn Rahul hatte nicht den Hauch einer Chance. Die Ära der »indischen Kennedys« ist offenbar zu Ende, obwohl der Zögerliche derzeit noch den Oppositionsführer spielt.

Die meisten Muslime haben nach Erkenntnissen von Wahlforschern gegen den nationalen Trend abgestimmt. Ihnen ist Modi nicht geheuer. Seine Lebensleistung ist zu bewundern: Der neue Premier stammt von ganz unten, der Sohn eines kleinen Angestellten hat sich als Teeverkäufer durchgeschlagen, sein Studium selber finanziert, sich in seiner Partei nach oben geboxt; dreimal hintereinander gewann er die Wahlen im Bundesstaat Gujarat und erwarb sich den Ruf eines effektiven, Business-freundlichen Machers. Doch da gibt es auch eine dunkle Seite: Modi hat bei blutigen Unruhen in seinem Heimatstaat sehr lange zugesehen, als

Hindus sich wegen eines terroristischen Attentats an unbeteiligten Muslimen rächten. Weil er den Mob gewähren ließ, starben mehr als tausend Menschen. Indische Gerichte ermittelten gegen Modi wegen unterlassener Hilfeleistungen, sprachen ihn frei; amerikanische Behörden hielten die Vorwürfe für so gravierend und glaubhaft, dass sie ihm jahrelang wegen »schwerer Verletzungen der Religionsfreiheit« die Einreise in die USA verweigerten.

In seinem ersten Regierungsjahr ist der neue Ministerpräsident manches schuldig geblieben. Mit den Wirtschaftsreformen geht es kaum voran, die Klagen ausländischer Investoren nehmen eher wieder zu, bei internationalen Auftritten wie beim Besuch des US-Präsidenten Barack Obama gibt sich der Premier fast aufreizend selbstbewusst. Und ob die von Modi erzwungene Einführung eines Welt-Yoga-Tages, abgestimmt mit den Vereinten Nationen, die Nation wirklich weiterbringt, darf man anzweifeln. Aber nationalhinduistische, religiös aufgeladene Hetze kann dem Premier niemand vorwerfen. Modi hat die zahlreichen Scharfmacher seiner Partei jedenfalls anfangs noch meist zurückgepfiffen und betont, wie sehr ihm an einem guten Verhältnis mit den »muslimischen Mitbürgern« liege. So ging seine BJP im Februar 2015 auch als klarer Favorit in die Regionalwahlen von Delhi; die Hauptstadtregion ist zwar kein vollwertiger Bundesstaat, aber ein eigenes Unionsterritorium, der Oberbürgermeister darf sich »Chief Minister« nennen, ein wichtiger, ein sehr symbolträchtiger Posten.

Modis BJP verlor die Regionalwahl von Delhi krachend, Gandhis Indischer Nationalkongress schaffte nicht einmal zehn Prozent. Es gab einen völlig überraschenden, strahlenden Gewinner: die erst im November 2012 gegründete Aam Aadni Party (AAP), die »Partei des Kleinen Mannes«. Die Außenseiter errangen einen Erdrutschsieg mit fast fünfundfünfzig Prozent der Stimmen; das Mehrheitswahlrecht machte den Triumph noch eindeutiger, sie eroberten siebenundsechzig der siebzig Sitze im Stadtparlament. Chief Minister wurde der AAP-Vorsitzende Arvind Kejriwal – neben Premier Modi nun der neue Star der indischen Politik.

Besuch in der Parteizentrale. Hier erkennt jeder gleich, dass man zu Gast ist bei einer Partei, die alles anders machen will. »Unser Wahlsieg heißt: Die Revolution hat begonnen«, steht da. Das Logo der AAP, ein riesiger Besen, ist der einzig andere Schmuck des kargen Empfangsraums, in dem nur ein Schreibtisch und mehrere wacklige Stühle stehen. Erst auf den zweiten Blick fallen noch zwei politische Statements auf: »Reißt die Korruption an den Wurzeln aus!«, steht auf der Türmatte zur Toilette. Und eine handgroße Plakette an der Wand zitiert Mahatma Gandhi: »Ich habe mich in die Politik begeben, um die Politik von ihrem schlechten Ruf zu retten!«

Viel mehr muss man über das Wahlprogramm der »Partei des Kleinen Mannes« nicht wissen, viel mehr steht auch nicht in ihrem Programm. Die AAP ist eine Graswurzelbewegung, eher Interessenclub denn klassische Partei. Sie verspricht, mit der Vetternwirtschaft in der Stadt aufzuräumen und die Grundbedürfnisse der ärmeren Schichten, Trinkwasser, Elektrizität, Toiletten, Krankenversorgung und bezahlbaren Wohnraum, in den Mittelpunkt der Politik zu stellen. Arvind Kejriwal ist ihr ganz und gar uncharismatischer Führer, ein eher kleingewachsener, bebrillter Allerweltstyp Ende vierzig, leicht übergewichtig mit einem weißen Käppi und seltsam karierten, altmodischen Hemden. Einer, der zuhört, gern auch belehrt, von dem man ahnt, dass er ihm gestellte Aufgaben gewissenhaft erfüllt; einer, der zum Einkaufen eine abzuhakende Liste mitnimmt, der die Bleistifte auf dem Schreibtisch stets gespitzt nach Größe ordnet. Er könnte ein Dorfschullehrer sein. Oder ein Steuerbeamter aus einer Kleinstadt.

Letzteres ist richtig. Kejriwal wuchs in einer nordindischen Kleinstadt auf, sein Vater arbeitete als Techniker in wechselnden

Jobs. Der Junge strebte ihm nach, studierte Ingenieurwissenschaft. Er bewarb sich an einer prominenten Business School; als er nicht aufgenommen wurde, entschied er sich für den mittleren Staatsdienst. Bald schon fiel Arvind Kejriwal als Steuerbeamter auf – er war der einzige in seinem Büro, der keine Bestechungsgelder annahm. Das missfiel den Kollegen, brachte ihm aber die Achtung der betroffenen Bürger ein. Kejriwal startete eine Kampagne gegen Nepotismus, machte durch die Organisation von Hungerstreiks auf sich und seine Bewegung aufmerksam. Viele seiner Mitstreiter wehrten sich dagegen, eine formelle politische Gruppierung zu gründen und zu registrieren, sie wollten außerhalb des Systems bleiben. Doch Kejriwal setzte sich durch: Nur mit einer eigenen Partei, argumentierte er, könne man in Indien wirklich etwas ausrichten und verrottete Strukturen beseitigen. »Sonst rennen wir nur im Kreis herum, fühlen uns gut, verändern aber nichts.«

Mit seiner Mischung aus Gandhi-Demut und scharfer Kritik an den Etablierten traf er den Nerv der Wähler. Ende 2013 konnte er bei den Regionalwahlen erstmals punkten, mit einer Minderheitenkoalition sogar Staatsminister in Delhi werden – und gab schon nach neunundvierzig Tagen auf, als er sich mit den ersten Schwierigkeiten konfrontiert sah. Wird er es diesmal, mit seiner absoluten Mehrheit im Rücken, besser machen? Oder bleibt Kejriwal eine Sternschnuppe der indischen Politik, ein Träumer, der mit seinen absoluten Ansprüchen immer an der politischen Realität scheitern muss?

Der Chief Minister ist extrem pressescheu, schickt seinen Sprecher vor. Der zählt auf, was sich in Delhi im Jahr 2015 nach den ersten Monaten AAP-Stadtregierung schon positiv verändert hat. Wie versprochen senkte Kejrival die Elektrizitätspreise und verbesserte die Wasserversorgung der Ärmsten; Tanklastwagen, die illegaler Fracht verdächtig waren, wurden zwangsweise mit GPS ausgestattet, sodass ihre Wege genau verfolgt werden können. An vielen Stellen in Delhi entstehen derzeit einfache Krankenstationen. Ein neues Beschwerdesystem soll die Bürgernähe der Bürokraten verbessern. Jeder habe Anspruch darauf, innerhalb von achtundvierzig Stunden Antworten zu erhalten, referiert der AAP-Sprecher; eine Antikorruptions-Hotline nehme sich auch anonym vorgetragener Vorwürfe an.

Sind das nicht nur Tropfen auf den heißen Stein, eher Ankündigungen von Verbesserungen als tatsächliche Fortschritte?

»Es mag ja sein, dass wir noch Fehler machen, weil wir unerfahren sind«, sagt der AAP-Mann bescheiden. »Aber keiner kann uns den guten Willen absprechen, die Situation gerade der Ärmsten weiter zu verbessern.« Das klingt sympathisch, aber erklärt doch nicht, wie weit die neuen Hoffnungsträger bisher hinter den Erwartungen zurückgeblieben sind. Wie langsam es vorangeht. Wenn man Kejriwals Mann glaubt, bremst nur eines in der Hauptstadt den Fortschritt: die Zentralregierung der BJP. Sie sehe die AAP als Konkurrenz und verhindere beispielsweise den sinnvollen Einsatz der Polizei, die sich in Delhi zu fünfzig bis sechzig Prozent nur mit dem Personenschutz der Modi-Leute beschäftige. Deshalb müssten die Polizeikräfte dringend unter Kejriwals Leitung gestellt werden, überhaupt übe die Zentrale zu viel Einfluss aus, halte Steuereinnahmen zurück. Es stimmt, dass nach Indiens kompliziertem Staatssystem der Chief Minister eines Unionsterritoriums verhältnismäßig wenig Befugnisse hat – gleichzeitig ist das aber auch ein ideales Argument, um Schuld abzuwälzen.

Und schon gibt es in der Stadtregierung bedenkliche Warnsignale, die von Frust und Zwietracht zeugen. Einige der AAP-Abgeordneten werfen Kejriwal vor, er sei nicht mehr so zugänglich wie früher, drücke sich vor inhaltlichen Diskussionen, spalte sich mit seinen Vertrauten von der Basis ab. »Aber er muss doch regieren und sich seine Zeit einteilen«, sagt hilflos sein Sprecher dazu. Es hört sich an, als seien eine Graswurzelbewegung und ihr Führer in der rauen Wirklichkeit der Politik angekommen. Und doch wirkt Kejriwal nicht so, als wolle er kampflos seinen Idealismus und seine Ziele aufgeben und einer der »Normalen«, der austauschbaren indischen Staatslenker werden. Er arbeitet nachweisbar achtzehn bis zwanzig Stunden am Tag. Seine Freunde fürchten, dass er diesen Rhythmus nicht mehr allzu lange durchhält. Schon einmal musste er wegen schwerer Hustenanfälle seine Smog-Kapitale für zehn Tage verlassen und auf dem Land »durchatmen«.

Manika Kapur und ihre Freundinnen beobachten Kejriwals Kampf mit großer Sympathie. Den jungen Damen imponiert sein »Gegenentwurf« zu der bisher so eingefahrenen indischen Politik. Es gefällt ihnen, dass der Chief Minister so deutliche Worte gegen die jungen Männer findet, die Frauen belästigen und es dabei oft nicht einmal bei ihren verbalen Ausfällen belassen – Delhi ist die Stadt in Indien mit den meisten Vergewaltigungen, eine der gefährlichsten Metropolen der Welt in Sachen sexueller Übergriffe. Offensichtlich kommen viele Jugendliche nicht damit zurecht, dass junge Frauen heute besser ausgebildet sind als sie, dass sie höher bezahlte Jobs haben, sich ganz selbstverständlich sexy kleiden, schminken und nach Lust und Laune ausgehen. Sie trotzen den Gefahren. »Ich benutze aber abends nie öffentliche Verkehrsmittel, und auch tagsüber getraue ich mich ohne Begleitung nur in bestimmte Gegenden«, sagt die schwarzhaarige, schlanke Manika, die aus dem Nordosten Indiens stammt. Sie ist mit einem Journalisten befreundet, der mich zu diesem Interview begleitet.

Manika teilt sich mit drei Kolleginnen ein kleines Apartment in Gurgaon, der Satellitenstadt nahe dem internationalen Flughafen im Süden von Delhi (und offiziell schon im Bundesstaat Haryana gelegen). Gurgaon war bei meinen Indien-Besuchen vor gut drei Jahrzehnten noch ein schläfriger Vorort, umgeben von Brachland. Heute ist es nahezu eine Millionenstadt mit mehr als

einem Dutzend Fünfsternehotels, Einkaufszentren, Apartmentblocks und vielen Firmensitzen; mehr als die Hälfte der fünfhundert größten Unternehmen der Welt haben hier ihre Zweigstel-
len. Mit seinem Fortschritt und seinem Wildwuchs symbolisiert
Gurgaon wie kaum ein anderer Ort die Zukunft Indiens: Das
Ethos des schnellen Geldes. Die von Ängsten getriebene Aggres-
sion. Aber eben auch die Hoffnung auf Bildung, einen anständi-
gen Job, ein besseres Leben.

Wie so viele hat sich Manika nach dem Englischstudium bei
einem der Callcenter beworben, die für internationale Firmen
Serviceleistungen anbieten – wer mit seinem Computer nicht
zurechtkommt, sich bei einer Fluggesellschaft beschwert oder
seine Kreditkartenrechnung anzweifelt, wird heute weltweit mit
Indien verbunden. Die Aufnahmeprüfung hat Manika ohne Probleme bestanden, sie musste sich für die Telefongespräche nur
ihren »Akzent« abgewöhnen und sich einige freundliche Flos-
keln einprägen. Mit den inhaltlichen Voraussetzungen wurde sie
dann im Center vertraut gemacht, auch damit, dass sie sich mit
einem westlich klingenden »Künstlernamen« melden soll; sie hat
»Mandy« gewählt. In ihrem Büro wird rund um die Uhr gearbeitet, die englischsprachige Welt schläft nie; Großbritannien ist um
etwa fünf Stunden »zurück«, Australien fünf Stunden »voraus«,
und dann kommt Kalifornien dran, anschließend die amerikanische Westküste, dann wieder Europa.

Manikas Dienst wechselt, zehn Stunden muss sie jeweils durchhalten, sechs Tage die Woche. Besonders verhasst sind bei den
jungen Damen die »Graveyard Shifts«, die »Friedhofsstunden«
zwischen zwei Uhr und sieben Uhr morgens Delhi-Zeit, wenn
die Menschen in Perth und Sydney schon wach sind und Auskunft suchen. »Aber der Job ist okay, unser Arbeitgeber fair«, sagt
Manila. Die Bezahlung von umgerechnet tausendzweihundert
Euro im Monat gilt für indische Verhältnisse als sehr anständig,

ermöglicht ihr ein freies und selbstständiges Leben, von der ihre Mutter und ihre Tanten nur träumen konnten. Die Ehrgeizige macht jetzt eine weiterführende Ausbildung und geht dreimal die Woche auf eine Business School: Das Callcenter ist für sie nur ein Karrieresprungbrett auf dem Weg ins Management. Und bis dahin, da hat sie klare Vorstellungen, wird nicht geheiratet – ob das ihrem Reporter-Freund von der *Times of India* gefällt oder nicht.

Er hat an unserem Besuchstag die Sonntagsausgabe seiner Zeitung mitgebracht. Gemeinsam schauen wir uns die Hochzeitsanzeigen durch. Da werben verschiedene Institute und Onlineportale, die – Stichwort »Matchmaking« – Partner vermitteln helfen. Aber das Erstaunliche an den privaten Zeitungsinseraten ist: Da lebt das hinduistische Kastenwesen noch, das dieses Land über die Jahrhunderte geprägt und sozial so schlimm zurückgeworfen hat. Es sind meist Eltern, die eine »Brahmanen«-Partnerin für ihren Sohn suchen, hellhäutig, hübsch und gut ausgebildet darf sie auch noch sein.

Manika kann über so etwas nur lachen. Sie trifft ihre eigenen Entscheidungen und bewertet ihre Freundinnen und Freunde nach Sympathie und Auftreten, nicht nach gesellschaftlicher Herkunft. Mit den neuen Jobaussichten, hofft sie, werden die Klassen- und Kastenschranken weiter fallen. So, wie sie es beim Einkaufsbummel im schicken »Kingdom of Dreams« erlebt, wo sie sich gelegentlich neue Jeans kauft und sich in der »Buzz Lounge« einen Cappuccino gönnt. Hier trifft sie auf Gleichgesinnte, auf kosmopolitische Aufsteiger, Indiens Zukunftsgeneration. »Broadway meets Bollywood«, heißt der Werbespruch der Bar, die mit den Bildern von Filmstars geschmückt ist.

Sagt ihr der Name Ibn Battuta etwas? »Sorry, da muss ich in der Schule gefehlt haben«, entgegnet Manika alias Mandy leicht verlegen. Ihr Freund erzählt von dem mittelalterlichen Reisenden, von seinen Erlebnissen in Delhi. Wir haben als Gastgeschenk einen Film mitgebracht, *Ishqiya* war vor einigen Jahren ein Bollywood-Erfolg. Die DVD enthält auch die Songs aus dem Streifen; einer wird von zwei Vagabunden gesungen, die ein Mädchen umgarnen und dabei von ihrem geheimnisvollen Vorbild schwärmen. Titel des Schlagers: »Ibn-E-Batuta«.

*

Einer Spur muss ich in Delhi noch nachgehen, bevor ich der Stadt den Rücken kehre. Neun Tage lang hat der Weltreisende, beim Sultan wegen seiner Kontakte zu einem oppositionellen Denker aus der Gunst gefallen, mit dem Schrecklichsten rechnen müssen. Er stand unter Hausarrest, sein Leben hing an einem seidenen Faden, bis die erlösende Nachricht kam, es liege doch nichts gegen ihn vor. Ibn Battuta änderte daraufhin seinen Alltag radikal, er gab sein Luxusleben und wohl auch seine Familie auf, zog zu einem Guru, dem »außergewöhnlichsten Menschen der damaligen Zeit«. Dieser Kamal al-Din al-Ghari lebte in einer Höhle außerhalb Delhis, deren Örtlichkeit im *Rihla* ziemlich genau beschrieben ist. Ob sie wohl noch zu finden ist?

Ich habe mir zu diesem Ausflug nicht nur den Originaltext aus dem 14. Jahrhundert mitgenommen, sondern auch die Beschreibungen des Reiseschriftstellers Tim Mackintosh-Smith. Der Ibn-Battuta-Fan machte sich vor gut einem Jahrzehnt zur Spurensuche nach Delhi auf, er glaubte, bei seinen detektivischen Nachforschungen »möglicherweise« auf die Höhle gestoßen zu sein. Sicher war er nicht. Das muss sich heute doch präziser klären lassen.

Ich mache mich also auf den beschriebenen Weg zum Stadtrand, bis jenseits des schönen Schreins von Nizamuddin Auliya, der zu den wenigen gehört, auf den sich alle Religionen als Heiligen einigen können. Hinüber zum Mausoleum von Humayun, zu den »vernachlässigten, nur von Tauben besuchten Gräbern« in der Nähe, von denen Mackintosh-Smith schreibt. Doch die sind nicht zu finden. Auch nicht die einsame Plattform, unter der er dann eine Höhle sah.

Ich nehme alle möglichen Routen in die verschiedenen Himmelsrichtungen. Aber da sind nur schlampig hochgezogene Neubauten, eingeebnete Felder, auf die Zement gegossen wird, der Stoff für neue, billige Apartments. Der Autor war hier 2005, und es gibt keinen Grund, an seinen Entdeckungen zu zweifeln. Ein Jahrzehnt aber ist für das neue Delhi eine lange Zeit – auch um Höhlen zuzuschütten und Erinnerungen einzureißen. Und irgendwie ist dieser, mein letzter Eindruck der Stadt charakteristisch: Die Wasserspeicher von früher sind verschwunden, die leeren Räume aufgefüllt, Ruinen geschleift. Auch diese Delhi-Generation zerstört das Alte und baut aus dem Schutt das Neue, vielleicht sogar noch konsequenter, noch skrupelloser als jede vor ihr.

Man kann das so trostlos finden wie der Dichter Mir Taqi Mir, der im 18. Jahrhundert schrieb: *»Delhi, vordem eine Stadt wie sonst keine/ Heimat war sie von Begnadeten und Erwählten/ Nun liegt sie zertrümmert vom Hammer des Schicksals.«* Oder man kann das, bei aller Skepsis, zukunftsträchtig finden. »Die Stadt breitet sich aus wie eine neue Tischdecke über den Resten der Mahlzeit vom Vortag«, formulierte Rana Dasgupta im vergangenen Jahr.

Zeit für meinen Aufbruch. Zeit für die Nachreise zu einer geheimnisvollen Stadt in einem geheimnisvollen Archipel, zu neuen Abenteuern, zu neuen Katastrophen, zu neuen Glückserlebnissen des Ibn Battuta. Südwärts, Richtung Malediven.

Male – Phantastisch

Es muss ein erstaunlicher Anblick gewesen sein, dieser Trupp mit den Abgesandten des Sultans unterwegs Richtung China: die hundert edlen Pferde, die safranfarbenen Seidenkleider, die Schatztruhen mit den juwelenbesetzten Schwertern, den Schmuckstücken aus Gold und Silber, alles Geschenke für den Herrscher im ferneren Osten, bewacht von tausend bewaffneten Reitern. Und an der Spitze Ibn Battuta, der Sondergesandte des Herrschers von Indien, der die Dutzenden einheimischen Sklaven, Tänzerinnen und Sängerinnen sowie die Eunuchen anführt, neben sich die fünfzehn chinesischen Diplomaten, die er in die Heimat zurückgeleiten soll.

Die Abreise aus Delhi, die Mission China, ist ein wesentlicher Einschnitt im Leben des Ibn Battuta, und deshalb gibt er im *Rihla* auch ein präzises Datum an: Am 22. Juli 1342 geht es los Richtung Küste, wo schon die großen Dschunken warten.

Aber die lange Landstrecke Richtung Südindien ist alles andere als ungefährlich. Ibn Battuta weiß, dass die hinduistische Bevölkerungsmehrheit unter den exzentrischen und oft ungerechten Befehlen des Sultans leidet. Extrem hohe Zwangsabgaben und behördliche Willkür haben zu Hungersnöten geführt, viele Bauern auf die Barrikaden getrieben. Die Macht des muslimischen Herrschers erodiert, bewaffnete Banden – oft unterstützt von der verzweifelten Landbevölkerung – ziehen durch Dörfer und Städte und überfallen jeden, den sie als reich und korrupt ansehen. Da kann ein Trupp mit so viel Prunk nicht unbemerkt bleiben. Und muss jederzeit mit Angriffen rechnen.

Sie sind in der Doab-Ebene, weniger als hundert Kilometer von Delhi entfernt und noch keine Woche unterwegs, als sie zum ersten Mal in ernste Schwierigkeiten geraten. Es ist keine versprengte Gang, die sie da angreift, sondern eine regelrechte Rebellenarmee, an die viertausend Mann stark. Die marodierenden Aufständischen haben allerdings nicht so gute Waffen wie die Abgesandten des Sultans. Dessen kampferprobten Reitersoldaten gelingt es in einer blutigen Schlacht, die Attacke abzuwehren. »Bis auf den letzten Mann« habe man die Angreifer vernichtet, berichtet Ibn Battuta, allerdings auch achtundsiebzig eigene Gefolgsleute verloren. Auch der Eunuch Kaffur stirbt im Hagel der feindlichen Pfeile, er hatte dem Kaiser von China die indischen Geschenke überbringen sollen.

Der Chefdiplomat beschließt, auf Nummer sicher zu gehen, ordnet eine Rast an. Ibn Battuta schickt dem Sultan eine Depesche, wartet in der Stadt Kuwil auf Antwort und einen möglichen Ersatz-Eunuchen. In der Zwischenzeit lässt er seine Soldaten bei Rachefeldzügen gegen Banditen in der Region losschlagen und nimmt auch selbst an solchen Aktionen teil – ein fataler Fehler.

Der Mann aus Tanger, wenig kampferprobt, wird von seinen Leuten abgeschnitten und gerät in einen Hinterhalt. Mit Müh und Not gelingt es ihm in einer halsbrecherischen Aktion, die Verfolger abzuschütteln und eine Schlucht zu erreichen. Er hat keine Ahnung, wo er da gelandet ist, wie es weitergehen soll. »So ließ ich das Pferd laufen, wohin es wollte«, heißt es im *Rihla*. »In einem stark bewaldeten Tal überfiel mich dann eine Gruppe von etwa vierzig Reitern. Sie stellten mich, bevor ich ihrer überhaupt gewahr wurde. Da ich fürchtete, dass sie mich mit ihren Pfeilen beschießen würden, stieg ich ab und ließ mich gefangen nehmen.«

Die Banditen nehmen ihm alles weg, was er bei sich trägt. Zwei Tage lang führen sie ihn gefesselt durch die Gegend, wissen offensichtlich nicht, was sie mit ihm machen sollen. Er versteht die

Sprache seiner Peiniger nicht genau, ist sich aber sicher, dass sie ihn umbringen wollen; das Schlimmste ist: Er sieht keine Möglichkeit, ihre Entscheidungen zu beeinflussen. Ein hilfloser, verzweifelter Ibn Battuta schwitzt Blut und Wasser – und hat das große Glück, dass keiner weiß, um welche kostbare Geisel es sich da handelt, dass man womöglich ein hohes Lösegeld erpressen könnte. So lassen sie ihn einfach in einem unzugänglichen, menschenleeren Dickicht zurück, nur mehr mit Hose, Unterhemd und einem Paar Schuhe bekleidet. Ohne Wasser und Essen. Sie können damit rechnen, dass dieser Mann ihnen keinen Ärger mehr machen wird: Er hat den fast sicheren Tod vor Augen.

Ibn Battuta wandert los. Sieht einmal in der Ferne einige Häuser, getraut sich aber nicht in die Nähe. Die Wahrscheinlichkeit, dass ihm die Hindu-Bauern, deren Sprache er nicht spricht, helfen werden, scheint ihm gering. Andererseits weiß er nicht, wie er sich sonst retten soll. Er wird immer schwächer, schleicht tagsüber an die Häuser heran, weicht abends wieder in die Wälder zurück. »Sieben schreckliche Tage ging das so, in denen ich von den Früchten und Blättern aß, die in den Bergen wuchsen.«

Er irrt wie im Delirium umher. Wacht eines Morgens an einem verlassenen Brunnen auf. Verliert seinen linken Stiefel, als er mit ihm Wasser zu schöpfen versucht. Schneidet mit einem scharfen Stein verzweifelt den anderen in Stücke, um ihn in den Schacht mit dem kühlen Nass hinunterzulassen. Da steht plötzlich ein dunkelhäutiger Mann neben ihm. Ibn Battuta hält ihn zunächst für eine Erscheinung. »Ich habe die Orientierung verloren«, flüstert der Geschwächte auf Arabisch, rechnet nicht mit einer Antwort. Aber die Gestalt fragt nach seinem Namen und antwortet dann mit einer Grußformel aus dem Koran.

Der Fremde flößt ihm Wasser ein, füttert ihn mit Bohnen und Reis, die er bei sich trägt, und fordert ihn auf, mitzukommen. Ibn Battuta versucht es, ist aber zu schwach und bricht zusammen. Da nimmt ihn der Fremde auf seine Schultern. Es ist das Letzte, was Ibn Battuta wahrnimmt, bevor er in Ohnmacht fällt.

Ibn Battuta erwacht in der Nähe des Sultanspalasts der Kleinstadt Koil, nur zehn Kilometer entfernt von dem Ort, an dem er seine Truppen rasten ließ. Sein Retter ist wie vom Erdboden verschwunden. Ibn Battuta bedauert zu tief, dass er sich nicht bei ihm bedanken kann, setzt ihm dann im *Rihla* ein literarisches Denkmal: »Dieser Mann war für mich einer der großen Heiligen, Gott, der Erhabene, hat ihn gesandt, um mich vor der Vernichtung zu bewahren.«

Er erfährt, dass seine Mitstreiter dem Sultan seine Entführung, den vermutlichen Tod gemeldet haben. Nach dem Ableben des Eunuchen der zweite, noch größere Schlag für die Mission, die nun ihrer Meinung nach »wegen des offensichtlichen Fluchs, der auf ihr liegt«, abgebrochen werden müsse. Sogleich schickt Ibn Battuta eine Depesche nach Delhi hinterher und plädiert für die Fortsetzung. Er ist rasch wieder bei Kräften und sieht keinen Grund, auf China zu verzichten. Der Herrscher in Delhi stimmt seinem Chefdiplomaten zu, schickt Verstärkung. Und tatsächlich geht die Reise dann ohne besondere Vorkommnisse weiter. Wenigstens bis Daulabad, der schwer befestigten zweiten Hauptstadt des Reiches, und dann bis zur Küste nach Cambay (dem heutigen Khambhat im indischen Bundesstaat Gujarat).

Es ist ein spannender Trip. Unterwegs findet Ibn Battuta Zeit und Muße, Land und Leute genauer zu beobachten. Er beschreibt Orte der »Ungläubigen«, deren Bewohner einen besonderen Tribut bezahlen müssen, und andere Städte, seltenere, die »wie Inseln im Meer der Hindus« fast ausschließlich von Muslimen bewohnt sind. Und er beschreibt seltsame Yogis, die sich im Boden eine Höhle graben und nur durch ein winziges Guckloch atmen, monatelang nichts essen. Andere stellen sich auf die Spitze von Obelisken und meditieren dort tage- oder wochenlang, ohne etwas zu sich zu nehmen. Ibn Battuta bestaunt das (»Sie verspüren offensichtlich kein Bedürfnis nach weltlichen Dingen«), doch bewundern kann er es nicht.

»Wenn ich keine Angst um deinen Verstand hätte, würde ich befehlen, dir außer den Seiltricks noch etwas Unglaublicheres zu zeigen«, sagt ihm einmal ein lokaler Gastgeber, der besonders verblüffende Illusionskünstler um sich versammelt hat. Ibn Battuta wird das unheimlich. »Mich befiel an Ort und Stelle ein Herzklopfen und Schwindel, sodass mir der Bürgermeister eine Arznei geben ließ. Danach ging die Krankheit vorüber«, schreibt er im *Rihla*.

Von Cambay segelt die Reisegesellschaft auf vier Schiffen zum bedeutendsten Hafen des Südens, gelegen an der Küste von Malabar. Die Stadt Calicut ist Anlegestelle und Ausgangspunkt für die großen Schiffe Richtung China. Ihr Ruf ist ihnen vorausgeeilt. »Man empfing uns dort mit Trommeln, Trompeten, Hörnern und Flaggen. So viel Pomp und Jubel habe ich in dieser Weltgegend noch nie gesehen«, schreibt Ibn Battuta. Der Herrscher von Calicut weiß, was er den illustren Gästen schuldig ist. Jedem der Topleute, und damit selbstverständlich auch dem Chefdiplomaten, weist er ein eigenes, geräumiges Haus zu und überschüttet sie mit Geschenken. Sie müssen die nächsten drei Monate bleiben, um die günstigen Monsunwinde abzuwarten. Nur mit ihnen kann man bis China segeln.

Ibn Battuta genießt die Zeit in der kosmopolitischen Hafenmetropole. Er beobachtet fasziniert die Internationale der Kaufleute, die aus Marokko, Ägypten, Kenia, Persien, Java und China stammen, eine Melange aus West und Ost. Der Handel wird aber eindeutig von Muslimen dominiert, wie überall an den Küsten dieser Region, an den Küsten weltweit. Sie halten zusammen, beten gemeinsam, kochen ihre Lieblingsgerichte. Aber sie mischen sich auch ohne Probleme unter die reichen Hindus, Christen und Juden. »Sie nächtigen sogar bei ihnen«, konstatiert der Maghrebiner.

Malabar ist das Land des Pfeffers. Ibn Battuta reist in die Umgebung der Stadt und beobachtet, dass die Pflanze, »die der Weinrebe ähnelt, vor allem in der Nähe von Kokospalmen angebaut« wird. Und obwohl er zeitlebens nie ein besonderer Fan von Seereisen war (oder gerade deshalb), inspiziert er den Hafen mit seinen Schiffen besonders genau. Mit welchem Boot er und seine Leute die große Reise antreten, will er wissen. Drei Arten lassen sich unterscheiden: die kleine, wendige *Kakam*, die mittelgroße *Zaw* und die *Junk*, der Ozeanriese des Mittelalters. Letztere werden in China gebaut, im Hafen von Calicut liegt ein Dutzend dieser eindrucksvollen Wasserfahrzeuge, deren Namen sich bis heute in vielen Sprachen gehalten hat. Die größten Dschunken können mit Segeln und Rudern betrieben werden, sie haben vier Decks, an Bord passen laut Ibn Battuta bis zu tausend Mann (womit er vermutlich doch etwas übertreibt). Dass sie wahre Wunderwerke der Schiffsbaukunst waren, dürfte auf jeden Fall stimmen.

Der Globetrotter ist auch schwer beeindruckt vom Luxus, den die besten Kabinen bieten: Sie umfassen mehrere prunkvoll ausgestattete Räume mit angeschlossenen, privaten Toiletten. »Die Mannschaften pflanzen auf dem Schiff Kräuter und Ingwer in großen Wasserbecken an. Jedes Schiff wird somit zu einer eigenständigen kleinen Stadt«, schreibt er im *Rihla*. Ibn Battuta, so häufig von Seekrankheit geplagt, beginnt sich angesichts dieser Annehmlichkeiten schon fast auf die Überfahrt zu freuen.

Es gibt da nur ein Problem: Reiche chinesische Händler haben schon lange vor seiner Ankunft in Calicut alle Luxuskabinen gebucht. Für den Chef der Delegation ist es eine Prestigesache, keine zweitrangige, unbequeme Unterkunft zu akzeptieren. Er legt sich mit dem Kapitän an, doch da ist nichts zu machen. Wenn er wirklich auf eine First-Class-Kabine bestehe, müsse er auf ein Schiff der mittleren Größe umsteigen.

Ibn Battuta zögert. Alle Schätze, alle seine Leute sind schon an

Bord der Dschunke. Auch seine neue Flamme, mit der er auf dem Weg von Delhi meist das Schlafgemach geteilt hat – die Konkubine hat ihm gerade mitgeteilt, sie erwarte ein Kind. Viel spricht dafür, sich mit einer leidlich bequemen Kabine zweiter Klasse abzufinden. Und doch: einer Eingebung folgend, lässt er im letzten Moment seine Sachen von der Dschunke bringen und auf das kleinere Boot umladen.

In der Nacht kommt ein starker Sturm auf. Ibn Battuta hat keine Chance, die *Kakam* zu besteigen, auf der alle anderen seines Trupps, die es nicht auf das Riesenschiff geschafft haben, schon warten. Er muss am Ufer bleiben, legt sich auf dem Teppich schlafen, den er als Handgepäck behalten hat. Der Kapitän der großen Dschunke entscheidet, das gefährliche Hafengelände noch in der Nacht zu verlassen, um nicht gegen die Mauern geworfen zu werden oder auf einer Sandbank zu stranden; er glaubt, die starken Winde besser auf hoher See »ausreiten« zu können. Eine fatale Fehlentscheidung.

Es kommt zu einer Katastrophe, der schlimmstmöglichen: Die Dschunke wird gegen einen Felsen geworfen, alle Insassen sterben, die Fracht geht unter. »Ich sah manche Vertraute des Sultans aus unserer Delegation am Ufer angeschwemmt liegen, mit zerschmetterten Gehirnen«, schreibt Ibn Battuta. Und der Kapitän des kleineren Boots findet es zu riskant, weiter im Hafen zu dümpeln oder gar zurückzufahren, um den letzten Passagier einzusammeln. »Er entschloss sich, Segel zu setzen und mit voller Fahrt voraus davonzufahren. Sie ließen mich einfach am Ufer allein«, konstatiert ein entsetzter Ibn Battuta. Zehn Dinare, der Teppich, Hemd und Hose, die er anhat – mehr ist ihm nicht geblieben. Auch seine Geliebte und ihr gemeinsames Kind wurden von den Fluten in die Tiefe gerissen. Sie bleiben für immer verschwunden.

Es ist eine persönliche Tragödie. Und mehr noch: Seine Mission ist auf tragische Weise gescheitert. Ibn Battuta kann sich noch nicht einmal an seinen Auftraggeber wenden und ihm berichten. Wie soll er erklären, dass er die Freunde des Sultans, die chinesischen Delegierten und alle ihm anvertrauten Schätze im Stich gelassen hat? Ibn Battuta ist fest davon überzeugt, dass der »Meister der Welt« in Delhi ihm das nie verzeihen wird. Und er hat allen Grund zu dieser Annahme. Von den Folterstrafen, die ihm in der Hauptstadt drohen könnten, einmal ganz abgesehen. Es ist der Tiefpunkt seiner Karriere, seiner Zukunftsplanungen, seiner Existenz.

Manch anderer hätte Selbstmord begangen. Aber der Mann aus Tanger hat im Dickicht des Urwalds, in der Gefangenschaft der Gangster, gelernt, dass es etwas Wichtigeres gibt als beruflichen Erfolg. Dass man auch in schwierigster Situation seine Hoffnungen nicht begraben darf. Er ist im wahrsten Sinne des Wortes zum Überlebenskünstler geworden. Er fasst sich – Aufgeben kann nach all dem, was er schon erlebt und überstanden hat, keine Option sein. Er hat keinen Besitz mehr. Aber er hat noch Träume. Und Widerstandskraft.

Man sagt ihm, dass das kleinere Boot es ja doch geschafft haben könnte, und wenn, würde es als Nächstes wohl den Hafen Kaulam anlaufen. Er erkundigt sich, wie man dorthin kommt, und nimmt schließlich, eher widerwillig, wieder ein Schiff. Allerdings fährt das eine Flussstrecke im Landesinneren, zehn Tage soll es südlich gehen. Noch beim Verlassen der Katastrophenstadt Calicut beobachtet er mit dem präzisen Blick des Chronisten, was aus den traurigen Überresten der Dschunke wird. »Die Polizeioffiziere verprügelten Plünderer, die sich aneignen wollten, was von den Wellen angespült wurde, aber sie steckten auch nichts in die eigene Tasche. Überall sonst an der Küste von Malabar dürfen sich die Behörden solche Güter aneignen, in Calicut aber hat der Eigentümer Anspruch auf Rückgabe. Das ist auch einer der Gründe, warum die Hafenstadt so besonders geschätzt wird.« Selbst in den

Wrackteilen zu wühlen und Rechte geltend zu machen – dazu hat Ibn Battuta allerdings keinen Nerv.

In Kaulam findet sich keine Spur von dem kleineren Schiff. Ibn Battuta wägt seine Optionen, er muss sich an die Menschen halten, die ihn kennen und ihm vielleicht noch mit Wohlwollen begegnen. Er muss finanziell wieder auf die Beine kommen, an seinen Zukunftschancen arbeiten.

Er kontaktiert den freundlichen Sultan von Calicut, der ihn an seinen Amtskollegen in der nahen Stadt Honavar weitervermittelt. Ibn Battuta bietet ihm seine Dienste an, und der reagiert positiv. Er engagiert den Marokkaner als Berater für seinen nächsten Feldzug, mit dem er seine Macht ausdehnen will. Indien ist eine Welt in Auflösung, der »Herrscher der Menschheit« in Delhi verliert an Einfluss in den Regionen – ein Zar, der weit weg ist und nicht mehr viel zu sagen hat im indischen Süden. Da muss jeder Lokalfürst sehen, wo er bleibt. Ibn Battuta erklärt sich bereit, mit in den Krieg zu ziehen, die nächste größere Stadt Sandabur zu erobern.

Es wird ein erfolgreiches Unternehmen. »Die Gegner kämpften zwar äußerst heftig gegen uns, aber Gott bescherte uns die Eroberung durch das Schwert. Der Sultan schenkte mir eine Sklavin und einen Sklaven, gab mir viele Waren und ein kostbares Gewand«, schreibt Ibn Battuta im *Rihla*. Er ist nun wieder einigermaßen solvent, einigermaßen etabliert – und doch immer noch weit entfernt von seinem früheren Reichtum, seiner gesellschaftlichen Stellung, seiner Macht. Er will auch nicht an der Malabar-Küste bleiben und ein bequemes Berater-Leben mit gesichertem Wohlstand in der freundlichen Küstenstadt Honavar mit ihrem freundlichen Sultan führen. Ihn zieht es weiterhin Richtung Fernost, ins legendäre China. Zur Not eben eine Privatreise. Und vorher, sozusagen auf dem Weg, will er sich noch genauer auf den Malediven umsehen. Er hat viel gehört von den Attraktionen der geheimnisvollen Inselgruppe im Indischen Ozean.

Zehn Tage lang dauert die Reise, und schon gleich nach der Ankunft ist er begeistert. »Diese Eilande sind eines der Wunder der Welt«, schreibt er, nun ganz wieder Globetrotter. »Ihre Zahl beträgt etwa zweitausend, von denen etwa hundert wie ein Ring beieinanderliegen und eine Einfahrt in Form einer schmalen Pforte haben. Nur durch die können die Schiffe segeln, wer sich nicht auskennt, braucht zwingend einen einheimischen Lotsen.« Ibn Battuta mag die Vegetation, die hohen Kokospalmen, das frische Quellwasser, die feinen Sandstrände. Er liebt das Essen, die Nüsse, die getrockneten Fische, den feinkörnigen Reis, den Honig. Er schätzt die Insulaner. Sie seien fromm und rechtschaffen, sehr reinlich und mit aromatischen Ölen parfümiert, zudem sanft und friedliebend: »Sie haben keinen Sinn für den Krieg, ihre Waffe ist vielmehr das Gebet.«

Die Malediver benutzen zum Schreiben kein Papier, sondern ritzen ihre Verträge und Depeschen auf die Blätter der Kokospalme. Auch bei den Zahlungsmitteln tanzen sie aus der Reihe, sie begleichen ihre Schulden und machen ihre Geschäfte mit der Kaurimuschel, Goldstücke nehmen sie allenfalls zum Tauschen. Manche ihrer Waren sind wahre Exportschlager. Die *Qanbar* etwa, die aus Fasern der Kokosnuss gewonnenen Seile, die von China bis Jemen im Schiffsbau eingesetzt werden. Oder der gepökelte Thunfisch, den sie nach Indien und sogar bis Persien ausführen. Aber was Ibn Battuta, den Kenner des Glaubens und Connaisseur des anderen Geschlechts, am meisten fasziniert, das sind die starken Frauen – einmalig in einem so durch und durch muslimisch geprägten Land. Regierungschef ist Chalidscha ad-Din, ihr Ehemann, der Wesir, fungiert nur als Nummer zwei der Hierarchie. Und dann sind da all diese Schönheiten, die der Führungsschicht dienen und dabei keinen unterwürfigen, sondern höchst selbstbewussten Eindruck machen.

Als Ibn Battuta in Mahal (dem heutigen Male), der Hauptstadt der größten Insel, eintrifft, will er möglichst nicht auffallen. Er plant ja nur einen Besuch auf dem Weg nach China, und wer weiß, ob der Sultan aus Delhi nicht schon nach ihm sucht; er könnte seine Geheimagenten losgeschickt haben, um ihn zu verschleppen und dann vor Gericht zu stellen. Doch so sehr sich Ibn Battuta auch um diplomatisches *low profile* bemüht, am Hof von Mahal ist durchgesickert, dass da ein Kadi angekommen ist. Einer, der schon beim großen Bruder, dem wichtigsten aller Herrscher, gearbeitet hat. Von seinem Versagen als Chefdiplomat und Schatz-Bewahrer haben die Einheimischen zum Glück nichts erfahren. Sie laden den Gast zu einem Vorstellungsgespräch; dem kann sich Ibn Battuta schlecht entziehen. Es wird zum Ausgangspunkt für seinen nächsten Lebensabschnitt, für seinen nächsten bedeutsamen Job.

Die Malediven brauchen einen neuen Obersten Richter. In der Führungsschicht hat es Unruhen gegeben, der frühere Sultan soll es gar zu toll getrieben haben und nächtens die »Frauen seiner Minister und Adligen frequentiert« haben, worauf sie ihn auf eine einsame Insel exilierten. Der Wesir versucht mit allen Mitteln, den Mann aus dem Maghreb fürs Kadi-Amt zu gewinnen, schmeichelt ihm, macht die neue Position noch schmackhafter, sie sei viel bedeutender als anderswo. Als eine Art Justizminister sei er Teil des innersten Machtzirkels. Bei einem Spaziergang führt er Ibn Battuta durch einen Obstgarten, schenkt ihm das gesamte Gelände und stellt in Aussicht, darauf eine prächtige Villa zu bauen.

Ibn Battuta zögert. Er will sich eigentlich nicht abermals Intrigen aussetzen, und ihm ist klar, dass er als Außenseiter bei den etablierten Familien nicht anecken sollte. Oder er muss von vornherein knallhart und kaltblütig alle Machtspiele mitmachen. Die Sultanah und ihr Wesir lassen nicht locker. Sie schicken ihm attraktive junge Frauen, er soll unter den Sklavinnen auswählen, darf aber auch mehrere »behalten«. Darunter ist eine besonders charmante, in der persischen Sprache bewanderte Schönheit namens Qulistan; der »Gartenblume« kann er nicht widerstehen.

Aber um am Hof etwas zu gelten, muss er auch in die Herrscherfamilie einheiraten. Die Schwägerin der Sultanah steht zur Verfügung und wird ihm vom Wesir zugeführt. Zu Ibn Battutas Erleichterung erweist sie sich als eine besonders angenehme Gefährtin. »Sie war eine der besten Frauen überhaupt, sie lachte immer und achtete darauf, mich einzuölen und meine Kleider mit Rosenwasser zu besprühen.« Später geht er drei weitere Ehen auf drei verschiedenen Inseln ein, behält auch noch diverse Konkubinen, die er Nacht für Nacht aufsucht.

»Es ist leicht, auf den Malediven zu heiraten«, schreibt er im *Rihla*. »Man legt keinen großen Wert auf die Mitgift, und die Frauen sind gewöhnt, besondere Freuden zu bieten. Nirgendwo auf der Welt fand ich den Beischlaf so angenehm, die Frauen bewirken da wahre Wunder.« Ibn Battuta führt das auf die Diät der Insulaner zurück, sie regt seiner Meinung nach besonders zum Sex an. Der Maghrebiner ist fast rund um die Uhr im angenehmsten Einsatz, stellt bei sich freudig eine nie versiegende Potenz fest.

Er willigt schließlich ein, die juristische Spitzenstellung zu übernehmen, und versucht von vornherein, seine Machtposition auszubauen und das auch nach außen zu manifestieren. Alle Insulaner müssen in den Straßen der Hauptstadt Mahal zu Fuß gehen, nur die Sultanah und der Wesir dürfen sich hoch zu Ross bewegen; Ibn Battuta besteht auf das Reitprivileg und bekommt es genehmigt. Aber er ist längst erfahren und abgebrüht genug, um zu wissen, dass er sich so nicht nur Freunde macht. Angehörige der Herrscherfamilie und andere Minister beäugen den rasanten Aufstieg des Außenseiters mit Misstrauen.

Als neuer Kadi arbeitet er mit aller Energie und geradezu heiligem Eifer daran, »die Gesetze des Islam durchzusetzen«. Hart und gerecht: Nur so glaubt er, sich in dem frivolen Laissez-faire-Archipel behaupten zu können. Vielleicht fühlt er sich hier am Rande der muslimischen Welt auch besonders herausgefordert, schludrige Sitten – oder was er dafür hält – auszurotten. Wer nicht zum Freitagsgebet kommt oder gar alkoholisiert erwischt wird, muss mit öffentlichem Auspeitschen rechnen. Dieben soll bei wiederholter Tat die Hand abgehackt werden (einmal, berichtet er, seien bei der Verkündung eines solchen Urteils die Insulaner reihenweise in Ohnmacht gefallen). Besonderen Kummer machen ihm die Kleider der Frauen – oder besser gesagt: die fehlenden Kleider der Frauen. Denn auf den Malediven gehen die meisten oben ohne. »Sie bekleiden sich nur vom Nabel abwärts«, konstatiert der Kadi fassungslos.

Ibn Battuta verbietet solche »Obszönität«. In keinem seiner Gerichtsgebäude habe er solche Zurschaustellung des Körpers zugelassen, schreibt er in seinem Reisebuch. Aber während er die Verhüllung in den Gerichtsgebäuden noch durchsetzen kann, scheitert er im Alltag auf ganzer Linie. Im *Rihla* gibt er freimütig zu: »Es ist mir nicht gelungen, diese lockeren Sitten abzuschaffen.« In anderer Beziehung ist er liberaler und aufgeklärter, als die maledivischen Gewohnheiten es vorsehen. Er möchte mit den Frauen an einem Tisch essen, fordert sie wiederholt dazu auf, doch die weigern sich. Das gehöre sich nicht.

Nach und nach findet sich der Mann aus dem anderen Teil der Welt damit ab, dass der Islam viele Gesichter, verschiedene Schattierungen hat. Er bezweifelt die Frömmigkeit der Insulaner nicht, er konstatiert ihren Hang zum Mystischen, zum Aberglauben aber mit mildem Kopfschütteln. Überall auf den Inseln glauben die Menschen noch an die Macht der Geister, und selbst ihre Bekehrungsgeschichte zum Islam – etwa ein Jahrhundert vor Ibn Battutas Ankunft auf den Malediven – ist mit schwarzer Magie verbunden. Der Dämon Iwrit verlangte dem Volksglauben nach

Jungfrauen als Opfergaben. Er verlor erst seine Macht und stürzte ins Meer, als ein tiefgläubiger Reisender namens Abu al-Barbari aus Nordafrika auftauchte, dem bösen Geist auflauerte und den Koran zitierte. Die Angst vor der Rückkehr des Dämonen kann auch Ibn Battuta nicht ausrotten: Wer immer am Horizont ein Schiff mit flammenden Lichtern auftauchen sah, der verfiel – so berichtet er – in ein hilfloses Zittern. Die Menschen glaubten, so würde der böse Geist seine Rückkehr ankündigen.

Der Kadi ist durch seine Heiraten und durch sein selbstbewusstes Auftreten im Amt bald sehr mächtig geworden. Einigen zu mächtig. »Sie hetzten den Wesir gegen mich auf«, schreibt Ibn Battuta. Er plane einen Staatsstreich, heißt es. »Und der Wesir bekam Angst, ich könnte die Oberhand über ihn erlangen. Er begann, mich im Verborgenen zu hassen, mich auszuspionieren, mich zu überwachen.« Ein Kadi non grata – nein, das will er nicht werden, wie in Indien um sein Leben bangen müssen. Schweren Herzens entschließt er sich, die Malediven zu verlassen. Er tritt von seinem Posten zurück und lässt sich von seinen Frauen scheiden, so wie es im Fall einer längeren Trennung Landessitte ist. Besonders schwer fällt ihm der Abschied von der Gattin, die ihm gerade einen Sohn geboren hat.

»Die Scheidung ist im Kontext der damaligen Zeit nicht als ein böswilliges Verlassen zu verstehen«, schreibt die Historikerin Marina Tolmacheva. »Sondern als eine Tat, die aus den Gepflogenheiten heraus geschieht und die im Sinne der Frauen ist, weil sie ihre Chancen verbessert.«

Gut neun Monate, vielleicht auch länger als ein Jahr hat Ibn Battuta auf den Trauminseln gelebt, geliebt, gearbeitet. Es war die vielleicht schönste Zeit seines Lebens, und er denkt eine Weile nach seiner Abreise ernsthaft daran, noch einmal zurückzukehren – vielleicht sogar als Herrscher des Archipels. Die Putschgerüchte, die man ihm unterstellt hat, wirken in ihm nach. Soll er wirklich einen Staatsstreich gegen die militärisch so schwachen und unbedarften Insulaner organisieren? Auf China, auf weitere Reisen verzichten? Er startet einen Versuchsballon. Lässt dem Sultan von der indischen Malabar-Küste einen entsprechenden Vorschlag zukommen. So ganz überzeugt scheint er von dem Plan aber nicht zu sein. Er liebt die Eilande, aber die klaustrophobe Hauptstadt Mahal mit ihren engen Gassen ist nicht sein Geschmack – und wenn er siegen sollte, würde er sich dort einrichten müssen.

So nimmt er erst mal ein Schiff in die andere Richtung, nach Osten. Zu den zwei Segelwochen entfernten, großen Insel Sarandib (Ceylon, dem heutigen Sri Lanka). Hier steht der Adam's Peak, ein hoher, sehr heiliger Berg, den er schon immer einmal hat besteigen wollen. Ein Topziel für jeden Weltreisenden, der etwas auf sich hält. Dieses Fieber, alles sehen zu wollen, alles sehen zu müssen, das ihn so lange so weit vorangetrieben hat, es ist wieder da. Und es wird ihn nie mehr loslassen.

Paradies und Höllenfeuer

Es ist das Jahr 1977, und mein Fotografen-Kollege Jay Ullal und ich sind zu einer Reportagereise aufgebrochen, um einen verurteilten Mörder am Ende der Welt zu finden – von seinen Richtern verbannt auf eine unbekannte, einsame Insel im Indischen Ozean.

Die Tat ist unbestritten: Der deutsche Student Joachim Bloem hat in der maledivischen Hauptstadt Male im Streit und vermutlich unter Einfluss von Drogen seine Freundin erstochen. Er hat sein Handeln bereut, aber die Justiz sah keine mildernden Umstände, und so erhielt er die Höchststrafe. Die hieß, und heißt bis heute im Inselstaat: Ausschluss des Verbrechers von der menschlichen Gesellschaft. Aussetzen auf einem unbewohnten Eiland fernab jeder Zivilisation. Totale Isolierung zwecks Selbsteinkehr. Wir haben einen Tipp bekommen, wo diese Insel genau liegt. Wir wollen sehen, wie es dem Verfemten geht, den Jahrestag seiner Verbannung mit ihm verbringen. Verflucht er seine Inselwelt oder genießt er womöglich die erzwungene Robinsonade? Bringt ihn die Einsamkeit um den Verstand, stürzt sie ihn in Verzweiflung – oder hat er so den Frieden mit sich selbst und womöglich auch mit Gott gefunden?

Die Behörden dürfen nichts wissen, deshalb ist strengste Geheimhaltung geboten. Wir fliegen nach Male, über Kairo, Neu-Delhi und Colombo, ein endlos langer Weg, damals ist an eine Direktverbindung aus Deutschland noch nicht zu denken. In der schäbigen kleinen Stadt, die uns wie ein hinterwäldlerisches Dorf vorkommt, schlafen wir in einer als Zweisternehotel getarnten Bretterbude, dem besten Haus am Platz. Es heißt, vor nicht allzu langer Zeit habe ein Luxusresort namens Kurumba aufgemacht, mit einem Hotelboot weniger als eine halbe Stunde entfernt von Male. Doch wir haben keine Zeit, das zu recherchieren. Wir müssen versuchen, ein Schiff zu finden, das uns zu der weit entfernten kleinen Insel im Fulhadhoo-Atoll bringt, dem Verbannungseiland.

Wir haben Glück: Im Hafen liegt eine schnelle Yacht, die einem Australier gehört, man kann sie chartern. Der Mann und sein Bootsjunge ziehen die Augenbrauen hoch, als wir ihnen die Koordinaten geben. Aber sie stellen keine Fragen.

Zwei Tage, zwei Nächte durch die Weiten des Ozeans, immer Richtung Norden. In den Morgenstunden begleiten uns Delfine, wenn die Dunkelheit hereinbricht, erstrahlt ein unwirklich klarer Sternenhimmel. Ein, zwei Mal sehen wir am Horizont Inseln, mit dem starken Fernglas des Kapitäns sind weiße Strände und Palmen auszumachen, das ansonsten so tiefblaue Wasser wechselt zu Schattierungen von Türkis und Hellgrau. Ansonsten: nichts. Eine große, unendliche Weite.

Dann ein Atoll am Horizont. »Das muss es sein«, sagt der Australier und wird plötzlich hektisch. Wie die meisten Inseln umgibt auch diese ein Korallenriff, das nur einen engen Zugang ermöglicht. Der Kapitän navigiert durch die schmale Passage zwischen hohen Wellenbergen, die sich vor uns auftürmen. Dann kehrt wieder Friede ein, zwei, drei Meilen Lagune, es tauchen Palmen auf, ein steil abfallender Puderzucker-Strand – und ein Mensch, der teilnahmslos im flachen Wasser steht. Der nicht winkt, obwohl er uns doch schon sehen muss. Freut er sich nicht? Sieht er uns, wie einst Robinson Crusoe seinen Freitag und dessen Menschenfresser-Freunde, als mögliche Bedrohung?

Auch als wir landen und ihn begrüßen, bleibt Joachim Bloem fast teilnahmslos. Der blonde, muskulöse Hüne hat Mühe, Worte zu formen, wechselt vom Deutschen ins Englische und zurück. Bedankt sich artig für die mitgebrachten Bücher und Toilettenartikel. Zeigt uns seine Angelrute, die er von der maledivischen Polizei beim Aussetzen auf der Insel bekommen hat. Demonstriert seine Geschicklichkeit beim Klettern auf die Kokospalmen und beim Zähneputzen mit dem weißen Sand als Zahnpasta-Ersatz. Nein, es fehle ihm an nichts, stammelt er und will die Briefe seiner Freunde gar nicht lesen. Die Beamten, die alle drei Monate nach ihm schauten, hätten ihm erzählt, bald werde er auf eine andere, etwas größere Insel einige Kilometer weiter verlegt, wo es ein kleines Dorf mit einigen Fischerfamilien gäbe. »Weiß nicht, ob ich das will«, sagt Joachim.

Einmal setzt er an, um von damals, dem Streit mit seiner Freundin zu erzählen, aber bricht dann schnell ab, als es um die so tragisch beendete Zeit in Male geht. Um den Mord. Dann steht er plötzlich auf, schlendert gedankenverloren von uns weg, ans Ende des Strandes. Nach drei Stunden, in denen die Konversation immer stockender, immer inhaltsleerer, immer hilfloser wird, brechen wir auf. Er winkt uns zum Abschied nach. Immerhin.

Wir hätten ihn mitnehmen können, zumindest bis Male. Es gab keinerlei Kontrollen auf dem Schiffsweg zurück. Aber der Australier hatte uns das Versprechen abgenommen, nichts Illegales zu versuchen, das würde ihn seine Lizenz kosten. Und wie hätten wir uns anmaßen können, zu entscheiden, ob seine Strafe gerecht war, ob er, der ein Menschenleben ausgelöscht hatte, schon die Freiheit verdiente? Der Delinquent in seinem Höllenfeuer-Paradies machte ohnehin den Eindruck, als hätte er mit der Welt da draußen ein für alle Mal abgeschlossen.

Anflug auf den Ibrahim Nasir International Airport von Male im Jahr 2015, über Indien kommend, aus der gleichen Richtung wie einst Ibn Battuta, der muslimische Weltenbummler des Mittelalters. Die Malediven haben sich nach meinem letzten Besuch vor achtunddreißig Jahren entscheidend weiterentwickelt, sie sind inzwischen zu einem der beliebtesten Luxusreiseziele der Erde geworden. Aus Moskau, Dubai und Shanghai gibt es Direktverbindungen, und selbstverständlich auch aus Zürich, London und Frankfurt; neben den gängigen Linien wie British Airways und Emirates verkehren auch »exotische« wie China Eastern, Edelweiss und Transaereo.

Schon vor der Landung zeigt sich, was die Touristen so unwiderstehlich finden, wie richtig Ibn Battuta lag, als er die Malediven zu den »Wundern der Welt« zählte. In der Unendlichkeit des Ozeans tauchen immer wieder spektakuläre Inselchen auf, fast unwirklich leuchtende grüne Diamanten, schneeweiß eingefasst, als hätte ein genialer Maler sie schönheitstrunken ins Tiefblau hineingetupft. Flach sind die Inseln, es gibt keine Berge, nicht einmal Hügel. Der »höchste Punkt« des Landes sei zwei Meter vierzig, schreibt mein Reiseführer. Zwei vierzig? Wäre das eine Latte, jeder Delfin überspränge sie mit Leichtigkeit. Käme der Basketballstar Dirk Nowitzki zu Besuch, müsste er sich kaum strecken und schon wäre sein Schopf das Größte auf den Malediven.

Der Flughafen liegt auf einer der kleineren Inseln, die Rollbahn nimmt fast die ganze Länge des Hulhulé-Eilands ein. Direkt hinter der Passkontrolle erklingt Popmusik, und hüftschwingende junge Damen lächeln den Neuankömmlingen zu. Sie tragen Schilder ihrer Hotelanlagen, von Taj bis Six Senses sind alle Namen dabei, die einen exklusiven – und extrem teuren – Aufenthalt versprechen. Diskret werden die Luxustouristen zu Schaltern in der Flughafenhalle geleitet, von denen ihre Weiterfahrt zum Traumziel organisiert ist. Per Speedboat oder Luxusyacht geht es zu einem der eher nahen Ziele, per Wasserflugzeug zu einer der weiter draußen gelegenen Inseln. Alles ist perfekt organisiert, die Wartezeit wird den Gästen mit einem ersten Drink verkürzt.

Es bleiben nur zwei junge Paare zurück, offensichtlich billig reisende Backpacker, die mit ihren überdimensionalen Rucksäcken inmitten der Gucci-Gesellschaft seltsam deplatziert wirken. Sie stammen aus Stuttgart, Lehrer für Gewerbekunde, Germanistikstudentinnen. Gemeinsam lösen wir Tickets für ein »normales« Verkehrsmittel, für das durchaus irreführend genannte Fährschiff *Paradise*. Es ist ein altersschwacher und bald schon bedrohlich überfüllter Kahn, der die Zwanzigminutenstrecke von der Flughafeninsel zur Hauptstadtinsel bedient. Außer den Rucksacktouristen und mir sind keine Ausländer an Bord. Die Hauptstadt Male ist kein Reiseziel.

Das Staatsgebiet der Republik Malediven erstreckt sich auf einem riesigen Gebiet im Indischen Ozean, 823 Kilometer von Nord nach Süd, 130 Kilometer von Ost nach West; die Landmasse aber umfasst nur 298 Quadratkilometer und ist damit um ein Drittel geringer als die von Bremen, die Gesamtbevölkerung erreicht gerade mal die Hälfte des kleinsten deutschen Bundesstaats. Maledivische Statistiken benennen 1196 Inseln, von denen nicht einmal ein Bruchteil bewohnt ist. Siebenundachtzig Eilande wurden zu prachtvollen Hotellandschaften umgestaltet, die sich

gegenseitig an Exklusivität zu übertreffen suchen. Überall aus-
liegende Hochglanzbroschüren zeigen Luxusbungalows und Infi-
nity-Swimmingpools.

Die Hauptstadt Male aber hat so gar nichts mit den Refugien
der Reichen zu tun. Sie ist anders. Nicht entspannend, sondern
angespannt. Nicht erholsam, sondern hektisch. Nicht wohlhabend, sondern in weiten Teilen bitterarm – und ziemlich krimi-
nell. Hier lebt fast ein Drittel der Malediver, hundertzehntausend
Menschen drängen sich auf engstem Raum.

Auf den ersten Blick, noch von der Fähre aus, wirkt Male gar
nicht so übel. Pastellfarbene Häuser, die ganz schmuck aussehen,
Fischerboote an einem kleinen Hafen. Doch bei näherem Hinsehen lässt sich schnell erkennen, dass dies die Hauptstadt eines
Dritte-Welt-Staates ist. Selbst an der Uferpromenade zerfallen
die Gebäude, der Putz bröckelt, die Fassaden haben Risse. Nur
die Ministerien und der Präsidentenpalast, die sich protzig in die
erste Reihe drängen, wirken einigermaßen intakt. Zwischen den
dicht gedrängten anderen Häusern türmen sich Baustellenschutt
und Müll, und immer wieder klaffen Löcher im Straßenbild, wie
Zahnlücken in einem schlechten Gebiss.

Das Jen, erstes Haus am Platz, ist nicht ausgebucht, es wirkt
ein wenig in die Jahre gekommen. »Früher hieß das Hotel Traders,
doch das fanden wir nicht so hip, deshalb haben wir uns umbe-
nannt und einen jugendlich-schickeren Namen gegeben«, sagt der
Concierge treuherzig. Einige Airline-Crews langweilen sich in der
Eingangshalle, Ingenieure aus Frankreich erzählen scherzend, sie
seien von ihren Firmen zu »drei Wochen Male ohne Bewährung«
verurteilt worden. Die zentrale Meerwasser-Entsalzungsanlage ist
nach ihrem Totalzusammenbruch im Dezember 2014 erst notdürftig zusammengeflickt worden, die Techniker aus Europa sollen sie nun gründlich überarbeiten, damit so etwas nicht noch
einmal passiert. Ein einfacher Kabelbrand hatte die Regierung

gezwungen, den Notstand auszurufen. Tagelang war die Hauptstadt im wahrsten Sinne des Wortes trockengelegt. Und nur weil die chinesische Regierung und etwas später auch die indische reagierten und Frachtflugzeuge sowie Tanker voller Trinkwasser-Container schickten, konnte die Bevölkerung vor einer Katastrophe bewahrt werden.

Der Islam ist auf den Malediven Staatsreligion, und das bedeutet weit mehr als nur eine Formalität. Alle Staatsbürger müssen Muslime sein, wer als Buddhist oder Christ nicht konvertieren will, hat keine Chance auf einen Pass, die Gesetze richten sich nach einer strengen Auslegung der Scharia. Die Hotelinseln gelten als eine Art exterritoriales Gebiet, da sind Bikinis und knappe Tops erlaubt, und es wird selbstverständlich auch Alkohol ausgeschenkt; in den Rest-Malediven gibt es nicht einmal ein Bier, auch im Vorzeigehotel der Hauptstadt nicht. Und von wegen, dass die jungen Damen von Male oben ohne gingen, wie Ibn Battuta als Oberster Richter einst klagte! Seinen Nachfolgern im Amt ist es mit rigorosen Vorschriften gelungen, die lockeren Sitten abzuschaffen. Zwar wird hier niemand bestraft, der kurzärmlig geht und seine Haare offen trägt, wie in Riad oder Teheran. Aber trotz der Hitze sind Kopftücher und Tschador allgegenwärtig, Bikinis am öffentlichen Strand verboten. Internationale Popstars, die leicht bekleidet auftreten wollen, haben hier keine Chance – die Sittenwächter verbieten regelmäßig Shows, die sie als »moralisch bedenklich« einschätzen.

Und was die Rechtsprechung angeht, steht sie der Grausamkeit Saudi-Arabiens zumindest auf dem Papier in nichts nach: Selbst Siebenjährige können nach den 2013 überarbeiteten und noch einmal verschärften gesetzlichen Vorschriften schon zum Tode verurteilt werden (die Strafe vollstreckt werden darf dann mit Erreichen des achtzehnten Geburtstags). An Vergewaltigungen ist grundsätzlich die Frau schuld, eine missbrauchte Zwanzigjährige wurde kürzlich wegen »außerehelichem Sex« zu hundert Peitschenhieben verurteilt. Der Koran schreibt nach Ansicht der Justizbehörden solche drakonischen Strafen auch heute noch zwingend vor.

Im jährlichen Weltverfolgungsindex der christlichen Hilfsorganisation Open Door nehmen die Malediven hinter Nordkorea und Saudi-Arabien gemeinsam mit Somalia einen unrühmlichen dritten Platz ein. Und das Auswärtige Amt in Berlin hat sogar eine Reisewarnung für Male herausgegeben. »In der Hauptstadt haben in jüngster Zeit Demonstrationen für die Terrormiliz ›Islamischer Staat‹ stattgefunden, die sich wiederholen können. Es wird ausdrücklich empfohlen, Menschenansammlungen zu meiden, auch die Kriminalität hat zugenommen. In Male ist besondere Vorsicht geboten.« Die britische Tageszeitung *The Guardian* berichtete im Frühjahr 2015, viele junge Männer hätten das Land verlassen, um sich in Syrien und Irak an der Seite des grausamen Abu Bakr al-Baghdadi dem Dschihad des IS anzuschließen, ein halbes Dutzend sei dort auch schon getötet worden.

Wer sind diese Jugendlichen, was bewegt sie, warum stoppt sie keiner? Und wie konnte es so weit kommen mit den Malediven, dem Traumziel der Deutschen, dem Paradies aller Luxustouristen?

Wenn das irgendjemand beantworten kann, dann die Journalisten von den *Minivan News*. Was klingt, als handle es sich um eine Kundenzeitschrift für ein Automobilunternehmen, ist in Wirklichkeit die einzige verlässliche Nachrichtenquelle auf den Malediven – *minivan* heißt in der Landessprache Dhivehi »unabhängig«. Die *News* erscheinen nur online, und sie haben auch keine feste, im Impressum ausgewiesene Adresse. »Nach der Entführung eines Kollegen und den ständigen Drohungen, unsere Redaktionsräume zu verwüsten, geben wir nicht mehr bekannt, wo wir uns treffen, wo wir unser Blatt machen«, sagt Chefredakteur Daniel Bosley.

Der Mann ist Anfang dreißig und macht die Zeitung gemeinsam mit seiner maledivischen Freundin, einer Fotografin, und einem halben Dutzend einheimischen Rechercheuren. Bosley stammt aus dem britischen Nordwesten nahe von Manchester, spricht so schnell und mit einem so breiten Dialekt, dass er schwer zu verstehen ist. Als hätte er Angst, dass ihm jeden Moment von irgendeiner höheren Autorität die Stimme abgeschaltet werden könnte und er noch schnell wenigstens das Wichtigste loswerden müsste.

Wir treffen uns auf einen »Mocktail« im Sea House Café, die Barmixer mischen gekonnt verschiedene frische Säfte. Das luftige Restaurant mit Blick über die Fähren hinüber zum Flughafen ist der beliebteste Treffpunkt der jungen Einheimischen. Die Kellner duzen ihre Gäste, es geht sehr leger zu. Wer etwas mehr Geld ausgeben will, lässt sich nebenan nieder, wo es etwas feiner ist, die Speisekarte mit Shrimps und Krabben anspruchsvoller; zwei kleine Thai-Restaurants und einige Teestuben werben noch um die versprengten Touristen, die bei Dreistundenausflügen von den Hotelinseln hierherkommen, oder um die wenigen Geschäftsleute, die über Nacht bleiben. Das ist es dann aber auch. Ansonsten herrscht Tristesse, Langeweile, Perspektivlosigkeit.

Mehr als jeder zweite Jugendliche ist arbeitslos. Nachts treffen sich die Jugendbanden, belästigen die wenigen Frauen, die sich um diese Zeit noch auf die Straßen wagen, veranstalten Motorradrennen und brechen in Häuser ein. Kuba Henveiru nennt sich die gefürchtetste Mafia-Gang, nach dem Namen ihres Stadtteils; sie hat beste Beziehungen zu den radikalen Mullahs der Stadt, viele ihrer Mitglieder tragen die schwarzen Hemden mit dem Werbespruch der Terrormiliz IS, zwölf aus der Gang sind gerade erst in den Irak aufgebrochen – um, wie es in einem Abschiedsbrief hieß, »aus unserem sinnlosen Leben ein sinnvolles zu machen«.

Jenseits des Uferboulevards, in der Nähe des heruntergekommenen Nationalstadions, am künstlich aufgeschütteten Strand und manchmal auch direkt vor dem winzigen Vorzeige-Parlamentsgebäude treffen sich gegen zwei Uhr morgens die Kiffer und Heroindealer. Mopeds und Motorräder haben sie stets in Griffnähe geparkt, obwohl die gut organisierten Bandenmitglieder von der Polizei erkennbar wenig zu fürchten haben. Viele »Ordnungshüter« lassen sich mit Stoff oder Geld zum Wegschauen animieren.

Chefredakteur Bosley erzählt von der Schönheit des Landes, die ihn gleich in den Bann gezogen habe, von den idealistischen Anfängen seiner journalistischen Arbeit in Male, von den ersten Rückschlägen, als die Zeitung Teilen des Regimes und den mit ihm verbundenen Verbrechersyndikaten offenbar zu kritisch wurde. Einmal steckte eine Machete in der Redaktionstür, ein anderes Mal lag ein Zettel mit expliziten Todesdrohungen davor.

Und dann wurde im August 2014 auf offener Straße Ahmed Rilwan gekidnappt, der investigative Reporter der Onlinezeitung. Die Hoffnung, ihn wiederzusehen, will Bosley nicht aufgeben, das hat er sich geschworen. Es gibt allerdings wenig Anlass zum Optimismus. Und in manchen Stunden, meint der Chefredakteur nachdenklich, habe er auch schon erwogen, sein Blatt einzustellen. Wirtschaftlich ist es ohnehin ein ständiger Kampf ums Überleben, immer weniger Unternehmen getrauten sich, bei den *Minivan News* zu inserieren. »Unsere Situation ist charakteristisch für die Lage der Malediven insgesamt. Es herrscht ein Klima der Angst und Unterdrückung – und die Gefahr einer religiösen Diktatur.«

Von welchen Dämonen die Inseln schon seit Urzeiten heimgesucht wurden, hat keiner besser beschrieben als Ibn Battuta in seinem *Rihla*. Offensichtlich gelang es weder dem Buddhismus noch dem Hinduismus und auch keiner der auf den Inseln verbreiteten Naturreligionen, den Menschen ihre Ängste vor den »Dschinns« zu nehmen, »die vom Meer her erscheinen, wie ein Schiff mit höllischen Feuern«. Auch die überall verbreitete schwarze Magie mit ihren Opferritualen brachte kaum Erleichterung vor den Urängsten. Der Legende nach schaffte es schließlich Abu al-Barakat, ein Mann aus dem Maghreb auf der Durchreise, durch seinen Opfermut die Geister zu verjagen und die Insulaner Mitte des 12. Jahrhunderts zum Islam zu bekehren. Es war eine sanfte, auch Frauen respektierende Form der Religion, die sich da durchsetzte und die mit ihrer Lässigkeit und Laszivität Ibn Battuta faszinierte (und gelegentlich zornig machte). Die portugiesischen, holländischen und britischen Kolonialherren, die später folgten, änderten daran nicht viel.

Auch direkt nach der Verkündung der Unabhängigkeit 1965 schienen die Inseln zunächst in liberales Fahrwasser zu steuern. Amir Ibrahim Nasir, der erste Präsident, reformierte das Justizwesen wenigstens ansatzweise, öffnete das Inselreich für den Tourismus. Doch dann wurden Korruptionsvorwürfe gegen ihn laut, er regierte zunehmend autoritär und verlor den Rückhalt in der Bevölkerung. 1978 übernahm Maumoon Abdul Gayoom die Macht – und die Insulaner gerieten vom Regen in die Traufe. Gayoom hatte in Ägypten studiert, brachte von dort seine strengen religiösen Vorstellungen mit, die allerdings nichts mit Fairness zu tun hatten. Die Vetternwirtschaft nahm überhand, nichts ging mehr ohne Schmiergelder, Oppositionelle wurden ins Gefängnis geworfen und verschwanden auf Nimmerwiedersehen. Aus den Malediven wurde eine Diktatur. Eine kleine, böse Welt.

Die Erlösung schien im Oktober 2008 gekommen, als sich der alternde Gewaltherrscher überraschend freien Wahlen stellte und Mohamed Nasheed den Urnengang gewann. Der ehemalige Journalist und ausgebildete Ozeanograf hatte mehr als zwei Jahre lang als politischer Häftling im Gefängnis gesessen, war regelmäßig gefoltert und gedemütigt worden, hatte sich aber nicht brechen lassen: ein charismatischer Idealist. Bei seinem Amtseid war er erst einundvierzig Jahre alt, strotzte von Energie, träumte von all dem, was er beim Studium in Liverpool gesehen und erlebt hatte,

Liberalität, Zivilgesellschaft, Good Governance. Privat ein gläubiger Muslim, wollte er die Religion aus der Politik heraushalten. Er führte eine Krankenversicherung und Mutterschutzgesetze ein. Aber gerade weil er weitgehende Presse- und Versammlungsfreiheit zuließ, konnten auch die hauptsächlich von Saudi-Arabien finanzierten und indoktrinierten Islamisten erstarken. Nasheed gab ihnen eine Bühne, erlaubte es ihnen, sich öffentlich zu artikulieren, mit allen Mitteln für ihre rückwärtsgewandte Ideologie zu kämpfen. Und bald begannen die Radikalen, auch gegen ihn zu agitieren.

Der Volkspräsident sah die Gefahr nicht. Er hatte sich ein zentrales Ziel gesetzt, war wie besessen von seinem selbstgestellten Auftrag, seiner Berufung: Der charismatische Politiker wollte die Welt aufrütteln und ihr bewusst machen, was er als größte Gefahr für sein Heimatland sah – den Klimawandel, die überlebensgefährlichen Folgen des Treibhauseffekts.

Im Dezember 2009, kurz vor dem Klimagipfel in Kopenhagen, startete der Neue eine spektakuläre Aktion, die erste und einzige, die sein Inselreich im vergangenen Jahrzehnt in die Weltnachrichten brachte: Um auf die Untergangsbedrohung der Malediven hinzuweisen, ließ er sein Kabinett zu einer Sitzung an einem Tisch auf dem Meeresgrund antreten – mit Taucherbrille und Sauerstoffflasche. Nasheed überzeugte im persönlichen Gespräch dann auch einige der wichtigsten Politiker der Welt. Er traf sich zum Gedankenaustausch mit Angela Merkel. Großbritanniens Premier David Cameron nahm ihn sogar in sein imaginäres »Dream Team« auf, mit dem er, wie er einem US-Magazin mitteilte, gern einmal ein Wochenende verbrächte, neben Barack Obama, Bill Clinton und Nicolas Sarkozy. Liberale Zeitungen wie der Londoner *Independent* verglichen den neuen Star auf der internationalen Bühne schon bald – sicher übertrieben euphorisch – mit Nelson Mandela.

Bei meinem Malediven-Aufenthalt Anfang Februar 2015 ist

Nasheed schon nicht mehr im Amt. Er steht unter Hausarrest, oder zumindest unter Beobachtung der neuen starken Männer. Aber auf Umwegen ist Kontakt mit ihm immer noch möglich. Zum Schutz derer, die das arrangieren und durchführen, dürfen nähere Details nicht beschrieben werden.

Nasheed erzählt dabei, was aus seiner Sicht so schrecklich schiefgelaufen ist – bis heute sind die Fakten allerdings umstritten. Er habe seine Amtsbefugnisse überschritten, den Generalstaatsanwalt willkürlich entlassen und sei deshalb juristisch korrekt aus dem Amt entfernt worden, sagen seine Nachfolger. Er sieht das ganz anders. »Ich wurde im Februar 2012 aus dem Amt geputscht, man hat mich mit vorgehaltenen Waffen zum Rücktritt gezwungen, hätte ich dem nicht zugestimmt, wäre es zu einem Blutbad gekommen.« Um die demokratischen Institutionen zu schützen, sei er einige Monate später noch einmal zu den Wahlen angetreten. Bei der Auszählung habe er lange in Führung gelegen. »Bis dann im letzten Moment überraschend viele Stimmen für meinen Gegner auftauchten und ich zum knappen Verlierer erklärt wurde. Ich habe das Unrecht schweren Herzens akzeptiert und bin in die Opposition gegangen.«

Abdullah Yameen heißt der neue Präsident. Er ist der Halbbruder des früheren Diktators Gayoom, der den jungen Nasheed einst hatte foltern lassen – auf den Malediven bleibt, im Guten wie im Bösen, fast alles in der Familie.

»Erzkonservative Imame aus Saudi-Arabien predigen offen ihre rigiden Vorstellungen. Ausländische Anwerber ködern meine jungen Landsleute mit Versprechen von Abenteuer, Geld und direktem Zugang zum Paradies«, klagt der Entthronte gegenüber Vertrauten. Mehr als zweihundert kämpfen nach seinen Informationen derzeit in Syrien und Irak an der Seite des IS – kein Land wäre damit prozentual zur Gesamtbevölkerung so stark bei den Islamisten vertreten. »Und jetzt ist mein Nachfolger mit den Radikalen sogar eine

Allianz eingegangen«, behauptet Nasheed. »Die Regierung befindet sich in der Geiselhaft von Islamisten und Gangster-Syndikaten. Alle unsere maledivischen Institutionen, das Militär, die Polizei, die Justiz, sind zerrissen, gespalten zwischen Aufrichtigen und Korrupten. Wir schlittern in ein politisches Chaos.«

Das alles geschieht nach Meinung des Ex-Präsidenten vor dem Hintergrund einer nur noch schwer aufzuhaltenden Katastrophe, die nichts mit dem Islamismus zu tun hat, sondern mit den Umweltsünden der Menschheit. »Wenn die schlimmsten Projektionen der Vereinten Nationen zutreffen, dann erlebe ich noch den Untergang der Malediven, dann ist hier in fünf Jahrzehnten Schluss, und wir werden im wahrsten Sinne des Wortes weggespült.«

Nasheed erinnert sich, wie er als Kind in Male von Wipfel über Wipfel, auf Ästen balancierend, zum Nachbarhaus geklettert ist. Die Mangobäume sind längst abgeholzt, Brotfrucht und Feigen wachsen in der Stadt nicht mehr, die gemütlichen Innenhöfe von einst wurden zugebaut. Um die Zementwüste mit ein wenig Grün zu verschönern, habe seine Regierung an eine der Hauptstraßen Palmen gepflanzt. »Mein abergläubischer Nachfolger hat sie abhacken lassen, weil ihm ein Wahrsager eingeredet hat, über den Bäumen liege ein Fluch. Mein Fluch.«

Auf seine Kabinettssitzung unter Wasser sei er immer noch stolz – »das war eine eindrucksvolle, eine erfolgreiche Aktion«, sagt Nasheed und erzählt, dass mehrere seiner nicht ganz so sportlichen Minister auf seine Anweisung einen Tauchlehrgang machen mussten. Er könne sich trotz aller Widrigkeiten vorstellen, noch einmal zur Wahl anzutreten, »wenn diese Regierung, was ich bald erwarte, völlig abgewirtschaftet hat«. Dann würde er erst mal die Justiz reformieren, gegen die islamistischen Hetzer vorgehen und versuchen, besser mit den Menschen zu kommunizieren. »Es kann nicht sein, dass Demonstranten wieder mit Plakaten durch die Straßen ziehen, auf denen sie die Terrormiliz ›Islamischer Staat‹ preisen. Niemand darf unsere Religion und unseren Nationalstolz pervertieren.«

Ob er tatsächlich noch einmal in sein Amt zurückkehren kann – da zeigte sich Nasheed Anfang Februar 2015 allerdings nur verhalten optimistisch, und das war merkwürdig. Denn gerade hatte Gasim Ibrahim, der Drittplatzierte der vorherigen Wahlen, sich aus der autoritären Regierung seines großen Konkurrenten zurückgezogen und ihm seine Unterstützung versichert. Mit Ibrahims vierundzwanzig Prozent im Rücken sah Nasheed schon wie der sichere Sieger beim nächsten Urnengang aus. Aber er sagte seinen Interviewern sehr nachdenklich zum Abschied: »Ich bekomme so viele Todesdrohungen, und die neuen Diktatoren in meinem Land ermutigen das, sie verfolgen mich …«

Am 23. Februar 2015 wird Mohamed Nasheed verhaftet. Er wehrt sich. Polizisten schleifen ihn aus dem Haus, verletzen ihn an der Hand. Als er einige Stunden später dem Richter vorgeführt wird, trägt er den Arm in einer Schlinge. Die Anklage lautet auf »Terrorismus«, Nasheed soll einen Staatsstreich geplant haben. Die Beschuldigungen basieren auf Gerüchten. Als Kronzeuge der Anklage wirkt ein von Nasheed während seiner Amtszeit wegen Korruption entlassener Richter. Die meisten der Männer, die Nasheed zu seiner Verteidigung aufrufen lassen will, werden nicht zugelassen. Das Gericht behauptet mit einer kafkaesk anmutenden Erklärung, solche Zeugen seien grundsätzlich »nicht in der Lage, die von der Staatsanwaltschaft vorgelegten Beweise zu entkräften«. Drei Wochen nur dauert der Schauprozess. Dann fällt das Gericht ein ungewöhnlich harsches, offensichtlich von oben angeordnetes Urteil: dreizehn Jahre Haft.

Der UNO-Hochkommissar für Menschenrechte nennt dieses Verdikt ungerecht und beklagt den »hastigen und unfairen Prozess«, Amnesty International spricht von einer »Travestie der Rechtsprechung«. In Male demonstrieren Tausende auf den Straßen. Eine sehr prominente Anwältin nimmt sich der rechtlichen Aspekte des Falles an und kämpft um ein Wiederaufnahmeverfahren: Amal Clooney, die in Beirut geborene, langjährige Mitarbeiterin am Internationalen Gerichtshof von Den Haag und seit 2014 Ehefrau des Hollywood-Stars George Clooney. Sie ruft die Vereinten Nationen zum Eingreifen für ihren Klienten auf, fährt Mitte September 2015 auf eigene Kosten nach Male und zur Gefangeneninsel, um den inhaftierten Nasheed zu treffen.

Die neuen Herren der Malediven müssen sich um ihren internationalen Ruf aber dennoch keine allzu großen Sorgen machen. Die meisten Touristen interessieren die politischen Interna ihres Gastlandes kaum. Und auch in der internationalen Politik wird Male eher umworben denn getadelt oder gar gemieden. Präsident Yameen spielt geschickt die Erzfeinde Indien und Pakistan gegeneinander aus. Als Indiens Premier Narendra Modi eine geplante Reise nach Male verschob, brach der Malediver stattdessen zu einem Staatsbesuch nach Islamabad auf. Auch Saudi-Arabien verpflichtete sich zu großzügiger Entwicklungshilfe, das Königshaus will allein vierzig neue Moscheen auf den Inseln bauen lassen – für so viel Entgegenkommen nimmt Yameen schon einmal den Ärger in Kauf, Luxustouristen vor den Kopf zu stoßen und ihre festen Buchungen stornieren zu lassen, weil ein Prinz aus Riad mit seiner Entourage kurzentschlossen ein ganzes Resort »besetzt«.

Und die Beziehungen mit der Volksrepublik China sind ohnehin die besten; Peking liefert nicht nur Trinkwasser, wenn Not am Mann ist, sondern will auch kühne Projekte wie eine Brücke zwischen Male und der Flughafeninsel finanzieren; im Gegenzug erhält China möglicherweise Rechte für eine Marinebasis. Deutschland spielt hier nur eine marginale Rolle, der für die Malediven zuständige Botschafter sitzt in Colombo auf Sri Lanka.

*

Ein letzter Spaziergang durch Male, auf der Suche nach Spuren des Ibn Battuta. Ich hatte ein Denkmal erwartet, eine Büste, irgendetwas. Doch nichts davon war zu finden. Die Reporter von den *Minivan News* haben mir schließlich erzählt, im Staatsmuseum existierten Erinnerungsstücke an den berühmten Reisenden. An den Mann, der mit seinen juristischen und politischen Entscheidungen ein Stück der Inselgeschichte mitgestaltet und die Malediven samt ihrer sagenhaften Bekehrung zum Islam erst auf die literarische Landkarte der Welt gesetzt hat.

Vorbei an der Hukuru Miskiiy, der alten Freitagsmoschee aus Muschelgestein; vorbei am Islamischen Zentrum mit der überdimensionalen, für mehr als fünftausend Besucher ausgelegten modernen Moschee; vorbei am Medhu Ziyaaraiy, dem Grab des marokkanischen Pilgers und Religionsgelehrten Abu al-Barakat, der mit seiner legendären Tapferkeit die Insulaner zu Allah bekehrt hat; vorbei am Markt mit seinen Fischen in schillernden Farben, allein zwei Dutzend verschiedene Thunfisch-Sorten preisen die Händler an. Das Nationalmuseum nahe dem Unabhängigkeitsplatz liegt etwas versteckt. Es ist ein modernes Gebäude, das laut einer Schautafel am Eingang »die Geschichte und die Identität dieses Inselvolks dokumentiert«; das Design wirkt orientalisch, kein Wunder, wurde das Museum doch von den Chinesen gestaltet und bezahlt.

Ich bin an diesem Morgen der einzige Besucher. Eine freundliche Dame von der Museumsdirektion bietet an, mich herumzuführen. »Allerdings gibt es Fehlbestände«, sagt sie zögernd auf meine Frage nach den ältesten Stücken der Sammlung. »Aus der vorislamischen Zeit ist fast nichts mehr vorhanden. Da haben die Hooligans viel zerstört.« An einem Februartag im Jahr 2012 um acht Uhr morgens, so erzählt sie, stürmte ein Mob das Museum, ein Dutzend Jugendliche, die Äxte und Messer in ihren Händen hielten. Sie stürzten sich auf alles, was sie für »frevelhaft« hielten, auf die hinduistischen und buddhistischen Figuren, die Büsten, alle Bilder mit Gesichtern. Sie warfen die Kunstwerke zu Boden, zerhackten sie, zerkratzten sie. »Fast alle diese Artefakte waren so zerstört, dass sie nicht mehr repariert werden konnten. Sie sind für immer verloren«, sagt die Museumswärterin.

Die islamistischen Randalierer wollten die »Götzenbilder« zerstören, die angeblich das Ansehen des Islam beleidigten. Da sie aber wenig von Geschichte wussten und die Jahrhunderte durcheinanderbrachten, zertrümmerten sie auch von Muslimen geschaffene Werke. Die Täter sind nie gefasst worden.

An den Kolonialherren stießen sie sich offensichtlich wenig. So sind im Museum Prunksessel aus der britischen Zeit zu sehen, auch die kostbaren Baldachine und Sänften der Sultane blieben unversehrt. Und was ist mit den Stücken, die auf Ibn Battuta verweisen? Die Museumswärterin erinnert sich nur an ein großes, im klassischen Stil gemaltes Bild, das den bärtigen Reisenden auf den Malediven zeigte. »Ob es noch zu retten war, ob es restauriert wird, ich weiß es nicht. Jedenfalls habe ich es seit damals nicht mehr gesehen.« Und dann entlässt sie mich aus ihrem traurigen, geschändeten, Ibn-Battuta-losen Reich.

Es bleiben noch zwei Trips, die ich mir vorgenommen habe, Ausflüge, die alle Gegensätze dieses Inselreichs besonders krass symbolisieren. Nach Thilafushi, der Heimat des Mülls. Und nach Vihamanafushi, der Heimat des Luxus.

Die Insel des Abfalls ist künstlich aufgeschüttet in einer Lagune, sieben Kilometer westlich von Male. Sie ist alles andere als ein Ausflugsziel, Journalisten und Touristen sollten nach Ansicht der Behörden überhaupt nicht dorthin fahren, haben mich die örtlichen Reporter gewarnt. Da sich aber auf »Rubbish Island«, wie die Insel im Volksmund heißt, inzwischen auch einige Industriebetriebe angesiedelt haben, gibt es eine Fähre für die Arbeiter – Informationen, die ich dem britischen Reiseschriftsteller Tom

Chesshyre verdanke, der für sein Malediven-kritisches Buch *Gatecrashing Paradise* den Trip im Jahr 2014 vorgemacht hat.

Ein paar neugierige Blicke. Aber letztlich stört es keinen, wenn man sich für umgerechnet fünfzig Cent ein Ticket löst. Vierzig Minuten braucht der altersschwache Kahn bis zu seinem apokalyptischen Ziel, bis zur größten Müllinsel der Welt. Das ist der Personentransport, aber parallel dazu verkehren die eigentlichen Zubringer – die Lastschiffe mit dem gesamten Abfall der Hunderttausend-Einwohner-Hauptstadt, außerdem mit dem industriellen Schrott und dem Müll der jährlich über achthunderttausend Touristen. Es sind zwischen drei- und vierhundert Tonnen am Tag, die da abgeladen werden. Sie lassen die Insel um täglich etwa einen Quadratmeter wachsen.

1992 sind die ersten Gruben ausgehoben und dann mit Unrat aufgefüllt worden. Arbeiter deckten dann das Ganze mit Bauschutt ab, auf den kam dann noch Korallensand. Eine Mülltrennung fand die ersten Jahre nicht statt, von kaputten Elektrogeräten über Altkleidung bis Essensresten wurde alles übereinandergestapelt und gemeinschaftlich entsorgt. So ist es trotz anderslautender neuer Vorschriften im Prinzip geblieben, nur Altöl und Kunststoffe werden getrennt deponiert.

Das erste, was man nach der Landung sieht, ist ein Meer von Plastikflaschen. Der Wind treibt die oberen Schichten hin und her, sie verändern die Oberfläche, Wanderdünen des Mülls. Ihr Aneinanderschmirgeln erzeugt ein seltsam pfeifendes, unheimliches Geräusch. Am anderen Ende der gewaltigen künstlichen Abfalllandschaft sind Reifen zu wilden Bergformationen gestapelt, rostige Konservendosen kullern aus Säcken, Plastikverpackungen kokeln vor sich hin. Der scharfe Rauch dringt in die Nase und frisst sich in alle Poren.

Inmitten dieses menschengemachten Alptraums stehen einige Dutzende Arbeiter, die mit langen Eisenstäben im Abfall stochern, offensichtlich um größere Feuer abzuwenden oder neu eintreffenden Schutt an den richtigen Platz zu hieven. Einige werfen Batterien in eine Tonne, die für besonders gefährliche Reststoffe vorgesehen ist. Sie tragen Handschuhe und Mundschutz, aber haben wegen der Hitze nur kurzärmlige Hemden. Sie schütteln den Kopf. Nein, sie möchten nicht angesprochen werden. Nur so viel: »Wir sind insgesamt hundertfünfzig, und wir stammen fast alle aus Bangladesch.« Einer erzählt dann doch, dass sie nicht nur die Müllverbrennung überwachen, sondern sich nebenher, und am Rande der Legalität, auch beim Abfall bedienen. Sie sortieren aus dem Schrott Eisen und Kupfer aus, den sie in Male an Altwarenhändler verkaufen, darunter toxische Teile von weggeworfenen Computern.

Thilafushi ist inzwischen eineinhalb Kilometer lang und dreihundert Meter breit. Drei Landungsboote, zwanzig Lkw, sechs Bagger, ein Bulldozer und eine Müllpresse sind im permanenten Einsatz. Seit einigen Jahren haben sich, bezuschusst von der Regierung in Male, einige kleine Industriebetriebe angesiedelt: Schiffbau, Zementverpackung, Methan-Abfüllung, auch einige neue Lagerhallen sind entstanden. In einem schnell hochgezogenen, schon wieder vom Verfall bedrohten Gebäude treffen sich die Industriearbeiter, wenn sie einmal Pause machen, »Café on Spot« steht auf einem windschiefen Schild, das wie aus einem schlechten Westernfilm abgekupfert wirkt. Sie sind abgekämpft, aber besser gekleidet, gesundheitlich offensichtlich fitter als die Männer im Müll, die ohnehin kaum hierher ins Café kommen, die unter sich bleiben wollen – auch bei den Unterprivilegierten gibt es Abstufungen. Im Café selbst herrscht eine gespenstische Ruhe. Die untergehende Sonne verschwindet zwischen dunklen Wolken, aber vielleicht sind es auch Rauchschwaden, so genau ist das auf »Rubbish Island« nicht auszumachen. Unwirklich schön.

Thilafushi spielt in der Politik und in der öffentlichen Diskus sion von Male keine Rolle, es gibt immer andere, noch drängendere Probleme. Der Ökologe Ali Rilwan gehört zu den wenigen, die sich um das Horror-Eiland sorgen. »Das ist eine ökologische Zeitbombe«, sagt der junge Mann, der gemeinsam mit einigen Freunden die Umweltschutzorganisation Bluepeace betreibt. »Die Böden sind verseucht, die Gifte sind längst ins Wasser gelangt und gefährden die Korallen.« Die Müllberge gehören inzwischen zu den höchsten Erhebungen des gesamten Inselreiches. Wenn die Malediven eines Tages ganz überschwemmt sind, könnte Thilafushi als ein letztes, übriggebliebenes Eiland noch aus dem Meer herausragen, der Zivilisationsschrott als Zeuge eines untergegangenen Paradieses.

Nur wenige Hundert Meter von der Anlegestelle der Müllboote in Male legt ein anderes Schiff ab. Yachthafen, Pier sechs. Das Kurumba Resort, das keine direkte Verbindung in die Hauptstadt unterhält, zeigt sich flexibel und holt mich mit dem eleganten Speedboat ab. Für dreihundertfünfzig Euro pro Tag (Frühstück inbegriffen) wird der Gast schon bei der Anfahrt verwöhnt. Kalte Tücher und Getränke stehen bereit, selbstverständlich ist das Innere der Yacht auf angenehme zwanzig Grad heruntergekühlt. Gleich nach der viertelstündigen Fahrt reichen junge Damen in der Empfangshalle das hauseigene Kokos-Eis, »Kurumba« ist der Name einer hier weitverbreiteten, für ihre besonders schmackhaften Früchte bekannten Kokospalme.

Luxusvillen, Bungalows, mehrere Restaurants, Bars, Traumstrände und türkisfarbenes Wasser: Dieses Resort war das erste private Inselhotel, es wurde 1972 gegründet und 2004 von Grund auf renoviert; aus den durchschnittlich sechzig Gästen pro Monat im Anfangsjahr sind tausendzweihundert pro Monat geworden. Dennoch wirkt die großzügig gestaltete Anlage nie überfüllt. Die Urlauber bilden einen Querschnitt durch die Vereinten Nationen, Russen, Chinesen, Europäer, aber auch verschleierte Frauen aus den Golf-Emiraten, die sich selbst am Strand nur in ihren hoch-geschlossenen »Burkinis« zeigen.

Die Hotelbetreiber legen großen Wert auf den schonen-den Umgang mit der Umwelt; eine eigene Entsalzungsanlage für Trinkwasser fehlt ebenso wenig wie ein Recycling-Hof. Das Management bietet nicht nur die üblichen Tauchlehrgänge und Galadinner an, sondern versucht auch, bei Gemeinschaftsaben-den etwas von der Kultur der Malediven zu vermitteln. So wer-den etwa die Kaurimuscheln gezeigt, die auf den Inseln noch bis zum 18. Jahrhundert das gängige Zahlungsmittel waren. Und sympathischerweise verschweigen die Hotelangestellten nicht, dass hier praktisch alles importiert werden muss, der kleine Vorzeige-Gemüsegarten auf dem Gelände kaum mehr als eine Zierde ist.

Störend im Kurumba wirkt nur der gelegentliche Fluglärm, das Paradies lässt sich für Geräuschempfindliche am besten mit Ohr-stöpsel genießen – die Insel liegt zu nahe am internationalen Flug-hafen, und die großen Airbusse und Boeings donnern Richtung Europa und Fernost. Der Fluch des Erfolgs, die Malediven sind ein äußerst begehrtes Reiseziel.

Das Kurumba mag, wie es in der Eigenwerbung heißt, tatsäch-lich »die große Dame der Malediven« sein, aber das Resort gehört keinesfalls zu den teuersten und exklusivsten. Alle Hotelketten haben sich hier eine Insel gesichert, die superluxuriösen sind meist nur mit Wasserflugzeugen zu erreichen. Sie tragen Namen wie Taj Exotica, Six Senses Laamu, Shangri-La Villingili oder Anantara Kihavah, und sie bieten allen erdenklichen Komfort, vom eigenen Butler über das Insel-Golferlebnis bis zum gläsernen Restaurant unter Wasser. Dem Preis nach oben sind keine Grenzen gesetzt, vor allem die Prominenten genießen es, hier abzutauchen und sich in der Anonymität ihrer eigenen Villa verwöhnen zu lassen. Die Beckhams, so wusste die britische Boulevardpresse zu berichten, hätten in einem Resort namens One & Only in elf Tagen rund dreihunderttausend Euro ausgegeben. Es ist nicht schwer, dem Traum von der eigenen Insel zu erliegen, der Sehnsucht nach dem ungestörten Paradies ohne Alltagsprobleme, Stress und Sorgen um den Lebensunterhalt.

Wer glaubt, diese Sehnsucht sei ein Phänomen der Neuzeit, ausgelöst durch die Hektik von Industrialisierung und Globalisierung, der wird schon durch Ibn Battuta widerlegt. In einer der persönlichsten, nostalgischsten und sentimentalsten Passagen des *Rihla* schreibt er: »Wir kamen zu einer kleinen Insel, auf der nur ein Haus stand. Darin lebten ein Mann, der webte, gemeinsam mit seiner Frau und seinen Kindern. Er hatte einige Kokospalmen und ein kleines Boot zum Fischen, mit dem er nach eigenem Gutdünken hinaus zu den anderen Inseln fahren konnte. Ich schwöre bei Gott, dass ich diesen Mann beneidet habe, dass ich gewünscht habe, diese Insel wäre meine, und dass ich dort bis zum Ende meiner Tage, abgeschnitten vom Rest der Menschheit, hätte leben können.«

Ibn Battuta hat vermutlich im abgelegenen Raa-Atoll seine erste Malediven-Insel betreten. Auch dort gibt es mit dem Select Adaara jetzt ein Luxusresort – auf Wunsch zu buchen »all inclusive«.

Bleibt noch die Frage: Was ist eigentlich aus Joachim Bloem geworden, dem deutschen Delinquenten, den das Gericht nach seinem Mord auf eine einsame maledivische Insel verbannt hat? Die Behörden haben ihm tatsächlich bald nach meinem Besuch im Jahr 1977 menschliche Gesellschaft gegönnt. Er wurde auf die etwas größere Nachbarinsel verlegt, drei Fischerfamilien lebten dort. Die Einheimischen brachten ihm bei, ein Kanu zu zimmern, eine ordentliche Hütte zu errichten, verbesserten seine Technik beim Fischfang. Der junge Deutsche lernte die Landessprache Dhivehi, beteiligte sich, zögernd zunächst, dann selbstbewusster, wieder an einem Leben im Beisein anderer interessiert.

Und er verliebte sich in eines der Fischermädchen. Nachdem er zum Islam übergetreten war, durfte er sie – so jedenfalls die Auskunft der lokalen Journalisten – auch heiraten. Sie bekamen Kinder, und Joachim wurde nach und nach ganz in die Dorfgemeinschaft aufgenommen.

Sieht er sein Leben am Ende der Welt noch als Teil von Schuld und Sühne? Ist er glücklich geworden in der Fremde? Das alles wissen die maledivischen Behörden nicht. Sie haben ihn vor einigen Jahren schon begnadigt, deutsche Diplomaten nahmen Kontakt mit ihm auf. Joachim Bloem dürfte ausreisen, er könnte sich eine neue Existenz in seiner alten Heimat aufbauen. Er hat darauf verzichtet.

Jakarta – Hoffnungsvoll

Abschied von den Malediven, auf nach China, zur nächsten Zwischenstation Richtung Fernost: Sarandib. Die Insel Ceylon mit dem Adam's Peak ist damals, wie auch heute noch, eines der bedeutendsten Pilgerziele außerhalb der westlichen und nahöstlichen Welt. Ein heiliger Berg der Berge – und zwar für alle Weltreligionen. Eine Erhebung mit einer göttlichen DNA.

Für die Buddhisten ist die gewaltige Vertiefung auf einer steinernen Platte am Gipfel des Massivs der Fußabdruck Buddhas, Hindus sind überzeugt, hier habe sich Shiva verewigt, Christen sehen darin ein Mahnmal des heiligen Thomas. Muslime aber glauben, dass sich hier Adam, der Vater der Menschheit und einer der wichtigsten Propheten ihrer Religion, unsterblich gemacht hat.

Er tat das nicht ganz freiwillig – Allah hat in der Lehre des Islam Adam und Eva, die beiden ersten Menschen, nach ihrem Sündenfall aus dem Paradies verjagt. Sie stürzten aus dem Siebten Himmel auf die Erde, die Frau landete in Arabien, der Mann auf dem Berggipfel von Ceylon. Adam musste hart büßen. Tausend Jahre stand er nach der muslimischen Überlieferung auf einem Bein, um für seine Sünden Abbitte zu leisten. Dann erlöste ihn der Erzengel Gabriel und führte ihn in der Arafat-Ebene nahe des heutigen Mekka wieder mit Eva zusammen. Gemeinsam zogen die beiden anschließend nach Ceylon. Sie wählten diesen fruchtbaren und wunderschönen Ort, weil er einem weltlichen Paradies am nächsten zu kommen schien. Und sie begründeten dort die Menschheit.

Kein Wunder, dass Ibn Battuta diesen Ort sehen will. Der pyramidenförmige Berg ist bei der Anreise mit dem Schiff schon von Weitem zu erkennen, »wie eine gewaltige Säule im Dunst der Dämmerung« sei er aus dem Meer aufgestiegen, schreibt der Weltreisende im *Rihla*. Er glaubt, eine der höchsten Erhebungen der Erde vor sich zu haben, so eindrucksvoll wirkt das majestätische Massiv. (Es ist eine optische Täuschung: Der *Sri Pada*, wie ihn die Einheimischen nennen, misst in Wirklichkeit nur 2243 Meter und ist damit nicht höher als einige Berge in Battutas marokkanischer Heimat, streng genommen nicht einmal der höchste Gipfel Ceylons – Geologen-Statistik, die die spirituelle Bedeutung allerdings nicht im geringsten beeinträchtigt.)

Sie sehen eine kleine Hafenstadt vor sich, Battala genannt (vermutlich das heutige Puttalam an der Nordwestküste, nahe dem Touristenort Negombo). Aber der muslimische Kapitän hat Angst, er weigert sich anzulegen, weil er gehört hat, der lokale Sultan sei ein besonders aggressiver, unberechenbarer »Ungläubiger«. Ibn Battuta bietet sich als Vermittler an. Er traut sich nach seinen jahrelangen Erfahrungen zu, eine solche kritische Situation zu entschärfen. Außerdem hat er nicht die geringste Lust, so kurz vor einem attraktiven Reiseziel die Segel zu streichen. Er lässt sich auf einem kleinen Beiboot aussetzen und verhandelt mit dem örtlichen Machthaber – und ist erfolgreich. Er darf drei Tage lang bei dem Mann zu Gast sein, der Kapitän und die Crew erhalten für ihren Ceylon-Aufenthalt eine schriftliche Schutzgarantie.

Ibn Battuta bittet seinen Gastgeber um Unterstützung für seine Pilgerreise zum Adam's Peak und erhält, was er braucht: eine Sänfte, fünfzehn Träger, Diener und lokale Priester, die ihn begleiten. Es ist kein einfacher Trip, nicht einmal die Strecke bis zum Fuß des heiligen Berges. Sie müssen auf winzigen Flößen aus Schilfrohr reißende Ströme überqueren, werden im Dschungel von fliegenden Blutegeln malträtiert, die sich in ihre Haut eingraben. Die

Schönheiten der Landschaft entschädigen: die duftenden Zimt-
bäume, die glitzernden Reisfelder, die tosenden Wasserfälle. Die
Frauen, die sie unterwegs sehen, tragen kostbaren Schmuck, selbst
die Sklavinnen; Rubine, Saphire, Amethyste, Turmaline, Mond-
steine und Katzenaugen werden, so kommt es Ibn Battuta jedenfalls vor, kiloweise aus den Flussbetten und Minen geholt, fast an
jeder Wegkreuzung gefunden und gehandelt.

Viele Arbeiten auf den Feldern und in den Wäldern erledigen Elefanten, sie genießen bei den Einheimischen großen Respekt. Die Dickhäuter gelten als zahm und willig, aber wenn sie
gereizt werden, können sie auch zurückschlagen – sie vergessen
nichts, verfügen über das sprichwörtliche Elefanten-Gedächt-
nis. So erzählt man Ibn Battuta fast ehrfürchtig die Geschichte
von einer Reisegesellschaft, die sich einmal im Dschungel ver-
irrte. Die Nahrungsvorräte gingen zu Ende, in ihrer Not schlach-
teten die Männer einen jungen Elefanten, nur einer hielt das für
Frevel und weigerte sich, trotz seines extremen Hungers, mitzuessen. Die übrigen Tiere aus der Herde, die geflohen waren, kamen
nach ein paar Stunden neu formiert zurück – und trampelten die
Männer zu Tode. Den Mann, der sich nicht am Mahl beteiligt
hatte, verschonten sie.

Und überall sind Affen, manche aggressiv, manche mit einem
eigenen Sozialkontrakt und »Familienleben«. In den Erzählungen
der Einheimischen mischen sich dabei offensichtlich Naturbeob-
achtungen und Legenden. Ibn Battuta ist bereit, vieles für bare
Münze zu nehmen. »Vertrauenswürdige Leute haben mir berichtet, dass die Affen einen Anführer haben, dem sie wie einem Sultan
folgen. Um seinen Kopf ist ein Turban aus Baumblättern gebunden, er stützt sich auf einen Stock. Eine Anzahl weiterer Affen
kommt zu einer bestimmten Stunde herbei, setzt sich und bildet
eine Versammlung um den Chef herum. Einer der vier Vertrauten
des Affenkönigs gibt Laute von sich, wonach sie sich zerstreuen

und danach mit Bananen und Limonen zurückkommen, die sie vor dem Herrscher niederlegen.« Zum Wundersamen kommt noch der Horror: »Wenn einer der Affen ein Menschenmädchen raubt, kann dieses nicht verhindern, entjungfert zu werden.«

Der Aufstieg zum Gipfel erweist sich dann als sehr mühsam und schweißtreibend. Vor allem deshalb, weil sich Ibn Battuta entschließt, von den beiden Strecken die schwierigere zu nehmen – sie verheißt dem Gläubigen besondere Verdienste. Kurz vor dem Gipfel müssen sie sich an Ketten festhalten und über die in den Berg getriebenen Eisenstangen hochhangeln, »man spricht unwillkürlich sein Glaubensbekenntnis, aus Angst davor, in die Tiefe zu fallen«. Der graue Steinabdruck auf dem Adam's Peak, elf Schritte lang, ist dagegen eher eine Enttäuschung. Die Pilger versammeln sich an der heiligen Stätte zum Gebet und hinterlassen Opfergaben. Eine Antiklimax. Und auch der Abstieg und die restlichen Tage auf der Insel verlaufen dann problemlos und erholsam.

Zeit für neue Reiseziele. Ibn Battuta mag nicht einen Tag länger als nötig auf Ceylon verweilen, so schön er die Insel auch findet. Sein Kapitän Ibrahim, dem er die Schutzgarantie verschafft hat, fährt als Nächstes nach Malabar, ins Tamilengebiet an die indische Küste. Dort regiert ein Sultan, dem Ibn Battuta durch eine seiner maledivischen Heiraten verbunden ist. Ibn Battuta überlegt immer noch, ob er vor seinem China-Trip noch einmal auf die Malediven zurückkehren soll. Vielleicht um bei einem Staatsstreich zu helfen, vielleicht auch nur, um seinen kleinen Sohn noch einmal wiederzusehen.

Auf der Reise von Ceylon nach Südindien liegt kein Segen. Sie geraten in einen Sturm, kommen Felsen gefährlich nahe. »Wir sahen dem Tod ins Angesicht, die Situation war so schlimm, dass wir schon voneinander Abschied nahmen«, schreibt der Maghrebiner im *Rihla*. Sie erreichen schwimmend, mit letzter Kraft an ein Rettungsboot geklammert, die Küste. Schlagen sich über Land bis zum regionalen Sultan durch. Dort können sie sich erst einmal ausruhen.

Der Sultan hört sich Ibn Battutas Putschpläne für die Malediven genau an – und stimmt dann zu, eine Streitmacht loszuschicken. Die Vorbereitungen nehmen einige Zeit in Anspruch, Ibn Battuta ist es recht. Er muss mit hohem Fieber ins Bett, er hat sich eine Tropenkrankheit eingefangen, vermutlich Malaria. Als er die schlimmen Anfälle auskuriert hat, schließt sich der Abenteuerlustige den Soldaten an. Doch seine Pechsträhne reißt nicht ab: Bevor sie die Hauptinsel der Malediven erreichen, werden sie von Piraten überfallen. Ibn Battuta verliert seinen ganzen Besitz, auch die Edelsteine, die er aus Ceylon mitgebracht hat. Die Freibeuter nehmen ihm auch sämtliche Essensvorräte ab, selbst seinen Wams, sein Hemd. »Ich stand nur noch in meinen Hosen da.«

Ibn Battuta, nun wieder ganz mittellos, nimmt das als göttliches Zeichen: Es soll wohl nichts werden mit dem Staatsstreich und der Regierungsübernahme, so ganz war er auch nicht davon überzeugt.

Wenigstens ist er mit dem Leben davongekommen. Drei Monate erholt er sich in Südindien von dem Schock, dann macht er einen neuen Anlauf – nicht als potentieller Putschist, sondern als Privatmann, als Familienvater. Er segelt nach Male, diesmal ist es eine ruhige, problemlose Zehntagesreise. Er lässt nach seiner Frau und dem Kind fahnden. »Schließlich brachte man mir meinen Sohn«, schreibt er in seinem Reisebuch, ohne seine Emotionen zu verraten. Er erwägt wohl nur kurz, in Male zu bleiben, verwirft auch den Gedanken, das Kind auf die künftigen Reisen mitzunehmen. »Es schien mir das Beste für alle, ihn bei meiner geschiedenen Frau zurückzulassen.«

Er bekommt noch einmal einen dubiosen Ruf aus dem Palast. Der Wesir zeigt sich überraschend freundlich, lädt ihn zum Essen ein. Doch Ibn Battuta umgeht alle heiklen Fragen. Er lässt es nicht zu einem neuen Jobangebot kommen, ahnt, dass es gefährlich für ihn werden könnte, vielleicht hat ja jemand seine früheren Putschpläne verraten und will ihm eine Falle stellen. Weiter zu ziehen, auf große Fahrt Richtung Fernost, das scheint ihm attraktiver.

Nach fünf Tagen nimmt er hastig seinen Abschied. Wieder ein Lebensabschnitt beendet – jetzt soll es wirklich nach China gehen, zu den Grenzen der bekannten Welt, so weit, wie Mohammed den Gläubigen schickt, um sein Wissen zu vermehren. Ibn Battuta ist praktisch mittellos. Aber er weiß: Er kann sich auf die Gastfreundschaft und die Großzügigkeit seiner Glaubensbrüder verlassen, die sich überall an den Küsten Ostasiens angesiedelt haben. Er rechnet nicht nur mit der Solidarität der reichen muslimischen Händler, sondern auch mit dem Wohlwollen der örtlichen Herrscher. Er weiß, viele von ihnen, beispielsweise in Malaya und Java, sind zum Islam übergetreten, manche aus religiöser Überzeugung, andere aus schierem Pragmatismus – es empfiehlt sich in diesen Zeiten, Teil der großen und einflussreichen Glaubensfamilie des *Dar al-Islam* zu sein, auf der Gewinnerseite der mittelalterlichen Weltgeschichte zu stehen.

Ibn Battuta reist mit einem großen Segelschiff Richtung Bengalen. Die Fahrt dauert dreiundvierzig Tage, er landet nahe der Stadt Sodkawan, vermutlich das heutige Chittagong in Bangladesch. Es gebe dort Reis im Überfluss, schreibt er im *Rihla*, und auch ausreichend andere Waren auf den Märkten. Was ihn verblüfft, ist etwas ganz anderes: »Ich sah in der ganzen Welt kein Land mit niedrigeren Preisen, doch ist es ein Land des Unheils.« Er zitiert die einheimischen Chorasaner, die das Reich Bengalen »eine Hölle voller Konsumgüter« nennen, überall in der Luft hängt ein »beißender Geruch« (nebenbei gesagt, keine schlechte Beschreibung für das heutige Bangladesch mit seinen Textilfabriken, Färbereien und Billigmärkten). Auch Sklaven sind extrem günstig zu haben. Selbst der klamme Ibn Battuta kann sich eine weibliche Hilfskraft leisten. Er sucht sich – wenig überraschend – »eine besondere Schönheit« aus.

Für den Weltreisenden ist es längst zur angenehmen Gewohnheit geworden, seine Quartiere und Transportmittel unterwegs mit Frauen zu teilen. Der Ausdruck »Sklavin«, den er in seinem *Rihla* benutzt, umfasst dabei alle Arten von Betreuung – die jungen Damen erledigen seine Wäsche, putzen, machen Besorgungen, stehen aber auch als Gespielinnen zur Verfügung. Ibn Battuta, ganz Kind seiner Zeit, hält das für selbstverständlich. Sklavenmärkte sind ein normaler Bestandteil der meisten Städte, die er besucht, sich Sklaven zu leisten ist für die gehobenen Stände eine Selbstverständlichkeit – und Zeichen der Macht. Manche der Herrscher, die er trifft, halten sich an ihrem Hof mehrere Tausend. Sie an Freunde zu verschenken, gilt als Geste der Großzügigkeit. Auf seiner Reise hat Ibn Battuta beispielsweise den Sultan von Kiowa getroffen, den er dafür lobt, nach der Eroberung einer fremden Stadt dem Gemeinwesen zwanzig Sklaven als »religiöse Steuer« gespendet zu haben.

Der Maghrebiner findet wie alle seine Zeitgenossen nichts dabei, mit den gekauften Frauen in seinem »Besitz« Sex zu haben. Prostitution dagegen verurteilt er – eine Diskussion darüber, wie schizophren diese Haltung ist, kommt ihm nicht einmal in den Sinn. Seine Umgebung dürfte verblüfft haben, was uns selbstverständlich erscheint: dass er die Konkubinen generell mit Respekt behandelte, sich auch in einige verliebte. Und dass er starke Frauen schätzte. Für seine Zeit kann er in Geschlechterfragen fast schon als liberal gelten, wenngleich dann doch nicht ganz als »Aufgeklärter«.

Enthaltsamkeit ist für ihn keine Option. Er lobt aber heilige Männer, denen das gelingt. Und er ist voller Bewunderung für seine Geschlechtsgenossen, die Verführungen widerstehen. So schildert er im *Rihla*, wie ein Bekannter die Avancen einer schönen, aber verheirateten Frau abwehrte, sie war die Gattin seines Freundes. »Ich werde niemals sein Vertrauen missbrauchen«, zitiert Ibn Battuta den Umschwärmten. Als die Frau nicht aufhörte, ihm nachzustellen, und als er merkte, wie seine Gegenwehr zu bröckeln begann, ließ er sich kastrieren. »Er fiel dabei in Ohnmacht«, weiß Ibn Battuta zu berichten. Und fügt dann hinzu, ohne es näher zu erläutern: »Er wurde für seine Tugendhaftigkeit belohnt.«

Der Globetrotter verlässt mit seiner kleinen Entourage das konsumgesättigte, stinkende Bengalen, segelt weiter. Vorbei an der indischen Ostprovinz, in Richtung des heutigen Myanmar. Und bald macht er eine Erfahrung, die selbst ihn, der an Folter gewöhnt ist, zutiefst erschreckt, zutiefst verstört.

Sie legen in einer kleinen Stadt an. »In einer der Nächte, die wir dort im Hafen zubrachten, begab sich ein Sklave unseres Kapitäns, der sich auskannte und viel bei diesen Leuten aus- und einging, an Land. Er hatte in der Höhle nahe dem Ufer mit der Frau eines Häuptlings ein Rendezvous«, erzählt Ibn Battuta im *Rihla* und berichtet weiter, dass dieses Geheimtreffen der beiden offensichtlich verraten wurde. Jedenfalls sei eine bewaffnete Abordnung des Häuptlings in dem Liebesnest erschienen und habe die beiden zum Landesherrn geschleppt. »Dieser gab den Befehl, dass dem jungen Mann sofort die Hoden abzuschneiden seien. Das geschah auch umgehend, und er wurde anschließend ans Kreuz geschlagen. Die Ehebrecherin erhielt ebenfalls die dort übliche Strafe, sie wurde von vielen Männern vergewaltigt, bis sie tot war.«

Anschließend kommt der Herrscher auf die Dschunke, mit der Ibn Battuta unterwegs ist, die Dschunke, von der der Ehebruch ausging. Der Maghrebiner rechnet schon damit, dass er ihr Boot abbrennen lässt, sie kollektiv für die Tat des Sklaven bestraft. Doch der Sultan klagt nicht an, er entschuldigt sich für die Härte der Bestrafung: »Wir mussten das tun. Wir haben keine andere Möglichkeit, als unseren Gesetzen zu folgen.« Er besteht darauf, dem Kapitän für den Hingerichteten einen Sklaven aus seinem Gefolge zu übergeben – als Ausgleich für den Verlust.

Nach fünfundzwanzig Tagen Seefahrt erreicht die Dschunke eine Insel, die damals als Java bekannt war, das heutige Sumatra im Westen Indonesiens. Samudra heißt ihre Hauptstadt (vermutlich zwischen den heutige Städten Medan und Banda Aceh gelegen). Man empfängt die Fremden freundlich, bringt ihnen schon bevor sie ankern auf kleinen Booten Kokosnüsse, Bananen und Mangos. Der Sultan Malik al-Zahir zeigt sich als äußerst gastfreundlich. Ibn Battuta verbringt zwei Wochen in seinem Palast. Der Herrscher beschenkt ihn großzügig, wie so oft muss Ibn Battuta als Gegenleistung für Unterbringung, Verköstigung und Gaben nur von seinen Erlebnissen in der weiten Welt erzählen. Später zeigt sich, dass der Sultan sich auch für religiöse und rechtliche Fragen interessiert, er verwickelt seinen Gast in gelehrte Diskussionen und rezitiert mit ihm gemeinsam den Koran.

Ibn Battuta gefällt es auf Sumatra. Aber nach fünfzig Tagen drängt es ihn zum Aufbruch – die Winde für eine Reise nach China stehen günstig, das ist nur einige Monate im Jahr so, er will die Gelegenheit nicht verpassen.

Anders als bei den meisten Reisen in Nahost, wo er sich oft genau an Land und Leute und Entfernungen erinnert, wird die Route, die Ibn Battuta anschließend im *Rihla* beschreibt, reichlich unpräzise. Einundzwanzig Tage lang segelt seine Dschunke Richtung Osten, bis sie in ein »Land von Heiden« kommt. Der Maghrebiner nennt es Mul Java, und alles spricht dafür, dass es sich dabei um das heutige Java handelt. Der Haupthafen dort ist Qaqulah, »eine feine Stadt mit einem großen Eingangstor, durch das drei Elefanten nebeneinander passen«. Die Dickhäuter finden sich überall in der Stadt, werden als Lasttiere, aber auch als eine

Art Haustier gehalten. Ibn Battuta beobachtet, dass die meisten Ladenbesitzer ihre »persönlichen« Elefanten neben ihren Geschäften an Pflöcke binden, offensichtlich schützen sie die Geschäftsleute auch vor Dieben. Gehandelt wird hauptsächlich mit edlen Hölzern, für die sie gern Baumwollkleidung in Zahlung nehmen – »sie gilt bei ihnen mehr als Seide«.

Der Herrscher von Mul Java ist dem Globetrotter aus Marokko wenig sympathisch. Und der Sultan hält seinerseits misstrauisch Distanz zu dem Fremden. Da er außerdem weder Arabisch noch Persisch spricht, beschränkt sich die Konversation bei einem Höflichkeitsbesuch Ibn Battutas im Palast auf ein Minimum. Wenigstens das Wort *Salam*, »Friede«, kennt der Herrscher. Drei Tage lang dürften sie als Gäste bleiben, verkündet der »Ungläubige«, dann hätten sie Qaqulah zu verlassen.

Ibn Battuta ist das nur recht – China reizt ihn weit mehr als dieser Ort, der von der Lage her dem heutigen Jakarta entspricht. Damals existiert hier noch keine Weltstadt, sondern nur ein Provinznest. Und nichts deutet darauf hin, dass aus der Inselwelt Sumatras, Javas und angrenzender Eilande einmal der Staat mit den meisten Muslimen weltweit werden könnte: Indonesien.

Der Traum vom sanften Islam

Auch ein Superlativ, wenngleich keiner, den man sich als Bürgermeister wünscht: CNN Travel, der Reisedienst des großen amerikanischen Nachrichtensenders, hat Jakarta gerade zur »meistgehassten Großstadt der Welt« ernannt. Nun fiele mir auch die eine oder andere US-Metropole ein, die bei einem solchen Ranking gut im Rennen liegen müsste, aber wo die rekord- und listenverliebten Amerikaner Recht haben, da haben sie Recht: Jakarta ist problematisch, sehr problematisch. Oder kann es zumindest sein für den, der sich nicht auskennt, der nichts von den Fluchten weiß, den geheimen, zugegebenermaßen versteckten Plätzen, die Jakarta zu einem sehr attraktiven Ort verwandeln können. Von den Menschen, die diesen Moloch liebenswert machen.

Selbst die Einheimischen haben ein gespaltenes Verhältnis zu ihrer Metropole: »Big Durian« haben sie Jakarta getauft, nach der faulig süßen Tropenfrucht, die groß und stachlig und stinkend, aber auch nahrhaft und saftig ist, abstoßend im Geschmack für die einen, anziehend für die anderen. Sie spaltet: Es gibt fast nur Durian-Liebhaber und Durian-Verachter, wenig dazwischen. Nicht so wie bei dieser anderen großstadterprobten Frucht, in die man weitgehend ohne Nebenwirkungen und immer lustvoll hineinbeißt. New York – »The Big Apple«. Andererseits: Existiert nicht vielleicht doch etwas Attraktiveres, Geheimnisvolleres, Exotischeres, Aufregenderes als der Apfel? Und ist die Durian nicht auch ein anerkanntes Aphrodisiakum?

Also, Jakarta: 9,7 Millionen Einwohner im Stadtkern, 29,9 Millionen im Großraum, eine Megacity, laut Berechnungen der Vereinten Nationen der zweitgrößte Ballungsraum der Welt nach Tokio. Hauptstadt des südostasiatischen Inselreichs Indonesien, in dem mehr Muslime leben als im Maghreb, in Saudi-Arabien, Syrien, Irak und den Golfstaaten zusammen, mehr auch als in jedem anderen Staat der Welt, 222 Millionen. Fast 90 Prozent der Jakarta-Einwohner bekennen sich zum Islam, das entspricht in etwa dem Landesschnitt, die große Mehrzahl davon sind Sunniten. Mit fast zehn Prozent bilden evangelische und katholische Christen die größte religiöse Minderheit.

Indonesien garantiert in seiner Verfassung allen Weltreligionen den gleichen geschützten Status – und steht für einen weltoffenen, sanften Islam. Zwar hat es auch hier Terrorangriffe von Fanatikern gegeben, den schlimmsten auf der Urlauberinsel Bali im Jahr 2002 mit über zweihundert Toten, bei einem Doppelanschlag auf die

Luxushotels Marriott und Ritz-Carlton kamen dann im Jahr 2009 noch einmal neun Menschen ums Leben. Aber seitdem sind das Land und seine Hauptstadt von größeren islamistischen Attentaten verschont geblieben. Nachrichten vom Terror des IS im nahöstlichen »Kalifat« des grausamen Abu Bakr al-Baghdadi wirken deshalb wie aus einer anderen Welt. Religiös begründete Gewalt gilt hier als die extreme Ausnahme, religiöse Toleranz als der alltägliche Normalfall. Vielen Experten dient der südostasiatische Islam als Beweis dafür, dass es eben doch eine weltoffene, sanfte Variante dieses Glaubens gibt, dass sich pluralistische Demokratie und die strengen Vorschriften des Korans nicht widersprechen müssen.

Könnte Indonesien sogar zu einem Vorbild für die in einem blutigen Umbruch befindlichen, von der Auflösung bedrohten Staaten des Arabischen Frühlings werden? Sollten Kairo und Bagdad, Teheran und Riad lernen vom »Geist der Toleranz«, den US-Präsident Barack Obama, der ja einen Teil seiner Kindheit in Jakarta verbracht hat, hier bei seinen Besuchen stets zu verspüren glaubt?

Ich bin im Herbst 2013 unterwegs mit dem Gouverneur der Region (die Hauptstadt und die umgrenzenden Vororte besitzen den Status eines Bundesstaats, der Chef hier ist mehr als nur Bürgermeister). Joko Widodo heißt der Mann, der damals erst einige Monate die Geschicke Jakartas leitet und dem wahre Wunderdinge nachgesagt werden.

Er hat jedenfalls bis dahin schon eine bemerkenswerte Karriere hingelegt, ganz und gar ungewöhnlich für die Strukturen seines Heimatlandes. In Indonesien, so hieß es die vergangenen Jahrzehnte, kann man nur etwas werden, wenn man in die »richtigen«, die superreichen Familien hineingeboren wird. Oder wenn man einen General zum Vater und eine eigene hohe Militärlaufbahn hinter sich hat. Am besten und am häufigsten bei Spitzenpolitikern war eine Kombination von beidem, großes Geld und beste Verbindungen zu Heer, Marine und Luftwaffe: Das verschaffte in dem notorisch korrupten Staat Zugang zu Macht und Milliardengeldern.

Joko Widodo aber, allgemein bekannt unter dem Kürzel »Jokowi«, ist anders. Er stammt aus einer Unterschichtenfamilie. Sein Vater, ein Tischler, musste jeden Cent zurücklegen, um seine Kinder zur Schule schicken zu können. Jokowi studierte Forstwirtschaft, verdiente als Möbelhändler sein erstes Geld, baute eine Holzfabrik auf. Dabei stieß er auf so viele bürokratische Hindernisse, dass er sich entschloss, selbst in die Politik zu gehen. Er bewarb sich um das Bürgermeisteramt seiner Heimatstadt Surakarta, mitteljavanische Provinz, eine halbe Million Einwohner – und begeisterte seine Wähler. Sie bestätigten ihn nach vier Jahren mit über neunzig Prozent der Stimmen im Amt. »Ich habe sie wohl mit meinem Einsatz für Transparenz und gegen Vetternwirtschaft überzeugt«, sagte er damals stolz. Und er machte auch international Furore; bei einem Vergleich der weltweit effektivsten Stadtväter kam er auf Platz drei. 2013 wagte er den Sprung in die Hauptstadt.

Viel Glück, sagten seine Freunde, und meinten es verzweifelt-hoffnungsvoll. Viel Glück, sagten seine Feinde, und meinten es zynisch.

Alle waren sich einig, dass Jokowi mit einer Aufgabe konfrontiert war, die sich nicht bewältigen ließ. Über Jakarta schlugen die Probleme nur so zusammen: Fast permanente, oft mehr als zehn kilometerlange Verkehrsstaus, ausgelöst durch marode Straßen und ein nicht existierendes U-Bahnnetz. Wild wuchernde, krebsartig wachsende Vorstädte und Slums ohne jegliche funktionierende Infrastruktur. Umweltschäden durch verdreckte Flüsse und verpestete Luft. Und dann, und vor allem, die ständige Gefahr der Überflutung – die Bucht von Jakarta, seit zweitausend Jahren bewohnt, eignet sich mit ihrer durchschnittlichen Höhe von weniger als acht Metern gar nicht für eine Besiedlung in größerem Ausmaß. Die holländischen Kolonialherren haben es zu verantworten, dass hier ein bedeutendes Verwaltungszentrum entstand, Batavia, aus dem dann nach der Unabhängigkeit 1949 Indonesiens Hauptstadt wurde. Eine Metropole, die nach einem düsteren UNO-Szenario schon im Jahr 2050 vom Meer verschlungen werden könnte. Geschähe da nicht ein politisches und architektonisches Wunder, beispielsweise der Bau neuer, riesiger Dämme.

Erster Tag mit Jokowi. Frühmorgens, kurz nach sieben. Auftritt des Gouverneurs im Südosten der Stadt, in einem der endlosen Slums mit baufälligen Hütten zwischen verdreckten Kanälen. Es ist eine dieser unangekündigten Fahrten, wie sie Jokowi damals oft unternimmt. Er trägt Jeans, T-Shirt, Baseballmütze. Er fährt ohne Blaulicht, nur mit einem Assistenten an seiner Seite. Ein schlaksiger Mann, klein, drahtig, die Finger immer in Bewegung, immer ungeduldig auf etwas deutend, und dann wieder in die Gegenrichtung. Als müsste es mehr als vier Himmelsrichtungen geben.

Jokowi hat sich mehrere Distriktbüros der Stadtverwaltung vorgenommen. Ab neun Uhr morgens sollen hier normalerweise Beamte den Bürgern zur Verfügung stehen, Geburtsurkunden, Pässe, Führerscheine ausstellen. Doch über die Jahre hat sich der Schlendrian eingeschlichen, in kaum einem der überprüften Ämter geht es pünktlich los. Der Gouverneur zuckt seinen Kugelschreiber und macht sich Notizen. Ein Bürochef ist fünfunddreißig Minuten, ein anderer neunzig Minuten zu spät gekommen. Das soll nicht ohne Folgen bleiben – Jokowi will später Abmahnungen verschicken, den schlimmsten Arbeitsverweigerern droht er mit Entlassung aus dem Staatsdienst.

Der Gouverneur stellt sich neben die Bürger, die sich lautstark über die Behördenwillkür beschweren, die überall verlangten Schmiergeldzahlungen. Er macht die ein oder andere beiläufige

Bemerkung, verständnisvoll, den Zorn eher verstärkend als kanalisierend. Hauptsächlich aber hört er zu – und gehört so bald dazu. Er erweckt zumindest den Eindruck, einer aus der Masse der kleinen Leute zu sein. Und dann verschwindet er wieder, so lautlos und schnell, wie er gekommen ist. Lässt verblüffte Slumbewohner zurück, die sich die Geschichte seines Besuches später immer wieder erzählen werden. Ein so wichtiger Politiker, der bei ihnen im Armenviertel auftaucht, das sind sie nicht gewohnt.

Er wirkt auf die Einwohner von Jakarta an diesem Morgen wie aus einem Märchen, wie der legendäre Kalif aus *Tausendundeiner Nacht*: Jokowi als Harun al-Raschid.

Zweiter Tag mit dem Gouverneur. Besuch bei einer Gemeindeveranstaltung im Osten der Hauptstadt. Diesmal kommt er mit Entourage und Dienstwagen, hat sich aber keine Sonderspur mit Blaulicht sichern lassen, wohl weil sich das wenig volksnah anfühlt. So sympathisch das sein mag, es erweist sich logistisch gesehen als fatale Fehleinschätzung: Wir stehen stundenlang in einem der Megastaus, die für Jakarta so charakteristisch sind, es ist einfach kein Durchkommen. Als Jokowi dann endlich eintrifft, ist das Bild in dieser Mittelklassegegend nicht viel anders als im Slum: Dem Neuen schlägt Begeisterung entgegen. Manche versuchen, sich durch die Absperrung zu drängen, um ihr Idol zu berühren. »Ich werde euch nicht enttäuschen«, ruft er in seiner kurzen Ansprache, bei der viel von Ankündigungen die Rede ist, von geplanten Verbesserungen der Infrastruktur. Und dann schaltet Jokowi ganz auf Messias-Modus, schüttelt Hände, küsst Babys, setzt sich minutenlang auf den Rasen, um mit einer Gruppe Beamter und einer Abordnung Arbeitsloser zu diskutieren. Er polarisiert nicht, er vereint. Er steht für ein Reformprogramm, aber vor allem steht er für sich und die Integrität einer neuen Politik.

Er wirkt hier wie ein großer Inspirator, wie ein Mann, der glaubhaft die Hoffnung verkörpert: Jokowi als Nelson Mandela.

Dritter Tag. Jakarta feiert den »Tag des Kindes«. Jokowi hat auf der Fahrt in den Dufan-Vergnügungspark seine Lieblingsmusik in den CD-Player seines Dienstwagens einlegen lassen. Black Sabbath, Iron Maiden, Judas Priest, er ist ein Heavy-Metal-Fan und macht in seiner Freizeit selbst Musik. Seine Lieblingsgruppe ist Metallica, berüchtigt für ihren harten Sound und die Wut auf die Etablierten. Vor dem Jakarta-Konzert einige Monate zuvor hat eines der Bandmitglieder Jokowi sein Musikinstrument geschenkt und signiert. »Spiel weiter diesen funky Bass«, steht da, und auf dieses Souvenir ist der Politiker mächtig stolz. Jetzt aber warten Hunderte Kinder auf Jokowi. Seine Mitarbeiter haben ihm eine Rede geschrieben, doch das Manuskript legt er schnell zur Seite. Er veranstaltet ein Quiz, »Wie heißt euer Gouverneur, wann kam er ins Amt?«, lautet eine der neckischen Fragen, der Sieger bekommt ein Fahrrad. Und zum Abschluss holt Jokowi sich einen Studenten auf die Bühne, singt mit ihm im Duett das patriotische Volkslied »Mein Heimatland«.

Stehende Ovationen. Bei den Kleinen ist er ganz Popstar, der Mann, der die Bühnen der Welt rocken könnte: Jokowi als Mick Jagger.

Jakarta-Volkstribun, Superstar der Nation, neuer Komet am politischen Himmel Asiens – schnell wird 2014 klar, dass diesem Mann alle Türen offen stehen. Der Politiker der oppositionellen Demokratischen Partei führt mit so großem Vorsprung die Popularitätslisten an, hat in Meinungsumfragen einen solchen Vorsprung, dass er sich bald zur Kandidatur fürs höchste Amt im Staate drängen lässt – was den Vorteil hat, dass er dem Bürgermeisteramt entkommt, in dem keiner reüssieren kann. Ganz Indonesien zu regieren, die mehr als siebzehntausend Inseln mit seinen unterschiedlichen Ethnien und Religionen und den scharfen sozialen Gegensätzen zusammenzuhalten, ist eine enorm schwierige Aufgabe. Aber es ist wohl doch nur die zweitschwierigste im Land.

Jokowi stürzt sich im Sommer 2014 in den Präsidentschafts-
wahlkampf. Als er mit dem bösen Gerücht konfrontiert wird, er
hätte den Auftritt seiner Lieblingsband Metallica in Jakarta nur
wegen des Instrumentegeschenks ermöglicht, gibt er den Bass bei
der Antikorruptionsbehörde ab und lässt das Erinnerungsstück
zum Staatseigentum erklären. Sein riesiger Vorsprung schmilzt,
aber er schafft es gegen einen sehr etablierten und mit allen Was-
sern gewaschenen Gegenkandidaten: Gut dreiundfünfzig Prozent
votieren für den Außenseiter, am 20. Oktober 2014 wird er als
neuer Präsident vereidigt. Joko Widodo übernimmt die Geschicke Indonesiens.

Als ich jetzt wieder ins Land fahre, steht er kurz vor Vollendung seines ersten Amtsjahres. Es sind keine besonders erfolg-
reichen Monate gewesen, Jokowi hat bisher nicht viel von dem
erreicht, was er sich als Präsident vorgenommen hat, was er anzu-
packen versprach.

Die Wirtschaft in dem lange Zeit als nächster »Tiger-Staat«
gehandelten Indonesien befindet sich in einer schwierigen Phase,
Jokowi verfehlt das für 2015 angestrebte Wachstumsziel von sechs
Prozent ziemlich deutlich. Der Kampf gegen die Korruption ist
kaum vorangekommen, auch durch einige seiner merkwürdigen
Personalentscheidungen. Weil der Präsident Todesurteile gegen
ausländische Drogendealer vollstrecken ließ, knirscht es in den
Beziehungen mit Australien und der Europäischen Union gewal-
tig. Auch gegenüber den muslimischen Flüchtlingen aus Myanmar zeigt sich der früher für seine Liberalität Gepriesene erstaunlich hart, erst nach langem Zögern gewährt Indonesien ihnen jetzt
wenigstens Asyl für ein Jahr.

Vielleicht liegt es auch an den übergroßen Erwartungen, die
er mit seinem manchmal an Populismus grenzenden Alles-ist-
machbar-Stil erweckt hat, und sicher ist es noch viel zu früh, den
Stab über den Neuen zu brechen, aber seine Zustimmungswerte

sinken, zum ersten Mal unter fünfzig Prozent. Der Präsident weiß um seine Probleme, findet aber offensichtlich noch keine Lösungen. »Erzählt mir bloß nicht immer, alles liefe gut, wenn es in Wahrheit ganz anders ist«, herrschte er kürzlich vor laufenden Kameras seine Kabinettskollegen an.

Nur in einem Punkt lässt sich Jokowi gar nicht beirren und hat strikt seinen *Reformasi*-Kurs gehalten: Er verteidigt die Religionsfreiheit gegen alle Versuche radikaler Kräfte, Indonesien die Scharia überzustülpen und die liberale Verfassung auszuhebeln. Er machte seinen langjährigen Vize in Gouverneurs-Zeiten zum neuen Chef von Jakarta. Basuki »Ahok« Purnama gehört gleich zweifach zu den Minderheiten: Er ist nicht Javaner oder Angehöriger eines der anderen einheimischen Volksstämme, sondern Chinese. Und er ist Christ. »Warum sollte das irgendeinen stören?«, fragt der Präsident rhetorisch. Er selbst sei ein gläubiger Muslim, die meisten anderen in der Stadt sicher auch. »Aber das ist doch Privatsache. Ahok ist einfach der Beste für den Job.« Ob die Dinge wirklich so einfach liegen, ob der Präsident mit solchen Ansichten womöglich viel weiter, viel liberaler ist als die meisten seiner Landsleute – das ist längst noch nicht geklärt.

Freunde bringen mich nach Kramat Jati, einem Armenviertel im Osten von Jakarta, eingeklemmt zwischen zwei Ausfahrtsstraßen und dem verdreckten Ciliwung-Fluss. Früher waren hier Obstplantagen und Äcker, die grünen Außenbezirke der Hauptstadt, doch längst haben sich Holzbaracken, Wellblechhütten und verschachtelte Betonburgen in die Landschaft hineingefressen. Dicht an dicht stehen die Häuser, sie lassen kaum noch etwas von der Natur erkennen. Halbnackte Kinder spielen mit ausrangierten Autoreifen, alte Frauen überwachen von ihren klapprigen Holzstühlen aus das Geschehen. Vor einem Kiosk, in dem Zigaretten, Kaugummi und Kekse verkauft werden, sitzen einige Männer vor aufgeschlagenen Kokosnüssen und schlürfen den Saft.

Gleich zwei Moscheen sind in unmittelbarer Sichtweite. Es gibt neue Vorschriften für deren Imame – Allah sei Dank, meinen die Männer übereinstimmend.

Cahyo Sukaryo hat sich bei der Stadtverwaltung beschwert und wurde jetzt, während des Ramadan im Juli 2015, von den Behörden erhört. Der Ramadan ist eine harte Zeit, besonders bei tropischen Temperaturen, von Sonnenaufgang bis Sonnenuntergang darf weder getrunken noch gegessen werden. »Wir sind alle gläubige Muslime, damit es keine Missverständnisse gibt, und wir halten uns an die Vorschriften«, sagt der Mann. »Aber was zu viel ist, ist zu viel. Während des Fastenmonats haben die Muezzin die Lautsprecher auf die höchste Stufe gestellt. Sie begannen schon um zwei Uhr morgens mit ihren Aufrufen zum Gebet. Sie haben die Frauen viel zu früh aus dem Schlaf gerissen und sie aufgefordert, sich ans Kochen zu machen – und das war noch nicht mal das Schlimmste. Sie wurden auch noch persönlich. Frau Soundso, ihr Mann hat sich gestern beschwert, geben Sie sich heute mehr Mühe mit der Zubereitung des Essens!«

Die Muezzin denunzierten für alle hörbar Frauen aus der Nachbarschaft?

»Genau das«, sagt der Mann aus dem Armenviertel. »Aber damit ist jetzt Schluss.« Während der letzten Ramadan-Tage fiel den Slumbewohnern auf, dass die persönlichen Angriffe ausblieben, der Ton deutlich leiser gestellt wurde, die Gebetsaufrufe erst fünfzehn Minuten vor Sonnenaufgang ertönten. »Das ist ein Fortschritt«, sagt der etwa vierzigjährige Arbeiter, »und den haben wir Jokowi und Ahok zu verdanken.«

Auch sonst sind der Wortführer des Distrikts und seine Freunde vorsichtig optimistisch, dass sich in ihrer Stadt etwas zum Positiven ändern könnte. Nachdem jahrzehntelang nur von der Verbesserung des Nahverkehrs geredet wurde, hätten jetzt doch an einigen Stellen der Stadt die Bauarbeiten für U-Bahnstationen

begonnen, seien einige neue Dämme gegen Sturmfluten eingerichtet worden, verbunden mit neuen Jobs. »Ein Tropfen auf den
heißen Stein«, sagt einer der Alten. Die Meinungen der Männer
gehen auseinander, wie weit sie von solchen Aktivitäten profitieren werden. »Aber vielleicht unsere Kinder«, meint der Wortführer, die anderen nicken oder wiegen nachdenklich ihre Köpfe.

Eine Stadt, die Rätsel aufgibt. Zitat aus der *Jakarta Post*, 20. Juli
2015: »Die Stadtverwaltung plant, so erklärte es ein Offizieller,
Bettler mit Jakarta-ID-Karten in ihren Distriktbüros anzustellen.
Die letzten Zahlen der städtischen Sozialagentur zeigen, dass die
Stadt während Razzien von Januar bis Juli 2015 mehr als viertausend Bettler verhaften ließ. Sie besuchen gegenwärtig Unterrichts-
klassen im Bina-Insan-Zentrum in Ost-Jakarta, um ihre Fähigkeiten weiterzuentwickeln.« Bettler verhaften – das muss ein
Rückschritt sein. Aber: Bettler verhaften, um sie auszubilden und
dann bei der Stadtverwaltung anzustellen – kann das nicht auch
ein Fortschritt sein?

Jakarta zwingt zur Stellungnahme auf Fragen, die man am liebsten gar nicht hören möchte. Soziale, religiöse, zwischenmensch-
liche. Und es lebt von seinen Gegensätzen. Selbst bei den Part-
nerstädten Jakartas ist das zu merken: Keine andere Metropole
weltweit kann für sich in Anspruch nehmen, mit den tödlich verfeindeten Seoul, Südkorea, und Pjöngjang, Nordkorea, gleichzeitig »verschwistert« zu sein.

Jokowi sitzt jetzt in seinem Präsidentenpalast, muss seine Sicher-
heitsleute inzwischen Tage vorab informieren, wenn er einen
»spontanen Überraschungsbesuch« plant oder auf seinem geliebten Fahrrad losziehen will. Neu-Gouverneur Ahok geht als gläubiger evangelischer Christ sonntagmorgens in die Kirche – und
abends zum Fastenbrechen in eine jeweils andere muslimische
Gemeinschaft, »Safari-Ramadan« nennt sich der Brauch, für einen
Hauptstadt-Chef obligatorisch. Manche Muslime beeindrucken

diese Besuche des Christen bei den Andersgläubigen, andere halten sie für gotteslästerlich. »Wir wollen den nicht, wir wollen unter uns Rechtgläubigen bleiben«, zischelt ein alter Mann in einem als besonders konservativ bekannten Distrikt. Die jungen Leute, die sich in der Cut-Meutia-Moschee im Zentrum treffen, sehen das ganz anders. Ihnen ist der Gouverneur willkommen, sie veranstalten in der Moschee nach den Gebeten ein Jazzkonzert. »Welcome to the groovy Ramadan evening«, heißt es auf der Einladung.

In Saudi-Arabien würde man für so etwas hängen, oder zumindest mit Hunderten Peitschenhieben bestraft werden. Aber Jakarta ist nicht Jeddah. Auch wenn Saudi-Arabien in Indonesien häufiger gegenwärtig ist, häufiger Einfluss nimmt, als man sich das denken oder wünschen mag.

Die strenge wahhabitische Auslegung des Islam passt eigentlich nicht zur weltoffenen indonesischen Gesellschaft, in der die Religion oft auch mit mystischen Elementen, mit Wahrsagern und Zauberern verbunden ist. Aber die saudischen Imame und ihre Wohlfahrtsverbände verfügen für ihre weltweite Offensive hin zu einem fundamentalistisch ausgerichteten Glauben über riesige finanzielle Mittel. Ihre Abgesandten wirken auch in vielen Regionen Indonesiens, bauen Moscheen, richten großzügige Gemeindezentren ein – und versuchen, die Gesellschaft nach ihren Vorstellungen zu verändern.

In Westjava kamen Schulbücher in den Umlauf, in denen Nichtmuslime als »Ungläubige« verdammt wurden, die in letzter Konsequenz auch getötet werden könnten. Es gab einen Aufschrei, sie wurden von der neuen Regierung schnell zurückgezogen, ein höchst peinlicher Skandal, wie es aus Regierungskreisen hieß. Zu islamischen Lichtgestalten der Geschichte wie dem großen arabischen Philosophen Averroes – oder dem mittelalterlichen Reisenden Ibn Battuta – fand sich in den Machwerken übrigens kein Wort.

Hinweise auf eine schleichende Islamisierung finden sich auch anderswo, wenn man denn gezielt auf die Suche geht. Früher durfte Alkohol in kleinen Minimärkten angeboten werden, jetzt ist der Verkauf von Bier und Wein auf die großen Einkaufszentren beschränkt; ein generelles Alkoholverbot für Restaurants während des Ramadans soll vielleicht demnächst im Parlament diskutiert werden. In den Büros und Krankenhäusern der Hauptstadt tragen nach einer Untersuchung von ausländischen NGOs mehr Frauen Kopftuch als früher. Ein noch von Jokowis Vorgängern eingebrachtes *Halal*-Gesetz soll schärfere Richtlinien zum »korrekten« Schlachten durchsetzen. Unbedeutende Nadelstiche, sagen die einen, kein Grund zur Besorgnis. Der Beginn eines Trends, sagen die anderen.

Dass die Lage an der Religionsfront nicht durchgehend rosig ist, weiß niemand besser als Yenny Wahid, die Frau, die als Generalsekretärin jahrelang die Nationale Erweckungspartei (PKB) geleitet hat und sie in eine Koalition mit Jokowi führte. Mehrere islamische Parteien haben bei den Wahlen 2014 den Einzug ins indonesische Parlament geschafft. Insgesamt konnten sie knapp ein Drittel der Stimmen erringen, ein leichtes Plus gegenüber früheren Urnengängen. Als einzige der religiös geprägten Gruppierungen gewann die PKB diesmal deutlich hinzu, sie kam auf knapp über neun Prozent.

Wer islamisch mit fanatisch, hinterwäldlerisch und modernisierungsfeindlich gleichsetzt, wird von Yenny Wahid schnell widerlegt – sie kennt keine Berührungsängste, weder was den Westen noch andere Religionen noch den letzten Hightech-Fortschritt betrifft. Als Treffpunkt hat sie das Starbucks in einem der glitzernden Einkaufszentren der Hauptstadt vorgeschlagen; die schicke junge Dame Ende dreißig trägt eine smarte Apple Watch am Handgelenk und hat das iPhone stets in Reichweite. Ihr buntes Kopftuch, locker gebunden, wirkt nicht wie ein religiöses Statement, eher wie ein modisches Accessoire zum Designeroutfit. Sie lacht gern und viel und zeigt auf dem Handy den neuesten »Craze« der aufgeklärten Kreise von Jakarta, das lustig-selbstironische Video eines Transvestiten-Clowns.

Wenn es um den Glauben geht, wird sie allerdings ernst. »Leider gibt es immer wieder Übergriffe gegen andere Religionsgemeinschaften, den Katholiken in der Jakarta nahen Stadt Bogor wurden von den Behörden unter Vorwänden der Bau einer Kirche verboten, Priester mussten sich gegen einen Mob wehren«, sagt sie. »Aber das Christentum ist wenigstens als eine der anerkannten und wie Buddhismus und Hinduismus formal mit dem Islam gleichberechtigten Religionen in Indonesien geschützt, während die Angehörigen der Ahmadyya-Sekte, die glauben, Mohammed sei nicht der letzte Prophet Allahs gewesen, als Ketzer gelten.« Der Muslimrat hat die schiitischen Abweichler aufgefordert, der »Irrlehre« abzuschwören, nur so könnten sie vor Übergriffen bewahrt werden. Yenny Wahid findet das empörend. Und den Liberalen gefällt auch ganz und gar nicht, dass in der autonomen Westprovinz Banda Aceh Männern, die mit Alkohol, und Frauen, die in »unzüchtiger Kleidung« wie etwa eng anliegenden Jeans erwischt werden, die Auspeitschung droht. »Eine schlimme Abweichung von dem generell sanften Islam meiner Heimat«, nennt sie das. »Undenkbar im weltoffenen Jakarta.«

Toleranz hat sie schon das Elternhaus gelehrt. Ihr Vater Abduharram Wahid machte sich als Führer einer gemäßigten Islam-Bewegung einen Namen. Sie durfte in Jakarta und Harvard studieren, als Korrespondentin arbeiten. 1998 gründete ihr Vater die PKB, ein Jahr später wurde er völlig überraschend als Kompromisskandidat zum Präsidenten Indonesiens gewählt. Seine Tochter half ihm nach der Erblindung, Staatsbesuche zu meistern. An seiner Hand lernte sie Chinas damaligen KP-Chef Jiang Zemin und den Palästinenserführer Jassir Arafat kennen.

Doch bald war Abduharram Wahid, trotz allen guten Willens und beachtlicher Versuche, die Exzesse der indonesischen Militärs zu beenden, nicht mehr in der Lage, sich gegen Intrigen zu wehren und sein Amt weiter auszufüllen. Nach seinem Tod übernahm die Tochter den Co-Vorsitz der Partei und wurde Chefin der nach ihm benannten Stiftung.

Das Wahid Institute hat sich als Hauptaufgabe gestellt, die Vorurteile der verschiedenen Glaubensgemeinschaften abzubauen und Verständnis für das andere, das Fremde zu wecken. Vor allem Frauen kommen so zusammen. Sie flechten gemeinsam Körbe und nähen Kleidung, verkaufen dann auf den Märkten gemeinsam ihre Erzeugnisse. Außerdem vergibt die Stiftung Kredite – unter der Voraussetzung, dass an den Projekten immer Angehörige unterschiedlicher Religionen beteiligt sind. »Wir schicken unsere Leute aufs Land und auch in die Randgebiete von Jakarta, sie bleiben dort auch längere Zeit und überwachen die Fortschritte«, sagt Yenny Wahid. »Und wann immer ich kann, mache ich selber mit.« Es sei schön zu beobachten, wie nach und nach das gegenseitige Misstrauen schwinde, die Frauen feststellten, wie ähnlich ihre Probleme seien, »wie viel ihre Götter gemeinsam haben«.

Könnte sie nicht als Religions- oder Bildungsministerin noch mehr ausrichten?

Frau Wahid sagt, sie habe sich von der Partei zurückgezogen, ihr Mann arbeitet als Parlamentarier, sie will sich jetzt mehr um ihre drei Kinder im Vorschulalter kümmern. Aber sie verfolge Jokowis Politik genau und setze »trotz der Anfangsschwierigkeiten und der vielen Steine, die man ihm auch und gerade aus seiner eigenen Partei in den Weg legt«, große Hoffnungen auf ihn. Und ja – sie sei von verschiedenen Seiten schon angesprochen worden, ein hohes Regierungsamt zu übernehmen. Ausschließen will sie das nicht. »Aber alles zu seiner Zeit.«

In der alten Villa, in der die Stiftung sitzt, erzählt sie mir am nächsten Tag von einem Phänomen, das ihr Hoffnung und Angst zugleich macht: Indonesien, das Land der Wayang-Schattenpuppen und der mündlichen Überlieferung, habe das Buch wiederentdeckt. »Allerdings lesen meine Landsleute fast nichts von dem, was ihren Horizont wirklich erweitern würde. Sie stürzen sich auf religiös-konservative Propagandaliteratur.« Vor allem die islamische Bewegung Lingkar Pena veröffentliche sehr erfolgreich »missionarische« Unterhaltungsliteratur. Statt Aufklärung und Diskussion indonesische Varianten von Hedwig Courths-Mahler und Rosamunde Pilcher, Familien- und Liebesromane, die den Islam als Antwort auf alles preisen. »Dabei haben wir doch so tolle Autorinnen mit so aufregenden Themen.«

Und in der Tat, es gibt Gegenbeweise, eine Erfolgsgeschichte auch in der anspruchsvollen Literatur: die berühmteste schreibende Frau von Jakarta.

Wieder einmal die Welt aus dem Taxifenster, Stunden über Stunden, auf dem Weg zu Laksmi Pamuntjak: Ich fahre von meinem Hotel im Zentrum der Stadt, dem wolkenkratzersatten, von teuren Einkaufszentren, Botschaften und internationalen Luxusherbergen geprägten »Golden Triangel«, Richtung Süden. Endloshäuserreihen, abgelöst von *Kampung*-artigen Vorstadtsiedlungen. Dämpfe, Abgase und süßlich-faulige Gerüche, die durch die Autotüren quillen. Jakarta ist wirklich Durian-Stadt, die umstrittene Stinkefrucht passt zu diesem Moloch. Und wäre Jakarta ein Tier, welcher Vergleich böte sich da an? Vielleicht der Pazifische Riesenkrake, *Enteroctopus dofleini*, wirbellos, glatt, immerzu und überall imstande, Farbe, Musterung und Struktur nach Belieben zu verändern. Einmalig allein schon durch seine rekordverdächtigen, wahrlich furchterregenden Ausmaße.

Wenn es ein Viertel gibt, in dem ich in Jakarta gern wohnen würde, dann wäre es – nein, nicht das klinische »Lippo Village«, wo sich reiche amerikanische und südkoreanische Expats eine eigene, von Rest-Jakarta abgetrennte Welt geschaffen haben. Sondern der »neue Süden«, Kemang und Cilandak, wo es originelle Kneipen und luftige, beschwingte Restaurants gibt, die Rooftop, Eco Bar oder Treehouse heißen und auch so aussehen. Es ist die Gegend, in der Jakartas gefeierte Schriftstellerin Laksmi Pamuntjak mit ihrem Mann, einem deutschsprachigen Umwelt-Ökonomen, und ihrer Tochter lebt. Sie besitzen ein kleines, zweistöckiges Haus mit einer großen Glasfassade, die den Blick auf einen Garten mit Bananenstauden freigibt. Das Wohnzimmer quillt fast über von Büchern – alles schon auf Anhieb sehr sympathisch. So sympathisch wie die Gastgeberin.

Ein ausdrucksstarkes Gesicht mit funkelnden Augen, lange pechschwarze Haare, ein schlichtes elegantes Kleid, hochhackige Schuhe – Frau Pamuntjak, Anfang vierzig, ist eine beeindruckende Erscheinung.

»Ich weiß, dass ich durch meine Herkunft alle Chancen hatte«, sagt sie, fast entschuldigend. Die Großeltern besaßen einen Verlag, den zweitältesten der Stadt, der Vater war Architekt, die Mutter studierte Pharmazie. Indonesische Oberschicht. Laksmi konnte gute Schulen besuchen, sie lernte Piano, die musisch Hochbegabte überlegte sogar, eine Karriere als Konzertpianistin einzuschlagen. Aber Kunst und Klang allein genügte ihr schon bald nicht mehr. Sie war bereits als Jugendliche wach genug, um auch die Schattenseiten der Gesellschaft wahrzunehmen. Sie interessierte sich brennend für die Geschichte ihres Landes, ihrer Stadt. Für die Frühzeit unter dem muslimischen Prinzen Fatahillah, die Kolonialherrschaft der Holländer und die brutale Besatzung unter den Japanern im Zweiten Weltkrieg, vor allem aber für die Zeit nach 1945 und die selbstverschuldeten Fehler der Politik.

Präsident Sukarno hatte sich als erster Präsident des unabhängigen Indonesien ein eigenwilliges ideologisches Konzept zurechtgeschneidert: »Nasakom« nannte er es, ein Kürzel, bestehend aus den Begriffen Nationalismus (*Nasionalisme*), Religion (*Agama*) und Kommunismus (*Komunisme*). Das sollte eine Weiterentwicklung der parlamentarischen Demokratie sein, die nach Sukarnos Meinung der indonesischen Idee einer harmonischen Gesellschaft zuwiderlaufe, zu permanenten unerfreulichen Konflikten führe; er strebte ein System an, das auf dem traditionellen Dorfsystem der gemeinsamen Diskussion und des Konsens beruhte. Aber in Wirklichkeit stärkte er immer mehr die Militärs, die zur wichtigsten Säule seiner Herrschaft wurden und die nach und nach ihre eigene Machtagenda entwickelten. Ende 1957 verkündete Sukarno die *Demokrasi Terpimpin*, die »gelenkte Demokratie«. »Und 1965«, so fasst die Autorin zusammen, »kam es dann wegen eines angeblichen Putschversuchs der Linken zu schrecklichen Massakern, einer wahren Blutorgie, die zur Entmachtung Sukarnos durch General Suharto und zu einer mehr als dreißigjährigen Militärdiktatur führte.«

Mehr als eine halbe Million »Volksschädlinge« wurden damals hingerichtet, Hunderttausende in Lager verschleppt, Kommunisten, Sozialisten, alles was »linker« Gedanken verdächtig war – eines der größten ungesühnten Verbrechen des vergangenen Jahrhunderts. Ein Verbrechen mit Nachklang: Noch Jahre mussten viele leiden. So sah sich beispielsweise Laksmis Lieblingslehrerin, mit einem Deportierten verheiratet, wegen ständiger Schikanen der Behörden zur Kündigung gezwungen.

Laksmi Pamuntjak ließ sich nicht beirren, die Wissbegierige studierte im australischen Perth Geschichte. »Historisches und Mythologisches haben mich immer fasziniert«, sagt sie. Sie begann Gedichte zu schreiben, veröffentlichte Lyrikbände und Essays. Doch Jakartas verdrängtes Trauma ließ sie nicht los. Sie begann auf eigene Faust für einen Roman zu forschen und fuhr auf die frühere Gefangeneninsel Buru im Molukken-Archipel, traf ehemalige Häftlinge und Gefangenenwärter. Es war eine Recherche gegen das Vergessen, ein Anschreiben gegen das Schweigen, das dem Volk so lange von den Behörden auferlegt worden ist. Pamuntjak erzählt die Geschichte als eine große Familiensaga, angelehnt an das klassische Nationalepos *Mahabharata*. *Amba*, deutscher Titel *Alle Farben Rot*, wurde zu einem preisgekrönten Bestseller. Das pralle, bildersatte Buch endet eher melancholisch. »Schwer zu sagen, was einen Menschen leichter bricht, der Stachel des Scheiterns oder die Musik der Hoffnung.«

Die Wahrheit ist: An den Pogromen vor fünfzig Jahren haben sich nicht nur Militärs und Polizisten beteiligt (übrigens unter der stillschweigenden bis Beifall klatschenden Zustimmung der USA und Westeuropas), sondern auch muslimische Organisationen. Deren aufgehetzte Mitglieder zogen durch Jakarta und die Vororte, zerrten auch viele verhasste chinesisch-stämmige »Verräter« aus den Häusern und schlugen sie blutig. Aber die Autorin Pamuntjak ist weit davon entfernt, dafür »den Islam« generell verantwortlich zu machen. Sie bezeichnet sich selbst als gläubig. Dazu gehören für sie – anders als für die Islamisten – immer auch Zweifel.

Es wird ein langer Nachmittag im Haus der engagierten Schriftstellerin. Eine Bedienstete reicht kleine, feine Häppchen, viel auf Kokos-Basis, manches höllisch scharf. »Sie arbeitete schon für meine Eltern und ist eine exzellente Köchin«, sagt die Hausherrin, die selbst viel von gutem Essen versteht und sich neben ihren literarischen Büchern auch als Herausgeberin eines Jakarta-Restaurantführers einen Namen gemacht hat. Doch heute lässt sie alle Köstlichkeiten links liegen, es geht ihr um zentrale Anliegen. Die Morde an den Satirikern des französischen Magazins *Charlie Hebdo* haben sie aufgewühlt. »Ich mochte die Karikaturen nicht, fragte mich, warum man die Gefühle der Gläubigen so verletzen muss. Aber wir Muslime müssen lernen, Ruhe zu bewahren.

Wenn wir mehr Vertrauen in unsere eigene Religion hätten, müssten wir nicht so hysterisch reagieren.«

Laksmi Pamuntjak glaubt an den sanften Islam, sie hat keinerlei Sympathien für die Radikalen an der Glaubensfront. Aber die größte Gefahr für Jakarta sieht sie nicht im religiösen Fundamentalismus, sondern in dem zunehmenden sozialen Gefälle, in dem »skandalösen Auseinanderdriften von Arm und Reich«. Ihre Argumentation wird von Zahlen gestützt: Aus Indonesien sind, trotz eines Anstiegs in jüngster Zeit, weit weniger junge Männer und Frauen nach Syrien und in den Irak gereist, um dort an der Seite des »Islamischen Staates« in den Krieg zu ziehen als etwa aus Tunesien. Weniger auch als aus Deutschland.

*

Eine letzte Erkundungstour durch Jakarta auf eigene Faust. Zunächst in die traditionelle Gegend der Rucksacktouristen um die Jalan Jaksa, die Straße in der Nähe des Merdeka-Platzes. Für mich ein kleiner Nostalgie-Trip, denn hier habe ich 1968 gewohnt, als ich zum ersten Mal in der Stadt war, auf dem Weg »von Afghanistan über Nepal nach Bali«, wie wir damals großspurig sagten (und tatsächlich noch, ohne Krieg und Terrorismus, weitgehend unbehelligt reisen konnten, fast wie Ibn Battuta einst). Auch heute, so verkündet mein alternativer Reiseführer, treffe sich hier die Traveller-Szene.

Aber ich finde keines der einfachen, aber einladenden Hotels von früher wieder. Immerhin gibt es hier noch einige schmale Bürgersteige; viele Teile der Stadt sind so auf den Durchgangsverkehr fixiert, dass sie schon gar nicht mehr mit Fußgängern zu rechnen scheinen. Auch die Bürgersteige an der Jalan Jaksa sind vollgepackt mit kleinen Essensständen und Kiosken, und weil sich der Verkehr schon wieder staut, weichen die Motorrad- und

Mopedfahrer kühn auf die Gehwege aus und rasen in lebensgefährlichem Tempo durch die Menschenmassen. Entnervt nehme ich ein Taxi. Ich will in die kleine, noch holländisch angehauchte Altstadt Jakartas und zum Hafen. Nach »Old Batavia«.

Es ist eine Fahrt vom Zentrum Richtung Norden. Vorbei am Präsidentenpalast zum Nationalmonument, einem hundertsiebenunddreißig Meter hohen, spitz zulaufenden Turm, den der Volksmund nach seinem Erbauer »Sukarnos letzte Erektion« getauft hat; vorbei an der vor allem von Chinesen bewohnten, quirligen Gegend Glodok zum Traditionsviertel Kota. Hier am Kanal rund um den alten Rathausplatz haben die Jakarta-Behörden mithilfe der Unesco mehrere koloniale Gebäude wie das alte Stadhuis und das Schattenspielmuseum restauriert, die Erinnerung an das holländische Erbe erhalten.

Seltsam aus der Zeit gefallen, wie eine historische Kopie wirkt das ganze, von Kanonen bewachte Ensemble am Fatahillah-Platz. Hübsch, museal, puppenstubengleich, wie auf einen falschen Kontinent verirrt. Schnell gehe ich weiter, über die gleichfalls restaurierte Hoenderpasarbrug, die Hühnermarktbrücke, hinüber zum nahen Hafen. Vorbei an einer Konditorei, in der die neueste Geschmackskreation von Jakarta angeboten wird: Durian-Eiskrem, interessant, aber gewöhnungsbedürftig.

Dort im Hafen, im jahrhundertealten Sunda Kelapa, dümpeln die Schiffe im Abendlicht. Dutzende, ja Hunderte riesige *Pinisi*, Lastensegler. Mit ihren eingerollten Segeln, den hohen Masten und dem spitz zulaufenden Bug sehen sie aus wie eine Armada zur Eroberung der Weltmeere. Matrosen und Hafenarbeiter balancieren Säcke mit Gewürzen und Edelhölzern über schmale Planken.

War das auch das erste Bild, das sich Ibn Battuta bot, als er im Jahr 1345 hier irgendwo in der Nähe anlegte? Sein letzter Eindruck, bevor es ihn hinaustrieb in die Südchinesische See, zu seiner heimatfernsten Station, jenseits aller Grenzen, am Ende der Welt?

Zwölftes Kapitel

Hangzhou – Überwältigend

Ibn Battuta hat sich auf Java nicht besonders wohlgefühlt, dazu hat sicher auch sein Abschiedserlebnis in der Nähe des heutigen Jakarta beigetragen. Im Hof des Herrschers wird er Zeuge eines merkwürdigen, verstörenden Rituals: Vor den Augen des Sultans und im Beisein des Maghrebiners ergreift einer der Höflinge mit beiden Händen sein Schwert, richtet es gegen seinen Hals, trennt mit einem mächtigen Hieb den eigenen Kopf ab. Ibn Battuta weiß nicht, wie ihm geschieht, will etwas unternehmen – doch der Sultan hält ihn zurück, lacht nur und fragt: »Macht man das bei euch auch so?«

Als der Weltreisende sagt, er habe dergleichen noch nirgendwo gesehen, scheint das seinen Gastgeber mit besonderem Stolz zu erfüllen. Der Sultan erklärt: »Bei uns passiert das öfter. Es sind Sklaven, die begehen eine solche Tat, um mir auf diese Weise ihre besondere Liebe und Hochachtung zu zeigen.« Schon der Vater und der Großvater des Selbstmörders, den Ibn Battuta da gerade erlebt habe, hätten sich in gleicher Weise geopfert.

Der Sultan ordnet an, den Leichnam wegzubringen, und befiehlt seinen Ministern und dem gesamten Hofstaat, bei der Einäscherung dabei zu sein. Dann lässt er die Familie des Selbstmörders kommen, erhebt sie in den Adelsstand und bedenkt sie mit einer großzügigen Apanage. Ibn Battuta ist das unheimlich. Ein Glück, dass die Monsunwinde gut stehen und er nicht länger bleiben muss. Er hat auch über China viel Unheimliches gehört, aber schlimmer als hier können die Sitten dort nicht sein. Und fast alles, was man ihm über das mächtigste Reich im Fernen Osten erzählt hat, klang deutlich attraktiver, »zivilisierter«. Obwohl er nun, östlich von Sumatra, in kein Land mehr kommen würde, das ein Muslim regierte. Das »Haus des Islam« ist in diesem fernsten Teil seiner Reise das Haus einer Minderheit; allerdings kann er auf eine mächtige und wohlhabende Minderheit zählen – die überall an den Küsten ansässigen muslimischen Kaufleute.

Die Dschunke Richtung China nimmt Kurs auf Nordost. Vierunddreißig Tage fahren sie, bis Ibn Battuta ein merkwürdiges Naturphänomen beobachtet: Das Meer wird absolut ruhig, kein Wind, keine Wellen, keine Bewegung, es ist, als stünde die Welt still. Gespenstisch. Noch unheimlicher wird das durch die rötliche Färbung, die das Wasser annimmt. »Wahrscheinlich vom Staub des benachbarten Landes«, heißt es im *Rihla*, aber dass Ibn Battuta eine wissenschaftliche, eine »natürliche« Erklärung heranzieht, macht es für ihn nicht besser. Der Maghrebiner hat Angst.

Die Seeleute beruhigen ihn. Sie kennen dieses Schauspiel, es ereigne sich fast auf jeder China-Reise, erzählen sie. »Deshalb wird jede Dschunke auf dieser Route von drei Ruderfahrzeugen begleitet, jeweils dreißig Mann greifen in die Ruder, sie ziehen das Mutterschiff mit Seilen und singen dabei rhythmisch mit heller Stimme und eintönigem Text: La, la, la.« Siebenunddreißig Tage geht das so, laut Ibn Battuta gilt das für eine Durchquerung des »Stillen Ozeans« als gute Zeit.

Sie machen Zwischenstopp in einem Land namens Tawalisi, sehr groß soll es sein, der Chronist berichtet, in dieser Weltregion genieße das Reich fast ein so hohes Ansehen wie China. Laut Ibn Battuta sind die Bewohner »Götzenanbeter«, aber schöne und tapfere Menschen, die den Türken ähnelten. Regiert würden sie von einer Frau, in allen Machtpositionen hätten Amazonen das Sagen. »Sie reiten auf Pferden, beherrschen das Speerwerfen vorzüglich und kämpfen im Krieg.«

Stimmen Ibn Battutas Erinnerungen über die Dauer der Schiffsreise, liegt dieses Tawalisi näher zu China als zu Java – es könnte in
etwa dem heutigen Kambodscha, Vietnam, der Indonesien-Insel
Sulawesi oder auch den Philippinen entsprechen. (Die Lokalisie-
rung ist eines der Lieblingsrätsel der Ibn-Battuta-Forscher, Kambodscha hat einen leichten Vorsprung bei der Identifizierung der
geheimnisvollen *Rihla*-Region; manche besonders skeptische Historiker verweisen Tawalisi ganz in das Reich der Fabel.)

Kailukuri heißt die Stadt, in der sie vor Anker gehen. Die Herrscherin lädt die Offiziere der Dschunke zu einem Festmahl ein,
doch Ibn Battuta mag nicht mitgehen, obwohl ihn der Kapitän
dazu drängt. Warum sich der sonst so Neugierige einem so interessanten Termin verschließt, wird nicht ganz klar. Dass da eine
Frau auf dem Thron sitzt, müsste ihn eigentlich nur noch mehr
gereizt haben. Vielleicht ist es eine schwere Magenverstimmung,
für die er sich gegenüber den so kraftstrotzenden Damen schämt –
jedenfalls lässt sich Ibn Battuta damit entschuldigen, es sei ihm
aus religiösen Gründen nicht gestattet, von den lokalen Gerich-
ten der »Ungläubigen« zu essen. Die Regentin lässt das nicht gelten. Sie schickt nach ihm, fordert seine Anwesenheit.

»Ich begab mich also zu ihr. Sie saß auf ihrem Staatsthron in
einem großen Sitzungssaal, um sie herum Matronen, die ihre Rat-
geberinnen waren«, heißt es im *Rihla*. Die Bezüge des Throns und
alle Vorhänge sind aus kostbarer Seide angefertigt, die Sandelholz-
Tische mit Goldplatten verlegt. Auf Estraden stehen Amphoren
und Krüge in allen Größen, gefüllt mit einem besonderen süß-
lichen Saft. »Man trinkt ihn nach der Mahlzeit, er schmeckt aro-
matisch und angenehm, erheitert die Menschen, schenkt ihnen
einen angenehmen Atem, fördert die Verdauung und regt zum
Liebesgenuss an.« Klingt nach dem neuen Lieblingsgetränk des
Maghrebiners, es ist jedoch nicht überliefert, dass er sich etwas
von dem Zaubermittel auf die Weiterreise mitgeben ließ.

Die Fürstin zeigt sich sehr interessiert an Ibn Battutas Erlebnissen, befragt ihn nach seinen Erfahrungen in aller Welt. Sie spricht Türkisch und Arabisch. Nach der Unterhaltung beschenkt sie ihren Gast mit Kleidung, Büffelkühen und Schafen sowie Krügen mit eingelegtem Ingwer, Pfeffer, Zitronen und Mangos. Der Kapitän erzählt Ibn Battuta anschließend weitere erstaunliche Dinge über die eigenwillige und sehr durchsetzungskräftige Herrscherin. Sie habe einmal im Kampf einen feindlichen König mit einem einzigen Lanzenstich getötet und sei dann im Triumphzug mit dessen Kopf auf der Speerspitze heimgekehrt. Und sie heirate nur den Mann, der sie im Kampf besiegen könne – noch keiner habe es gewagt, sie zu einem Duell herauszufordern, und so sei sie ohne Ehemann geblieben.

Ibn Battuta nimmt Abschied von Tawalisi, wohlversorgt und sehr angetan von dem Reich der mächtigen Frauen. Nach siebzehn Tagen angenehmer und pannenfreier Seereise erreicht er China. Vom ersten Augenblick an ist er fasziniert: Es ist ein Reich voller Wunder, er kommt aus dem Staunen gar nicht mehr heraus. »Kein Land auf der Welt kann sich mit diesem vergleichen«, schreibt er. Und bezieht das auf Natur, Technik und Lebensstandard.

Zuckerrohr, Weintrauben, Pflaumen, Kürbisse, Linsen. Kichererbsen, Hirse. Alles, was Ibn Battuta von anderswo kennt, gedeiht auch hier – nur fast immer, wie der Araber gestehen muss, »in besserer Qualität«. Die chinesischen Hähne und Hühner sind ungewöhnlich groß, größer als die Gänse in seiner Heimat. »Wir hatten uns ein Huhn gekocht und wollten es zubereiten, aber es ging nicht in einen Kochtopf hinein, wir mussten es auf zwei Töpfe verteilen«, schreibt Ibn Battuta und berichtet leicht befremdet, die Einheimischen würden auch Hunde und Schweine essen – man sieht förmlich, wie er sich schüttelt. Das chinesische Porzellan, dessen Brennvorgänge er genau schildert, ist dann allerdings über allen Verdacht erhaben, schlichtweg bewunderungswürdig,

»das Beste, weltweit«. Das gilt seiner Meinung nach auch für die Seide, »die Würmer, die sie hervorbringen, brauchen keine besondere Pflege, sie ernähren sich von bestimmten lokalen Früchten, folglich gibt es Seide in Massen«.

Das Volk führt nach Ibn Battutas Einschätzung ein üppiges und bequemes Leben. Der Fremde wundert sich allerdings, dass die Chinesen nicht mehr Wert auf Kleidung legen, es sei durchaus üblich, reiche Kaufleute in billigster Baumwolle zu sehen. Viele würden sich auf einen eisenbeschlagenen Stock stützen, als »dritter Fuß« bekannt. Und jeder strebe den Besitz von goldenen und silbernen Gefäßen an. Bei ihren Einkäufen, registriert er verwundert, verwendeten sie allerdings nicht wie der Rest der Welt Gold- oder Silbermünzen. »Sie nutzen Papierstücke als Zahlungsmittel, die ungefähr die Größe einer Handfläche haben und den Stempel des Herrschers tragen. Zerrissene Papierstücke bringen die Einheimischen in ein Haus, das unserem Münzamt entspricht, und sie erhalten dafür neue, ohne eine Gebühr bezahlen zu müssen.«

Der Herrscher von China sei ein Tatar aus der Nachkommenschaft des Dschingis Khan, lässt uns der Chronist wissen. Es ist die späte Glanzzeit der Yuan-Dynastie, eine gute Zeit für ausländische Gäste – die Herrscher heißen Fremde in ihrem Reich ausdrücklich willkommen. Dennoch hat Ibn Battuta Vorbehalte. »Die Chinesen sind Heiden, die Götzenbilder anbeten und ihre Toten verbrennen, wie es die Inder tun«, schreibt er leicht vereinfachend. »In jeder Stadt gibt es ein Viertel für Muslime, wo sie allein für sich wohnen, um ihre Gebete und sonstigen Handlungen zu vollziehen, ihre Konvente sowie Moscheen haben. Sie sind hoch angesehene und verehrte Leute«, heißt es im *Rihla*. Sie bilden auch den Anlaufpunkt für den Weltreisenden, der sich auf dieses Netzwerk verlassen kann.

Ibn Battuta ist durchaus beeindruckt von den kulturellen Errungenschaften der Chinesen. Kein Volk habe es in der Kunst zu solchen Fortschritten, zu solcher Vollkommenheit gebracht, schreibt er. In der Malerei könnten ihnen nicht einmal die Byzantiner das Wasser reichen. Und die Chinesen nutzten ihre Fähigkeiten nicht nur zur schöngeistigen Erbauung, sondern auch im Alltag, ganz praktisch.

»Sooft ich eine ihrer Städte betreten hatte und dann nach längerer oder manchmal auch recht kurzer Zeit wieder in sie zurückkehrte, fand ich auf den Mauern und auf Papier mein Bild und das meiner Gefährten vor. Wir alle kamen bei der Betrachtung zu dem Schluss, dass die Bilder naturgetreu und in allen Einzelheiten gemalt waren.« Die Porträts haben, da macht sich der Mann aus Tanger keine Illusionen, weniger mit der Hochachtung vor den Gästen zu tun als vielmehr mit ihrer Überwachung. »Sie dienen der Sicherheit des Staates«, schreibt er im *Rihla* – als eine Art prophylaktischer Steckbrief, der im Fall eines Falles auch in anderen Landesteilen aufgehängt werden kann.

Zwangsmaßnahmen im Sinne der öffentlichen Ordnung heißt Ibn Battuta ausdrücklich gut. Ihm imponiert die chinesische Bürokratie, die durchgreift, etwa beim Registrierungszwang für Dschunken. Jeder Reisende, jede Ware auf dem Schiff müsse bei der Anreise angemeldet werden, berichtet er. Der Kapitän trage dann bei der Abfahrt die Verantwortung dafür, dass alle wieder an Bord kämen oder ihr Verbleib erklärt werde, und auch über die gelöschten und zugeladenen Güter müsse er Auskunft erteilen. Könne er das nicht, werde die Fracht beschlagnahmt und in Staatsbesitz überführt. »So etwas habe ich nirgendwo sonst auf der Welt gesehen«, schreibt Ibn Battuta.

Wenn ein arabischer Geschäftsmann in eine chinesische Stadt kommt, darf er wählen, ob er bei einer muslimischen Gastfamilie oder in einem Hotel übernachten will. In beiden Fällen gibt er beim Eintritt ins Haus sein ganzes Vermögen ab – Gastgeber oder Hotelier stellen ihm eine Quittung aus und bürgen dafür, dass er beim Abschied alles wieder zurückbekommt. Aber die Fürsorge-pflicht endet nicht beim Finanziellen, wie Ibn Battuta bewundernd konstatiert. »Wenn der Gast eine Konkubine wünscht, kauft der Wirt ihm eine Sklavin und lässt sie im Gasthaus wohnen. Sklavinnen sind sehr billig in China, es gilt nicht als verboten, seine Kinder zu verkaufen.« Ist dieser Handel legal, so gilt Spielsucht als verpönt, Wetten seien in den Herbergen streng untersagt. Ibn Battuta zitiert dazu einen chinesischen Beamten: »Wir wollen nicht, dass man in den Ländern des Islam hört, China sei ein Reich der Frivolität und Verschwendung.«

Ibn Battuta fasst seine positiven Eindrücke im *Rihla* so zusammen: »China ist für den Reisenden das sicherste und schönste Land, das man sich denken kann. Jeder Gast wird umsorgt, überall gibt es ausreichend Rasthäuser, deren Besitzer für eine Begleitung in den nächsten Ort sorgen. So kann man monatelang durch die Gegend fahren und auch viel Besitz mit sich führen, ohne etwas befürchten zu müssen.« Seine erste Station in China ist die Stadt Zaitun (das heutige Quanzhou) im Süden, damals einer der größten Häfen der Welt. Ibn Battuta berichtet von mehr als hundert größeren Dschunken, die in einer Meeresbucht liegen, »die kleineren sind gar nicht zu zählen«. Weil fast jeder Einwohner einen Garten besitzt, in dem sein Häuschen steht, hat die Stadt gewaltige Ausmaße.

Er hat gleich nach seiner Ankunft ein überraschendes Treffen, eine Begegnung mit der Vergangenheit sozusagen: Ein Emir, der zu seiner großen Reisegruppe auf dem Weg von Indien Richtung China gehört hat, konnte sich damals als einer der Wenigen von dem Schiff retten, das bei dem schlimmen Sturm vor Calicut im Meer versank. Jetzt sorgt er dafür, dass Ibn Battuta ein besonders prächtiges Haus bekommt. Dort empfängt er nach und nach die wichtigsten Muslime der chinesischen Hafenstadt, Richter, Scheichs, Kaufleute. Ihr Zusammenhalt in der Diaspora ist groß,

»besondere Freude ist ihnen, wenn sie ein Muslim besucht, einer aus dem Haus des Islam, wie sie sagen«.

Doch den Mann aus dem Maghreb hält es nicht lange in Zaitun, er will mehr sehen von Land und Leuten. Bevor er Richtung Norden aufbricht, will er noch einen heiligen Einsiedler besuchen, von dem ihm viele erzählt haben: Ibn Battutas Hang zu Sufis und Mystikern ist ungebrochen.

Vielleicht liegt es an seiner kurzzeitigen Abkehr vom Weltlichen, seiner Vertiefung in andere Dinge als die präzise Reportage, dass seine geschilderte Reiseroute jetzt ins Schwimmen gerät, im wahrsten Sinne des Wortes. Siebenundzwanzig Tage lang will er von Zaitun über einen »großen Fluss« gesegelt sein, um nach Sin Kilan (identifizierbar als das heutige Kanton) zu gelangen. Da muss er sich vertan haben, bei der Länge der Strecke wie beim Verkehrsmittel. Zwar existieren in der Region Flüsse, die Schiffsfahrten möglich machen. Einen durchgehend befahrbaren Strom für diese Route gibt es aber nicht, kann es nie gegeben haben.

Auch Sin Kilan ist eine Metropole, so groß und nach Ibn Battutas Meinung so gut regiert, wie es wenige auf der Welt gibt. Die Stadt besitzt »einen der schönsten Märkte«, im Zentrum steht ein gewaltiger Tempel, von dem die Einheimischen ihm erzählen, einer der früheren Kaiser habe ihn persönlich erbauen lassen. Zum Unterhalt des Gotteshauses hat der Herrscher eine Stiftung eingerichtet, in die Steuergelder fließen. Sie finanzieren karitative Einrichtungen im Inneren des Tempels, Räume, in denen Kranke, Alte und Blinde unentgeltlich wohnen können. Auch Sin Kilan hat das typische Viertel für Muslime mit einer Freitagsmoschee und einem Konvent für Mystiker, ein Kadi und ein Scheich kümmern sich weitgehend autonom um die Gemeinde.

Ibn Battuta bleibt zwei Wochen in der Stadt; er hat sich bei einem muslimischen Kaufmann einquartiert und erhält jeden Tag von irgendeinem einflussreichen muslimischen Händler

Geschenke und Zuwendungen. Im Gegenzug erzählt er von seinen Abenteuern, erfährt aber auch selber die unglaublichsten Geschichten. Jenseits der Stadt, irgendwo da draußen, mehr als sechzig Tagesreisen weit entfernt, existiere ein riesiger, menschengemachter Wall. An dieser Großen Mauer entlang wanderten unheimliche Menschenfresser, immer auf der Suche nach Beute. Aus diesem Grund sollte man sich von dem apokalyptischen Land der »Gog und Magog« fernhalten. Ibn Battuta, sonst Seemannsgarn gegenüber durchaus aufgeschlossen, verweist diese Erzählungen allerdings ins Reich der Fabel: »Ich fand weder jemanden, der den Wall gesehen hätte, noch jemanden, welcher einen kannte, der ihn gesehen hätte.«

Er hat dann in der Nähe von Kanton noch ein merkwürdiges Erlebnis. Bei einem Besuch in der Grotte außerhalb der Stadt lernt er einen alten Mönch kennen, von dem die Leute erzählen, er sei schon über zweihundert Jahre alt. Der magere Greis, dem man seine Selbstkasteiung schmerzlich ansieht, begrüßt ihn mit den Worten: »Ich weiß, du kommst vom anderen Ende der Welt.« Der merkwürdige Alte erzählt auch von einem Erlebnis Ibn Battutas in Indien, das er eigentlich gar nicht kennen kann, von einem Heiligen, der ihm in einem indischen Tempel einmal zehn Goldmünzen geschenkt hat. »Dieser Mann war ich«, behauptet der Mystiker. Bevor Ibn Battuta nachfragen kann, verschwindet der Mann, der entweder über hellseherische Gaben verfügt, die Geschichte irgendwo aufgeschnappt hat oder tatsächlich so weit gereist ist. »Über dieses Geschehen wunderte ich mich sehr«, schreibt der Maghrebiner im *Rihla*. Trotz mehrfacher Bitten bekommt er keinen neuen Termin, die Höhle und ihr Insasse bleiben wie eine Fata Morgana, ein flüchtiger Traum.

Ibn Battuta fährt zurück nach Zaitun. Er hat über seinen Bekannten, den Emir, Kontakt mit dem Herrscher in Peking aufnehmen lassen und hofft, dass schon eine Antwort vorliegt. Und tatsächlich: Einige Tage nach seinem Wiedereintreffen in Zaitun erreicht ihn eine Depesche, er könne mit jeder Unterstützung rechnen, dürfe sich frei im Land bewegen – als privilegierter Gast des Kaisers.

Der Globetrotter kann sein Glück kaum fassen. Er drängt gleich zum Aufbruch. Er hat gehört, auf dem Weg zum Regierungssitz liege noch die größte, schönste, eindrucksvollste Stadt der Welt, und welche Superlative es sonst noch gibt: Chansa alias Hangzhou. Diese Metropole muss er sich noch gründlich ansehen. Und doch ist da, bei aller Vorfreude, plötzlich wieder ein Gefühl, das er lange nicht mehr gekannt, das er womöglich verdrängt hat: Heimweh. Dass es ihn regelrecht übermannt, liegt an einem unerwarteten Treffen.

Auf dem Weg legen sie nach zehn Tagen einen Zwischenstopp ein, Qandschanfu (heute: Jiangshan) heißt die »schöne Stadt in einer Ebene, welche von Gärten umgeben ist, die denen von Damaskus gleichen«. Man empfängt den Reisetrupp freundlich, veranstaltet zu seinen Ehren ein großes Fest. Als einer der lokalen Ehrengäste wird der oberste Rechtsgelehrte begrüßt, ein Scheich Qiwam ad-Din. Ibn Battuta betrachtet ihn näher, er kommt ihm bekannt vor, seine Aussprache vertraut. Der Scheich sagt, er stamme aus Ceuta – ein Ort, nur wenige Kilometer von Ibn Battutas Heimatstadt Tanger entfernt. Da kommen dem Weltreisenden die Tränen, plötzlich packt ihn die Sehnsucht nach der Heimat. Auch sein Gegenüber weint, sie fallen sich in die Arme.

Die räumliche Nähe ihrer Geburtsorte ist nicht das Einzige, was die beiden verbindet. Auf Nachfrage stellt sich heraus, dass sein Gegenüber früher auch in Delhi war, am Hof des Sultans. Ibn Battuta hat ihn dort kennen- und schätzen gelernt »als ein Junge, noch ohne Flaum auf seinen Wangen, aber als besonders begabter Schüler, der den Koran auswendig konnte«. Er war mit seinem Onkel aus Spanien gekommen, auf Jobsuche. Ibn Battuta empfahl dem Herrscher damals die beiden, sie hätten auch in Delhi bleiben können, doch es zog sie – reich beschenkt vom Sultan – weiter nach Fernost. Der junge Mann hatte dann in China eine Ausbildung im islamischen Rechtswesen abgeschlossen, eine bedeutende Karriere gemacht.

Und er empfand immer noch Dankbarkeit gegenüber seinem Förderer. »Er schenkte mir zwei Sklavinnen und zwei Sklaven, und auch sonst noch wertvolle Dinge«, berichtet Ibn Battuta im *Rihla*. Und verrät in seinem Reisebuch, wie klein auch damals schon die Welt war, jedenfalls für einen Globetrotter seines Schlags. »Ich traf später tatsächlich auch noch den Bruder des Scheichs, in Sudan, im Land der Neger. Welch eine Entfernung zwischen den Geschwistern!«

Gut zwei Wochen bleibt Ibn Battuta in Qandschanfu, dann drängt er zum Aufbruch: Er will in die größte Stadt der Welt. Sein neuer, alter Freund lässt es sich nicht nehmen, noch vier Tage mitzureisen, ein Ehrengeleit, mehr als das: ein Austausch unter Gleichgesinnten, denen gerade wegen ihrer gegenseitigen Nähe schmerzlich bewusst wird, wie weit es sie von ihren Ursprüngen weggetrieben hat. Ibn Battuta thematisiert das in seinem Reisebuch nicht weiter. Aber es ist sicher kein Zufall, dass gerade an dieser Stelle des *Rihla* eine besonders negative Bemerkung zu seinem Gastland steht, das er einerseits bewundert, andererseits aber auch verachtet, das er voller Unsicherheit und Ambivalenz beurteilt: »China, so viele Schönheiten es auch enthält, gefällt mir letztlich nicht. Es bekümmert mich, dass der Unglaube hier so sehr die Herrschaft hat, und oft verließ ich deshalb meine Bleiben nicht, weil mich viel abstieß. Sooft ich aber Muslime in China erblickte, war mir, als hätte ich meine Familie getroffen.«

Die Freunde nehmen tränenreich Abschied. Siebzehn Tage dauert der nächste Reiseabschnitt, immer den großen Fluss hinab, das Frühstück nimmt er beim Anlegen in einem Dorf, das Abendessen im Hafen des nächsten. Dann kommen sie in Chansa alias Hangzhou an – und so etwas hat selbst der Weitgereiste noch nie gesehen. Es ist, jedenfalls was die Ausdehnung, aber auch was die Infrastruktur angeht, die Stadt aller Städte.

»Ihre Länge umfasst eine Entfernung von drei Tagesmärschen, wer sie durchquert, muss mehrfach Quartier suchen. Wie schon anderenorts beschrieben, hat jeder chinesische Bewohner auch hier seinen eigenen Garten und seinen Hof. Die Stadt ist in sechs Teile untergliedert, von denen jede einzelne ihren spezifischen Zweck hat«, heißt es im *Rihla*. Ibn Battuta wurde angekündigt, seine Kontakte zum Kaiserhof sind bekannt, und er wird entsprechend ehrenvoll empfangen. Der oberste Kadi, der Gouverneur und die wichtigsten Geschäftsleute der Stadt reiten ihm entgegen, sie tragen Fahnen mit sich, Hörner, Pauken und Trompeten liefern die musikalische Untermalung. Trotz aller Ablenkung beobachtet der Fremde genau: Eine große Mauer umschließt die Stadt, auch die einzelnen Viertel sind voneinander abgetrennt. Der äußerste Ring wird von zwölftausend Wächtern bewohnt, die alle namentlich registriert sind. Hier, im Haus des Kommandanten, verbringt Ibn Battuta die Nacht.

Der Gast aus Tanger arbeitet sich, Stadtteil für Stadtteil, ins Zentrum der vermutlich größten aller damaligen Metropolen vor. Im nächsten Ring leben die Juden, die Christen und die Türken, die Sonnenanbeter seien. Auch hier übernachtet Ibn Battuta einmal, im Haus des chinesischen Vorstehers. »Im dritten Stadtteil, dem schönsten von allen, wohnen die Muslime, deren Märkte so prächtig aussehen wie in der arabischen Welt und wo die Waren auch so angerichtet sind wie bei uns zu Hause. Dieses Viertel besitzt viele schöne Moscheen, die schönste ist die Phönix-Moschee. Der Muezzin rief gerade zum Mittagsgebet, als wir einritten«, schreibt er im *Rihla*. »Es gibt viele Kaufleute, die gewaltige Reichtümer angehäuft haben. Ich bezog Quartier im Haus eines der bedeutendsten dieser Geschäftsleute, einem Mann ägyptischer Herkunft, nach dessen Namen hieß die ganze Gegend Uthmaniyya. Die Familie unterhält auch ein Hospiz, dass sich mit seinen Stiftungen um Bedürftige, Kranke und auch Mystiker kümmert.« Ibn Battuta bleibt zwei Wochen im prächtigen Gästehaus des arabischen Clans.

Der vierte Stadtteil ist der Regierungssitz, hier befindet sich die Residenz des Emirs Kortai. Das ganze Viertel ist dem Herrscher, seinen Spitzenbeamten und den zahlreichen Dienern vorbehalten. Es wird von Kanälen durchschnitten, die von dem großen Strom abzweigen. Lastkähne schippern über die Wasserwege, aber auch Ausflugsboote. Die kaiserliche Manufaktur ist in großen Hallen nahe dem Palast untergebracht, hergestellt werden kostbare Gewänder und vor allem Kriegsgerät. Jeder der tausendsechshundert Meister in dem Betrieb hat drei bis vier Lehrlinge. Den einfachen Arbeitern stehen allerdings nicht alle Rechte der einheimischen Elite zu.

»Sie sind alle Sklaven, tragen Ketten und wohnen außerhalb des Schlosses«, schreibt Ibn Battuta. »Es wird ihnen zwar gestattet, die Märkte der Stadt zu besuchen, doch das große Tor dürfen sie nicht passieren. Wer zehn Jahre lang als Sklave gedient hat, wird von seinen Ketten befreit und kann entscheiden, ob er bleiben möchte. Ist er fünfzig geworden, wird er von allen Arbeiten entbunden und auf Staatskosten verköstigt.« Wer sechzig wird, erhält in Hangzhou nach den Worten des maghrebinischen Chronisten noch größere Privilegien, »er wird zu den Kindern gezählt, sodass ihm gegenüber gesetzliche Strafen nicht zur Anwendung kommen«. Am höchsten im Ansehen stünden Greise, jeder von ihnen werde *Ata* genannt, was so viel wie »Vater« bedeutet.

All das findet Ibn Battuta so bemerkenswert, dass er fast zu vergessen scheint, seinen Gastgeber zu schildern. Der Mann aus Tanger berichtet nur kurz über ein Festmahl, das der Herrscher der Stadt ihm zu Ehren gegeben hat. Er vermerkt dankbar, dass der lokale Herrscher muslimische Küche auffahren ließ und die Fleischgerichte eigenhändig servierte.

Drei Nächte bleibt Ibn Battuta im Palast. An einem Abend lädt der Khan zur Unterhaltung der Gäste seine Zauberkünstler ein. Deren Tricks findet der Marokkaner im wahrsten Sinne des Wortes atemberaubend. Ibn Battuta ringt nach Luft, als eine hochgeworfene Holzkugel im Himmel zu verschwinden scheint, er fällt fast in Ohnmacht, als vor seinen Augen ein Kind »zersägt« und anschließend seine Gliedmaßen wieder »zusammengebastelt« werden. »Fürchte dich nicht, das ist alles nur Taschenspielerei«, sagt einer der Vertrauten des Emirs zu dem Verschreckten.

Dem neugierigen Gast bleiben noch zwei Stadtringe. Teil Nummer fünf ist das Reich der Handwerker, die Keramik und Porzellan herstellen sowie Gefäße, »die man aus großer Höhe herabfallen lassen kann, ohne dass sie zerspringen, man kann in sie auch heiße Speisen füllen, wobei sich weder die Hitze noch die Farbe verändert oder vergeht«. Im Teil Nummer sechs der größten Stadt der Welt sind die Matrosen und Fischer zu Hause, auch hier verbringt er eine Nacht.

Im Hangzhou des 14. Jahrhunderts glaubt Ibn Battuta viel von der Zukunft der Welt gesehen zu haben, im Schlechten wie im Guten – und wieder einmal zeigt sich, dass ein guter Reporter auch ein guter Prophet sein kann.

Allah und Alibaba

Die Menschen schieben sich die Uferpromenade am Westsee entlang, die Kinder in bunter Festtagskleidung, die jungen Damen in Hotpants oder Seidenkleidchen, aber trotz der hohen Temperaturen immer mit hochhackigen Stiefeln, die jungen Herren in Jeans und mit Ray-Ban-Sonnenbrillen, das Smartphone zum Fotografieren und Chatten in Reichweite. An jeder Ecke werden Getränke und Snacks verkauft, Softeis ist der große Renner. Hochzeitspaare, sie im weißen Tüll, er im Tuxedo, lassen sich, die pittoreske Leifeng-Pagode im Hintergrund, von Profis ablichten, die mit silbrig glänzenden Lichtverstärkungsschirmen arbeiten. Und überall spielt die Musik. Die älteren Semester üben nach den Klängen einer Rentner-Combo Tango und langsamen Walzer, in Hörweite lassen sich Breakdancer von Rapmusik berauschen. Ausflugsdampfer steuern die jahrhundertealten künstlichen Inseln im See an, Hochbetrieb herrscht an den besonders idyllischen Ecken wie den »Drei Teichen, die den Mond spiegeln«.

Hangzhou mit seinen von Poeten so über alle Maßen gepriesenen Pagoden und romantischen Plätzen – nach den Worten des Schriftstellers und Stadtvaters Bai Juyi der »Himmel auf Erden« – fühlt sich in diesen Tagen kaum nach geistiger Einkehr an. Eher nach Kirmes und Karneval. Der Himmel auf Erden hat ein Problem: Er ist überbevölkert, und zwar dermaßen, dass man sich inmitten all des Gedränges an einem Sonntagnachmittag bei dem unheiligen Gedanken ertappt, wenigstens einige der Passanten zur Hölle zu wünschen. Spaß macht ein solcher Ausflug trotzdem, schon allein, weil die Fröhlichkeit ansteckend ist, weil alles so unbeschwert und locker wirkt, weil dies so gar nichts von staatlichem Dirigismus verrät. Weil die Atmosphäre anders ist, als man es in der Volksrepublik China mit ihrer Einparteienherrschaft erwarten würde.

Und wenn es dunkel wird, sammelt sich alles am nördlichen Ende des *Xihu*, wie der Westsee auf Chinesisch heißt. Dann beginnen die allabendlichen Wasserspiele. Zum Rhythmus der klassischen Liebeslieder tanzen die Fontänen, schießen bei besonders dramatischen Stellen in die Höhe, wirbeln durcheinander, und wenn der Sturm der Gefühle die Melodie vorwärtstreibt, gleiten sie ineinander zum versöhnlichen Ende, zu der Verschmelzung der Liebenden. Die eindrucksvolle Wasser-Choreografie hat der Künstler Zhang Yimou entworfen, der Mann, der schon die Eröffnungszeremonie der Olympischen Spiele von Peking 2008 gestaltet hat.

Am Ende der halbstündigen, von farbigen Laserstrahlen untermalten Darbietung gibt es begeisterten Beifall. Die Älteren brechen jetzt auf, um in einem der Restaurants ein Plätzchen zu ergattern, was angesichts der anstürmenden Massen nicht so leicht ist. In beliebten Lokalen wie Grandma's Kitchen bilden sich lange Schlangen, und man muss an Automaten Nummern ziehen, bevor man sich irgendwann setzen kann. Aber dafür gibt es wirklich authentische Gerichte, das mit Teeblättern gewürzte Huhn, die scharfen Fleischbällchen, das weiche Mapo-Tofu. Die Jüngeren treibt es zu McDonald's, die »Bigga Mäkka« mit Pommes kosten unter drei Euro, und viele finden derzeit die Schanke Beer Bar, neben einem Starbucks gelegen, besonders attraktiv – hier mischen sich Einheimische und Gäste. Und wer's etwas wilder mag: In der Disco Coco Banana steigt die »Ich bin ein Roboter«-Party, individueller Tanzschritt und sexy Outfit sind laut Werbeprospekt unbedingt erwünscht!

Nur mal so als Größenvergleich: Venedig mit seinen berühmten Kanälen besuchen derzeit jährlich rund fünfundzwanzig Millionen Menschen, Hangzhou, Ausgangspunkt des Großen Kanals und Heimat des berühmten Westsees, jährlich mehr als neunzig Millionen.

Sie ist die unbestrittene Lieblingsstadt aller Chinesen, ihr kollektives Traumziel, und zwar unabhängig davon, ob sie religiös sind oder nicht. Mit seinen Hügeln und Inseln und Felsformationen, von Trauerweiden umrahmt, gilt ihnen dieser Ort als Verkörperung klassischer, zeitloser Schönheit, als Glanzpunkt chinesischen Erbes. Sie strömen zu den Sehenswürdigkeiten, deren Namen schon klingen wie Gedichte: »Donnerspitzen-Pagode in der Sonnenglut«, »Von der Brise gestreichelter Lotus im gischtumtosten Hof«, »Schmelzender Schnee auf bröckelnder Brücke«. All diese Gebäude und Gestade mögen, einzeln betrachtet, nicht gerade umwerfende Sehenswürdigkeiten sein, aber sie fügen sich zu einem harmonischen Ganzen: Hangzhou muss man als Gesamtkunstwerk betrachten.

Was für ein Unterschied zu meinem ersten Besuch im Jahr 1978! Ich hatte damals auf Betreiben des deutschen Botschafters Erwin Wickert eine Einladung in die Volksrepublik bekommen und durfte mich erstaunlicherweise mit meinem Diplomaten-Visum frei im Land bewegen. Ich war von Peking nach Shanghai gefahren und wollte unbedingt auch nach Hangzhou, von dessen Schönheit und Bedeutung für die chinesische Kultur ich viel gelesen hatte. Aber nichts war damals einfach.

Der Tod des Großen Vorsitzenden Mao Zedong lag noch nicht lange zurück, der Kampf gegen die linksradikale »Viererbande« war eben erst zugunsten der Pragmatiker um Deng Xiaoping entschieden. Die Menschen hatten begonnen aufzuatmen. Sie registrierten, dass es offensichtlich mit den schlimmsten der willkürlichen Verhaftungen während der Kulturrevolution, mit den Schlägen und Demütigungen der Professoren und Lehrer durch die jugendlichen Rotgardisten, ein Ende hatte. Plötzlich zählte nur noch Dengs Wort, man könnte die Wirtschaft auch durch vorsichtige Privatinitiativen vorantreiben: »Egal, ob eine Katze schwarz oder grau ist, Hauptsache, sie fängt Mäuse.« Nur, keiner konnte sicher sein, was das genau bedeutete, wie weit die neuen Freiheiten gingen, wie gesichert sie waren. Dementsprechend bewegten sich die Menschen vorsichtig, misstrauisch. Ich war einer der wenigen »Langnasen«, und man ging mir bei aller angeborenen Neugierde fast immer aus dem Weg.

China war damals erkennbar ein armes, heruntergewirtschaftetes Dritte-Welt-Land, mit dessen Infrastruktur es schwer im Argen lag. Das fing schon damit an, dass es am Flughafen in Shanghai, als ich nachts ankam, kein Taxi gab und ich mich auf dem Traktor eines Bauern buchstäblich in die Innenstadt durchschlagen musste. Das setzte sich fort, als ich mir ein Eisenbahnticket für die Fahrt nach Hangzhou kaufen wollte. Nach drei Stunden gelang mir das endlich – aber ich konnte nur für die Hinfahrt buchen, Rückfahrtickets waren nicht im Angebot. Und dann rumpelten die altersschwachen Waggons los, der Zug brauchte viereinhalb Stunden für die nur etwas über hundertfünfzig Kilometer lange Strecke. Da es keine Übernachtungsmöglichkeiten für Ausländer gab – selbst in Shanghai stand damals für »unsere ausländischen Gäste« nur ein einziges, sehr gut überwachtes Hotel zur Verfügung –, reichte es nur zu einem kurzen Spaziergang den See entlang. »Sehr idyllisch, sehr friedlich«, notierte ich mir damals. »Schade, dass es nirgendwo etwas zu kaufen gibt, nicht einmal einen Tee.« Und dann hieß es schon wieder Anstehen, um einen Platz im Eisenbahnabteil kämpfen.

Als ich dann Ende der Achtzigerjahre wieder nach Hangzhou kam, hatte sich das Bild der Stadt schon dramatisch verändert. Die Menschen hatten ihr Einheitsgrau abgestreift, mit dem Shangri-La etablierte sich ein erstes Fünfsternehotel am Ufer, keiner hatte mehr Scheu, Fragen zu stellen. Und die Menschen begannen nun, auch von den Schrecken der vergangenen Jahrzehnte zu erzählen, von Maos katastrophal missglücktem »Großen Sprung nach vorn« in den Fünfzigerjahren, der grausamen Kulturrevolution, der Zerstörungswut der Rotgardisten. Auch in Hangzhou hatten die Jugendlichen, von Mao angestachelt, alle »alten Übel« zu vernichten begonnen, schlimmes Unheil angerichtet, Teile einer alten Brücke und der Hauptpagode wurden von den Horden zerstört. Anfang der Neunzigerjahre war alles wieder aufgebaut, die Menschen diskutierten offen die zurückliegenden Gräuel. Und freuten sich über das Bewahrte. Premier Tschou Enlai habe die letzten Reste seines mäßigenden Einflusses auf Mao genutzt, so hieß es, um wenigstens einige der Tempel zu retten.

Es gab nun überall Tee zu kaufen, auch die feineren hier angebauten Sorten wie den Longjing. Und die Mönche, die man zum Schweinefüttern aufs weite Bauernland verbannt hatte, kehrten zurück und richteten sich wieder in ihren heiligen Stätten ein. Die Stadt trug Rouge auf. Aber noch merkte man Hangzhou an allen Enden und Ecken die Rückständigkeit an.

Im Jahr 2015 unterscheidet sich Hangzhou im Lebensstandard kaum mehr von einer westeuropäischen oder amerikanischen Metropole. Mehrfach wurde Hangzhou bei innerchinesischen Umfragen zur »glücklichsten Stadt des Landes« gewählt, das amerikanische Wirtschaftsmagazin *Forbes* ernannte sie zur »businessfreundlichsten Stadt der Volksrepublik«. Und die lokalen Politiker wollen auch noch in anderer Beziehung Avantgarde sein: Sie legen besonderen Wert auf die Umwelt, preisen sich als »vorbildlich grün und umweltbewusst«. Dass dies nicht nur Propaganda ist, zeigen die gepflegten Wanderwege und Parks, aber auch das Verkehrsprogramm. An mehr als tausend Stellen in der Stadt stehen rote Fahrräder bereit, die man sich für umgerechnet fünfzig Cent am Tag mieten kann – das »größte Bicycle-Sharing-Programm der Welt«, behauptet der Bürgermeister. Und man kann sich an vielen strategisch gelegenen Kreuzungen auch Elektroautos leihen, bald sollen es nach Willen der Stadtväter mehr als zehntausend sein. Auch das, natürlich, Weltrekord.

Es ist, als wollte sich Hangzhou mit seinen neuen Superlativen dafür rächen, dass es die alten längst verloren hat. Von 1132 bis zur Mongolen-Invasion 1276 war Hangzhou die Kapitale der Südlichen Song-Dynastie, Heimat der berühmtesten chinesischen Dichter, der brillantesten Wissenschaftler, der umsichtigsten Verwalter. Marco Polo und Ibn Battuta beschrieben während ihrer mutmaßlichen Besuchsjahre – 1295 und 1345 – übereinstimmend und ohne Wissen voneinander Hangzhou als besonders anziehend und faszinierend und in seinen Ausmaßen geradezu umwerfend, die »größte Stadt der Welt«; Historiker glauben, dass sie damit richtig lagen. Sie vermuten, dass Hangzhou spätestens nach dem Übergreifen der Pest auf Kairo die ägyptische Metropole deutlich an Einwohnern übertroffen hat, mehr als eine Million Menschen könnten hier im Mittelalter gelebt haben. Kleine Sampans, aber auch schon große Dschunken durchkreuzten damals den Westsee. Im nahen Nanjing bereitete um 1405 der kühne Admiral Zheng He seine sieben Weltreisen vor, mit einer ganzen Flotte von riesigen Booten, die ihn bis Indien und Ostafrika führten und mit Goldschätzen und einer vielbestaunten Giraffe im Gepäck heimkehren ließen.

Heute zählt Hangzhou gut sieben Millionen Einwohner, das reicht nicht einmal innerhalb von China für einen Platz unter den Top Ten. Aber als Touristenziel ist Hangzhou uneinholbar weit vorn, was auch einer inzwischen idealen Verkehrsanbindung zu verdanken ist – auf dem internationalen Flughafen landen Gäste direkt aus Hongkong, Singapur und Tokio. Aber vor allem der Inlandstourismus blüht, ein Superschnellzug verkehrt alle Stunde von und nach Shanghai, er braucht nur noch zweiundfünfzig Minuten. Und dann ist da noch das Freizeitangebot: Hangzhou bietet für jeden Sportbegeisterten, für jeden Souvenirjäger etwas, von anspruchsvollen Antiquitäten bis hin zum Kitsch-as-Kitsch-can. Im Changsheng-Distrikt haben die Stadtoberen eine ganze mittelalterlich-klassische Straße nachbauen lassen. Handwerker zeigen, wie früher Porzellan gebrannt wurde, und wer will, kann in ein Kaiserinnen-Kostüm schlüpfen und sich für ein Erinnerungsfoto ablichten lassen: Disneyland auf Chinesisch.

Die alten Schwerindustrien und die endlosen grauen Häuserblocks sind verschwunden – allerdings auch weitgehend das Flair von früher. Überall gleichförmige Wolkenkratzer, auswechselbare Einkaufszentren. Nur die Hoteliers der Luxusklasse scheinen sich mit ihren Etablissements besondere Mühe gegeben zu haben. Direkt am nördlichen Ende des Westsees hat ein luxuriöses Hyatt Regency eröffnet, dessen Hallenschwimmbad sich beinahe über die Uferpromenade wölbt. Das Four Seasons, das Banyan Tree und das Amanfayun locken mit Parklandschaften und umgebauten Villen – fünfhundert Dollar pro Nacht aufwärts. Immer mehr Hangzhouer mieten sich da übers Wochenende ein, wenn nicht alles von den ausländischen Investoren ausgebucht ist. Viele können es sich leisten. So schnell wie hier sind wohl noch nirgends Menschen zu Millionären geworden, buchstäblich über Nacht. Und das Wunder hat auch einen entsprechend geheimnisvollen, an Märchen gemahnenden Namen. Alibaba. Genauer gesagt: *Alibaba.com.*

Ein Weltunternehmen, das aus dem Nichts entstand: Die Story des Jack Ma, Kind zweier verarmter Musiker aus Hangzhou, ist eine der großen und erstaunlichen Erfolgsgeschichten unserer Zeit.

Der junge Mann, Jahrgang 1964, interessierte sich schon früh in seiner Jugend für die große weite Welt; er wollte Englisch lernen, fiel aber drei Mal bei der Aufnahmeprüfung zur Universität durch, weil ihn das Akademische wenig interessierte. Jeden Morgen schwang er sich in aller Herrgottsfrühe auf sein Fahrrad, sprach am See Touristen an, führte sie kostenlos durch die Stadt, wenn sie denn sein Englisch verbesserten. Schließlich schaffte er es ans Hangzhou Teacher's Institute und wurde zum Lehrer ausgebildet. Doch das genügte dem Ehrgeizigen nicht, er fühlte sich zum Unternehmer berufen: Er studierte in Peking an einer Business School, und als er, nun schon Ende zwanzig, erstmals mit Computern in Berührung kam, erkannte er gleich die Chancen. Gemeinsam mit seiner Frau kratzte er zwanzigtausend Dollar zusammen und gründete eine Internetfirma, »Chinese Yellow Pages«. Nach einem Zwischenspiel bei einer staatlichen Handelsfirma entschloss er sich zur Rückkehr in die Heimatstadt und schuf 1999, von siebzehn Freunden mitfinanziert, in einem Hinterzimmer die Website *Alibaba.com*. Daraus entwickelte sich in rasanter Geschwindigkeit Chinas größtes Warenhaus für E-Commerce, die Alibaba-Handelsplattform, über die sich alles und jedes bestellen ließ. Ein rauschender Erfolg im konsumverrückten und technologiebesessenen China: Bald hatte Ma, Spitzname »Das Krokodil vom Jangtse«, sogar den Haifisch der Branche, die Firma ebay, weit überholt.

Der knallharte Geschäftsmann handelte die Mitbeteiligung des amerikanischen Unternehmens Yahoo aus und bereitete sich umsichtig auf die Internationalisierung seines Unternehmens vor. In New York legte Alibaba dann im September 2014 den größten Börsengang in der Geschichte des Aktienmarkts hin: Die Wall Street spülte mehr als fünfundzwanzig Milliarden Dollar in die Kassen. Selbst der verbliebene, eher bescheidene Anteil an der Firma reichte, um Herrn Ma unter die dreißig Reichsten der Welt zu katapultieren – und in China zumindest vorübergehend zur Nummer eins zu machen.

Der Englischlehrer aus Hangzhou wurde zur Kultfigur und zu einem der gefragtesten Redner auf allen Kontinenten. In den Elite-Universitäten Harvard und Yale wie beim prestigeträchtigen Weltwirtschaftsforum in Davos lauschten Professoren, Politiker und Business Tycoons den manchmal verblüffend schlichten, gelegentlich erfrischend unkonventionellen Weisheiten des Jack Ma. Sehr beeinflusst hätte ihn beispielsweise der leicht zurückgebliebene, aber lebenskluge Forrest Gump, in der Hollywood-Verfilmung gespielt von Tom Hanks. »Glaub daran, was du tust, lieb es, ob das den Leuten gefällt oder nicht. Lass dir deinen Erfolg nicht zu Kopf steigen und bleib einfach!«, predigte Ma in einem CBS-Interview und zitierte dann die fiktive Gestalt aus dem preisgekrönten Film: »Das Leben ist wie eine Schachtel Pralinen, man weiß nie genau, was man kriegt.«

Für seine Angestellten war der Börsengang übrigens eine durchaus süße Überraschung. Da jeder der damals etwa vierzehntausend Beschäftigten der Firma in Hangzhou automatisch am Unternehmen beteiligt war, wurden vierzehntausend Alibaba-Mitarbeiter Instant-Millionäre, genauer gesagt: am Tag der Aktienausgabe pro Kopf um 2,4 Millionen US-Dollar reicher.

Inzwischen hat Jack Ma den Vorstandsvorsitz seiner Firma aufgegeben, er zieht nur noch aus dem Hintergrund die Fäden. Er gibt den Philanthropen, den chinesischen Bill Gates, spendet für Umweltschutz und Katastrophenopfer. Und er hält sich aus der großen Politik seines Heimatlandes heraus. Herr Ma zahlt brav Steuern – keine schlechte Idee, wenn man bedenkt, wie viele Milliardäre in den letzten Jahren schon von der KP-Spitze aus dem Verkehr gezogen wurden, weil sie zu mächtig wurden (oder tatsächlich Anlass zu Korruptionsvorwürfe gaben). Der Firmenboss hat sogar, umweltpolitisch korrekt, seine geliebte Haifischflossensuppe aufgegeben. »Ich hatte mich nicht damit beschäftigt, wie bedroht und wie schützenswert die Tiere sind.«

Das Hauptquartier der Firma in Hangzhou ist, mit oder ohne Ma, zum Pilgerziel in- und ausländischer Unternehmer und Möchtegern-Partner geworden. Es ist ein futuristisches Gebäude, entworfen vom Londoner Architektenbüro Hassell im Jahr 2009. Nach dem Willen des Hausherren soll es nicht protzig daherkommen, sondern kommunikativ, wie ein Universitätscampus. Das ist gelungen: Brücken führen über einen lichtdurchfluteten Gebäudekomplex, dünne Säulen und Streben halten ihn zusammen wie ein riesiges Spinnennetz. Zu Gast war hier Ende Mai 2015 auch Karl-Heinz Rummenigge, der im obersten Stockwerk des Alibaba-Konzerngebäudes vor der einheimischen Presse zeigte, dass er das Fußballjonglieren nicht verlernt hatte. Sein eigentliches Ziel: Er wollte für seinen Verein werben. Denn Alibaba verkauft neuerdings auf seinem Portal auch Bayern-München-Trikots – geliefert vom deutschen Paketzusteller DHL, versehen mit Echtheitszertifikat.

Dass bei Alibaba nur authentische Markenware verkauft wird, ist nicht so ganz selbstverständlich. Im Mai 2015 kündigte eine Pariser Holding, zu der die Weltmarken Gucci und Yves Saint Laurent gehören, eine Klage gegen den chinesischen Internethändler wegen Produktpiraterie an, über eine seiner Plattformen würden Fälschungen ihrer Artikel angeboten. Jack Ma, gerade noch zu Asiens »Unternehmer des Jahres« gewählt und als erster Chinese auf dem Cover des US-Wirtschaftsblatts *Forbes*, bestritt das im Namen seiner Firma vehement. Doch die anstehende gerichtliche Auseinandersetzung belastete den Alibaba-Ruf, im ersten Halbjahr sank der Börsenkurs deshalb – und auch wegen der aufkommenden innerchinesischen Konkurrenz – um mehr als ein Viertel. Ein Beweis dafür, dass auch in Hangzhou nicht immer alle Bäume in den Himmel wachsen. Oder jedenfalls bedroht sind, auch mal beschnitten zu werden.

An der Uferstraße neben dem Hyatt-Hotel hat eines der prächtigsten Luxuskaufhäuser der Welt aufgemacht. Von Armani bis Zegna ist wirklich durchgehend vertreten, was gut und teuer ist, ein Shopping-Paradies für flüssige Kunden. In den Geschäften selbst sind allerdings nur ganz wenige Interessierte zu sehen, trotz der vielen örtlichen Neu-Millionäre. Entweder kaufen die ihre exquisiten Waren wirklich alle online, oder sie geben ihr Geld für etwas anderes aus, weil sie sich mit den »nötigsten« Konsumgütern, etwa den *Les must de Cartier,* schon eingedeckt haben. Beispielsweise für einen weißen Maserati oder einen roten Ferrari, Autos, die auch hier noch Prestigewert signalisieren.

Ja, es gibt sie, die neuen Arrivierten, die mit ihrem Reichtum protzen und die sich in verschwiegenen Elite-Clubs zum Jahrgangs-Champagner und französischen XO-Brandy treffen – *Tuhao* heißen sie nach einem neuen chinesischen Wort, zusammengesetzt aus den Mandarin-Zeichen von »roh« und »prächtig«. Aber die Verschwender sind in Hangzhou nur eine verschwindende Minderheit. Tatsächlich haben sich viele der Alibaba-Männer und Alibaba-Frauen der ersten Stunde selbstständig gemacht, die Stadtregierung fördert Start-ups mit Sonderzuschüssen, würde am liebsten viele neue Alibaba-Babys aufkommen sehen. Das Hauptaugenmerk gilt dabei den neuen, »grünen« Industrien, die in der Metropole entstehen sollen.

Und dann sind da noch diejenigen, die bei aller Risikobereitschaft zumindest den Großteil ihres Vermögens zusammenhalten. Zhang Su, der frühere Produktmanager von Alibaba, erzählt, er habe keine Absicht, seinen drei Jahre alten Ford Mondeo gegen einen Luxusschlitten auszutauschen. »Ich kenne die harten Zeiten und lege Geld für später auf die hohe Kante«, sagt der Enddreißiger. Etwas anderes sei das Reisen, das gönne er sich jetzt. Nichts sei kostbarer als Freizeit. Acht Jahre lang hat Zhang Su für die Firma geschuftet, oft vierzehn, fünfzehn Stunden am Tag. Ganz im Sinne des Unternehmensethos, vorgelebt vom Boss, hat er die Arbeit über alles gestellt und nur einmal – und mit schlechtem Gewissen – für seine Flitterwochen ein Wochenende frei genommen. Mit diesem mörderischen Rhythmus sei nun Schluss, sagt er. Gemeinsam mit einigen Freunden hat Herr Su gerade eine Trekking-Tour gebucht. Zwei Monate wollen sie wandern, quer durch Tibet.

Warum gerade Tibet?

Natürlich hat das mit der grandiosen Bergwelt zu tun, mit den Vorstellungen von einsamen Gletscherseen, klarer Luft und der Abkehr vom Großstadttrubel. Aber eben auch mit der Suche nach Spiritualität, nach einem Shangri-La mit klösterlicher Einkehr. Der tibetische Buddhismus ist bei den chinesischen Intellektuellen und Neu-Reichen gerade besonders angesagt.

Eine merkwürdige Entwicklung: Das alte China war ja stets ein vom Pragmatismus geprägtes Land, ganz nach den Worten seines großen Philosophen Konfuzius, der es als Energieverschwendung erachtete, sich mit Göttern und einem möglichen Leben nach dem Tod zu befassen. »Lasst uns überlegen, wie wir unser diesseitiges Dasein optimal gestalten«, gehört zu seinen Lehrsätzen. Mao schmähte den inzwischen wieder rehabilitierten Meister und seine Morallehren, aber in Sachen Leben nach dem Tode dachte er wie Konfuzius. Der Große Vorsitzende hielt ganz im Sinne von Karl Marx jede Form von Religion für das »Opium des Volkes«. Der Kommunismus fungierte als eine Art Ersatzreligion, war aber bald durch die Exzesse der Partei diskreditiert. Das wissen die heutigen KP-Führer. Aber auch mit dem neuen Nationalismus, dem vom Zentralkomitee propagierten »chinesischen Traum«, konnten und können die meisten Chinesen wenig anfangen. Der Nation fehlt eine übergreifende Idee, ein Kitt, der sie zusammenhält.

Bleibt der Konsum, der Fetisch der Warenwelt. Doch zumindest für die Menschen in den Großstädten, für die Aufsteiger in die Mittelschicht und die Neu-Reichen von Hangzhou steht die Verbesserung der Lebensbedingungen kaum mehr im Vordergrund. Wer nicht in die Partywelt der »Bling-Gesellschaft« abgetaucht ist, wer keinen Wert darauf legt, im Club der Jungen und Schönen zu protzen und zu prassen, sucht wie Alibaba-Aussteiger Su nach neuer Orientierung. Nach dem Sinn des Lebens. Und oft führt dieser Weg zurück in die Spiritualität, zu den klassischen Weltreligionen.

Die Verfassung der Volksrepublik China von 1982 garantiert im Artikel 36 allen Bürgern die »Glaubensfreiheit«. Allerdings gilt das nur eingeschränkt: »Der Staat schützt die normalen religiösen Handlungen. Niemand darf eine Religion dazu benutzen, Aktivitäten durchzuführen, welche die öffentliche Ordnung stören.« Wo diese Ruhestörung beginnt, definiert die Partei. »Private« Ausübung des Glaubens in den eigenen vier Wänden oder in zugelassenen Kirchen ist erlaubt, sofern sie keine politischen Untertöne hat. Jegliche Form der religiösen Organisation aber wird staatlich streng überwacht, gilt als verdächtig, als subversiv. Alle Geistlichen, die in einem Gotteshaus predigen, müssen sich in der für die jeweilige Kirche zuständigen »Patriotischen Vereinigung« anmelden, eine entsprechende Prüfung machen und sich ständigen Kontrollen unterziehen. Du sollst keine Götter neben mir haben, befiehlt der Parteivorsitzende.

Besonders misstrauisch beäugt die Parteispitze den tibetischen Buddhismus. Die meisten Tibeter sehen immer noch den vor einem halben Jahrhundert ins indische Exil geflohenen 14. Dalai Lama als ihren geistigen Führer, vertrauen seiner Exilregierung mehr als den Pekinger Machthabern. Der »Ozean der Weisheit« – so sein aus dem Mongolischen übersetzter Titel – gilt den Gläubigen als Wiedergeburt des Avalokiteshvara, als »Buddha mit dem grenzenlosen Mitgefühl«. Der Dalai Lama hat längst auf die staatliche Eigenständigkeit Tibets verzichtet, beansprucht nur mehr »eine substantielle Autonomie« für sein Volk innerhalb Chinas. Wenn ihm die Rückkehr nach Lhasa erlaubt wird, will er – so sagte er mir in einem unserer ausführlichen Gespräche – »nur mehr Privatmann sein. Vielleicht wird es gar keinen 15. Dalai Lama mehr geben, vielleicht wird es eine Frau sein, das ist noch nicht entschieden.«

Aber die Partei ahnt, dass sie die Autorität des Angebeteten fürchten muss, dass der Friedensnobelpreisträger auch nach dem Verzicht auf alle Ämter ein entscheidendes Wort zur Zukunft Tibets mitsprechen, sein Vermächtnis mitbestimmen will. Die

KP beschimpft ihn als »Vaterlandsverräter«, als »Wolf in Mönchs-
kutte«. Und sie maßt sich jetzt per Gesetz Erstaunliches an: Sie will,
da sie sich in Besitz der traditionellen tibetischen Insignien wie der
heiligen Urne gebracht hat, selbst in einer Zeremonie die Nachfolge des Dalai Lama bestimmen – die KP, qua Definition doch
dem Atheismus verpflichtet, glaubt neuerdings an Reinkarnation.

In Hangzhou beten nur eine Handvoll Mönche aus der Hima-
laja-Region. Die meisten der Safrangelben, die nach den Verfolgun-
gen der Kulturrevolution in die Klöster der Stadt zurückgekehrt
sind, taten das mit Einwilligung der Partei. Sie restaurieren die heiligen Stätten, treffen sich zu ihren Andachten und halten sich völlig aus der Politik heraus. Sie gehören einer anderen Strömung des
Buddhismus an, die »gefährlichen« Tibeter und Dalai-Lama-Ver-
ehrer finden sich hauptsächlich in dem Autonomen Gebiet Tibet
und den Nachbarprovinzen Sichuan, Qinghai, Gansu und Yunnan.
Und doch haben, so berichten jedenfalls einheimische Journalisten
unter der Hand, Männer vom Geheimdienst die Klöster der Stadt
unterwandert, sie beobachten und dokumentieren jede Zusam-
menkunft der Mönche. Erkundungsfahrten, wie sie Herr Su mit
seinen Alibaba-Freunden jetzt nach Lhasa unternimmt, sieht die
Staatssicherheit gar nicht gern, sie werden von den Reisebüros offiziell nicht angeboten. Aber die KP kann solche Trips auch schlecht
verbieten, ist doch nach ihrer Diktion Tibet ein »unverbrüchlicher
und integraler Bestandteil des Vaterlandes«.

Ein Dorn im Auge sind der KP auch Katholiken und Evangelische. Die christlichen Kirchen haben derzeit großen Zulauf,
auch wenn die offiziellen Statistiken das nicht widerspiegeln.
Während die Partei von etwa neunzehn Millionen praktizieren-
den Christen spricht, gehen unabhängige Organisationen von
einer drei- bis viermal höheren Zahl aus – nach manchen Schätzungen könnte die Volksrepublik China im Jahr 2045 sogar zur
größten christlichen Gemeinschaft der Welt werden. Im relativ

liberalen und weltoffenen Hangzhou sammeln sich die Gläubigen in der Chong-Yi-Kirche nahe dem Sanbao-Park, jeden Sonntag sind es bis zu fünftausend Menschen, die zum Gottesdienst kommen. Auch hier sind die Geistlichen von der KP »genehmigt«, die Predigten »überprüft«. Besondere Gefahr geht nach Meinung der Autoritäten von den kleineren Gemeinden am Stadtrand aus. Im Bezirk Yongjin »empfahl« die Stadtverwaltung den Gemeinschaften jetzt eindringlich, die – offiziell von der Regierung genehmigten – Kreuze von den Dächern abzunehmen und sie nur im Innern der Gebäude zu zeigen, »um niemanden zu provozieren«.

Aber am meisten fürchten die kommunistischen Herrscher den Islam. Sie bekämpfen ihn vehement – und sind damit weit entfernt von der Toleranz, die Ibn Battuta während seines Besuchs Mitte des 14. Jahrhunderts hier erlebte.

An der übermäßig großen Verbreitung des Korans kann es nicht liegen. Die KP spricht von etwa zwanzig Millionen Muslimen, die in der Volksrepublik China leben, inoffizielle Statistiken gehen von fünfunddreißig Millionen aus. Das wären dann zwar deutlich mehr Gläubige als in Saudi-Arabien, aber im Vergleich zur Gesamtbevölkerung bedeutet auch die höhere Zahl nur einen verschwindenden Anteil: Nicht einmal drei Prozent der chinesischen Staatsbürger sind Muslime. Und doch sehen die Herrschenden im Islam eine Bedrohung für die Einheit des Reiches – und eine potentielle Terrorgefahr. Es ist wie so oft, wenn mit unverhältnismäßigen Mitteln gegen eine Religion vorgegangen, wenn von staatlichen Stellen gegängelt und verfolgt wird: Die herbeigeredete Prophezeiung droht, gefährliche Wirklichkeit zu werden. Die Fundamentalisten werden durch die Repression aufgewertet und immer weiter radikalisiert.

Besonders gut zu sehen ist das im Wilden Westen Chinas, in der Grenzregion Xinjiang, dem Zentrum des Islam auf dem Gebiet der Volksrepublik. Auch dort praktiziert die Mehrheit ihren

Glauben friedlich, selbst wenn die turksprachigen Uiguren wenig gemein mit der Han-Mehrheit haben und sich schon immer von ihr gegängelt fühlen. Noch vor einigen Jahren aber waren nur eine Handvoll Muslime bereit, mit allen Mitteln des Dschihad für ihre Unabhängigkeit zu kämpfen. Doch auf die Gewaltausbrüche Einzelner reagierte die KP mit flächendeckender Unterdrückung – sie verbot den Männern in Xinjiang, lange Bärte zu tragen, sie untersagte die Befolgung des Fastenmonats Ramadan und zwang alle jungen Muslime zur Schulspeisung. Demonstrationen löste die Polizei mit brutaler Gewalt auf, schoss in die Menge. Die Repression trieb islamischen Untergrundorganisationen Freiwillige zu, die inzwischen vor nichts mehr zurückschrecken: Im Oktober 2013 steuerten Attentäter auf dem Platz des Himmlischen Friedens in Peking ihr Auto in eine Fußgängermenge; im Frühjahr 2014 töteten Terroristen am Bahnhof von Kunming »im Namen Allahs« mit einer Messerattacke mehr als ein Dutzend Passanten.

In Hangzhou ist nichts dergleichen passiert. Die wenigen Tausend Muslime der Stadt gehören nicht zum Volk der Uiguren, sie sind Hui, eine muslimische Minderheit, die im ganzen Land verstreut lebt. Wenig spricht dafür, dass sich die Hui von separatistischen oder gar terroristischen Glaubensbrüdern anstecken lassen. Und doch treffen auch sie die antireligiösen Unterdrückungsmaßnahmen des Staates, das Ramadan-Verbot. Wenigstens können sie sich in einer der ältesten und größten Moscheen des Landes treffen, der Phönix-Moschee aus dem Jahr 1281, die auch Ibn Battuta schon gekannt und beschrieben hat. Dort betete er gemeinsam mit seiner Gemeinde arabischer Kaufleute.

Wo, bitte, geht es zur Phönix-Moschee? Ein ratloser Blick der Stadtkenner im Touristenbüro. Nie gehört. Zur *Zhenjao si*, der berühmten alten Moschee von Hangzhou? Zwei weitere Expertinnen werden zu Rate gezogen. Meine chinesische Aussprache hat keiner verstanden, die englische Bezeichnung ist offensichtlich unbekannt. Schließlich weiß ein älterer Mann Bescheid, und dann löst sich alles in einem verlegenen Lächeln auf. Ach so, den »islamischen Tempel« meint der Fremde. Kein Problem, der sei nur zehn Gehminuten entfernt von der berühmten, für Touristen nachgebauten »historisch-kulturellen« Meile. Sorry, sagt der Mann, dorthin ins Einkaufsparadies wollten alle, nach der Moschee habe noch keiner gefragt.

Die *Zhongshan*, zu deren Anfang mich das Taxi fährt, entpuppt sich als Fußgängerzone – und als Juwelierstraße der Stadt. Aus glitzernden Läden dringt süßlicher amerikanischer Pop, Mariah Carey schnulzt über die ungelösten Probleme der Liebe, die Bäume am Straßenrand sind bis hinauf zur Verästelung mit einer goldenen Plastikfolie überzogen. Das soll offensichtlich die Kauflust anregen. Etwas versteckt liegt, vorn an der Kreuzung zu einer Durchgangsstraße, das Gotteshaus.

Ein großes Tor mit arabischer Aufschrift in Blaugrün, ein kleiner Innenhof. »Diese Moschee ist eine staatliche Stiftung für die muslimischen Mitbürger«, steht auf einem Schild. »Auf diesem Gelände darf nicht geraucht, getrunken oder gegessen werden, verboten ist auch das Tragen von T-Shirts und das Abbrennen von Feuerwerken.« Daneben weist ein anderes Schild »Die Wege zur Rechtgläubigkeit«, dazu zählen Barmherzigkeit, Mitgefühl, Einsatz für den Mitmenschen; wenigstens wird auf den Programmpunkt »Loyalität gegenüber der Partei« verzichtet. Im Innenhof erhebt sich ein weißes, mit karmesinroter Farbe verziertes Gebäude mit zwei kleinen Minaretttürmen, umgeben von chinesisch anmutenden, geschwungenen Dächern. Unmittelbar hinter der von Mauern eingezäunten Moschee ragen Hochhäuser in den Himmel, Apartments und ein Kaufhaus.

Ein Gebetsraum für Frauen, einer für Männer, schlicht eingerichtet. An den Seiten die alten Waschplätze, die an einen Phönix erinnern sollen, der seine Schwingen ausgebreitet hat. Und eine

Extrahalle, vor der auf einem Sockel ein großer Koran aus Stein platziert ist, mit aufgeschlagenen Seiten. Die Halle enthält hinter Glas siebenundzwanzig mannshohe Stelen, den historischen, seit Jahrhunderten hier aufbewahrten Schatz der Phönix-Moschee. zwanzig der mannshohen Steine tragen arabische Inschriften, drei chinesische, in eine Stele ist eine Sure auf Persisch eingraviert. Das ganze Gelände wirkt eher museal, nicht wie ein »aktives« Gotteshaus. Kein Mensch weit und breit.

Aber an der Wand vor dem Eingang ins Allerheiligste hängt eine Tafel mit den fünf Gebetszeiten. Und jetzt tröpfeln zum *Asr*, dem Nachmittagsgebet um fünf, die ersten Gläubigen ein. Es sind ausschließlich Männer, die meisten tragen ein langes, weißes Gewand ähnlich der arabischen Dischdascha und auf dem Kopf Gebetskappen aus bestickter Baumwolle. Ein hagerer Greis mit einem langen weißen Bart kommt als Letzter. Nachdem sich alle in der Moschee gen Mekka geneigt und ihre religiösen Riten vollzogen haben, frage ich im Sekretariat nach dem Imam von Hangzhou. Vielleicht ist er bereit, einige Auskünfte zur Gemeinde zu geben.

Doch der Imam denkt nicht daran. Ein solcher Wunsch müsse bei der KP angemeldet werden, mit diversen Durchschlägen an Stadtverordnete, sagt ein misstrauischer Sekretär. Und der Imam sei ein alter Mann, der beantworte Ausländern sicher keine Fragen. Was ich denn wissen wolle? Schließlich reicht er mich und meinen Dolmetscher weiter an den Mann, den er als »ältesten und erfahrensten Muslim von Hangzhou« bezeichnet. Es ist der Bärtige, der mir schon vor dem Gebet aufgefallen war.

Den Muslimen hier ginge es gut, sie könnten ihren Glauben frei ausüben, sagt der großgewachsene alte Mann, den sie Ahmed nennen, nach langem Zögern. »Das ist nicht immer so gewesen. Wir arbeiten heute mit den Autoritäten gut zusammen, sie unterstützen uns finanziell bei dem Erhalt der Phönix-Moschee, auf die wir sehr stolz sind. Sie ist ja eine der vier Traditionsmoscheen Südchinas und stammt aus der Tang-Dynastie, gebaut vor vielleicht schon tausend Jahren.«

Hat er den Namen Ibn Battuta schon einmal gehört?

»Aber ja«, sagt er. »Der große Reisende aus dem fernen Marokko.« Und dann steckt er seine Hand aus, eine knöchrige, verrunzelte, ehrwürdige alte Hand, drückt sie in meine und zieht mich hinüber zu dem Anbau mit der Glaswand. Ein schwerer Schlüssel wird gebracht, der das Zimmer öffnet. Zärtlich streicht Ahmed über einen der mannshohen Steine. »Der hier ist in Arabisch und stammt aus Ibn Battutas Zeit, gestiftet von den nahöstlichen Kaufleuten, die sich hier in großer Zahl niedergelassen haben. Aber das ist auch schon alles, was wir wissen. Leider ist die Schrift so verwittert, dass sie keiner mehr zu entziffern vermag.«

Kann er mir noch etwas über den Zusammenhalt der Gemeinde erzählen, über ihren Austausch mit den Muslimen in anderen Städten, vielleicht auch den Uiguren von Xinjiang? Gibt es Treffen mit Buddhisten und Christen? Ahmed schüttelt den Kopf. Entweder existiert ein solcher Austausch nicht, oder er will nichts darüber sagen. »In Hangzhou leben einige Tausend Muslime in Harmonie mit allen anderen Religionen«, sagt er vorsichtig. Es klingt nach KP-Sprachregelung. Nach einer Großen Mauer des Schweigens.

Wo die Muslime in der Millionenstadt leben, lässt sich dagegen leicht feststellen: Man muss immer nur seiner Nase nachgehen. In der unmittelbaren Umgebung der Phönix-Moschee duftet es nach geröstetem Hammel, in einem großen Kochtopf dampft die Lammsuppe. Die einfachen Restaurants der Gegend werben alle damit, dass ihre Küche *halal* sei, dass also nach islamischen Regeln geschlachtet wurde. Man erkennt sie an der einfachen Ausstattung und den ärmlich gekleideten Gästen: Die Muslime von Hangzhou sind nicht nur eine Minderheit, sondern überwiegend auch Angehörige der Unterschicht – so ganz anders als zu Ibn Battutas Zeiten, als muslimische Kaufleute zu den Wohlhabendsten gehörten und einen eigenen vornehmen »Stadtring« bewohnten.

Hangzhou ist eine merkwürdige Stadt, ein Ort voller Gegensätze. Allerweltsmodern nach außen hin, vorwärtstreibend, brodelnd, zukunftsgewandt; geschichtsgeprägt unter der Oberfläche, nachdenklich, besonnen, traditionsbewusst. Schwer zu fassen.

*

Am Abend nach dem Moschee-Besuch scheint wieder einmal alles über den Menschen zusammenzuschlagen: Verkehrsstau, drängelnde Massen am Westsee, Hektik in den überfüllten Restaurants. Doch am frühen Morgen ist alles anders. Ich muss noch in meinem islamischen Kreislauf gefangen sein, auf der Tafel der Phönix-Moschee stand als Zeit für das *Fajr*-Morgengebet vier Uhr dreißig. Und obwohl hier kein Muezzin ruft, so etwas ist staatlich verboten, gilt als Ruhestörung: Exakt zehn Minuten davor bin ich hellwach, an Schlaf ist nicht mehr zu denken. Draußen ist es noch dunkel, Nieselregen. Eigentlich keine besonders einladende Stunde für einen Spaziergang. Ich beschließe trotzdem, mich anzuziehen und hinunter zum See zu schlendern.

Der Uferweg ist menschenleer. Blätter rascheln im Wind, Wasser tropft von Baumkronen. Ein verschlafener Bootsmann mit seinem kleinen hölzernen Sampan bietet an, mich auf den See hinauszurudern. Wie Schattenrisse, wie chinesische Tuschzeichnungen tauchen die geschwungenen Steinbrücken, die Pagoden, im ersten Dämmerlicht auf. Eine Welt in Schwarzweiß, die ahnen lässt, warum so viele Poeten ihr verfallen sind.

Was wäre, wenn der geniale Dichter, Baumeister und Staatsmann Bai Juyi sich vor einem Jahrtausend in eine andere Stadt verliebt hätte, wenn er nicht in Hangzhou gedichtet, die Stadt und den See nicht nach seinen architektonischen Vorstellungen gestaltet hätte? Was wäre, wenn die Rotgardisten Maos vor einem halben Jahrhundert alle Pagoden, Tempel, Steinarchen in Schutt und Asche gelegt hätten, wie einige von ihnen planten? Hangzhou ist eine Traumstadt, eine Stadt zum Träumen, zumindest in diesen stillen, jungfräulichen Morgenstunden. Was wäre passiert, hätten sich an einem solchen frühen Morgen wie heute am Westsee die drei größten Reisenden, die Weltensammler des Mittelalters getroffen?

Die großen Drei sind fast so etwas wie Zeitgenossen, sie besuchten Hangzhou nacheinander, etwa im Fünfzig-Jahre-Rhythmus. Marco Polo zog Ende des 13. Jahrhunderts staunend durch die Stadt, deren Glanz und Größe er beispiellos und für Städte im Westen unerreichbar fand. Ibn Battuta hat es ihm Mitte des 14. Jahrhunderts gleichgetan, ebenso begeistert, von der Schönheit wie von der Organisation des Gemeinwesens. Vom genialen Seefahrer Zheng He, der sich im Kaiserreich vom kastrierten Diener seiner Majestät bis zum Admiral hochgearbeitet hat, kennen wir keine Äußerung über die Stadt. Aber höchstwahrscheinlich hat er sie Anfang des 15. Jahrhunderts öfter besucht, sein Adjutant stammt von hier. Und alle drei dürften zu ihrer Zeit einmal einen ähnlichen Holzsampan bestiegen haben, wie den, der mich gerade schaukelnd zum nebelverhangenen Aussichtspunkt »Herbstmond« bringt. Was hätten sie einander zu sagen gehabt, der Venezianer, der Marokkaner, der Südchinese?

Zutiefst von der eigenen Kultur überzeugt wäre wahrscheinlich keiner der drei bereit gewesen, den jeweils anderen als völlig gleichberechtigt anzuerkennen. Aber sicher hätte auch keiner geleugnet, dass nur der Austausch von Ideen, der Handel und das gegenseitige Kennenlernen die Menschen weiterbringt: Ihre Reisen machten sie zu begeisterten Befürwortern von weltweiter Kommunikation und Globalisierung (obwohl sie dieses Wort sicher noch nicht kannten). Die gemeinsame Sprache, die *Lingua franca* für ihren Gedankenaustausch, das wäre ohne Zweifel das Arabische gewesen. Und hätten sie gebetet, wären zwei der drei Weltbürger Richtung Mekka gesunken: Zheng He war wie Ibn Battuta ein gläubiger Muslim, Marco Polo, der auf seinen Reisen sicher ein wenig Arabisch aufgeschnappt hat, wäre in der Runde der einzige Christ gewesen, hätte den Glauben der anderen aber sicher ebenso toleriert wie die den seinen.

Granada – Traditionsbewusst

Von Hangzhou aus zieht es Ibn Battuta weiter Richtung Norden. Im *Rihla* heißt es, vierundsechzig Tage lang sei er durch das Land Cathay gereist, ein riesiges, dicht bewohntes und landwirtschaftlich genutztes Gebiet, das offensichtlich streng regiert wird – »wenn jemand ein Stück Land unbebaut lässt, zahlt er Steuern dafür«. Es ist ein geheimnisvoller, im wahrsten Sinne des Wortes sagenumwobener Trip.

Die ganze Strecke bis zur kaiserlichen Hauptstadt Chan Balik (Peking) habe er auf Booten und über Kanäle zurückgelegt, den Großkhan aber leider nicht angetroffen. Der Herrscher war angeblich gerade auf einem Feldzug außerhalb der Stadt. Bei den Kämpfen ist er dann laut Ibn Battuta ums Leben gekommen, seine Leiche wurde unter dem schmetternden Klang von »Pauken, Hörnern und Trompeten« in die Hauptstadt gebracht und feierlich in einem Mausoleum beigesetzt. »Es wurde ein regelrechtes Volksfest aus der Beerdigung. Doch als anschließend Unruhen ausbrachen, riet man mir, das Land zu verlassen, weil die Gefahr für mich sonst zu groß würde.«

Unter Historikern gilt die Peking-Reise, neben Ibn Battutas früherem Ausflug die Wolga hinauf, als seine umstrittenste. Während chinesische Forscher noch wohlwollend von »Zweifeln« sprechen, die sie angesichts der Ungenauigkeiten oder schlicht Unwahrheiten der Beschreibungen in diesem Teil der *Rihla* überkämen, sind die Kollegen im Westen meist strenger. Die amerikanischen Historiker und Übersetzer Hamilton A. R. Gibb und Ross Dunn, der deutsche Arabistikprofessor Ralf Elger und der junge Wissenschaftler Sven-Ole Schoch von der Universität Oldenburg kommen übereinstimmend zu dem Schluss: Der Trip kann so nicht stattgefunden haben. Einen durchgehenden Kanal von Hangzhou bis Peking, wie im *Rihla* geschildert, hat es nie gegeben. Aus keiner Quelle lässt sich belegen, dass der damalige Herrscher Toghan Timur oder irgendein anderes wichtiges Mitglied der kaiserlichen Familie während der angegebenen Zeit verstarb. Zur Besuchszeit des Maghrebiners erlebte China noch seine letzten friedlichen Jahre in einem vereinten Großreich, keine Spur von einem Machtkampf oder gar Bürgerkrieg.

Vielleicht wollte Ibn Battuta selbst noch ein i-Tüpfelchen auf seine Weltreise setzen, vielleicht fügte sein übereifriger Ghostwriter etwas ein, um den Meister nicht so kurz vor einem seiner Ziele – dem letzten der angestrebten Besuche bei den sieben Weltherrschern – zurückweichen zu sehen, keiner weiß es. Aber wenig spricht dafür, dass Ibn Battuta Peking wirklich gesehen hat, da ist ihm die Phantasie durchgegangen, da hat ihn der Stolz auf eine falsche Fährte gesetzt. Und vermutlich hat das Schwindeln für den großen Reisenden und Geschichtenerzähler eins noch verführerischer gemacht: Aus der damaligen Zeit heraus war sein Peking-Besuch nicht zu widerlegen. Viele seiner zeitgenössischen Leser glaubten ihm alles. Und manche, die große Teile der Welt damals unerreichbar fanden, hielten ohnehin weite Strecken des *Rihla* für unglaubwürdig.

Jedenfalls geben die vermeintlichen Unruhen Ibn Battuta einen perfekten Grund, China den Rücken zu kehren: Bei aller Bewunderung für die Errungenschaften der »Ungläubigen« hat er festgestellt, dass dies nicht sein Land ist, dass er sich hier nie ganz wohlfühlen kann. Er beschließt, sich auf die Heimreise zu machen. Im südchinesischen Hafen Zaitun findet er eine Dschunke, die ihn Richtung Java mitnimmt. Es ist die richtige Zeit des Jahres, der Monsun 1346 bläst gerade westwärts. Drei Jahre sollte es dauern, bis Ibn Battuta seine Heimatstadt erreichen, sein Elternhaus wiederbetreten und Teile seiner Familie begrüßen konnte. Doch davor lagen noch weitere, große Abenteuer und eine Reise durch eine zunehmend von Katastrophen und Krankheiten heimgesuchte Welt.

Zunächst geht alles glatt auf hoher See, es geht gut voran. Aber dann kommt vor Java ein starker Sturm auf. »Wir haben den Untergang vor Augen, wollen zurückkehren, schaffen das nicht, treiben hilflos«, schreibt Ibn Battuta, der schwierige Schiffspassagen ja gewohnt ist, hier aber sehr alarmiert, fast verzweifelt klingt. Wie ein Bote des Todes türmt sich mitten im Meer, weit vom Land entfernt, eine Wand vor ihnen auf. Eine Wand, die in der Luft zu schweben scheint, »die Seeleute schreien und nehmen voneinander Abschied«. Und sie glauben in diesen schweren Stunden an Gespenster. Sie halten die unheimliche Erscheinung für den legendären Riesenvogel Ruch, der alle Schiffe versenken kann, so er denn will. Das Phänomen zieht schließlich vorüber, die See beruhigt sich. »Wir sahen den Ruch dann nicht mehr und erfuhren auch nicht, welche Form er genau besaß«, schreibt Ibn Battuta in seinem Reisebericht, die Erleichterung ist jeder seiner Zeilen anzumerken.

Er erholt sich auf Java, bleibt zwei Monate in der Residenz des Sultans, der ihn als Ehrengast zu prunkvollen Banketten einlädt. Man feiert die Heirat des Herrschersohns. Der Gast beobachtet das interessiert, sogar fasziniert: »Die Braut war begleitet von vierzig Frauen, die ihre Schleppe hielten, bei ihr waren Sänger und Musiker, Frauen wie Männer, die tanzten. Dann erschien der Bräutigam auf einem geschmückten Elefanten.« Aber das gute Leben auf der Insel reizt ihn nicht zum Bleiben. Er will weiter, zurück in die Heimat – und dabei noch möglichst viel Neues entdecken.

Der Rückweg ist in weiten Teilen vorgezeichnet, zumindest bei den Schifffahrtsrouten gibt es nichts auszusuchen, und deshalb muss Ibn Battuta das tun, was er sich einst geschworen hat zu vermeiden: Trips zum zweiten Mal machen, Wiederholungen akzeptieren. Wenn es denn schon Vertrautes sein muss, dann wenigstens meine Lieblingsplätze, scheint dabei zu seinem Leitsatz zu werden.

Die Überfahrt an die südindische Malabar-Küste, nach Quilon und Calicut, das ist ein unumgehbares Pflichtprogramm. Und bloß nicht weiter in den Norden, Richtung Delhi. Ibn Battuta erwähnt nicht einmal, mit dem Gedanken der Rückkehr an den Hof des Sultans geliebäugelt zu haben. Als ehemaliger Chefrichter und China-Gesandter muss er immer noch damit rechnen, für den Verlust der kostbaren Geschenke und den Fehlschlag des gesamten Unternehmens verantwortlich gemacht zu werden. Und selbst wenn er wider alle Vernunft dem unberechenbaren Mohammed Tughluq getraut hätte, die politische Situation auf dem Subkontinent war nun grundlegend verändert: Der Sultan verlor dramatisch an Macht, er hatte einige Monate vor der Rückkehr Ibn Battutas nach Indien seine Hauptstadt Delhi verlassen und sich auf einen seiner wenig aussichtsreichen Feldzüge begeben. Sein ohnehin schon fragiles Reich begann zu zerfallen, sich von den Rändern her aufzulösen. Tughluq sollte nicht mehr in seine Residenz zurückkehren; er stirbt vier Jahre später, weitgehend entmachtet, nahe den Indus-Ufern an einer Krankheit.

Vielleicht bleibt Ibn Battuta bei der Beschreibung seiner Rückreise deshalb so knapp, so einsilbig: Wo immer er auch hinkommt, die einst von ihm beobachteten und so begeistert geschilderten blühenden Länder des Islam haben Probleme. Die Völker sind in Aufruhr, Grenzen verschieben sich, überall sieht sich der Mann aus Tanger konfrontiert mit den Zeichen einer Zeitenwende. Und so sucht Ibn Battuta nach Fixpunkten, nach Orten, an denen er sich besonders wohlgefühlt hat. Er hetzt durch den Mittleren Osten, lässt schnell die Häfen von Hormuz und Oman zurück, zieht durch Persien und macht nur in seinem geliebten Shiraz länger Halt. Dann weiter bis Basra, wo er einige Gräber von Sufi-Heiligen besucht, die ihm auf der Hinfahrt entgangen sind. Über Maschhad und Kufa reist er nach Bagdad, »wo ich im Januar 1348 eintraf«, wie er lapidar bemerkt. In der Stadt schlugen ihm früher Großzügigkeit und Gastfreundschaft entgegen. Jetzt fällt ihm auf, wie wenig freizügig, wie misstrauisch die Einheimischen geworden sind. »Gott bewahre uns vor Geiz«, notiert er, reichlich frustriert und abgestoßen.

Es zieht ihn nach Damaskus – und das hat, ungewöhnlich für den oft so emotionslosen, egomanischen Weltreisenden, ganz private Gründe. Zweiundzwanzig Jahre zuvor war er zum ersten und letzten Mal in der Stadt gewesen, ließ dort seine frisch angeheiratete Frau zurück, die schwanger war. Über Boten erfuhr er während seiner Zeit als Kadi in Delhi, dass sie einen Knaben geboren hatte, versuchte damals, ihr vom Amtssitz des Sultans aus Geld zu schicken. Dann hatte er lange nichts mehr von Frau und Kind gehört. Jetzt hofft er, seine Frau wiederzusehen und vor allem seinen Sohn kennenzulernen. Doch in der Metropole mit der Omajjaden-Moschee, wo er so fleißig und so begeistert studiert hat, warten traurige Nachrichten auf ihn: Der Junge ist mit zehn Jahren von einer schweren Krankheit dahingerafft worden. Und Ibn Battutas Vater, so erfährt er von einem marokkanischen Händler, ist in Tanger gestorben.

Er braucht jetzt geistigen Beistand – und wo anders sollte er ihn suchen als in Mekka, dem Zentrum seines Glaubens. Es wird die traurigste Reise seines Lebens, und das liegt nicht nur an seinen familiären Verlusten. Sondern vor allem an einer heimtückischen, Tod und Verderben bringenden Seuche, die den ganzen Nahen Osten, auch weite Teile Zentralasiens wie Europas heimsucht und immer mehr den Alltag der Menschen bestimmt: der Pest.

Ibn Battuta beschreibt die tragischen Ereignisse ganz nüchtern, so, als wolle er sie nicht an sich heranlassen. Doch das ist schwer, wenn nicht sogar unmöglich. Aleppo ist im Griff der Pandemie, und als er von seinem Ausflug in den Norden Syriens nach Damaskus zurückkehrt, hat es auch die Metropole voll erwischt. Das gesamte öffentliche Leben steht still, die Menschen sind wie betäubt. Auf den Straßen, an den öffentlichen Plätzen beobachten sich alle, misstrauisch, besorgt, wenn sie Zeichen der Krankheit sehen, auch panisch. Und immer mehr werden von der heimtückischen *Yersinia pestis* befallen, leiden zuerst an Schüttelfrost, dann an Beulen im Bereich von Hals und Leiste, im Endstadium färbt sich ihre Haut dunkel. Es scheint kein Entrinnen zu geben.

»Die Menschen fasten an drei Tagen hintereinander, und am Ende dieser Periode treffen sich die hohen Herren, die Amirs, die Sharifs, die Kadis, die Rechtsprofessoren, aber auch alle anderen Schichten der Bevölkerung in der Großen Moschee, die aus allen Nähten platzt. Sie vereinigen sich zum Gebet, zur Liturgie und zu den Fürbitten. Danach treten alle barfuß ins Freie, die Muslime tragen ihren Koran schweigend in den Händen. Die Andersgläubigen schließen sich ihnen an zu einem großen Marsch, Frauen und Männer, Alte und Junge, die Juden tragen ihre heiligen Bücher mit sich, die Christen ihre Bibel. Und in das allgemeine Wehklagen mischen sich Tränen und Trauer, und alle rufen sie Gott an um Hilfe.« Es ist eine der erschütterndsten Passagen im *Rihla*.

Auch in Europa wütet die Seuche und kostet zahlreiche Menschenleben, wohl mehr als zehn Prozent der Bevölkerung auf dem Gebiet des heutigen Deutschlands sterben. Ausgangspunkt aber ist Asien. Die Pest ist die bittere Kehrseite der damaligen Globalisierung, der zahlreichen geschäftlichen und persönlichen Kontakte und innerhalb der muslimischen Welt. »Der Schwarze Tod traf die Städte und Regionen des Islam mit der Wucht und der Plötzlichkeit wie zuvor die Invasion der Mongolen«, schreibt der Historiker Ross Dunn.

Doch während es zumindest teilweise gelang, die Hunnen zu »zähmen«, ist das bei der Krankheit nicht möglich. Ibn Battuta reist über Gaza nach Alexandria, überall sieht er nur verlassene Felder, verschlossene Türen, verzweifelte Menschen. Am allerschlimmsten wütet die Pest in der »Mutter aller Städte«, in Kairo. Ganze Straßenzüge liegen voller Leichen, sie sind aufgereiht wie eine tödliche Mahnwache. Ibn Battuta spricht von bis zu zwanzigtausend Toten pro Tag, und da übertreibt er womöglich kaum – heutige Schätzungen gehen davon aus, dass damals ein Drittel der Bewohner Kairos der furchtbaren Krankheit zum Opfer fiel.

Er hat Glück, er steckt sich nicht an. Aber er hat auch Angst. Nach wenigen Tagen reist er Richtung Oberägypten weiter, in Gegenden, die weniger befallen sind. Von Aydhab am Roten Meer, dem Ort, an dem er bei seinem ersten Versuch gescheitert ist, schafft er die Passage nach Jeddah, und dann weiter nach Mekka. In der heiligen Stadt ist er Gast des malikitischen Imams, den er von früher kennt. Ibn Battuta bleibt vier Monate, vollzieht einmal mehr alle Riten, findet spirituelle Erfüllung. Er schreibt nichts von der Pest, aber andere zeitgenössische Autoren berichten, sie habe gerade in Mekka während des Ramadan besonders gewütet, eingeschleppt von den Karawanen aus Damaskus. Ibn Battuta reist auch noch einmal nach Medina, dann nimmt er Abschied von den Pilgerorten, er weiß, es ist sein letzter Hadsch. Noch einmal Kairo. Doch dort hat sich nichts gebessert, die Seuche wütet. Und seit dem Tod des manchmal grausamen, aber auch sehr effizienten Sultan Mohammed al-Nasir Ibn Qalaun wird die Stadt zudem noch schlecht regiert.

Ibn Battuta ist jetzt fünfundvierzig Jahre alt. Er weiß, dass sein Vater verstorben ist, aber er hat Informationen erhalten, dass seine Mutter noch lebt. Es ist nun Zeit, wieder Richtung Westen zu ziehen, in vertraute Gefilde. Immer häufiger, stellt der Weltreisende fest, plagt ihn das Heimweh. »Erinnerungen an früher bewegten mich. Die Liebe zu meiner Familie und meinen Freunden zog mich zurück in mein Land, das meiner Meinung nach das beste aller Länder ist.« Über Tunis und Sardinien betritt er in Tenes maghrebinisches Festland. Wenige Kilometer von seiner Heimatstadt entfernt erreicht ihn dann der nächste Tiefschlag: Seine Mutter ist vor einem Monat an dem Schwarzen Tod gestorben. Ibn Battuta macht zunächst einen Bogen um Tanger, reist nach Fez. Er fühlt sich unter diesen Umständen offensichtlich noch nicht bereit für ein Treffen mit dem Rest seiner Familie.

Das majestätische alte Fez, längst die wichtigste Stadt Marokkos, reizt ihn zu einem längeren Aufenthalt. Hier sind viele neue Madrassen entstanden, die Universitäten wurden zu wahren Zentren des Lernens. Außerdem liegt die Stadt inmitten einer höchst eindrucksvollen Landschaft. Ibn Battuta geht das Herz auf, er kann sich nach seinen Reisen bis ans Ende der Welt nun mehr als eine Prise Patriotismus leisten. »Meine Heimat ist die schönste Region der Erde, die Perle des Westens«, schreibt er. Zitiert dann begeistert einen Dichter: »… und das lässt sich beweisen. Der Vollmond beginnt dort seine Bahn, die Sonne will dahin reisen.«

Allerdings sind die Machtverhältnisse alles andere als klar – es gibt zwei konkurrierende Herrscher. Mit dem sicheren Instinkt des Weitgereisten setzt Ibn Battuta auf den »Richtigen«, der damals den Palast von Fez besetzt hält und ihn schließlich vor dem Ansturm seines Feindes erfolgreich verteidigt. Sultan Abu Inan ist ein gelehrter Mann, an dessen Hof Religionsgelehrte, Juristen und Künstler viel zählen. Aber so genial und vollkommen kann er gar nicht gewesen sein, wie ihn Ibn Battuta im *Rihla*

Seite über Seite schildert. Für ihn ist er schlicht der weltbeste und fähigste aller muslimischen Regenten (was sich möglicherweise aus der späteren besonderen Rolle des Sultans bei der Finanzierung des Buches erklären lässt). Dabei kommt es bei diesem ersten Fez-Besuch nur zu einem kurzen Treffen zwischen Ibn Battuta und dem Herrscher. Dessen Stellvertreter allerdings, selbst ein begeisterter Reisender, der immerhin bis Kairo gekommen ist, überschüttet den Gast mit Geschenken und zeigt sich äußerst interessiert an Ibn Battutas Erzählungen.

Nach einigen Wochen bricht er wieder auf. Unruhig. Aufgeregt. Aufgewühlt. Er will nach Tanger und trifft dort im Dezember 1349 ein – ein Vierteljahrhundert hat er seine Heimatstadt nicht mehr gesehen. Ibn Battuta ist nun ein gesetzter Mann in den besten Jahren, weit mehr als die Hälfte seines erwachsenen Lebens verbrachte er auf Reisen in fremde Länder. Hat er nun genug vom Vagabundieren, will er sich wieder in Tanger niederlassen, von seinen Erfahrungen profitieren, an einer Universität lehren, Recht sprechen, schreiben: Schließt sich hier der Kreis seines Lebens?

Ibn Battuta mag in seinem Reisebuch offensichtlich nicht über seine Gefühle bei der Heimkehr sprechen. Dass er als Erstes in Tanger das Grab der Mutter besucht hat, erfahren wir, aber nichts über die Zusammenkünfte mit Brüdern, Schwestern oder Freunden. Es ist so, als wolle er durch diese Auslassung sagen: Das betrifft meine tiefsten Gefühle, das will ich für mich behalten, das hat im *Rihla*, meinem Werk für die Nachwelt, nichts verloren.

So beeindruckend das Wiedersehen auch gewesen sein mag, Ibn Battuta hat – trotz gegenteiliger Bekundungen – »seinen Wanderstab« noch nicht weggelegt. Und außerdem scheint ihm das Verweilen an einem Ort auch gesundheitlich nicht zu bekommen: Er zieht sich eine ernsthafte Krankheit zu, wird von Fieberanfällen geschüttelt, vermutlich ist es Malaria. Er muss sich auskurieren und tut das in der nahegelegenen Stadt Ceuta. Drei Monate lang ist er bettlägerig. Als er wieder ganz gesundet, will er etwas tun für seinen Glauben, seinen Gott und wohl auch, um für sich Frieden zu finden. »Ich beschloss, mich am Dschihad zu beteiligen.«

Der Dschihad, der »Heilige Krieg« – dieses Wort weckt sehr zwiespältige Gefühle. Doch man darf sich nicht vorstellen, dass Ibn Battuta mit einer Waffe in den Kampf zog oder gar zum Selbstmordattentäter wurde. Er sah den Dschihad – so wie es seiner ursprünglichen Bedeutung entspricht – eher als eine symbolische Aufgabe, als einen Akt der moralischen Solidaritätsbekundung. Er reiste an die europäische Front des Islam, um seinen Glaubensbrüdern an den Grenzen jenseits der Meerenge von Gibraltar Mut zu machen.

Und den brauchten sie, denn es sah Mitte des 14. Jahrhunderts in dieser Region gar nicht mehr gut aus für die islamische Sache. Die Christen hatten im Rahmen der *Reconquista* weite Teile Andalusiens (zurück-)erobert, Sevilla und Córdoba waren längst in ihrer Hand, zwischenzeitlich hielten sie auch Gibraltar besetzt; die wichtige Landverbindung zur letzten muslimischen Bastion von al-Andalus, dem Nasriden-Reich von Granada, drohte verloren zu gehen. Aber wieder einmal hatte Ibn Battuta Glück, er war wie so oft in seinem Leben zur rechten Zeit am rechten Ort: Die Christen erlitten einen Rückschlag, ihr König Alfonso fiel der Pest zum Opfer, sie zogen sich zurück. Ibn Battuta kann nach seiner Überfahrt wieder von der muslimischen Festung am »Berg der Eroberung« an der Südspitze Europas berichten, von Gibraltar. Die Krankheit hat freilich auch unter der Bevölkerung gewütet, schlimme Spuren hinterlassen.

Anschließend begibt er sich auf eine Rundfahrt, deren Beschreibung sich liest wie aus einem neuzeitlichen Reiseführer. In Ronda (»eine der schönsten und größten Festungen«) trifft er einen Vetter, der in der Stadt als Kadi arbeitet. Dann geht es weiter über

Marbella (»wunderbarer Ort, fruchtbares Umland«) nach Malaga (»alle Annehmlichkeiten, die Land und Meer bieten, exzellentes Porzellan«). In dem kleinen Ort Alhama lobt er »die warmen, sprudelnden Quellen«. Nur einmal wird sein Trip empfindlich gestört. Nahe Marbella trifft er auf eine Gruppe von berittenen Männern, er will sich ihnen anschließen. Doch bevor es dazu kommt, haben es die Reisenden plötzlich eilig, galoppieren davon, »und ich kann Gott danken, dass es so geschah«, schreibt der Autor des *Rihla*. Denn hinter einer der nächsten Wegbiegungen entdeckt er ein totes Pferd, dann noch eines. Er sieht einen Wachtturm in der Ferne, erreicht ihn in schnellem Lauf. Dort erfährt Ibn Battuta, dass christliche Piraten die Pferde getötet, einen der Männer aus der Gruppe umgebracht, die anderen verschleppt haben.

Eine Nacht verbringt er sicherheitshalber bei dem Wärter im Turm, dann geht es wieder los. Ohne besondere Vorkommnisse erreicht er Gharnata (Granada), die Metropole von Andalusien, die »Braut ihrer Städte«. Ein Umland wie dieses, so erzählt Ibn Battuta, »gibt es nirgendwo sonst auf der ganzen Welt, Bäche plätschern durch wunderbare Gärten, Obstplantagen und Paläste umgeben Granada von allen Seiten. Einer der schönsten Plätze ist der *Ayn ad-Dama*, der »Springbrunnen der Tränen«, er erstreckt sich auf einem Hügel voller Blumen und Fontänen. Die Alhambra, den damals schon weitgehend vollendeten Prachtbau, erwähnt Ibn Battuta nicht – entweder hält er es für selbstverständlich, dass seine Leser die Alhambra kennen, oder die Zitadelle kommt ihm inmitten der anderen Sehenswürdigkeiten gar nicht so besonders vor.

In der Stadt herrscht Frieden, gesichert durch einen Waffenstillstand. Ibn Battuta hat es auch hier geschafft, einen Ort in seiner – späten – Blütezeit zu erleben. Irgendwelche dschihadistischen Aktivitäten, und seien sie auch nur symbolischer Natur, werden von ihm nicht verlangt, sie sind nicht nötig.

Natürlich versucht er den Regenten zu treffen. Doch Sultan Yusuf I. lässt sich wegen einer Krankheit entschuldigen. Seine Mutter, »eine noble Frau«, wie es im *Rihla* heißt, zeigt sich äußerst großzügig und schenkt dem Gast viele Goldstücke. Ibn Battuta sagt, er habe das Geld »optimal genutzt«, ohne das näher auszuführen. Aber es kann als sicher gelten, dass der Maghrebiner sich bei zahlreichen Essen mit hochrangigen Vertretern der Stadt getroffen hat, im Buch erwähnt er »Notabeln, Gelehrte, Poeten«. Granada ist eine Stadt der Künste, mit öffentlichen Einrichtungen wie Bibliotheken und Krankenhäuser, von denen man im christlichen Rest-Europa größtenteils nur träumen kann. Und eine Stadt, in der Christen wie Juden in relativer Freiheit leben und arbeiten können.

Ibn Battuta freundet sich besonders mit einem jungen Poeten namens Abu al-Judhami an, einem Mann, der es von ganz unten an die Spitze geschafft hat. »Sein Leben verlief auf wunderbare Weise. Zwar wuchs er in der Wüste fernab der islamischen Wissenschaften auf und absolvierte kein Studium, aber dennoch schuf er so brillante Verse wie nur wenige der großen Stilisten.« Ibn Battuta hat einen Hang zu solchen Selfmade-Männern, in gewisser Weise ist er selbst einer. Und er kann es sich jetzt leisten, den Mäzen zu geben und sich auch mit politisch und religiös nicht ganz »korrekten« Künstlern zu treffen. Die liberale Atmosphäre der Stadt macht es beispielsweise möglich, dass persische Derwische hier tanzen. Ibn Battuta freundet sich mit ihnen an. Sie stammen aus Samarkand, Tabriz, Konya und Delhi – alles Städte, die er besucht hat, mit denen er persönliche Erlebnisse verbindet.

Seine wichtigste Bekanntschaft in Granada macht er dann bei dem Rechtsgelehrten Abu Ibn Asim, zu ihm ist er an zwei Tagen hintereinander zum Abendessen geladen. Ibn Battuta soll von seinen Erlebnissen erzählen, und er tut das sehr gern. Unter den anderen Gästen, die sich ihm zu Füßen im prächtigen Garten des Juristen niedergelassen haben, fällt ihm bald ein junger Mann auf. Abu Abdallah Muhammad Ibn Juzayy heißt der Achtundzwanzigjährige mit vollem Namen, er ist der Sohn eines anderen bedeutenden Rechtsgelehrten der Stadt und hat sich als Verfasser von historischen Texten wie Gedichten bereits einen Namen gemacht. Jetzt notiert er alles, was der Mann aus Tanger so erzählt, fertigt akribisch ein Liste aller berühmter Persönlichkeiten an, die der Weltreisende getroffen hat.

Ibn Battuta imponiert der ernsthafte junge Mann. Sie trennen sich nach intensiven Tagen, versprechen einander ein Wiedersehen. Keiner der beiden ahnt da schon, dass sich aus ihrem Treffen zwei Jahre später eine äußerst fruchtbare Zusammenarbeit entwickeln sollte, die in ein gemeinsames Buch mündet. In ein Stück der Weltgeschichtsschreibung, der Weltliteratur – dem *Rihla*.

Andalusische Andacht

Der Mann, auf den Granadas Muslime heute ihre Hoffnungen setzen, der Mann, von dem manche sogar glauben, er könne sie wieder in das »Goldene Zeitalter« von al-Andalus zurückführen, stammt aus dem Schwarzwald.

Ahmad Gross, wie er sich nennt, war die meiste Zeit seines Lebens Christ und ist erst 1989 zum Islam übergetreten, »das war für mich wie eine Offenbarung, eine Erfüllung, die mir bis dahin im Leben gefehlt hatte«. Nach einem Zwischenspiel als Organisator der muslimischen Gemeinden von Weimar und Potsdam zog es den Sprachenlehrer und Literatur-Begeisterten in den Süden, in die Region der größten Triumphe seines neuen Glaubens auf europäischem Boden. »Ich merkte schnell, dass ich in Granada mit meiner Auffassung des Islam glücklich werden kann, dass mich meine Glaubensbrüder, aber auch die Christen und Juden der Stadt akzeptieren«, sagt der Einundfünfzigjährige mit dem gepflegten, kurz geschnittenen Bart. »Ich bin sicher, hier am Islamischen Institut und in der Moschee die Zukunft der Menschen positiv beeinflussen zu können.«

Will Ahmad Gross als einer der Leiter der muslimischen Gemeinde in Granada auch aktiv darum werben, dass mehr Andalusier konvertieren? Kann er nachvollziehen, wenn manche in der Stadt das als Bedrohung sehen, einige wenige sogar als versuchte »Rückeroberung«?

»Wir müssen gar nicht werben. Es vergeht praktisch kein Freitag, an dem wir keinen Übertritt zu unserem Glauben verzeichnen. Die Konvertiten kommen aus allen sozialen Schichten, das ist seit einigen Jahren schon ein Trend«, sagt der Mann mit der sanften Stimme und den wachen Augen, die er regelmäßig in sämtliche Richtungen wandern lässt, aufmerksam und vorsichtig, als könnte von überall her Gefahr drohen. »Und, nein, ich verstehe nicht, warum das für irgendjemand eine Gefahr darstellen sollte. Wir in Granada predigen einen sanften Islam, einen Islam der Verständigung und Toleranz, nach dem Beispiel Marokkos und der Sufi-Meister. Von Granada aus ist meines Wissens noch kein einziger junger Mann, keine einzige junge Frau nach Syrien oder in den Irak gegangen, um sich diesen fürchterlichen Truppen des IS anzuschließen. Diesen Terroristen, die behaupten, sie errichteten einen islamischen Staat, und dabei genau das Gegenteil tun, nämlich die Ideale unseres Glaubens verraten.«

Wir treffen uns im Konferenzsaal des Islamischen Zentrums, auf dem Albaicín-Hügel über der Stadt. Nebenan im Bibliothekssaal studieren einige junge Männer islamische Literatur in Arabisch, Spanisch und Englisch, Imam Hajj Abdal Hakim Praena gibt regelmäßig Einführungskurse in die Grundsätze des Korans. Eine himmlische Ruhe nach all den populären Schlagern, die heimische Straßensänger an der nahen Plaza für die Touristen geschmettert haben, darunter immer wieder voller Inbrunst den »Klassiker« über die Stadt, Volkslied und Song für Tenöre schlechthin: »Granada, tierra soñada por mí ... Granada, ein Märchen aus uralter Zeit«. Ahmad Gross erzählt von seinen Vorträgen zu Goethe und Rilke, über deren Beziehung zum Glauben er die Gemeinde aufgeklärt hat.

Die eigentliche Moschee liegt etwas erhöht über dem Zentrum, mit einem weiten Blick über den Darra-Fluss im Tal und direkt gegenüber der Alhambra, dem berühmtesten Bauwerk und beliebtesten Touristenziel Spaniens. Sie wirkt auf den ersten Blick bescheiden, fast zurückgenommen. Eher wie ein spanisches Kloster oder Landhaus als eine Moschee. Erst auf den zweiten Blick fällt die arabische Schrift unten am Spitzdach des viereckigen Turms auf, der so gar nicht an ein klassisches Minarett erinnert – es ist die *Schahada*, das Glaubensbekenntnis. Beim näheren Hinsehen beim Spaziergang durch den kleinen, gepflegten Garten erschließt sich dann die ganze Eleganz des schlichten, weißgetünchten Baus, der Anleihen aus der gesamten islamischen Welt nimmt: Die Gebetsnische ist eine Nachbildung der berühmten *Mihrab* von Córdoba, die bunten Marmorfliesen sind denen der Al-Aqsa in Jerusalem nachempfunden, einige Fenster als Repliken der Blauen Moschee in Istanbul gedacht.

Gross liegt viel daran, die Harmonie der Muslime mit der Nachbarschaft zu betonen. Ganz in der Nähe thront das ehrwürdige Kloster Santa Isabel la Real, in das die Nonnen strömen. Keinen Steinwurf von der Moschee entfernt, ebenfalls am Plaza San Nicolás, reckt sich eine stolze katholische Kirche in den Himmel, 1526 an der Stelle eines früheren islamischen Gotteshauses gebaut. Mit so viel Tradition kann die *Mezquita Mayor* nicht aufwarten. Sie ist im Bild Granadas vergleichsweise eine Neuerscheinung, die architektonische Novizin des Albaicín sozusagen. Mehr

als fünfhundert Jahre hatte es in der Stadt keinen Moschee-Neu-
bau mehr gegeben, zweiundzwanzig Jahre lang stritten die Muslime mit der Verwaltung, konnten dann schließlich auf einem
brachliegenden, schuttüberladenen Teil des Platzes ihr Gotteshaus
errichten. Finanziert ausschließlich mit Spenden, die vor allem
aus Marokko und den Vereinigten Arabischen Emiraten kamen.
Im Juli 2003 war schließlich Eröffnung, als Ehrengast fungierte
der Scheich von Sharjah.

»Natürlich sahen wir uns am Anfang mit Misstrauen konfrontiert«, sagt der Muslim aus dem Schwarzwald, vor dessen
Namen ein »Hajj« steht, Beweis dafür, dass er die große Pilgerreise nach Mekka und Medina begangen hat. »Aber nach und
nach hat sich das gegeben. Wir bekommen jetzt häufig Besuch
von unseren christlichen Nachbarn. Die erzählen uns, wie froh
sie über den Bau der Moschee sind, schon allein deshalb, weil früher die Gegend hier ganz verwahrlost war, ein Treff der Drogendealer. Unserem guten Ruf hat sicher auch geholfen, dass wir den
Nachbarn in der unterirdischen Garage der Moschee Parkplätze
zur Verfügung gestellt haben.« Tatsächlich bestätigen die Nonnen,
die sich beim jährlichen Nachbarschaftsfest wie selbstverständlich
unter die anderen Gäste mischen, das gute Verhältnis. Niemand
hat hier Berührungsängste – fast schon zu idyllisch, um wahr zu
sein, wirken die gegenseitigen Harmoniebekundungen.

Als nächstes Projekt hat sich Granadas islamische Gemeinde
den Bau einer Schule vorgenommen. Das Grundstück gibt es
schon, eine Spende des marokkanischen Monarchen, angeblich
ohne jede Bedingung. »Es soll eine Schule für Jungen und Mädchen werden, selbstverständlich in getrennten Bereichen«, sagt
Gross vorsichtig und sucht mit seinen Blicken wieder die Umgebung ab, gerade in Sachen Frauen- und Mädchenrechte gilt es, in
seiner Religion Fallstricke zu vermeiden. »Zurzeit leben in unserer Zweihundertfünfzigtausend-Einwohnerstadt schon mehr als

zwanzigtausend Muslime, und die Zahl steigt stetig, durch Zuzug, durch Glaubensübertritte. Sie leben ohne Probleme mit den anderen zusammen, aber natürlich kann man an der Erziehung der Kinder noch feilen. Und der Islam ist der Königsweg zur Integration.«

Ganz so einfach, ganz so einträchtig, wie der Mann aus dem Schwarzwald die Lage darstellt, ist sie natürlich nicht. Zwar gibt es wenig Grund, an den versöhnenden Absichten des Ahmad Gross und des überwiegenden Teils seiner Gemeinde zu zweifeln, aber durch die Nähe des Islamischen Zentrums zum marokkanischen Königshaus einerseits und den Verbindungen zu den obskuren antikapitalistischen und antizionistischen Vertretern der Murabitun-Bewegung andererseits entstanden sehr wohl Abhängigkeiten – sagt jedenfalls ein Gemeindemitglied, das nicht namentlich zitiert werden will. Und es sind nicht nur die Gemäßigten, die um Granada ringen. Saudi-Arabiens Wahhabiten versuchen in Südspanien, ihre viel strengere, rigide Form des Islam zu verbreiten, sie verfügen über fast unbegrenzte Finanzmittel. Noch hat sich allerdings keiner der scharfmacherischen Imame aus Riad oder Jeddah hier niedergelassen.

Und dann ist da noch die Konkurrenz der Ultraradikalen: Die Terrororganisationen al-Qaida und »Islamischer Staat« mögen sich in vielem uneinig sein, eines verbindet ihre Führer: Sowohl Aiman al-Sawahiri als auch Abu Bakr al-Baghdadi haben ihre Anhänger aufgefordert, Andalusien mit allen Mitteln zu »befreien«. In den vergangenen Jahren hat es keinen größeren Anschlag in Spanien gegeben, aber in das Bewusstsein der Menschen hat sich eingebrannt, was 2004 in Madrid an einem Tag im März geschah: Da kamen durch die von Islamisten in Vorortzügen gezündete Bomben hunderteinundneunzig Menschen ums Leben, mehr als zweitausend Fahrgäste und Passanten wurden verletzt – der schlimmste Terrorangriff auf europäischem Boden.

Auch in Granada wurde damals ein mutmaßlicher Qaida-naher Helfer verhaftet, und obschon sich alle muslimischen Gemeinden der Region von der Gewalt entschieden distanziert haben, bleibt bei vielen Menschen eine dumpfe, immer wieder von publizistischen Scharfmachern geschürte Angst.

»Es gibt mehr als siebenhundert Moscheen in Spanien, in irgendeiner wird möglicherweise gerade das nächste Attentat vorbereitet«, schreibt etwa der Journalist José María Irujo von der größten spanischen Zeitung *El País*. Und weiter: »Die Radikalen sind geradezu besessen von Andalusien.«

Kann Granada unter diesen Voraussetzungen wieder ein religiöses, multikulturelles Idyll werden, europäisches Vorbild für die Koexistenz der Glaubensgemeinschaften und Völker – oder droht ihm ein Kampf der Religionen? Und ist womöglich die vielbeschworene *Convivencia*, das friedliche, einander befruchtende Zusammenleben der Konfessionen im Andalusien des Mittelalters, vielleicht doch nicht viel mehr als ein geschönter Traum, dem man gar nicht nacheifern sollte?

Abendstimmung an der Plaza San Nicolás, wo die Gotteshäuser von Granada fast mit ihren Türmen aneinanderstoßen. Die Moschee ist offen um diese Zeit, die katholische Kirche ebenso. Aber das Interesse der Menschen, die hier auf den Hügel des Albaicín gekommen sind, gilt einer ganz anderen Form von Andacht. Sie wollen den Sonnenuntergang bewundern, den Blick auf die Alhambra und den Darra-Fluss, der sich tief unten im Tal durch die Stadt schlängelt. »Wow, das ist einfach unglaublich«, hat ein tief beeindruckter US-Präsident Bill Clinton gesagt, als er vor einigen Jahren hier an der Steinbrüstung gestanden hat. »Das ist der schönste Sunset der Welt.«

Die letzten Strahlen erfassen die Strahlende: Langsam wechselt die prachtvolle Burg mit ihren Wehranlagen und Palästen, ihren Türmen und Toren die Farben, von Ockergelb über Rosa zu dem

Rot, den der Name Alhambra verheißt. Die Gärten des Generalife, der Alhambra-Parkanlage, lassen sich an tiefgrünen Zypressenspitzen erkennen, im Hintergrund glitzern die Schneefelder der Sierra Nevada. Wenn das letzte Licht die Erker streift, die ersten Scheinwerfer ihre gedämpften Strahlen zu den Steinzacken werfen, könnte man wirklich gläubig werden: Es ist, als hätte Gott selbst in die Farbpalette gegriffen, mit feinen, fast zärtlichen Strichen sein Meisterwerk geschaffen. Und tatsächlich brandet Beifall auf, als die Sonne sich ganz verabschiedet, so als wollten die Menschen einem Regisseur sagen: Danke für dieses Schauspiel, sehr eindrucksvoll. Auf bald, und hoffentlich: da capo.

Die Zuschauer auf dem Albaicín wirken an diesem Abend wie eine inoffizielle Versammlung der Vereinten Nationen, bereit, jedes Klischee der Völker zu bestätigen. Da sind die temperamentvollen Lateinamerikaner, die nach den schwermütigen Gitarrenklängen der Zigeunerjungen mit den kleinen Roma-Mädchen um die Wette tanzen. Da sind die Touristen aus Japan und der Volksrepublik China, die nebeneinander – und im Wettstreit gegeneinander – an der Brüstung ihre Kamerastative aufgebaut haben und kaum von ihren Suchern aufblicken. Da sind die Deutschen, die sich Wurststullen und billigen Wein mitgebracht haben, um vor dem spektakulären Hintergrund Picknick zu machen. Dazwischen mischen sich Gruppen junger Leute aus aller Herren Länder, die hier oben zur Abendstunde Informationen über ihr Studium austauschen oder einen Flirt riskieren, bevor sie sich wieder in ihre Heime und billigen Absteigen zum Lernen oder Partymachen zurückziehen; über sechzigtausend junge Leute gehen in dieser Stadt zur Universität, betreut von über dreitausendzweihundert Professoren, keine Stadt ist als Ziel des europäischen Erasmus-Austauschprogramms bei Studenten so beliebt wie Granada.

Der Weg hinunter durch die engen, verwinkelten Gassen des Albaicín-Viertels mit so klingenden Namen wie San Juan de los

Reyes, Maria de la Miel oder Cuesta Aljibe de Trillo ist auch ein wenig eine Zeitreise: von der Altstadt in die Neustadt, vom vorchristlichen über das arabische Erbe bis hin in die kosmopolitische Gegenwart.

Zuerst waren es die Phönizier, die um 500 v. Chr. die geschützte Lage nutzten und sich hier niederließen. Später kamen die Römer, dann die Vandalen, anschließend die Westgoten. Im Jahr 711 überquerten vermutlich siebentausend muslimische Krieger, größtenteils Berber wie die Vorfahren des Ibn Battuta, die Meerenge von Gibraltar, sie eroberten und islamisierten den südlichen Teil der Iberischen Halbinsel fast ohne Gegenwehr. Auch Granada und seine Umgebung machten sich die Mauren untertan.

Zum Zentrum des Herrschaftsgebiets aber wurde Córdoba, Emir Abd al-Rahman schuf ein modernes, blühendes Staatswesen, das frühe Reich al-Andalus wurde zum Inbegriff von Toleranz und Gelehrsamkeit. Die Bibliothek der Stadt umfasste mehr Bücher, als es im übrigen Westeuropa zusammen gab; Roswitha von Gandersheim, die als erste deutsche Dichterin gilt, nannte die Stadt begeistert »die Zierde des Erdkreises«. Und einheimische Frauen hatten sogar ihren eigenen literarischen Salon. Die Kalifentochter Wallada al-Mustakfi scharte Gleichgesinnte um sich. Berühmt wurden ihre Auseinandersetzungen mit einem Ex-Geliebten, der sie wegen ihrer lockeren Lebensführung als »Nutte« bezeichnet hatte, sie sei mit »halb Córdoba im Bett gewesen«. Die Schöne konterte kühl: »Daher weiß ich, dass er den kleinsten Penis hat.«

Die Meerenge von Gibraltar war nicht wie heute eine gefürchtete Pforte für Flüchtlinge, sondern ein gepriesenes Einfallstor für Handel, Literatur, befruchtende Ideen. Anfang des 11. Jahrhunderts zerfiel die Einheit des Kalifats, zahlreiche kleinere Teilreiche, die Taifas, unterstanden nun jeweils einem Herrschergeschlecht. In Granada waren das die Ziriden, ihre Dynastie konnte sich allerdings nur vier Regierungsperioden lang halten, dann stürmten die Aloraviden und Almohaden aus dem heutigen Marokko die Region. Die nächste Welle der Eroberung, begleitet von Grausamkeiten. Doch auch in dieser Mauren-Zeit blühten noch die Künste, konnten sich die gegenüber den muslimischen Herrschern tributpflichtigen Christen und Juden relativ frei entfalten.

Im 13. Jahrhundert begann der Niedergang der islamischen Herrschaft in Spanien, auch und vor allem durch Kriege, die Muslime gegeneinander führten. Die Christen eroberten immer mehr Land zurück, drängten während der *Reconquista* den Islam Stadt für Stadt zurück – bis dann für die Mauren nur noch Granada übrigblieb. Von 1238 und noch bis 1492 regierte hier das Geschlecht der arabischen Nasriden. Um sich an der Macht zu halten, waren sie allerdings zu vielen Kompromissen gezwungen und mussten in den letzten Jahrzehnten ihrer Herrschaft Tribut an den christlichen König Ferdinand von Kastilien zahlen. Ausgerechnet zu dieser Zeit erlebte Granada eine große Blüte. Es entstanden viele der bedeutendsten muslimischen Meisterbauwerke, beim Ausbau der Alhambra, aber auch gegenüber, auf dem Albaicín.

Als ich vor fünfunddreißig Jahren nachts durch die Albaicín-Sträßchen schlenderte, erklärten mich einheimische Freunde für verrückt, das arabische Viertel galt als heruntergekommen und gefährlich, im Dunkeln eine No-Go-Area. Das hat sich längst zum Besseren gewandelt. Die meisten der maurischen Häuser sind sorgsam weißgetüncht, die gepflegten Innenhöfe, in die man nur gelegentlich einen Blick erhaschen kann, verraten Wohlstand. Viele Künstler haben sich in dieser malerischen Umgebung niedergelassen, vor allem im unteren Teil des Albaicín entstanden Geschäfte, Teestuben, Restaurants. Und weil die Touristen und wohl auch die modernen Spanier das Flair eines orientalischen Suks so sehr schätzen, hat sich die steile Calderería Nueva in eine pittoreske arabische Einkaufsgasse verwandelt, in eine Attraktion, die es mit den Marktstraßen von Marrakesch, Tunis oder Tanger aufnehmen kann.

Die Renaissance der arabischen Altstadt, ihr Wandel vom Elends- zum Trendviertel, begann Anfang der Achtzigerjahre, nach dem Tod des national-katholischen Diktators Francisco Franco. Sie ging Hand in Hand mit der Verabschiedung der neuen demokratischen Verfassung, die erstmals allen Spaniern völlige Religionsfreiheit garantiert.

Umgesetzt wurde die Transformation durch die aus Marokko, Tunesien und Ägypten eingewanderten Muslime, die hier ihre Lederwaren, Teekannen und Wasserpfeifen zu verkaufen begannen – und durch heimische Pioniere, vor allem mutige und engagierte Frauen. Die resolute Antonia Muñoz Flores war die Erste, die sich 1983 getraute, in dem berüchtigten Viertel eine eigene Teestube zu eröffnen. Wie so viele ihrer Freundinnen trat die Katholikin zum Islam über, den sie als offener und weniger verstaubt als die Religion ihrer Väter empfand: »Wir suchten den Weg in eine bessere Welt, wir waren und sind Idealisten«, betont die Dame. Sie nennt sich heute Leila, ihr Ziel, sagt sie, sei es, »die alten Rezepte aus al-Andalus wiederzubeleben«. Damit meint sie ganz konkret die verschiedenen Gewürzmischungen von früher, mit denen sie ihre Tees verfeinert, aber im übertragenen Sinn natürlich auch die tolerante Einstellung zu den Mitmenschen. Sie hat ihren Shop *Sirat* getauft, »Der richtige Pfad«.

Viele sind ihrem Weg gefolgt. Auch in den umliegenden Gassen duftet es nach Zimt, Nelken und Kardamom. Bäckereien locken Kunden mit Mandelgebäck, Metzgereien mit frischem Lamm, *halal* geschächtet nach den Vorschriften des Korans. Und überall blubbern Wasserpfeifen. Religion ist hier Privatsache. Man sieht wenige vollverschleierte Frauen, viele tragen Kopftuch. Sie unterhalten sich völlig ungezwungen mit jungen Spanierinnen im knappen, weit ausgeschnittenen Top oder Touristinnen in Hotpants. Ein multikulturelles Statement? Oder doch eher nur Ausdruck eines distanziert-respektvollen Nebeneinanders? Sidi Karim Viudes, der als Innenarchitekt die neue Moschee mitgestaltet hat, wundert sich jedenfalls bis heute: »Es ist erstaunlich, was aus diesem gefährlichen Slum geworden ist, und das ohne jeden zentralen Plan, ohne bürokratische Anleitung.«

Vielleicht ist Granadas Atmosphäre auch deshalb so entspannt, weil die einzelnen Stadtviertel inzwischen nicht mehr getrennt sind, sondern fast nahtlos ineinander übergehen. Nur wenige Querstraßen vom unteren Albaicín entfernt steht das bedeutendste christliche Bauwerk Granadas: die Renaissance-Kathedrale mit der Capilla Real, der Königskapelle aus dem 16. Jahrhundert. Und wenig weiter das nächste architektonische Kleinod, das Kloster San Jerónimo, eine Oase inmitten des geschäftigen Treibens der Innenstadt. Es ist, als hätten sich die Baumeister der verschiedenen Epochen, der verschiedenen Glaubensrichtungen gegenseitig mit ihren Werken übertreffen wollen. Und zwischen all den Sehenswürdigkeiten liegen Granadas große und kleine, spektakuläre und verwinkelt-bescheidene Plätze und Höfe. Auf der Plaza de Bib-Rambla, der Plaza de la Trinidad, der Plaza de la Romanilla herrscht Hochbetrieb. Hier laden vom Frühjahr bis Spätherbst die Tapas-Bars und Fischrestaurants zum Essen im Freien, bieten Sonderangebote für süffigen Sangria und rubinroten Rioja-Wein.

Granada ist eine Touristenstadt. Welch hohen Stellenwert die Besucher für die Stadtväter haben, sieht man allein schon daran, dass sie einen Teil des Rathauses für das Touristenbüro freigemacht haben. Mehrere Dutzend junge Leute beraten geduldig und kenntnisreich die Fremden. Anders als in den meisten spanischen Städten ist hier wenig von der Wirtschaftskrise zu bemerken, von der katastrophalen Jugendarbeitslosigkeit, die im Jahr 2015 landesweit über vierzig Prozent beträgt. Das politische Erdbeben, das Spanien erschüttert, ist freilich auch hier zu spüren: Die etablierten Parteien, die über viele Jahrzehnte das Geschehen abwechselnd und fast nach Belieben bestimmt haben – rechts die konservative Volkspartei PP, eher links die sozialdemokratische PSOE –, erlitten schon bei den Regionalwahlen im März eine schwere Schlappe. Sie haben das Vertrauen der meisten Bürger verloren.

Noch vor wenigen Jahren völlig unbekannte Bewegungen wie die kapitalismuskritische Partei Podemos (»Wir können«) und die liberale Ciudadanos (»Bürger«) sorgen für eine Zersplitterung der politischen Landschaft und ungewohnte Schwerpunkte. Die Neuen lassen sich ungern in den Sumpf der Abgewirtschafteten hineinziehen; und wenn sie sich doch zu einer Koalition bereitfinden, wie bei der Nominierung der PSOE-Politikerin Susana Díaz zur andalusischen Landespräsidentin im Juni, stellen sie harte Bedingungen. Ausgenommen von diesem Aufbruch ist allerdings die Prune-Gruppierung, die 2014 als erste islamische Partei Spaniens in Granada gegründet wurde: Sie erreichte nicht einmal einen Achtungserfolg – offensichtlich mögen sich die allermeisten spanischen Muslime nicht primär über ihren Glauben definieren, sich zu einer speziell muslimischen Agenda drängen lassen.

»Die Zukunft Europas wird auch in dieser Stadt entschieden, in der sich so viele Hoffnungen und Erwartungen kristallisieren«, sagt Emilio de Santiago, Professor für Philosophie, der vom Dalai Lama über den Aga Khan bis Salman Rushdie schon Prominente aller Couleur hier herumgeführt hat und als *Granadillo del Dos de Enero* 2007 zu einer Art Ehrenbürger Granadas ernannt wurde. Der weißhaarige Wissenschaftler verkörpert in seiner Person gelebte Toleranz: Er lehrt die Grundzüge des Islam wie die Glaubenssätze des Judaismus, kennt sich in beidem genauso gut aus wie in seiner christlichen Tradition. Und glaubt, dass viele Granadiner seinen Ansatz teilen.

Wer durch die Viertel jenseits der großen Sehenswürdigkeiten wandert, etwa durch das alte jüdische Realejo, der ist sich nie ganz sicher, was diesen Ort und seine Menschen wirklich bewegt. Anders als im quirligen Zentrum, das sich rund um die Uhr in Action stürzt und vor Betriebsamkeit fast birst, liegt hier ein Hauch Schwermut in der Luft. Die Fensterläden sind hochgezogen, die kleinen Lebensmittelgeschäfte und auch die privaten Flamenco-Schulen haben an diesem Spätnachmittag geschlossen. Aus verschiedenen Richtungen weht der Klang von Kirchenglocken herüber, wenige Minuten später gefolgt vom kehligen Aufruf eines Muezzin. Fast eine Überdosis Gott. Granada ist keine Stadt, die ihre Seele dem flüchtigen Betrachter auf dem Silbertablett serviert – das wusste schon Federico García Lorca, ihr großer Sohn, der bedeutendste Dichter der spanischen Neuzeit.

Er hatte kein unproblematisches Verhältnis zu seiner Heimat, »Granada kann hassenswert sein, wenn du da leben musst«, schrieb er einmal. Aber kaum war er weg, erfüllte ihn schon die Sehnsucht. Jedes Frühjahr kehrte er zu seiner »tödlichen Geliebten« zurück, um hier zu schreiben, auch als er sich schon längst in Madrid niedergelassen und einen Namen gemacht hatte, als er in New York und Buenos Aires längere Gastspiele gab. 1929, es war die Zeit seines endgültigen Durchbruchs, lud er Freunde in sein Haus und hielt eine kleine Ansprache: »Wenn ich durch die Gnade Gottes einmal berühmt werden sollte, gebührt die Hälfte des Ruhms diesem Granada, das mich geformt hat und zu dem machte, was ich bin, ob ich das nun will oder nicht: ein Poet, von meinem ersten Atemzug an.«

Eine Stadt wie die Granatapfelfrucht, die ihr den Namen gab: äußerlich hart, mit einer schwer zu durchdringenden Schale, innerlich aber, in García Lorcas Worten, getränkt vom »Blut der verwundeten Erde«.

Seine Gedichte und Theaterstücke wiesen ihn als Freigeist aus, und damit war er der faschistischen Franco-Regierung ein Dorn im Auge. Sie hielt ihn für einen gemeingefährlichen, linken

Republikaner – er selbst sah sich eher als einen »anarchischen Katholiken«, trug noch als Erwachsener während der Karwoche barfuß das heilige Kreuz durch die Straßen. Anfang August 1936 wurde er von rechtsextremen Häschern aus seinem Haus verschleppt und irgendwo an einer Landstraße erschossen. Die genaue Todesstelle wurde ebenso wenig gefunden wie seine Leiche.

Die Stadtväter ehren den Dichter seit dem Ende der Franco-Zeit mit Ausstellungen und postumen Preisen. Sein Geburtshaus außerhalb der Stadt und die Finca seiner Familie sind zu liebevoll gestalteten Museen geworden. Drei Jahre vor seiner Ermordung hat Federico García Lorca übrigens schon Sätze geschrieben, die sich wie eine Vorahnung seines Schicksals lesen: »Wir müssen gehen, Granada bleibt. Auf ewige Zeiten. Aber mir rinnt die Zeit durch meine Finger, durch Finger, die dem unwürdigsten seiner Kinder gehören.«

Sein Lieblingsplatz war die Alhambra. In der damals noch kaum restaurierten, weitgehend vernachlässigten Festung konnte er stundenlang durch die Gärten streifen und sich in den bröckelnden Mauern verstecken, mit Straßenkindern spielen. Mit den *Zigeunerballaden* hat er ihnen ein literarisches Denkmal gesetzt, in einem Brief an einen Freund auch ein figuratives: Er machte genaue Skizzen der Anlage. Heute lässt sich die Alhambra in den Sommermonaten nur mit Voranmeldung besuchen, der Computer weist dem Gast eine bestimmte Eintrittszeit zu, mehr als siebentausend Menschen soll die Palastanlage am Tag nicht verkraften müssen – eine gute und richtige Idee.

Und nun also, an meinem Granadiner Abschiedstag, hat es auch für mich geklappt. Wiedersehen mit einem Weltkulturerbe, nach über dreißig Jahren. Fast einschüchternd, auf jeden Fall aber verblüffend wirkt der gewaltige Umfang der Anlage, die mehr als hunderttausend Quadratmeter erfasst und viel mehr ist als nur eine Burg: Die Alhambra ist eine richtiggehende

Stadt. Sie bedeutete in ihren Glanzzeiten alles in einem – religiöses Zentrum mit Moscheen, Kapellen und Friedhöfen; ziviles Zentrum mit Palästen und Regierungsgebäuden, Hochschulen, Gastwirtschaften, Krankenhäusern und einer Handelsbörse für Weizen sowie einer Münzprägerei; militärisches Zentrum mit befestigten Eingangstoren, Wehrtürmen, Zugbrücken, Festungen und Wohnvierteln.

Ältester Teil der Alhambra ist die Festung Alcazaba, deren Grundlagen im 11. Jahrhundert der jüdische Kanzler Samuel han-Naghidh auf Befehl des Sultans schuf. 1238 verlegte der erste Nasriden-Herrscher seine Residenz hierher, unter Jusuf I. erlebte die Anlage ihre erste Glanzzeit – er ließ den Comares-Palast mit dem Myrtenhof, dem prächtigen goldenen Saal und seinem filigranen Holzgewölbe bauen, das Werk könnte bei Ibn Battutas Besuch in der Stadt kurz vor der Vollendung gestanden haben. Jusufs Sohn, der als Muhammad V. 1354 auf den Thron folgte, fügte dem Ensemble dann den Löwenpalast hinzu, Privatgemächer und Harem, die nur dem Herrscher und seinen engsten Vertrauten zugänglich waren.

Stalaktiten aus Stein, die sich wie göttliche Tropfen von den Wänden heruntertasten, Koran-Kalligrafien, die ineinanderfließen, filigrane Erker und Rundbögen, die zu schweben scheinen: Es sind Orte, die verzaubern, die den Atem stocken lassen. Belege für das Ideal der islamischen Baukunst, der zufolge der Mensch durch die Harmonie der äußeren Umgebung seine eigene innere Ruhe finden soll. Nichts drängelt sich vor, nichts soll ablenken. Die Türen sind so unauffällig in die Wände gefügt, dass man kaum merklich von einem Raum in den nächsten gleitet. Im Fries über dem Portal, das den vergoldeten Empfangsraum des Sultans von den Privatgemächern trennt, verheißt eine rätselhafte Inschrift: »Ich bin die Krone, und mein Weg ist eine Gabelung, der Westen sieht in mir den Osten.«

Des Mauren letzten Seufzer, man glaubt ihn hier förmlich zu hören: Muhammad XII., auch Boabdil genannt, konnte im Jahr 1492 die Burg nach langer Belagerung durch die katholischen Könige nicht mehr halten, damit fiel die letzte muslimische Festung, das Zeitalter des al-Andalus ging zu Ende. Er übergab den Schlüssel der Alhambra, ohne irgendetwas an dem Bauwerk zu zerstören. Die siegreichen Isabella von Kastilien und Ferdinand von Aragon gewährten dem Geschlagenen immerhin freies Geleit, und sie mauerten als letzte Ehrerbietung zu seinem Gedenken das Tor zu, durch das er seiner Burg den Rücken kehrte – keiner sollte die Alhambra mehr so betreten wie er.

Als sich die Touristenmassen gegen Abend ausdünnen, klettere ich noch einmal den Torre de la Vela hinauf, mit seinen siebenundzwanzig Metern der höchste Wachturm und beste Aussichtspunkt der Alhambra. Neben der spanischen Flagge weht hier oben auch die der EU, der Blick hinüber zu den weißgetünchten arabischen Häusern des Albaicín und ins weite Land geht bis zum Horizont.

Hier oben haben sie wohl alle gestanden, die diese Stadt über die Jahrhunderte erträumt und erbaut und bewundert haben, die sie erobern, bekehren, verschönern oder einfach nur mit Gedichten und Melodien preisen wollten, Feldherren, Gottesmänner, Künstler, Lust-Reisende – unter dem Zeichen des christlichen Kreuzes oder dem Banner des islamischen Halbmonds, Krieger und Bürger und Gläubige, die sich manchmal in der Geschichte dieser Stadt ganz nahe waren. Streitbare, gelegentlich auch rechthaberische Verwandte, aber eben doch Verwandte.

Wenn es denn in einem von Muslimen beherrschten Reich in der Geschichte jemals so etwas wie einen nachahmenswerten islamischen Staat gegeben hat, dann war es, wie schon erwähnt, das Kalifat von Córdoba im 10. Jahrhundert. In der Wissenschaft und in der Kunst konkurrierten die besten Köpfe. Und auch die Literatur blühte. In einigen Bereichen wurde die Renaissance, die Aufklärung vorweggenommen: Der Mensch, nicht mehr Gott, stand nunmehr für viele der unbehelligt arbeitenden Freigeister im Mittelpunkt.

Aber auch in den besten Zeiten von al-Andalus herrschte nie eine völlige Gleichberechtigung der Religionen, keine ideale Harmonie des Zusammenlebens, und es gab dann vor allem ab dem Ende des 11. Jahrhunderts auch schlimme Übergriffe gegen Andersgläubige. Sie waren Bürger mit Rechten, aber Bürger zweiter Klasse, höher besteuert, niedriger angesehen – nach einer Fatwa, einem Rechtsgutachten aus dieser Zeit, durfte etwa ein Muslim weder Andersgläubige massieren noch den Müll beseitigen: »Das sind verachtete Gewerbe, die Juden und Christen vorbehalten bleiben sollten.« Aber selbst die späte Maurenherrschaft, die zu Ibn Battutas Lebzeiten, gewährte den Bürgern viele Freiheiten. In Granada profitierten alle von einer funktionierenden Müllabfuhr, von Straßenlaternen, von Krankenversorgung und Schulbildung.

Die *Erzählungen von der Alhambra* des schwärmerischen amerikanischen Schriftstellers Washington Irving, erschienen 1832, trugen wesentlich dazu bei, dass al-Andalus dann Mitte des vergangenen Jahrhunderts romantisch verklärt wurde. In der europäischen, aber auch in der arabischen Welt entstand der Mythos vom edlen Mauren, der stets ritterlich kämpft und die unschuldig in Not Geratenen befreit, der Mythos vom durchgängig vorbildlichen, problemlos friedlichen Miteinander. Auf der anderen Seite machten viele christliche Spanier »den Mauren« zur allgegenwärtigen Bedrohung, stilisierten den Verlust großer Teile der Iberischen Halbinsel zur Katastrophe und verteidigten alle Aspekte der christlichen *Reconquista* – auch wenn die Rückeroberung und ihre Folgen noch so grausam waren. Denn eines ist unbestritten: Die Herrschaft der katholischen Könige wurde zur Katastrophe für alle Nichtchristen. Schon gleich nach ihrer

Machtübernahme 1492 töteten oder vertrieben sie alle Juden, die Muslime wurden zwangskonvertiert, als Ketzer gefoltert. Die Inquisition entwickelte sich zu einem der dunkelsten Kapitel der Menschheits- und Religionsgeschichte, und das zunehmend auch für »abtrünnige« Katholiken oder solche, die in den Verdacht der »Hexerei« gerieten.

Bis heute tobt ein bitterer Expertenstreit darüber, wie frei, wie vorbildlich oder wie begrenzt und überschätzt das »Goldene Zeitalter« von Andalusien wirklich war – die verschiedenen Jahrhunderte und die unterschiedlichen Orte von al-Andalus werden dabei meistens in einen Topf gerührt. Wenn man denn eine Gesamtsicht der Epoche wagen wolle, meint der Heidelberger Professor Georg Bossong, dann fiele sie positiv aus. »Natürlich wäre es groteske Schönfärberei, die mittelalterliche Geschichte Spaniens als multikulturelles Paradies im immerwährenden Frieden zu interpretieren. Es gab viel Krieg und blutigen Streit. Aber es gab eben immer wieder auch Perioden, in denen es nicht nur kulturell, sondern auch politisch und sogar militärisch zur Kooperation über die Religionsgrenzen hinweg kam. Die Zeit lässt sich als Miteinander der monotheistischen Offenbarungsreligionen verstehen, als ein Zusammenleben, eine *Convivencia*, wie sie nirgendwo sonst realisiert wurde.«

Gehört der Islam also nach Europa, zu Europa? Der Romanist und Orientalist hat da keine Zweifel, er schlägt von damals eine Brücke in die Neuzeit: »Es lässt sich nicht leugnen, dass der Islam historisch auf unserem Kontinent vielerorts profund Wurzeln geschlagen hat.« Als die *Zeit* Bossongs Text veröffentlichte, brach im Netz ein Sturm los, manche Diskutanten lobten ihn in den Himmel, manche kritisierten ihn sachlich; viele aber entfachten einen Shitstorm mit wüsten Beschimpfungen gegen den »Islam-Anbeter«.

*

Es ist Abend geworden auf der Alhambra, auf einer Bank vertiefe ich mich in das mitgebrachte *Rihla,* in die Granada-Erlebnisse des Ibn Battuta, folge ihm sechshundertsechzig Jahre zurück in seine hochgelobte »Braut der Städte«. Ich sitze im Generalife, der weitläufigen, sorgfältig gepflegten Parkanlage der Alhambra. Die Gärten mögen ihre jetzige Form erst im vorangegangenen Jahrhundert gefunden haben, sie existierten aber schon zur Zeit des marokkanischen Reisenden.

Zur großen Enttäuschung Ibn Battutas war Sultan Jusuf während seiner Besuchstage unabkömmlich. »Er konnte mich wegen einer Krankheit nicht empfangen«, schreibt der Mann aus Tanger in seinem Reisebericht. Der Weltreisende trifft stattdessen Sufi-Gelehrte und Fakire aus aller Herren Länder und unterhält sich auch gern und ausführlich im Kreis Interessierter mit dem jungen Mann, der sein Ghostwriter werden sollte – Beweis für die liberale Atmosphäre, die damals herrschte. Als Ort der Begegnung erwähnt Ibn Battuta den Garten eines reichen Juristen namens Abu al-Qasim. Nach der Wegschilderung lag diese Grünanlage im Tal, in einer heute ziemlich unromantischen Gegend, die zubetoniert ist und als Parkplatz genutzt wird. Aber könnte es nicht sein, dass Ibn Battuta, wie so oft in seinem Leben, etwas locker mit der Ortsbeschreibung umgegangen ist? Dass er genau hier saß, wo jetzt die Rosen blühen und das Wasser plätschert, im Generalife? Sein Co-Autor mag dazu nichts Genaueres erläutern, er hat sich im gemeinsam verfassten Reisebuch nicht des übertriebenen Lokalpatriotismus schuldig gemacht. »Granada ist so berühmt, dass es keiner Worte bedarf.«

Im Sommer 2015 ist eines der großen Gesprächsthemen in Granada eine Gesetzesinitiative der spanischen Regierung. Das Parlament hat gerade einen Gesetzesentwurf gebilligt, der ein altes Unrecht wiedergutmachen soll: Die Nachfahren der sephardischen Juden, die nach 1492 aus Andalusien vertrieben und über die ganze Welt verstreut wurden, sollen jetzt das Recht auf Einbürgerung erhalten; allein zweitausendfünfhundert chilenische Juden haben einen Antrag auf einen spanischen Pass gestellt, ihre Anträge werden nun zügig und ohne Vorbedingungen bearbeitet. Aber wie so oft bei gut gemeinten politischen Initiativen schafft auch diese eher mehr Zwietracht als Zufriedenheit. Es sei »einfach unfair, den Nachfahren der damals aus dem Land gejagten Muslime zu verweigern, was jetzt den Juden zurecht zugebilligt« werde, gab der linke Senator Jesús Enrique Iglesias zu Protokoll. »Sind Muslime« nun endgültig Menschen zweiter Klasse?«, fragte eine lokale Zeitung. Der Streit schwelt.

Ein zufälliges Wiedersehen mit zwei Damen im Alhambra-Garten, die ich aus der arabischen Altstadt kenne. Djamila ist eine marokkanische Muslimin, seit fünf Jahren in Granada, sie besitzt ein kleines Geschäft in Albaicín, Carmen ist Christin aus einer alteingesessenen lokalen Familie und Lehrerin. Aufgeregt tauschen die Freundinnen den neuesten Klatsch aus und beraten gemeinsame Unternehmungen. Sie wollen an einem im Nachbarort stattfindenden Fest teilnehmen. *Moros y Cristianos* heißt es, nachgespielt wird die Rückeroberung Andalusiens durch die Christen, mehr als ein Dutzend südspanischer Orte kennen ähnliche Aufführungen. Es ist ein Volksfest mit Laiendarstellern aus der Region, geschmückten Pferden, viel Schlachtengetöse – und wegen seines antimuslimischen Triumphalismus, wegen seiner Untertöne von der Überlegenheit des Abendlands, nicht unumstritten.

Die beiden Damen aber sehen das locker. Sie haben beschlossen, die Kostüme auszutauschen. Verteilte Religionsrollen: Djamila geht als Christin und »Siegerin«, Carmen schlägt sich auf die muslimische »Verlierer«-Seite. »Das wird sicher sehr lustig«, sagen sie wie aus einem Munde.

Das Vermächtnis des Ibn Battuta

Ibn Battutas neuer Lebensabschnitt, sein Rückzug in die Sesshaftigkeit, sein durch Schreiben geprägtes Pensionärsdasein, beginnt mit einer Botschaft aus Fez. »Während meines Aufenthalts in Takedda traf ein Befehl des Herrschers der Gläubigen ein, ich solle mich zu ihm begeben. Gehorsam machte ich mich auf den Weg, verließ die Stadt im September des Jahres 1353 und gelangte schließlich über das Land der Hoggar zurück nach Fez. Dort ging ich gleich zum Palast, trat in die Räume des Herrschers ein, küsste ihm die Hände.«

Ibn Battuta hatte sich entschlossen, Granada den Rücken zu kehren – etwas enttäuscht, dass er den Herrscher nicht kennenlernen durfte, aber tief befriedigt darüber, dass die Stadt dem christlichen Ansturm offensichtlich so unverbrüchlich standhielt. Er hatte bei Gibraltar nach Nordafrika übergesetzt und ohne Zwischenfälle seine Geburtsstadt Tanger erreicht. Aber dort hielt es ihn nicht lange. Sein Abschiedstrip sollte ihn quer durch die Sahara nach Süden führen. Nach Mali. Ins Herz Afrikas.

Bis nach Timbuktu kommt er, aber dann hat er plötzlich genug, will in die Heimat zurück. Er kehrt um, ohne das seinen Lesern näher zu erklären. Schwarzafrika ist dem Maghrebiner offensichtlich fremd geblieben, trotz der räumlichen Nähe. Der Mittlere und der Ferne Osten haben ihn viel mehr fasziniert, viel nachhaltiger geprägt. Der Trip zurück ist ihm kaum ein paar Zeilen wert.

Wie genau ihn Sultan Abu al-Hassan in Fez unter Druck setzte, was der Herrscher dem Weltreisenden versprach, wenn er nun an seinem Hof endgültig die Lebenserinnerungen zu Papier brächte, unter welchen Umständen er ihn mit dem ehrgeizigen jungen Ibn Juzayy zusammenspannte – all das erfahren wir nicht. Nur so viel: »Ich legte nun den Wanderstab für alle Zeiten beiseite. Und ich dankte Gott, dass er mir all dies ermöglichte, denn ich hatte auf meinen Reisen mehr gesehen als jeder andere Mensch.«

Wohl um die achtzehn Monate lang arbeiten Autor und Ghost-writer an ihrem Buch. Es muss eine sehr konzentrierte, freund-schaftliche Zusammenarbeit gewesen sein – womöglich ab und zu unterbrochen von Temperamentsausbrüchen und Auseinander-setzungen über »richtige« Formulierungen und den Umfang der »Ergänzungen«, die der Junge dem Alten vorschlug. Aber davon erzählen sie nichts. Sie wollen ihr Werk sprechen lassen. Im Jahr 1355 übergeben sie es dem Herrscher.

Es fällt schwer, sich Ibn Battuta anschließend im geruhsamen Alterssitz vorzustellen. Finanzielle Not hat er sicher nicht gelitten. Wir können davon ausgehen, dass ihm sein Auftraggeber einen lukrativen und angenehmen Posten verschafft hat; vermutlich wurde er zum Distriktchef oder Obersten Richter in einer Pro-vinzstadt im Süden ernannt, nahe des heutigen Casablanca (wo er gerüchteweise auch gestorben sein soll). Ob er sich in die dortigen Niederungen der Rechtsprechung begeben hat, erscheint zweifel-haft. Wir haben auch keinerlei Informationen über eine mögli-che späte Heirat, über ein Familienleben, neue Kinder aus dieser Ehe oder Enkel.

Der größte Reisende des Mittelalters, vielleicht der größte Rei-sende aller Zeiten – er verschwindet im Nebel der Geschichte. Und da man weiß, wie erfahren er in Sachen Selbstvermarktung war, welchen Ruf er genoss und welche Möglichkeiten er gehabt hätte, sich wieder in den Vordergrund zu spielen, darf man davon ausgehen: Er wollte es so. Er wusste, mit seinem *Rihla* war sein Ruf für alle Zeiten gesichert, sein Vermächtnis besiegelt.

Ob Ibn Battuta gelegentlich doch rückfällig geworden ist, vor Freunden und Schülern den reichen Schatz seiner Erfahrungen ausgepackt hat, vielleicht sogar in schwachen Stunden mit seinen Abenteuern prahlte, um schönen Frauen zu imponieren? Ob er abends, allein auf seinem Diwan im Schatten unter einem Baum, nostalgisch wurde und sich nach den Gerüchen und Geräuschen zwischen Samarkand und Samudra zurücksehnte? Ob er, der Bewunderer von Magiern, Sufis und eher unorthodoxen Gläubigen, gegen Ende seines Lebens zu einem »reinen« Glauben gefunden hat oder ob er bei seinem höchst eigenen, eigenwilligen Weg zu Gott blieb, bis zum Schluss?

Dieser Abu Abdallah Mohammed bin Abdallah bin Mohammed bin Ibrahim al-Lawati, genannt Ibn Battuta, war ein Abenteurer, Entdecker und Reporter par excellence. Einer, der Gegensätze ausleben, fast möchte man sagen: aufheben konnte: mal sensibel, mal kühl bis ins Herz; impulsiv und berechnend; großzügig und, wenn man ihm falsch kam, auch geizig; zumindest ansatzweise überraschend tolerant, gleichzeitig aber von der Überlegenheit seiner Religion zutiefst überzeugt und deshalb gelegentlich arrogant gegenüber Juden und Christen; gelassen meist, aber auch jähzornig, generell gutmütig und in seltenen Notfällen auch überhart konsequent; rastlos und in Wahrheit doch auch ruhebedürftig; extrovertiert, einer, der leicht Freundschaft schloss und Liebe fand – aber doch auch, jedenfalls aus unserer heutigen Sicht, extrem bindungsarm. Vor allem aber war dieser Mann aus dem Maghreb immer neugierig, ein genauer, unbestechlicher Beobachter auch in schwierigen Situationen. Mit dem Auge für das überraschende, entlarvende Detail.

Wunder und Wahn, Omnipotenz und Ohnmacht: Er hat alle nur denkbare Höhen und Tiefen erlebt. Er war Günstling der ganz Großen und ihr Gefangener, vertraut mit dem roten Teppich wie mit dem Bettlergewand, gläubiger Büßer in der Eremitenhöhle wie glamouröser Gastgeber von Prinzessinnen; öfter etwas großspurig, aber sehr selten kleinkariert. Er war millionenschwerer Gesandter des Sultans von Delhi – und nur Wochen später besaß er nach einer Naturkatastrophe nicht mehr als die Kleider, die er am Leib trug. Er konnte gut verhandeln und hatte in der Regel ein feines Gespür dafür, wem er vertrauen konnte. Doch der Maghrebiner, dem selbst inszenierte Intrigen nicht fremd waren, fiel auch Intrigen zum Opfer. Kein Übermensch, sondern einer mit Schwächen.

Und doch wurde Ibn Battuta zum Vorsegler, zum Vorreiter, gelegentlich auch zum Vordenker aller großen Reisenden, die ihm über die Jahrhunderte folgten.

»Nichts ist verblüffender als die einfache Wahrheit, nichts exotischer als unsere Umwelt, nichts ist phantastischer als die Sachlichkeit. Und nichts Sensationelleres gibt es auf der Welt als die Zeit, in der man lebt«, schrieb Egon Erwin Kisch, der berühmte »rasende Reporter«, um 1930. Diese »unbefangene Zeugenschaft« besaß der Reisende aus Tanger genauso wie der in Prag Geborene. Und noch etwas verbindet die beiden: Kisch wie Ibn Battuta erlaubten sich gelegentlich bei dieser »Zeugenschaft« die eine oder andere Übertreibung, manchmal wohl, weil sich Geschichten so besser lasen, gelegentlich auch in der – nicht unproblematischen – Überzeugung, dass dies einer höheren Wahrhaftigkeit dienen könnte. Dem Mann aus dem Mittelalter kann man dabei getrost die größere Anzahl von Flunkereien unterstellen, er war Zeitzeuge und Plagiator in einem. Ein »Vorbild« für andere Muslime, zu dem ihn spätere Generationen machen wollten, das mochte er sicher nie sein.

Und dennoch: Ibn Battuta ist über die Jahrhunderte zu einem literarischen und historischen Fixstern geworden, nicht so sehr im Westen – noch nicht im Westen –, aber doch überall in der Welt der Muslime. Er hat sich zu einer Legende entwickelt, zu einer Inspiration für alle Abenteurer und Forscher und Wanderlustigen, die ihm folgten. Sein Weg ist eine eindrucksvolle Spur, seine Stationen sind Destinationen, sein Leben ein Nachreise-Ziel. Und das, so habe ich gedacht, als ich in den Gärten des persischen Shiraz rastete oder durch die Überreste der Tausend-Säulen-Halle von Delhi streifte, das hätte ihm gefallen, hätte ihn zutiefst befriedigt.

Einen Pilgerpfad durch die Welt geschlagen, künftige Globetrotter inspiriert, seine Leser zum Staunen, seine Feinde zum Schäumen gebracht zu haben: Vielleicht ist das ja der größte Triumph von allen. Das wahre Vermächtnis des Ibn Battuta.

*

Unternehmen wir noch einmal einen Ausflug in die Geschichte des Islam: Gleich nach dem Tod Mohammeds am 8. Juni 632 beginnen ja die Sorgen. Er stirbt unbestritten als der mächtigste Mann Arabiens. Er hat praktisch alle Stämme der Halbinsel geeint, Bündnisse bis nach Irak und Syrien geschlossen, sogar das katholische Byzanz angegriffen und immerhin schon in einer Hafenstadt am Roten Meer (dem heutigen Aqaba) das Banner des Propheten gehisst – Vorzeichen für ein kommendes Weltreich. Aber er hat keinen Sohn hinterlassen, alle männlichen Nachfahren wurden von Krankheiten dahingerafft. Und Mohammed hat auch keinen anderen Nachfolger in seinem Freundeskreis aufgebaut oder gar bestimmt.

Eine Gruppe der Gläubigen besteht darauf, dass Ali, der Vetter des Propheten, das Amt des Kalifen (»Stellvertreter«) übernehmen soll; die Mehrheit sieht in Abu Bakr den richtigen Mann: Er ist, wie der Gottgesandte, ein Angehöriger des mächtigen Stammes der Quraisch, er war einer seiner ersten Anhänger und der einzige Begleiter Mohammeds bei dessen Auswanderung nach Medina. Abu Bakr gibt dem großen Vorbild auch seine Tochter

Aisha zur Frau. Doch der Schwiegervater des Propheten hat ein Problem: Er ist nicht gerade als überzeugender Feldherr bekannt, lässt gegenüber geschlagenen Kriegsgegnern Milde walten, wo andere nach hartem Durchgreifen verlangen. Das ist menschlich angenehm, machtpolitisch aber das falsche Zeichen. In seinem Umfeld kommt es zu Intrigen.

Und so könnte es weitergegangen sein: Abu Bakr fällt einem Mordanschlag zum Opfer. Seine Freunde versuchen ihn zu rächen, es kommt zu erbitterten Kämpfen der Muslime untereinander. Statt Byzanz zu bekämpfen oder wenigstens ihr Reich zu konsolidieren, zerfleischen sich die Nachfolger Mohammeds in Bruderkriegen, ein Blutbad folgt dem anderen. So schnell wie sich der Glaube unter dem Gesandten Gottes im Nahen Osten ausgebreitet hat, so schnell verschwindet er wieder. Mekka und Medina fallen zurück in die Bedeutungslosigkeit, fernab von Entscheidungszentren der Welt. Die Ausbreitung der Religion wird so abrupt wie gründlich gestoppt – schon einige Jahrzehnte nach Mohammeds Tod ist die ganze muslimische Bewegung von der Bildfläche verschwunden. Der Islam: nicht mehr als eine kurze, unbedeutende Episode der Geschichte.

War es so? Nein, natürlich nicht.

Abu Bakr hat zwar nur zwei Jahre regiert und galt tatsächlich als eher »weicher« Feldherr. Aber bis zu seinem natürlichen Tod konnte er die Macht konsolidieren. Unter seinem Nachfolger Kalif Umar erstreckte sich das Reich der Muslime bereits von Persien und Syrien bis Palästina und Ägypten. Im Jahr 656 kam es nach einem blutigen Streit zwar zur internen Spaltung in Sunniten und Schiiten, aber der weiteren Expansion tat das keinen Abbruch. Muslimische Heere eroberten von Nordafrika aus Spanien und drangen in einem beispielhaften Siegeszug bis ins heutige Pakistan vor. Damaskus und später Bagdad wurden zu blühenden Hauptstädten. Es begann das goldene Zeitalter eines fast weltumspannenden Islam, das – trotz einiger Rückschläge – auch noch ins 14. Jahrhundert, in das Lebensalter Ibn Battutas, hineinreichte.

Aber bleiben wir einen Moment bei dem kühnen Gedankenspiel. Was wäre bis heute passiert, hätte sich der Glaube mit Abu Bakr von der Weltbühne verabschiedet, wäre die Religion in ihrer Ausbreitung erstickt worden, in die Bedeutungslosigkeit versunken? Wie würde die Welt heute wohl aussehen – eine Welt ohne Islam?

Eine Menschheit ohne die Omajjaden-Moschee in Damaskus, ohne Kairos al-Azhar, ohne die Alhambra in Granada, ohne die Gotteshäuser von Isfahan, ohne die philosophischen Abhandlungen des Averroës, ohne das Reisebuch des Ibn Battuta – sie wäre ein kaum vorstellbar verarmter, kulturell zurückgeworfener Ort. Eine Menschheit ohne die Glaubenskriege zwischen Sunniten und Schiiten, ohne die Taliban und ohne den selbst ernannten grausamen »Islamischen Staat« allerdings: Da wäre der Welt manches erspart geblieben. Sie könnte heute friedlicher sein. Oder womöglich – noch mörderischer?

Verglichen mit dem säkularen, von politischen Ideologien geprägten Terror ist der religiöse Terror der Neuzeit eine weiß Gott nicht zu vernachlässigende, aber doch zweitrangige Größe. Die beiden Weltkriege in Europa, Hitler und Stalin, Mao und Pol Pot und die Völkermorde an Juden, Armeniern und in Ruanda – also alle menschengemachten Katastrophen des 20. Jahrhunderts – haben wenig bis gar nichts mit Religion zu tun, jedenfalls dann, wenn man Ideologien wie Faschismus, Kommunismus und extremen Nationalismus nicht zu neuen Glaubensbekenntnissen deklariert.

Auch was die frühere historische Entwicklung, was das Mittelalter angeht: Es könnte sein, dass eine Welt ohne den Islam keine friedlichere Welt, sondern nur eine von andersgearteten

Konflikten erschütterte Welt geworden wäre. Graham Fuller etwa, lange Jahre CIA-Stationschef in verschiedenen Staaten des Nahen Ostens und heute Geschichtsprofessor an der Simon Fraser University in Vancouver, hat das spekulative Gedankenspiel von einer »World without Islam« mitgemacht – er ist überzeugt davon, dass im Fall eines frühzeitigen Scheiterns des Islam die orthodoxe Kirche die Welt dominiert hätte. Dass es wegen der unüberbrückbaren Meinungsverschiedenheiten zwischen Byzanz und Rom zwangsläufig zu extrem blutigen Kriegen gekommen wäre.

Aber zurück zum »real existierenden« Islam und seiner wahren Geschichte: Nach Ibn Battutas Tod erlebte der Islam mit der Eroberung Konstantinopels 1453 noch einmal eine große Blütezeit, unter Sultan Suleyman dem Prächtigen erreicht das Osmanische Reich ein Jahrhundert später den Höhepunkt seiner imperialen Entfaltung. Europa zitterte vor den muslimischen Heeren, die bis an die Tore von Wien vorrückten. Der weitere Vormarsch des Islam schien damals unaufhaltsam – und doch kam es anders. Der Islam wurde zurückgedrängt, verlor allmählich an Einfluss, hatte mit anderen Kräften zu kämpfen. Und vor allem mit sich selbst.

Dieses Nachwort zu Ibn Battutas Reisen ist nicht der Platz für eine ausführliche Analyse des Niedergangs. Dennoch sei die Frage gestellt: Was lief schief? Waren es die ersten Misserfolge auf den Schlachtfeldern: Lepanto, die gescheiterte zweite Belagerung Wiens, der Vertrag von Karlowitz? War es der Auftrieb des Westens dank Aufklärung und Säkularismus, Industrialisierung, später dem Gedankengut der Französischen Revolution, während das Osmanische Reich wie gelähmt agierte, gefangen im trügerischen Gefühl der gottgegebenen, immerwährenden Dominanz? War es die fehlende Neugier der muslimischen Oberschichten – lange Zeit glaubte man nicht, dass es lohnte, sich mit den christlichen Ländern zu beschäftigen oder gar von ihnen zu lernen; es fehlte im ausgehenden Mittelalter unter den Muslimen an Ibn Battuta-Nachfolgern, die mit unverstelltem Reporterblick Vorteile einer »anderen« Welt gezeigt hätten. Kaum Okzidentalisches gab es im Orient: eine glatte Umkehrung zu den Jahrhunderten der Blütezeit, als der Islam alles Weltwissen in sich aufgesogen hat.

War es schließlich die Zeit der Demütigungen, als Frankreich, Großbritannien und Russland mit Beginn des 19. Jahrhunderts fast nach Belieben ein Gebiet nach dem anderen aus dem osmanischen Herrschaftsbereich herausbrechen, von der Krim bis Griechenland? Noch während die Kämpfe des Ersten Weltkriegs toben, teilen London und Paris 1916 den Nahen Osten im Sykes-Picot-Geheimvertrag untereinander auf, die Grenzziehungen sind willkürlich. Erst Monate später weihen sie einen außenpolitischen Gesandten des amerikanischen Präsidenten Woodrow Wilson in ihre Pläne ein. Der schickt eine düstere Prophezeiung an seinen Chef ins Weiße Haus: »Sie bereiten schon die Brutstätte für den nächsten Krieg.«

Oder es waren die schweren Fehler, um nicht zu sagen: die Verbrechen, die der Westen im gesamten Nahen Osten in der Zeit nach dem Zweiten Weltkrieg begangen hat: 1953 der Putsch gegen den demokratisch gewählten, linksliberalen iranischen Ministerpräsidenten Mohammad Mossadegh; die massive militärische Unterstützung aller arabischen Diktatoren, die man in Washington als Stabilitätsfaktoren einschätzte und deren brutalen Unterdrückungsmaßnahmen gegen die eigenen Völker man schulterzuckend zur Kenntnis nahm; schließlich die auf Lügen basierende Invasion des Irak 2003, in deren Folge die amerikanische Weltmacht von Abu Ghraib bis Guantanamo alle Werte verriet, für die der Westen jemals eingestanden hat.

Aber beenden wir hier unseren Schnelldurchgang durch die nahöstliche Geschichte, die im Westen oft zu einem Kampf um Israel reduziert wurde. Dieser Konflikt spielte zwar bei den

Diskussionen um die Zukunft der muslimischen Welt in den vergangenen Jahrzehnten eine wichtige Rolle – aber keinesfalls die allein entscheidende. Heute wird er von vielen als unlösbar abgehakt. Arabische Politiker rücken das »Palästinenserproblem« nur noch in den Vordergrund, wenn es gilt, Entschuldigungen für mangelnden Fortschritt aufzuzählen, vom eigenen Versagen abzulenken. Und auch davon gab es reichlich: Alle Konzepte von Panarabismus bis zum ausgeprägten Nationalismus scheiterten an der Unfähigkeit der Nahost-Regierungen, ihren Völkern bessere Lebensbedingungen und faire Bildungschancen zu bieten. Die ständigen Verweise auf die Alleinschuld des Westens und die Politik Israels wirken da zunehmend schal.

*

Ibn Battutas in diesem Buch vorgestellten Reiseziele, seine dreizehn »Wunderstädte«, präsentieren sich heute höchst unterschiedlich. Schon was ihre Größe betrifft. Vier sind Megacitys mit über zehn Millionen Einwohnern: Kairo, Istanbul, Delhi, Jakarta; fünf sind Millionenstädte: Damaskus, Mekka, Shiraz, Dubai, Hangzhou; die restlichen sind Mittelstädte, in denen hundert- bis fünfhunderttausend Menschen leben: Tanger, Samarkand, Male, Granada. Sie liegen in Ländern, die sich unterschiedliche Regierungsformen gegeben haben, vom Königreich über das Emirat bis zur Republik ist alles dabei. Aber diese Staaten sind – von China, Indien und Spanien abgesehen – auch heute noch stark durch den Islam geprägt, die Muslime sind gegenüber Angehörigen anderer Religionen weit in der Überzahl. Der Iran nennt sich »Islamische Republik«; Saudi-Arabiens Herrscher beziehen ihre Legitimation allein durch den »göttlichen Auftrag«, die heiligsten Stätten des Glaubens zu schützen; maledivischer Staatsbürger kann nur werden, wer sich zu Allah bekennt.

Wie frei, wie lebenswert, wie erfolgreich sind diese zehn muslimischen Städte? Der World Press Freedom Index listet die Repressionen auf, mit denen Journalisten in 180 Staaten weltweit konfrontiert sind. Spanien mit seiner Traumstadt Granada nimmt in der Statistik des Jahres 2015 einen beachtlichen 33. Platz ein, aber das »katholische« Land läuft hier ja sozusagen außer Konkurrenz. Von den genannten muslimischen Staaten ist keiner in der positiven oberen Hälfte zu finden; die Malediven (Rang 112), die Vereinigten Arabischen Emirate (120), Marokko (130), Indonesien (138) und die Türkei (149) liegen auf beschämenden hinteren Plätzen. Katastrophal ist die Situation in Ägypten (158), Saudi-Arabien (164), Usbekistan (166), Iran (173) und Syrien (177) – sie gehören zu den pressefeindlichsten Staaten der Erde. Nicht viel besser sieht es beim Korruptionsindex von Transparency International für die vom Islam geprägten Staaten aus. Da schaffen nur die Vereinigten Arabischen Emirate eine passable Wertung, die meisten anderen dümpeln im hinteren Mittelfeld; Iran, Syrien und Usbekistan zählen sogar zu den Ländern, wo Vetternwirtschaft endemisch ist.

Schon im Jahr 2009 haben die Vereinten Nationen einen niederschmetternden Bericht über den Zustand der arabischen Welt veröffentlicht. Von den Bildungschancen über die Stellung der Frauen bis zur Stellung von religiösen wie ethnischen Minderheiten zeigte sich, dass der Aufbruch in die Moderne nicht geglückt ist. Seitdem haben sich die sozialen Unterschiede zwischen den ölreichen Staaten und denen ohne wesentliche Bodenschätze eher vergrößert. Während des Arabischen Frühlings schien kurzzeitig eine positive Veränderung möglich, in Zeiten der Diktatoren-Dämmerung brachen zumindest die politischen Verkrustungen auf. Aber die hohen Erwartungen der meist jugendlichen Aufständischen nach besseren Jobs und einer größeren Teilnahme am öffentlichen Leben wurden nicht erfüllt. Die repressiven Strukturen des Staates von Armee bis Geheimpolizei erwiesen sich als effektiver und resistenter als gedacht, der Aufbau einer Zivilgesellschaft stagniert. Und es gelingt (noch) nicht, demokratische Institutionen wie eine unabhängige Gerichtsbarkeit fest zu etablieren.

Das betrifft freilich nicht die gesamte islamische Welt. In Indonesien, dem Staat mit den meisten Muslimen, hat sich die Demokratie mitsamt einer weitgehend freiheitlichen Ordnung durchgesetzt, was die Vermutung nahelegt, dass der Glaube an sich nicht das primäre Hindernis sein kann, wenn es um die Entwicklung geht. Sondern dass der Islam – oder die Angst vor ihm – von den Regierenden oft nur als Problem vorgeschoben wird, um repressive Maßnahmen zu begründen und autoritäre Strukturen zu vertiefen. Wenn dann, wie etwa im Polizeistaat Ägypten oder im Clanstaat Usbekistan, die Unterdrückung auch gemäßigter islamistischer Kräfte zu einer tatsächlichen terroristischen Bedrohung führt, widerspricht das dem nicht. Es wird geradezu eine sich selbst erfüllende Prophezeiung.

Während meiner Ibn-Battuta-Nachreise habe ich mir zwei grundlegende Fragen immer wieder gestellt (und auch die Muslime selbst stellen sich diese immer wieder): Warum besteht im Westen der weitverbreitete Eindruck, der Islam sei auf Gewalt fixiert, eine unfriedliche, gefährliche Religion? Und warum gibt es im Islam keinen Martin Luther, mit dem sich die Religion kritisch hinterfragen, mit der Moderne vereinbaren ließe – oder braucht der Glaube gar nicht so etwas Grundsätzliches wie eine Reformation?

*

Fast zwei Drittel aller deutschen Nichtmuslime empfinden laut Meinungsumfragen im Spätherbst 2015 den Islam als »Bedrohung« und in etwa ebenso viele meinen, der Islam passe nicht in die westliche Welt. Dem widerspricht das Selbstbild der Muslime in Deutschland, von denen sich neunzig Prozent zur Demokratie als beste Regierungsform bekennen. Bezeichnenderweise ist die Angst vor Muslimen in Deutschland laut einer Studie der Bertelsmann-Stiftung dort am größten, wo die wenigsten leben, nämlich in Thüringen und Sachsen.

Verstärkt wird dieser Trend der Angst von Pauschalurteilen und Polemiken, vom Hass der dumpfen Rechtspopulisten und Neonazis. Die notwendige kritische Auseinandersetzung mit dem Islam ist mancherorts zu einem Amoklauf gegen die Religion geworden, der den Muslimhassern die Demonstranten zutreibt. Dies hat vor allem eins zur Folge: Es zwingt auch selbstkritische Muslime zu einer falschen Generalverteidigung und erschwert somit eine Diskussion heikler Fragen. Beispielsweise der Frage nach der verstörenden, ambivalenten Einstellung zur Gewalt.

Im Namen Christi wurden die schlimmsten denkbaren Verbrechen begangen: Die Kreuzfahrer verbrannten ihre Gegner bei lebendigem Leib, die Folterpraktiken der Inquisition gehören zu den dunkelsten Kapiteln der Menschheit. Und heute noch berufen sich militante Abtreibungsgegner auf die katholische Kirche, wenn sie sich in den USA anmaßen, die Kliniken liberaler Ärzte anzuzünden. Alle Weltreligionen haben ihre radikalen Ränder, selbst der als besonders sanft bekannte Buddhismus – in Burma und Sri Lanka hetzen gerade in diesen Tagen Mönche ihre Bevölkerung gegen Minderheiten auf, vor allem übrigens gegen Muslime. Aber unbestreitbar ist: Keine Religion wird gegenwärtig auch nur annähernd so häufig zur Rechtfertigung von Gewalt missbraucht wie der Islam.

Die Taliban in Afghanistan, die Boko Haram in Nigeria, die Shabab in Somalia, der IS in Syrien und Irak, all die Qaida-Ableger vom Maghreb bis Malaysia, von Mauretanien bis zu den Malediven: Sie behaupten, im Auftrag Allahs zu handeln, sie bomben und morden und terrorisieren »im Namen der Religion«. Und weil das so ist, genügt es nicht zu sagen und im Stil der muslimischen Verbandsvertreter gebetsmühlenhaft zu wiederholen, der Islam habe nichts mit Terrorismus zu tun, sei nicht auf Gewalt fixiert und doch irgendwie mit der Moderne zu vereinbaren.

»Es liegt an uns, die Auseinandersetzung zu suchen und dem höchsten Gebot des Islam, der Barmherzigkeit, wieder Geltung zu verschaffen«, sagt Navid Kermani in seiner Friedenspreis-Dankesrede. Und er zitiert Ali Ibn Abi Talab, den vierten Kalifen, der immer betont hat: Der Mensch ist entweder ein Bruder im Glauben oder ein Bruder in der Menschlichkeit. »Das ist der humane Kern, der den morgen- und abendländischen Religionen gemeinsam ist und in der Französischen Revolution als Gleichheitsgebot säkularisiert wurde.«

Kermani zeigt sich, was den Gesamtzustand seiner Religion heute angeht, betont skeptisch. »Unter den vielen Missverständnissen, die es in Bezug auf den Islam gibt, ist das größte, dass er gerade eine Renaissance erlebt. Was wir erleben, ist der völlige Niedergang einer religiösen Kultur, es sind die Zuckungen eines Gequälten, eines Siechenden, eines vielleicht Todkranken. Die Terroristen sind nicht Ausdruck der Stärke, sondern der kolossalen Schwäche des Islam in unserer Zeit.« Aber vielleicht ist der gläubige und (selbst-) kritische Muslim Kermani, der ein ganzes Buch über die Schönheit des Korans geschrieben hat, da zu pessimistisch.

Schon allein ein Blick in die Geschichte macht hoffnungsvoller. Oft wird von westlichen Politikern die »Gefahr« heraufbeschworen, der Islam könne in mittelalterliche Zeiten »zurückfallen«. Die Wahrheit ist: Gerade diese Epoche, oder zumindest ein Teil von ihr, weckt die Zuversicht auf einen toleranten Umgang mit der Religion.

Etwa hundertfünfzig Jahre nach dem Tod des Propheten begannen in Bagdad freie Geister, Fragen zu stellen und sich bald leidenschaftlich zu streiten, wie der Koran zu lesen sei. In Bagdad forderte die Bewegung der Mutaziliten (»Die sich absondern«), die Suren nicht nur zu rezitieren, sondern sie auch intellektuell zu rezipieren; sie argumentierten, Gott selbst habe den Menschen die Pflicht aufgegeben, ihren Verstand auch beim Umgang mit dem Koran zu gebrauchen. Einige gingen, von der griechischen Philosophie beeinflusst, sogar so weit, den heiligen Text im Lichte neuer Erkenntnisse interpretieren zu wollen. Das ging anderen zu weit, Traditionalisten hielten wütend dagegen. Aber am Hof der Abbasiden von Bagdad im frühen 9. Jahrhundert gab es keine Denkverbote. Ebenso wenig wie später im andalusischen Córdoba.

Es folgten – besonders nach den Lebzeiten des Ibn Battuta – zwar Jahrhunderte der geistigen Erstarrung. Aber immer wieder einmal erscholl der Ruf nach einer Reformation des Islam, nach einem »muslimischen Luther«. In der zweiten Hälfte des 19. Jahrhunderts suchten religiöse Denker aus dem Osmanischen Reich und aus Indien nach neuen Wegen für den Islam. Die »Modernisten« wollten, analog zum Kampf gegen die kulturelle Alleinherrschaft der römisch-katholischen Kirche, »der Herrschaft des finsteren Pfaffentums im Islam ein Ende bereiten« (so der in Cambridge lehrende Islamwissenschaftler Simon Wolfgang Fuchs). Sie konstatierten schmerzhaft die Überlegenheit des Westens und führten die Rückständigkeit der islamischen Welt auf ein dogmatisches und inflexibles Glaubensverständnis zurück. So plädierte etwa der ägyptische Jurist und Journalist Muhammad Abduh vehement und eloquent für einen weltoffenen, flexiblen Islam, der sich neuen Entwicklungen in Wissenschaft, Technik und Kultur nicht entgegenstellen dürfe.

Und gerade in jüngster Zeit hat eine ganze Anzahl engagierter muslimischer Wissenschaftler damit begonnen, die Grundsätze eines »aufgeklärten« Islam zu formulieren, ihre Religion in Einklang mit der Gleichberechtigung der Geschlechter, mit

Pluralismus und Menschenrechten zu bringen. »Den Islam neu denken«, nennt das die Hamburger Professorin Katajun Amirpur und stellt in ihrem gleichnamigen Buch die interessantesten dieser Denker vor: zwei Frauen, vier Männer; Sunniten wie Schiiten. Der 2011 verstorbene progressive Islam-Vordenker Abu Zaid; oder Abdolkarim Soroush, der schiitische Gelehrte; Amina Wadud, die – weiblich, muslimisch, schwarz – einen islamischen Feminismus predigt und als erste Frau ein Freitagsgebet geleitet hat; oder Mohsen Kadivar, der iranische Religionsgelehrte, der für eine liberale Interpretation des Korans wirbt und den Gottesstaat in seiner Heimat bei unserem Gespräch an der amerikanischen Duke University für »gescheitert« erklärt hat.

Sie alle bilden nicht gerade den Mainstream ihrer Religion. Und sie leben und arbeiten größtenteils im Exil oder jedenfalls in Staaten, die sie frei forschen lassen, in Westeuropa oder den USA. Doch sie sind auch nicht abgeschnitten von ihren Glaubensbrüdern, sie kommunizieren und diskutieren über die sozialen Medien mit der Heimat. Sie nehmen Einfluss, und sie werden zweifelsfrei einflussreicher. Im Westen gehen viele den Salafisten in die Falle, die für sich beanspruchen, für den einzig »wahren« Islam zu stehen. In vielen muslimisch geprägten Ländern wächst dagegen die Einsicht, dass ein *Homo Islamicus*, dessen Denken auf nichts anderem basieren soll als auf den Zwängen eines wörtlich genommenen Korans, für heutige Herausforderungen ungeeignet ist. Trotz der staatlichen Willkür, der empörenden Korruption und der Perspektivlosigkeit gelang es den gewaltbereiten Gruppierungen in keinem »klassischen« Islam-geprägten Staat, die Mehrheit oder auch nur einen nennenswerten Anteil der Jugendlichen für sich zu gewinnen – das »Kalifat« der Terrormiliz IS ist da eine neue, bedrohliche Abweichung.

Die Reformbestrebungen auf der einen Seite, der furchtbare Terror von Paris und die dramatische Eskalation des Konflikts zwischen Saudi-Arabien und Iran infolge der Hinrichtung von 47 Gefangenen, darunter der prominenteste schiitische Ayatollah des Landes, durch das sunnitische Königshaus auf der anderen Seite – die Welt des Islam zeigt zum Jahresbeginn 2016 höchst unterschiedliche Facetten. Am einen Ende des Spektrums steht eben Saudi-Arabien, der Staat, dessen messianisch-radikale, rückwärtsgewandte Lehre die Welt bedroht und zu der gefährlichen Radikalisierung entscheidend beigetragen hat. »Der IS hat eine Mutter, die amerikanische Invasion im Irak – und einen Vater, Saudi-Arabiens religiös-industriellen Komplex«, schreibt der algerische Schriftsteller Kamel Daoud. Aber gleichzeitig kommt auch die beste Waffe, die wirksamste Gegenbewegung gegen die Radikalen aus einem muslimischen Land, und zwar aus dem, in dem weltweit die meisten Muslime leben.

Ende November 2015 veröffentlichte die Islam-Organisation Nahdlatul Ulama, die mehr als fünfzig Millionen Mitglieder zählt, einen Aufruf an alle Glaubensbrüder. In dem auf Arabisch, Englisch, Urdu und Suaheli verbreiteten Film werden die Taten des IS gezeigt, aber nicht mit der feierlichen und aufpeitschend-glorifizierenden Musik der Propagandavideos unterlegt, sondern mit kritischen, nüchternen Kommentaren. »Viele, die den Koran auswendig lernen und andere als Ungläubige verdammen, missbrauchen ihn in Wahrheit aufs schlimmste. Sie leugnen Gott und ihre Herzen und Hirne sind im tiefsten Schmutz gefangen.« Es ist eine religiös untermauerte Verdammung der Scharfmacher – der tolerante Islam des südostasiatischen Inselreichs, der weltweit bei den Gläubigen für Toleranz und Demokratie wirbt, das ist die andere Seite des Spektrums.

Die meisten Menschen, die mir bei meiner Ibn Battuta-Nachreise begegnet sind, passen ihren Glauben ganz pragmatisch dem Alltag an, ohne so grundlegende Dinge wie ihre Gastfreundschaft aufzugeben – ich habe diese Gastfreundschaft überall in muslimischen Ländern viel ausgeprägter und herzlicher erlebt als irgendwo im Westen. Theoretische Diskussionen um den Dogmatismus im Koran interessieren sie wenig. Ihnen gibt der Glaube Halt und eine Alltagsstruktur, einen Rahmen für Ethik und Erziehung.

Von Marokko über Ägypten, von Saudi-Arabien in den Iran und durch die Emirate, von der Türkei nach Usbekistan über Indien und die Malediven nach Indonesien, weiter nach China – das ist in diesen Tagen keine Reise durch die *eine* Welt des Islam, wie sie es noch in den Zeiten des Ibn Battuta war. Sondern eine Reise durch die *Welten* des Islam. Sehr problematisch, aber eben auch bunt und vielschichtig präsentieren sich heute die muslimisch geprägten Staaten. Die *Umma*, die weltweite Glaubensgemeinschaft, existiert zwar noch, aber sie hat über die Jahrhunderte an Bedeutung verloren, hat sich diversifiziert. In der Vielfalt liegt sowohl Gnade als auch Chance.

Und dass das gut so ist, lässt sich durch ein Wort des Propheten belegen, mit der Lieblingsstelle des weltsuchenden, welterfahrenden, weltgewandten Ibn Battuta aus den Hadithen. Da sagt Mohammed: »Die Wege zu Gott sind so zahlreich wie die Atemzüge eines Menschen.«

* * *

Das Manuskript für dieses Buch wurde in den letzten Tagen des Jahres 2015 abgeschlossen. Seitdem hat sich in den Lieblingsstädten Ibn Battutas einiges verändert; die Situation der islamischen Welt hat sich – eineinhalb Jahre später, im Sommer 2017 – zum Besseren, leider gelegentlich auch zum Schlechteren gewendet. Ich beschränke mich im Folgenden auf die wichtigsten Entwicklungen.

Nirgendwo sind die Einschnitte so gravierend wie in Istanbul. In den vergangenen Monaten hat die größte Stadt der Türkei fünf schwere Terrorattacken erlebt, Dutzende Menschen starben. Dabei haben sich die Mörder offensichtlich vorgenommen, die Stadt in ihren Grundfesten zu erschüttern, ihr Herz zu treffen: Ziel waren Touristenzentren wie der Platz vor der Hagia Sophia, das Fußballstadion des Traditionsklubs Beşiktaş, die Eingangshalle des internationalen Flughafens Atatürk, der Maçka Park, die Einkaufsmeile İstiklal. Zu den Taten bekannten sich mal die »Freiheitsfalken Kurdistans«, eine Splittergruppe der verbotenen kurdischen Arbeiterpartei PKK, mal die Terrormiliz »Islamischer Staat«. Den blutigsten Anschlag hatte sich der IS für die Silvesternacht aufgehoben, und Anschlagsort war ausgerechnet die Vorzeige-Diskothek Reina. Neununddreißig Menschen kamen ums Leben, als der Mörder wahllos in die Menge der Feiernden schoss; Panik brach aus, viele sprangen von der Terrasse in die eiskalten Wasser des Bosporus.

Der Terror ist durch nichts zu rechtfertigen, aber auch die Reaktionen des Staates beginnen, aus dem Ruder zu laufen. »Unsere dringlichste Aufgabe besteht darin, Rache zu nehmen«, formuliert Innenminister Süleyman Soylu. Und Präsident Erdoğan, der starke Mann des Staates, weiß nichts Besseres, als immer neue Angriffe gegen PKK-Stellungen im Nordirak zu fliegen und seinen Soldaten brutale »Säuberungen« der Kurden-Hochburgen im eigenen Land zu verordnen. Im Rahmen eines verschärften »Antiterrorkampfs« werden kritische Journalisten, Schriftsteller und Staatsanwälte verhaftet.

Die Verwandlung der Türkei von einem weitgehend liberalen Rechtsstaat in eine Autokratie nahm nach dem versuchten Militärputsch Mitte Juli 2016 neue Ausmaße an. In den dramatischen Nachtstunden hatte Erdoğan das Volk aufgefordert, die Meuterer aufzuhalten, viele waren ihm gefolgt und hatten sich gegen die Panzer gestellt – der Staatsstreich war alles andere als populär. Doch dann zeigte sich, dass der Präsident die Unruhen zur Ausweitung seiner Macht ausnutzen wollte. Er wandte sich nicht nur gegen die Putschisten und ihre mutmaßlichen Hintermänner, sondern ließ auch Führer der Oppositionspartei HDP festnehmen. Und er wollte als Staatsführer neue Kompetenzen. Erdoğan warb für eine Verfassungsreform, setzte alle Hebel in Bewegung, um beim Referendum am 16. April 2017 eine deutliche Mehrheit zu erreichen. Die Zustimmung lag letztlich nur bei einundfünfzig Prozent. Besonders enttäuschend für den Mann, der am Bosporus geboren ist und als Oberbürgermeister der Stadt Karriere gemacht hat: Istanbul stimmte mehrheitlich mit Nein.

Schon wenige Wochen nach dem Volksentscheid zeigt der neue »Sultan«, wie er seine Macht zu nutzen gedenkt: Erdoğan verkündet ein Notstandsdekret und entlässt auf einen Schlag viertausend Staatsbedienstete, er schränkt die Pressefreiheit noch weiter ein und sperrt den Zugang zum Onlinedienst Wikipedia. In der einst so weltoffenen Metropole herrscht jetzt ein Klima der Angst. Doch nicht alle wollen sich dem hingeben: Zahlreiche Schriftsteller und Journalisten, Muslime wie Nichtmuslime, sind bereit, für ihre demokratischen Ideale zu kämpfen.

In Usbekistan wurden die meisten Menschen am 2. September 2016 von einer Todesnachricht überrascht: Das Staatsfernsehen verkündete, Präsident Karimow sei gestorben, das Begräbnis finde innerhalb der nächsten vierundzwanzig Stunden in seiner Heimatstadt Samarkand statt. Eingeweihte wussten allerdings durch einen Tweet seiner Tochter Lola und die Meldung einer ausländischen Agentur schon Tage zuvor, dass Karimow einem Gehirnschlag erlegen war – der Tod hatte nur nicht zur Feier des usbekischen Unabhängigkeitstages gepasst. Bei der Trauerfeier achteten Landeskenner dann nach altsowjetischer Sitte darauf, wer dem Sarg am nächsten stand und damit als Favorit für die Nachfolge infrage kam. Es war Schawkat Mirsijajew, der bisherige Premier und frühere Verwaltungschef der Provinz Samarkand, und tatsächlich schlug ihn die Partei fürs höchste Amt vor. Es folgte eine Volksabstimmung: Mirsijajew gewann die Wahl-Farce gegen handverlesene »Konkurrenten« am 4. Dezember 2016 mit Karimow-nahen neunundachtzig Prozent der Stimmen.

Der neue Präsident versprach einen noch entschiedeneren Kampf gegen den islamistischen Terror, indem er die religiösen Freiheiten noch weiter einschränkte. Es half nicht viel: Der IS ist vor allem im Fergana-Tal aktiv, der »Reina«-Attentäter von Istanbul stammt aus Samarkand. Immerhin kann man sich in der Seidenstraßenstadt auf ein prunkvolles neues Gebäude freuen: Gegenwärtig entsteht dort ein Mausoleum für Karimow, das architektonisch dem Gur Emir, dem Grabmal des Tamerlan, ähneln soll.

Während sich in Zentralasien wenig zu bewegen scheint, haben sich in Indonesien 2017 die Ereignisse überschlagen. Der sanfte Islam des Inselreichs hat in Jakarta einen schmerzlichen Rückschlag erlitten – symbolisiert durch das Schicksal des Gouverneurs der Hauptstadt. Der reformfreudige und tatkräftige »Ahok« Purnama war so etwas wie die Vorzeigefigur der indonesischen Toleranz, doch dann machte der Politiker einen verhängnisvollen Fehler: Er sagte im Wahlkampf, die Menschen sollten sich nicht von Leuten aufhetzen lassen, die einen Koranvers als Argument gegen ihn benutzten. Seine politischen Gegner bezichtigten ihn daraufhin der Gotteslästerung. Und die Islamisten, im öffentlichen Leben der weltoffenen Metropole früher kaum wahrnehmbar, witterten bei dem Thema Oberwasser. Tatsächlich gelang es ihnen, Massenveranstaltungen zu organisieren, sie erzwangen sogar ein Gerichtsverfahren gegen Ahok. Dennoch siegte der bei der ersten Runde der Gouverneurswahl noch knapp.

Am 14. April 2017 eröffnete Staatspräsident Widodo in Jakarta eine neue Moschee, mit Platz für sechzehntausend Gläubige eine der größten des mehrheitlich muslimischen Landes. Er sprach von der Offenheit, die den Islam in Indonesien auszeichne, beschwor die liberale Auslegung des Glaubens. Vier Tage später verlor Ahok die Stichwahl gegen seinen Kontrahenten Anies Baswadan. Der frühere Bildungsminister gilt zwar nicht als Fundamentalist, aber er hat sich erpressbar gemacht, weil er die Unterstützung durch die radikale »Islamische Verteidigungsfront« akzeptierte.

Wie erfolgreich sich in Indonesien die Religion instrumentalisieren lässt, zeigte dann auch der Prozess gegen Ahok: Der abgewählte Gouverneur wurde Mitte Mai von einem islamistisch beeinflussten Gericht wegen »Blasphemie« zu einer zweijährigen Gefängnisstrafe ohne Bewährung verurteilt. Einziger Trost: Indonesiens Zivilgesellschaft ist aufgewacht, Schriftsteller wie Journalisten haben religiösen Scharfmachern den Kampf angesagt. Sie wollen Indonesiens säkulare Verfassung verteidigen – und sie haben mit ihren Initiativen Erfolg. Nach einer Meinungsumfrage im Sommer 2017 möchten siebenundachtzig Prozent der Einwohner Jakartas keine Islamisierung, nur einer von fünfzehn Indonesiern befürwortet eine Scharia-Gesetzgebung.

Vorsichtigen Anlass zur Hoffnung gibt es ausgerechnet im konservativsten und sozial rückständigsten muslimischen Staat. Saudi-Arabien hat einige seiner rigorosesten religiösen Vorschriften für den Alltag etwas aufgeweicht. Zumindest teilweise sind jetzt klassische Konzerte erlaubt, dafür hat der Staat eine eigene Behörde gegründet. Angeblich sollen bald auch öffentliche Kinos entstehen, bis dato galt ein Verbot für Unterhaltungsfilme. Frauen müssen nicht mehr ihre Männer um Erlaubnis fragen, wenn sie arbeiten wollen. Allerdings gilt nach wie vor, dass sie bei Auslandsreisen ein männliches Einverständnis vorlegen müssen. Auch das Verbot, ein Auto zu lenken, bleibt (vorläufig) bestehen. Die Veränderungen von oben sind denn auch weniger einem liberalen Umdenken geschuldet als wirtschaftlichen Zwängen: Der überschuldete Staat braucht die Arbeitskraft der Frauen, die gesellschaftlichen Umbrüche – von den wahhabitischen Imamen misstrauisch beäugt – stehen erst am Anfang.

Dank

Zunächst einmal, wem ich alles nicht danken muss: Ich habe für dieses Buch keine »Sponsoren« in Anspruch genommen, keine »freundliche Unterstützung«, wie es heute in so vielen Zeitungs- und Zeitschriftenbeiträgen am Ende des Artikels im Kleingedruckten heißt – weder im Bereich der Fluggesellschaften oder der Hotelketten, der Reisebüros oder Tourismusbehörden. Nur so konnte ich den Spuren des Ibn Battuta unvoreingenommen nachgehen und die derzeitigen politischen, wirtschaftlichen und kulturellen Probleme seiner Lieblingsstädte beschreiben. Nur so ließ sich auch die Distanz zu den Politikern und anderen Prominenten wahren, die hier zu Wort kommen.

Es bleiben viele, denen ich Dank schulde, vor allem jenseits aller offiziellen hochrangigen Kontakte. Alle, die ich namentlich erwähnt und mit ihren oft erstaunlich offenen Äußerungen zitiere, habe ich auf mögliche Risiken bei der Veröffentlichung aufmerksam gemacht. Es war eher eine Rückversicherung für mich. Sie wussten, wie weit sie gehen konnten und wollten. Dennoch: Ich bewundere den Mut vieler meiner Gesprächspartner.

Wenn ich manchem Informanten nur einen Vornamen (und wenn mir nötig schien, nicht den richtigen) gegeben habe, musste es so sein. Welche Repressalien in Ländern wie Saudi-Arabien, Iran oder auch China und Usbekistan denjenigen drohen, die sich kritisch gegenüber den Machthabern äußern, habe ich in den vorherigen Kapiteln erläutert – ich bin sicher, die Leser werden das verstehen. Ich möchte keinen meiner Interviewpartner besonders hervorheben, keinen Schriftsteller, keinen Geistlichen, keinen Geschäftsmann, keinen der sogenannten Frauen und Männer »von der Straße«. Nur noch einmal: Ohne ihre Kenntnisse und Einsichten hätte ich keine Chance gehabt, die komplexen Vorgänge in den entsprechenden Städten und Ländern auch nur einigermaßen zu verstehen.

Besonders geholfen haben mir einige Bücher, Essays und Zeitschriftenartikel, die sich historisch mit dem großen Reisenden beschäftigen. Zu den wichtigsten gehören die im Text öfter zitierten Werke von Ross Dunn (*The Adventures of Ibn Battuta*, 1986) und David Waynes (*The Odyssey of Ibn Battuta*, 2010); ferner die Bücher von J. P. Harvey (*Ibn Battuta*, 2007), Herman Janssens (*Ibn Batouta, Le Voyageur de l'Islam*, 1948), Marshall Hodgson (*The Venture of Islam*, Vol. I–III, 1958), Mary B. Campbell (*The Witness and the Other World*, 1988). Vor allem möchte ich hervorheben die Trilogie von Tim Mackintosh-Smith (*Travels with a Tangerine, 2001; The Hall of a Thousand Columns, 2005; Landfalls, 2010*).

Auf Deutsch gibt es nur mehr oder weniger ausführlich kommentierte und höchst unterschiedliche Ausgaben des *Rihla*. Das neueste und skeptischste Buch stammt von Ralf Elger (*Die Wunder des Morgenlandes*, 2010). Ferner erwähnenswert sind die von Hans D. Leicht (*Reisen ans Ende der Welt*, 1985) und Horst Grün (*Die Reisen des Ibn Battuta*, Band I und II, 2007) herausgegebenen Bücher.

Neben der im Vorwort erwähnten amerikanischen *National Geographic*-Titelgeschichte von 1991 gehört zu den wichtigen Zeitschriftenartikeln das Schwerpunktheft des US-Nachrichtenmagazins *Time*, erste Augustwoche 2011 (*Travels Through Islam*); ferner ein Essay der Reiseschriftstellerin Jan Morris (*The Best Traveled Man on Earth*, 2014); ein dreiteiliger Bericht in der *Saudi Aramco World* 2000 des Autors Douglas Bullis über die Abenteuer des muslimischen Weltreisenden. Und last but not least: Die University of California in Berkeley hat für Studenten und Schüler das Leben und Wirken des Ibn Battuta vorbildlich zu einer »Virtual Tour« zusammengefasst, didaktisch und spannend.

Noch ein Wort zur Schreibweise von Namen und Plätzen: Dies ist kein wissenschaftliches Buch über den Islam, und ich möchte vor allem die Arabischkundigen unter den Lesern für die »Vereinfachungen« im Text um Verständnis bitten: Ich weiß, die Umschrift ist nicht konsequent. Bei bekannteren Begriffen habe ich im Sinne der Wiedererkennung die eher gängige deutsche Fassung gewählt (Dschihad und Hadsch statt Jihad und Hajj), bei Persönlichkeiten und Orten die eher traditionelle (Ibn Jubayr statt Ibn Dschubair, Jeddah statt Dschidda). Sollte sich bei der Namensnennung, bei einer Jahreszahl oder sonst irgendwo im Buch ein Irrtum eingeschlichen habe, so bedauere ich das. Solche Fehler liegen allein in meiner Verantwortung.

Bleibt der ganz persönliche Dank. Er geht zunächst an meinen Verlag. Als ich vor über einem Jahr ein knapp zehnseitiges Konzept für dieses Buch bei Thomas Rathnow, dem Verleger der DVA, vorlegte, stieß ich auf spontane Begeisterung. Dieses Gefühl vermittelten mir anschließend auch Karen Guddas, die Programmleiterin der DVA-SPIEGEL-Bücher, und Angelika Mette, die beim SPIEGEL zuständige Koordinatorin. Besonders viel schulde ich auch meinem Lektor Stefan Mayr für seine kritischen Nachfragen und sprachlichen Anmerkungen.

Gar nicht denkbar wäre dieses Buch ohne meine Familie gewesen. Meine beiden Enkel, Janis und Maya, selbst trotz ihrer jungen Jahre schon welterfahrene Reisende (Kambodscha, Föhr, Südtirol, Thailand, etc.) haben schon lange Ibn Battuta »adoptiert« und hätten von ihrem Wissen her eigentlich das wunderschön illustrierte Ibn Battuta-Buch für Jugendliche gar nicht gebraucht, das ich ihnen geschenkt habe (James Rumford: *Traveling Man*, 2004). Mit meiner Schwiegertochter Silke, der sehr belesenen Mitarbeiterin am Goethe-Institut in Berlin, habe ich mehrfach Diskussionen über den marokkanischen Abenteurer und seine Zeit geführt; ebenso mit meinem Sohn Tobias, der in Hongkong aufgewachsen ist und in Washington, St. Petersburg und Bologna studiert hat. Er hat mehrere Kapitel des Buches gegengelesen und mir mit seinem scharfen Intellekt, seiner Gründlichkeit und seinem Sprachgefühl manche Verbesserungen an dem Text ermöglicht.

Erstleserin aller Texte und wichtigste Mitarbeiterin an dem Ibn Battuta-Projekt war meine Frau Marieanne. Sie hat auch mehr als die Hälfte der zwölf Reisen in alle Welt mitgemacht und mir bei meinen Recherchen vor Ort – von Tanger über Shiraz bis Male und Hangzhou – wesentlich geholfen. Ohne ihr hartnäckiges Nachfragen hätte sich mancher Gesprächspartner nicht zu so offenen Diskussionen bewegen lassen.